بسم الله الرحمن الرحيم

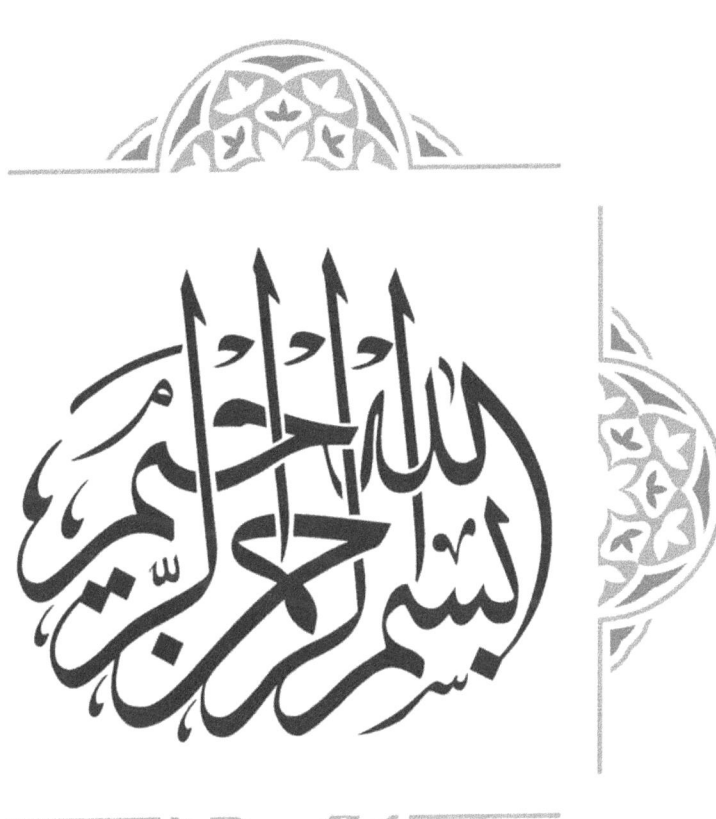

فضائل العباس عليه السلام

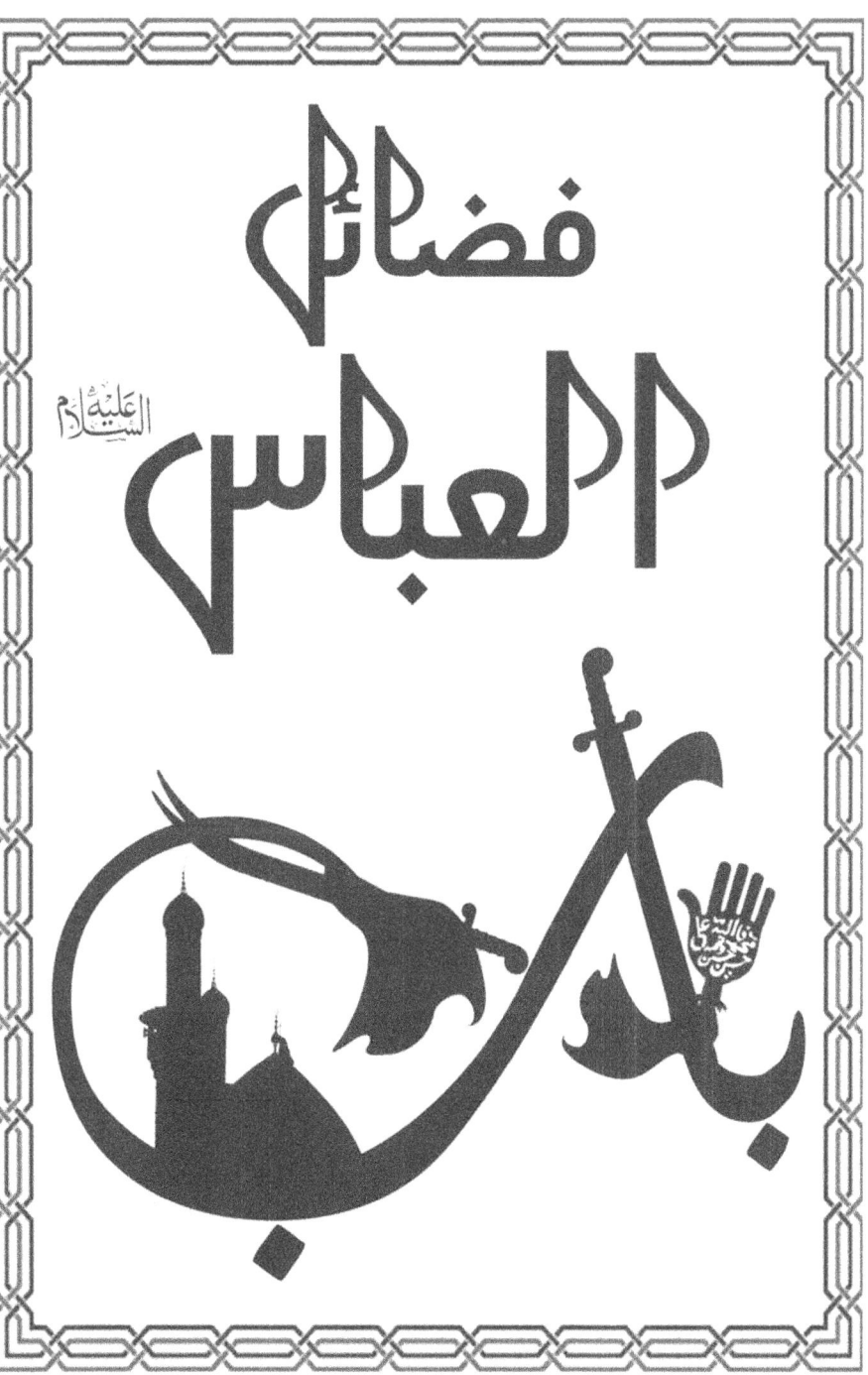

Fazail al Hz Abbas (as)

Copyright © 2015 Wilayat Mission® Publications
All Rights Reserved

ISBN-13: 978-0692386262
ISBN-10: 0692386262

Compiled by Wilayat Mission Publications
Cover Art by ShiaGraphics (www.facebook.com/ShiaGraphics)
Published by Wilayat Mission® Publications

For full listings of translations available as well as upcoming projects please visit our website, www.wilayatmission.org , and join our mailing list to receive email notifications of all new releases.

.

No part of this publication may be reproduced or distributed in any form without prior written permission from Wilayat Mission® Publications.

Wilayat Mission® Publications
Lahore, Pakistan
info@wilayatmission.org
http://www.wilayatmission.org

حضرت امیر المومنین علی علیہ السلام کے دل کی گہرائی میں ایک بہادر فرزند کی تمنا

تاریخ کی ورق گردانی کرنے والے جانتے ہیں کہ حضرت زکریا علیہ السلام کی دعا اور تمنا سے حضرت یحییٰ پیدا ہوئے (قرآن مجید سورہ مریم والنفس المہموم ص ۲۳ طبع بخف اشرف و توضیح المقاصد بہائی ص ا طبع بمبئی ۱۳۵۱ھ اور حضرت فاطمہ بنت اسد کی دعا اور تمنا سے حضرت علیؑ متولد ہوئے (مناقب ابن شہر آشوب جلد ا طبع بمبئی) اسی طرح حضرت علی علیہ السلام کی دعا اور تمنا سے علمدار کربلا حضرت عباس علیہ السلام پیدا ہوئے ہیں۔

حضرت علیؑ اور جناب عقیل میں گفتگو

یہ ظاہر ہے کہ فرزند رسول الثقلین امام حسینؑ پر حتمی واقع ہونے والے حادثہ کربلا سے حضرت علی علیہ السلام بخوبی واقف تھے اور یہ بھی جانتے تھے کہ اس نازک دور میں میرا وجود نہ رہے گا کہ میں اپنے نور نظر کی امداد کر سکوں آپ کو اس موقع پر نہ ہونے کا افسوس اور اپنے فرزند کی مصیبت میں ظاہراً بھی شریک نہ ہونے کا رنج تھا متفکر تھے ہی کہ دل کی گہرائی میں اک جوش تمنا پیدا ہوا۔ منہ سے نکلا اے کاش ! میری کوئی ایسی اولاد ہوتی جو

حسینؑ کے آڑے وقت میں کام آتی۔ دل میں تمنا کا پیدا ہونا تھا کہ آپ نے اپنے بھائی حضرت عقیلؑ کو طلب فرمایا اور ان سے کہا کہ اے بھائی مجھے واقعہ کربلا کی تفصیلات معلوم ہیں میرا دل بے چین ہے میں چاہتا ہوں کہ۔ آپ عرب کی کسی ایسی عورت کو تلاش کیجیے کہ جو بہادروں کی نسل سے ہو۔ تا کہ میں اس سے عقد کروں اور اس کے بطن سے ایسا بہادر لڑکا پیدا ہو جو رزمگاہ کربلا میں میرے فرزند حسینؑ کی کمال انہماک اور توجہ و جانفشانی سے مدد کرے۔

باب العباس ص ۲۸ طبع ایران: اسرار الشہادۃ ص ۳۱۹ طبع ایران ۱۲۷۹ھ شرح شافیہ لابی نواس و عمدۃ المطالب ص ۳۵۲ دمعہ ساکبہ ص ۳۲۷ و ناسخ التواریخ جلد ۳ ص ۵۳

حضرت عقیل جو انساب و عرب سے واقف تھے حضرت علیؑ کے سوال کا جواب دیتے ہوئے بولے اے علیؑ آپ ام البنین کلابیہ کے ساتھ عقد کرلیں۔ لیس فی العرب اشجع من آباء ھا ولا افوس اس لیے کہ اس کے آباو جداد سے زیادہ شجاع اور بہادر کوئی نہیں شاعر نے ان کے خاندان کی نسبی بلندی کی طرف اشارہ کرتے ہوئے کہا ہے ہم ہی خاندان عامر بن صعصعہ ہیں بڑی عزت و منزلت کے مالک ہیں جس سے کوئی عرب کا باشندہ انکار نہیں کر سکتا اور اے بھائی علیؑ سنو! من قومہا ملاعب الاسنۃ ابو براء ام البنین کے خاندان ہی سے ابو البراء بھی تھے جن کو یعنی نیزوں سے کھیلنے والا کہا جاتا تھا، جس سے بڑا شجاع سرزمین عرب نے آج تک پیدا نہیں کیا۔ (تنقیح المقال ص ۱۲۸ طبع ایران)

جناب ام البنین کا باپ کی طرف سے نسب نامہ

مورخین کا بیان ہے کہ ام البنین یعنی فاطمہ کلابیہ کا نسب نامہ یوں ہے فاطمہ بنت احزام بن خالد ابن ربیعہ بن لوی بن غالب بن کعب ابن عامر بن کلاب بن ربیعہ ابن عامر بن صعصعہ بن معاویہ بن بکر بن ہوازن (تحفہ حسینیہ جلد ا ص ۱۷۸ منتقل عوام ص ۹۳ ناسخ التواریخ جلد ۶ ص ۲۸۷ عمدۃ المطالب ص ۳۳۴ ابصار العین ص ۲۶ مطالب السؤل ص 215 ابن ابی الحدید جلد ا ص ۵۰۶ منہج للقال طبع ایران ۱۲۶۷ھ

جناب ام البنین کا ماں کی طرف سے نسب نامہ

لسان الملک کہتے ہیں کہ ام لنبین کی ماں لیلیٰ بنت شہید ابن ابی بن عامر بن الاعب لاسنہ بن مالک بن جعفر بن کلاب تھیں۔اور لیلیٰ کی ماں ثماسہ بنت سہیل بن عامر بن مالک ابن جعفر بن کلاب تھیں اور ثماسہ کی ماں عمرہ بنت طفیل (فارس قرزل) ابن مالک الاحزم بن جعفر ابن کلاب (رئیس الہوازن) تھیں۔اور عمرہ کی ماں کبشہ بنت عروۃ الرجال بن عتبہ بن جعفر بن کلاب تھیں۔اور کبشہ کی ماں ام الخشف بنت معاویہ (فارس) قبیلہ ہوازن بن عبادہ بن عقیل بن کلاب بن ربیعہ بن عامر بن صعصعہ تھیں۔اور ام الخشف کی ماں فاطمہ بنت جعفر بن کلاب تھیں اور فاطمہ کی ماں عاتکہ بنت عبد شمس بن عبد مناف ابن قصیٰ ابن کلاب تھیں۔اور عاتکہ کی ماں آمنہ بنت وہب بن عمر بن ناصر بن فعین بن حارث بن ثعلبہ بن داؤد بن اسد بن حزیمہ تھیں۔اور آمنہ کی ماں دختر مجد بن صبیحتہ الاغز بن اقیس بن ثعلبہ بن عکاشہ بن صعصعہ بن علی بن بکر بن وائل بن ربیعہ بن نزار تھیں اور ان کی والدہ

دختر مالک بن قیس بن شیبۃ تھیں۔اوران کی ماں دختر ذوالراسین خشین بن ابی بن عصم ابن شمخ بن فنزارہ تھیں اوران کی ماں دختر عمر بن عوف بن سعد بن دینابن بغیض بن الریب ابن غطفان تھیں (ناسخ التواریخ جز۳ص ۴۰۳ طبع ایران) علامہ کنتوری لکھتے ہیں فھی کر مۃ الا صل طیبۃ الولادۃ جناب ام البنین شریف خانوادہ سے پاکیزہ اور بے داغ تھیں۔ان کا نسب نہایت ہی عمدہ تھا۔مائتین ص ۴۴۰)

جناب ام البنین کی خواستگاری کے لیے حضرت عقیل کا جانا

حضرت عقیل نے حضرت علیؑ سے جناب ام البنین کی کمال مدح و ثنا کرنے کے بعد کہا"اگراجازت فرمائی دے را خواستگاری کنم۔اگراجازت دیں تو میں خواستگاری کے لیے جاؤں۔عقیل راوکیل نمود۔حضرت عقیل کو وکیل بناکر کثیر مہردے کر قبیلہ کلاب کی طرف روانہ فرمایا۔حضرت عقیل خانہ عزام میں جا پہنچے آپ کو صدر مجلس میں جگہ دی گئی۔ادائے مراسم کے بعداز حزام ام البنین راخواستگار شد۔جناب ام البنین کے والد حزام سے ام البنین کے لیے سلسلہ جنبانی شروع کی۔حزام نے پوچھامیری لخت جگرکس کے لیے چاہتے ہو""فرمایا: حضرت علی ولی علیہ السلام برادر حضرت محمد مصطفی صلی اللہ علیہ وآلہ وسلم۔یعنی میں تاجدار مملکت کملات حضرت علیؑ برادر پیغمبر السلام علیہ السلام کے لیے خواستگاری کی خاطر آیاہوں یہ سن کر حزام فرط مسرت سے بیخود ہوگئے اور فوراًیہ کہتے ہوئے داخل خانہ ہوئے کہ میں ابھی ابھی عرض کرتاہوں۔

جناب ام البنین اور حزام میں گفتگو

آپ نے گھر میں جا کر جناب ام البنین سے کہا کہ عقیل بن ابی طالب آئے ہیں۔اور علی بن ابی طالبؑ تیرے خواستگار ہیں ۔بیٹی !تیری کیا رائے ہے؟ام البنین نے جب یہ سنا"در پیر ہن نہ کنجد بے انتہا خوش ہوئیں اور کہا"اختیار در دست پدر است" بابا جان آپ کو اختیار ہے البتہ اتنا عرض کیے دیتی ہوں کہ میرے دل میں پہلے سے تمنا تھی کہ میرا شوہر بے مثل و بیظیر اور یکتا و بے ہتما ہو خوش نصیب کہ دلی مراد برآنے کے اسباب پیدا ہو گئے۔میں بالکل راضی ہوں اختیار آپ کے ہاتھ میں ہے۔حزام گھر سے باہر آئے۔حضرت عقیل نے پوچھا" حزام کیا کہتے ہو" عرض کیا۔"میں آپ کے قربان کہنا کیا ہے علیؑ سے رشتہ قائم کرنا عین سعادت ہے۔اس سلسلہ میں علیؑ کو فروغ نہ ہو گا بلکہ "شرف وافتخار باباشد"میری خوش قسمتی کا باعث ہے۔عقیل !جب دن تاریخ درست سمجھو میری نور نظر لخت جگر کو علیؑ کی خدمت گزاری کے لیے لے جاؤ"جناب عقیل نے واپس آکر صورت حال حضرت علیؑ کی خدمت میں عرض کی ۔حضرت علیؑ نے خوشی کا اظہار فرمایا فتر و جھا امیر المومنین اور ام البنین کے ساتھ عقد کر لیا۔پھر چند عورتوں کو خانہ حزام میں بھیجا گیا کہ وہاں سے ام البنین کو لے آئیں۔

جناب ام البنین خانہ امیر المومنینؑ میں

عورتیں گئیں اور جناب ام البنین کو آراستہ و پیراستہ کر کے لے آئیں اور حضرت علیؑ کی خدمت میں پیش کیا ام البنین فرماتی ہیں کہ میں ساری دنیا کو عورتوں پر اس بارے فخر کیا

کرتی تھی کہ میں فاطمہ زہراؑ کی کنیز اور تاجدار عالم کی زوجہ ہوں کہ حضرت ام النبین نے حضرت علیؑ کے گھر میں داخل ہوتے ہی ڈیوڑھی کو بوسہ دیا اور داخل حجرہ ہو کر سب سے پہلے حضرات امام حسنؑ و امام حسینؑ کو جو بیمار تھے اٹھا کر بٹھایا اور دونوں کے گرد تین دفعہ قربان ہوئیں پھر منہ چوما (زلفیں سونگھیں) اور رو کر عرض کی، اے میرے آقا اور میرے آقازادو۔ مجھے اپنی کنیزی میں قبول کرو میں تم پر نثار۔ میں تمہاری خدمت کے لیے آئی ہوں تمہارے کپڑے دھووں گی اور بدل جان تمہاری خدمت کروں گی۔ تم مجھے اپنی خدمت کے لیے قبول کرو۔ (ریاض القدس جلد ۲ ص ۶۶ طبع ایران)

قارئین کرام!

جناب ام البنین کے اس طرز عمل سے حضرت علیؑ کے ساتھ ساتھ روح فاطمہ زہراؑ بھی مسرور ہوگئی اس لیے کہ ان کی دلی تمنا یہی تھی کہ میرے بعد علیؑ جو بھی عورت لائیں وہ میرے بچوں کی صحیح نگران ہو

حضرت عباسؑ کی ولادت

علامہ قزوینی لکھتے ہیں کہ حضرت ام البنین خانہ امیر المومنینؑ میں مقیم رہیں ۔اور بصد مستعدی ہر خدمت کو فرض عین سمجھتی رہیں امیر المومنین کی دعا اور تمنا بے اثر نہیں ہو سکتی تھی۔ لہذا وہ وقت آیا کہ حمل کا اظہار ہوا عقد کے بعد تقریباً ایک سال گزرتے ہی ایک چاند سا بچہ آغوش مادر میں آگیا (خدا لقۂ الانس جلد ۲ ص ۶۷ طبع ایران) علامہ مامقانی رقمطراز ہیں کہ حضرت علی علیہ السلام کے یہاں آنے کے بعد حضرت ام النبین کی گود بھر

گئی اور سب سے پہلا جو بچہ پیدا ہوا۔ وہ حضرت علیؑ کی تمناؤں کا مجوعہ تھا جس کا نام عباس بن علی رکھا گیا

(تنقیح المال ص ۱۲۸ باب العباس من ابواب العین طبع ایران)

حضرت عباسؑ کی تاریخ ولادت

علمدار کربلا حضرت عباس علیہ السلام کا ۲۶ھ میں پیدا ہونا متفق علیہ ہے۔ کسی معتبر مورخ نے سن ولادت میں اختلاف نہیں کیا۔ سب یک زبان کہتے ہیں۔ ولد سنۃ ست و عشرین من الھجرت آپ ۲۶ ہجری میں پیدا ہوئے۔ (ابصار العین ص ۲۵ طبع نجف اشرف ۱۳۴۱ھ تنقیع المقال ص ۱۳۸ طبع ایران) لیکن تاریخ ولادت میں سخت اختلاف ہے (او ۲) جناب مولوی سید محمد ضامن صاحب کراروی ضلع الہ آباد نے اپنے رسالے جواہر زواہر قلمی کے صفحہ ۱۰۹ پر آپ کی تاریخ ولادت ۱۹ جمادی اول اور ص ۱۱۱ پر بقولے ۱۸ رجب المرجب تحریر فرمائی ہے ۳۔ جناب مولانا سید اکبر مہدی صاحب سلیم جزولی نے اپنی کتاب جواہر البیان کے ص ۷۳ پر بحوالہ محرق الفواد ۲۶ جمادی الثانیہ تحریر فرمایا ہے (۴) جناب شاہ محمد حسن صاحب صابری چشتی (صوفی) نے اپنی کتاب آئینہ تصوف کے ص ۴۴۲ طبع رامپور ۱۳۱۱ھ پر ۱۸ رجب تحریر کی ہے چنانچہ لکھتے ہیں:۔

حضرت عباس بن علی کرم اللہ وجہہ بتاریخ ۱۸ رجب المرجب بروز پنجشنبہ بوقت صبح مدینہ منورہ میں پیدا ہوئے

۵۔ اہل ایران کے نزدیک آپ کی تاریخ ولادت ۴ شعبان المعظم ہے مشہد مقدس کے علمی

ارگن ندائے ترقی ماہ شعبان ۱۳۵۰ھ کے ص ۲۲۷ پر مرقوم ہے نے بھی کتاب قمر بنی ہاشم میں یہی لکھا ہے۔ جناب مولوی محمد ظفریاب صاحب زائر نے اخبار اثنا عشری دہلی ۸ مئی ۱۹۰۶ء کے ص ۱۱ کالم ۳ جمادی الاول تحریر فرمایا ہے۔ تحقیق:۔ مذکورہ بالا اقوال پر جب تحقیقی نظر ڈالی جاتی ہے تو ۴ شعبان والے قول کو ترجیح نکلتی ہے۔ یعنی اس کے علاوہ دیگر مستند ہونے کی وجہ سے نا قابل التفات ہیں اس لیے کہ اس مجلہ علمیہ میں علمائے نجف کی تحقیق کا حوالہ دیا گیا ہے۔ یہ ظاہر ہے کہ ان کے مقابلہ میں غیر تق اقوال قابل اعتنا نہیں ہو سکتے۔ دیکھئے علمائے بوقت شہادت آپ کی عمر ۳۴ سال تحریر کی ہے۔ اگر پورے ۳۴ سال عمر شریف مانی جائے تو تاریخ ولادت کا ۱۰ ذی الحجہ ماننا گزرہے اور یہ ظاہر ہے کہ ۱۰ ذی الحجہ کو آپ کی ولادت کا ہونا کسی غیر معتبر کتاب میں بھی نہیں ہے۔ اسی وجہ سے صاحب تاریخ ائمہ نے یہ نتیجہ برآمد کیا ہے کہ آپ کی عمر ۳۴ سال چند ماہ تھی۔ ص ۲۹۶ اب سوال یہ ہے کہ پھر عام علماء نے ۳۴ سال کیوں تحریر کی ہے۔ اس کا جواب یہ ہے کہ انہوں نے صرف عام کے مطابق تحریر کیا ہے اور ایسے استعمالات اردو میں بھی بکثرت موجود ہیں ۔ غرضیکہ بوقت شہادت آپ کی عمر ۳۴ سال چند ماہ مانے بغیر چارہ نہیں تو اب دیکھنا یہ ہے کہ اقوال مذکورہ بالا میں سے کون سا قول ایسا ہے جو ۳۴ سال چند ماہ والی تحقیق کی تصدیق کر سکے۔ یہ ظاہر ہے کہ ۳۴ سال کے بعد "چند ماہ والی مدت" جو ہے وہ کم سے کم تسلیم کی جائے گی۔ اب ۴ شعبان ۲۶ھ کو تاریخ ولادت قرار دے کر ۱۰ محرم الحرام ۶۱ھ تک آپ کی عمر کا حساب کیا جاتا ہے تو غالباً ۳۴ سال ۵ ماہ ۶ یوم ہوتے ہیں۔ جو دیگر تاریخوں کے حساب سے کم ہیں مختصر یہ کہ حضرت عباسؑ ۴ شعبان المعظم ۲۶ھ بمطابق ۱۸ مئی ۶۴۷ء یوم سہ شنبہ کو پیدا ہوئے۔

۴ ۔شعبان کوار باب تحقیق نے مان لیا۔

حضرت علیؑ کی پیشانی سجدہ خالق میں

بطن جناب ام البنین سے چاند سا بچہ پیدا ہو گیا۔لوگوں نے امیر المومنین حضرت علی علیہ السلام کو مژدہ مسرت سنایا کہ ام البنین فرزند سے قمر منظر بوجود آور دہ ام البنین کے شکم مبارک سے ایک ماہ پیکر بچہ پیدا ہوا ہے حضرت علیؑ نے خبر مسرت پاتے ہی اپنی پیشانی مبارک سجدہ خالق میں رکھ دی مطلب یہ تھا کہ خالق! میری دلی تمنا بر آئی۔اب میرے حسینؑ کی امداد ہو سکے گی۔(ریاض القدس اص ۶۷)

حضرت عباسؑ کی پہلی نظر چہرہ امام حسین علیہ السلام پر

تاریخ کے چہرے پر نظر ڈالنے والے جانتے ہیں کہ جب حضرت علی علیہ السلام پیدا ہوئے تھے اپنی آنکھوں کو اس وقت تک بند رکھا جب تک کہ پیغمبر اسلامؐ تشریف نہ لائے تھے جب آپ تشریف لائے۔اور اپنی آغوش میں تاجدار اسلام کو لیا تو آپ نے آنکھیں کھول دی تھیں۔اور چہرہ رسالت پر پہلی نظر ڈالی تھی۔(راحتہ ذی الصلاتبہ فی محتبہ الصحابہ قلمی) شارح زیارت ناحیہ کی تحقیق ہے کہ جب حضرت امام حسینؑ کو خبر ملی اور آپ تشریف لائے اپنے بھائی کو آغوش امامت میں لیا۔کان میں اذان واقامت کہی۔آپ نے فوراً آنکھیں کھول دیں اور سب سے پہلے چہرہ امام حسینؑ پر نظر ڈالی۔

زبان امام حسینؑ دہن عباسؑ میں

تاریخ شاید ہے کہ جب حضرت علیؑ پیدا ہوئے تھے پیغمبر اسلام نے زبان مبارک دہن اقدس میں دے کر بزبان حال اقرار جانبازی لے لیا تھا یہی وجہ تھی کہ حضرت علیؑ شمع رسالت پر ہر وقت پروانہ وار نثار ہونے کو تیار رہا کرتے تھے۔ کسی وقت آنحضرتؐ کا ساتھ نہیں چھوڑا جب نبرد آزمائی کا موقع آیا نہایت ہی بے جگری سے لڑے جان نثاری کا وقت آیا تو آنحضرتؐ کے پسینے پر اپنا خون بہادیا۔ ہجرت کے موقع پر تلواروں کے سایہ میں بیٹھی نیند سو کر دکھلا دیا۔ کہ حمایت اس کا نام ہے۔ حضرت امام حسینؑ بہ نص قرآنی حضرت محمد مصطفےٰؐ صلعم کے فرزند اور حضرت عباسؑ حضرت علیؑ کے نور نظر تھے آنحضرت کا جو برتاؤ حضرت علیؑ ساتھ اور حضرت علیؑ کا جو سلوک حضرت محمد مصطفیٰ ﷺ کے ساتھ تھا۔ وہی برتاؤ حضرت امام حسین علیہ السلام کا حضرت عباس کے ساتھ اور حضرت عباسؑ کا امام حسینؑ کے ساتھ ہونا چاہیئے

شارخ زیارت ناحیہ لکھتے ہیں کہ حضرت عباسؑ نے بھی پیدا ہونے کے بعد نہ ماں کا دودھ پیا اور نہ ہی دائی کا جب حضرت امام حسینؑ تشریف لائے اور آغوش مبارک میں لے کر دہن اقدس زبان اطہر دی تو حضرت عباسؑ نے اسے چوسنا شروع کر دیا۔ گویا امام حسینؑ نے اسی طرح اقرار جانبازی لے لیا جس طرح سرور کائنات نے لعاب دہن چسا کر حضرت علیؑ سے عہد وفاداری لیا تھا۔ چنانچہ آپ تاعمر انا عبد من عبید محمد فرمایا کرتے تھے۔

حضرت عباسؑ مسجد میں

حضرت امام حسینؑ لعاب دہن سے سیراب کرنے کے بعد حضرت عباسؑ کو لے کر عبا سے سایہ کئے ہوئے داخل مسجد ہونے اور حضرت علی علیہ السلام سے عرض کی باباجان ! یہ بچہ مجھے بہت ہی پیارا ہے۔اس کی پرورش اور پرداخت میں کروں گا۔ حضرت علیؑ نے فرمایا۔بیٹا بڑی خوشی کی بات ہے ۔امام حسین علیہ السلام مسجد سے واپس ہوتے ہوئے پھر عرض کرتے ہیں باباجان ! کیاوجہ ہے کہ جب اس کی محبت جوش مارتی ہے تو ساتھ ہی ساتھ میرا دل بھی بھرآیاہے۔ حضرت علیؑ نے فرمایابیٹا خاصان خدا کے لیے خوشی اور غم توام ہیں۔آج یہ بچہ تمہیں مسرور کررہاہے لیکن ایک دن ایسا بھی آنے والاہے کہ تم الان انکسر ظھری کہہ کر روتے ہوگے امام حسینؑ نے اشارہ کی تفصیل چاہی۔آپ نے فرمایا:بیٹا جبریل امین تیری شہادت کا محضر نامہ لیے تھے اس میں مرقوم تھا الحسین سیّد الشھداء والعباس حامل اللّواء۔ حضرت حسینؑ شہداء کے سردار اور عباسؑ علمبردار کربلا شہید ہوں گے ۔ حضرت علیؑ نے فرمایاکہ میں نے رسول اللہؐ کو دوبار کہتے ہوئے سناہے کہ حسینؑ تین دن کے بھوکے پیاسے صحرائے کربلا میں شہید ہوں گے (ینابع المودۃ ص۳۱۸، تحریر الشھاد تین سر الشھاد تین ص ۸۳ طبع لکھنؤ)اور عباس نہر فرات میں پر جاکر اپنے شانے قلم کرادے گا۔اے حسینؑ ! ذراعباسؑ کے شانے کھولو۔شانے کھولے گئے ۔حضرت نے اس پر دونشان دکھلائے فرمایا۔ایک علم کااور دوسرا سکینہؑ کی سوکھی مشک کانشان ہے (ریاض الشھداء ص ۳۵۹ طبع دہلی ۱۳۵۲ھ)

WILAYAT MISSION PUBLICATIONS

حضرت عباسؑ کی پیدائش اور حضرت علیؑ کا گریہ

علامہ صدر الدین قزدینی لکھتے ہیں کہ حضرت علی علیہ السلام ایک دن وارد خانہ ہوئے ۔فرمایا میرے نور نظر کو میرے پاس لاؤ سفید پارچہ میں لپیٹ کر حضرت عباسؑ آپ کی آغوش میں دے دیئے گئے۔آپ نے چہرہ عباس کپڑے کو ہٹایا۔ماہے در سحاب دید'' چہرہ قمر بنی ہاشم پر نظر ڈالی اور فوراً پیشانی فرزند کا بوسہ دیا اس کے بعد اس پارچہ سے حضرت عباس کے ننھے ننھے ہاتھوں کو نکالا اور دست و بازو کلائی و سر پنجہ کو بغور دیکھا چشم مبارک سے آنسوؤں کے موتی ٹپکنے لگے آغاز نالہ وزاری کرد اور آپ نے رونا شروع کیا آپ کا رونا تھا کہ چاہنے والی ماں کے منہ کو جگر آنے لگا دست بستہ عرض کی آقا مگر میرے مولا !آپ نے میرے اس فرزند لبند کے ہاتھوں اور انگلیوں میں کیا دیکھا کہ اس قدر گریہ کرنے لگے آپ نے فرمایا کہ اے ام النین یہ مت پوچھو ام النبین نے اسرار کیا تو آپ نے فرمایا کہ اس کے وہ راز ہے کہ اس کو معلوم کر کے تم تاب ضبط نہ لا سکو گی لیکن ماں مضطرب دل میں کب سکون ہو سکتا تھا اصرار پر اصرار کرتی گئیں اور آپ یہی فرماتے رہے کہ تاب شنیدن نہ داری ''اے ام البنین تم سن نہ سکو گی۔الغرض آپ نے فرمایا اے ام النبین ! ارے آج وہ دن یاد آگیا جس دن ہمارے اس فرزند کے دونوں ہاتھ جفا جود اور ستم پرور مسلمانوں کی تلواروں سے کاٹے جائیں گے اس کے سر پر گرز اآہنی اور سینے پر نیزہ لگے گا اور یہ تین دن بھوکا پیاسہ زمین کربلا پر شہید کیا جائے گا (ریاض القدس جلد ۲ ص ۶۷) یہ سن کر حضرت ام البنین بے چین ہو کر رونے لگیں۔

حضرت عباسؑ کی رسم عقیقہ اور آپ کا نام

عقیقہ اسلامی نقطہ نظر سے سنت موکدہ ہے (مفاتیح الشرائع قلمی ۱۲۴۰ء) آپ کی ولادت کے ساتویں دن یہ رسم عمل میں لائی گئی اور عباس نام رکھا گیا۔ قارئین کرام ! اس بہادر فرزند کا نام عباس رکھنا نہایت ہی مناسب تھا۔اس لیے کہ شیر کا بچہ شیر ہی ہوتا ہے۔ علی علیہ السلام کا نام حیدر بھی تھا عمدۃ المطالب میں ہے کہ یسمی امیر المومنین علی حیدر لانہ حیدرہ من اسماء الاسد، امیر المومنین علیؑ کو حیدر اس لئے کہتے ہیں کہ آپ بڑے بہادر تھے اور حیدر شیر کے ناموں میں سے ایک نام ہے۔تو جس طرح شیر کے ناموں میں سے ایک نام ہے اسی طرح عباس بھی ہے العباس من الاسماء الاسد۔شیر کے ناموں میں سے ایک نام عباسؑ بھی ہے۔

حضرت عباسؑ کا اسم گرامی اور لغات

مناسب معلوم ہوتا ہے کہ آپ کے نام نامی کے متعلق ارباب لغات کے بیانات پیش کئے جائیں۔تاکہ اس کے نام وقعت کچھ اور بلند ہوسکے۔ ملاحظہ ہو:

۱۔ مسٹر یوایس مسیحی المنجد ص ۵۰۳ میں لکھتا ہے کہ عباس کے معنی زیادہ ترکش رو کے ہیں اور یہ شیروں کے ناموں میں ایک نام ہے

۲۔راجہ راجیشور ابن راجہ اماپت راؤ اپنی کتاب افسر اللغات طبع حیدرآباد دکن ۱۳۲۳ء کے ص ۶۷۴ پر لکھتے ہیں کہ عباس اسم فرزند علی مرتضیٰ بمعنی شیر درندہ اور مرد پہلوان۔

۳۔ ملا عبدالعزیز بن محمد سعید اپنی کتاب لغات سعیدی طبع کانپور ۱۹۳۹ء کے ص ۳۵۶ پر

تحریر کرتے ہیں۔ عباس شیر ترش رونام حضور سرور کائناتؐ کے چچااور حضرت علیؑ کے بیٹے کا۔

۴۔ مصنف غیث اللغات فصل عین مع الباء طبع لکھنؤ کے ص ۲۵۰ پر لکھتے ہیں۔ عباس بالفتح وتشدید ثانی بمعنی شیر درندہ ونام عم پیغمبر کہ خلفائے عباسیہ منسوب باد ستند ونام فرزند علی کرم اللہ وجہہ کہ از زوجہ کہ بعد وفات حضرت فاطمہ بنکاح آوردہ بودند۔ (ترجمہ) عباسؑ کے معنی شیر درندہ کے ہیں یہ نام آنحضرتؐ کے ایک چچا کا تھا جن کی طرف خلفائے عباسیہ منسوب ہیں اور یہ نام حضرت علیؑ کے ایک بیٹے کا تھا۔ جو حضرت کی اس بیوی سے پیدا ہوا تھا جس سے آپ نے جناب سیّدہ کی وفات کے بعد عقد فرمایا تھا

۵۔ صاحب لغات سرروی طبع لکھنؤ ۱۸۷۷ کے ص۲۵۶ پر لکھتے ہیں (عباس نام عم آنحضرتؐ وفرزند علی مرتضیٰ ودرندہ شیر ومرد پہلوان

۶۔ نور اللغات جلد ۳، ص ۷۵۳ طبع لکھنؤ ۱۳۴۴ھ میں ہے کہ عباس بمعنی شیر درندہ

۷۔ جامع اللغات محمد رفیع طبع الہ آباد ۱۹۳۴ء کے ص ۷۱۴ پر ہے "عباس آنحضرتؐ کے چچا کا نام جن کی اولاد سے خلفائے عباسیہ ہیں حضرت علیؑ کے ایک صاحبزادے جو کربلا میں شہید ہوئے۔

ان تفصیلات سے پتہ چلتا ہے کہ حضرت عباس علیہ السلام شجاع تھے علامہ تحریر فرماتے ہیں کہ کمال شجاعت کی وجہ سے آپ کا اسم گرامی عباس رکھا گیا (کبریت احمر جزو ۳ ص ۲۴) اس میں کوئی شک نہیں کہ حضرت عباس علیہ السلام شجاعت علویہ کے ورثہ دار تھے اور حضرت علی علیہ السلام کی جتنی جاگتی تصویر تھے

حضرت عباسؑ کا عہد طفلی اور معرفت باری

غیاث اللغات ص ۳۴۵ میں ہے کہ یقین کے تین درجے ہیں (۱) علم الیقین (۲) عین الیقین (۳) حق الیقین، یہ ظاہر ہے کہ جو مدارج یقین میں سے جتنے درجے حاصل کر سکے گا۔ وہ اسی قدر معرفت باری کی منزلوں پر بھی فائز ہو گا۔ انجیل (یوحنا کے باپ ۱۴ آیت ۲۶ طبع لاہور میں ہے کہ حضرت عیسیٰؑ پانی پر چلتے تھے۔۔۔۔۔۔۔۔الخ پیغمبر اسلام ارشاد فرماتے ہیں لوازداد یقینا لمشی علی الھویٰ اگر عیسیٰ کا یقین اور زیادہ کمال پر ہوتا تو وہ یقینا ہوا پر اڑتے۔ اب ذرا حدیث بساط کے ماننے والے اور خیبر میں ہوا کے دوش پر علیؑ کے قدم دیکھنے والے، علیؑ کے مدارج یقین کا اندازہ لگائیں۔ اور اگر انسانی طاقت اس کے اندازہ قاصر ہو تو علیؑ ہی سے پوچھیں کہ حضرت آپ کا یقین کس حد کا ہے تو وہ فرمائیں گے میں معرفت الٰہی کے بارے میں اتنا بڑھا ہوا ہوں کہ (لوکشف الغطاء لما ازدوت یقینا) کہ اب اگر پردے ہٹا دیئے جائیں تو بھی میرے حد یقین میں اضافہ ناممکن ہے۔

قارئین کرام ! باپ کا اثر بیٹے میں ضرور ہوتا ہے۔ اب علیؑ جیسے عارف باللہ کے صلب مبارک سے جو بچہ پیدا ہو اس میں بھی علوی کمال کی جھلک ضرور ہونی چاہیے۔ علامہ برغانی لکھتے ہیں کہ مروی ہے کہ حضرت عباس نہایت کم سنی کے عالم میں حضرت علی کے زانو پر بیٹھے ہوئے تھے اور دوسرے زانو پر جناب زینبؑ تشریف فرما تھیں امیر المومنینؑ نے دستور زمانہ کے مطابق تعلیم کے سلسلہ میں حضرت عباسؑ سے فرمایا نور نظر یوں گنتی گنو کہو ایک عباسؑ نے کہا ایک پھر حضرت علیؑ نے فرمایا کہو دو۔ عرض کی گستاخی معاف میں ایک کا قائل ہوں کبھی دو نہ کہوں گا

اے باباجان ! مجھے شرم آتی ہے کہ جس زبان سے ایک کہہ کر وحدت باری کا اقرار کر چکاہوں اب اسی زبان دو کیوں کر کہوں۔(یہ توشرک ہے) حضرت علیؑ نے اس معرفت میں ڈوبے ہوئے جواب کو سن عباسؑ کے لبوں کا بوسہ لے لیا(مجالس المتقین ص ۷۴ طبع ایران ۱۲۶۲ھ)

دیکھئے یہ ہے معرفت باری اوراس کو کہتے ہیں یقین خداوندی گودیوں میں کھیلنے والا بچہ کس طرح قرآن کی آیت" لا تتخذدا الهين اثنين " (دوخدانہ قراردو) پر عمل کر کے اپنے کمال عقیدہ اوراپنی معرفت کا ثبوت دیتاہے۔دراصل اسی آغاز کاانجام ہے کہ حضرت صادق آل محمدؑ حضرت عباسؑ کو خطاب نافذ البصیرت صلب الایمان دینے پر مجبور ہوئے (عمدة المطالب ص ۳۲۳)

قارئین کرام ! یہ توحضرت علیؑ کے ایک زانو بیٹھنے والے کی معرفت کا ذکر تھا۔اب ذرااس دوسرے زانوکی طرف بھی نظر کر لیجے۔جس پر ایک چھوٹی سی لڑکی بیٹھی ہوئی ہے لڑکا بھی علیؑ کے صلب سے اور لڑکی بھی علیؑ کے صلب سے لڑکا اگر اثرات علویہ سے بامعرفت ہے تو لڑکی بھی علوی اثر کی وجہ سے پر معرفت ہونی چاہیے مولانا سید علی شاگرد جناب سلطان العلماء تحریر فرماتے ہیں کہ حضرت عباسؑ کی گفتگو ختم ہوتے ہی زینب بنت علیؑ نے عرض کی ۔باباجان ! کیاآپ کے دل میں ہم لوگوں کی محبت ہے۔آپ نے فرمایا بیشک عرض کی باباجان، کیاایک دل میں دو محبتیں جمع ہو سکتی ہیں۔یہ تو بظاہر ممکن نہیں ہے کہ آپ خدا کو چاہیں اور ہم لوگوں کی محبت بھی اپنے دل میں رکھیں ۔البتہ یہ ہو سکتاہے کہ آپ خدا کو دوست رکھتے ہوں۔اور ہم لوگوں پر شفقت و مروت فرماتے ہوں یہ سن کر حضرت علیؑ بے انتہاخوش ہوئے (مجالس علویہ باب ا، ص ۹۳ طبع لکھنؤ ۱۲۹۲ئ)

حضرت علیؑ کا حضرت عباسؑ کے دونوں ہاتھوں کا بوسہ لینا

جناب ام البنین نے ایک دن حضرت علیؑ کو دیکھا کہ عباس کو اپنے زانو پر بیٹھائے ہوئے ہیں اور ان کی آستین سمیٹ کر ان کی کلایوں کا بوسہ لے رہے ہیں اور زار و قطار رو رہے ہیں یہ دیکھ کر جناب ام البنین گھبرا گئیں اور بولیں۔اے میرے ولی و وارث آپ کا یہ کیا حال ہے فرمایا ام البنین ! یہ نہ پوچھو۔انہوں نے اصرار کیا۔آپ نے ارشاد فرمایا سنو اس کے ہاتھ ایک دن نصرت حسینؑ میں کٹ جائیں گے یہ سننا تھا کہ جناب ام البنین بے تحاشا رونے لگی ان کے رونے سے پورا گھر رونے لگا(قمر بنی ہاشم عربی علامہ عبد الرزاق ص ۱۹ بحوالہ قمر بنی ہاشم فارسی ص ۲۱(

حضرت عباسؑ کا بچپن اور حضرت سید الشہداء کی خدمت

حسینؑ محضر نامہ دیکھ چکے تھے۔پیغمبر اسلامؐ سے سن چکے تھے اور حضرت علیؑ سے معلوم کر چکے تھے وہ جانتے تھے کہ واقعہ کربلا ہوگا۔اور ضرور ہوگا(ذخیرۃ المال علامہ عجیلی و مسند ابن حنبل جلد ا ص ۸۵)اور یہ بھی جانتے تھے کہ یہی برادر عزیز میرا پورا قوت بازو ہوگا۔اسی بنا پر آپ حضرت عباس سے بہت محبت کرتے تھے۔اور وہ بھی اپنے اوپر تمام احسانات کو جو سید الشہداء کی طرف سے ان کے متعلق تھے دیکھا کرتے تھے اور شمع امامت کے بچپنے ہی سے پروانہ بنے ہوئے تھے سنا جاتا ہے کہ حضرت عباسؑ فرط محبت سے امام حسین علیہ السلام کے پاؤں کی خاک اپنی آنکھوں سے لگالیا کرتے تھے

حضرت عباسؑ کو یہ گوارا نہ تھا کہ حسینؑ کی کوئی خدمت ایسی ہو جوان کے علاوہ دوسرا بجالائے

WILAYAT MISSION PUBLICATIONS

مسجد کوفہ کا مشہور واقعہ ہے کہ ایک دفعہ حضرت امیر المومنین علیہ السلام تشریف فرماتھے آپ کے پہلوے مبارک میں آپ کے فرزند دلبند فروکش تھے۔ بادشاہ کربلا کو پیاس محسوس ہوئی ۔قنبر سے جو آپ کے خاندانی غلام تھے فرمایا اسقنی من الماء قنبر ذرا پانی تو پلانا۔ حکم پاتے ہی قنبر اٹھے حضرت عباسؑ نے جو اس وقت نہایت ہی کمسن تھے۔ قنبر سے فرمایا۔ ٹھہرو اپنے آقا کے لیے میں پانی لاؤں گا۔

حضرت عباسؑ پانی کے لیے گئے اور آب سرد کا ایک جام بھرا بچپنے کا عالم تھا۔ حسینی جام کو سر اقدس پر رکھا اور چلے گئے پانی چھلکا اور آپ تر ہو گئے حسینؑ کے پاس پہنچے۔ بدن مبارک پر چھلکا ہوا پانی دیکھا واقعہ کربلا یاد آگیا۔ اور آپ اشکبار ہو گئے چہل مجلس ص ۳۱۲ طبع لکھنؤ اس واقعہ میں یہ کہا جا سکتا ہے کہ کم سنی کی وجہ سے آپ نے سر پر پانی کا جام رکھا تھا لیکن میں کہتا ہوں کہ عباسؑ کو یہ دکھلانا تھا کہ میں اپنے آقائے کاموں کو سر آنکھوں سے کرتا ہوں۔

حضرت عباسؑ کے بھائیوں کی پیدائش

حضرت عباسؑ کے حقیقی بھائی جناب عبداللہ جناب عثمان اور جناب جعفر تھے۔ حضرت عباسؑ کے تقریباً نو دس برس بعد بطن جناب ام النبین سے جناب عبداللہ پیدا ہوئے اور جناب عبداللہ سے دو سال بعد جناب عثمان بن علی پیدا ہوئے اور جناب عثمان سے تقریباً دو سال بعد جناب جعفر بن علی پیدا ہوئے جیسا کہ ابصار العین وغیرہ سے مستنبط ہوتا ہے۔

عثمان کی وجہ تسمیہ

آپ کی پیدائش کے بعد حضرت علیؑ نے آپ کا نام عثمان تجویز کر کے فرمایا: سمية باسم اخی عثمان ابن مظعون میں نے اس کا نام عثمان اپنے قوت باز و عثمان بن مظعون کے نام پر اس لیے رکھا ہے تا کہ ان کی یاد تازہ رہے (تحفہ حسینیہ جلد ا ص ۶۳ او مقتل عوالم ص ۹۳)

جعفر کی وجہ تسمیہ

آپ کی پیدائش کے بعد حضرت علیؑ نے آپ کا نام جعفر رکھا تا کہ جعفر طیا کی یاد قائم رہے روی ا ن امیرالمومنین مسماة اخیه جعفر لجسه اياه حضرت علیؑ نے ان کا نام جعفر اپنے بھائی جعفر ابن ابی طالب کے نام پر محض اس لیے رکھا تا کہ ان سے محبت کا ثبوت دیں ۔ حضرت علی جعفر طیارؑ کو بے حد چاہتے تھے۔ (ابصار العین ۳۵ طمع نجف اشرف)

حضرت عباسؑ کی ماں کا نام اور ان کی کنیت

مورخین کا اس پر اتفاق ہے کہ حضرت عباسؑ کی مادر گرامی کا نام فاطمہ کلابیہ تھا اور کنیت ام النبین تھی۔ لیکن اس امر میں فی الجملہ اختلاف ہے کہ آپ کی کنیت ام النبین (بیٹوں کی ماں) کب سے قرار پائی اکثر مورخین کا بیان ہے کہ جب حضرت عباسؑ اور عبداللہ و جعفر پیدا ہوئے تو آپ کی کنیت ام النبین قرار دی گئی لیکن علامہ کنتوری کہتے ہیں کہ کناھاربھا ابو ر ھا تفا ؤ لا کہ ام النبین کی ماں لیلیٰ بنت شہید اور باپ حزام بن خالد نے پہلے ہی آپ کی کنیت ام النبین قرار دی تھی۔ یعنی شگون کے طور آپ کو بیٹوں کی ماں کہا تھا تا کہ اس سے اس بات کا مظاہرہ ہو کہ ہم لوگوں کے دل میں تمنائیں ہیں کہ خدا سے صاحب اولاد اور بیٹوں کی ماں

قرار دے (ماتین کنتوری ص ۴۴۰ میرے خیال میں دونوں صورتیں قرین قیاس ہیں)

جنگ صفین اور حضرت عباس علیہ السلام

صفین نام ہے اس مقام کا جو فرات کے غربی جانب رقہ اور بالس کے درمیان واقع ہے (معجم البلدان ص ۲۷۰) باب ص طبع مصر ۱۹۰۶ ھ یہیں اسلام کی وہ قیامت خیز جنگ عالم وقوع میں آئی جو جنگ صفین کے نام سے مشہور ہے اس جنگ کے اسباب میں معاویہ کی چیرہ دستیوں اور تمرد وسرکشی کو پورا دخل ہے۔ معاویہ زمانہ خلافت حضرت عمر سے شام کا گورنر تھا۔ وفات عثمان کے بعد جب حضرت علیؑ ظاہری خلیفہ ہوئے اور عثمان حکومت آپ کے دست حق پرست میں آئی تو آپ نے معاویہ کے پاس کہلا بھیجا کہ مجھ پر جو قتل عثمان کی سازش کا الزام لگا کر شامیوں کو بر فروختہ کر رہے ہو اور اپنے آپ کو رسول اللہؐ کا منصوص خلیفہ مشہور کر رہے ہو (سیر الائمہ ص ۴۵) یہ تمہاری حرکت ناشائستہ اچھی نہیں ہے آپ کے متعدد احکامات کے بعد بھی جب معاویہ کے کان پر جوں نہ رینگی۔ اور آپ کو اس کا بھی قطعی علم ہو گیا کہ وہ مجھ سے برسرپیکار ہونے کے اسباب فراہم کر رہا ہے تو آپ نے برسرممبر فرمایا: عذلت المعاویۃ من حکومت الشام میں نے حاکم وقت ہونے کی معاویہ کی شام کی گورنری سے معزول کر دیا اور اب اسے حاکم شام تسلیم نہ کیا جائے (اکسیر التواریخ ص ۴۵) معاویہ جو خود حضرت علیؑ کو معزول کرنے کے لیے ہمہ تن فکر بنا ہوا تھا اسے جب معزول کی خبر ملی۔ تو اس نے آپ سے مقابلہ کی ٹھان لی۔ چنانچہ جنگ جمل اسی کا ساختشانہ

تھی۔ جنگ جمل کے بعد آپ نے اس کو سمجھانے کی بڑی کوشش کی مگر کتے کی دم سیدھی نہ ہو سکی۔ معاویہ اب کھل کر میدان میں آنے کے لیے بے چین تھا۔اسی حوصلہ اور بے چینی میں ایک لاکھ بیس ہزار کا لشکر لے کر حضرت علیؑ پر حملہ کے لیے چل کھڑا ہوا یہاں تک کہ مقام صفین میں آپہنچا علامہ دمیری لکھتے ہیں کہ اجمعو علی تتالہ قاتلھم اللہ خدا معاویہ اور اس کے ساتھیوں کو غارت کرے کہ ان لوگوں نے (عین ایمان) سے جنگ کرنے پر اجماع کر لیا(حیوۃ الحیوان جلد ا ص ۵۶)

مقام صفین کی طرف حضرت علیؑ کی روانگی

جب حضرت علیؑ کو علم ہوا کہ معاویہ ایک لاکھ بیس ہزار (بقولے ایک لاکھ ساٹھ ہزار، تاریخ اسلام ص ۲۰) کا لشکر لے کر آگیا ہے تو آپ نے بھی تیاری شروع کر دی اور نوے ہزار افراد پر مشتمل لشکر لے کر صفین کی طرف روانہ ہو گئے۔

حضرت علیؑ کا کربلا میں ورود

ابن حجر مکی لکھتے ہیں کہ آپ صفین کی طرف تشریف لے جا رہے تھے جب نینوا کے قریب پہنچے تو بروایت شعبی سال عن اسم ھذہ الارض فقیل کربلافکی حتیٰ بلاالارض من دموعہ آپ نے پوچھا اس زمین کو کیا کہتے ہیں کہا گیا اس کا نام کربلا ہے یہ سن کر آپ رونے لگے اور اس قدر روئے کہ آنسوؤں سے زمین تر ہو گئی ثم قال دخلت علی رسول اللہ وھویبکی فقلت ما یبکبک فقال انی عندی جبریل انقاًواخیزنی ان ولدی الحسین

يفتل بشاطی الفرات بموضع يقال له كربلاثمه قبض جبريل قبضة من تراب فشنی اياه قلم ملک عينی ان فاضتا ہ پھر آپ نے فرمایا ایک دن میں رسول اللہؐ کی خدمت میں حاضر ہوا تو انہیں روتا ہوا پایا میں نے پوچھا حضورؐ کو کس چیز نے رلا دیا۔ فرمایا ابھی ابھی جبرائیل آئے تھے اور مجھ سے کہا کہ کربلا کی زمین پر فرات کے کنارے آپ کے نور نظر شہید کر دیئے جائیں گے اب علی سنو! جب سے یہ سنا ہے کہ آنکھوں سے آنسو نہیں تھمتے ۔اس کے بعد آپ نے فرمایا۔ یہ کہنے کے بعد جبریلؑ نے ایک مٹھی خاک دی اور کہا کہ اسے سونگھو اس کا سونگھا تھا کہ اشک آنکھوں سے جاری ہو گئے۔ (صواعق محرقہ ص ۱۱۵ طبع مصر ۱۳۲۴ھ اخبار الہدی بحرانی ص ۲۹۴ رواتح القرآن ص ۴۹۸) احمد بن جبل کہتے ہیں کہ حضرت علیؑ نے یہ بھی فرمایا۔ فتيةمن آل محمديقتلون بهذالا رضة تبكی عليهم السماء والارض اسی زمین پر آل محمدؐ ایک برگزیدہ گروہ قتل کیا جائے گا جس کے غم میں زمین آسمان (خون کے آنسو) روئیں گے ۔ (مسند احمد بن جنبل جلد ا ص ۸۵ طبع مصر سر الشہادتین شاہ عبدالعزیز دہلوی ص ۱۷ طبع لدھنا نہا۔ اخبار الدول ص ۱۰۷ حیوۃ الحیوان جلد ا ص ۵۱)

علامہ مجلسی تحریر فرماتے ہیں کہ جب حضرت علیؑ بہ نزدیکی نینوا سیدند آب پائے عسکر آنجناب تمام شدہ تشنگی بر ایشان غلبہ نمود نینوا کے نزدیک پہنچے تو آپ کے لشکر کا پانی ختم ہو گیا تھا اور تمام لوگوں پر پیاس کا حد درجہ غلبہ تھا انتہائی کوششوں کے بعد بھی پانی نہ ملا۔ نا گاہ ایک راہب پر نظر پڑی اس سے پانی طلب کیا اس نے جواب دیا کہ یہاں سے دو فرسنگ کے فاصلہ پر پانی دستیاب ہو سکتا ہے۔ یہ سن کر حضرت علیؑ نے روبقبلہ ہو کر ایک مقام کی طرف اشارہ کیا کہ اس جگہ کو کھودو تعمیل حکم کی گئی ایک چشمہ نمودار ہوا۔ لیکن اس کا منہ ایک بڑے گرانبار پتھر سے بند تھا۔ لشکروں نے لاکھ ہٹایا۔ مگر اس پتھر نے جنبش نہ کی پھر

FAZAIL AL HZ ABBAS (AS)

ید اللہ حضرت علیؑ خود بڑھے اور انگشت مبارک سے اسے سرکا دیا، شیریں پانی کا ایک چشمہ موجزن ہوا سب نے جی بھر کر پانی پیا مشکیز بھر لیے گئے۔ چشمہ نظروں سے غائب ہو گیا راہب نے یہ ماجرا دیکھا کلمہ پڑھ کر دست امیر المومنینؑ کو بوسہ دیا اور وہ ہمرکاب ہو گیا۔اس کے بعد قافلہ وہاں سے روانہ ہوا جب آپ کربلا پہنچے تو بے حد روئے (کشف الانوار ص ۱۹۲) حبیب السیر جلد ا ص ۵۶ جامع التواریخ ص ۲۳۸)

شہادت حضرت عباسؑ کا تصور

کربلا پہنچ کر آپ ٹھہرے اور آپ کی آنکھ لگ گئی خواب دیکھا کہ ایک باغ ہے۔ایک جماعت آئی اور اس نے باغ کو قطع کر ڈالا۔ پھر ایک خون کو دریا جوش زن ہوا۔امام حسینؑ اس میں شناوری کرنے لگے یہ دیکھ کر آپ کی آنکھیں کھول گئی۔ واقعہ کربلا کے تمام واقعات سامنے آگئے اب کیا تھا علیؑ نے ہونے والے واقعات کے عمل میں آنے سے قبل نوحہ وماتم شروع کر دیا (کشف الانوار ترجمہ بحار جلد ۹ ص ۱۹۲)

صفین میں حضرت علیؑ کا ورود

اپنے فرزند پر نوحہ وماتم کرنے کے بعد آپ صفین کی طرف روانہ ہوئے۔وہاں پہنچ کر آپ نے معاویہ کے لشکر کو دیکھا۔اپنی ساری فوج کو سامنے آنے کا حکم دیا۔ سارا لشکر معاویہ کے مقابل آگیا۔

آپ کے لشکر پر بندش آب

حضرت علیؑ کی تمام فوج معاویہ کے لشکر کے مقابل پہنچ گئی۔ابن ابوسفیان نے صفین کی طرف متوجہ ہو کر علیؑ کے پہنچنے سے پہلے ہی ابوالاعور کو چشمہ آب پر مامور کر دیا تھا کہ (جو اس علاقہ میں ایک ہی تھا) قبضہ کر لے۔جناب امیرؑ نے معاویہ کے مقابلے میں چھاؤنی ڈالی پانی کے روکنے کی خبر ہوئی صعصعہ ابن صوحان اور شیث ابن ربعی کی معرفت معاویہ کے پاس یہ پیغام بھیجا کہ یہ لشکر نے پانی روک دیا لشکر کے ساتھ ضعیف کمزور اور بوڑھے بھی ہیں مناسب نہیں کہ مسلمانوں سے پانی روک لیا جائے اگر ہم تجھ سے پہلے وارد ہوتے تو ہر گز منع نہ کرتے ہم پانی پر لڑنے نہیں آئے ہیں بلکہ دین پر لڑنے آئے ہیں۔تاکہ خلق خدا پر حجت نوری ہو جائے مناسب ہے کہ لشکر کو لب دریا سے ہٹالے۔اور پھر لڑ حق و باطل کا فرق لڑائی سے ظاہر ہو جائے اور اگر تیری مرضی یہی ہے کہ جو گھاٹ کو لے لے اسی کی فتح سمجھی جائے تو ہم اس پر بھی رضامند ہیں اس پیغام کے پہنچنے پر معاویہ نے اپنے امراء سے مشورہ کیا عمرو بن عاص نے کہا اے معاویہ کیا تو اپنے خیال میں ساقی کوثر کو کنارے آب فرات پیاسا رکھ سکے گا

ولید بن عتبہ نے کہا کہ ان لوگوں میں اکثر قاتلان عثمان ہیں۔ان لوگوں نے کئی دن ان پر پانی روکے رکھا مناسب ہے کہ ہم بھی ان کو پیاس کی تکلیفیں پہنچائیں۔معاویہ نے ولید کی بات پسند کی اور سفیر ولید بن عتبہ کو برا بھلا کہتے ہوئے بے نیل و مرام واپس آئے جناب امیرؑ کے لشکری پیاس سے سخت بتاب ہوئے حضرت کے لشکر گاہ سے اس دوسرے مقام تک جہاں پانی دستیاب ہو سکتا تھا۔دو فرسخ کا فاصلہ تھا یہ حالت دیکھ کر اشتر ادر اشعث جناب

امیر المومنین علیہ السلام کے پاس آئے اور کہا یا امیر المومنین تمام لشکر پیاسا ہے اور معاویہ مع اپنے لشکر کے سیر اب ہو رہا ہے۔ ہم لوگ کب تک خاموش رہیں۔ اجازت دیجئے کہ ہم لڑیں اور پانی چھین لیں۔ امیر المومنینؑ نے فرمایا اگر تم دشمنوں سے مغلوب و مقہور ہو کر جئے تو یہ زندگی عین موت ہے اور اگر دشمن پر مظفر و منسور ہوتے ہوئے مر گئے تو یہ عین حیات ہے الغرض اپنے آقا و سردار سے اجازت پا کر دس ہزار فوج لے کر گھاٹ کی طرف رخ کیا اور ناچار لشکر اعدا پر حملہ کیا زور و شور کی لڑائی کے بعد گھاٹ ابوالاعور سے چھین لیا (تاریخ اسلام ص ۱۶۶)

بندش آب توڑنے کے لیے امام حسینؑ کی روانگی

علامہ شیخ مہدی ماژندرانی لکھتے ہیں کہ حضرت علیؑ علیہ السلام کی نظر میں یہ لشکر کچھ کمزور پڑتا ہوا دکھائی دیا فقام الیہ الحسین وقال یا ابت انا مضی الیہ یہ دیکھ کر حضرت امام حسینؑ کمر بستہ ہو کر کھڑے ہو گئے اور خدمت پدر بزرگوار میں عرض کی۔ بابا جان! پھر اب تو میں جاتا ہوں ان کو اجازت ملی آپ روانہ ہو گئے اور میدان جنگ میں پہنچ کر بڑی بے جگری سے جنگ کی کامیاب پلٹے گھاٹ پر قبضہ ہو گیا لوگوں نے امام حسینؑ کی اس کامیابی پر مبارک باد دی۔ آپ رونے لگے لوگوں نے پوچھا۔ مولا! یہ تو خوشی کا موقع ہے۔ آپ گریہ کیوں کرتے ہیں ارشاد فرمایا۔ انا سبقتل لطف کربلا قربیا وحیداً عطشانافریداً مجھے اس وقت وہ وقت یاد آگیا کہ یہ میرا نور نظر مستقبل قریب ہیں زمین کربلا پر یکہ و تنہا بھوکا

پیاسا شہید کر دیا جائے گا (شجرہ طوبیٰ نجف اشرف ۱۳۵۴ھ لونعج الاحزن جلد ا ص ۲۱۶)

حضرت عباسؑ امام حسینؑ کے جلو میں

علامہ محمد باقر خراسانی لکھتے ہیں کہ بعض کتابوں سے معلوم ہوتا ہے۔۔۔ کہ حضرت اس دن اپنے بھائی امام حسینؑ کے جلو میں معین و مددگار کی حیثیت سے تھے جس روز معاویہ کے لشکر کا فرات سے قبضہ اٹھانا اور اپنا قبضہ بٹھانا مقصود تھا (کبریت احمر جز ۳ ص ۲۵ طبع ایران ۱۳۴۳ئ) ملا مقبل اپنی کتاب میں لکھتے ہیں کہ حضرت عباسؑ جب لشکر اسلام پر بندش آب کو توڑنے کے لیے اپنے آقا کے ساتھ گئے اور کمال جانفشانی سے نبرد آزمائی کے بعد پلٹے تو حضرت علیؑ سے لشکر کی تشنہ لبی با چشم گریاں بیان کرنے لگے۔ حضرت علیؑ کا دل بھر آیا۔ اور ہونے والے واقعات کا آنکھوں میں نقشہ پھر گیا۔ آپ نے حضرت عباسؑ کو اپنے قریب بلا کر فرمایا: اے فرزند! تو آج کے دن تشنہ لبی سے اتنا متاثر ہے۔ کل وہ دن آنے والا ہے کہ تو اپنے تمام اعزاء اقربا و برادر سمیت کئی روز کی بھوک و پیاس میں زمین کربلا پر شہید کر دیا جائے گا (واقعات مقبل قلمی ۱۲۳۲ھ) الغرض لشکر امیر المومنینؑ کے قبضہ میں پانی آگیا مسٹر ذاکر حسین لکھتے ہیں لشکر امام نے دریا پر چھاؤنی ڈال دی۔ اور فریق مخالف کو پانی لینے سے روک دیا معاویہ نہایت ہی مضطرب ہوا عمرو بن عاص نے اس کو ملامت کرنا شروع کی اور کہا میں کیا کہتا تھا۔ بتاؤ اگر علیؑ تمہارے ساتھ وہی سلوک کریں۔ جو کل تم نے ان کے ساتھ کیا تھا تو تمہارا کیا حال ہو گا۔ معاویہ نے کہا پھر اب کیا ہو گا عمرو نے کہا کہ محصور عثمان کو پانی کی مشکیں بھجوانے والا علی تمہاری طرح ہر گز پانی روکنے والا نہیں خجل و شرمندہ ہو کر

معاویہ نے اپنے اراکین دولت میں سے بارہ شخصوں مثل ضحاک ابن قیس بسر ابن ارطاۃ مقاتل ابن زید داؤد بکری۔ جوشب ابن ذی طلیم وغیرہ کی معرفت امیرالمومنین کی خدمت میں عرض کرا بھیجا۔ کہ ہم پر پانی بند نہ کریں۔ ساقی کوثر نے جواب میں فرمایا کہ ہم کسی پر پانی بند نہیں کرتے خاطر جمع رکھواس کے بعد اپنے سرداروں کو کہلا بھیجا پانی نہ روکو۔ اور منادی کرادی۔ پانی حلال ہے کسی کواس میں مضائقہ نہیں ہے دونوں لشکروں میں جس کی ضرورت ہوآدمیوں اور جانوروں کے لیے پانی لے جائے (تاریخ اسلام جلد ۲ ص ۱۹۸) صاحب تاریخ ائمہ لکھتے ہیں کہ معاویہ کے جواب میں عمروبن عاص نے کہا حضرت علیؑ! تم جیسے نہیں ہیں۔ وہ کفو کریم ہیں وہ ایسا نہیں کریں گے ص ۲۶۷ مختصر یہ کہ ذی الحجہ ۳۶ھ میں یہ جنگ شروع ہوئی اور محرم ۳۷ھ میں ملتوی رہ کر یکم صفر سے شب و درز گھمسان کی لڑائی رہی امیرالمومنینؑ نے اپنی روایتی بہادری سے دشمن اسلام کے چھکے چھڑا دیئے عمروبن العاص اور بشیر بن ارطاۃ پر جب آپ نے حملے کئے تو یہ لوگ زمین پر لیٹ کر برہنہ ہوگئے۔ حضرت علیؑ نے منہ پھیر لیا۔ یہ اٹھ کر بھاگ نکلے معاویہ نے عمرو بن العاص کو طعنہ دیتے ہوئے کہا تو نے اپنی شرم گاہ کے صدقہ میں جان بچائی۔ عمرو نے کہا یہی عین عقل مندی تھی (سیرۃ الائمہ ترجمہ کشف الغمہ ص ۴۲) جب بشیر بن رطاۃ نے اپنی برہنگی کا واقعہ بیان کیا تو معاویہ نے کہا کچھ مضائقہ نہیں یہ تو ہوتا ہی رہنا ہے کل عمروبن العاص نے بھی تو یوں ہی اپنی جان بچائی تھی۔ مورخین کا بیان ہے کہ اس جنگ میں نوے لڑائیاں لڑی گئیں۔ ۱۱ روز تک فریقین کا قیام، مقام صفین میں رہا۔ معاویہ کے نوے ہزار اور حضرت علیؑ کے بیس ہزار سپاہی مارے گئے ۱۳ صفر ۳۷ھ معاویہ کی عیاری کی وجہ سے جنگ بندی ہوئی (تاریخ ائمہ ص ۲۷۱)

WILAYAT MISSION PUBLICATIONS

تبدیلی لباس کی بحث

حضرت علیؑ جن کی تلوار کالوہامانا ہوا تھا۔ان کے متعلق علامہ دمیری لکھتے ہیں۔اذا ستسل قد واذاعترض قط جب طول میں تلوار لگاتے تھے تو جسم کے دو حصے کر دیتے تھے اور جب عرض میں تلوار مارتے تھے تو دو ٹکرے کر دیتے تھے۔(حیواۃ الحیوان جلد ا ص ۵۲)اس صفین کی اہم اور تاریخی جنگ میں اکثر ایسے مواقع بھی پیش آئے کہ آپ نے بھیس بدل کر جنگ کی اور لباس تبدیل کر کے بنرد آزمائی کی۔یعنی اگر کوئی بہادر مبارز طلب ہوا تو آپ نے اپنے کسی صحابی یا عزیز کا لباس پہن لیا۔اور مقابلہ کے لیے تشریف لے گئے یہ محض اس لیے کرتے تھے کہ جب مقابل کو معلوم ہو گا کہ نبرد آزمائی کے لیے علیؑ آئے تو وہ واپس چلا جائے گا اور قتل ہونے سے بچ جائے

ا۔صاحب تاریخ ائمہ لکھتے ہیں کہ ایک دن حضرت نے پکار کر فرمایا کہ اے پسر ہند کیوں مسلمانوں کی خونریزی کرتے ہو خود میدان میں نکل آؤمیں اور تم جنگ کرتے ہیں۔ مگر معاویہ کو میدان میں نکلنے کی ہمت نہ ہوئی۔تب حضرت علیؑ نے بھیس بدل کر میدان میں آئے۔اور آپ نے مبارز طلبی کی۔ عمرو بن العاص نے حضرت کو نہ پہنچانا اور اس نے سامنے آکر رجز پڑھا۔ حضرت علیؑ نے بھی رجز پڑھ دیا عمرو بن العاص کو معلوم ہو گیا کہ حضرت علیؑ ہیں پس وہ بھاگا (ص ۲۶۹)

۲۔علامہ عیسیٰ اربلی لکھتے ہیں کہ جب لشکر معاویہ سے محراق ابن عبدالرحمن نکلا تو اس کے مقابلہ کے لیے مومل بن عبید اللہ آئے اور شہید ہو گئے۔پھر مسلم نامی صحابی تشریف لے

گئے وہ بھی شہید ہو گئے۔تب حضرت علیؑ بھیس بدل کر تشریف لے گئے اور اسے واصل جہنم کیا اس کے بعد پھر لشکر معاویہ سے سات جوان یکے بعد دیگر آتے رہے۔اور حضرتؑ سب کو قتل کرتے رہے معاویہ نے اپنے غلام حرب سے کہا کہ اب تو جا اور اس جوان کو قتل کر۔اس نے تلوار کی برش دیکھ کر معافی چاہی۔تب آپؑ نے اپنے چہرے کو ظاہر کر دیا اور لوگوں نے جان لیا کہ یہ علیؑ ہیں پھر آپ واپس تشریف لے گئے (سیرۃ الائمہ ترجمہ کشف الغمہ ص ۴۵)

حضرت علیؑ جناب ابن عباس کے لباس میں

علامہ شیخ جعفر شوستری رقمطراز ہیں: (ترجمہ) علامہ شیخ جعفر شوستری لکھتے ہیں کہ جنگ صفین میں حضرت علیؑ نے ایک موقع پر ابن عباس کا لباس پہن کر جنگ کی اور بہتوں کو قتل کیا۔معاویہ نے پکار کر کہا یہ ابن عباس نہیں ہو سکتے۔ابن عباس اتنے بہادر کہاں لوگوں نے کہا نہیں ابن عباس ہی ہیں۔معاویہ نے کہا نہیں نہیں ابن عباس نہیں ہیں وہ اتنے شجاع کہاں ہیں اگر تم چاہو تو آزمائش کر لو اچھا ایک دفعہ سب مل کر حملہ کرو۔سب نے مل کر حملہ کیا حضرت علیؑ اپنی جگہ سے حرکت بھی نہ کی۔تب لوگوں نے سمجھا کہ ابن عباس نہیں بلکہ علیؑ ہی ہیں۔الخ (فوائد المشاہد ص ۸۱ م ۹ طبع بمبئی ۱۳۲۷ھ)

حضرت علیؑ عباس بن ربیعہ کے لباس میں

علامہ ابن طلحہ و علامہ اربلی وغیرہ لکھتے ہیں کہ لشکر معاویہ سے ایک زبردست سوار برآمد

ہوا جناب عباس بن ربیعہ بن حارث ہاشمی اس کے مقابلے کو گئے اور آپس میں گتھ گئے عباسؑ نے اسے ہلاک کر ڈالا۔اور اپنے شامی گھوڑے پر سوار ہو کر واپس چلے معاویہ نے اپنے لشکریوں سے پکار کر کہا جو اس جوان ہاشمی کو قتل کرے گا اسے کافی مال دوں گا۔یہ سن کر لشکر معاویہ سے قبیلہ بنی شحم کے دو زبردست دلیر میدان قتال میں آ کھڑے ہوئے اور للکار کہا اے جوان (عباس) ہم تجھ سے لڑنے کے لیے نکلے ہیں عباس نے کہا ذرا اپنے دامن کو ملک الموت کے چنگل سے بچائے رکھو اور تھوڑی دیر ٹھہرو کہ میں امیر سے اجازت لے آؤں ۔(سیرۃ الائمہ ترجمہ کشف الغمہ ص ۴۸) یہ کہہ کر حضرت علیؑ کی خدمت میں حاضر ہوئے اور اذن جنگ چاہا۔ حضرت علیؑ نے فرمایا میرے قریب آ۔جب وہ قریب آ گئے تو آپ نے ان کا سلاح جنگ اور گھوڑا لیا اور اپنا لباس اتار کر عباس کا لباس اور سلاح جنگ وغیرہ خود پہنا اور عباس کے گھوڑے پر سوار ہو کر میدان جنگ میں اس حال میں جا پہنچے کہ لوگ آپ کو عباس ہی جان رہے تھے۔(مطالب السول ص ۱۵۰ طبع لکھنؤ) جب آپ میدان میں پہنچے ، مقابل نے پوچھا اپنے مالک سے اجازت لے آئے۔اور انہوں نے اجازت دے دی حضرت نے یہ آیت؛اذن للذین یقاتلون بانھم طلموا! الخ کی تلاوت کی ان میں سے ایک نے بڑھ کر حضرت پر شمشیر کا وار کیا آپ نے اس وار کو خالی دے کر اس کے پیٹ پر تلوار لگائی اور وہ دو ٹکڑے ہو گیا پھر دوسرے نے بڑھ کر حملہ کیا۔آپ نے اسے بھی جہنم رسید کیا جب یہ دونوں قتل ہو گئے تو معاویہ نے پکار کر کہا لشکریو! ہوشیار ہو جاؤ۔یہ علی بن ابی طالبؑ ہیں

حضرت عباس بن حارث کے روپ میں

علامہ شیخ مہدی ماژندرانی لکھتے ہیں کہ جب معاویہ کے لشکر سے ایک زبردست بہادر حمزہ نامی نکلا اور اس کے مقابلے کے لیے عباس ابن حارث ابن عبد المطلب لشکر حضرت علیؑ سے نکل کر چلے تو حضرت علیؑ نے عباس بن حارث کو قریب بلایا اور ان کا لباس خود پہنا اور میدان جنگ میں بلا کر اسے واصل جہنم کیا (شجرہ طوبیٰ ص ۸۹ طبع نجف اشرف ۱۳۵۴ھ)

حضرت علیؑ اپنے فرزند عباسؑ کے لباس میں

علامہ عیسیٰ اربلی لکھتے ہیں، لشکر معاویہ سے کریب نامی ایک بہادر نکلا اس لیے مبارز طلبی کی ۔اس کے مقابلے کو مبرقع خولانی نکلے اور شہید ہوگئے پھر ایک دوسرے صحابی نکلے وہ بھی شہید کر ڈالے گئے (سیر الائمہ ترجمہ کشف الغمہ ۴۶) یہ دیکھ کر امیر المومنین نے اپنی ہئیت بدلی اور اس کے مقابلہ کے لیے آنکلے ۔(شجرہ طوبیٰ ۔جلد ۲ ص ۸۹) علامہ موفق ابن احمد خوارزمی لکھتے ہیں کہ حضرت علیؑ نے کریب ابن صباح حمیری سے جنگ کے موقع پر اپنے فرزند عباس کا لباس اور گھوڑا بدلا تھا۔ حضرت علیؑ نے اپنے نور نظر حضرت عباسؑ کو بلایا جو کم سنی کے باوجود مرد کامل تھے اور حکم دیا کہ اپنے گھوڑے سے اتر آؤ۔ اور اپنے لباس کو اتار دو (آپ نے تعمیل حکم کی) پھر حضرت علیؑ جناب عباسؑ کے گھوڑے پر سوار ہوئے اور ان کو اپنے کپڑے پہنائے ۔اور اپنے گھوڑے پر سوار کیا اور خود ان کا لباس پہن لیا تاکہ کریب نبرد آزمائی سے بھاگے نہیں ۔(مناقب اخطب خوارزمی ص ۱۶۹ قلمی) حضرت علی علیہ السلام تیار ہو کر عازم میدان ہوئے تو عبداللہ ابن ابی حازبی نے عرض کی کہ مولا! آپ توقف فرمائیں ۔اس سے میں جنگ کروں گا چنانچہ آپ اجازت کے بعد میدان جنگ گئے اور شہید ہوگئے (مناقب ص ۱۹۶) حضرت امیر المومنین نے جب صورت حال

کامشاہدہ کیا تو آپ خود ہی جنگ کے لیے نکل پڑے اور پہلے اسے نصیحت کی۔ جب نصیحت کا اس پر کوئی اثر نہ ہو۔ تو آپ نے ذوالفقار کی ایک ضرب سے اس داخل جہنم کر دیا (سیر الائمہ ترجمہ کشف الغمہ ص ۴۴۶ طبع بمبئی) ان تحریروں سے روز روشن کی طرح ظاہر ہو گیا کہ حضرت علیؑ نے جنگ صفین میں کئی دفعہ تبدیلی لباس کی ہے کریب سے جنگ کے موقع پر آپ نے اپنے فرزند عباس کا لباس تبدیل کر کے جنگ کی ہے یہ اور بات ہے کہ بعض کوتاہ نظر مورخین اور بعض موجودہ زمانہ کے حضرات اشتباہ میں پڑے ہوئے ہیں کہ وہ عباس ابن علیؑ تھے یا اور کوئی عباسؑ تھے (کبریت احمر ۲۵) ان حضرات کے اشتباہ کو دور کرنے لیے چند مفصلہ ذیل چیزوں کا تذکرہ ضروری ہے۔

۱۔ جنگ صفین میں حضرت عباسؑ کی عمر ۲۔ خوارزمی کی حیثیت اور ان کی روایت کی تجزیہ

۳۔ حضرت عباس کا قد و قامت

۱۔ جنگ صفین میں حضرت عباسؑ کی عمر

تاریخوں سے ثابت ہے کہ جنگ آخر ۳۶ ھ سے شروع ہو کر ۳۷ ھ میں ختم ہوئی ہے اور حضرت ۲۶ ء میں پیدا ہوئے ہیں۔ ۳۷ میں سے ۲۶ گئے گیارہ بچے یا ۲۶ میں سے گیارہ جوڑ دینے سے ۳۷ ہو جاتے ہیں پس معلوم ہوا کہ جنگ صفین میں حضرت عباس کی عمر ۱۱ سال تھی۔

۲۔ علامہ خوارزمی کی روایت کا تجزیہ

علامہ خوارزمی کی جلالت قدر میں شبہ نہیں ہے وہ فریقین کی نظر میں ممدوح سمجھتے ہیں۔ جس صراحت کے ساتھ انہوں نے تبدیلی لباس کے متعلق تحریر کیا ہے وہ خود اس چیز کو واضح کررہاہے کہ موصوف نے بلا تحقیق نہیں لکھا۔ پھر عبارت کا تجزیہ بتایاہے کہ آپ نے درست لکھاہے (۱) ابنہ العباس یعنی علیؑ نے اپنے بیٹے عباس کو بلایااس سے معلوم ہواکہ انہیں عباس کاذکر ہے جو علی کے بیٹے تھے۔(۲) وکان تاماً حضرت عباس کم سنی کے باوجود تام تھے اس کا مقصد یہ ہو سکتاہے کہ گو وہ کمسن تھے لیکن عام مردوں سے زیادہ کامل تھے کسی شخص کے انسان ہونے میں دو چیزیں دلیل ثابت ہوتی ہیں ایک مرد کامل ہو دوسرے علم الفضل کا مالک خوارزمی نے ان دونوں چیزوں پر روشنی ڈال کر بتایاہے کہ حضرت عباسؑ کمسنی کے باوجود انسان کامل تھے وغیرہ وغیرہ۔ علامہ محمد باقر خراسانی لکھتے ہیں۔ ابو الفضل بروایت خوارزمی در مناقت در صفین مرد تام کاملے بود حضرت عباسؑ جنگ صفین میں مرد تام وکامل انسان تھے (کبریت احمر ص ۲۵)اس کے علاوہ جناب صدر المحققین حضرت ناصر الملتہ اعلیٰ اللہ مقامہ سے جب میں نے جنگ صفین میں حضرت عباسؑ کے وجود کا سوال کیا تھاتوآپ نے اسی عبارت کا حوالہ دیا تھا۔ چنانچہ میں نے آپ ہی کے فرمانے پر اس قلمی کتاب سے اس عبارت کو نقل کیا تھا، جو علامہ سید تقی صاحب اعلیٰ اللہ مقامہ کے کتب خانہ واقع لکھنؤ عقب مسجد تحسین علی خان میں موجود ہے۔

۳۔ حضرت عباسؑ کا قدو قامت

کہاجاتاہے کہ جنگ صفین میں حضرت عباسؑ صرف گیارہ سال کے تھے ،تو حضرت

علیؑ کا لباس بدلنا کیوں کر درست ہو سکتا ہے کیا حضرت عباسؑ کا لباس حضرت علیؑ کے جسم پر اور حضرت علیؑ کا لباس حضرت عباسؑ کے بر میں ٹھیک اتر سکتا تھا؟ میں عرض کرتا ہوں کہ مقتل عوالم ص ۱۴، ابصار العین ص ۲۶ تحفہ حسینیہ ص ۷۸ ا ناسخ جز ۲ ص ۲۸۹ میں ہے کہ۔یر قب فرس المطهم ورجلا ہ یخطان فی الارض جب آپؑ گھوڑے پر سوار ہوتے تھے تو آپ پاؤں زمین پر خط دیتے جاتے تھے (نظام العلماء مرزا رفیع طباطبائی لکھتے ہیں کہ حضرت عباسؑ بلندی قامت میں اپنے زمانہ کے تمام لوگوں سے ممتاز تھے (مفاتیح الکنوز ص ۱۴۲ طبع ایران ۱۲۹۸ھ) علامہ محمد مہدی نراقی لکھتے ہیں کہ حضرت عباسؑ جسامت اور بلندی قامت میں اپنے زمانے کے تمام لوگوں سے ممتاز تھے (محرق القلوب قلمی) ان عبارات سے واضح ہے کہ آپ نہایت ہی طویل القامت اور لمبے قد کے انسان تھے۔ اور آپ کا طویل القامت ہونا اس لیے تعجب خیز نہیں ہے کہ بقول لسان الملک اسلام میں دس آدمی ایسے گزرے ہیں جن کا طول قامت ہمارے لحاظ سے تقریباً پچیس ہاتھ تھا۔ جن میں حضرت عباسؑ کے اجداد میں ماں کی طرف سے ابن ربیعہ اور ابن طفیل اور باپ وزوجہ کی طرف سے عباسؑ ابن عبدا لمطلب (عم رسولؐ) بھی تھے (ناسخ التواریخ جلد ۳ ص ۷۰۵) تو عرض ہے کہ اول تو حضرت عباسؑ کے آباؤ اجداد میں اتنے لمبے آدمی گزر چکے تھے کہ جن کی نظیر ناممکن سی تھی ۔دوسرے ان کے قریبی زمانہ میں بھی انہیں دس میں ایک قیس ابن سعد ابن عبادہ موجود تھے جو معاویہ کے دربار میں رہا کرتے تھے (ناسخ التواریخ) تو یہ تسلیم کرتے ہوئے کہ آپ کے پاؤں دور کا یہ گھوڑے پر سے زمین پر خطا دیتے تھے اب اگر عباس کے قدو قامت کو دیکھا جائے اس لحاظ سے کہ اس زمانہ کے قریب میں بھی پچیس ہاتھ کے آدمی تھے تو یہ

کہا جاسکتا ہے کہ زمانہ کا نمو کا خیال کرتے ہوئے یوں توازن قائم کہا جائے کہ مثلاً چالیس سال کا آدمی ۲۵ ہاتھ کا لمبا ہو گا تو بیس سال کا آدمی ساڑھے بارہ لمبا ہو گا اور گیارہ سال کا آدمی تقریباً ساڑھے چھ ہاتھ لمبا ہو گا۔اور پھر بعض روایات میں ملتا ہے کہ حضرت عباسؑ جب دوڑ کر گھوڑے پر سوار ہوتے تھے تو معلوم ہوتا تھا کہ گھوڑے کی پشت پر ایک بہت بڑا ٹیلہ رکھا ہوا ہے اس سے بھی آپ کے نشو و نما کی ارتقائی منزل کا پتہ چلتا ہے۔اگر یہ نہ تسلیم کیا جائے کہ جنگ صفین میں آپ کا قد ساڑھے چھ ہاتھ لمبا تھا تو یہ ماننا بہر صورت ناگریز ہو گا کہ آپ اس وقت اچھے خاصے ڈیل ڈول کے انسان تھے اور یہ ظاہر ہے کہ حضرت علیؑ کا قد اگر پست نہ تھا تو طویل بھی نہ تھا جیسا کہ اسد الغابہ جلد ۷ ص ۵۲ میں ہے اور اس میں شک نہیں کہ میانہ قد والے انسان کا لباس اس کے جسم پر جو کم سنی کے باوجود کافی طویل القامت ہو اور اس کا لباس اس میانہ قد والے انسان کے جسم پر ٹھیک اترے گا۔ان تمام تحریری کاوشوں کا نتیجہ یہ نکلا کہ جنگ صفین میں حضرت عباسؑ گیارہ سال کی عمر کے باوجود تقریباً اتنے قد و قامت کے مالک تھے کہ جتنا ایک میانہ قد کا انسان ہوتا ہے لہذا حضرت علیؑ کا حضرت عباسؑ کے لباس بدلنے والی روایت غلط نہیں ہے یعنی حضرت علیؑ نے کریب نامی پہلوان سے جنگ کرنے کیلئے حضرت عباسؑ کا لباس بدلا تھا

جنگ صفین میں حضرت عباسؑ کی نبرد آزمائی

جبکہ یہ امر پایہ تحقیق کو پہنچ گیا کہ جنگ صفین میں حضرت عباس علیہ السلام موجود اور بہر صورت اس قابل تھے کہ اچھی نبرد آزمائی کر سکے تھے تو کوئی وجہ نہیں کہ ایسی جو روائتیں

ملیں جن سے حضرت عباسؑ کے جنگ کرنے کا پتہ چلتا ہو۔انہیں باآسانی رد کر دیا جائے۔

حضرت عباسؑ کے حوصلہ جنگ کی شہادت

علامہ باقر خراسانی لکھتے ہیں کہ جنگ کربلا سے قبل آنجناب در حروب و عزوات باشجاعان عرب محاربہ و مبارزہ نمودہ داد مردانگی وادہ ۔ حضرت عباسؑ اکثر لڑائیوں میں بڑے بڑے شجاعان عرب سے لڑکر داد مردانگی حاصل کر چکے تھے (کبریت احمر ص ۲۴) پھر فرماتے ہیں:۔ نامدار و شجاع بغایت عالیمقدار بود جرأت و قوت از حیدر کرار میراث داشت دپیوستہ در معارک مقاتلہ ریت نصرت بر میافراشت حضرت عباسؑ بڑے بہادر اور ہمت والے تھے جرأت و قوت حضرت علیؑ سے ورثہ میں پا چکے تھے۔اکثر جنگوں میں آپ نے رائت نصرت بلند کیا تھا اور دلیرانہ امداد کی تھی ص ۵۲ علامہ محمد مہدی نراقی لکھتے ہیں: بسیارے از بطال عرب کشتہ بود و پیوستہ در عزوارت و حروب لوائے فتح و ظفر بر داشتہ۔ حضرت عباسؑ نے اکثر بہت سے بہادران عرب کو قتل کیا تھا اور بہت جنگوں میں میں لوائے فتح و ظفر کو بلند کیا تھا (محرق القلوب م ۱۲ قلمی)

جنگ صفین میں حضرت امام حسینؑ کی روانگی اور حضرت عباسؑ کی جانبازی

صاحب تحفہ یوسفیہ لکھتے ہیں کہ اسی جنگ صفین میں ایک مرتبہ محمد حنیفہ جنگ کرنے کے

بعد پلٹے۔ حضرت علیؑ نے پھر حکم جہاد دیا۔۔۔ محمد حنیفہ نے عرض کی باباجان آپ مجھے امر بجہاد دیتے ہیں اور حسینؑ کو حکم جہاد نہیں ہوتا۔ ارشاد فرمایا اے بیٹے! تم میرے فرزند ہو اور حسینؑ فرزند رسولؐ ہیں انہیں حکم جہاد کیسے دیا جائے یہ کلام حسینؑ کے گوش گزار ہوا۔ آپ نے اپنے بزرگوار سے جنگ کی اجازت چاہی (تحفہ یوسفیہ ص ۵۵ طبع لکھنؤ ۱۳۱۷ ھ) سید الشہداء التماس دا سرار کرد۔ امیرؑ بعلم امامت می دانست کہ دریں واقعہ آسیبے بوجود فرزندش حسین نمی رسد اجازت داد حضرت علیؑ کے انکار جنگ سید الشہداء نے التماس و اصرار شروع کیا حضرت علیؑ کو علم امامت سے معلوم ہو گیا تھا کہ فرزند رسول کو اس جنگ میں کوئی صدمہ نہ پہنچے گا۔ لہٰذا آپ نے اجازت دے دی۔ حضرت امام حسینؑ عازم جنگ ہوئے۔ جب امام حسینؑ کے بھائیوں کو معلوم ہوا۔ تو انہوں نے آپس میں کہا اللہ! اللہ! ہم لوگ بیٹھے رہیں اور حسین ابن فاطمہ عازم میدان جنگ ہو غرضکہ سب بھائی آگئے اور تا دور ہمرکاب رہے (ریاض القدوس ص ۱۲۵) مگر مظلوم کربلا حضرت امام حسین علیہ السلام کے جان نثار حضرت عباس نامدار نے دیکھا کہ میرا آقا لڑنے کے لیے جارہا ہے دل بے چین ہو گیا۔ اگرچہ آپ اس وقت بہت کم سن تھے۔ لیکن دلیرانہ حیثیت سے امداد امام حسینؑ کے لیے بڑھے۔ اصحاب امیر المومنین کا بیان ہے کہ ناگاہ ایک برق سامنے سے چمک گئی یعنی ایک سوار اس طرح ایک سمت سے نکلا کہ یہ معلوم نہ ہو سکا۔ وہ کون ہے اور دیکھا کہ درمیان صفوف لشکر در آیا۔ نیزہ اس جرار کے ہاتھ میں تھا۔ اس نے کمال غیظ سے نیزے کو حرکت دی اور بعض نوجوانان لشکر شقاوت اثر کو نیزے کی آنی پر اٹھا کر پھینک دیا یعنی ایک کے بعد دوسرے کو ہلاک کرتا رہا یہاں تک کہ تھوڑی دیر میں نوے اشقیا کو واصل جہنم کیا ان شیرانہ حملوں کی وجہ سے لشکر میں غل مچ گیا۔ یہ دلیر کون ہیں؟ معلوم ہوا کہ قمر بنی

ہاشم فرزند حیدر صفدر عباس حق شناس ہیں ۔۔۔۔الخ تحفہ یوسفیہ ص ۵۵ قمر بنی ہاشم ص ۱۰۱ طبع نجف اشرف)

ابن شعثا سے حضرت عباسؑ کی جنگ

علامہ محمد باقر خراسانی تلیمذ ملا حسین نوری لکھتے ہیں کہ جنگ صفین کے موقع پر ایک دن حضرت عباسؑ (چہرہ پر نقاب ڈالے ہوئے) میدان جنگ میں پہنچے۔آپ کی ہیبت اور سطوت کو دیکھ کر اصحاب معاویہ نے جرات نہ کی۔ ''پس معاویہ گفت بہ مرد شجاع از اصحابش کہ اور ابن شعثامی گفتند کہ بیرون رو بمبارزت ایں جوان ''تو معاویہ نے اپنے اصحاب میں سے ایک بہادر کو چنا جس کا نام ابن شعثا تھا اور اس سے کہا کہ تو اس نوجوان سے جنگ کے لیے جا۔اس نے کہا کہ اہل شام مجھے دس ہزار سواروں کے برابر جانتے ہیں اس ایک جوان کے مقابلہ میں میرا جانا میری توہین ہے میں تعمیل حکم کے لیے اپنے فرزند کو بھیجتا ہوں چنانچہ اس نے اپنے ایک فرزند کو عازم جنگ کیا۔جب وہ پہنچا واصل جہنم ہو گیا۔پھر اس نے اپنے دوسرے لڑکے کو بھیجا۔وہ بھی اس نوجوان کے ہاتھوں قتل ہوا۔یہاں تک کہ اس نے پے در پے اپنے ساتوں لڑکوں بھیج دیا اور وہ یکے بعد دیگرے اپنے ٹھکانے پہنچ گئے۔پس ابن شعثا خود بمبارزت قدم جرات برداشت وآن جوان بر او حملہ نمود ''اب تو ابن شعثا سے نہ رہا گیا۔اس نے خود قدم جرات بڑھایا۔نقاب پوش بہادر نے اس مثل عقاب شکستہ بازو حملہ کیا اور ٹھکانے لگا دیا۔پھر کسی نے اقدام جرات نہ کیا۔لوگوں کو یہ شبہ ہوا کہ ھذا علی ابن ابیطالب ہیں۔حضرت علیؑ جو اس جوان نقاب دار کے قریب تشریف لائے اور اس کے

چہرے سے نقاب سرکائی۔اب لوگوں نے دیکھا۔یہ تو علی نہیں بلکہ ان شجاعت کے ورثہ دار حضرت عباسؑ علمدار ہیں" (کبریت احمر جلد ۳ ص ۲۵ طبع ایران ۱۳۴۳ھ)

جنگ صفین میں حضرت عباسؑ کی پیاس

صاحب فضائل الشہداء لکھتے ہیں کہ جنگ صفین میں حضرت عباس نبرد آزما تھے تو آپ پر پیاس کا زبردست غلبہ ہوا۔آپ تاب ضبط لا سکے۔اور اپنے پدر بزرگوار کی خدمت میں عرض کرنے لگے۔ بابا جان پیاس ہلاک کئے دیتی ہے حضرت علیؑ نے ایک جام آب سرد کا اپنے نور نظر کو دیا۔ حضرت عباسؑ نے پانی پی کر عطش بجھائی اور خدا کا شکر ادا کیا۔جب آپ پانی پی چکے تو دیکھا کہ حضرت علیؑ کے گریہ گلوگیر ہے دست بستہ عرض کی۔ بابا جان رونے کا سبب کیا ہے فرمایا بیٹا ! تمہاری اس عطش کے غلبہ نے ایک اور موقع کی پیاس کی یاد دلادی جس میں روانی دریا کے باوجود تیرے لبوں تک ایک قطرہ پانی نہ پہنچ سکے گا۔ حضرت عباسؑ بابا ! وہ کون سا زمانہ ہوگا اور کس سن میں واقع ہوگا ؟ حضرت علیؑ: "بیٹا ! وہ ۶۱ ہجری میں پیش آئے گا" حضرت عباسؑ: کیا اس وقت آپ نہ ہوں گے ؟ حضرت علیؑ: "بیٹا ہاں میں نہ ہوں گا" حضرت عباسؑ بابا! میرے بھائی حضرت حسنؑ اور حضرت حسینؑ تو ہوں گے ؟ حضرت علیؑ بیٹا ! حسنؑ تو نہ ہوں گے مگر تمہارا آقا حسینؑ ہوگا اور وہ بھی تمہارے ساتھ پیاسا ہوگا" حضرت عباسؑ بابا ہماری کون سی خطا ہوگی کہ ہم پر پانی بند ہوگا اور دریا کی موجوں کے باوجود ہم پیاسے رہیں گے ؟ حضرت علیؑ "بیٹا ! تیری کوئی خطا نہ ہوگی۔ تو صرف رفاقت حسینؑ میں پیاسا رہے گا" حضرت عباسؑ بابا کیا فرزند رسول حسینؑ پر بھی پانی بند رہے گا

؟"" حضرت علیؑ بیٹا وہ اسی گروہ کے لوگ ہوں گے جو آج بھی تیرے سامنے ہیں تم لوگوں پر یہ پانی بھی بند کریں گے اور تمام اصحاب حتیٰ کہ تمام اقرباور چھوٹے چھوٹے بچے بھی شہید کردئے جائیں گے۔ حضرت عباسؑ "" بابا! اس وقت ہمارا کیا فریضہ ہوگا ؟ حضرت علیؑ بیٹا ! اس وقت تو اپنی جان کو فرزند رسولؐ اور اہل بیت پر فدا کردینا" (فضائل الشھداء باب ۲ ف ۲ ص ۱۱۰) غرضکہ ۱۳ صفر ۳۷ کو یہ جنگ ختم ہو گئی اور تمام لوگ اپنے اپنے گھر چلے گئے حضرت عباسؑ امام حسینؑ کی رفاقت میں رہے اور اس موقع کا انتظار کرتے رہے یہاں تک کہ ۶۰ ھ ۶۱ ھجری آگیا اور آپ نے وہ کارہائے نمایاں انجام دئے کہ جو سونے کے حرفوں سے لکھنے کے قابل ہیں

جنگ صفین میں حضرت علیؑ کے دو شیر

۱۔ ابوالفضل　　　　　　۲۔ ابوالحارث

یہ واضح ہے کہ عباس کے معنی شیر درندہ کے ہیں آپ امداد حسینی کے لیے کتم عدم سے خیر وجود میں تشریف لائے حسینؑ کی امداد فرمانا آپ کا فرض عین تھا آپ کی پرورش کی غرض ہی یہ تھی کہ امام حسین کے کام آئیں۔ چنانچہ آپ نے اسے بدرجہ اتم پورا کیا جیسا کہ آئندہ واقعات سے ظاہر ہوگا۔آپ طفلی میں جس بے جگری کے ساتھ جنگ صفین میں لڑے اور حسین کی امداد کی اس کی ایک مثال اوپر بیان کی جاچکی ہے آپ ہی کی کنیت ابوالفضل تھی اب دیکھنا یہ ہے کہ ابوالحارث کون تھے۔اور ان کے تذکرے کا یہاں مطلب کیا ہے چنانچہ گذارش ہے کہ حضرت علیؑ نے تو عباس جیسے فرزند کو حسین کی امداد کے لیے معین فرمایا تھا

یہ ظاہر ہے کہ عباسؑ اسی وقت تک امداد فرما سکتے تھے جب تک جان میں جان باقی رہے مرنے کے بعد تو بظاہر ہر امداد نہیں کر سکتے تھے اس لیے ضرورت تھی کہ حضرت علیؑ جناب عباسؑ کی شہادت کے بھی کوئی ایسا انتظام کریں کہ حسینؑ کی امداد کا سلسلہ بند نہ ہو چنانچہ اسی خیال کے تحت حسب تحقیق علامہ محمد باقر نجفی حضرت علیؑ نے بموقع جنگ صفین ایک بچہ شیر کو ایک گرگ کے حوالہ کیا اور ابزرگ کند دہاں بچہ شیر وصیت کرد کہ زمین نینوا اقرار بگیرد۔ بروقت حسینش دریں بیابان لے برافتاد۔ درآں وقت حراست بدن فرزندش بکند ۔۔۔الخ۔ رمرقات الایقان ص ۳۷ طبع نجف اشرف، ترجمہ) کہ وہ اسے پال پوس کر جوان کرے اور اس بچہ شیر سے وصیت کی کہ وہ زمین نینوا پر قیام پذیر ہو اور جب میرا حسین اس جگہ پر آئے اور دشمنوں کے ہاتھوں بے سر ہو جائے تو ان کے بدن کی حفاظت کرے۔

حضرت علیؑ کی شہادت اور جناب عباسؑ

۲۱ رمضان کی وہ حشر انگیز اور قیامت خیز تاریخ ہے جس میں اسلام کے مالک دین و ایمان کے سردار رسول کے حقیقی جان نثار و جانشین نے مسجد کوفہ میں زہر میں بجھی ہوئی تلوار سے شہادت پائی آپ کی شہادت واقع ہونے میں کسی کا ہاتھ تھا۔ اور کون آپ کی وفات کا سبب اعظم تھا اس میں اختلاف ہے علامہ حسین واعظ کاشفی کہتے ہیں کہ عبدالرحمن ابن ملجم مرادی کا ایک دن کوفہ کی گلیوں سے گذر ہوا اس نے ایک مکان میں کثیر مہ رخان عالم کو آتے جاتے دیکھا اور عمدہ باجوں کی آوازیں سنی۔ اس مکان کے قریب گیا جس میں سے عورتوں کا ایک گروہ نکلا۔ اس کی نظر قطامہ نامی عورت پر پڑی اس کے حسن نے اس کمینہ

کے دل میں جگہ کرلی۔اس نے بڑھ کر پوچھا کیا تو شوہر رکھتی ہے اس نے جواب دیا چونکہ میری پسند کا شوہر مجھے نصیب نہیں ہوا اس لیے میں نے ابھی تک شادی نہیں کی ابن ملجم نے کہا۔ کیا ایسا ہو سکتا ہے کہ تو مجھے قبول کرلے۔اس نے کہا میرے عزیزوں سے کہو۔ عزیزوں سے جب تذکرہ کیا گیا تو انہوں نے قطامہ کی مرضی پر چھوڑا قطامہ جو بہت آراستہ غرفہ بیت (کھڑکی) میں بیٹھی ہوئی تھی اس نے کہا اگر تم تین قسم کے مہر ادا کر سکتے ہو تو مجھے تم سے ہمکنار ہونے میں عذر نہیں ہے (۱) تین ہزار درہم نقد ادا کرو (۲) ایک اچھی گانے بجانے والی کنیز خدمت کے لیے لاؤ (۳) حضرت علیؑ کا سر کاٹ کر لاؤ۔ یہ سن کر ابن ملجم نے کہا اول کی دو شرطیں تو منظور اور ممکن ہیں مگر تیسری شرط سے میں عاجز ہوں علیؑ وہ جس کی شمشیر کا لوہا مشرق و مغرب کے بہادروں کے قلوب مانے ہوئے ہیں بھلا مجھ سے یہ کیوں کر ہو سکے گا۔ کہ ایسے بہادر کا سر کاٹ سکوں۔اس نے جواب دیا کہ مجھے تو دراصل سر علیؑ ہی درکار ہے میں پہلی دو شرطیں تجھ سے اٹھا لیں۔اب مہر میں صرف علیؑ کا سر چاہتی ہوں اگر

وصال من خواہی ایں کار را قبول کن وگرنہ۔ ع

اگر مجھ سے لطف حیات اٹھانا چاہتا ہے کہ علیؑ کا سر لا ورنہ تو میری صورت بھی نہ دیکھ سکے گا اس بدبخت مرادی نے اس زن نامراد کی شرط قبول کرلی۔اور مہر میں علیؑ کا سر دینے کا وعدہ کرلیا قطامہ کی مدد سے چند آدمیوں کو لے کر روئے بخدمت امیر نہاد حضرت علیؑ کے قتل کے لیے اُٹھ کھڑا ہوا۔ اروضتہ الشہدا باب ۵ ص ۱۹۸۔ صاحب تاریخ ائمہ بحوالہ تاریخ طبری جلد ۵ ص ۸۶ پر لکھتے ہیں کہ واقعہ نہروان کے واقعہ کے بعد تین خارجیوں نے رائے دی کہ تین شخصوں معاویہ، عمرو ابن العاص اور حضرت علیؑ کی وجہ سے یہ انتشار بڑھ رہا ہے ان کو قتل کر دیا جائے اس کے لیے ۱۹ رمضان مقرر ہوئی چنانچہ تینوں خارجی اپنی اپنی تلواریں زہر

میں بجھا کر روانہ ہوئے ایک دمشق میں معاویہ کے لیے دوسرا افسطاط مصر میں عمرو بن العاص کے لیے تیسرا ابن ملجم حضرت علیؑ کے لیے۔ معاویہ اور عمرو ابن العاص تو بچ گئے مگر ابن ملجم جب اس ارادہ سے کوفہ پہنچا تو مسجد کوفہ میں چھپ رہا حضرت علیؑ ایک شب حضرت امام حسنؑ کے پاس اور ایک شب حضرت امام حسینؑ کے پاس افطار کرتے اور تین لقموں سے زیادہ تناول نہ فرماتے جب ۱۹ ار مضان ۴۰ ہجری کو حضرت نماز صبح کے لیے گھر سے جانے لگے تو گھر کی بطخیں چیخنے لگیں حضرت پر اس کا اثر ہوا اور مسجد میں تشریف لائے۔ اذان دی جب نماز میں مشغول ہوئے تو سجدہ کی حالت میں ابن ملجم نے سر پر تلوار ماری جس سے مغز تک شگافتہ ہو گیا آپ نے فرمایا ''فزت برب الکعبۃ'' بخدا میں اپنے مقصد میں کامیاب ہوا۔ ا لختاریخ ائمہ ص ۲۷۴۔ ان حضرات کے بیان سے واضح ہوتا ہے کہ آپ کی شہادت یا تو قطامہ کی حرکت سے عمل میں آئی یا ان خارجیوں کی سازش اس کا سبب قرار پائی ہے لیکن جب آپ کی شہادت کے متعلق محققانہ نظر ڈالی جاتی ہے تو واقعہ اس کے خلاف ثابت ہوتا ہے۔

علیؑ کی شہادت میں حکومت شام کا ہاتھ

معاویہ ! عمرو بن العاص جنگ جمل اور صفین کی حشر انگیز اور قیامت خیز جنگ دیکھ ہی نہیں بلکہ بھگت چکے تھے وہ بخوبی جانتے تھے کہ علیؑ کی زندگی میں ہمیں چین نصیب نہیں ہو سکتا ۔لہٰذا کسی نہ کسی صورت سے انہیں راہی جنت کر دیا جائے تا کہ اطمینان کی سانس لینا ممکن ہو سکے۔ اسی فکر میں لگے رہتے تھے یہاں تک کہ اپنی کوششوں میں کامیاب ہو گئے اور کامیاب کیوں نہ ہوتے جب کہ سازش کرنا ان کا طبعیت ثانیہ بن گیا۔ معاویہ نے ابن ملجم مرادی کو قتل

امیر المومنین کے لیے تیار کیا چونکہ وہ خوارج میں سے تھا اس لیے فوراً قتل امیر المومنین پر راضی ہو گیا اور اس نے مسجد کوفہ میں حضرت علیؑ کو شہید کر دیا۔

یعنی ملجم کا بیٹا وہ بے دین کتا جو لعنت و نفرین کا سزاوار ہے ایک عورت پر عاشق ہو گیا اور اس بدبخت کے لیے کہا جائے راہب روم سے بھی زیادہ کمینہ تھا وہ عورت معاویہ کے عزیزوں میں سے تھی اور خوشحال و مالدار اور خوبصورت وجوان تھی، معاویہ کو ابن ملجم کی عاشقی کا راز معلوم ہو گیا۔ اسی وجہ سے وہ تباہ ہو گیا معاویہ نے اس سے کہا۔ اے ابن ملجم اگر تو چاہتا ہے کہ در مقصود ہاتھ آئے اور قطار جیسی حسین عورت تیرے لیے حلال ہو جائے تو سن ایک ذرا بہادری تو کرنا پڑے گی اور حضرت علیؑ کا سر لانا پڑے گا۔ اس لیے کہ اس کا مہر خون علیؑ ہے چنانچہ اس نے حضرت کے سر اقدس پر ضرب لگا دی۔ جب اسے لوگوں نے پوچھا کہ ایسا کیوں کیا تو اس نے جواب میں کہا۔ میں نے معاویہ کے کہنے سے ایسا فعل کیا مگر افسوس کہ کوئی فائدہ برآمد نہ ہوا (مناقب مرتضوی ص ۲۷۷) الغرض سر اقدس پر ضرب لگی منادی فلک نے الا قتل امیر المومنین" کی ندا دی آپ کی اولاد در اصحاب مسجد کوفہ میں جا پہنچے اپنے آقا کو خون میں غلطاں دیکھ کر فریاد و فغاں کی آوازیں بلند کیں پھر حسب الحکم مکان لے چلنے کا سامان کیا ایک گلیم میں لٹا کر آپ کو اس صورت سے لے چلے کہ سرہانے امام حسنؑ پائنتی امام حسینؑ اور وسط میں حضرت عباسؑ لگے ہوئے تھے گھر پہنچنے کے بعد آپ نے صبح کو مخاطب کر کے فرمایا۔ اے صبح تجھے اسی خدا کی قسم ہے جس کے حکم سے تو برآمد ہوئی ہے مجھے بتا تو نے کبھی مجھے سوتا ہوا پایا ہے؟ یعنی تو گواہی دینا کہ رسول اللہؐ کے ساتھ ابتدائے جوانی سے یعنی جب سے نماز پڑھنی شروع کی ہے تو نے مجھے کبھی سوتا پایا۔ جب تو برآمد ہوئی جاگتا ہوا پایا۔ بارالٰہا تو گواہ رہنا کہ میں تیرا حکم بجالایا۔ تو نے جس چیز سے روکا اس سے باز رہا جس کا حکم دیا اس پر عمل کیا۔ تیرے

پیغمبرؐ کے خلاف کوئی بات دل میں نہ لایا۔ الکرار ص ۴۰۲ طبع بنارس ۱۳۲۷ ھ اس کے بعد آپ کو دورہ ہوا۔ فلما افاق نادلہ الحسن قعباً من لبن نشرب منہ قلیلاً ثم لخاہ عن قیہ و قال احملوہ الی اسیر کم۔ جب دورہ سے افاقہ ہوا حضرت امام حسنؑ نے دودھ کا پیالہ پیش کیا تھوڑا سا پی کر آپ نے منہ ہٹا لیا اور فرمایا اسے اپنے اسیر ابن ملجم کو دے آؤ۔ اخبار ماتم صفحہ ۱۴۴ و کتب تواریخ

حضرت علیؑ کا دست امام حسینؑ میں علمدار کربلا کا ہاتھ دینا

اب حضرت علی علیہ السلام کی عمر کے آخری لمحات گذر رہے ہیں۔ آپ نے اپنے بیٹوں کا انتظام شروع فرمایا اور ہر ایک کو مناسب امور و احکام سے باخبر کیا سب سے پہلے اپنے بیٹوں کو وصیت فرمائی کہ تم لوگ فرزند رسول الثقلین حسنؑ و حسینؑ کی نصرت و اطاعت سے منہ نہ موڑنا پھر امام حسنؑ کے ہاتھوں میں تمام اولاد کا ہاتھ دیا اور امام حسینؑ کے ہاتھوں میں دست حضرت عباسؑ دیا۔

حضرت علیؑ کا اپنی اولاد کو وصیت فرمانا

علامہ مجلسی لکھتے ہیں کہ حضرت علیؑ نے حضرت عباسؑ اور دیگر اولاد کو جو بطن فاطمہ سے نہ تھی طلب کر کے ارشاد فرمایا کہ ''وصیت میکنم شمارا باں کہ مخالفت نہ کنیہ حسن و حسینؑ راخد شمار صبر دہد، در مصیبت من، میں تمہیں اس بات کی وصیت کرتا ہوں کہ تم لوگ فرزندان رسول الثقلین صلعم حسنؑ حسینؑ کی ہمیشہ یاری کرنا اور کبھی ان کی مخالفت دھیان

میں بھی نہ لانا میں تم سے رخصت ہوتا ہوں خدا تمہیں صبر عطا کرے (کشف الانور ترجمہ بحار جلد ۹ ص ۲۱۷) علامہ کلینی چھ سندوں سے ایک روایت میں بیان کرتے ہیں کہ حضرت علیؑ نے اپنے بارہ بیٹوں کو جمع کر کے فرمایا۔ ان ھذین ابنا رسول اللہ فاسمعو لھما واطیعوا وزرھما ''دیکھو یہ میرے دونوں نور نظر حضرت محمد مصطفیٰ صلی اللہ علیہ وآلہٖ وسلم کے فرزند ہیں ان کے فرمان کو بگوش دل سننا اور ان کی پوری پوری اطاعت کرنا اور ہر قسم کی امداد میں سینہ سپر رہنا ۔(اصول کافی ص ۱۴۱ طبع ایران ۱۲۸۱ھ)

حضرت علیؑ نے امام حسنؑ کے ہاتھ میں سب بیٹوں کے ہاتھ دے دیئے

وصیت فرمانے کے بعد آپ نے حضرت عباس کے علاوہ اپنے تمام فرزندوں کے ہاتھ حضرت امام حسن علیہ السلام کے ہاتھ میں دے دیئے۔ یعنی آپ نے سب کو امام حسن علیہ السلام کے سپرد کر دیا (کتب تواریخ و مقاتل)

جناب ام البنین کا اضطراب

جناب ام البنین مادر گرامی حضرت عباسؑ نے جب یہ دیکھا کہ اپنے سب فرزندوں کو حضرت امام حسن علیہ السلام کے سپرد فرمایا ہے مگر میرے نور نظر عباس کو کسی کے حوالے نہیں کیا تو آپ نے انتہا پریشان ہوئیں اور کمال اضطراب میں گھبرا کر عرض کرنے لگیں

میرے سرتاج میرے آقا میرے مالک کیا اس ناچیز کنیز سے کوئی خطا سرزد ہو گئی ہے یا حسینؑ کے خادم عباس سے کوئیقصور ہو گیا ہے ؟ سردار دو عالم جناب امیر المومنین علی ابن ابی مطالب علیہ السلام نے دریافت فرمایا۔ام البنین کیا بات ہے عرض کی مولا ! آپ نے سب بیٹوں کو امام حسن علیہ السلام کے سپرد فرمایا۔اور خادمہ زادہ عباس کو کسی کے حوالے نہیں کیا میرا دل ٹکڑے ٹکڑے ہوا جارہا ہے۔

حضرت علیؑ کا گریہ

جناب ام البنین کے اس مضطربانہ سوال پر حضرت علیؑ وپڑے ''فبکی امیر المومنین و قال یاام البنین لو تعلمین ماتقرلینی''اور فرمایااے ام البنین اگر تم اس راز سے آگاہ ہوتیں تو ایسا سوال نہ کرتیں عرض کی مولا !آگاہ فرمایئے۔میں تو یہی چاہتی ہوں کہ میرے فرزند کا ہاتھ بھی حسنؑ کے دست مبارک میں دے دیا جائے۔

دست حسینؑ میں علمدارؑ کا ہاتھ

حضرت علیؑ نے تاجدار کربلا امام حسین علیہ السلام کو قریب بلایا اور عباسؑ علمدار کو بھی طلب فرمایا اور امام حسینؑ کے دست مبارک میں ان کے قوت بازو علمدار کربلا عباس بن مرتضیٰ کا ہاتھ دے کر ارشاد فرمایا۔بیٹا ! یہ تمہارے سپرد ہے میں اسے تمہاری غلامی میں دیتا ہوں پھر حضرت عباسؑ سے فرمایا بیٹا ! یہ تمہارے آقا ہیں ان کی رفاقت اور ان کی امداد تمہارا عین فریضہ ہے جب یہ کربلا کے میدان میں دشمنوں کے نرغہ میں گھر جائیں تو ان کی

WILAYAT MISSION PUBLICATIONS

مدد کرنا۔(ریاض القدوس ص ۶۹ خلاصتہ المصائب ص ۱۰۰ طبع نولکشور ۱۲۹۳ھ فضائل الشہداء باب ۲ف ۹ص ۱۱۱)علامہ کنتوری لکھتے ہیں "ونوص امر العباس الی الحسین ولم یفوض الی غیرہ" حضرت علیؑ نے جناب عباسؑ کو امام حسین علیہ السلام کے سپرد کیا اور کسی کے حوالہ نہیں کیا رمائتین ص ۴۴۱ مرقات الایقان جلد ۱ صفحہ ۴۰) جناب ام البنین اس خصوصی اعزاز کو ملاحظہ کر کے مطمئن ہو گئیں۔

شہادت حضرت علیؑ پر جناب عباسؑ کا سر ٹکرانا

حضرت امیر المومنین وصیت سے فارغ ہو چکے اور تمام ضروری امور سے فرصت کے بعد خالق کائنات کی طرف سے روانگی سے حالات ظاہر فرمانے لگے اور ۶۳ سال کی عمر میں شب جمعہ ۲۱ رمضان کو نصف شب گزرنے کے بعد تمام اعزاواقرباواحباب! خادم اور اولاد کو ہاتھ ملتا چھوڑ کر راہی جنت ہو گئے "اناللہ وانا الیہ راجعون" آپ کا انتقال فرمانا تھا کہ اہل بیت کرام نے فلک شگاف نالے شروع کر دئے کوفہ کی ہر گلی وکوچہ سے صدائے گریہ بلند ہو گئی تمام بیبیاں بے حال تھیں غرضیکہ کائنات کا ذرہ ذرہ محو نالہ تھا۔ ہر ایک اپنے احساس کے موافق رونے میں مشغول تھا۔ ملا محمد حسین واعظ لکھتے ہیں کہ اس وقت حضرت عباسؑ فرط غم کی وجہ سے اپنے سر کو بار بار دیوار خانہ سے ٹکرا رہے تھے (اخبار ماتم ص ۱۵۲ طبع رامپور ۱۲۸۵ھ)

صعصعہ بن صوحان کا ادائے تعزیت کے لیے آنا

آپ کی شہادت واقع ہو چکی آپ کی اولاد اور شیعوں غسل وکفن کے بعد آپ کی خبر یدی ہوئی

زمین نجف اشرف میں آپ کو دفن کر کے حسب وصیت قبر کو پوشیدہ کر دیا (ناسخ) اس کے بعد گھر واپس آئے لوگوں نے تعزیتیں ادا کیں چنانچہ جناب صعصعہ بن صوحان جو حضرت علیؑ کے اصحاب میں سے تھے۔ دولت سرائے امامت پر حاضر ہوئے اور فرواں بگریست آن گاہ امام حسنؑ وامام حسینؑ و محمدؑ و جعفر و عباس و یحییٰ و عون و عبید اللہ و دیگر فرزندان امیر المومنین علیہ السلام را تعزیت بگفت بے انتہا گریہ کے بعد حسینؑ اور عباس و غیرہ کو تعزیت ادا کی۔ اور بصد رنج والم واپس گئے (ناسخ التواریخ جلد ۳ ص ۶۹۱) اللہ اکبر! حضرت علیؑ شہید گئے اور ان کے ہمدرد تعزیت ادا کر رہے ہیں مگر معاویہ خوشیاں منا رہے ہیں خبر شہادت پاتے ہی سجدہ شکر ادا کیا (مرقات الایقان جلد ا ص ۱۶۱)

حضرت علیؑ کی شہادت کا قطعہ تاریخ

ملا محمد عبد الجلیل حنفی ساکن یوسف زئی ضلع مردان من مضافات پشاور نے آپ کی تاریخ وفات اپنی کتاب سیف المقلدین علی اعناق المنکرین جلد ۲ طبع لکھنؤ ۱۳۱۸ھ باب ۵ سلسلہ چہارم کے ص ۲۴۷ پر آپ کا قطعہ تاریخ شہادت میں لکھا ہے۔

شہادت حضرت علی علیہ السلام اور جناب ام البنین

جس طرح جناب خدیجہؓ کی حیات میں پیغمبر اسلام نے کوئی عقد نہیں فرمایا اسی طرح حضرت علیؑ نے بھی حیات زہرا علیہا السلام تک کوئی عقد نہیں کیا شہادت جناب فاطمہ کے بعد آپ نے آٹھ عقد کئے ہیں ان آٹھ بیویوں میں سے پانچ نے حضرت کی حیات میں ہی انتقال

WILAYAT MISSION PUBLICATIONS

کیااور بعد از شہادت امیر المومنینؑ سہ تن زندہ بود نخستین اسماء بنت عیسؓ (مادر محمد بن ابی بکر) دوم ام النبین (مادر حضرت عباسؑ) سہ دیگر خولہ حنیفہ (مادر محمد ابن حنیفہ) ناسخ جلد ۳ ص ۷۰۴ طبع بمبئی۔ ان بیویوں نے یہ احساس رکھتے ہوئے کہ حضرت علیؑ ان سب کا بے حد خیال رکھتے تھے اور ان کو چاہا کرتے تھے یہ طریقہ زندگی رکھا کہ حضرت کی شہادت کے بعد لم یز وجن بعدہ ان بیویوں نے اپنا پھر کوئی عقد نہیں کیا۔ مناقب ابن شہر آشوب ماژندرانی جلد ۲ ص ۱۶۲ طبع بمبئی جہاں تک تاریخی تحقیق کا تعلق ہے بآزادی یہ کہا جاسکتا ہے کہ ان تینوں بیویوں میں جناب ام النبین کو فوقیت ہے یعنی ان سب بیویوں نے جو بعد امیر المومنین عقد نہیں کیا۔ ان میں قابل مدح صرف ایک ام النبین تھیں۔ اس لیے کہ ان میں یہی ایک بیوی ہیں۔ جن کا عقد حضرت علی علیہ السلام کے ساتھ پہلا عقد تھا اور دوسری بیبیوں کا پہلا عقد نہ تھا۔ ناسخ جلد ۳ ص ۷۰۲ میں ہے کہ خولحنیفہ پہلے مکمل غفاری کے عقد میں رہیں ان سے ایک لڑکی عونہ نامی پیدا ہوئی۔ پھر حضرت علیؑ کی خدمت میں آئی ان سے محمد ابن حنیفہ (متوفی ۸۱ھ) پیدا ہوئے صفحہ ۷۰۳ پر مرقوم ہے کہ اسمابنت عمیس سب سے پہلے جعفر بن ابی طالب کے عقد میں رہیں۔ ان سے عبداللہ، عون، محمد پیدا ہوئے۔ جعفر بن ابی طالب کے بعد حضرت ابو بکر کے عقد میں آئیں۔ ان سے محمد بن ابو بکر وغیرہ پیدا ہوئے ،ان کے بعد حضرت علیؑ سے تزویج کی اور ان سے یحییٰ بن علی پیداؑ ہوئے۔ جناب ام النبین کا یہ عقد حضرت علیؑ کے ساتھ پہلا عقد تھا اب شہادت حضرت علیؑ کے بعد خولہ حنیفہ اور اسمابنت عیس کا عقد نہ کرنا کوئی اہمیت نہیں رکھتا البتہ جناب ام النبین والد حضرت عباس کا عقد ثانی نہ کرنا امتیازی نشان رکھتا ہے۔

حضرت علیؑ کی نسل اور حضرت عباسؑ

اس پر مورخین کا اتفاق ہے کہ حضرت علی بن ابی طالب کی نسل پانچ فرزندوں سے بڑھی۔ نمبر ۱ امام حسنؑ۔ نمبر ۲ امام حسینؑ نمبر ۳ محمد ابن حنیفہ نمبر ۴ عباس ابن علیؑ نمبر ۵ عمر ابن علیؑ (ناسخ التواریخ جلد ۳ ص ۷۰۷ طبع بمبئی وغیرہ۔ ۱

نمبر ۱ حسنؑ: ۳ھ میں پیدا ہوئے اور ۵۰ھ میں شہادت پائی۔ آپ کے آٹھ فرزند تھے: ۱۔ زید ۲۔ حسن مثنیٰ ۳۔ عمر ۴۔ قاسم۔ ۵ عبداللہ ۶۔ عبدالرحمن ۷۔ حسن اثرم ۸۔ طلحہ

۲۔ امام حسینؑ: ۴ ہجری میں پیدا ہوئے اور ۶۱ھ میں انہوں نے شہادت پائی۔ آپ کے چار بیٹے تھے ۱۔ امام زین العابدین ۲۔ حضرت علی اکبر ۳۔ جعفر ۴۔ علی اصغر

۳۔ محمد بن حنیفہ: ۲۱ھ میں پیدا ہوئے اور ۸۱ھ میں انتقال کیا۔ آپ کے چودہ بیٹے تھے ۱۔ علی۔ ۲۔ جعفر سے نسل بڑھی۔

۴۔ حضرت عباسؑ: ۲۶ھ میں پیدا ہوئے۔ اور ۶۱ھ میں شہادت پائی۔ آپ کے تین بیٹے تھے ۱۔ فضل ۲۔ قاسم ۳۔ عبیداللہ (فضل و قاسم کربلا میں شہید ہوئے) عبیداللہ سے نسل بڑھی عبیداللہ کے پانچ بیٹے تھے (۱) عبداللہ (۲) عباس (۳) حمزہ (۴) ابراھیم (۵) فضل

۵۔ عمر: ان کی ماں ام حبیبہ تھیں اور رقیہ ۸۵ سال تک زندہ رہے ان کے ایک فرزند محمد نامی تھے جن سے ممدوح کی نسل چلی۔

حضرت عباسؑ کی شادی خانہ آبادی

گیارہ سال کی عمر میں معرکہ صفین جھیلا تقریبا چودہ سال کے سن میں باپ کے سایہ سے

محروم ہوئے دن گزرے راتیں گزریں نام خدا پورے طور پر جوان ہوئے ماں کے دل میں شادی کی تمنا تو تھی ہی۔ امام حسینؑ سے کہا سلطان دو عالم! کیا اچھا ہوتا۔ اگر میرے نور نظر کا گھر آباد کر دیا جاتا۔ حضرت امام حسین علیہ السلام نے شادی کے انتظامات شروع کر دئے اور جناب عبید اللہ حضرت عباسؑ عبد المطلب سے ان کی دختر نیک دختر لبابہ نامی کی خواستگاری کی منظور ہوئی اور عقد ہو گیا۔ جناب مولوی سید اولاد حیدر صاحب فوق بلگرامی نے آپ کی زوجہ کا اسم گرامی ذکیہ تحریر کیا ہے (ذبح عظیم لیکن یہ درست نہیں ہے۔ اس لیے کہ مورخین کا اس پر اتفاق ہے کہ آپ کی زوجہ محترمہ کا نام نامی لبابہ تھا لسان الملک اولاد حضرت عباسؑ کے سلسلہ میں تحریر کرتے ہیں: از وآنرا از لبابہ دختر عبید اللہ ابن عباس ابن عبد المطلب دو پسر بود یکے فضل و دیگر عبید اللہ نام داشت کہ حضرت عباس کے لبابہ سے دو فرزند تھے۔ ایک فضل دوسرے عبید اللہ الخ (ناسخ التواریخ جلد ۶ ص ۲۸۹ طبع بمبئی) علامہ ابن قتیبہ عبید اللہ ابن عباس علمبر دار کا ذکر کرتے ہوئے لکھتے ہیں آئمہ لبابہ بنت عبید اللہ بن عباسؑ، عبید اللہ کی ماں کا نام لبابہ تھا (المعارف ص ۹۶ طبع مصر ۱۳۵۳ھ کبریت احمر)

حضرت عباس علیہ السلام کی تعداد اولاد

حضرت عباس علیہ السلام کی اولاد میں سخت اختلاف ہے، ۱۔ علامہ ابن قتیبہ لکھتے ہیں کہ حضرت عباسؑ کے ایک ہی فرزند عبید اللہ تھے (المعارف ص ۹۶ مصری) ۲۔ لسان الملک تحریر فرماتے ہیں کہ آپ کے دو فرزند تھے ایک فضل دوسرے عبید اللہ (ناسخ التواریخ جلد ۶ ص ۲۸۹ طبع بمبئی و شجرہ طوبیٰ جلد ۱ ص ۱۲۶)

تبصرہ: نمبر ا۔کے متعلق عرض ہے کہ حضرت عباسؑ کے صرف ایک فرزند تسلیم کرنا کسی طرح بھی درست نہیں ہو سکتا۔اکثر مورخین کااس پر اتفاق ہے کہ حضرت عباسؑ کی اولاد کربلامیں بھی شہید ہوئی اوران کی نسل بھی بڑھی ہے۔ ملاحظہ ہوابن شہر آشوب ابصارالعین ،تنقیح المقال عدۃ المطالب وغیرہ ایک ہی فرزند کا کمسنی میں شہید ہو جانااور پھراس سے نسل کا بڑھنا کیونکر ممکن ہو سکتا ہے۔لہٰذا معلوم ہوا کہ آپ کی اولاد ایک زائد تھی۔ نمبر ۲ کے بارے میں عرض ہے کہ انہوں نے حضرت عباسؑ کی اولاد کو صرف دو میں محضر کر دیا ہے یہ قابل قبول نہیں ہے اس لیے کہ ایک فرزند کا مدینہ میں ہونااور دو کا کربلا میں شہید ہونا ثابت ہوتا ہے۔ نمبر ۳ کے بارے میں عرض کرتے ہے کہ آپ نے مرثیوں کے بھروسہ پر دو فرزند اور ایک دختر تحریر کر دی ہے۔ علامہ محمد باقر قائنی خراسانی لکھتے ہیں کہ بعض قراء مرثی می خوانند کہ ابا الفضل راد خترے بود نامزد حضرت علی اکبر۔پس آں علی الظاہر از جعلیات است بعض مرثیہ خوان پڑھتے ہیں کہ حضرت عباسؑ کے ایک لڑکی تھی۔جو علی اکبر سے منسوب تھی۔ بالکل جعلی اور فرضی ہے (کبریت احمر ص ۲۳)

ایضاح: ناظرین کرام! ابن قتیبہ نے آپ کی اولاد ایک اور صرف ایک اور صاحب ناسخ نے دو بتلائی ہیں۔ میں واضح کر چکا ہوں کہ دو سے زیادہ کا احتمال ہے،اب ملاحظہ فرمایئے۔ علامہ ابواسحق اسفرئنی نورالعین فی مشہد الحسین کے ص ۵۹ پر تحریر کرتے ہیں کہ حضرت عباسؑ جب رخصت آخری کے لیے تشریف لائے توان کے دو بچے دامن سے لپیٹ کر پانی کی فریاد کرنے لگے وکان لہ زوجۃ وولدین الخ پھر ص ۶۱ پر تحریر کرتے ہیں کہ خیمہ سے دو ماہرو بچے نکلے احدھماابن العباس والثانی اخیہ القاسم ایک حضرت عباسؑ کے بیٹے اور دوسرے انہی کے بھائی قاسم اور امام حسینؑ سے اذن جہاد مانگنے لگے۔ پھر حضرت نے فرمایا "کفا کما قتل

والد کما""تم دونوں کے لئے تمہارے باپ کا قتل ہی کافی ہے۔ غرضیکہ پھر حضرت عباسؑ کے ایک فرزند کو اجازت ملی اور وہ، میدان میں گیا، رجز پڑھی دو سو پچاس آدمیوں کا قتل کیا اور شہید ہو گیا۔ پھر دوسرا انکلار جز پڑھی آٹھ سو آدمیوں کو قتل کیا اور شہید ہو گیا۔ پھر ان کے علاوہ علامہ محمد باقر بن محمد حسن خراسانی قائنی کبریت احمر کے تیسرے جز مسمّٰی بہ مکین الاس فی احوال ابی الفضل العباس کے صفحہ ۳۳ پر لکھتے ہیں۔ پس دو جوان از خیمہ بیرون آمدند مثل دو ماہ یکے محمد بن عباس دیگرے برادر او قاسم بن عباسؑ بود کہ خیمہ سے دو نو خیز لڑکے باہر آئے جو ماہ رو تھے، ایک محمد بن عباس اور دوسرے ان کے بھائی قاسم بن عباس امام حسینؑ نے فرمایا: تم دونوں کے لیے تمہارے باپ عباسؑ کی شہادت کافی ہے علامہ شہیر نے اپنی کتاب ابصار العین میں حضرت عباس علیہ السلام کے بعد دو کم سن بچوں کی شہادت کا حوالہ دیا ہے ترجمہ ابصار العین ص ۴۸ طبع حیدر آباد علامہ قزدینی اپنی کتاب ریاض القدوس وحدائق الانس جلد ۲ کے صفحہ ۳۵۸ پر لکھتے ہیں کہ جب شام سے اہل بیت کا لٹا ہوا قافلہ مدینہ پہنچا اور بشیر ابن جزلم خبر لے کر داخل مدینہ ہوا تو حضرت عباس کے ایک فرزند سے ملاقات کی۔ الخ ان تمام اقوال پر نظر ڈالنے کے بعد اندازہ ہوتا ہے کہ آپ کے تین فرزند تھے۔ ایک فضل دوسرے قاسم تیسرے عبید اللہ۔ فضل جن کو بعض مورخین نے محمد لکھا ہے (ابن شہر آشوب جلد ۳ ص ۹۹ و توضیح عزا ص ۲۲۰ طبع دہلی ۱۲۱۷ھ) اور قاسم کربلا میں شہید ہو گئے (نور العین و ریاض القدس) اور عبید اللہ باقی رہے جن سے حضرت عباسؑ کی نسل چلی واللہ اعلم۔ واضح ہو میری تحقیق کی تصدیق علامہ قزدینی کی تحریر سے بھی ہوتی ہے وہ تحریر فرماتے ہیں "عباس بن امیرؑ راسہ پسر بود" حضرت عباسؑ بن علیؑ کے تین بیٹے تھے ملاحظہ ہو ریاض القدس جلد ۲ ص ۶۴ طبع ایران ۱۳۳۲ھ

حضرت عباسؑ کی کنیت

مورخین کا اجماع ہے کہ آپ کی کنیت ابوالفضل تھی" کان العباس یکنی ابا الفضل" (مقتل عوالم ص ۹۴ طبع ایران تحفہ حسینیہ جلد ا ص ۱۷۵ ناسخ التواریخ جلد ۶ ص ۲۸۹ وغیرہ یعنی فضل کے باپ حضرت امام حسین علیہ السلام نے بھی اس کنیت سے واقعہ کربلا کے سلسلہ میں آپ کو یاد فرمایا ہے چنانچہ سیدالشہداء نے بعد شہادت حضرت عباسؑ مرثیہ کے طور پر شعر پڑھا۔

اے میرے قوت بازو ابوالفضل (العباس) تم ہی میرے تمام معاملات اور امور کے مختار اور مالک و نگران تھے۔ تم نے میری رفاقت میں اپنی جان اسلام پر قربان کر دی۔

وجہ کنیت

کنیت کا استخراج دو ہی چیزوں سے ہوتا ہے۔ اول اپنے بڑے بیٹے کے نام سے جیسے کہ حضرت محمدؐ مصطفٰی کی کنیت آپ کے فرزند قاسم کی وجہ سے "ابوالقاسم" تھی تفسیر صافی اور حضرت علیؑ کی کنیت ابوالحسن تھی دوسرے خصوصیت سے جیسے بقول علامہ قسطانی آنحضرت کی کنیت ابو القاسم اس لیے تھی کہ یقسم الجنۃ بین اھلھا میو اہب لدینہ جلد ا یعنی حضور سرور کائنات صلعم کی کنیت ابو القاسم اس لیے تھی کہ آپ جنتیوں کو جنت فرمائیں گے۔ (اخبار الفقیہ امرت سر ۱۴-۷ جون ۱۹۴۳ء صفحہ ۳ کالم ۳) اس کو یوں بھی سمجھا جا سکتا ہے کہ مثلاً حضرت عباسؑ ہی کی کنیت (ابوالقربتہ) اس لئے تھی کہ آپ کو مشک سکینہ سے

خصوصیت حاصل تھی (ابصار العین ص ۲۹)اب دیکھنا یہ ہے کہ آپ کی کنیت ابوالفضل کس طرح قرار پائی ہے میرے خیال میں آپ کی کنیت اس حیثیت سے بھی کہ آپ کے دو بڑے فرزند کانام فضل تھااور اس حیثیت سے بھی کہ آپ فضائل و کمالات کے مالک تھے" ابوالفضل قرار پائی۔ علامہ عبدالرزاق قمر بنی ہاشم ص ۲۵ میں لکھتے ہیں کہ آپ کی ایک کنیت ابوالقاسم بھی تھی۔ جیسا کہ جابر بن عبداللہ انصاری کی زیارت اربعین سے مستفاد ہوتا ہے وہ فرماتے ہیں، السلام علیک یاابوالقاسم السلام علیک یاعباس ابن علی۔

حضرت عباسؑ علم الرجال میں

علم الرجال یا علم درایہ ہی وہ علم ہے جس پر تمام روایات کی صحت و توثیق کا دار و مدار ہے حضرت عباسؑ اپنے کمال علمی میں اور نفس ذکی اور شرافت نفسی اور معرفت حقیقی کی وجہ سے اس منزل اہم میں بھی اعلیٰ درجہ رکھتے ہیں علامہ مامقانی لکھتے ہیں "کان عدلاً ثقۃ تقیا۔ نقیاً نقیا" حضرت عباسؑ عادل اور ثقہ متقی اور شریف طینت و پاک شرست تھے۔ (تنقیح المقال ۔باب العین ص ۱۲۸ طبع ایران ، علامہ نے جو صفات حضرت کے لیے رقم فرمائے ہیں روایت کی توثیق اور واجب القبول ہونے میں بس انہیں صفات کی ضرورت ہوا کرتی ہیں

حضرت عباسؑ اور علم فقہ

علم فقہ و اصول ہی وہ علم ہے جو حلال خدا و حرام خدا اور دیگر ان چیزوں کو ظاہر کرتا ہے۔ جوان کی معاشرتی زندگی میں مفید اور انسان کو احکام خدا پر عامل اور منہیات خدا سے روکنے

والا ہوتا ہے۔ دنیامیں سینکڑوں قسم کے علوم موجود ہیں اور بافہم انسان ان میں کمالات حاصل کرتے ہیں لیکن کسی کو مجتہد نہیں کہا جاتا۔انسان اسی وقت مجتہد کہا جاتا ہے۔ جبکہ اس علم فقہ میں اور اصول میں کمال تام رکھتا ہو۔اور استنباط مسائل میں پوری صلاحیت کا مالک ہو۔آج بھی علمائے کرام نجف اشرف جا کر باب العلم سے اسی علم فقہ واصول کے جواہرات سے مالامال ہوتے اور مرتبہ اجتہاد حاصل کرتے ہیں۔دنیائے اسلام کا اتفاق ہے کہ آج تک دنیامیں علیؑ سے بڑا کوئی عالم نہیں گزرا بعض مورخین کہتے ہیں کہ اگر علوم علیؑ کے مظاہرہ کا موقع دیا گیاہوتا تو دنیا علم کی وسعت کو سنبھال نہ سکتی۔ خود رسول اکرمؐ کی حدیثوں میں اعلمھم واقضا علیؑ موجود ہے۔آنحضور صلعم نے آپ ہی کو باب مدینتہ العلم فرمایا ہے۔ حضرت علیؑ خود بھی فرمایا کرتے تھے: ''سلونی قبل ان تفقدونی''ارے میرے دنیا سے قبل جو کچھ پوچھنا ہو پوچھ لو۔ معزز مورخین مثلاً اجل فرماتے ہیں کہ علیؑ کا یہ وہ دعویٰ ہے جس کی جرات کسی اور اسلام یا غیر اسلام والے نہیں کی اور نہ قیامت تک کر سکتا ہے (اسد الغابہ جلد ۴ ص ۲۲)آپ فرماتے تھے: لوثنیت لی الوسادۃ الخ اگر میرے لیے مسند قضا (فیصلہ) بچھادی جائے تو میں تورات والوں تورات سے انجیل والوں کو انجیل سے اور زبور والوں زبور سے اور فرقان والوں فرقان سے تسلی بخش اور قطعی جواب دے دوں اور فیصلہ کردوں۔ حضرت عباسؑ اسی باپ کے فرزند ہیں۔دنیا یہ نا سمجھے کہ حضرت عباسؑ صرف ایک وفادار اور شجاع انسان ہی تھے بلکہ وہ امیر المومنینؑ کی طرح میدان وفا میں وفادار اور میدان قتال میں شجاع میدان علم میں زبردست عالم تھے۔اور علم بھی کیسا۔ علم فقہ جو سب سے زیادہ اہم ہوتا ہے ۔علامہ مامقانی لکھتے ہیں ''قد کان من فقھاء اولاد الائمۃ،، حضرت عباسؑ آئمہ طاہرین علیہم السلام کی فقیہ اولادوں میں ایک زبردست فقیہ تھے (تنقیح المقال باب العین ص ۱۲۸ طبع

ایران) علامہ قائنی خراسانی لکھتے ہیں: بدانکہ ابو الفضل از کابر و افاضل فقہا و علماء اہلبیت بود بلکہ عالم غیر متعلم بود۔ معلوم ہونا چاہے۔ کہ حضرت عباس فقہائے آل محمدؐ اور علمائے اہل بیت میں بڑی حیثیت کے مالک تھے۔ بلکہ وہ عالم غیر متعلم تھے (کبریت احمر جز ۳ ص ۴۵) یعنی وہ ایسے عالم تھے جس نے کسی سے تعلیم حاصل نہیں کی مقصد یہ ہے وہ علم لدنی کے مالک تھے۔

کیا حضرت عباسؑ میں امامت کی صلاحیت تھی

حضرت عباسؑ کی جلالت قدر کو دیکھتے ہوئے یہ یقین کرنا بیجا نہیں کہ ان میں امامت کی صلاحیت موجود تھی۔ صادق آل محمدؐ فرماتے ہیں کہ ائمہ طاہرین کی امامت خدا کی طرف سے ہے۔ نہ کسی کو اس عہدے کے قبول کرنے کا اختیار نہ اپنے بعد کسی کو سپرد کرنے کا اختیار۔ اگر علیؑ جیسے بصیر انسان بھی یہ چاہتے کہ اپنے بعد مثلاً حضرت عباسؑ کو امام بنا دیں۔ لم یکن لیفعل یہ کسی طرح ممکن ہی نہ تھا۔ اس لیے کہ یہ لطف اور عہدہ خدا کی طرف سے خاص بندوں کے لیے معین ہے (اصول کافی ص ۱۳۹ طبع ایران ۱۲۸۱ھ) حدیث مذکور سے جہاں حضرت عباسؑ کی جلالت قدر کا پتہ چلتا ہے۔ یہ بھی معلوم ہوتا ہے کہ آپ میں امامت کی صلاحیت موجود تھی۔ صادق آل محمدؐ کا میدان امامت میں حضرت عباسؑ کا ذکر فرمانا ہی صلاحیت کو واضح کرتا ہے

حضرت امام حسن علیہ السلام اور حضرت عباسؑ

۴۰ھ میں حضرت علی علیہ السلام نے شہادت پائی۔آپ کے انتقال کے بعد حضرت حسن علیہ السلام ظاہری خلیفہ قرار پائے۔ان چالیس ہزار آدمیوں نے آپ سے بیعت کی جنہوں نے جنگ معاویہ کے لیے علیؑ سے بیعت کی تھی۔دفعتہ معاویہ نے آپ پر چڑھائی کردی اور ہزاروں کی فوج لے کر مقام مسکن میں اتر پڑا جو بغداد سے دس فرسخ نکریت کی جانب اوانا کے قریب ہے۔امام حسن علیہ السلام نے جب اس چڑھائی کی خبر سنی مجبوراًاس کی پیش قدمی روکنے کے لیے بڑھے فوج کا بڑا حصہ اپنے ہمراہ لے کر کوفہ سے ساباط میں جا ٹھہرے اور بارہ ہزار کی فوج قیس ابن سعد کی ماتحتی میں معاویہ کی طرف روانہ کردی۔اسی دوران میں معاویہ نے خفیہ طور پر یہ فریب شروع کردیا کہ ایک شخص کو مدائن بھیج کر امام حسنؑ کی فوج میں مشہور کردیا کہ حضرت حسنؑ کے سپہ سالار قیس معاویہ سے صلح کر لی۔دونوں فوجوں میں اس خبر کا مشتہر ہونا تھا کہ بغاوت پھیل ہوگئی۔فوج آپ کے خیمہ پر ٹوٹ پڑے اور کل مال واسباب لوٹ لیا۔دوش پر سے رداا تار لی۔بعض گمراہوں نے رشوت کے زور پر حضرت کو معاویہ کے حوالے کردینے کاارادہ کرلیا۔حضرت کمال صدمہ کی حالت میں وہاں سے گورنر سعد مدائن کی طرف روانہ ہوگئے۔ایک خارجی نے راستہ میں موقع پاکرآپ کی ران میں ایسازخم لگایاجو ہڈی تک اتر گیا۔آپ اسی حالت میں قصر مدائن تک پہنچے۔سعد نے مرہم پٹی کی۔حضرت اچھے ہوگئے۔آپ چھ ماہ تین یوم خلافت کے بعد ۲۴ ربیع الاول ۴۱ ہجری کو مکار زمانہ دشمن اہلبیت سے صلح کر کے مدینہ منورہ تشریف لے گئے (تاریخ ائمہ ص ۳۳۲) مدینہ منورہ پہنچنے کے بعد بھی آپ کو چین سے رہنے نہ دیا گیا۔معاویہ نے جعدہ بنت اشعث کے ذریعہ سے جوامام حسنؑ کی زوجیت میں تھی۔حضرت کو شہد میں زہر ملا کردیا۔آپ بچ گئے۔پھر خرمہ میں زہر دیا۔لیکن آپ اچھے ہوگئے مگر طبیعت صاف نہ

ہوئی۔ تبدیلی آب وہوا کی سخت ضرورت تھی لہذا آپ موصل کی جانب روانہ ہو گئے۔

حضرت عباسؑ کا امام حسنؑ کی معیت میں ہونا

اب نام خدا حضرت عباسؑ کم و بیش پندرہ سال کے ہیں بھائی کے موصل کی طرف جاتے ہوئے دیکھ کر عرض کی۔ بھائی خادم بھی ہمراہ ہی چلے گا تاکہ خدمت گزاری کا شرف حسب دستور حاصل کرتا رہے۔ بھائی نے اجازت دے دی۔ حضرت عباسؑ علیہ السلام ہمراہ روانہ ہو گئے۔ فاضل شہیر لکھتے ہیں: باعباس برابر باجان خویش و جمع شیعیان بموصل تشریف برد ۔آپ حضرت عباسؑ اور کچھ شیعوں کو لے کر موصل تشریف لے گئے۔اور ایک مدعی محبت کے گھر میں قیام فرمایا چند دنوں کے بعد معاویہ کی سازش سے اس کی نیت بھی بدل گئی اور اس نے بھی زہر دے دیا مگر خدا نے شفا عطا کی۔ پھر ایک ملعون نے عصا کی آہنی انی کو زہر میں بجھایا اور اسے لے کر مسجد کے باہر چھپ کر کھڑا ہو گیا جب آپ نماز سے فرغ ہو کر باہر نکلے تو اس نے وہ زہر میں بجھی ہوئی عصا کی انی حضرت کے پاؤں میں چھبو دی۔ جس سے آپ کو سخت اذیت پہنچی۔ اصحاب نے اسے گرفتار کر لیا۔اور پوچھا کہ اسے سزا دی جائے۔آپ نے فرمایا جانے بھی دو۔ یہ قیامت میں اندھا مشہور ہو گا۔جب زہر نے زیادہ زور کیا۔اور جراح نے زخم کو خطرناک بتلایا۔ تو اصحاب نے ملزم کے چھوٹ جانے پر اظہار افسوس کیا۔

حضرت عباسؑ نے سزا دے دی

ایک دن وہی ملعون موصل سے کہیں باہر جا رہا تھا حضرت عباسؑ کی نظر پڑی۔ شیر کے

سامنے روبا آگیا۔ اس نے ہاتھ میں عصا بھی وہی تھا حضرت کو جلال آگیا اور عصا چھین کر اس کے سر نجس پر لگایا۔ سر شگافتہ ہو گیا الخ (طوفان بکا شعلہ چہارم طبع ایران ۱۳۱۴ھ)

شہادت امام حسنؑ پر عباسؑ کی حالت

۵۰ھ کا ماہ صفر آگیا۔ معاویہ کی شازش سے جعدہ بنت اشعث نے ایسا زہر دیا۔ جس نے آپ کو جانبر نہ ہونے دیا۔ چنانچہ آپ ۲۸ صفر ۵۰ھ مطابق ۶۷۰ شہید ہو گئے۔ دمعتہ اساکبہ ص ۲۴۰ آپ کی شہادت پر تمام مدینہ میں کہرام برپا تھا۔ کوئی ایسا نہ تھا، جس کے گھر ہیں ماتم برپا نہ ہو، فاضل شہیر لکھتے ہیں۔ جہاں تمام متوسلین آپ کی شہادت سے گریاں تھے حضرت عباسؑ بھی رو رہے تھے اور کمال رنج کی وجہ سے رنگ ازوئے عباس پریدہ آپ کے چہرے کا رنگ اڑھوا تھا۔ اور آپ بے پناہ گریہ کر رہے تھے (طوفان بکا شعلہ دوم طبع ایران ۱۳۱۴ھ)

حضرت عباسؑ اخلاق کی دنیا میں

علماء کا بیان ہے کہ حضرت عباس علیہ السلام رعب و جلال کے باوجود، خلق عظیم کی تصویر اور خلق حسن کے مرقع تھے۔ اپنے اور پرائے سب سے اخلاق کے ساتھ پیش آنا آپ کی سرشت میں داخل تھا۔ لیکن حضرت امام حسین علیہ السلام کے ساتھ خصوصیت سے اخلاق برتتے تھے۔ علامہ قزدینی لکھتے ہیں: سلوک عباس بن علیؑ بابر اور آں بود کہ در حضور برادر نمی نشست، وہیچ وقت برادور را برادر خطاب نہ کرد۔ حضرت فرمودا ے برادر چرا مرا برادر نمی خوانی، عباس عرض کرد، فدایت شوم من وتو گرز نسل یک پدرم۔ اما مادر من کنیز

مادر تست۔ من کجاو تو کجایعنی حضرت عباسؑ کا اخلاقانہ برتاؤ اپنے بھائی کے ساتھ یہ تھا کہ آپ کبھی اپنے بھائی کو بھائی کہہ مخاطب نہ کرتے تھے۔ حضرت امام حسین علیہ السلام نے ایک دن یہ فرمایا، بھیا عباس کیا وجہ ہے کہ تم مجھے کبھی بھائی کہہ کر نہیں پکارتے عرض کی۔ میری جان آپ پر نثار۔ بات یہ ہے کہ اگرچہ ہیں اور آپ کی ایک نسل پدری سے ہیں۔ لیکن میری ماں آپ کی مادر گرامی کی خادمہ ہے۔ کہاں میں اور کہاں آپ کی ذات والا صفات (ریاض القدس جلد ۲ ص ۶۷) علامہ خراسانی لکھتے ہیں کہ حضرت عباسؑ میں جمیع فضائل و اخلاق حسنہ نجوانم و مکمل در وجود آنسہ درد مہتر عالم مجتمع بود۔ تمام فضائل و اخلاق حسنہ پورے طور پر موجود تھے۔ (کبریت احمر ص ۳۷)

◈ ◈ ◈

حضرت عباس علیہ السلام کی بصیرت

حضرت صادق آل محمدؐ علیہ السلام کی بصیرت پر تبصرہ کرتے ہوئے فرماتے ہیں (کان عمنا العباس بن علی علیہ السلام ناقد البصیرت، صلب الایمان الخ عمدۃ الطالب ص ۳۲۳، معتۃ الساکبہ ص ۳۳۷ مقاتل الطالبین) حضرت امام جعفر صادق علیہ السلام کا ان صفات سے یاد فرمانا اور اس کی تصدیق کرنا واضح کر رہا ہے کہ حضرت عباسؑ انسان کامل اور بڑے مستقل مزاج ہونے کے ساتھ ساتھ ہوشیار و وفادار، جانباز اور بہادر تھے۔ علامہ کنتوری لکھتے ہیں کہ بصیرت نام ہے، امور دین اور مسائل اعتقادیہ ہیں تبصرہ اور غور و فکر کا اور ناقد کے معنی حق و باطل میں تمیز کرنے والے کے ہیں۔ فالمراد بناقد البصیرۃ انہ کان ممیزا بین الحق و باطل من الامور الاعتقادیۃ۔ حضرت عباس علیہ السلام کے ناقد البصیر ہونے کا مطلب یہ ہے کہ آپ

اعتقادی امور میں حق و باطل کے اندر کامل تمیز رکھنے والے تھے اور ایمان کے تمام مدارج پر فائز تھے۔امام علیہ السلام نے اسی کو لفظ صلب الایمان سے یاد فرمایا ہے۔وھو نتیجۃ کرنہ فاقد البصیرۃ فانہ من یدیمہ النظر فی المعارف الالحیہ فلا محالتہ ینکشف عندہ الحقائق الایمانیہ۔دراصل صلب الایمان ہونا ناقد البصیرت کا نتیجہ ہے اس لیے کہ جو معارف الھیہ میں ہر وقت غور وفکر کرتا رہے گا اس پر لا محالہ ایمانی حقائق روشن ہو جائیں گے۔رمائتین فی مقتل الحسین ص ۴۴۴ پھر علامہ کنتوری آگے چل کر لکھتے ہیں: کہ صلب الایمان اور نافذ البصیرت ہونا فھی بینۃ علی کون العباس فائز ابأعلی درجۃ العرفت والعمل۔یہ اس بات کی کھلی ہوئی دلیل ہے کہ حضرت عباس علیہ السلام معرفت اور عمل کے اعلیٰ مدارج پر فائز تھے (مائتین ص ۴۶۲)

حضرت عباسؑ کی عصمت کی بحث

عصمت کے لغوی معنی: عصمت کے لغوی معنی المنع اجتناب معاصی اور خطا کے ہیں۔المنجند ص ۵۳۳ صاحب مجمع البحرین لکھتے ہیں: المعصوم الممتنع من جمیع محارم اللہ معصوم اسے کہتے ہیں جو تمام محارم خدا سے بازرکھا گیاہو مجمع البحرین ع۔م طبع ایران۔

عصمت کے اصطلاحی معنے: عصمت اس مخفی لطف الٰہی کو کہتے ہیں۔جو ان خاص بندوں پر کیا جاتا ہے۔جن میں امکانات خطاو معاصی کی پوری طاقت کے باوجود اجتناب کی کامل اور حتمی صلاحیت ہوتی ہے (شرح باب حاوی عشرف ۵ ص ۳۱ طبع نول کشور) علامہ مجلسی لکھتے ہیں۔معلوم ہونا چاہیے کہ معصوم ترک گناہ پر مجبور نہیں لیکن خداوند عالم اس پر ایسا لطف مخفی کرتا ہے کہ وہ اپنے اختیار سے ترک معصیت کو لازم جاننے لگتا ہے۔یا قوت عقل

WILAYAT MISSION PUBLICATIONS

فطانت ذکاوت اور صفائی باطن اور اخلاق حسنہ کی وجہ سے وہ محبت خداوندی کا مالک بن کر ایسے درجہ پر پہنچ جاتا ہے کہ شہوات نفسانی اور خیالات شیطانی اس کے پاس نہیں آنے پاتے ۔اور جمال ایزدی اور جلال و عظمت الٰہی اس کے دل پر جلوہ فگن ہو جاتے ہیں۔لہٰذا وہ اپنے کو منظور نظر پروردگار عالم جانتے ہوئے معصیت سے پرہیز کرتا۔اور رضائے الٰہی کے حاصل کرنے میں کوشاں رہتا ہے۔اور اگر خدانخواستہ اس کے دل میں کسی وقت معصیت کا خیال آجاتا ہے۔تو وہ جلال الٰہی کے خوف کی وجہ سے باز رہتا ہے۔(حق الیقین باب ۴ صفحہ ۲۷ طبع ایران)عالم اہل سنت فاضل روز بیہان نے ابطال الباطل میں عصمت کو ملکہ لکھا ہے یعنی ایسا ملکہ جس کے ذریعہ سے اکثر گناہاں کبیرہ سے بچتا رہے ماہے کچھ مضائقہ نہیں۔کیونکہ کلیات ابوالبقا اہلسنت لغت کی مشہور کتاب ہے۔اس میں ہے کہ امام ابو منصور ماتریدی کے مذہب کے موافق عصمت نام ہے معصیت کی قدرت نہ ہونے کا اور ایسی بات کے پیدا ہو جانے کا جو مصیبت سے مانع ہو لیکن اس کے ساتھ ساتھ مجبور نہ کیا جائے اور پھر اسی کے ساتھ ساتھ اختیار نہ رہے۔اسی قول کا مطلب ہدایہ میں مرقوم ہے۔معناہ یعنی قول منصور انھا لا تجبیرہ علی الطاعۃ ولا تعجزہ عن المعصیت بل ھی لطف من اللہ یحمل العبد علی فعل الخیر ویزجرہ عن فعل الشر مع بقاء الاختیار۔یعنی عصمت وہ صفت ہے جو اطاعت گزاری پر مجبور نہ کرے ۔اور مصیبت کرنے سے عاجز بنائے۔بلکہ یہ ایسا لطف ہے جو اختیارات کے باوجود امور خیر پر ابھارتا اور بڑے کاموں سے روکتا ہے۔بہر حال یہ وہ صفت ہے اور یہ ایسا لطف ہے جو خداوند عالم کے خاص بندوں کو نصیب ہوتا ہے۔جن میں انبیاء،اوصیا وغیرہ داخل ہیں۔مگر ان کے نفوس ان کے قابو میں ہوتے ہیں (بھگوت گیتا)

حضرت عباسؑ کا معصوم ہونا

اب رہ گیا یہ کہ حضرت عباسؑ معصوم تھے۔یا نہیں،اس کے متعلق عرض ہے کہ علامہ مجلسی نے گشفت الانور ترجمہ بحار جلد ۹ ص ۱۲۳، ایران ۱۲۹۵ھ اور علامہ محمد باقر خراسانی نے بحریت احمر کے تیسرے جز میں حضرت امام حسین علیہ السلام کے الان انکسر ظھری فرمانے کے سلسلے میں تحریر کیاہے کہ امام مظلوم در شہادت آں معصوم الان انکسر الان ظھری کہ حضرت امام حسینؑ نے اس معصوم عباسؑ کی شہادت پر فرمایا:اس وقت میری کمر ٹوٹ گئی ہے۔ملاحظہ ہو۔(مکین الاساس فی احوال ابی الفضل العباسؑ ص ۲۸)اس سے بھی آپ کی عصمت کا پتہ چلتاہے۔علامہ دربندی حضرت عباسؑ کے متعلق لکھتے ہیں کہ " ان بعض الفقرات من بعض الزیارات الماثورہ یقیل انہ کان من اھل العصمت و من علومہ من العلومہ اللدنیہ" ان زیارت کے بعض فقروں سے جو ائمہ معصومین علیہم السلام سے مروی وماثور ہیں۔مستفاد ہوتاہے کہ حضرت معصوم بھی تھے اور علم لدنی کے مالک بھی تھے ۔(اسرار الشہادت ص ۳۷۰۔جواہر الایقان دربندی علامہ ہروی نے موعظہ حسنہ کے ص ۲۵۶ پر حضرت علیؑ اکبر کو بھی داخل معصومین تحریر کیاہے

حضرت عباسؑ کی عصمت کا مطلب

بعض علمانے حضرت عباسؑ وغیرہ کو معصوم تحریر کیاہے۔میرے خیال میں ایسے مواقع پر عصمت سے حفاظت اور معصوم سے محفوظ مراد ہے۔اس لیے کہ عصمت اصطلاحیہ کے لیے اجماع اور نص کا ہونا ضروری ہے۔اور ان کی عصمت پر نہ نص ہے۔اور نہ اجماع علماء

۔ناچیز مولف نے اپنے رسالہ پیغمبر اسلام کے بارہ جانشین میں آئمہ اثنا عشر کی عصمت پر روشنی ڈالتے ہوئے شاہ عبدالعزیز محدث دہلوی کی کتاب "تحفہ اثنا عشریہ "طعن ۱۳ص ۴۳۹ کا حوالہ دے کر لکھا ہے کہ :اس سے معلوم ہوا کہ شاہ صاحب بھی بعض دیگر علماء کی طرح عصمت ائمہ کے قائل ہیں۔جس کی تعبیر لفظ محفوظ سے کی ہے اور محفوظ اصلاح شرع میں ان لوگوں کو کہتے ہیں "فلا یصدر عنھم الذنب والحظار مع جواز الصدور"جس سے امکانات گناہ کے باوجود گناہ اور خطا وغیرہ صادر نہ ہوں (دراست اللبیب ص ۲۰۰)اس سے صاف واضح ہے کہ معلوم اور محفوظ قریب قریب ایک چیز ہیں صرف الفاظ کا فرق ہے۔لیکن ہمارے بعض علماء نے صراحت کی ہے کہ محفوظ سے خطا و نسیان اور مکروہات کا صادر ہونا ممکن اور جائز ہے۔البتہ محرکات صادر نہ ہوں۔علامہ دربندی عصمت پر روشنی ڈالتے ہوئے تحریر فرماتے ہیں کہ اس عصمت سے ہماری وہ عصمت مراد نہیں ہے جو رسول اللہ ﷺ اور اہلبیت علیہم السلام کی تھی کہ اس پر اعتراض ہو بلکہ اس عصمت سے وہ قوت مراد ہے جو گناہوں سے روکے۔اس قوت کے مالک سے خطا نسیان ترک اولی مکروہات کا صدور ممکن ہے۔ لیکن محرکات کا صادر ہونا چاہیے وہ گناہ صغیرہ ہی کیوں نہ ہو ناممکن ہے۔اب معلوم ہونا چاہیے کہ اس قسم کی عصمت کا حضرت عباسؑ حضرت علی اکبرؑ جناب زینبؑ جناب ام کلثومؑ حضرت سلمان فارسیؑ میں تسلیم کرنا نہ کوئی نقص رکھتا ہے اور نہ قابل اعتراض ہو سکتا ہے (اسرار الشہادت ص ۳۷۰ طبع ایران)اس قسم کی عصمت کی تعریف علامہ عبدالاحد اور عبدالرازاق یمنی نے یہ کی ہے کہ آلودگی گناہ سے اپنے نفس کی حفاظت کرنا یعنی معصوم وہ ہے جو اپنے گناہ سرزد نہ ہونے دے اور خود کو محفوظ رکھے (شرح پنج رقعہ ص ۴۲ طبع نولکشور ۱۸۶۸ء۔ہم اسی کی تعبیر لفظ محفوظ سے کرتے ہیں جس پر کوئی

اعتراض نہیں ہو سکتا ہے۔

حضرت عباسؑ نفس مشتعلہ کے مالک تھے

حضرت عباسؑ جو کمالات نفسیہ کے مالک اور افعال ممدوحہ کے تاجدار تھے۔جب ان کے شجاعت سے بھرے نفس کا جائزہ لیا جاتا ہے تو معلوم ہوتا ہے کہ آپ حمیت و غیرت اور نخوت شہادت میں ایسے نفس کے مالک تھے، جس کی شعلہ فشانی میدان شجاعت میں تھامے تھم نہ سکتی تھی۔علامہ احمد عارف الزین مصری لکھتے ہیں:''عباس ایک ایسے نفس کے مالک تھے جو حمیت و غیرت اور نخوت شجاعت و شہادت کے موقع پر شعلہ دیتا تھااور بہادری و جانفسانی کے موقعوں پر بھڑک اٹھتا تھا۔ولیس کا العباس مقداماً مقحاماً ذوودا عن الشرف اور عباس جیسا بہادر میدان جنگ میں بڑھنے والااور چہرہ شرافت سے دشمن کو گرد و غبار کی طرح پاک کرنے والامادر گیتی کی آغوش میں کوئی نہ تھا (رسالہ الفرقان ص۲۰۳ ماہ صفر ۱۳۵۰ ہجری طبع مصر)

حضرت عباس علیہ السلام کی سعادت

قرآن مجید کی آیت واضح ہے کہ سعادت وہ صفت ہے جو بطن مادر میں عطا ہوتی ہے۔اور جو چیز بطن مادر میں ملے۔وہ عطیہ الٰہی ہوتا ہے۔حضرت علی علیہ السلام دعائے یوم الخمیس میں فرماتے ہیں ''والسعید من اسعدت'' سعادت اسی کے لیے ہے جسے تو سعید بنائے (صحیفہ علویہ ص۳۵۶ طبع دہلی)۔علامہ کنتوری حضرت عباس علیہ السلام کے متعلق لکھتے ہیں

"کان العباس یھودی الحسین من بدو عمرہ لانہ السعید الذی سعد الذی سعید فی بطن امہ کہ: آپ امام حسینؑ پر بچپنے سے ہی مرے جاتے تھے اور ان کی حمایت میں پل پڑتے تھے۔ اس لیے کہ یہ بطن مادر ہی سے صفت سعادت سے متصف پیدا ہوئے تھے۔ (امائتین) گویا آپ کی کمال سعادت یہ تھی کہ آپ فرزند رسولؐ پر نثار ہونے کو ہر وقت تیار رہتے تھے۔ یہی وجہ ہے کہ جنت میں اُڑنے کے لیے زمرد کے پر پرواز ملے ہیں اور سعادت و خوش بختی کی بلند پر وازی نے آپ کو شہداء کی نظر میں قابل غبطہ بنادیا ہے

حضرت عباسؑ کی عبادت گزاری

عبادت نام ہے اپنے خالق کے سامنے سر نیاز جھکانے کا۔ وہ لوگ جو معرفت میں کمال رکھتے ہوں۔ وہ اعتراف الوہیت میں بھی پورے ہوتے ہیں اور اقرار عبودیت یں کامل ہوتے ہیں۔ ان کے سر نیاز خالق بے نیاز کی بارہ گاہ میں اکثر زمین بوس رہا کرتے ہیں اس کے نتیجہ میں افق پیشانی پر سجدہ کے نشان کا ہویدا ہونا بھی لازمی ہے۔ تاریخوں میں موجود ہے کہ حضرات ائمہ معصومین علیہم السلام کی مقدس پیشانیوں پر آفتاب کو شرمندہ کرنے اور ماہتاب کو جلادینے والے سجدہ کے نشان ضوفشان تھے۔ حضرت عباس علیہ السلام بھی اس سلسلہ کی کڑی ہیں۔ ان رگوں میں بھی عصمت کا لہو اور طہارت کا خون دوڑ رہا تھا آپ معرفت میں کامل اور اعتراف الوہیت میں مکمل تھے۔ آپ کے متعلق مورخین لکھتے ہیں: "کان بین عینیہ اثر السجود کثرہ عبادۃ ملک العلام۔۔۔۔۔۔ الخ آپ کی پیشانی اقدس پر کثرت سجود ملک علام کی وجہ سے سجدہ کا نشان ضوفشان تھا۔ (تحفہ حسینیہ ص ۱۷۵ طبع ایران۔ دمعہ ساکبہ ص

۳۴۷ ریاض القدس ص ۶۴)

حضرت عباس علیہ السلام کا قمر بنی ہاشم ہونا

حضرت عباس علیہ السلام، حضرت علی علیہ السلام اور جناب ام النبین سے پیدا ہوئے تھے ۔یہ دونوں حضرات حسن و جمال میں اپنے اپنے قبیلہ کے آفتاب و مہتاب تھے۔ ملاحظہ ہو مناقب شہر آشوب جلد ۳ ص ۱۶۳ اور ریاض القدس جلد ا ص ۶۶)اور اکثر یہ دیکھا گیا ہے کہ حسین و جمیل ماں باپ کے بیٹے خوبصورت ہی ہوتے ہیں تمام مورخین کا اس پر اجماع ہے کہ حضرت عباسؑ حسن و جمال اور چہرہ کی تابندگی میں خصوصی حیثیت کے مالک تھے۔اسی وجہ سے آپ کو قمر بنی ہاشم کہا جاتا تھا۔ علماء لکھتے ہیں ''ان عباسؑ بن علی کان رجلاً و سیماً جمیلا یقال لہ قمر بنی ھاشم لحسنہ وبھائیہ''۔۔۔۔۔۔۔۔۔الخ حضرت عباسؑ بن علی مرد تابندہ اور جمیل و خوشخو تھے۔آپ کے خوبصورتی اور چہرہ کی تابندگی کی وجہ سے ''قمر بنی'' ہاشم ''قبیلہ بنی ہاشم کا چاند'' کہا جاتا تھا(مقتل عوالم ص ۹۴ طبع ایران شرح زیارت ناحیہ ،ناسخ التواریخ جز ۶ ص ۲۹۸ بمبئی۔علامہ قزدینی لکھتے ہیں کہ حضرت عباسؑ کی خبر ولادت جو امیر المومنین علی علیہ السلام کو دیگئی تھی۔ان کے الفاظ یہ ہیں :''ام النبین فرزندے قمر طلعت بوجود آوردہ'' (ریاض القدس جلد، ص ۶۷)اس سے معلوم ہوتا ہے کہ آپ کا حسن و جمال وقت ولادت ہی سے ''قمر بنی ہاشم'' بننے کی خوشخبری سنا رہا تھا۔ علامہ علی قرنی لکھتے ہیں کہ حضرت عباس کا قمر بنی ہاشم ہونا بالکل اسی طرح حضرت ہاشم بن عبد مناف کو ''بدر حرم'' اور عبداللہ بن عبدالمطلب پدر بزرگوار حضرت رسول کریمؐ کو حسن و جمال کی

وجہ سے "مصباح حرم" کہا جاتا تھا (منہاج الدموع ص ۳۲۸)

حضرت عباس علیہ السلام اور شجاعت

تعریف شجاعت:

شجاعت نام ہے اس قوت قلب اور جرات و ہمت کا جو انسان کو ان منزلوں اور مقامات پر جانے اور ثابت قدم رہنے میں مدد دے جن کی طرف عام انسانوں کے قدم نہ بڑھ سکتے ہوں۔ علامہ کمال الدین طلحہ بن شافعی لکھتے ہیں: شجاعت اس قوت قلبی کا نام ہے جو انسان کو انتہائی خطرناک اور خوف ناک امور لے کر گزرنے پر ابھار دیا کرے جس کے قلب میں یہ قوت پائی جائے۔ اسے بہادر شجاع کہتے ہیں۔ (مطالب السؤل ص ۱۱۹ طبع لکھنؤ) اس عبارت سے معلوم ہوا کہ شجاعت قلبی قوت اور جرات نفسی کا نام ہے تو اب یہ امر غور طلب ہے کہ کسی کو اگر شجاع کہا جائے۔ تو اس کا معیار کیا ہے اور کسی شجاعت سے متصف جاننے کی پہچان کیا ہے۔ کیا وہ شخص جس کے لیے شہرت ہو جائے اور جس کی شجاعت کا پروپیگنڈے کی وجہ سے ڈنکا بجنے لگے۔ کیا ارباب نظر بھی اسے شجاع اور بہادر ماننے لگیں گے۔ اس کے متعلق علماء نے تحریر کیا ہے۔ شجاعت کیونکر پہچانی جا سکتی ہے: شجاعت کے لیے ظاہری آنکھیں: درکا نہیں بلکہ دل کی آنکھیں مطلوب ہیں اس کی لذت کا محسوس و معلوم کرنا جس ظاہری سے کوئی تعلق نہیں رکھتا۔ بلکہ اس کے جاننے اور پہچاننے کا طریقہ ہے کہ اس کے آثار کا مطالعہ کیا جائے مثلاً اگر کوئی یہ جاننا چاہتا ہو کہ زید شجاع ہے یا نہیں تو اس کے افعال اور آثار کو دیکھے اور اس سے رائے قائم کرے۔۔۔۔۔۔۔ الخ (النفس الهوم

ص۱۸۱ طبع نجف اشرف ۱۳۳۵ھ)

شجاعت کی اقسام

اس میں شک نہیں کہ انسان جس طرح اپنی مادی تشکیل میں آگ، پانی، ہوا، مٹی کا محتاج ہے۔اسی طرح روحانی تکمیل ہیں حکمت، عدالت، عفت شجاعت کا بھی محتاج ہے اب اب چونکہ انسانیت کا دار و مدار صفت شجاعت پر ہے، اس لیے مناسب معلوم ہوتا ہے کہ اس کے اقسام لکھ دیئے جائیں۔علامہ ابو منصور ثعالبی لکھتے ہیں کہ شجاعت جو انسانیت کا جزو اعظم ہے اس کی گیارہ قسمیں میں۔"اذا کان شدید القلب رابط الجیش فھو مزیر"(۱)جو بہادر میدان جنگ میں نہایت بے جگری سے لڑے والا ہو۔پہلو میں نہایت ہی قوی اور مضبوط دل رکھتا ہو۔یعنی اس کا قلب اتنا مضبوط ہو کر میمنہ اور میسرہ اور قلب کے لشکر کو فنا کر دینے کی اس میں اچھی خاصی جرات موجود ہو تو اس کو"مزیر" کہتے ہیں۔"واذا کان لزوماً للفرقان لایفارقہ فھو حلبس"(۲) اگر دشمن سے مقابلہ ہو جائے تو اس کے قصہ وجود کو پاک کئے بغیر جو چین نہ ملے اسے" حلبس" کہتے ہیں۔"واذ کان شدید القتال لزوماً لمن طالبہ فھو غلث"(۳) جو شخص اپنے دشمن سے بھڑ پڑنے کے بعد اسے قتل کئے بغیر اس کا پیچھا نہ چھوڑے اس کو"غلث" کہتے ہیں۔واذا کان جریئاً علی اللیل فھو محش و محشف (۴)جو رات میں بھی جنگ آزمائی پر دلیری کے ساتھ تیار ہو اسے "محش، مخشف" کہتے ہیں۔" واذا کان مقداماً علی الحرب عالماً باحوالھا فھو محرب (۵)جو فن حرب سے واقف ہو اور بڑھ بڑھ کر حملے کرنے والا ہو اسے "محرب" کہتے ہیں۔" واذ کان منکراً شدیداً فھو زمر"(٦)جو بہادر بڑے بڑے پہلوانوں کے

دانت کھٹے کردے اسے " زمر " کہتے ہیں۔ واذکان بہ عبوس الشجاعۃ والغضب فھو "باسل "(۷) اور جس کے ماتھے پر شجاعت کی شکن اور رگوں میں بہادری کے غصے کا خون دوڑ رہا ہو اس کو "باسل" کہتے ہیں۔ "واذکان لایدری من این یوتی لشدۃ باسہ فھو بھمۃ"(۸) جس بہادرد کے متعلق اس کی بہادری کی وجہ سے یہ نہ سمجھ میں نہ آئے کہ کس طرف سے حملہ کر کے اسے زیر کیا جاسکتا ہے اسے "بہمہ" کہتے ہیں۔ واذکان یبطل الاشداء والدماء فلایدرک عندہ ثار فھو "بطل"(۹) جو بڑے بڑے خونخواروں کے جی چھڑادے اور جو بھی سامنے آئے اسے کسی خون بہا کا موقع نہ دے اسے "بطل" کہتے ہیں۔ "واذکان یرکب راسہ لایثینہ شیٔ عما یرید فھو غشمشم "(۱۰) جو اپنے سر کو ہتھیلی پر رکھ کر اپنے حصول مقصد کے لیے اس طرح جنگ آزما ہو کہ اس کی کوئی قوت اس کے ارادے سے باز نہ رکھ سکے اسے "غشمشم کہتے ہیں۔" واذاکان لاینحاش لشئی فھم الیھم (۱۱) جو بہادر نبرد آزمائی کے موقع پر کسی چیز کی پروانہ کرتا ہو اسے ایہم کہتے ہیں (فقہ اللغۃ جلد ۱۔ ص ۴۴ طبع مصر) حضرت عباسؑ جو دنیائے شجاعت کے تاجدار تھے۔ جب ان واقعات زندگی پر ہلکی سی نظر ڈالی جاتی ہے تو روز روشن کی طرح واضح ہو جاتا ہے کہ شجاعت کے جتنے بھی اقسام ہیں، حضرت عباسؑ ان کے سب کے بدرجہ ماتم جامع تھے۔ دیکھئے حضرت عباس علیہ السلام کا امام حسین علیہ السلام کے ساتھ اس طرح رواں دوان بن کر رہنا کہ حضرت کا پورا پورا۔ اعتماد آپ ہی کی شجاعت آگین ذات پر ہو۔ اور حسینؑ یہ کہتے ہوئے دکھلائی دیں کہ اے اسد اللہ کے شیر تیرے وجود اور بقا پر ہمارے لشکر کا وجود ہے، اس سے حضرت عباسؑ کے مزیر ہونے کا ثبوت ملتا ہے اور مارد ابن صدیف سے بے نظیر انداز میں جنگ کرنا حلبس غلث اور محرب ہونے کا پتہ دیتا ہے اور آپ کا تیس سوار، اور بیس پیادے لے کر نہر فرات پر جانا اور قیامت خیز جنگ وجدل کے بعد پانی لانا آپ کے محش اور مخشف ہونے

پر رواں ہے اور کربلا میں روز عاشورہ نہایت بے جگری سے جنگ کرنا اور ہزاروں کو فنا کے گھاٹ اتار دینا اور اس سلسلے میں اپنے ہاتھ بھی کٹوا دینا آپ کے زمر اور باسل ہونے پر شاہد ہے۔ اور آپ کا اکثر اعزاز و انصار کی مدد کو جانا اور بے پناہ جنگ کرنا آپ کے بھمہ ہونے کا گواہ ہے اور سینکڑوں دشمنوں کو موت کے گھاٹ اتار کر نہر فرات پر قبضہ جمانا۔ پانی بھرنا اور کسی دشمن کی پروانہ کرنا خیمہ کی طرف برابر بڑھتے ہوئے چلے جانا آپ کے بطل غشمشم اور ایھم ہونے کی کھلی دلیل ہے۔ تاریخ عالم کے مطالعہ سے میں اس نتیجہ پر پہنچا ہوں کہ وہ انسان جو موت سے نہ ڈرتا ہو اور پروردگار عالم کی پوری معرفت کا مالک ہو وہی بہادر اور شجاع ہے حضرت علی علیہ السلام جن کا قول تھا: لوکشف الغطاء لماازدت یقیناوہ فرماتے تھے کہ مجھے اس بات کی پروا نہیں کہ موت مجھ پر آپڑے گی۔ یا میں موت کے منہ میں جا گھسوں گا۔ حضرت عباس بھی انہی امام العارفین کے عارف کامل فرزند تھے یہی وجہ تھی کہ آپ موت سے بے خوف اور لاکھوں پر پھٹ پڑنے والے تھے اور دنیا آپ کی شجاعت کا لوہا ماننے پر مجبور تھی۔ یہ وہ بہادر تھے جن کے زور شجاعت سے بڑے بڑے پہلوان میدان جنگ سے جی چھوڑ کر بھاگ کھڑے ہوتے تھے ملا قاسم سجرانی لکھتے ہیں کہ حضرت عباسؑ کی وہ ہیبت اور سطوت تھی کہ جس نے دشمنوں کے قلوب کو تاریک کر کے دلوں کو جلا ڈالا تھا واعمت عیونھم اور انہیں اندھا کر دیا تھا (شرعتہ المصائب ص ۱۷۷ جلد ۲ طبع لکھنو) غرضیکہ شجاعت کے لیے عارف باللہ ہونے کی ضرورت ہے اسی مقصد کو شیخ بو علی سینا نے اپنی کتاب مقامات العارفین میں بھی لکھا ہے۔ عبدالرزاق لاہجی بھی تحریر فرماتے ہیں العارف شجاع و کیف لا وھو بمعزل من تقیۃ الموت : جو خدا کی معرفت کاملہ رکھتا ہو وہ زبردست بہادر ہوتا ہے اس لیے کہ وہ موت سے بچنا نہیں جانتا یعنی اس کو اس کی پروا نہیں ہوتی کہ موت مجھ پر آجائے گی یا میں موت پر جا پڑوں گا۔ (سرمایہ ایمان

WILAYAT MISSION PUBLICATIONS

ص ۹۳ طبع بمبئی)

شجاعت کی پسندیدگی

سرور دوعالم حضرت محمد مصطفیٰ صلی اللہ علیہ وآلہ وسلم ارشاد فرماتے ہیں کہ۔ ان اللہ یحب الشجاعۃ ولو علی قتل حیہ خداوند عالم شجاعت کو دوست رکھتا ہے چاہیے اس کا مظاہرہ ایک سانپ ہی کی مارنے میں کیوں نہ ہو۔(سراج المنیر ص ۴۳ طبع بمبئی ۱۳۰۶ ھ) سرکار دوعالمؐ کے ارشاد سے دنیا سمجھ سکتی ہے کہ شجاعت کتنی پسندیدہ اور کس قدر قابل تعریف صفت ہے وہ باوفاجو حسینؑ کے ساتھ جیتے جی اور مرنے کے بعد بھی رہے۔ تمام شجاعوں سے زیادہ شجاع تھے (دی مون لائٹ لکھنو محرم نمبر ۱۳۶۰ ھ)

حضرت عباسؑ کا مبشر بالشجاعہ ہونا

حضرت عباسؑ کی شجاعت کے متعلق یہ امر قابل ذکر ہے کہ آپ کی شجاعت کی بشارت آپ کے پیدا ہونے سے پہلے دی جاچکی ہے۔ علامہ کنتوری لکھتے ہیں وانہ کان مبشرا ابالشجاعۃ قبل میلادۃ آپ کی پیدائش سے قبل آپ کی شجاعت کی بشارت دی جاچکی تھی (مائتین جناب الیاس صاحب لکھتے ہیں۔ کہ یہ شجاعت کی بشارت آنحضرت صلی اللہ علیہ وآلہ وسلم نے دی تھی ماہ بنی ہاشم ص ۲۳ طبع لاہور) اس واقعہ سے حضرت عباس علیہ السلام کی شجاعت کا بخوبی اندازہ لگایا جا سکتا ہے۔

حضرت عباس علیہ السلام کی شجاعت

حضرت عباسؑ بڑے پر ہمت شہسوار اور شیر دل بہادر تھے اور میدان کارزار میں نیزہ بازی اور شمشیر زنی میں بڑے جری اور دلیر تھے (شرعۃ المصائب جلد ۲ ص ۷۸ ام ۹ طبع لکھنو) الخ (روضۃ الشہداص ۳۲۱) حضرت عباس بڑے نامور نبرد آزما اور زبردست بہادر تھے اور میدان کازار میں نیزہ بازی اور شمشیر زنی میں بڑے جری اور دلیر تھے۔

حضرت عباسؑ کا رئیس الشجعان ہونا

آپ کی شجاعت اس درجہ بلند تھی کہ تمام مورخین اور ارباب سیر کو کہنا پڑا۔انہ کان رئیس الشجعان "آپ مملکت شجاعت کے تاجدار اور قلیم شجاعت کے راس ورئیس تھے۔ملاحظہ ہو: (مقتل عوالم ص ۹۴ ناسخ التواریخ جلد ۶ ص ۲۸۹ شرح زیارت ناحیہ ، تحفہ حسینیہ جلد ۱ ص ۷۸ ابصار العین ص ۳۶)

حضرت عباسؑ کا عہدہ علمبرداری

علم کی تاریخ:۔ علم ،رائت ،لواء ، جھنڈ انشان ،وغیرہ یہ مختلف زبانوں کی تقریباً ہم معنی نفظیں ہیں جو قریب قریب ایک ہی مطلب میں مستعمل ہیں۔یہ اور بات ہے کہ مواقع کے لحاظ سے ان کے مفاہیم اصلیہ میں فی الجملہ اختلاف کی شان پیدا ہو جائے۔ان کے استعمال کا سلسلہ زمانہ قدیم سے چلا آرہا ہے بنی آدم میں سب سے پہلے اس کا استعمال اس موقعہ پر ہوا جبکہ

جناب شیث اور قابیل میں قتل ہابیل کی وجہ سے مڈ بھیڑ ہو گئی مورخین جنگ کی ابتداء کو واضح کرتے ہوئے لکھتے ہیں۔ بنی آدم میں سب سے پہلی جنگ شیث اور قابیل میں ہوئی خدا نے اس جنگ میں جناب شیث کے لیے ایک سفید جنتی حلہ بھیجا تھا اس جنگ میں عہدہ علمبرداری ملائکہ کے سپرد تھا وہ سفید پھریرے والے رائیت کو اٹھائے ہوئے تھے آخر قابیل پر غلبہ پالیا گیا اور اسے گرفتار کر کے مقام عین الشمس میں پہنچا دیا گیا اور اس کی اولاد کو شیث کی زنجیر غلامی میں جکڑ دیا گیا (مناقب ابن شہر آشوب جلد ۳ ص ۱۵۹ طبع بمبئی) اس عبارت سے دو باتوں کا استقادہ ہوتا ہے اول یہ کہ علم کی ابتدا حضرت آدمؑ کے قریبی زمانہ سے ہے دوسرے یہ کہ علمبرداری ایسا جلیل القدر منصب اور عہدہ ہے جس پر ملک یا ملک سفت انسان ہی فائز ہوا کرتا ہے۔

اسلامی نشان یا علم کے امتیازی علامات

سنا جاتا ہے کہ صدر اسلام میں علم کا پھریرہ سفید ہوا کرتا تھا، بنی امیہ کا شاہی جھنڈا سرخ رنگ کا ہوتا تھا۔ بنی عباسیہ کا علم تو درکنار ان کی ساری وردی ہی سیاہ رنگ کی تھی۔ ابی طالب کا علم سفید تھا شیعہ اور اعیان ہاشم کا جھنڈا سبز تھا چونکہ بنی ہاشم کا علم سبز تھا اس لیے یوم عاشور قمر بنی ہاشم کے دست مبارک میں جو علم تھا وہ بھی سبز تھا شمس العلماء جناب مولانا سید سبط حسن صاحب قبلہ اعلیٰ اللہ مقامہ حضرت عباسؑ کے نہر پر پہنچنے کو دکھلاتے ہوئے ارشاد فرماتے ہیں۔ قریش کا علم قصی بن کلاب کے ہاتھوں میں رہا کرتا تھا ان کے بعد ہاشم کے دست مبارک میں جو بعثت رسول کے بعد علم مستقل طور پر حضرت علیؑ کے ہاتھوں میں رہا

۔ابن بختری اور جملہ اسلام کا اتفاق ہے کہ قریش کے رایت ولوا، دونوں قصیٰ بن گلاب کے ہاتھوں میں تھے پھر رائیت جناب عبدالمطلب کے پاس رہنے لگا جب سرور کائنات مبعوث برسالت ہوئے تو آپ نے اسے بنی ہاشم میں مستقر کر دیا اور اسلام کی پہلی جنگ ''دووان ''میں حضرت علی علیہ السلام کے سپرد فرمایا پھر دائما انہی کے ہاتھوں میں رہا۔ البتہ لواء بنی عبدالدار میں تھا حضرت نے اسے مصعب بن عمیر کے سپرد کیا جب وہ جنگ احد میں شہید ہو گئے تو آپ نے اسے بھی علیؑ کے حوالے کر دیا اب حضرت علیؑ ان دونوں رایت ولوا کے حامل قرار پائے جن کا رنگ سفید تھا۔ مناقب ابن شہر آشوب جلد ۳ ص ۱۵۹ طبع بمبئی وارشاد مفید جلد ا (ص ۴۲ طبع ایران)

اجزائے علمداری میں سب سے زیادہ اہم جز علم ہے جو نوحہ و شیون کا ایک بڑا ذریعہ ہے اس وقت تو ہم یہ سمجھتے ہیں کہ علم حسینی فوج کے علمدار حضرات ابوالفضل العباسؑ کی یادگار ہے مگر اس کے پردے میں ان سلف صالحین کی یاد مضمر ہے جو دین خدا کی حمایت میں اپنی جان کو جان نہ سمجھتے تھے منصب علمبرداری بہت قدیم منصب ہے اور علم حضرت ابراہیم خلیل اللہ کی یادگار ہے جس کو سب سے پہلے آپ نے بنایا تاریخ میں ہے العم ھی لواء وضعھا خلیل الرحمن فی العالم (آداب مجالس ص ۲۸) پیغمبر خدا چونکہ دین ابراہیم کے زندہ کرنے کے لیے مبعوث ہوئے تھے اس لیے آپ نے اپنے دور میں اس یادگار ابراہیم کو نئے سرے سے قائم کیا اور جب مکہ سے ہجرت کر کے مدینہ تشریف لائے تو بریدہ کو حکم دیا کہ علم بنائے وہ مدینہ کی گلیوں میں لا الہ الا اللہ کی صدا بلند کرتا پھرتا تھا مسلمان اچھی طرح اس علم کو پہچان گئے تھے اور لڑائیوں میں اسی علم کو مسلمان سپاہیوں کا نشان اقرار دیا تھا۔ تاریخ وسیر میں اس محل پر دو الفاظ اور استعمال کئے گئے ہیں ''لواء، اور، رائت، نعت میں ہے کہ لواء اس علم کا نام

ہے۔ جس میں نیزے کی بوڑی پر ایک پرچم لہرا رہا ہو۔ یہ علم کے علاوہ ایک چیز ہے (معجم الطالب) روز حشر کے واقعات میں لوائے محمدؐ انہیں معنوں میں آیا ہے نبویؐ لشکر میں لواء رائیت کا ذکر ہے پیغمبر اسلام نے مسلمانوں کے ہر گروہ کا ایک علیحدہ رایت قرار دیا تھا ۔مہاجرین وانصار کے رایت الگ الگ تھے جنگ بدر میں جو اسلام کی پہلی لڑائی ہے پیغمبر خدا کا مخصوص رایت حضرت علیؑ کے ہاتھ میں تھا۔اور انصار کا نشان سعد بن عبادہ کے ہاتھ میں تھا اور لواء مصعب بن عمیر کو دیا تھا سعد بن عبادہ نشان برادری کے عہدہ پر فتح مکہ کے قبل تک برقرار ہے۔اور فتح مکہ کے موقع پر جناب علی مرتضیٰ نےپیغمبر کے ایما سے سعد کو معزول کیا یہ وہی رایت ہے جو ہر گروہ کے اختلاف کے لحاظ سے قرار دیا تھا۔جو علم بریدہ نے سب سے پہلے ترتیب دیا۔اس پر یدہ کے بعد حضرت حمزہ کا قبضہ ہوا اور علمبرداری ہی کی حالت میں آپ ''جنگ احد'' میں شہید ہوئے ،جنگ موتہ میں تین شخص یکے بعد دیگرے علمدار ہوئے۔

۱۔ جعفر طیار ۲۔ زین بن حارثہ ۳۔ عبداللہ بن رواحہ

یہ تینوں مجاہد اپنے فرض کی ادائیگی میں شہید ہوئے ان تاریخی حقائق پر تیرہ سو برس کے بعد آج ہم مطلع ہیں تو کوئی وجہ نہیں کہ عہد رسول کے مشہور لوگ ،ابو سعید خدری،اور تابعین میں ابن عباس اس تقسیم سے بے خبر ہوں۔ابو سعید کا بیان ہے۔پیغمبر خدا نے فرمایا اے علیؑ ! تم ہمارے جسم کو غسل دو گے اور ہمیں قبر میں رکھو گے ہمارے قرض کو ادا کرو گے۔اور تم ہی دنیا وآخرت میں ہمارے علمدار ہو (ارجح المطالب ص ۵۵۲) یہ روایت فردوس الاخیار دیلمی کی ہے۔اور اصل الفاظ زبان مبارک کے یہ ہیں۔انت صاحب لوائی فی الدنیا والاخرہ۔اس کے معنی یہ ہیں کہ رسول کا خاص علم صرف علیؑ کے ہاتھ میں رہا۔ابن عباس کی

ترجمانی سے اس مطلب کی اور توضیح ہو جاتی ہے وہ افتخار یہ لب ولجہ میں کہتے ہیں کہ علی علیہ السلام میں چار صفتیں ایسی ہیں کہ ان کے سوا کسی دوسرے کو حاصل نہیں وہ تمام عرب وعجم میں پہلے شخص ہیں جنہوں نے سب سے قبل پیغمبر کیساتھ نماز پڑھی۔اور وہ ایسے شخص ہیں کہ آنحضرت صلعم کا علم ہر غزوہ میں انہیں کے ہاتھ رہا۔اور وہ ایسے شخص ہیں کہ جب لو گ پیغمبر کو چھوڑ کر میدان سے فرار ہو گئے۔تو وہ رسول کے ساتھ صبر کئے ہوئے تھے۔اور انہوں نے مرسل کو غسل دیا۔اور قبر میں اتارا (ارجح المطالب ص ۵۵۳) یہ روایت ابن عبدالبر نے استیعاب فی فضائل الاصحاب میں لکھی ہے اور صحیح ترمذی میں بھی موجود ہے عیون الفاظ حدیث کے یہ ہیں: ہوالذی کان لوارہ محہ فی کل زحف، اگر کسی کو شبہ ہو کہ لواء ہر غزوہ میں علیؑ کے ہاتھ نہیں رہااور رائت رسول کسی اور کو ملا۔تو دوسری جگہ ابن عباسؑ کے الفاظ ہیں کان اخذ رایت رسول اللہ یوم بدر والمشاہد کلھا، غزوہ بدر اور تمام لڑائیوں میں پیغمبر کا رایت علی ہی کے ہاتھ میں تھا۔ارجح المطالب ص ۵۵۳) بظاہر یہ معلوم ہوتا ہے کہ کسی جنگ میں آپ پیغمبر کا لواء لے کر جہاد فرماتے تھے۔اور کسی میں رائت اور یہ دونوں مخصوص علم ان کے سوااور کسی کے ہاتھ میں نہیں رہے۔اخطب خوارزمی مشہور سنی محقق کا بیان ہے کہ بروز احد حضرت علیؑ کے ہاتھ بوقت جہاد لواء تھا۔جو داہنے ہاتھ میں ضرب شدید آنے پر بائیں ہاتھ میں لے لیا تھا۔منجملہ اس کے ایک فضیلت یہ تھی کہ بروز جنگ احد پیغمبر نے لواء اور رائت دونوں کو دیئے تھے۔سعد بن عبادہ کی علمبرداری کا جائزہ ثلبہ بن ابی مالک نے لیا ہے وہ کہتے ہیں۔کان سعد بن عبادہ صاحب رائت رسول اللہ صلعم فی المواطن کلھا فاذا کان وقت القتال اخذھا علی" اس روایت کو ابن اثیر جرنری نے اسد الغابہ میں لکھا ہے کہ سعد بن عبادہ (غیر وقت جنگ) رسول کے علمبردار تھے اور جب لڑائی شروع ہو جاتی تھی تو علیؑ

WILAYAT MISSION PUBLICATIONS

ان سے علم لے لیا کرتے تھے اس کا مفہوم یہ ہے کہ سعد محافظ تھے علم کے اور علم ان کی نگرانی میں رہتا تھا۔ اوپر کے بیان سے واضح ہو گیا کہ پیغمبر کا مخصوص علم حضرت علیؑ کے سوا کسی اور کو اٹھانا نصیب نہ ہوا۔ جمل میں خود حضرت علیؑ نے فوج کا علم محمد بن حنفیہ کو دیا تھا اور صفین میں ہاشم بن عتبہ کو اور نہرواں میں ابو ایوب انصاری کو۔۔ اب سوال یہ ہے کہ کربلا میں کتنے علم تھے۔ اور پیغمبر کا علم اٹھانے والا کون تھا۔ جب یہ معلوم ہے کہ عہد رسول سے تہذیب جنگ یوں قائم ہو چکی ہے کہ ایک لشکر میں کئی کئی علم ہوتے ہیں تو پھر کیا تعجب ہے کہ اس روایت کو دیکھ کر جس میں موجود ہے کہ امام حسینؑ نے کربلا پہنچنے کے قبل بارہ علم تیار کئے۔ اور گیارہ علم اصحاب و انصار کو تقسیم کر دئے اور بارہواں علم حبیب ابن مظاہر اسدی کو مرحمت فرمایا۔ اس روایت میں سوائے حبیب کے کسی دوسرے علمبردار کا ذکر نہیں ہے ورنہ ہم علمداروں کے ذیل میں نام کی صراحت کرتے۔ یہ طرز عمل بھی امام حسینؑ کے نانا کی عین پیروی ہے جس طرح عہد نبی میں مختلف علمبردار تھے اسی طرح آپ کی فوج میں بھی بارہ علمبردار ہیں اور وہ علم جو ید اللہ کے ہاتھ میں رہا کرتا تھا۔ اس کے حق دار صرف حضرت عباسؑ کو تجویز کیا ابن ایثر جذری نے روز عاشورا کے واقعات میں لکھا ہے کہ حسین علیہ السلام زہیر بن قین کو اپنے اصحاب کے میمنہ (داہنی طرف) پر افسر اور حبیب ابن مظاہر کو میسرہ (بائیں جانب) کا سردار دیا اور علم لشکر اپنے بھائی عباسؑ کو مرحمت فرمایا (تاریخ کامل ص ۲۴) جناب عباس علیہ السلام کو علمدار اقرار دینے سے حسب ذیل انکشافات ہوتے ہیں۔ ۱۔ وہ بعد حسینؑ افضل الناس تھے اگر علمدار ہونا سبب عزت نہ ہوتا تو پیغمبر خدا اپنے بھائی جناب امیر المومنین کی شان میں بار بار یہ نہ فرماتے۔ یا علیؑ انت صاحب لوائی۔ ۲۔ روز عاشورا جناب عباسؑ کے ہاتھ میں علم ہونے کے یہ معنی ہیں کہ بروز حشر بھی

سپاہ قلیل کا علم حضرت عباسؑ کے ہاتھ میں ہو گا۔ جس طرح حضرت امیر المومنینؑ دنیا و آخرت میں رسولؐ کے علمبردار ہیں اسی طرح عباسؑ بھی ہوں گے۔ ۳۔ کربلا میں اگر کوئی دشمن کو پشت دکھانے والا ہوتا تو حدیث خیبر کی طرح علمدار کی صفت کردار غیر فرار قرار نہ پاتی۔ مگر یہاں جو میدان جنگ کی طرف بڑھا اس کی لاش ہی مقتل سے آئی اس لیے اس صفت کا مظاہرہ نہیں ہوا لیکن حضرت عباس علیہ السلام کے لیے کرار ہونا بھی ثابت ہے جو آبائی ورثہ ہے۔ ۴۔ پیغمبر نے بتایا ہے کہ علمدار کے لیے محبت خدا اور رسول کی ضرورت ہے تو ان کے جانشین حضرت حجت نے اس صفت کو کربلا کے ہر مجاہد کا حصہ قرار دیا یہ کہہ کر السلام علیک یا اولیاء اللہ واحبائہ۔ اگر خدا کے دوست نہ ہوتے تو نام حسینؑ پر جان دیتے ۔ ۵۔ جناب عباس حافظ قرآن اور علم الہی کے ماہر تھے جناب سرور کائناتؐ نے کسی غزوہ میں علم لشکر رحمت کئے جانے کا یہ معیار قرار دیا کہ اصحاب سے پوچھا کہ تم کوئی سورہ یاد ہے بد قسمتی سے بزم میں سناتا تھا۔ ایک نو عمر لڑکا حاضر ہوا۔ اس نے عرض کیا کہ مجھے سورہ بقر یاد ہے آپ نے بلا تکلیف اس کو علم دے دیا لوگوں کو اس منصب کے تفویض کر دینے میں جب عذر ہوا تو آپ نے فرمایا معہ سورۃ البقر' اس کے ساتھ بقر ہے اصحاب حسین علیہ السلام میں ایسے لوگ موجود تھے جن کو پورا قرآن یاد تھا۔ ان حافظان قران کی موجودگی میں حضرت عباسؑ کو علم دیا جانا بتاتا ہے کہ کسی ذاتی رشتہ یا قرابت کی بنا پر یہ عہدہ تفویض نہیں ہوا بلکہ علم قرآن میں بھی وہ ممتاز ترین انسان تھے اور صحیح معنوں میں ان کو حق تھا کہ جو علم علی علیہ السلام کے ہاتھ میں رہ چکا ہو۔ اس کو عباس اپنے ہاتھ میں لیں۔ ہمارا علم جو عزاخانہ کی زینب ہے اگر ایک ہوتا تو پیغمبر کا اسوہ حسنہ مکمل طور پر پورا نہ ہوتا غور سے دیکھو۔ امامباڑہ یا شہ نشین یا عاشور خانہ میں بہت سے علم نظر آئیں گے۔ یہ ان علموں کا شبیہ ہیں جو دیگر مجاہدین کے

ہاتھوں میں تھے اور ایک ممتاز علم ہے وہی حضرت عباسؑ کا علم ہے دیہات کے خوش عقیدہ لوگ اس کو بڑا علم آج تک کہتے ہیں۔ یہ علم ضریح مبارک سے آگے ہوتا ہے اور جلوس میں بھی تابوت کے آگے۔ دلدل کے آگے یہ کیوں صرف اس لیے کہ عباس علیہ السلام اپنی زندگی میں ہمیشہ سینہ سپر رہے اور علمدار عموماً آگے رہتا ہے حتی کہ بہشت میں جاتے وقت بھی علمدار کے قدم جنت میں پہلے پہنچے لہٰذا جس کو حسینؑ نے مقدم کیا تھا۔ وہی آج مقدم ہے اور شیعان لکھنو کا صدیوں سے یہ دستور چلا آتا ہے کہ علم اٹھاتے وقت وہ سینہ زنی کرتے ہوئے جوق در جوق آگے چلتے ہیں اور علم عقب میں ہوتا ہے تاکہ اگر کوئی ناعاقبت اندیش اس مقدس یادگار پر حملہ کرے تو جس طرح حضرت عباس جناب حسینؑ کے لیے سینہ سپر تھے ہماری جانیں نثار ہو جائیں اور علم مبارک پر پر آنچ نہ آئے یہ اس علم کی شبیہ ہے جس پر عباسؑ نے اپنے ہاتھ نثار کئے جس پر علیؑ کے لال کا خون بہا شیعو! تم اس علم کے سایہ میں حسینی بن سکتے ہو کجا علم کا اقتدار بے پناہ عزت اور کجا چمڑے کا معمولی مشکیزہ مگر اس پکھال کو یہ عزت دی جاتی ہے کہ کبھی وہ علم میں آویزاں کبھی دوش پر عباس بتاتے ہیں کہ مسلم کے لیے پانی بھرنا بے عزتی نہیں ہے دوسروں کے ممنون احسان نہ بنوں۔ اپنا کام خود کرو۔ اگر یہ پانی پہنچ جاتا تو حسینؑ ایسے غیور پر کسی کا احسان نہ ہوتا بھائی کا احسان تھا جو اپنی حیات کی غرض و غایت بھائی کی خدمت سمجھتا تھا۔ نام نہاد مسلمانو! تم بھی غیر کے احسان سے بچو ۔ حسینؑ نے اپنے سارے خاندان کو کربلا میں مٹا دیا۔ مگر ایک فرزند کو باقی رکھا جو بیڑیاں پہنے کوفہ سے آکر ان کی پارہ پارہ لاش کو دفن کردے اور ان کے جسم کو غیر ہاتھ بھی نہ لگانے پائے۔ اے عباسؑ! آپ نے قوت عمل کو آخر تک باقی رکھا مشک و علم لے کر باپ کی بیرا لالم والی تصویر بن گئے تو یہ بات رہ گئی تھی۔ کہ علیؑ کے سر پر ابن ملجم کی ضربت پڑی اور

عباسؑ کا سر دشمن کی تلوار سے بچ گیا تھا لیکن سقائی کی جدوجہد میں گرزِ آہنی سے مغروب ہونے میں بھی علیؑ کے ہم پلہ بنادیا تلوار سے گرزِ آہنی کا وزن زیادہ ہے اس گرز کے پڑنے کے بعد نڈھال ہو کر زمین پر گر پڑے اور امیدیں پامال ہوئیں

حضرت عباسؑ کی علمداری

اگرچہ تاریخوں سے یہ واضح طور پر نمایاں نہیں ہوتا کہ ۶۰ھ سے قبل آپ کو کب یہ عہدہ تفویض کیا گیا تھا لیکن قرائن بتاتے ہیں کہ آپ کو یہ عہدہ علمبرداری بچپنے سے ہی مل گیا ہوگا مختلف جنگوں میں آپ کا ہونا اور خصوصیت سے جنگ صفین میں نبرد آزمائی کرنا جبکہ آپ کی عمر صرف گیارہ سال کی تھی اس بات پر روشنی ڈالتا ہے کہ آپ نے علمداری کی ہوگی ۔ خصوصاً ان جنگوں میں جن حضرت امام حسینؑ شریک تھے لیکن بہر صورت وقت سے آپ کی علمبرداری مسلم ہے جس وقت مدینہ سے روانگی ہوئی ہے اور آپ اپنے بھائی کے چھوٹے سے لشکر کے آگے آگے علم بدست سینہ سپر چل رہے تھے۔ کربلا پہنچنے کے بعد جتنے مواقع علمداری کے سامنے آئے ہیں معصوم کی نظر انتخاب اسی بہادر پر پڑتی رہی ہے اور کربلا کی ہولناک جنگ میں مستقل علمبردار یہی بہادر رہا جس کا نام آج تک دنیا احترام سے لیتی ہے اور قیام لیتی رہے گی۔

حضرت عباسؑ اور شان علمبرداری

میری کیا مجال کہ حضرت عباس علیہ السلام کی شان علمبرداری کے متعلق کچھ لکھ سکوں

۔ سردست اتنا عرض کئے دیتا ہوں کہ حضرت عباس علیہ السلام نے اسی شان و شوکت کے ساتھ علمبرداری کی ہے جس شان سے حضرت علی علیہ السلام جعفر طیار نے لشکر اسلام کی علمبرداری کی ہے تاریخ گواہ ہے کہ وہ تمام صفات جو ایک علمبردار میں ہونی چاہئیں وہ سب ان حضرات میں مکمل طور پر موجود تھیں سب سے بڑی چیز جو علمدار لشکر کے لیے ضروری ہے وہ یہ ہے کہ بلند ہمت، قوی دل، جری بہادر، اور شجاع ہو بڑے بڑے ہولناک جنگاہ میں اپنے کو پہنچا دینا اور دشمن سے بے جھجک لڑ جانا غم کھانا، تلوار کا پانی پینا، موت کی آنکھوں میں آنکھیں ڈال کر مسکرانا دشمن سے مرعوب نہ ہونا مستقل مزاج ہونا میدان جنگ کی طرف پشت کرنے کو عار جاننا اپنے آقا کا تابع فرمان ہونا اس شیوہ زندگی ہو اور وہ علم کی حفاظت میں ہر قسم کی قربانی پیش کرنے کو تیار رہے مختصر یہ اتنا بہادر ہو کہ ہاتھوں کے ٹوٹ جانے اور بازوؤں کے کٹ جانے پر بھی علم سرنگوں نہ ہونے دے۔ یہ ظاہر ہے کہ ان صفات سے متصف بہت کم لوگ ہوا کرتے ہیں اسی لیے عہدہ علمبرداری دوسروں کے سپرد کرنا تو درکنار خود اس وقت بھی ان کو ہاتھ نہیں لگانے دینا چاہئے جب علمدار کا تھ زخمی ہو گیا۔ ہو ثبوت کے لیے فعل رسول اسلام دیکھ لیجئے۔

جنگ احد میں علم رسول علی کے ہاتھ میں تھا، حضرت علی کی داہنی کلائی ٹوٹی ہاتھ سے علم چھوٹا لوگوں نے سنبھالنا چاہا ارشاد ہوا کوئی نہ لے علم علیؑ کے ہاتھ میں ہی دے دو اس لیے کہ یہی دنیا و آخرت دونوں میں میرے علمبردار ہیں (مناقب ابن شہر آشوب جلد ۳ ص ۱۵۹ طبع بمبئی و ناسخ التواریخ جلد ۳ ص ۱۱۷ طبع بمبئی) اس سے ایک تو یہ معلوم ہوا کہ علم اسلام اٹھانے والے تنہا علی ابن ابی طالب ہی تھے دوسرے یہ تعلیم بھی واضح ہو گئی کہ اگر داہنا ہاتھ ٹوٹ جائے یا کٹ جائے۔ تو علم کو بائیں ہاتھ میں لے لینا چاہیے علی ابن ابی طالب کے واقعہ میں

صرف داہنا ہاتھ بیکار ہونے پر بائیں ہاتھ میں لینے کی تعلیم ملی۔اس سے آگے کی نوبت نہیں آئی لیکن ایک عہد رسالت کے دوسرے مجاہد حضرت جعفر طیار نے اسے بھی واضح کر دیا ۔کہ اگر بایاں ہاتھ بھی کٹ جائے تو علم کو سینہ سے لگا کر دل کی قوت اور ایمان کی طاقت سے سنبھال لینا چاہئے یہی وجہ تھی کہ علمدار کربلا کا جب داہنا ہاتھ کٹ گیا اور اس مشکیزہ کو جس کی حیثیت وہ علم کے ہی لگ بھگ سمجھتے تھے بائیں ہاتھ سے سنبھالا جب وہ ہاتھ بھی کٹ گیا۔الم کو ضمۃ الی صدرہ اپنے سینے سے لگالیا اور دل کی قوت سے تھامے رہے اور مشکیزہ کے تسمہ کو دانتوں سے دبا کر ایمان کی طاقت اور وفاداری سے سنبھالے رکھا۔

حضرت عباسؑ کا علم نکالنا سنت آل محمدؐ ہے

چونکہ علم حضرت عباس علیہ السلام میں ایک کرامت موجود ہے کہ اس کے منظر عام پر آتے ہی ناواقف نگاہ میں تجسسانہ فکر کرنے لگتی ہیں کہ آخر یہ کیا چیز ہے اور جاننے والوں کے دلوں میں خون اسلام جوش مار کر شہید انسانیت کی بہادری کی داد دیتا ہے اور ہمہ تن دعوت تبلیغ بن کر نظروں میں سما جاتا ہے کٹے ہوئے ہاتھوں کے سنبھلے ہوئے علم کو بے ساختہ چوم لینے کو جی چاہتا ہے مولانا سید ابن حسن صاحب جارچوی لکھتے ہیں عباسؑ کا قاتل موت کے دستبرد کا شکار ہو گیا۔مگر عباسؑ کا علم آج بھی اسلامی رگوں میں خون کو جوش میں لانے کے لیے منظر عام پر نظر آتا ہے فلسفہ آل محمدؐ ص ۷ اطبع لکھنو۔لہٰذا حضرات آل محمد علیہم السلام نے اس علم کو منظر عام پر لانا سنت قرار دیا اور خود اسے نکالتے رہے سات محرم الحرام کو علیؑ اور حضرت عباس کا علم نکالنا۔

حضرت عباس علیہ السلام اپنی نظیر آپ تھے

حضرت عباسؑ کے وہ کارنامے جو ولادت سے شہادت تک دنیا کے سامنے آئے اس بات کی کھلی شہادت ہیں کہ آپ نے سوتیلا بھائی ہونے کے باوجود امام حسین علیہ السلام کے ساتھ وہ سلوک کیا جو دنیا کے کسی حقیقی بھائی سے بھی ممکن نہیں۔ جب عبداللہ ابن زبیر کے بھائی عمر بن زبیر حاکم مدینہ کے کوتوال مقرر ہوئے تو انہوں مدینہ کے بہت سے معززین کو گرفتار کر کے اس حرم میں بہت پٹوایا کہ وہ سب ان کے بھائی عبداللہ بن زبیر کے بہی خواہ وطرفدار تھے ان معززین میں عمر بن زبیر کا ایک اور بھائی منذر بن زبیر اور اس کا بیٹا محمد بن منذر اور عبدالرحمن ابن اسود بن عبدیغوث اور عثمان بن عبداللہ بن حکم بن خرام اور محمد بن عمار اور عمار بن یاسر وغیرہ تھے عمر بن زبیر نے ان بیچاروں کو ۴۰۔ ۵۰۔ ۲۰ درے لگوائے پھر حاکم مدینہ عمر بن سعید اشرق نے اس عمر بن زبیر سے مشورۃً پوچھا کہ تمہارے بھائی عبداللہ بن زبیر سے لڑنے کے لیے کل کسی کو بھیجا جائے عمر بن زبیر نے کہا میرے بھائی کا مجھ سے بڑ کوئی دشمن نہیں اس سے لڑنے کے لیے میرے سوا اور کسی کو نہ بھیجنا چنانچہ حاکم مدینہ نے ایسا ہی کیا اور عمر بن زبیر کی ماتحتی میں عبداللہ بن زبیر سے لڑنے کے لیے ایک بھاری فوج بھیج دی عمر بن زبیر کے ماتحت انیس بن عمرا سلمی تھا جو سات سو سپاہیوں کے ساتھ روانہ ہوا جب یہ خبر مدینہ پہنچی تو حاکم مدینہ پاس مروان ۔۔۔۔۔۔۔۔بن حکم آیا اور کہا کہ مکہ پر چڑھائی نہ کرو۔ خدا سے ڈرو خانہ خدا کی حرمت برباد ہونے سے بچاؤ اور عبداللہ بن زبیر کو چھوڑ دو دیکھو ان کی عمر بھی زیادہ ہے۔ وہ سٹھیا گئے ہیں اور ضدی بھی ہیں اس کے جواب میں

عمر بن زبیر نے کہا خدا کی قسم ہم مکہ پر ضرور حملہ کریں گے اور عبداللہ بن زبیر اگر خانہ خدا کے اندر رہو گا تو وہاں بھی جنگ کریں گے چاہے کسی کو کتنا ہی بُرا لگے پھر ابو شریح خزاعی عمر بن زبیر کے پاس آیا اور سمجھایا کہ مکہ پر چڑھائی نہ کرو کیونکہ میں نے آنحضرت کو کہتے سنا ہے کہ صرف فتح مکہ کے موقع پر تھوڑی دیر کے لیے مجھے اجازت ملی تھی پھر اس کے بعد اس پر چڑھائی کرنا حرام ہو گیا جس طرح پہلے تھا۔ مگر اس کا جواب بھی عمرو نے ٹیڑھا ہی دیا کہلا بھیجا کہ اے بڈھے میں حرمت کعبہ تجھ سے زیادہ جانتا ہوں غرضیکہ عمرو کسی طرح نہ مانا اور عبداللہ ابن زبیر سے لڑنے کے لیے مکہ پر چڑھائی کردی انیس ابن عمر بھی ان کی ماتحتی میں اپنی فوج لے کر چل پڑا بعض لوگوں کا بیان ہے کہ یزید ہی نے عمر بن سعید کو لکھا تھا کہ عبداللہ ابن زبیر سے لڑنے کے لیے عمر بن زبیر کو تیار کر چنانچہ اس نے تیار کیا اور دو ہزار کار سالہ دے کر اسے مکہ روانہ کیا انیس اپنی فوج سمیت مقام ذی طوی پر اترا اور عمرو بن زبیر مقام ابطح میں ٹھہرا عمر بن زبیر نے اپنے بھائی عبداللہ ابن زبیر کے پاس پیغام بھیجا کہ میرے مالک یزید نے قسم کھائی ہے کہ اس وقت تک تمہاری بیعت قبول نہ کرے گا۔ جب تک تمہیں زنجیروں میں جکڑا ہوا نہ دیکھ لے بہتر ہو گا کہ تم چپکے سے چلے آؤ میں تمہاری گردن میں باریک سی نقرئی زنجیر ڈال کر یزید کی خدمت میں حاضر کر دوں گا۔ اس طرح تمہاری ذلت بھی نہ ہو گی اور اس کی قسم بھی پوری ہو جائیں گی۔ اور کشت و خون بھی رک جائے گا دیکھو تم ایسے شہر میں ہو جہاں لڑنا حرام ہے عبداللہ ابن زبیر بھلا گرفتار ہونا کیسے قبول کر سکتے تھے الخ:۔ (تاریخ کامل جلد ۴ ص ۸ طبع مصر)

انہوں نے انیس اور اس کی فوج کے مقابلہ میں ایک مکی فوج کے ساتھ عبداللہ ابن صفوان کو بھیج دیا دونوں فوجوں میں مڈ بھیڑ ہوئی عبداللہ ابن صفوان نے انیس کو شکست دی اور زخمیوں

WILAYAT MISSION PUBLICATIONS

کو تہ تیغ کیا پھر انیس کو بھی قتل کر ڈالا اور عبداللہ ابن زبیر کی طرف سے ایک دوسری فوج مصعب بن عبدالرحمن کی ماتحتی میں عمر ابن زبیر سے لڑنے گئی اور کامیاب ہوئی عمر کی حزیمت شدہ فوج پراگندہ ہوگئی اور عمرو بن زبیر کو جان کے لالے پڑ گئے بھاگے اور بھاگ کر ابن علقمہ کے دامن میں پناہ لی پھر اس کے بھائی عبیدہ نے اپنے کنار امن نے لے لیا۔ اور عبداللہ ابن زبیر سے مل کر کہا کہ میں نے عمرو کو پناہ دے دی ہے اس پر وہ بگڑ کر بولے کیا تم اسے لوگوں کے حقوق سے پناہ دے سکتے ہو یہ تو تم نے اچھا نہیں کیا میں نے تو تم سے نہیں کہا تھا کہ تم اس فاسق و فاجر کو جس نے حرمات خدا کو حلال کر دیا ہے امن دنیا الغرض عبداللہ بن زبیر نے حکم دے دیا کہ وہ گرفتار کر لیا جائے اور اس سے ان تمام کوڑوں کا بدلہ لیا جائے جو اس نے مدینہ معززین کی پشتوں پر لگوائے تھے چنانچہ تمام لوگوں کی طرف سے اس کی پشت پر کوڑے لگوائے گئے البتہ اس کے بھائی منذر ابن زبیر اور بھتیجے محمد بن منذر نے عوض لینے سے انکار کر دیا غرضیکہ عمرو بن زبیر نے کوڑوں کی زد میں دم توڑ دیا ۔۔۔۔۔الخ، مذکورہ بالا واقعہ سے چند باتیں ثابت ہوئیں۔ ا۔ عمر بن زبیر اپنے بھائی عبداللہ بن زبیر کے ساتھ مکہ معظمہ نہیں گئے (۲) پھر عبداللہ بن زبیر کے دشمن یزید کی حکومت میں ملازمت کر لی اور حاکم مدینہ کے کوتوال ہو گئے۔ (۳) کوتوال ہونے پر بھی اپنے بھائی کو کوئی مدد نہ دی نہ حاکم مدینہ سے ان کی کوئی سفارش کی بلکہ اپنے بھائی کے ہواخواہوں کو کوڑوں سے پٹوایا (۴) جب حاکم مدینہ نے ان سے مشورہ کیا کہ ان کے بھائی سے لڑنے کے لیکسے بھیجا جائے تو بجائے اس کے کہ وہ انہیں جنگ سے بچاتے خود حملہ کرنے کو تیار ہو گئے (۵) مروان نے حاکم مدینہ کو عبداللہ بن زبیر پر حملہ کرنے سے روک دیا مگر عمرو بن زبیر نے اس کی مخالفت کی اور قسم کھائی کہ ان سے خانہ کعبہ کے اندر جا کر لڑوں گا۔ (۶) ابو

FAZAIL AL HZ ABBAS (AS)

شریح خزاعی نے بھی روکا مگر یہ اپنی بات سے نہیں ہٹے(۷) اپنے بھائی کے پاس پیغام بھیجا کہ آؤ میں تمہیں گرفتار کر کے یزید کے پاس بھیج دوں(۸) عبداللہ ابن زبیر نے بھی موقع پایا تو عمر ابن زبیر سے اتنا بدلہ لے لیا کہ وہ کوڑے کھاتے کھاتے مر گئے اس کے مقابلہ میں حضرت عباس علیہ السلام جناب سید الشہداء کے سوتیلے بھائی ہیں مگر آپ نے حضرتؑ کو کسی وقت چھوڑنا پسند نہیں کیا حضرت مدینہ سے مکہ گئے تب بھی آپ ساتھ رہے امامؑ مکہ سے کوفہ کی طرف روانہ ہوئے تب بھی جناب عباسؑ ہمرکاب ہی رہے اور اسی طرح خدمت کی کہ بھائی بھی معلوم ہوئے بیٹے بھی نوکر بھی اور غلام بھی کہ جس وقت کوئی ضرورت پیش آئی جناب عباس لبیک یا سیدی یا مولائی کہتے ہوئے حاضر خدمت ہوئے۔الخ (اصلاح جلد ۷ ۳ص ۸ نمبر ۱) یہی وجہ ہے کہ علمانے کھلے الفاظ میں لکھ دیا کہ دنیا کے تمام افراد پر بھی حضرت عباسؑ کا قیاس نہیں کیا جاسکتا حتیٰ کہ امیر المومنین علی علیہ السلام کے دوسرے بیٹے بھی ان کے مقابلہ میں حد قیاس سے باہر ہیں۔ یہاں تک کہ محمد حنفیہ جیسی ہستی بھی ان کے مقابلہ میں نہیں لائی جاسکتی ۔علامہ کنتوری لکھتے ہیں (الایقان امرہ بامر غیرہ من ابناء امیر المومنین مثل محمد حنفیہ ان کے معاملہ کا قیاس حسنین علیہما السلام تو درکنار حضرت امیر المومنینؑ کے دوسرے بیٹوں محمد حنفیہ جیسوں پر نہیں کیا جاسکتا (مائتین ص ۴۵۸) ناضرین کرام: حضرت محمد حنفیہ کی ہستی بہت ہی بلند ہستی ہے ان کے متعلق مورخین کا بیان ہے کہ یہ نہایت مضبوط دست و بازو اور زبردست طاقت کے مالک تھے حضرت علیؑ کی خدمت میں چند زرہیں پیش کی گئیں ان میں سے ایک متوسط قد و قامت سے اک ذرا لمبی تھی۔ حضرت علیؑ نے محمد حنفیہ سے فرمایا میں نشان لگائے دیتا ہوں اس زرہ کو چھوٹی کرالاؤ محمد حنفیہ نے زرہ لی اور حضرت علیؑ کے لگائے ہوئے نشان کی جگہ سے پکڑ کر چٹانکہ یافتہ حریر اقطع کنند داہن

ہائے درع آہنی را قطع کرد۔ جس طرح پارچہ حریر پھاڑا جاتا ہے آپ نے اس آہنی زرہ کو پھاڑ ڈالا ایک دفعہ شاہ روم نے اپنے ملک کے سب سے بڑے بہادر کو معاویہ کے پاس بھیجا معاویہ نے محمد بن حنفیہ ہی کو مقابلہ کے لیے تجویز کیا آپ نے چشم زدن میں اس کو زیر کر لیا (ناسخ التواریخ جلد ۳ ص ۷۰۵ کامل میر و جلد ا ص ۲۵۰) اس کے علاوہ جنگ جمل و صفین کے کارناموں سے بھی آپ کی شجاعت کا پتہ چلتا ہے لیکن ان تمام کمالات کے باوجود علمائے یک زبان لکھا ہے کہ محمد حنفیہ حضرت عباسؑ کے مقابلہ میں کوئی ہستی نہ رکھتے تھے اور خود امیر المومنین نے واقعہ کربلا کے لیے محمد حنفیہ جیسے بہادر کو تجویز نہیں کیا اور حضرت عباس علیہ السلام کے وجود کو ضروری سمجھا۔

مختصر الفاظ میں یہ بھی جان لینے کی ضرورت ہے کہ امیر المومنین علیہ السلام نے محمد حنفیہ پر حضرت عباسؑ واقعہ کربلا کے لیے ترجیح کیوں دی بات یہ ہے کہ محمد حنفیہ بہادر ضرور تھے اور بڑے بہادر تھے لیکن ایک موقع ایسا بھی آنے والا تھا۔ جس میں ان کی زبان سے امیر المومنین کے حکم جہاد پر یہ جملے نکلے تھے ''الاتری السھام کانھا شآبیب المطر'' بار بار آپ حملے کرنے کو بھیجتے ہیں کیا آپ نہیں دیکھ رہے ہیں کہ تیروں کا مینہ برس رہا ہے امیر المومنینؑ نے کہا فیک عرق من امک یہ تیری ماں کا اثر ہے۔ (شرح نہج البلاغہ) واقعہ کربلا کے لیے ایسے بہادر کی ضرورت تھی کہ جو نجیب الطرفین ہو، جو حسینؑ کے قدموں پر مرنے کو زندگی سمجھتا ہو جسے آب سرد کی ضرورت نہ ہو۔ جو تین دن کی پیاس کے باوجود چلو میں پانی لے کر پھینک دے تیروں کی بارش اور تلوار کے پانی سے پیاس بجھانے کو سعادت جانتا ہو۔ اس وقت بھی حسین علیہ السلام کی حمایت کا حوصلہ رکھتا ہو۔ جب ہاتھ کٹے ہوں سینے میں تیر و نیزے لگے ہوں گرز گراں بار کی ضرب بھیجا کندھوں پر آگیا ہو۔ زمین گرم پر

لاشہ ہو سر کٹ چکا ہو۔ گھوڑوں کی ٹاپوں سے نعش پس کی گئی ہو۔ خدا قسم اس صفت کا انسان عباسؑ کے علاوہ مادر گیتی نے پیدا ہی نہیں کیا اسی لیے بجا طور پر کہا جا سکتا ہے کہ عباسؑ اپنی نظیر آپ تھے۔

حضرت عباس علیہ السلام غلامی کے لباس میں

جس طرح حضرت علی علیہ السلام حضرت محمد مصطفیٰ صلی اللہ علیہ وآلہ وسلم کی عبدیت کا دم بھرتے ہوئے فرمایا کرتے تھے۔ انا عبد من عبید محمدؐ میں آنحضرتؐ کے غلاموں میں سے ایک غلام ہوں اسی طرح حضرت عباس علیہ السلام بھی حضرت امام حسین علیہ السلام کے غلاموں میں سے ایک غلام ہونے کا دم بھرا کرتے تھے (امائتین ص ۴۴۰) ناظرین کرام! عبد اس غلام کو کہتے ہیں کہ "لزمہ ولم یفارقہ" جو کسی وقت ساتھ نہ چھوڑے اور صحیح غلام کا دم بھرنے والا ہو (المنجد ۳۲۶) اور عبید اسم جمع ہے یعنی بہت بندگی کرنے والا۔ (لغات سرد ری ص ۱۷۸) اس میں شک نہیں کہ حضرت علیؑ یا حضرت عباسؑ نے عبدیت کے صحیح معنوں پر عمل کیا۔ کوئی وقت تاریخ کے دامن میں ایسا نہیں ملتا۔ جس میں یہ کہا جائے کہ ان حضرات نے اپنے ممدوح اور آقا کا ساتھ چھوڑا ہو۔ چاہے خوشی کا موقع ہو، مسرت کی گھڑی ہو یا تیر برستے ہوں نیزے لگتے ہوں تلواریں چلتی ہوں۔ غرضکہ ہو حال میں ساتھ رہے فریضۂ خدمت گزاری میں بسر و چشم منہمک رہے اور فخریہ کہتے رہے کہ میں اپنے آقا کا غلام ہوں اور صرف کہتے ہی نہ تھے بلکہ عمل کر کے دکھلائے تھے۔ تاریخ اعثم کوفی اردو طبع دہلی کے ص ۲۶۳ پر ہے کہ دوسرے دن جب امام حسین علیہ السلام نے عمر سعد کے پاس پیغام پہنچایا کہ تجھ کہنا

ہے۔رات کے وقت مجھ سے مل جاتااور میری باتیں سن لینا۔عمر سعد ایک سو بیس سوار لے کر اپنے لشکر گاہ سے نکلاامیر المومنین حسین علیہ السلام نے اپنے ہمراہی سواروں سے کہاکہ تم پرے ہٹ کر کھڑے ہو جاؤ۔وہ سوار وہاں سے پرے سرک گئے عباس بن علیؑ اور علی اکبر آپ کے ساتھ رہے عمرو نے بھی اپنے آدمیوں کو جو ہمراہ تھے پیچھے ہٹادیااس کا غلام لاحق اور بیٹا حفص اس کے ساتھ رہے۔اکثر کتب مقاتل میں ہے کہ حضرت امام حسین علیہ السلام نے یہ دیکھا کہ عمرو سعد نے تمام سواروں کو علیحدہ کردیا۔لیکن اپنے بیٹے اور غلام کو ساتھ رکھاتو امام حسین علیہ السلام تن تنہااس سے ملنے کو چلے۔حضرت علی اکبر ساتھ ہو لیے۔حضرت عباسؑ نے جب امام حسینؑ اور حضرت علی اکبرؑ کو جاتے دیکھاخود آگے بڑھے۔امام حسینؑ نے فرمایا۔بھائی ! مجھے تنہاجانے دو تم لوگوں کے ساتھ ہونے سے وہ ڈر نہ جائے۔حضرت عباسؑ نے عرض کی۔مولا جبکہ اس کا غلام لاحق اس کے ساتھ ہے توآپ کا غلام عباسؑ بھی آپ سے ملحق کیوں نہ رہے۔غرضکہ اِدھر سے عمر سعد اور اس کا بیٹا حفص اور غلام لاحق اور اُدھر سے امام حسینؑ اور ان کے فرزند علی اکبرؑ اور غلام کی جگہ حضرت عباس علیہ السلام یکجا ہوئے اور گفتگو شروع ہوئی۔" حضرت عباسؑ کوامام حسینؑ کے ساتھ عشقیہ نیاز مندی کا شرف حاصل تھا۔آپ جناب امامؑ کے ہر امر میں مطیع و منقاد تھے۔اورآپ کے پسینہ کی جگہ اپنا خون بہانا سعادت ابدی تصور کرتے تھے۔باوجودیکہ امام حسینؑ کے بھائی تھے۔مگر آپ نے کبھی بھائی کہہ کر جناب امام حسینؑ کو خطاب نہیں لیا۔بلکہ فرط ادب و تعظیم سے ہمیشہ آقا سید اور مولا کہہ کر خطاب کرتے تھے آپ کو جناب امام عالیمقام کے بچوں سے بے حد محبت تھی :اور جناب سکینہ بھی آپ سے مانوس تھیں۔چنانچہ دشت کربلا میں بھی حضرت سکینہ کی تشنگی اور پیاس کو دیکھ کر آپ بے حد بے چین اور مضطرب ہورہے تھے

۔اور حضرت سکینہ بھی جناب عباسؑ ہی سے بار بار پانی کا تقاضا فرماتی تھیں ۔اور بالآخر حضرت عباسؑ پانی لانے کے لیے تشریف لے گئے تھے کہ دشمنوں نے آپ کو ساحل فرات پر ہی شہید کر دیا تھا۔(شہید اعظم ص ۲۰۰ مطبوعہ دہلی)علامہ قزدینی لکھتے ہیں : کبھی بھائی کو بھائی کہہ کر نہیں پکارا(ریاض القدوس جلد ۲ ص ۶۷)ایک شاعر حضرت امام حسین علیہ السلام کی زبانی،اس موقعہ پر حضرت کو پکار رہا ہے۔جب آپ ریگ گرم پر کربلا میں دم توڑ رہے تھے۔

اپنے غلام اور مجھے سے آقا سمجھے اک بار تو تم بھائی مجھے کہہ کے پکارو

اس تیری وفا کے ہوں میں قربان علمدار رہ جائے نہ دل میں مرے ارمان علمدار

حضرت عباس علیہ السلام علم کے میدان میں

باپ کا اثر بیٹے میں ہونا ضروری ہے۔حضرت عباسؑ کے فرزند ارجمند ہیں۔حضرت علیؑ نے اپنے علمی کمالات کا ذکر کرتے ہوئے اکثر فرمایا ہے زقنی رسول اللہؐ زقاًز قاً مجھے رسول اللہؐ نے اس طرح علم بھرایا ہے کہ جس طرح کبوتر اپنے بچے کو دانہ بھرتا ہے کہ جب کبوتر اپنے بچہ کو دانہ بھراتا ہے تو وہ تمام دانے جو اس کے پوٹے میں ہوتے ہیں بلا تحلیل کل کے کل بچہ کے پوٹے میں پہنچا دیتا ہے۔یہی مقصد حضرت علیؑ کے ارشاد کا بھی ہے۔کہ پیغمبر اسلام جو علم خدا کی طرف سے لے کر آئے تھے انہوں نے وہ سارے کا سارا مجھے عطا فرمایا ہے مطلب یہ ہے کہ حضرت علیؑ خود علم لدنی رکھتے تھے۔انہوں نے آنحضرتؐ کا بھی سارا علم حاصل کر لیا تھا۔گویا آپ علمی نقطہ نظر سے ساری کائنات پر فوقیت کے مالک ہو گئے تھے۔

یہی وجہ تھی کہ آپ نے فرمایا کرتے تھے کہ " سلونی قبل ان تفقدونی"جو کچھ پوچھنا ہو پوچھ لو قبل اس کے کہ میں تم میں موجود نہ ہوں علمی رسول اللہ الف باب پیغمبر اسلام نے ہزار دروازے علوم کے مجھے تعلیم کئے ہیں۔اور میں نے ہر باب سے ہزار باب خود پیدا کر لیے ہیں۔عرض کرنے کا مطلب یہ ہے کہ جس طرح حضرت محمد مصطفیؐ نے حضرت علیؑ کو علوم بھرائے تھے۔اسی طرح ائمہ معصومین نے حضرت عباسؑ کو علوم سے بھرپور کر دیا ہے۔یہی وجہ ہے کہ حضرت عباسؑ کے لیے ارشاد معصومینؑ یہ ملتا ہے ان العباس بن علی زق العلم زقاً۔عباس بن علیؑ کو علوم بھرا دیئے گئے ہیں۔اب ظاہر ہے کہ حضرت علیؑ نے جو علم رسول اللہ صلی اللہ علیہ وآلہ وسلم سے حاصل کیا تھا وہ سارا کا سارا حضرت عباسؑ کو عطا کر دیا ہے۔ان کے علاوہ امام حسن اور امام حسین علیہم السلام نے اپنے علوم سے بہرہ ور کیا ہوگا اب ایسی صورت میں حضرت عباسؑ کے علم کا اندازہ لگایا جا سکتا ہے۔(اسرار الشہادت ص ۳۲۴)

حضرت عباسؑ کا عبد صالح ہونا

یہ ظاہر ہے کہ عبدیت کا درجہ بہت بلند ہے۔کم ایسے انبیاء بھی گزرے ہیں جنہیں خدا نے اپنا عبد اقرار دیا ہو۔کیونکہ عبد اپنے معبود سے ایسا مستحکم رشتہ رکھتا ہے۔جو بڑے بڑے انبیاء کو بھی نصیب نہ ہو سکا۔قرآن مجید میں چند انبیا ایسے نظر آتے ہیں جنہیں اس خاص لقب سے خدا نے نوازا ہے اس میں خاص طور پر حضرت محمد مصطفی صلی اللہ علیہ وآلہ وسلم، حضرت داؤد علیہ السلام ،حضرت ابراہیم علیہ السلام، حضرت اسحاق علیہ السلام، حضرت یعقوب علیہ السلام، حضرت ایوب علیہ السلام اور حضرت عیسیٰ علیہ السلام اس القب و خطاب سے ممتاز قرار دیئے گئے ہیں

،حضرت عباسؑ جو اپنے کمالات نفسی و نسبی کی وجہ سے اس خاص خطاب کے قابل تھے ،انہیں عبدالصالح قرار دیا گیا جس کی سند حضرت امام جعفر صادق علیہ السلام زیارت مخصوصہ میں دے رہے ہیں، جس کے راوی ابو حمزہ شمالی ہیں۔ارشاد فرماتے ہیں: ''السلام علیک یا یھا العبد الصالح'' اے عبد صالح آپ پر خدا کی طرف سے سلامتی ہو۔علامہ عبدالرزاق موسوی اپنی کتاب قمر بنی ہاشم کے ص ۲۸ و ص ۵۶ میں لکھتے ہیں کہ حضرت عباسؑ کو یہ وہ بلند درجہ نصیب ہوا ہے جس سے بہت سے انبیاء بھی محروم رہ گئے۔حضرت عباس آئمہ طاہرین کی نظر میں ☆اہل عصمت ہی سمجھتے ہیں تری شان وفا☆ دنیا میں بہت کم ایسے افراد ہوں گے جو کسی بلندی پر فائز ہونے کے بعد دوست اور دشمن طرف دار و ہمدرد اور مخالف نہ رکھتے ہوں لیکن مدح اسی طرح اچھی نظر سے دیکھی جاتی ہے جو خود بلند ترین درجہ کا مالک ہو۔اگر کوئی ایسی شخصیت موجود ہو۔جس کی مدح کا خدا کرے جس کی ستائش محمدؐ کریں اور جس کی تعریف میں آئمہ معصومین رطب اللسان ہوں تو پھر اس کی فضیلت کی کوئی حد نہ ہو گی۔حضرت عباس علیہ السلام کی ہستی کا اندازہ اس سے لگایا جا سکتا ہے کہ خداوند عالم تذکرۃ الشہداء میں آپ کو سراہ رہا ہے اور لا تقولوا لمن یقتل فی سبیل اللہ کہہ کر مرنے کے بعد بھی آپ کو دیگر شہداء کی طرح زندگی دے رہا ہے اور غذا پہنچانے کا وعدہ فرما رہا ہے اور شہادت کے بعد بقول معصوم دونوں ہاتھوں کے بجائے دو پر پرواز دے کر جنت میں اڑنے کا موقع دے رہا ہے حضرت محمد مصطفیؐ صلعم پیدائش سے پہلے آپ کی شجاعت کی پیشین گوئی رہے ہیں حضرت علیؑ آپ کی ولادت کی تمنا کر کے جب اپنی آغوش میں آپ کو پالتے ہیں تو بے حد مسرور ہو کر کبھی رخسار کو کبھی دست و بازو کو چومتے ہیں امام حسین علیہ السلام آپ کے مداح نظر آتے ہیں۔اور اپنی زندگی میں آپ سے استعانت چاہتے ہیں۔امام حسینؑ اپنے

تمام امور میں آپ کو مرکز سمجھتے ہیں اور آپ کے وجود کو لشکر کے برابر قرار دے کر عہدہ علمبرداری آپ ہی کے سپرد فرماتے ہیں امام زین العابدین علیہ السلام واضح الفاظ میں فرمارہے ہیں۔ خدا میرے چچا حضرت عباسؑ پر رحم کرے۔ انہوں نے قربانی پیش کرنے میں پوراپورا ایثار کیا اور امتحان گاہ میں بڑی کامیابی حاصل کی اور اپنی جان امام حسینؑ پر قربان کردی کہ دونوں ہاتھ تک کاٹے گئے لیکن خدا کی طرف سے یہ بدلا ملا کہ انہیں جعفر طیار کی طرح جنت میں پر پرواز عطا کردیئے ہیں بے شک عباسؑ کا درجہ خدا کے نزدیک ایسا ہے کہ قیامت کے دن تمام شہداء غبط کریں گے۔ (الخصال الصدوق جلد ا ص ۳۵) اور لفظ جمیع الشہداء فرما کر اتنی بلندی دے دی ہے جس کی کوئی حد نہیں کیونکہ ان میں میں وہ ہستیاں بھی آتی ہیں جو انبیاء علیہم السلام کے کار تبلیغ کی شہادت دینے والی ہیں جیسے حضرت حمزہ۔ اور جعفر طیار (اصول کافی) اور اس کی تائید زیارت کے اس جملہ سے بھی ہوتی ہے فرمایا گیا۔ السلام علیک ایھاالربانیون انتم لنافرط و نحن لکم تبع وانصار دانتم سادۃ الشہداء فی الدنیاوالاخرہ۔۔۔ انھم لم یسبقھم سابق ولا یلحقھم لاحق۔ ترجمہ: اے خدائی کار گزارو! تم پر سلام ہو تم ہم سے پہلے چلے گئے اور ہم تمہارے بعد آرہے ہیں بے شک تم شہدا کے دنیاوآخرت میں سردار ہو بے شک تم لوگ ایسے ہو کہ نہ تم جیسے پہلے شہداء گزرے ہیں اور نہ آئندہ گزریں گے (کامل الزیارات ص ۲۱۹ و ص ۲۷۰) علامہ عبدالرزاق لکھتے ہیں کہ امام علیہ السلام نے مذکورہ جملہ زیارت میں تمام دنیاکے شہداء کی سرداری شہدائے کربلا کے لیے ثابت فرمادی ہے اور ظاہر ہے کہ شہداء کربلا میں بعض امور اور خصوصی حالات کی بناپر حضرت عباسؑ کو ان میں امام حسینؑ کے بعد سب سے بڑادرجہ حاصل ہوا ہے جس کی تصدیق امام زین العابدین علیہ السلام کے ارشاد سے ہوتی ہے جہاں پر آپ نے فرمایاہے کہ آپ کو جنت میں دوپر دیئے گئے

ہیں اور انہیں وہ فضیلت نصیب ہے جس پر جمیع شہداء غبط کریں گے) قمر بنی ہاشم)ص ۵۴ اور چونکہ حضرت عباسؑ کی بہت سے امور میں دیگر شہداء سے زیادہ فضیلت حاصل ہے اور آپ کو بلند درجہ نصیب ہے اسی لیے امامت کے بہت سے کاموں میں آپ مددگار نظر آتے ہیں (اور اہل بیت میں عملاً داخل دکھائی دیتے ہیں مثال کے لیے ملاحظہ ہو

ا۔ محب الدین طبری کتاب ذخائر العقبیٰ کے ص ۱۴۱ پر لکھتے ہیں کہ جب امام حسنؑ شہید ہوئے اور امام حسینؑ ان کو غسل دینے لگے تو آپ نے حضرت عباسؑ کو طلب فرمایا اور پانی ڈالنے و دیگر خدمات غسل میں بھی انہیں شریک کیا۔اس سے انکار نہیں کیا جا سکتا کہ امامؑ کو امام ہی غسل دے سکتا ہے کفن پہنا سکتا ہے۔اور دفن کر سکتا ہے۔ مدینہ المعاجز علامہ ہاشم بحرانی ۲۶۱ پر درج ہے کہ آسمان سے فرشتے نازل ہوتے ہیں۔اور زمین پر تشریف فرما امام کی مدد کر کے نبی یا امام کی تجہیز و تکفین کرتے ہیں۔ جیسا کہ سرور کائناتؐ کے بارے میں مفصل مرقوم ہے (بصائر الدرجات جلد ۵ باب ۳ص ۶۰ پر ہے کہ پیغمبرؐ اسلام کو غسل دیتے وقت حضرت علیؑ کی مدد ملائکہ کر رہے تھے جنہیں آپ اپنی آنکھوں سے دیکھ رہے تھے۔ علامہ شیخ عباس قمی النفس الهموم کے صفحہ ۲۰۵ پر رقمطراز ہیں: واضح ہو کہ یہ امر اپنی جگہ ثابت ہو چکا ہے کہ معصوم کا دفن و کفن معصوم ہی کرتا ہے۔امام کے سوا امام کو کوئی غسل نہیں دیتا اگر امام کی وفات مشرق میں ہو اور اس کا وصی مغرب میں ہو۔تو خداوند عالم دونوں کو ایک جگہ جمع کر دیتا ہے۔۔۔۔۔۔الخ اب ایسی صورت میں جبکہ آپ کو امام حسینؑ نے امام حسنؑ کے غسل میں شریک کیا۔آپ کی بلندی مرتبت کے متعلق رائے قائم کی جا سکتی ہے۔اور کیوں نہ سمجھا جائے کہ آپ کا درجہ ائمہ طاہرین کے بعد دنیا میں سب سے بلند ہے اور کیوں نہ انہیں عصمت غیر استکفائیہ سے متصف سمجھا جائے۔کیونکہ اگر ان کیلئے عصمت

واجب نہ تھی جیسے آئمہ معصومین کیلئے تھی۔ جسے عصمت استکفائیہ کہتے ہیں۔ جو معرفت علم و یقین میں کسی کے محتاج نہ تھے۔ تو بہ سبب احتیاج الی المعصومین بوجہ عمل و کردار اور عدم صدور گناہ انہیں معصوم غیر استکفائی تسلیم کیا جائے۔ جیسا کہ کتاب قمر بنی ہاشم ص ۶۱ میں بحوالہ کتاب اتقاق المقال ص ۵۷ مذکور ہے اور پھر ایسی صورت میں جبکہ حضرت امام زین العابدین علیہ السلام نے آپ کے لیے اس بات کی نص فرمادی ہے کہ تمام شہیداء آپ کے درجہ رفیعہ پر فائز ہونے پر غبط کریں گے، ظاہر ہے کہ شہداء میں حضرت علی علیہ السلام بھی شامل ہیں تو جسے ایسا درجہ مل سکے جس پر حضرت علیؑ جیسی شخصیت غبط کرے تو اس کے مرتبے اور درجہ کی بلندی کا کیا اندازہ ہو سکتا ہے۔ ۲۔ اسی طرح امام جعفر صادقؑ نے آپ کے بارے میں جو کچھ فرمایا ہے۔ اس سے آپ کی بلندی مقام کا پتہ چلتا ہے۔ ایک مقام پر آپ نے فرمایا ہے۔ کان کان عمنا العباس نافذ البصیرت صلب الایمان میرے چچا عباس بن علی کی کمال بصیرت اور بہترین ایمان کے مالک تھے۔ ایک مقام پر زیارت ضریح اقدس حضرت عباسؑ کے سلسلے یوں فرماتے ہیں۔ "اشھد انک لقد نصحت اللہ ورسولہ والاخیک فنعم الاخ الموسیٰ میں اس کی شہادت دیتا ہوں کہ تم نے خدا اور رسول اور اپنے بھائی کی بہترین امداد کی۔ امام جعفر صادق علیہ السلام نے حضرت عباسؑ کی شہادت کو حضرت امام حسینؑ کی معیت میں اس درجہ پر پہنچادیا کہ جس سے بلند درجہ اور انہیں ہو سکتا۔ یعنی اب ایسی صورت پیدا ہو گئی کہ گویا حضرت عباسؑ نے خدا اور رسولؐ کی حمایت کاملہ کی اور اس سلسلہ میں ان کے یقین کا کمال اور توحید کی تکمیل اور دین و ایمان کی انتہا واضح ہو گئی۔ ۳۔ علامہ عبدالرزاق موسوی اپنی کتاب قمر بنی ہاشم میں بحوالہ تاریخ طبری جلد ۲ ص ۲۳۷ رقمطراز ہیں کہ جب ہم روز عاشورہ کے واقعات میں دیکھتے ہیں کہ امام حسینؑ عباسؑ بن علیؑ سے اس وقت جبکہ لشکر آ

پہنچا تھا یہ فرمایا کہ " ارکب بنفسی یا اخی اے میرے بھائی تجھ پر میری جان تجھ پر میری جان فدا ہو۔ جا کر دیکھو تو سہی کہ یہ لوگ کیوں آئے ہیں تو ہمیں معلوم ہوتا ہے کہ یقیناً عباسؑ کا درجہ ائمہ معصومین کی نظر میں اس درجہ بلند تھے کہ جس کی کوئی حد نہیں۔اس کی مزید وضاحت اس چیز سے ہوتی ہے کہ آپ کے اور دیگر شہداء کربلا کے لیے زیارت جامعہ وارثہ میں فرمایا گیا ہے۔ بابی انتم دامی طبتم وطابت الارض التی فیھاد فنتم میرے ماں باپ تم پر فدا ہوں تم برے اچھے ہو اور وہ زمین خوش نصیب ہے۔ جس میں تم دفن کئے گئے۔ زیارت کے ان جملوں سے شہیداء کربلا کی بلندی حد ختم ہوگئی اللہ اکبر! معصوم کائنات کا فرمانا کہ میرے ماں باپ تم پر فدا ہوں کتنا بلند جملہ ہے اس سے بڑی اور کیا فضیلت ہوسکتی ہے۔ ۴۔ کتاب مصباح المتہجد شیخ طوسی میں تحریر ہے کہ صفوان کہتے ہیں۔ میں نے حضرت امام جعفر صادقؑ کی خدمت میں حاضر ہو کر پوچھا کہ حضور! زیارت سید الشہداء کس احترام سے کریں ۔ارشاد ہوا اے صفوان! جب زیارت کا ارادہ کرو تو تین روز سے روزہ رکھو اور جب حائر میں پہنچو، تو کہو" اللہ اکبر کبیرا" پھر شہدائے کربلا کو مخاطب کر کے کہو السلام علیکم یا اولیاء اللہ۔۔۔۔۔۔الخ اے اولیاء خدا تم پر سلام ہو امام علیہ السلام نے زیارت میں حاضر کی ضمیر اس لیے فرمائی ہے کہ یہ شہدائے اسلام راہ خدا میں شہید ہوئے اور شہدائے راہ خدا زندہ ہوتے ہیں: لاتقولوا لمن یقتل فی سبیل اللہ امواتا بل احیائ ۵۔ حضرت عباسؑ کے بلندی مدارج کا اس سے بھی پتہ چلتا ہے کہ جب آپ نے عمر بن سعد سے رات کے وقت ملاقات کی تھی تو اس موقع پر آپ کے ہمراہ حضرت علی اکبر اور حضرت عباسؑ تھے اور اسی طرح عمر بن سعد کے ہمراہ بھی اس کا غلام اور فرزند تھا (ناسخ التواریخ جلد ۶ ص ۲۲۰ طبع بمبئی)۶۔اس طرح روز عاشورا عورات بنی ہاشم میں شور فریاد و فغاں بلند ہوا تو حضرت امام حسینؑ

WILAYAT MISSION PUBLICATIONS

نے حضرت عباسؑ سے فرمایا" ان یسکتھن "اے عباس! خیمہ میں جاؤ اور عورتوں اور بچوں کو خاموش کرو اس لئے کہ اگر دشمن رونے کی آوازیں سنیں گے تو شماتت کریں گے۔ چنانچہ حضرت عباسؑ داخل خیمہ ہوئے اور سب کو سمجھا بجھا کر خاموش کیا (قمر بنی ہاشم ص۵۸)۷۔ حضرت امام حسین علیہ السلام نے کمال اعتماد کی وجہ سے حضرت عباسؑ کو علمدار لشکر قرار دیا تھا اور آپ امتحان اکبر کے موقع پر حامل اللواء تھے۔ یہی سبب ہے کہ آپ کی شہادت سب سے بعد میں ہوئی ہے۔ ۸۔ امام حسینؑ نے اس وقت جبکہ حضرت عباسؑ اجازت جنگ کے لیے حاضر ہوئے فرمایا کہ اذا مضیت تفرق عسکری اے بھائی تم کیا اجازت مانگ رہے ہو۔ ارے میں تو یہی سمجھتا ہوں کہ اگر تم چلے گئے تو تو پھر میرا لشکر تتر بتر ہو جائے گا۔ امام حسینؑ کا تفرق عسکری فرمانا واضح کرتا ہے کہ امام حسینؑ تنہا حضرت عباسؑ کو لشکر کے برابر سمجھتے تھے۔ اس سے ظاہر ہے کہ امام حسینؑ کو حضرت عباسؑ پر کس درجہ اطمینان اعتماد اور بھروسہ تھا۔ ۹۔ حضرت عباسؑ کی حیثیت اور فضیلت کا اس سے بھی نمایاں طور پر اندازہ لگایا جاسکتا ہے کہ جب حضرت امام زین العابدینؑ دفن شہدا کے لیے کربلا تشریف لائے تھے۔ تو آپ نے دیگر شہداء کے دفن میں بنی اسد سے مدد لی تھی۔ اور امام حسینؑ اور حضرت عباسؑ کا لاشا خود تنہا دفن کیا تھا۔ خود قبر میں اترے تھے کسی نے کہا مولا! ہم مدد کریں تو فرمایا: (ان معی من یعنیني) ان کے دفن کے لیے ہمارے پاس مدد گار موجود ہیں۔ دمعہ ساکبہ ص ۳۵۵ بحوالہ اسرالشہادت و قمر بنی ہاشم ص ۵۸ بحوالہ حدیث الابقاد لشاہ عبدالعظیم) ۱۰۔ حضرت عباسؑ کے لیے یہ اہم فضیلت بھی موجود ہے کہ حضرت فاطمہ زہرا صلوۃ اللہ علیہا شفاعت امت کے لیے انہی کے ہاتھ خدا کی بارگاہ میں پیش فرمائیں گی۔ (کتاب جواہر الایقان ص ۱۹۴) ۱۱۔ حضرت فاطمہ زہراؑ حضرت عباسؑ کو اپنا فرزند فرما

یا کرتی تھیں۔ کتابوں میں موجود ہے کہ آپ نے ایک شخص سے خواب میں فرمایا تھا کہ " تزورابنی الحسین ولا تزورابنی العباس" میرے ایک بیٹے حسینؑ کی تو زیارت کر آتا ہے اور میرے دوسرے بیٹے عباسؑ کی زیارت کو نہیں جاتا حشر میں آپ کا ارشاد ہوگا کفا نالا جل ھذالمقام الیدان المقطوعتان من بنی العباس(اسرار الشہادت ص۳۲۵طبع ایران)۱۲۔حضرت امام جعفر صادق علیہ السلام حضرت عباسؑ کی مستند زیارت میں فرماتے ہیں۔ سلام اللہ و سلام ملائکۃالمقربین وانبیاءالمرسلین وعبادہ الصالحین وجمیع الشہداء والصدیقین الزاکیات اطیبات فیما تغتدی وتروح علیک یابن المومنین۔ غور کرنے کی بات ہے کہ وہ امام جو اسرار قلوب اور تخیل اذہان سے واقف ہے وہ ارشاد کرتا ہے کہ عباسؑ بن علی پر اللہ اور ملائکہ مقربین انبیاء المرسلین اور ساری کائنات کے بندوں اور دنیا کے تمام شہداء اور صدیقین کے پاک و پاکیزہ سلام ہوں اس سے اندازہ لگایا جاسکتا ہے کہ حضرت عباسؑ کن مدارج پر فائز تھے۔ کتاب قمر بنی ہاشم ص ۶۳ میں ہے کہ فکل ھولاء بتقربون الی اللہ بالدعاءلہ واستنزال الرحمۃمنہ تمام ملائکہ انبیاء صالح بندوں اور تمام دنیا کے شہداءاور صدیقین حضرت عباسؑ پر دعا کے وسیلہ سے بارگاہ احدیث میں تقریب حاصل کرنے اور رحمت کی استدعا کرنے کے قائل ہیں۔ میں کہتا ہوں کہ حضرت عباسؑ کی زیارت کے مذکورہ جملوں کو پیش نظر رکھنے کے بعد حضرت امام حسین علیہ السلام کی زیارت کو پڑھا جائے تو معلوم ہو کہ حضرت عباسؑ کا درجہ کتنا بلند ہے۔ حضرت امام حسینؑ کی زیارت میں یہ الفاظ موجود ہیں :"سلام اللہ وسلام ملائکہ فیما تروح وتغدی والزاکیات الطاھرات لک وعلیک سلام الملائکۃ المقربین والمسلمین لک بقلوبھم والمناطقین بعضک"۔۔۔۔الخ دونوں زیارات کے الفاظ پر غور کرنے سے معلوم ہوتا ہے کہ امام جعفر صادق علیہ السلام کی نظر میں دونوں

شہید بلند مرتبہ ہیں :(بحار الانوار کتاب المزار بحوالہ کامل الزیارات)میر اخیال ہے کہ مساوات اسلامی میں اس سے بہتر کوئی نظیر نہیں مل سکتی ہے کہ امام جعفر صادق علیہ السلام نے خدمات کے پیش نظر آقا و غلام کو ایک ہی جیسا درجہ عنایت کر دیا ہے ہو سکتا ہے کہ مولانے واقعہ کربلا میں عمل و سیرت حسینی کی رعایت حسینی کی ہو۔اس لیے کہ امام حسینؑ یوم عاشورا جس زانو پر حضرت علی اکبرؑ کا سر رکھا تھا۔اسی زانو پر جناب حر اور دیگر غلاموں کا سر بھی رکھا تھا۔۱۳۔زیارت میں ایک مقام پر ارشاد ہوتا ہے۔الشھد لک بالتسلیم والتصدیق الوفاء النصیحۃ میں اس کی گواہی دیتا ہوں کہ اے عباسؑ تم منزل تسلیم و تصدیق اور وفائے نصیحت پر فائز ہو۔

حضرت امام جعفر صادق علیہ السلام کے ان جملوں نے بھی حضرت عباسؑ کی بلندی مرتبت پر روشنی ڈالی ہے۔کیونکہ یہ منازل سالکین میں بہترین منزلیں ہیں۔اور جنہیں یہ منزلیں نصیب ہو جائیں ان کی بلندی مقام کا کوئی ٹھکانہ نہیں۔۱۴۔ایک مقام پر ارشاد ہوتا ہے۔لعن اللہ من جعل حقک و وستخف مجرمتک۔خدا اس پر لعنت کرے۔جس نے تمہارے حق کی پروا نہ کی۔اور تمہارا احترام نہ کیا۔زیارت کے اس جملہ میں حضرت عباس علیہ السلام کو منفرداً یاد کیا گیا ہے اور یہ کہا گیا ہے کہ جس نے تمہارے حق سے غفلت کی اس پر لعنت ہے۔یہ ظاہر ہے کہ جملہ شہدائے کربلا میں صفائے ضمیر اور خدمات کے لحاظ سے بہت بلندی کے مالک ہیں لیکن جو درجہ کا کمال حضرت عباسؑ کو حاصل تھا وہ شاید امام حسینؑ پر قربان ہونے والوں میں اور کسی کو نصیب نہ تھا۔۱۵۔آپ اس زیارت میں جو حرم میں داخل ہوتے وقت پڑھی ہے فرماتے ہیں :"اشھد واشھد اللہ انک مضی ما مضی بہ بدر الیون۔ہم اور خدا گواہی دیتے ہیں کہ اے عباسؑ! تم اس طرح تحفظ اسلام کے میدان سے گزرے گئے جس طرح

بدر والے گزر گئے۔امام جعفر صادق علیہ السلام کا فرمانا واضح کرتا ہے کہ حضرت عباسؑ نے اس وقت اسلام کی حمایت کی جب اسلام ختم ہو رہا تھا۔کیوں کہ بدر کے مجاہدین سے مشابہت دی ہے اور جنگ بدر اس وقت ہوئی تھی جب اسلام انتہائی کمزور تھا۔اگر بدر کے مجاہد ہمت نہ کرتے تو اسلام اپنی پہلی ہی منزل میں ختم ہو جاتا۔لیکن انہوں نے کمال ہمت سے قربانی سے کر اسلام کو بچا لیا تو جس طرح بدر میں اسلام کمزور تھا اسی طرح کربلا میں بھی اسلام اختتام کی منزل تک پہنچ رہا تھا۔اگر واقعہ کربلا ہوتا اور عباس جیسوں نے کمال دلیری قربانی پیش نہ کی ہوتی تو اسلام رخصت ہو جاتا۔۱۶۔امام جعفر صادق جعفر علیہ السلام فرماتے ہیں: ''اشھد انک قد بالغت فی النصیحۃ واعطیت غایت المجھود فبعثک اللہ فی الشھداء و جعل روحک مع ارواح السعداء واعطاک من جنانہ افسحھا منزلاً وافضلھا غرفاً۔میں گواہی دیتا ہوں کہ تم نصیحت شہادت میں کمال حاصل کر لیا ہے۔اور بے انتہا سعی و کوشش سے جہاد کیا۔یہی سبب تھا کہ خدا نے تمہیں شہداء میں معبوث ہونے کا درجہ دیا ہے اور تمہاری روح کو ارواح سعدا میں بلند مقام عطا کیا اور جنت میں سب سے زیادہ وسیع اور بہترین جگہ عنایت فرمائی۔امام کے یہ جملے حضرت عباسؑ کی خصوصی فضیلت کا پتہ دیتے ہیں۔۱۷۔ایک مقام پر آپ ارشاد فرماتے ہیں ''رفع ذکرک فی علیین'' اے عباسؑ تمہارا ذکر اعلیٰ علیّین میں لوگوں کی زبان پر ہے۔اس سے معلوم ہوتا ہے کہ حضرت عباسؑ کا کیا درجہ ہے۔اللہ اکبر اس ہستی کا کیا کہنا! جس کا ذکر اعلیٰ علیین میں موجود ہو۔۱۸۔حضرت امام صادق علیہ السلام (مطابق روایت مزار بحار ص ۱۶۵) ارشاد فرماتے ہیں: لعن اللہ امتہ استحلت منک المحارم وانتھد فیک حرمۃ الاسلام'' خدا اس امت پر لعنت کرے کہ جس نے تمہاری عزت نہ کی اور اپنی سمجھ میں تمہیں رسوا کر کے اسلام کو ذلیل کرنے کی کوشش کی۔یہ ظاہر ہے کہ جس کی

عزت اور جس کی ذلت اسلام کی ذلت ہو اس کا درجہ کتنا بلند ہو گا۔۱۹۔ حضرت امام جعفر صادق علیہ السلام ۱۵ رجب کی زیارت میں فرماتے ہیں: "السلام علیکم یا مھدیوں۔ السلام علیکم یا طاھرون من الانس اے کربلا کے ہدایت یافتہ شہیدو! تم پر میرا اسلام ہو اور اے گناہوں سے پاک و پاکیزہ تم پر میرا اسلام ہو۔ اس زیارت کا آخری جملہ عصمت کی طرف اشارہ کرتا ہے۔ یہی وجہ ہے کہ بعض علمانے دیگر بے شمار فضائل کے حوالہ سے حضرت عباسؑ کو معصوم قرار دیا ہے۔۲۰۔ حضرت صاحب العصر امام مہدی آخر الزمان علیہ السلام زیارت ناحیہ مقدسہ میں نہایت شرومد سے ذکر کرتے ہیں۔ ارشاد ہوتا ہے السلام علی ابی الفضل العباس بن امیر المومنین الموسی خاہ بنفسہ ابو الفضل العباس بن علی امیر المومنین پر سلام ہو، جنہوں نے کربلا میں اپنے بھائی پر جان نثار کر دی اور پانی کی طلب میں اپنے دونوں ہاتھ قربان کر دیئے۔ (شفا الصدور شرح زیارت عاشور ص ۱۱۱ طبع بمبئی)

مجاہدین اسلام میں حضرت عباسؑ کی حیثیت

ہر مجاہد مجاہد ہے۔ ہر جانباز جانباز ہے۔ اور ہر شہید شہید ہے۔ لیکن ان میں بھی مدارج ہے۔ بدر و احد میں شہید ہونے والے۔ خیبر خندق میں جام شہادت پینے والے۔ جنگ موتہ اور دیگر جہادوں میں جان دینے والے یقیناً شہید ہیں۔ اور حیات ابدی حاصل کر کے خدا سے رزق پاتے اور آرام سے دن گزارتے ہیں۔ لیکن ان شہداء میں سید الشہداء حضرت حمزہؑ اور جنت میں پرواز کرنے والے حضرت جعفر طیار کا کچھ اور درجہ ہے۔ مقصد یہ ہے کہ خصوصی شہداء بلند درجہ کے شہداء ہیں۔ ان کی قدر اور منزلت کوئی پیغمبر اسلام سے پوچھے

۔ان کے حالات کوئی سرور کائنات سے پوچھے تو معلوم ہو کہ خدا نے ان شہداء کو کیا درجہ عطا کیا ہے لیکن یقین کرنا چاہیے کہ حضرت امام حسینؑ نے اپنے مٹھی بھر جانبازوں کو کربلا میں لا کر دنیا کے تمام شہداء سے بلندی دے دی ہے۔آپ نے بار بار فرمایا ہے کہ خدا کی قسم جیسے اصحاب مجھے ملے ہیں نہ میرے نانا کو نصیب ہوئے نہ بابا جان کو ملے۔نہ بھائی حسنؑ کے ہاتھ آئے اس کی مزید تصدیق حضرت امام جعفر صادق علیہ السلام کے قول سے ہوتی ہے ۔آپ زیارت میں ارشاد فرماتے ہیں :''انتم سادۃ الشھداء فی الدنیا والآخرہ''اے شہیدان کربلا ! تم دنیا وآخرت میں تمام شہداء کے عالم کے سردار ہو۔پھر فرماتے ہیں۔یہ وہ ہیں لم یسبقھم سابق ولا یلحقھم لاحق کہ اتنے بلند درجہ کے شہداء نہ پہلے گزرے ہیں اور نہ آئندہ گزرے گے۔اب غور کرنا چاہیے۔کہ دنیا میں کیسے کیسے شہداء گزر چکے ہیں اور کتنی بڑی ہستیاں جام شہادت نوش کر چکی ہیں۔جناب یحییٰ بن زکریا کی شہادت خرقیل پیغمبر کی شہادت کے کارنامے دیکھئے رونگٹے کھڑے ہوتے ہیں۔کسی کو درخت کے اندر آرے سے چیر ڈالا گیا۔کسی کو دیگ میں بند کر کے ابال دیا گیا۔غرضکہ نہ جانے کس کس اندازہ سے شہادتیں واقع ہوئی ہیں۔مگر اللہ رے کربلا کے شہداء کہ انہیں دنیا شہیدوں پر فضیلت دی جا چکی ہے۔سوچنے کی چیز ہے کہ اس فضیلت عامہ کی وجہ کیا ہے۔قطع نظر اس سے صرف یہ دیکھئے کہ امام حسینؑ کے ساتھیوں نے جس دلیری اور بہادری سے جانیں دی ہیں۔اور جذبہ شہادت سے کام لیا ہے۔شاید وہی انہیں عالم کے شہداء میں ممتاز کر رہا ہو یہ معمولی بات نہیں کہ چھوٹے بڑے بوڑھے اور جوان سب میں یکساں جذبہ شہادت کارفرما تھا۔استادی العلام مولانا سید عدیل اختر صاحب قبلہ ایک ریڈیائی تقریر میں فرماتے ہیں۔اب ذرا آج کی رات تاریخ کے سہارے کربلا کا منظر دیکھئے۔ایک طرف کم سے کم تیس ہزار کی یزیدی فوج سیر و

WILAYAT MISSION PUBLICATIONS

سیر اب فوج عیش و طرب کے نشے میں چور اطمینان کے ساتھ اپنی رنگ رلیوں میں مصروف ہے۔ دوسری طرف صرف بہتر مددگار لیکر کچھ از کار رفتہ بوڑھے چند نوجوان کچھ کم سن اور یتیم بچے ہیں۔ بلکہ ایک تو صرف چھ مہینے کا مجاہد ہے۔ ان کو صرف رات بھر کی ۔مہلت عبادت ودعا کے لیے یزیدوں نے بڑی مشکل سے دی ہے۔ کربلا کا ہیرو سید الشہداء اپنی اس چھوٹی سی جماعت کو اکٹھا کرتا ہے کہ۔ تین دن کے بھوکے پیاسے زندگی سے سیر زہراؑ کے چاند کو ستاروں کے جھرمٹ میں لیے ہوئے ہیں۔ نبی و علیؑ کے مطمئن دل کے ساتھ حسینؑ خدا کی حمدو ثنا کرتے ہیں۔ دنیاوی لڑائی لڑنے والے اپنے طرفداروں کی تعداد بڑھانے کی کوشش کرتے ہیں۔ بر خلاف اس کے حسینؑ بعد حمد و ثنا اپنے ساتھیوں میں ہر شخص کو موقع دیتے ہیں کہ وہ چلا جائے اور یہ فرماتے ہیں کہ دیکھو! یہ رات کا وقت ہے ۔موقع اچھا ہے اپنی جانیں بچالو۔ یزیدی تو صرف مجھے قتل کرنا چاہتے ہیں اگر میں ان کو مل گیا تو پھر وہ کسی کی تلاش نہ کریں گے اور یہ بھی سمجھ لو کہ جو عہد تم نے مجھ سے کیا ہے میں نے اس کو بھی معاف کر دیا۔ تمہیں کوئی گناہ بھی نہ ہوگا۔ لیکن بھلا حسینؑ کے ساتھیوں کا سا چشم فلک نے کاہے کو دیکھا ہے۔ سب نے یک زبان ساتھ چھوڑ دینے سے انکار کر دیا۔ اور ساتھ رہ کر جان دینے کا اقرار واصرار کیا۔ حسینؑ نے یہ خبر سنائی کہ کل ہم سب قتل کر دیئے جائیں گے۔ فوراً یتیم قاسم (جن کا سن بہت ہی کم تھا) بول اٹھے میرا نام بھی فہرست شہادت میں ہے نا! یہ سن کر حسین علیہ السلام کو بچے کی کم سنی کا خیال ہوا۔ فوراً جواب دینا مناسب نہ سمجھ کر فرمایا:۔ کیوں بیٹا! تمہارے نزدیک موت ہے کیا چیز؟ یتیم بچے نے عرض کیا" چچا جان! موت شہد سے زیادہ میٹھی چیز ہے۔" اب امام حسینؑ کو کیا جھجک تھی فرمایا بیٹا! چچا تجھ پر قربان، تیرا نام بھی فرد شہداء میں موجود ہے۔ بلکہ کل تو میرا شیر خوار بچہ بھی ذبح

کر ڈالا جائے گا'' اور وہی ہوا جو سیدنا امام حسینؑ نے فرمایا تھا۔ حسین علیہ السلام کے چھوٹے چھوٹے بچے داد شجاعت دے کر شہید ہو گئے خدا کی قسم جذبہ شہادت اور خدمت اسلام کے سلسلے میں جان دینے کی حلاوت میں تین دن کے پیاسے بہادروں نے دشمنان اسلام کا اس طرح مقابلہ کیا کہ دنیا لوہا مان گئی۔

حوصلہ تھا یہ جوانان حسینی کا فقط ورنہ لاکھوں سے بہتر کی لڑائی کیسی

الغرض اس جذبہ شہادت اور شوق خدمت اسلام نے ایسے وقت میں جبکہ اسلام کا نام دنیا سے مٹ رہا تھا۔ ان کی سچی قربانی کی وجہ انہیں ایسی بلندی دے دی کہ یہ ساری کائنات کے شہداء میں ممتاز نظر آتے ہیں۔ اور ان کی یادگار تاریخ انسانیت میں جلی حرفوں لکھی ہوئی قائم ہے۔ میں سچ کہتا ہوں کہ غلط جان گنوانے والوں کا ذکر ہی کیا۔ تاریخ عالم میں جام شہادت پینے والوں کی بھی کمی نہیں بلکہ خاص اسی خطہ پر جو کبھی بابل اور نینوا کے نام سے پکارا جا چکا ہے اور آج کربلا کے نام سے یاد کیا جاتا ہے۔ حسین علیہ السلام سے پہلے خدا کے کتنے نیکوکار بندوں کا خون بہہ چکا ہے۔ مگر ان کے تذکرے اس طرح مٹ گئے گویا وہ حوادث کبھی رونما ہی نہ ہوئے تھے۔ وہ اس طرح سہو و محو ہو گئے دماغوں کے خزانوں تک میں محفوظ نہ رہ سکے۔ زبانوں تک آنا یا ان کی یاد منانا کیسا؟ اصل یہ ہے کہ واقعات میں جتنی اہمیت اور جاذبیت ہوتی ہے۔ ان کا اثر بھی اتنا ہی گہرا ہوتا ہے اور ان کی عمر بھی اتنی ہی بڑھ جاتی ہے کبھی قصوں کو دہرانے سننے سنانے کی آزادی ہوتی ہے پھر بھی وہ دور تک نہیں چل سکتے اور کبھی اظہار واقعہ پر ہزاروں پابندیاں عائد کی جاتی ہیں لیکن وہ زبان زد خلائق ہو کہ دائمی زندگی پا جاتے ہیں جناب آدم نے ہابیل کے مرنے پر خود بھی بڑا جزع و فزع کیا۔ تاریخ و سیر بتلاتی ہے۔ کہ آپ نے مرثیہ کہہ کر حضرت شیثؑ سے وصیت کی کہ ان کو یاد کریں اور ان لوگوں

تک پہنچادیں کہ یہ بات بطور میراث نقل ہوتی رہے اور لوگ سنتے اور روتے رہیں۔ چنانچہ آپ کی فرمائش کے مطابق آپ کی اولاد جیسا کہ مشہور ہے۔اس مرثیہ کو نسلاً بعد نسل ایک دوسرے تک پہنچاتی رہی۔ یہاں تک کہ یعرب ابن قحطان تک پہنچ کر اسی مرثیہ نے سریانی سے عربی لباس اختیار کیا۔اب صرف کتابوں میں باقی ہے اور بس لیکن شہیدان کربلا نے نینوا کی چٹانوں پر اپنے خون سے کچھ ایسی تصویریں کھینچی ہیں۔ جن کی رنگینی نے عالم کو اپنا دیوانہ بنا رکھا ہے۔ چھپانے مٹانے کی کوششوں کے باوجود یزیدیت کامیاب تو کیا ہوتی۔ خود فنا گھاٹ اتر گئی۔اور حسینی یادگار زندہ اور پابندہ ہوگئی جوں جوں زمانہ گزرتا گیا حسینؑ جان نثاروں کا نقش وفا ابھرتا اور ان کی خوش کرداری کے چہرے کا رنگ نکھرتا گیا گنتی میں تو شہیدان کربلا ۳۲ سوار ۴۰ پیادے نظر آتے ہیں لیکن جب ذرا غور سے دیکھا جائے تو سوار بھی عجیب اور پیادے بھی نرالے نظر آتے ہیں حسینی فوج کے سواروں میں ایسے کم عمر بچوں کا بھی شمار ہے۔ جو خود گھوڑوں پر سوار نہ ہوسکے بلکہ کسی دوسرے نے انہیں گھوڑوں پر سوار کرایا ہے۔اور پیادوں میں ایسے نونہال بھی ہیں جو بہادری سے تڑپ کر تلوار کا وار بے کھٹکے اپنے ہاتھ پر روکتے تو ہیں۔ مگر بمقتضائے سن منھ سے ”یا اماہ“ اے میری ماں کی فریاد بلند ہو جاتی ہے۔ صاحبان اولاد اب ایک اور مجاہد باقی ہے۔اس کو کس صف میں رکھا جائے ۔پیادہ کہوں کہ سوار۔ جو ماں کی گود سے باپ کے ہاتھوں پر آتا ہے اور دودھ کے بدلے تیر کی باڑھ سے اپنی پیاس بجھاتا ہے۔ شہیدان کربلا پر ہماری جانیں نثار۔ جو اپنی بے مثال وفاداری کے سبب تمام حق پرستوں کی محبت کا مرکز بن گئے جنہیں حبیب خدا کے محبوب فرزند نے بجا طور پر یہ خطاب عنایت فرمایا کہ میں اپنے اصحاب سے زیادہ وفادار اور بہتر و برتر کسی کے اصحاب کو نہیں پاتا۔تاریخ عالم پر نظر ڈالیے۔آپ پر حقیقت روز روشن کی طرح واضح

ہو جائے گی ۔اور آپ تصدیق کریں گے۔ کہ واقعاً شہیدان کربلا یعنی امام حسینؑ کے سے اصحاب کسی کو نہیں مل سکے۔اس میں شک نہیں کہ بعض کو بعض ملے اور بہت ہی اچھے ملے۔ مگر کسی کو کل نہ ملے۔اور پھر کربلا کی کڑیاں جھیلنے کا تو دنیا میں نمونہ ہی نہیں۔ اگر کسی کے لیے ایسا ہوتا تو نہ جانے جو ملے تھے۔وہ بھی کیسے ثابت ہوتے۔جناب مسیح کو گرفتار کرنے والے حواری اور صحابی کا تذکرہ موجود ہے۔ صرف ایک رات میں تین بار شک کرنے والے کا بھی ذکر مذکور ہے خود سرور عالم کے اصحاب کے لیے قرآن مجید کی آئتین کافی ہیں ۔احادیث بھی پکار رہی ہیں کہ آپ نے فرمایا ہے ۔نہ جانے تم لوگ میرے بعد کیا کرو گے۔ حضرت علیؑ کو تمنا رہ گئی کاش ! چالیس صاحبان ہمت مل جاتے۔امام حسن علیہ السلام کو تو ایسوں سے واسطہ پڑا۔ جنہوں نے آپ پر ہی حملہ کردیا لیکن یہ تاریخی حقیقت ہے کہ حسینؑ کے اصحاب خیر وفا میں سب سے آگے نکل گئے۔اس شرف سے قسام ازل نے حسینؑ کو مخصوص کردیا شہیدان کربلا کا یہ حصہ ہو گیا کہ آزاد سے غلام تک مردوں سے عورتوں تک بڈھوں سے جوان تک کمسنوں سے شیر خواروں تک اور مجھے کہنے دیجئے کہ انسانوں سے لے کر اونٹوں اور گھوڑوں تک اپنی اپنی صنف اور سن کے ایسے ایسے نمونے بن گئے جن کی نظریں غیر معصوم اور دنیا وی اقتدار والوں کو تو کیا نصیب ہوتیں۔روحانتین کا خزانہ بھی ایسے وفادار خوش رو جواہر آبدار سے خالی نظر آتا ہے۔شہیدان کربلا میں کسی ایک کے حالات بھی پورے پورے عرض نہیں کئے جا سکتے۔ان میں کا ہر ایک بزرگ جہاں فضائل کا مالک ہے ۔بنی ہاشم تو بنی ہاشم تھے۔اوروں کی طرف نظر اٹھایئے تو معلوم ہو گا۔ کہ حق کا ساتھ اور باطل سے کنارہ کشی ان کی نگاہوں ہیں کتنی اہم اور عزیز تھے۔زہیر بن قین کے نصائح آج بھی موتیوں میں تولنے کے قابل ہیں۔ حبیب و حنظلہ کی ہدایت مشعل راہ ہیں۔ادھر

یزیدی فوج میں دنیااپنی تمام راحتوں دلچسپیوں بناؤ سنگار سمیت دلربائی میں مصروف ہے ۔ادھر حسینؑ اوران کے گنے چنے ساتھیوں میں فرات کے کنارے پر ہوتے ہوئے تین دن سے پانی بند ہے۔ کسی اور راحت کا تو وہم و گمان بھی نہیں ہو سکتا جلتی ریت تپتا بدن دشمن کی ٹڈی دل فوج، جدھر دیکھئے خون کے پیاسے دشمنوں کے نیزے تلواریں۔ تیر و تیر نظر آتے ہیں۔ بار بار انہیں حسینؑ کا ساتھ چھوڑنے کے لیے طرح طرح کے لالچ دلائے جاتے ہیں ۔ساتھ دینے والوں کو موت کے گھاٹ اتار دینے کی دھمکی دی جاتی ہے۔ عیال و اطفال کی اسیری اور بربادی کا خوف دلایا جاتا ہے ۔ مگر خوف وہراس کے بدلے حسینؑ کے ساتھی نہایت خندہ پیشانی سے مشکلوں کا استقبال کرتے اور یزیدوں کی پیش کش کو نہایت نفرت اور حقارت سے ٹھکرا دیتے ہیں۔ان میں سے ایک جان وفا زہیر بن قین بھی ہیں۔ جو شمر سے بے باکانہ فرماتے ہیں۔" خدا کی قسم ہمیں حسینؑ کی رفاقت میں مرنا تم لوگوں کے ساتھ زندہ رہنے سے زیادہ محبوب ہے"اس کے علاوہ حق وایمان کی حمایت کا یہ غیر فانی کارنامہ بھی آب زر سے لکھا جانیکے قابل ہے۔ کہ ایک ماں اپنے نوجوان فرزند کو جس کی شادی صرف سترہ دن پہلے ہوئی ہے۔ حسینؑ پر قربان ہونے کے لیے خود تاکید کرتی ہے۔اور جب وہ داد جوانمردی دے کر میدان جنگ سے واپس آتا ہے اور پھر پوچھتا ہے کیوں مادر گرامی ! اب تو مجھ سے خوش ہوئیں تو ماں یہ کہہ کر واپس بھیج دیتی ہیں کہ میں تو اس وقت خوش ہوں گی ۔جب تم حسینؑ پر جان دے کر میرے پاس لائے جاؤ گے سچ ہے۔ شہیدان حسینی کو جو دیں تشبیہ کس سے دیں ☆ کہاں سے ڈھونڈ کر لائیں مثال ان بے مثالوں کی غرضکہ کربلا کے مجاہدوں کی نظیر ناممکن ہے۔اور اس سے انکار نہیں کیا جاسکتا کہ ان مجاہدوں میں بھی اٹھارہ بنی ہاشم کو دیگر شہداء میں امتیاز حاصل ہے۔علامہ حسین واعظ کاشفی اپنی

کتاب روضتہ الشہداء کے ص ۶ طبع بمبئی ۱۲۸۵ھ میں بحوالہ کتاب مراۃ الجناں امام شافعی لکھتے ہیں کہ :"در واقعہ کربلا شانزدہ کس از اہل بیت بابی عبداللہ الحسین شربت شہادت چشیدند کہ درآں روز بروئے زمین ایشاں راشبیہ و نظیر نہ بود" واقعہ کربلا میں شہید ہونے والے بہادروں میں حضرت امام حسین علیہ السلام کے ایسے اٹھارہ نفوس بھی تھے۔ کہ جن کی نظیر اس زمانہ رمیں روئے زمین پر نہ تھی۔ گویا اس وقت کائنات عالم میں امام حسینؑ کے علاوہ اسی طرح افضل تھے۔ جس طرح آنحضرتؐ کے علاوہ ان اہل بیت ساری کائنات حتیٰ کہ انبیائے کرام سے بہتر تھے۔ اب ان بنی ہاشم میں دیکھا جائے تو قمر بنی ہاشم کو فضیلت نظر آتی ہے۔ آپ کے لیے امام حسینؑ یہ کہتے دکھائی دیتے ہیں۔ بنفسی انت" میں آپ پر فدا ہو جاؤں (المواعظ البکاء ص ۱۱۰) اور جب شہادت واقع ہو جاتی ہے تو الان انکسر ظھری اے عباس ! تمہاری شہادت سے میری کمر ٹوٹ گئی اور شہادت سے پہلے ان کے وجود کو پورے لشکر کے برابر قرار دیتے ہیں۔ اب دیکھنا یہ ہے کہ کون سے وہ ایسے اسباب ہیں جن کی وجہ سے قمر بنی ہاشم حضرت عباسؑ میدان شہادت میں تمام فلک رفعت شہیدوں سے سبقت لے گئے ہیں اس سلسلہ میں جہاں تک میں سمجھا ہوں وہ یہ ہے کہ حضرت عباسؑ میں کچھ ایسی خصوصیت قدرت نے ودیعت کی تھی جو دوسرے شہدائے کربلا کو نصیب نہیں ہو سکی تھی۔ مثلاً۔(۱) آپ کی پیدائش کی علت غائی صرف اسلام کی خدمت ہے جیسا کہ حضرت علیؑ کی تمنائے ولادت سے ظاہر ہے (۲) آپ کو خدا نے عالم زمانہ بنایا تھا۔ آپ عالم غیر متعلم ہونے کے باوجود حضرت علیؑ جیسی ہستی سے کسب علم کئے ہوئے تھے (۳) آپ معصوم یا محفوظ تھے آپ سے کبھی کوئی گناہ سرزد نہیں ہوا۔(۴) آپ عبد صالح تھے (۵) آپ فقیہ کامل تھے (۶) آپ حضرت فاطمہ زہراؑ کے منہ بولے فرزند تھے (۷) آپ میں امامت کی صلاحیت موجود

تھی۔(۸) آپ یقین محکم اور عزم کامل رکھتے تھے۔(۹) آپ کی خدمات تمام شہداء سے زیادہ نمایاں اور اہم تھیں اس کے علاوہ آپ کی خصوصیات میں یہ بھی تھا کہ آپ قمر بنی ہاشم تھے یعنی جس طرح حضرت علیؑ بفاد آیہ والشمس وضحما والقمر اذا تلھا قمر امامت تھے اور حضرت کے والد، ماجد جناب عبد مناف قمر البطحیٰ اور سرکار دوعالم حضرت محمدؐ مصطفیٰ کے والد بزرگوار موحد کامل جناب عبداللہ قمر الحرم تھے اسی طرح حضرت عباسؑ قمر بنی ہاشم تھے آپ کے متعلق مورخین لکھتے ہیں کہ ان عباس بن علی کان رجلا وسیما جمیلاً یقال لہ قمر بنی ہاشم لحسنہ وبھایئہ مقتل عوالم ص ۹۴ حضرت عباس علیہ السلام اپنے حسن و جمال اور خوش روئی کے کمال کی وجہ سے قمر بنی ہاشم کہتے جاتے تھے۔

رئیس الشجعان

اور آپ تمام بہادروں کے سردار تھے کوئی بہادر بھی ایسا نظر نہیں آتا جو صفت شجاعت میں حضرت عباسؑ سے بلند حیثیت رکھتا ہو۔کان رئیس الشجعان آپ شجاعان عالم کے سردار تھے

۔

)ناسخ التواریخ جلد ۶ صفحہ ۲۸۹)

سید الفرسان

اور حضرت عباس علیہ السلام شہسوارانِ کائنات کے سید و سردار تھے بہت بلند قامت نہایت

لمطهیم و شیحم تھے۔ کان سید الفرسان یرکب الفرس المطھیم ورجلا یخطان فی الارض آپ سید الفرسان تھے دور جا بے گھوڑے پر آپ جب سوار ہوتے تھے توآپکے قدم زمین پر خط دیتے جاتے (تحفہ حسینیہ ص۱۷۸)

علمدار کربلا

آپ علمدار لشکر حسینی تھے۔اور یہ ظاہر ہے کہ جو علمدار ہوتا ہے اسے دیگر افراد لشکر سے فضیلت حاصل ہوتی ہے جنگ کربلا کا ایک علم حبیب ابن مظاہر کے ہاتھوں میں تھا لیکن اعطی رائتہ اخاہ العباس، حضرت امام حسین علیہ السلام نے لشکر کا سب سے بڑا علم حضرت عباسؑ کو عنائیت فرمایا تھا۔(مناقب ابن شہر آشوب جلد۳ ص۹۷)

وفادار اعظم

حضرت عباس علیہ السلام۔کان ادنی وابر من اہلبیت الحسین سب سے زیادہ وفادار اور نیکی کرنے والے تھے یعنی امام حسینؑ اوران کے اہلبیت کے لیے تمام شہداء سے زیادہ وفاشعار اور فرماں بردار تھے (مائتین فی مقتل حسین ص۴۳۷)

افضل الشہداء

حضرت عباس علیہ السلام تمام شہداء میں افضل تھے حضرت امام حسینؑ فرماتے ہیں۔ یا افضل

WILAYAT MISSION PUBLICATIONS

الشہداء یابن المرتضیٰ صلی علیک اللہ کل اوان اے افضل الشہداء عباسؑ بن علی مرتضی تم پر خدا ہر وقت رحمت نازل فرمائے (معالم الزلفی ص ۱۲۶ طبع ایران)

سقائے حرم

حضرت عباسؑ نے جس تندہی جانفشانی اور محنت و مشقت سے اہل بیت حسینؑ کے لیے پانی فراہم کرنے کی سعی کی ہے اور جس جس مشکل سے پانی حاصل کیا وہ کسی اور سے نہیں ہو سکی آپ نے اس سلسلہ میں بہت کافی دوڑ دھوپ کی اور متعدد کنوئیں بھی کھودے ہیں۔ یلقب السقاء لانہ استقی الماء لاخیاء الحسین یوم المطف آپ کا لقب سقا اس لئے تھا کہ آپ نے کربلا میں حسینؑ اور ان کے اہلبیت کے پوری جانفشانی کے ساتھ فراہمی آپ کے لیے جوہر شجاعت دکھائے ہیں (عمدۃ المطالب مقتل عوالم ص ۹۴ منہج المقال فی احوال الرجال قلمی)

کمال عبادت گذاری

حضرت عباسؑ کو عبادت خداوندی میں بڑا شغف حاصل تھا۔آپ عابد شب زندہ دار تھے۔ کان بین علینیہ اثر السجود دلکثرۃ عبادۃ الملک العلام آپ کی پیشانی پر کثرت سجود کی وجہ سے نشان سجدہ نمایاں تھا (تحفہ حسینیہ ص ۱۷۵ طبع ایران)

مبشر بالشجاعت

آپ کو خدا نے وہ شجاعت عطا کی ہے جس کی نظیر نہیں ملتی مورخ لکھتے ہیں کہ آپ مبشر

بالشجاعت تھے یعنی حضرت محمد مصطفیٰ صلی اللہ علیہ وآلہ وسلم نے آپ کی ولادت سے پہلے شجاعت کی بشارت دی ہے علامہ کنتوری لکھتے ہیں اما شجاعتہ فقد روی بعض علماء الانسب من اھد النسۃ انھا کانت مبشرۃ علی لسان المخبر صادق الامین آپ کی شجاعت کے بارے میں بعض علمائے اسلام لکھتے ہیں کہ ان کی شجاعت کی مدح سرائی زبان رسالت مآب پر جاری ہو چکی ہے پھر فرماتے ہیں لا سیماء انہ مبشر بالشجاعت قبل میلادہ اس میں کوئی شک نہیں کہ یہ بڑی خصوصیت ہے کہ آپ کی شجاعت کی بشارت ولادت سے پہلے دی گئی ہے پھر فرماتے ہیں ولم یکن احد الشھدا الذین استشھد وانی الطف فائز الی تلک الدرجۃ اس عظیم درجہ پر کربلا کے شہدا میں کوئی بھی فائز نہ تھا (مائتین فی مقتل حسین ص ۴۳۸ طبع لکھنوٴ)

عبید الحسینؑ

حضرت عباسؑ بلند ترین شخصیت کے مالک ہونے کے باوجود کمال وفاداری کے جذبہ میں اپنے کو امام حسینؑ کا غلام فرمارہے ہیں اس جگہ جہاں آپ کی کمال انکساری ظاہر ہوتی ہے ممدوح کی بلندی مقام کا پتہ بھی چلتا ہے آپ فرمایا کرتے تھے۔ انا عبد من عبید الحسین میں حسینؑ کے غلاموں میں سے ایک غلام ہوں۔ (المنجد ص ۳۲۶) میں ہے کہ عبد اس کو کہتے کہ لزمہ ولم یفارقہ جو ہر وقت ساتھ رہے اور کبھی ساتھ نہ چھوڑے۔ من کان خالص العبد جس میں بندگی کا خلوص ہو۔ لغات سروری ص ۱۷۸ میں ہے کہ عبد بندہ، غلام، تابعدار، خدمت گزار کو کہتے ہیں حضرت عباسؑ کا امام حسین علیہ السلام کے ہمراہ ہونا اور ان کا اپنے کو غلام فرمانا بالکل ویسا ہی ہے جیسا کہ حضرت علیؑ حضرت محمد مصطفیٰ صلی اللہ علیہ وآلہ وسلم کے ہمراہ بچپن

سے رہے اور ہمیشہ فرمایا کئے۔ انا عبد من عبید محمدؐ، میں محمد کا ایک غلام ہوں (کتاب مائتین ص ۴۴۰) حضرت عباسؑ کے متعلق حضرت امام حسین علیہ السلام فرماتے تھے۔ اپنے کو غلام اور مجھے آقا سمجھے ☆ اس تیری وفا کے ہوں قربان علمدار

کثیر البطش

حضرت عباسؑ میں ایک خصوصیت یہ بھی تھی کہ وہ بڑے زبردست حملہ آور اور بہادر تھے (لغات کشوری ص ۷۰) علامہ کنتوری لکھتے ہیں ان العباس کثیر البطش قوی النقمہ لا یغادر من اشاء الیہ اوالی اخیہ الاو ینلقم منہ، حضرت عباسؑ بڑے وبد بے اور رعب والے بزرگ ہیں وہ انتقام لینے میں کسی بے ادب گستاخ کے ساتھ کوئی رعایت نہیں کرتے تھے آپ کا طریقہ تھا جو آپ یا آپ کے بھائیوں کے ساتھ گستاخی کرے اس سے بدلہ ضرور لیتے تھے (مائتین ص ۴۶۴) مثال کے لیے ملاحظہ ہو کتاب ''طوفان بکا'' شعلہ چہارم ایران ۱۳۱۴ ھ میں ہے کہ معاویہ نے حضرت امام حسنؑ کو شہد میں زہر دلایا۔ آپ نے نانا کے روضہ پر دعا کی شفا پائی پھر خرمہ میں زہر دیا۔ آپ بچ گئے لیکن طبیعت خراب رہنے لگی آپ تبدیلی آب وہوا کے لیے حضرت عباسؑ کو ہمراہ لے کر موصل تشریف لے گئے اور ایک محب آل محمدؐ کے ہاں مقیم رہے کچھ دنوں بعد وہ معاویہ کے پھندوں میں آگیا۔ اور اس سے بھی حضرت کو زہر دلوایا مگر اس مرتبہ بھی اللہ نے آپ کو بچا لیا ایک اور شخص نے آپ کو شہید کرنے کا یہ راستہ نکالا کہ اپنے عصا کی انی کو زہر میں بجھالیا جب امام علیہ السلام نماز سے فارغ ہو کر مسجد سے برآمد ہوئے اس بیرون در چھپے ہوئے شخص نے اسے آپ کے پیر میں چبھو دیا

آپ اس کی اذیت سے بے ہوش ہو گئے اصحاب نے اسے گرفتار کر لیا۔آپ نے سزا دینے روکا۔ کچھ دنوں بعد زہر کے زور کیا اور طبیعت زیادہ خراب ہو گئی ایک ہوشیار جراح نے زخم سے زہر کھینچ لیا اور آپ مرنے سے بچ گئے ایک دن حضرت عباسؑ نے اسے موصل سے باہر جاتے ہوئے دیکھا اس سے عصا چھین کر اسی کے سر پر مارا کہ اس کا سر شگافتہ ہو گیا۔

معذب القاتل

حضرت عباس علیہ السلام کی ایک خصوصیت اور صفت یہ تھی کہ آپ کو خدا کی طرف سے بھی یہ اختیار دیا گیا تھا کہ جو آپ کو یا آپ کے بھائی حسنؑ کو ستائے یا ان کے ساتھ کوئی برائی کرے اسے آپ سزا دیں علامہ کنتوری لکھتے ہیں کہ۔ میں یقین سے کہتا ہوں کہ ایسی روایتوں میں کوئی شک وشبہ نہیں ہے جن میں یہ ہے کہ حضرت عباس خدا کی طرف سے ان لوگوں کو سزدینے کی قدرت رکھتے تھے جو آپ کے ساتھ یا امام حسین علیہ السلام کے ساتھ برائی کریں نیز آپ کو یہ بھی قدرت دی گئی تھی کہ آپ اپنے قاتل کو اس کی زندگی بھر روزانہ عذاب میں مبتلا رکھیں۔ جیسا کہ آپ نے اپنے قاتل ابان بن دارم وغیرہ کے ساتھ کیا وہ زندگی بھر رونٹہ نہ عذاب جہنم میں مبتلا ہوتا رہا۔ جس کی سبب سے رات بھر چیختا چلاتا تھا بالا آخر رد سیاہ ہو کہ مر گیا۔ علامہ لکھتے ہیں کہ : ھی کرامۃ خاصۃ لا یدانی العباس احد من ھولاء الشھداء یہ وہ کرامت خاصہ ہے کہ جس میں شہدائے کربلا کا کوئی شہید عباسؑ سے مساوی نہیں ہو سکتا (مائتین ص ۴۶۴ طبع لکھنؤ) مقصد یہ ہے کہ ساری دنیا کے جان دینے والوں

بنی ہاشم میں امام حسینؑ کے بعد حضرت عباسؑ کو فضیلت حاصل ہے۔ وادی الفت کا ہر ذرہ یہ دیتا ہے صدا☆حضرت عباسؑ ہیں خضر بیابان وفا

حق و باطل کی جنگ اور حضرت عباسؑ کی خدمات

شبیرؑ نے طے منزل تسلیم ورضا کی ــــ عباسؑ نے ہر خدمت شاہ شہدا کی

اسی طرح پیغمبر اسلام حضرت محمد مصطفیٰ صلی اللہ علیہ وآلہ وسلم بھی ترویج اسلام اور تبلیغ احکام کے لیے مامور تھے۔آپ اگرچہ ا عام الفیل میں پیدا ہوئے اور آپ کا عہد ولادت وہ تھا جس میں کفر کی تاریکیاں پھیلی ہوئی تھیں۔جہالت کی مشعلیں ہر طرف بھڑک رہی تھیں۔اور ظاہر بظاہر تبلیغی اقدام کی فوری ضرورت تھی۔لیکن آپ نے ۴۰ عام الفیل تک کھلی ہوئی تبلیغ کی سلسلہ جنبانی نہیں فرمائی۔تاریخ سے ایسا معلوم ہوتا ہے کہ آپ کو اپنے نہ شکست ہونے والے بازو کی توانائی اور اپنے نور وجود کے دوسرے ٹکڑے کا انتظار تھا۔آپ چاہتے کہ تبلیغ شروع کروں تو اتنی طاقت کے ساتھ شروع کروں کہ کہیں جھول نہ پیدا ہو جائے اور ایسا کیریکٹر پیش کروں کہ موقعے پر کہہ سکوں کہ اگر میرے ایک ہاتھ پر آفتاب اور دوسرے پر ماہتاب رکھ دیا جائے یعنی دنیا کا نصف حصہ سونے کا اور نصف حصہ چاندی کا میرے لیے بنا دیا جائے ۔تب بھی تبلیغی سرگرمیوں سے باز نہ آؤں گا۔ چنانچہ وہ وقت آگیا۔ ۳۰ عام الفیل میں حضرت علیؑ پیدا ہوئے اور ۴۰ف تک آپ کے عہد طفولیت پر شباب آگیا۔آپ کے بازوؤں میں توانائی اور کلائیوں میں زور اور پنجوں میں طاقت آگئی اور پیغمبر اسلام کو یقین ہو گیا۔ کہ اسد اللہ میں شمشیر زنی کی تاب پیدا ہو گئی ہے۔تو آپ تبلیغ کی طرف متوجہ ہوئے۔ حکم خدا

آپہنچا۔ ''انذر عشیر تک الاقربین اپنے قریبی رشتہ داروں ڈراؤآپ نے حکم خداوندی کے مطابق ایک اجتماع منعقد کیا۔ جو آپ کے گمراہ عزیزوں پر مشتمل تھا اجتماع کی تکمیل پر آپ نے تقریر فرمائی۔ لوگوں نے آنحضرتؐ کو بات تک نہ کرنے دی اور سخت اختلاف وانتشار پیدا کر دیا۔ دوسرا دن آیا آپ نے پھر دعوت اجتماع دی۔ وہی لوگ پھر جمع ہوئے آپ نے تقریر سے پہلے فرمایا۔ من یوازرنی کون ہے جو میری مدد کر کے میرا وزیر اور دنیا وآخرت میں میرا بھائی بننا چاہتا ہے۔ یہ سننا تھا کہ حضرت علیؑ کھڑے ہو گئے ''انا یارسول اللہ'' اس خدمت کے لیے میں حاضر ہوں۔ تین دفعہ اسی طرح فرمایا۔ اور ہر مرتبہ حضرت علیؑ کھڑے ہوئے اس کے بعد آپ نے تبلیغی تقریر فرمائی۔ کل تک پیغمبر اسلام کا تنہا نور رسالت کا کام انجام دے رہا تھا۔ اور آج نور امامت بھی محو خدمت اسلام ہے۔ نور کے دونوں ٹکڑے ملے۔ پیغمبرؐ اسلام نے تقریر فرمائی کسی کی مجال نہیں ہوئی کہ لب کشائی کرے۔ تقریر کامیابی کے ساتھ ختم ہوئی (تاریخ ابوالفداء جلد ا ص ۱۱۶) تاریخ طبری جلد ۲ ص ۲۱۷۔ تاریخ کامل جلد ۲ ص ۲۲۔ تاریخ گبن جلد ۳ ص ۴۹۹۔ معالم التنزیل جلد ۳ ص ۱۰۵۔ تاریخ کارلائل ص ۶۱۔ تاریخ ایردنگ ص ۳۷۔ تاریخ اوکلی ص ۱۵ ڈیون ص ۵ لباب التاویل جلد ۳ ص ۳۷۱۔۔۔۔۔ تاریخ اس پہلی دعوت اسلام کو ذوالعشیرہ کے نام سے یاد کرتی ہے۔ لیجئے آج سے فریضہ تبلیغ اسلام کی ادائیگی شروع ہو گئی اور اتنا زور پکڑا کہ دنیا حیران رہ گئی۔ لیکن یہ واضح رہے کہ جوں جوں تبلیغ فروغ ہوتا رہا ہے ویسے پیغمبرؐ اسلام اور امام الانام کی دشمنیاں بھی لوگوں کے دلوں میں ترقی کرتی رہیں۔ یہاں تک کہ لوگ پیہم حملے کرتے رہے۔ اور آپ کی تبلیغ مٹانے کی کوشش کرنے لگے۔ آپ نے اپنے اور اسلام کے تحفظ کے لیے دفاعی جہاد کئے اور جنگ بدر واحد، خندق وخیبر واقع ہوئیں۔ بھلا وہ کونسی طاقت تھی جو شیر خدا علی

مرتضیٰؑ کی شمشیر کی تاب لاسکتی۔ بالآخر سینکڑوں کفار حلقہ بگوش اسلام ہوگئے اور دنیا اسلام کالوہامان گئی۔ تاریخ شاہد ہے اور واقعات بتارہے ہیں۔ کہ جنگ بدر وغیرہ ییں اسلام قبول کرنے والے نعمت ایمان سے بہرہ ور ہو سکے تھے۔ اگر ان دلوں میں ایمان جا گزیں ہوتا تو آغوش حق میں پناہ لینے والے حق کو حق مانتے اور ناحق کو دلوں میں کدورت نہ رکھتے۔ شکریہ کی بجائے انتقام لینے کی کوشش نہ کرتے۔ کس قدر افسوس کی بات ہے کہ جس نے انہیں مسلمان کیا یا جس نے ان کی نسلوں میں اسپرٹ اسلام کی پیدا کی۔ اسی کو تباہ کرنے کی سعی کرتے رہے۔ اور دل وجان سے کوشش کرتے رہے۔ کہ علیؑ اور اولاد علیؑ کا تخم بھی دنیا میں باقی نہ رہے۔ جانے دیجیئے دیگر سیاسی زمانوں کو۔ صرف عہد نبی امیہ ہی کا جائزہ لے لیجئے۔ تو معلوم ہو جائے کہ ان میں جو جذبات کار فرما تھے۔ وہ وہی تھے۔ جو جنگ بدر و احد میں پیدا ہو گئے تھے اور جنہیں اسلام لانے کے بعد دلوں سے جانے کا موقع نہ ملا تھا اور جنگ جمل و صفین کا روپ بدل کر عالم واقعات میں رونما ہوئے۔ تاریخ گواہ ہے کہ وفات رسول سے جنگ صفین تک جو حالات گزرے، وہ سیاسی رنگ لیے ہوئے ہونے کی وجہ سے عمل کی دنیا میں رونما ہوتے رہے۔ لیکن نوک زبان ان سے آشنا نہ ہو سکی اور زبان سے کچھ نہ کہا جا سکا۔ سب کچھ کیا جاتا رہا انتقامی جذبات ابھرتے رہے۔ دست و بازو کام کرتے رہے۔ تلواریں چلتی رہیں۔ ہزاروں بزرگان دین موت کے گھاٹ اترتے رہے۔ قتل وغارت کا بازار گرم رہا۔ لیکن یہ کھلنے نہ پایا کہ یہ سب کچھ کیوں ہو رہا ہے۔ اور کن وجوہ کی بنا پر حضرت علیؑ جیسے قابل اور انسان کامل کی اطاعت قبول نہیں کی جاتی ہے اور اپنے کو بر سر اقتدار لانے کی سعی پیہم ہو رہی ہے لیکن سیاسی دور کے فوراً گزرنے کے بعد ہی چھپے ہوئے جذبات ابھر نکلے۔ جو بات اب تک دلوں میں چھپی ہوئی تھی۔ وہ نوک زبان پر آگئی سیاسی کرشمہ سازیوں کا

بھانڈا پھوٹ گیا۔ مطلب یہ ہے کہ اجماع استخلاف شوریٰ استیلا کی مجموعی طاقت سے یزید ابن معاویہ ۶۰ھ میں بر سر اقتدار آگیا۔ اور اس نے تخت وتاج سنبھالتے ہی تکمیل جانشینی کے زعم میں نسلی جذبات انتقام کو عمل اور زبان سے ظاہر کیا۔ اس نے صاف لفظوں میں کہا کہ :(مجھے نبی جندف سے نہ سمجھا جائے اگر میں اولاد محمدؐ سے ان کے کئے کا پورا پورا بدلہ نہ لے لوں)الغرض یزید تحت نشین ہو چکا تھا اور دیار وامصار میں بیعت طلبی کے واسطے ہر کاسے چھٹے ہوئے تھے۔ حیط سلطنت کے گوشہ گوشہ میں خطوط روانہ کئے جارہے تھے کہ کسی کو نظر انداز نہ کیا جائے اور سب بیعت لے لی جائے۔ مورخ طبری کا بیان ہے کہ یزید نے ولید بن عقبہ والی مدینہ کو لکھا کہ حسینؑ سے میری بیعت لے لو اگر وہ انکار کریں تو ان کا سر کاٹ کر میرے پاس بھیج دو۔ خط پہنچا۔ ولید نے سوچا کہ حسینؑ کو دعوت بیعت کیونکر دی جائے اس لیے کہ وہ ۵۸ھ میں معاویہ کو براہ راست جواب دے چکے تھے کہ یزید فاسق وفاجر ہے اس کی بیعت کسی طرح نہ کروں گا اگر ان کو یزید کے حکم سے باخبر نہ کروں تو اپنے لیے خطرہ ہے چنانچہ ولید بن عقبہ نے حضرت امام حسینؑ کو اپنے دربار میں بلا بھیجا آپ کو اطلاع ملی۔ آپ چند بنی ہاشم کے ہمراہ تشریف لے گئے۔ ولید نے معاویہ کی موت کی خبر سنائی۔ آپ نے فرمایا۔ "اناللہ وانا الیہ راجعون" اس کے بعد ولید نے یزید کا بھیجا ہوا حکم پیش کیا۔ آپ نے بروایت " الفخری فرمایا کہ مثلی لایبائع سرا" مجھ جیسا شخص یزید کی بیعت چھپ کر نہیں کر سکتا میں اس پر غور کروں گا ولید سے بات چیت کرنے کے بعد آپ روانگی کے لیے اٹھے تو مروان علیہ اللعن نے ولید کو مخاطب کر کے کہا کہ حسینؑ سے یہیں بیعت لے لے۔ اگر اب یہ نکل گئے تو پھر ہاتھ نہ آئیں گے۔ یہ سننا تھا کہ امام حسینؑ کو غیظ آگیا۔ آپ نے فرمایا مروان! کس کی مجال ہے جو حسینؑ کو ہاتھ لگا سکے۔ امام حسین علیہ السلام کی آواز کا

بلند ہونا تھا کہ بنی ہاشم کے وہ جوان جو دربار سے حضرت عباسؑ کی ہمراہی میں موجود تھے۔ دربار میں داخل ہوگئے۔ امام حسینؑ نے ان بچھرے ہوئے شیروں سے غصہ فرد کیا۔ اور واپس تشریف لائے۔ گھر پہنچنے کے بعد عواقب پر غور کرنے لگے اور سوچنے لگے کہ اب مجھے کیا کرنا چاہیے آیا مدینہ میں قیام کروں یا کہیں چلا جاؤں بہت ہی سوچ بچار کے بعد آپ نے فیصلہ کرلیا کہ مدینہ چھوڑ ہی دینا چاہیے۔ رات کے تاریک پردے میں جد نامدار حضرت محمد مصطفیٰؐ صلعم اور والدہ ماجدہ جناب فاطمہ زہرا اور برادر محترم حسنؑ کے روضہ سے رخصت ہو کر ۲۸ رجب کی صبح ہوتے ہوتے اپنے اہل و عیال کو ہمراہ لے کر مدینہ منورہ سے بارادہ مکہ معظمہ روانہ ہوگئے۔ چار ماہ مکہ معظمہ میں گزارے۔ اس دوران کوفہ والوں کے بارہ ہزار خطوط پیغامات اور دعوت نامے پہنچے۔ جن کا مجموعی مفہوم مطابق روضۃ الصفایہ تھا کہ ہم بلا امام ہیں آپ تشریف لائیے۔ اگر آپ نہ آئیں گے۔ تو ہم قیامت کے دن بارگاہ احدیث میں فریاد کریں گے۔ کہ امام حسینؑ کی موجودگی میں ہم گمراہ ہوتے رہے۔ اور آپ نے توجہ نہ فرمائی۔ میری تحقیق کے مطابق یہ خطوط سازشی تھے۔ یعنی والئی مدینہ کی اطلاع پر کہ حسینؑ نے مدینہ چھوڑ دیا۔ یزید نے والئی کوفہ کو قتل حسینؑ کے انتظامات کی طرف متوجہ کیا۔ والئی کوفہ نے دارلامارہ میں ایک میٹنگ کی۔ جس میں صرف یزیدوں کے مخصوص افراد نے شرکت کی اور فیصلہ کیا کہ حسینؑ کا قتل کوفہ سے زیادہ سہل تر اور کسی جگہ نہیں ہو سکتا۔ لہذا انہیں یہیں طلب کیا جائے اور طلبی کے لیے طے کیا کہ حسینؑ کے خاص ماننے والوں کو بھی خوبی کے ساتھ اس جال میں پھنسالیا جائے چنانچہ ایک پارٹی نے سلیمان بن حرو خزاعی اور دیگر حسینیوں سے مل کر کہا کہ ہم چاہتے ہیں۔ کہ امام حسینؑ کوفہ میں تشریف لے آئیں۔ تاکہ ہماری ہدائیت فرمائیں، ہم یزید کے دور فسق و ظلم سے عاجز آچکے ہیں۔ ان

غریبوں کو کیا علم تھا کہ محبت کے پردے میں دغا کی جارہی ہے۔ بالآخر فیصلہ ہوا کہ امام حسینؑ کی خدمت میں خطوط لکھے جائیں اور عوام میں پروپیگنڈا کیا جائے چنانچہ چند دنوں میں ہی بارہ ہزار خطوط پہنچے۔ امام حسینؑ ابھی اس فکر میں تھے کہ کیا کریں۔ آپؑ نے تفحص حالات کے لیے اپنے بھائی مسلم بن عقیل کو کوفہ کی طرف روانہ کیا۔ ناگاہ حج کا موقع آگیا آپ نے احرام باندھا دوران حج میں معلوم ہوا کہ کئی دشمن حاجیوں کے لباس میں احاطہ مکہ کے اندر مجھے قتل کرنا چاہتے ہیں۔ آپ نے حج کو عمرہ سے بدلا۔ اور کوفیوں کی دعوت کے پیش نظر کوفہ کے لیے چل پڑے منزل زبالہ تک پہنچے تھے کہ ۹ ذی الحجہ ۶۰ھ کو شہادت حضرت مسلم کی خبر پہنچی آپ نے فرمایا "اناللہ واناالیہ روجعون" اس کے بعد آپ آگے بڑھے اور منزل شراف پر قیام فرما ہوئے۔ ایک صحابی نے عرض کی کہ مجھے کوفہ کی جانب کیلے کے درخت نظر آرہے ہیں۔ دوسرے نے کہا یہاں درخت کا کوئی نشان تک نہیں ہے۔ ایک صحابی نے کہا نہیں نہیں گھوڑوں کی کنوتیاں نظر آرہی ہیں۔ تھوڑی دیر بعد دیکھا کہ "حر" ایک ہزار کا رسالہ لیے آپہنچا اور سواری کے جانور پیاس بے حال ہیں۔ امام حسین علیہ السلام نے حضرت عباسؑ کو حکم دیا کہ انہیں اچھی طرح سیراب کردو۔ حضرت عباسؑ نے مشکوں کے دہانے کھول دیئے۔ سواروں نے اچھی طرح پانی پیا رات آئی۔ بروایت امام شبلنجی، حر نے امام حسینؑ سے عرض کی۔ مولا رات کا وقت ہے۔ کسی جانب نکل جائیے۔ امام حسینؑ ایک طرف کو چل پڑے۔ ابھی رات ختم نہ ہونے پائی تھی کہ حر نے پھر آگھیرا۔ آپ نے فرمایا۔ تم ہی تو کہا تھا کہ کہیں چلے جاؤ اور تم ہی مجھے گھیر رہے ہو۔ اس نے عرض کی مولا! حاکم کا بہت سخت حکم آیا ہے۔ میں مجبور ہو گیا ہوں۔ الغرض امام حسینؑ اسی گھیرے میں چل رہے تھے کہ ناگاہ آپ کے گھوڑے کے قدم رکے امام حسینؑ نے فرمایا

WILAYAT MISSION PUBLICATIONS

۔ محملیں اتار لو اور خیمے نصب کر و۔ کیونکہ ہماری موت اسی جگہ بسیرا لے رہی ہے دوسری محرم کو آپ وارد کربلا ہوئے۔ ساتویں محرم سے آپ پر پانی بند کر دیا گیا اور دسویں محرم کو آپ مع جملہ اعزا و اقارب قتل کر دیئے گئے۔ امام حسین علیہ السلام نے مع اعزیز و اقربا و اصحاب شہادت پائی۔ قاضی قسطنطنیہ شیخ سلیمان قندوزی بلخی اپنی کتاب ینابع المودہ طبع مصر کے ص ۳۴۶ پر لکھتے ہیں کہ یوم عاشورہ امام حسینؑ نے مجمع عام کو مخاطب کرتے ہوئے فرمایا: ایہا الناس! یہ بتاؤ کہ میں نے کونسی سنت بدل دی ہے۔ اور شریعت کے کس حکم کو بدلا ہے ۔ جس کے عوض تم مجھے قتل کر رہے ہو۔ ''فقالوا لہ انا نقتلک بغضاً لابیک'' اے حسین! تم نے کچھ نہیں کیا۔ لیکن ہم تمہارے باپ دادا کے بغض کے سلسلے میں تمہیں قتل کرتے ہیں ۔ اس بیان سے ظاہر ہوتا ہے کہ واقعہ کربلا کے پس منظر میں کیا تھا۔ الغرض گیارہویں تاریخ کو مخدرات عصمت و طہارت کو سر برہنہ ناقوں پر سوار کر کے بازاروں میں پھراتے ہوئے دربار کوفہ میں داخل کیا۔ پھر چند دنوں بعد سرہائے شہداء و مخدرات عصمت و طہارت کو شام بھیج دیا گیا۔ یزید کے سامنے جس وقت امام حسین علیہ السلام کا سر لایا گیا تو اس نے چھڑی سے لبہائے مبارک کے ساتھ بے ادبی کی اور چند اشعار زبان زد کئے جن کا پہلا مصرعہ یہ ہے۔ ترجمہ: کاش! میرے وہ بزرگ جو بدر میں شہید ہوئے موجود ہوتے تو دیکھتے کہ میں نے بدر واحد وغیرہ کے مقتولین کا کس طرح بدلہ لیا ہے۔ اور وہ میرے کارناموں سے بے انتہا خوش ہوتے اور خوش ہو کر مجھے دعائیں دیتے کہ اے یزید تیرے ہاتھ شل نہ ہوں حقیقت یہ ہے کہ بنی ہاشم نے ملک کے ساتھ کھیل کھیلا تھا۔ نہ کوئی وحی آئی تھی نہ ملک کا نزول ہوا تھا۔ ابھی کیا ہے۔ دنیا دیکھتی جائے گی کہ: میں بنی خندف سے نہیں اگر آل احمدؐ سے بدر واحد کے کارناموں کا بدلہ نہ لے لوں۔ ان اشعار پر نظر ڈالنے کے بعد

واقعہ کربلا کا پس منظر سامنے آجاتا ہے اور یہ روز روشن کی طرح واضح ہو جاتا ہے۔ کہ کربلا کا واقعہ پیغمبر اسلام اور حضرت علیؑ کی تبلیغی سرگرمیوں کے انتقامی نتائج ہیں جو ان مسلمانوں کے ہاتھوں عمل میں آئے۔ جن لوگوں کے دلوں میں ادعائے اسلام کے باوجود اسلام جا گزریں نہ ہو سکا (روئیح القرآن ص ۱۰۴)

حق و باطل کی جنگ

اس میں شک نہیں کہ حق و باطل کی دشمنی اتنی پرانی ہے کہ دریا اور پہاڑ بھی اس کی ہمسری کے دعوے نہیں کر سکتے۔ کون سا دن تھا کہ جب باطل کی فوجوں نے حق سامنے صف آرائی نہیں کی کون سی گھڑی تھی کہ جب طاغوتی فوجوں نے رحمانی طاقتوں سے مقابلہ نہیں کیا۔ دنیا ایک میدان جنگ ہے۔ جہاں روز و شب، نور و ظلمت، حق و باطل، کفر و اسلام میں رسہ کشی ہوتی رہتی ہے فلک پیر کی سال خوردہ آنکھیں، بہت سی خونریز لڑیاں دیکھ چکی ہیں۔ کر کشیستر۔ درہ تھرما پلی بدر و حنین وغیرہ کی عبرت گاہوں کو جا دیکھو۔ ان کے ذرہ ذرہ پر روح فرسا کہانیاں اور ہوش ربا داستانیں لکھی ہوئی ہیں۔ جن سے کسی دن معرکہ حق و باطل کی تاریخ مرتب کی جائے گی۔ یہ سچ ہے کہ ظاہری اعتبار سے باطل کی فوجیں اکثر حق پر غالب آتی رہتی ہیں۔ دنیا نے ایک دو مرتبہ نہیں سینکڑوں مرتبہ حق کے علم کو سرنگوں ہوتے دیکھا۔ کیا علم و جہل کی لڑائی میں سقراط نے شکست نہیں کھائی۔ کیا خون آشام یونانیوں نے اس محقق زمانہ کو اپنی غلط فہمیوں کے معبد پر قربان نہیں کر دیا۔ یا امن و امان کا پیامبر ""مسیح"" یہودیوں کے ظلم و ستم کا نشانہ نہیں بنا؟ کیا اٹلی کے مقدس ہیئت داں ""گلیلیو

"کو پاپائے روم کی کفر آفرینیوں کا شکار نہیں ہونا پڑا۔ مگر باطل کی ظاہری فتح ہمیشہ عارضی رہی۔ یہ صحیح ہے کہ آتش ظلم و ستم نے ایک دفعہ تو حق کو جلا کر خاک کر دیا لیکن اس کے خاکستر سے وہ چنگاریاں نکلیں کہ جنہوں نے خرمن باطل میں کبھی نہ بجھنے والی آگ لگا دی ۔ معرکہ کربلا بھی ان ہی یادگار جنگوں میں سے ایک عظیم الشان جنگ ہے۔ جو دنیا میں حق و صداقت کا علم بلند کرنے کے لیے لڑی گئی۔ کون نہیں جانتا کہ رسول عربی دنیا کو حریت عمل اور آزادی ضمیر کا سبق پڑھانے کے لیے آئے تھے۔ کس کو خبر نہیں کہ اسلام امن و امان کا حامی اور بیجا تفوق اور ناجائز اقتدار کا دشمن ہے۔ جتھا بندی قومی، ملی وطنی اور لونی امتیازات کے خلاف سب سے پہلے موثر آواز جو بلند کی گئی وہ رسولؐ سلام کی آواز تھی۔ لیکن بنی آدم کی تلون مزاج طبیعت کا برا ہو کہ دنیا کی کسی مفید تحریک کو بار آور نہیں ہونے دیا۔ اگر موسیٰؑ کا درس تنظیم چھوڑ کر یہودیوں کو باطل کے بادشاہ کی غلامی کرنا پڑی عیسیٰؑ کا امن بخش اور صلح آفرین پیام طاق نسیاں کے نذر کر کے عیسائی بت پرست ،رومی شہنشاہوں کے گورکھ دھندے میں پھنس کر رہ گئے۔ تو کس طرح ہو سکتا تھا کہ ریگستان عرب کے جنگ جو باشندے رسول اسلام کی تعلیم کو زیادہ دن تک یاد رکھتے۔ ابھی رسول اللہ کا کفن تک میلا نہ ہونے پایا تھا کہ پرانے لقیدے نئے بہروپ بدل کر سامنے آئے۔ ۲۳ برس کا عرصہ اتنا طویل نہ تھا کہ رسول اللہ کفر کی نشانیوں کو قطعاً مٹا سکے۔ یہ سچ ہے کہ کعبہ کے سب بت ٹوٹ چکے تھے۔ مگر دلوں کے صنم ابھی تک آباد ہیں۔ اب لات و منات کے بجائے حرص وہوا، طلب جاہ خواہش حکومت اور تمنائے سطوت و ثردت کے دیوتاؤں کی پرستش ہو رہی تھی ۔ نئے مذہب نے جو جوش پیدا کر دیا تھا۔ مصلح اعظم کی تعلیم نے منتشر قوتوں کو متحد کر کے جو روح پھونک دی تھی۔ وہ بجائے اس کے کہ صداقت کی ترویج میں صرف

ہوتی۔ طلب جاہ اور تحصیل زر کے کام آنے لگی۔ حضرت رسولؐ اسلام کو آنکھ بند کئے ہوئے ابھی پورے پچاس سال بھی نہ گزرے تھے کہ ان کی مقدس تعلیم خود غرض لوگوں کے ہاتھوں مسخ ہو گئی۔ اور اس طرح کہ بظاہر یہ معلوم ہونے لگا کہ آسمانی بادشاہت کا وہ خواب جو اسلام نے دیکھا تھا۔ شرمندہ تعبیر نہ ہو سکے گا۔ لیکن قدرت کو یہ منظور نہ تھا کہ رسول عربی کی لگاتار ۲۳ سال کی محنت برباد ہو جائے

زار دمشق کا لاڈلا اور جانشین رسولؐ ۶۱ھ شروع ہونے کو ہے۔ وہ اسلام جو امن وامان کا مراد ف سمجھا جاتا تھا۔ خون آشام شامیوں کے ہاتھوں پنڈاریوں کا پنتھ معلوم ہوتا ہے۔ ہر طرف لوٹ مار کا بازار گرم ہے۔ عرب کی سرزمین بے گناہوں کے خون سے رنگین ہو رہی ہے ۔ قیصر آئین اور کسریٰ خیال لوگ رسول اسلام کی جانشینی کا دعویٰ کر رہے ہیں۔ زار دمشق کا لاڈلا فرزند اسلام کو اپنی ہوسناکیوں اور عشق پرستیوں کے رنگ میں ڈبو دینا چاہتا ہے۔ حریم خلافت اندر کا اکھارہ بنا ہوا ہے۔ زناکاری کی کوئی انتہا باقی نہیں۔ سوتیلی ماؤں اور بہنوں سے عقد کا فتویٰ دیا جا رہا ہے۔ (صواعق محرقہ) رسولؐ کے مقدس صحابہ کچھ تو سفر آخرت کر چکے ہیں۔ کچھ کنج عافیت میں اپنی عزت کو سنبھالے بیٹھے ہیں۔ اور مسلمانوں کا خلیفہ سرو قد گلغدار رومی شاہدوں کے جھرمٹ میں تخت خلافت پر جلوہ افگن ہے۔ شراب آلود لبوں سے نکلی ہوئی بات قانون الٰہی سمجھی جا رہی ہے۔ اور مخمور آنکھوں کے اشارے حدیث کے مترادف بنے ہوئے ہیں۔ دمشق مرکز خلافت ہے۔ اسلام کی تازہ تہذیب روم وایران کے تمدن سے بدل چکی ہے۔ اس حریم خلافت کی تقلید میں اب ہر گھر عشرت کدہ بنا ہوا ہے۔ نماز روزہ کی جگہ نازنینوں کے آتشین رخساروں کے بوسوں کی آوازوں نے لے لی ہے۔ رات صرف اس لیے ہوتی ہے کہ اسلام کے خلیفہ ''یزید'' اور اس کے متوسلین نام نہاد مسلمانوں کے چشم و

دہن کو شراب شیراز سے لطف اندوز ہونے کا موقع دیں۔ اور صبح صرف اس لیے کہ ان کی خمار آلود آنکھوں سے کسی بے گناہ کے رقص مذبوحانہ کا نظارہ کرادے۔ دنیا رسول عربی کے کلمہ پڑھنے کی ترکتازیوں سے پریشان ہے۔ امن پسند شہریوں پر عرصہ زندگی تنگ ہو رہا ہے ۔ملکوں کی دولت سمٹ سمٹ کر دار الخلافہ میں جمع ہو رہی ہے۔ جفاکش دہقانوں اور محنتی تاجروں کی گاڑھی کمائی دولت اسلامیہ کے سود و بہبود کے بجائے چند رند مشرب لوگوں کی عیاشیوں کے لیے وقف ہو کر رہ گئی ہے۔ ایمان جیسی گراں جنس کا سودا چند درہم پر کیا جارہا ہے۔ جو اس قیمت پر راضی نہیں ہوتے۔ ان کے لیے زہر اور تلوار کا پرانا منتر تیار ہے ۔مسجدیں ویران ہیں۔ میکدوں کی رونق بڑھ رہی ہے۔ خدا پرستی کی جگہ شاہد پرستی نے لی ہے۔ لوگ رسول اللہؐ کی سنت کو فراموش کر چکے ہیں۔ علمی محفلیں برباد ہو چکی ہیں۔ کفر کی مٹی ہوئی سنت زندہ کی جارہی ہے۔ اور ہندہ و سمیہ کی یاد میں دمشق کے گلی کوچے عیاشی اور بوالہوسی اڈے بنے ہوئے ہیں۔ غرضیکہ جب اسلام کی مقدس تعلیم اس طرح تباہ ہونے لگی ۔جب دور جہالت نے پلٹ آنے کی دھمکی دینی شروع کی۔ جب پیکر اسلام میں قیصر و کسریٰ کی روح نے داخل ہونے کی کوشش کی۔ جب جاہ و جلال مال و منال کے نقشہ نے مسلمانوں کو حواس باختہ کر دیا۔ جب اسلام فتوحات کے بڑھتے ہوئے سیلاب نے دنیا میں آگ لگانا چاہی جب جہاد دفاعی سے حد سے گزر کر جنگ زرگری کی شکل اختیار کر گیا۔ جب رسولؐ کے نام لیواؤں نے محبت و مساوات کا سبق فراموش کر دیا جب قبیلہ پرستی عربیت اور عجمیت کے امتیازات پھر نئی زندگی کی کروٹ لینے لگے۔ جب مذہب کی آڑ میں ذاتی مفاد کا شکار کھیلا جانے لگا۔ جب شاہد پرستی کے ہلاکت آفرین سیلاب نے مسلمانوں کو مانی و مزدک کا پیرو بنا دیا۔ جب عیش و عشرت کی افراط نے ان کے قویٰ کو مضمحل کر دیا۔ جب مجسمہ حیا اور پیکر

شرم نبی کے پیروؤں نے اپنے اعمال سے کفر کو بھی شرما دیا۔ جب اسلام رجعت قہقری کے سلسلے میں اپنے قدم کو آخری حد تک پہنچا دینے پر مجبور ہو گیا۔ تو غیرت حق جوش میں آئی۔ بنی امیہ کے طلسم خانہ کو توڑنے کے لیے ان کی فرعون سامانیوں کو خاک میں ملانے کے لیے یزید کے دین بوالہوسیٰ پر ضرب کاری لگانے کے لیے نبی عربی کے گھر سے تاجدار انسانیت حضرت امام حسین علیہ السلام کو ظاہر کیا۔ جن کی قسمت ازل سے انقلاب آفرینی لکھی ہوئی تھی۔ جو تاریخ عالم میں اپنی نظیر آپ تھے۔(سرفراز محرم نمبر ۱۲۳۹ئ)اور ان کا علمبردار عباس ایسے بہادر کو بنایا جائے۔ جس کے لیے حسینؑ خود فرمائیں۔ ''بنفسی انت'' میری جان تجھ پر فدا ہو جائے۔(المواعظ وا لبکا ص ۱۱۰ طبع بمبئی)

تاجداران اسلام کی مدینہ منورہ سے مکہ کو روانگی اور اس کے اسباب اور وجوہات

قرآن مجید نے جلاوطنی کو قتل کا درجہ دیا ہے۔ سرور کائنات جب ہجرت کے موقع پر اپنا وطن چھوڑ کر چلے تھے۔ اس وقت اور پھر مدینہ منورہ پہنچنے کے بعد وطن کی یاد سے غافل نہیں رہے آپ مکہ سے آنے والے سے وطن کی گلیوں اور وہاں کے درختوں تک کے بارے میں استفسار فرمایا کرتے تھے حضرت امام حسین علیہ السلام جو معاویہ کی موت کے بعد وطن مالوف چھوڑتے نظر آرہے ہیں یقیناان کے سامنے کچھ ایسے اسباب موجود ہیں جو آپ کو ترک وطن پر مجبور کر رہے ہیں اگر تاریخ کا مطالعہ بنظر غائر کیا جائے تو یہ راز کھل جائے گا کہ حسینؑ کا ترک وطن سقیفائی اسکیم کے مستحکم منصوبے کا ناگزیر نتیجہ ہے کون نہیں جانتا کہ

رسول اسلام کی آنکھیں بند ہوتے ہی کلمہ گویوں کی طرف سے پیغمبر اسلام اور امیر المومنین کی تبلیغی خدمات کا آبائی غیر مسلم بدلا لیا جانے لگا۔اس سے کوئی انکار نہیں کر سکتا کہ امیر المومنینؑ کی حقوق سے محرومی، فاطمہ زہراؑ کا مصائب وآلام سے دوچار ہونا اور امام حسنؑ کی شہادت سب اسی جذبہ ویرینہ کی رہین منت ہے۔تاریخ شاہد ہے اور واقعات بتارہے ہیں کہ جب سلسلہ اول کی پانچویں کڑی رشتہ خلافت سے ہمرشتہ ہوئی یعنی معاویہ برسر اقتدار آئے تو انہوں نے آل رسولؐ کو دنیا سے ختم کرنے کے سلسلہ میں جنگ جمل وصفین کی بنیاد ڈالی اور بالآخر حضرت علیؑ کو اپنی مکمل سازش کے ذریعے مسجد کوفہ میں شہید کرادیا اور اس سلسلہ میں انہوں نے نہ فرمان رسول اسلام، حرب علی حربی، کا لحاظ کیا اور نہ حکم خدا، من قتل مومنا متعبدا فجزائہ جھنم پر نظر کی امیر المومنین کی شہادت کے بعد اس نے امام حسنؑ کے وجود کو ختم کیا اور ان بزرگ ہستیوں کے وجود کو زمین سے خالی کرنے کا منشا یہ تھا کہ میں آزادانہ حکومت کرسکوں اور یزید کی ولیعہدی میں کوئی روڑا نہ اٹکنے پائے اسی خیال کے پیش نظر اس نے حضرت عائشہ کو جو ان کے متعلق پیغمبر اسلام کے خیالات اور ان کے فرمان سے بخوبی واقف تھیں کچے چونے کے کنوئیں میں گرا کر مار ڈالا اور ان کے بھائی محمد بن ابی بکر کو جو کبھی کبھی ان کی مخالفت کرتے اور امیر المومنین کی تائید فرمایا کرتے تھے، گدھے کی کھال میں زندہ سی کر جلادیا۔غرضیکہ خلافت یزید کے لیے جب زمین ہموار ہوگئی تو معاویہ بیعت ولیعہدی لینے کے بعد اہل حجاز کے گلے میں طوق بیعت ڈالنے کے لیے ۵۶ ھ میں ایک ہزار سوار لے کر روانہ ہوئے اور مدینہ پہنچ کر سب سے پہلے حضرت امام حسین علیہ السلام سے ملاقات کی اور ان سے بیعت یزید کا سوال کیا۔آپ نے فرمایا۔میں یزید کے حالات سے اچھی طرح واقف ہوں خدا کی قسم ہرگز بیعت نہ کروں گا۔(دسبلۃ النجات جلد ۲ ص ۲۸۳)

معاویہ امام حسین علیہ السلام کا جواب سن کر خاموش رہ گئے انہوں نے یہ مناسب نہ سمجھا کر ان پر سختی کریں۔ لیکن اور بہت سے افراد کو ڈرا دھمکا کر حلقہ بگوش یزید کر دیا۔ کہ معاویہ نے یزید کی ولیعہدی کی بیعت لے کر اس معاہدہ کی خلاف ورزی کی جو وہ امام حسنؑ سے کر چکے تھے اور انہوں نے جو کچھ کیا وہ فوج کشی اور جبر سے کیا (رسالہ اثنا عشریہ ص ۳۔۵ طبع لاہور ۱۹۲۵ئ) الامتہ والسیاست ابن قتیبہ جلد ا ص ۱۳۸ میں ہے کہ معاویہ نے بیعت یزید کے سلسلہ میں لوگوں کے دین بھی درہم و دینار کے عوض خریدے۔ رسالہ فلسفہ شہادت ص ۹ پر بحوالہ تکمیل الایمان محدث دہلوی مرقوم ہے کہ بیعت کرنے والوں سے اس طرح اقرار لیا جاتا تھا کہ یزید کو یہ اختیار ہو گا۔ کہ چاہیے تو وہ ہم کو غلاموں کی طرح سر بازار فروخت کرے اور چاہے عبادت خدا کی اجازت دے اور چاہے تو روک دے۔ الغرض وہ وقت آیا کہ آپ ایسی منزل کی طرف روانہ ہونے پر مجبور ہوئے جہاں اپنے کئے کا بدلہ ضرور ملے گا۔ یعنی ماہ رجب ۶۰ ھ آپہنچا۔ آپ نے مرنے سے پہلے اپنے فاسق و فاجر لاڈلے فرزند یزید کو برادران اسلام کا چھٹا خلیفہ بنا دیا اور اس کے سر پر تاج خلافت رکھ کر دنیا سے چل بسے ملاحظہ ہو (تاریخ الخلفاء صواعق محرقہ ابو الفداء) یزید نے تخت خلافت اور تاج امارت سنبھالتے ہی اپنے آبائی مشن میں روح تازہ پھونکنے کے لیے باپ کے اصولوں اور سمجھائے ہوئے خفیہ طریقوں پر نظام سلطنت اور انتظام خلافت و امارت کو استوار کرنا شروع کر دیا اور اس سلسلے میں اس نے جو سب سے پہلے قدم اٹھایا وہ ولید بن عقبہ کو ولی مدینہ مقرر کرنے کا تھا ۔(سیرت ابن ہشام جلد ۴ ص ۵۸) جس کے ذریعہ سے وہ اپنے منصوبہ میں کامیابی حاصل کرنے کا یقین رکھتا تھا۔ ولید کو ولئی مدینہ بنانے کے فوراً بعد اس مقصد کے لیے ایک خط لکھا کہ ان یاخذلہ البیعۃ عن الحسین ‘کہ میرے لیے حسینؑ سے بیعت لے لے۔ وسیلۃ النجاۃ ص

۲۸۴،ارجح المطالب ص ۳۶۹) اس واقعہ بیعت کو مورخین معتبرین یوں ارقام کرتے ہیں یزید بن معاویہ ولید بن عقبہ کو لکھتا ہے۔ ترجمہ: میرے خط کو پاتے ہی اور مدعائے دل سے واقف ہوتے ہی فوراً اہل مدینہ سے بیعت لے لے۔ والسلام۔ مورخین لکھتے ہیں کہ اس خط کے ساتھ ایک نہایت مختصر پرچہ (کانھا اذن فارۃ طبری) چوہے کے کان کے برابر علیحدہ لکھ کر لفافہ میں رکھ دیا جس میں لکھا ہوا تھا۔ کہ امام حسینؑ، عبداللہ بن عمر، عبدالرحمن بن ابی بکر اور عبداللہ بن زبیر سے بلا رعایت بیعت لے لے۔ اور انہیں دم لینے کی مہلت نہ دے اور اگر بیعت نہ کریں تو ان کے سر میرے پاس بھیج دے۔۔۔ الخ روضۃ الصفا میر شاہ ہروی جلد ۳ ص ۵۶۶ طبع نول کشور تاریخ الفتوح خواجہ محمد المعروف اعثم کوفی ص ۱۲۸ طبع بمبئی ۔۱۳۰۵ ہجری و تاریخ طبری جلد ۶ ص ۱۸۸ حالات ۶۰ ھ طبع مصر و تاریخ کامل جلد ۴ ص ۶ طبع مصر بڑا شہادت نامہ عرف شہید اعظم مولفہ عبدالمجید ایڈیٹر مولوی دہلوی ص ۴۲ طبع دہلی۔ یزید دمشق میں تھا اور امام حسینؑ عراق میں تھے۔ پھر ایسی صورت میں قتل حسین یزید کی طرف کیسے منسوب ہو سکتا ہے تو آپ نے جواب میں یہ شعر پڑھا۔ (ترجمہ) تیر عراق سے جا کر لگا۔ حالانکہ اس کا پھینکنے والا ذی سلم میں تھا اے محبوبہ تو نے بہت دور نشانہ تاکا ہے (ابجد العلوم ص ۸۳۷ طبع بھوپال ۱۲۹۵ ھ مطلب یہ ہے کہ جس طرح تیر کا نشانہ دور جا کر لگتا ہے چاہے پھینکنے والا کہیں کیوں نہ ہو۔ اسی طرح یزید کے نیزہ حکم اور تیر قلم نے دمشق میں بیٹھے بیٹھے حسینؑ اور اس کے بچوں کو شہید کر دیا۔

ولید کا پیغام امام حسینؑ کے نام

تاریخ طبری فارسی جلد ۴ ص ۶۱۶ میں ہے کہ ولید نے یزید کا حکم صریح پانے کے بعد مروان سے مشورہ کیا کہ کیا کرنا چاہیے اس نے کہا ان کو بلا کر ان سے بیعت یزید کا سوال کر۔ اگر وہ بآسانی بیعت کر لیں تو فہوالمراد۔ اور اگر انکار کریں تو ان کا سر کاٹ کر یزید کے پاس بھیج دے ولید نے کہا سبحان اللہ تو نے بہت ہی اچھی رائے دی۔ اس کا مطلب یہ ہے کہ تو مجھے قتل حسینؑ کی ترغیب دیتا ہے کیونکہ مجھے اور تجھے بھی معلوم ہے کہ وہ ہرگز بیعت نہ کریں گے تو میں ان کو قتل کر کے اپنی عاقبت خراب کر لوں مروان نے کہا اگر تو میری نصیحت پر عمل نہ کرے گا تو نقصان اُٹھائے گا۔ ولید نے نبیرہ عثمان کو حضرت امام حسینؑ کی خدمت میں بھیج کر حاضری کی درخواست کی آپ نے اپنے ہمراہ اپنے خاندان کے ۷۰ ستر مسلح افراد لیے اور دربار میں جا پہنچے (سیرۃ الائمہ ترجمہ کشف الغمہ ص ۶۶ میں ہے کہ امام حسین علیہ السلام اپنے ہمراہ پچاس جانبازوں کو لے کر ولید کے دربار کے ارادہ سے روانہ ہوئے وہاں پہنچ کر آپ داخل دربار ہوئے اور ان بہادروں سے فرمایا کہ تم باہر گوش برآواز رہو۔ اگر میری آواز بلند ہو تو فوراً داخل دربار ہو جانا غرضکہ آپ جب دربار میں پہنچے ولید نے نہایت عزت واحترام کیا اس کے بعد کہا کہ معاویہ کا انتقال ہو چکا ہے اور یزید کا خط آیا ہے کہ آپ اور عبدالرحمن ابن زبیر، عبدالرحمن بن ابی بکر اور عبداللہ ابن عمر سے ضرور بیعت لی جائے۔ آپ نے فرمایا بہتر ہے تم چاروں افراد کو جمع کرو پھر دیکھا جائے گا۔ در تاریخ احمدی بحوالہ رضۃ الاحباب مذکور ہے کہ امام حسینؑ کو ولید نے عبداللہ بن عمر بن عثمان کے ذریعے بلا بھیجا تھا۔

تحریر الشہادتین شرح سر الشہادتین میں ہے کہ امام حسینؑ کے ہمراہ دوستوں اور خادموں کا گروہ گیا تھا روضۃ الشہدا ص ۲۲۴ میں ہے کہ ولید محب اہل بیت تھا اس نے حکم یزید پانے کے بعد مروان سے مشورہ کیا۔ اس نے کہا کہ ان لوگوں کو اپنے دربار میں طلب کر کے ان

سے بیعت کا سوال کر۔ اگر انکار کریں تو ان کا سر کاٹ کر یزید کے پاس بھیج دے الغرض ولید کا پیغام امام حسینؑ کے پاس پہنچ گیا۔ اور آپ نے عصائے مبارک حضور سرور کائنات صلعم دست حق پرست میں لیا اور اپنے ہمراہ تیس جانبازوں کو لے کر قریب دربار ولید پہنچ کر ان جانبازوں کو سمجھا دیا کہ تم باہر موجود رہو میں اندر جاتا ہوں اگر میری آواز بلند ہو تو تم فوراً داخل دربار ہو جانا۔ بالآخر امام حسینؑ داخل دربار ہو گئے ولید اور مروان کو یک جا بیٹھا دیکھا۔ آپ کی نہایت شاندار تعظیم کی گئی امام حسینؑ نے زحمت وہی کا سبب پوچھا۔ اس نے معاویہ کی موت کی خبر دی اور یزید کا خط دکھایا۔ آپ نے فرمایا جب تمام لوگ جمع ہوں گے اور بیعت عامہ شروع ہو گی۔ اس وقت دیکھا جائے گا۔ ولید نے کہا بہتر ہے پھر حضور بوقت ضرورت تشریف لے آئیں گے۔ تاریخ الفخری ص ۸۵ میں ہے کہ امام حسینؑ نے فرمایا کہ مثلی لا یبایع سراً۔ میرے لیے یہ مناسب نہیں کہ چھپ کر بیعت کرلوں (وسیلتہ النجات ص ۲۸۹ میں ہے کہ آپ نے فرمایا کہ علیٰ روس الشھاد۔ کل مجمع عام میں دیکھا جائے گا۔ دمعہ ساکبہ ص ۲۰۴ میں بحوالہ شیخ مفید مذکور ہے کہ حضرت امام حسین علیہ السلام کو ولید کی طرف سے رات کے وقت ایک اطلاع پہنچی جس میں اس نے آپ سے ملاقات کی استدعا کی تھی آپ اپنے ہمراہ ماننے والوں کا ایک گروہ جو مسلح تھا لے کر تشریف لے گئے پھر دروازہ پر اس گروہ کو چھوڑ کر اندر داخل ہوئے ولید نے آپ کی تعظیم کی اور بڑی عزت کے ساتھ خیر مقدم کیا ولید نے خبر مرگ معاویہ سنائی۔ آپ نے انا اللہ وانا الیہ راجعون فرمایا۔ اس کے بعد یزید کا خط دکھلایا آپ نے کمال ضبط کے ساتھ فرمایا تم چاہتے ہو گے۔ کہ میری بیعت صرف خفیہ نہ رہے بلکہ اس کا ظہور بھی ہو۔ اس لیے کہتا ہوں کہ جب سب لوگ جمع ہوں گے اس وقت یہ سوال اٹھانا ولید نے کہا جیسا آپ مناسب تصور فرمائیں۔ وہی بہتر ہے مروان نے

جس وقت یہ گفتگو سنی تو بول اٹھا ولید تو غلطی کر رہا ہے حسینؑ کو مت چھوڑ اگر یہ اس وقت نکل گئے تو پھر ہاتھ نہ آئیں گے بہتر یہ ہے کہ ان سے اسی وقت بیعت لے لے۔ اور اگر رضامند نہ ہوں تو سر کاٹ کر یزید کے پاس بھیج دے یہ سننا تھا کہ امام حسینؑ کو غصہ آگیا آپ نے فرمایا اے ابن زرقا کیا بکتا ہے کس کی مجال کہ حسینؑ کو ہاتھ لگا سکے۔ کتاب تظلم الزہرا طبع ایران میں ہے کہ امام حسینؑ کی آواز کا بلند ہونا تھا کہ انیس بہادر انتہائی غصہ کی حالت میں داخل دربار ہو گئے امام حسینؑ نے ان سب کے غصہ کو فرو کیا اور واپس دولت سرا کو تشریف لائے۔ کتاب ریاض القدس میں ہے کہ ان بہادروں میں نمایاں حیثیت حضرت عباسؑ کی تھی۔

سوال بیعت

ناظرین کرام! حضرت امام حسینؑ سے بیعت کا سوال کیا گیا ہے اور بیعت بیع سے مشتق ہے جس کے متعلق اپنے دین وایمان، عزت، وآبرو، اختیار، آزادی کو بیچنے کے ہیں۔ ظاہر ہے کہ دنیا کا کوئی معمولی خوددار انسان بھی اپنے دین وایمان وغیرہ کو فروخت کرنے پر آمادہ نہیں ہو سکتا چہ جائیکہ ایسی شخصیت جو دنیا کے زمان ومکان میں اپنی نظیر آپ ہو اور جسے اپنی اسلامی ذمہ داری کا پورا پورا احساس ہو۔ اور پھر بیعت بھی کس کی ایک فاسق وفاجر کی جسے اس کے باپ نے بروایت تاریخ طبری جلد ۴ ص ۶۱۲ سیرت شیخین پر چلنے کی ہدایت کی ہو جس سے امیر المومنین علی علیہ السلام پہلے ہی اظہار بیزاری کر چکے ہوں تاریخ کے دیکھنے سے معلوم ہوتا ہے کہ دنیا کے معمولی انسان اپنی مذہبی خودداری کی وجہ سے بیعت کے بجائے قربانی

پیش کرنے پر آمادہ ہوئے ہیں۔ مسلمانوں کے لیے یہ امر ناقابل فراموش ہے کہ حضرت امام حسین علیہ السلام نے جو بیعت فاسق نہیں کی اس کی وجہ یہ ہے کہ انسانیت کا تقاضا یہی تھا اور تحفظ اسلام کا ذریعہ بھی یہی تھا اگر حسینؑ بیعت کر لیتے تو آج سطح زمین پر ''لا الہ الا اللہ محمدؐ رسول اللہ کا کہنے والا کوئی بھی نہ رہتا۔

روانگی کا انتظام اور حضرت عباسؑ

غرضیکہ امام حسین علیہ السلام مراجعت فرما سے دولت سرا ہوئے اور سوچ بچار کے بعد اس نتیجے پر پہنچے کہ مدینہ چھوڑ دینا چاہئے چنانچہ ۲۶۔۲۷ رجب ۶۰ ھ کو اپنے نانا حضرت محمدؐ مصطفیٰ صلعم و حضرت فاطمہ زہر صلوۃ اللہ علیہا و حضرت حسن مجتبیٰ علیہ السلام کے روضوں پر جا کر ان حضرات سے رخصت ہو آئے اور ۲۸ رب ۲۰ ھ یوم سہ شنبہ کو حضرت عباسؑ سے فرمایا کہ بھائی اب روانگی کے لیے سواریوں کا انتظام کرو حضرت عباسؑ نے انتظامات شروع کر دیئے۔ (الدمع الھتون ص ۲۲۴) تھوڑی دیر کے اندر چالیس محملیں حریر و دیبا سے آراستہ تیار کر لی گئیں (سلسلہ الذہب ص ۱۱۴ طبع لکھنوئے ۱۳۳۳ ھ و مجاہد اعظم حصہ اول ص ۲۸۴ بحوالہ جلاء العیون روایت مسلم حصاص) حضرت عباسؑ تاجدار اسلام حضرت امام حسینؑ کو اطلاع دی کہ حضور سواریاں حاضر ہیں حضرت امام حسینؑ نے عورات مخدرات کو حکم دیا کہ اپنی عزیز عورتوں اور مردوں سے رخصت ہو کر سواری کے لیے چلو اور جناب ام سلمیٰ اور ام النبین سے فرمایا کہ تم میری بیٹی فاطمہ صغراؑ کے علاج کی خاطر یہیں ٹھہر جاؤ ۔ علامہ حسین واعظ کاشفی لکھتے ہیں کہ امام حسینؑ کی اس بیمار بیٹی کی عمر اس وقت ۷ سال تھی

۔(روضۃالشہداء ص ۲۲)

فاطمہ صغریٰؑ کی علالت

مخدرات عصمت اپنے عزیزوں سے رخصت ہو رہی ہیں۔ دفعتہً جناب فاطمہ صغریٰؑ جو تپ لازم میں مبتلا تھیں کو کچھ افاقہ ہوتا ہے۔آپ حضرت امام حسین علیہ السلام کی خدمت میں حاضر ہوئیں اور عرض کی باباجان ! مجھے معلوم ہوا ہے کہ آپ مجھے اپنے ہمراہ نہیں لے جارہے ہیں ۔ باباجان ! یہ ناممکن ہے ۔کنیز آپ کے ساتھ چلے گی ۔(خمسہ اقبالیہ ص ۲۰۷ طبع حیدرآباد مائتین ص ۱۳۱ اور شہید اعظم ص ۴۵)

فاطمہ صغریٰؑ سے امام حسین علیہ السلام کا وعدہ

حضرت امام عالی مقامؑ نے اپنے ہمراہ تمام اہل بیتؑ کو لیا۔ صرف بی بی فاطمہ صغریٰ کو نہیں لے جاسکتے ۔کیونکہ وہ بیمار تھیں ۔اور اندیشہ تھا کہ علالت بڑھ نہ جائے۔بی بی صغریٰؑ امام حسینؑ کی صاحبزادی تھیں۔اور حضرت سکینہؑ سے بڑی تھیں۔(شہید اعظم ص ۴۵)علامہ قزدینی لکھتے ہیں کہ -: کانت لمولانا الحسین بنت۔۔۔۔۔امام حسینؑ ایک بیٹی تھی۔ جس کا نام فاطمہ تھا۔ مدینہ سے روانگی کے وقت وہ بیمار تھیں ۔انہیں تپ لازم عارض تھا۔ حضرت اسے اپنے ہمراہ نہ لے جاسکے ۔اور امام البنین اور حضرت ام سلمیٰ کے سپرد کرکے اور یہ فرما کر چلے گئے کہ انشاء اللہ خدا تجھے صحت دے گا۔اور میں بھی کوفہ والوں کی بیوفائی سے

بچوں گا۔ تو تیرے بھائی علی اکبرؑ کو بھیجوں گا وہ آکر تجھے لے جائے گا۔ اور تو میرے پاس پہنچ جائے گی۔ الخ (ریاض القدس جلد ا ص ۱۱۶) صاحب فضائل الشہداء لکھتے ہیں کہ فاطمہ صغریٰؑ نے جب کمال اصرار کیا تو امام حسینؑ نے فرمایا بیٹی جلدی نہ کر، تجھ میں اتنی تاب نہیں ہے۔ کہ تو اتنے اہم سفر کو طے کر سکے۔ جب میں منزل مقصود پر پہنچوں گا تو تیرے بھائی علی اکبرؑ اور تیرے چچا عباسؑ کو بھیج کر تجھے بلالوں گا۔ (فضائل الشہداء ص ۱۰۴ باب ۲ فصل ۸) علامہ کنتوری لکھتے ہیں کہ: وترک الحسین ایاھا فی المدینۃ مع کونہ املأ قلبا من حبھا لا بتلائہ بالفراق وصبرہ علیہ۔ امام حسین علیہ السلام فاطمہ صغریٰ کو اس حال میں چھوڑ کر چل دیئے۔ کہ آپ کا دل ان کی محبت اور جدائی سے سخت پریشان تھا۔ لیکن یہ سمجھتے کہ اس میں بھی میرا امتحان ہے۔ بیمار بیٹی کو چھوڑا اور تیمار داری حضرت ام سلمیٰ اور ام النبین کے سپرد کی ۔فھی وام النبین اعنیٰ ام عباس واخوتہ علیھم السلام کلتاھما کانتا فی المدینۃ۔۔۔۔۔۔۔ تعالج امر فاطمہ بنت الحسین جناب ام سلمیٰ اور ام النبین جو حضرت عباسؑ کی ماں تھیں۔ مدینہ میں رہیں۔ اور فاطمہ صغریٰؑ کی علاج و تیمار داری میں مشغول تھیں۔ (مائتین ص ۳۱) حضرت امام حسین علیہ السلام فاطمہ صغریٰ سے وعدہ وعید کرنے کے بعد فرمانے لگے۔ عباسؑ! اب بیبیوں کو سوار کرو۔

حضرت عباسؑ کا بیبیوں کو سوار کرانا

حضرت امام حسین علیہ السلام کا حکم پانے کے بعد حضرت عباسؑ سواریاں دولت سرا کے قریب پہنچائیں۔ اور بیبیوں کو سوار کرنا شروع کیا فاضل معاصر لکھتے ہیں امام حسین علیہ

FAZAIL AL HZ ABBAS (AS)

السلام نے فرمایا کہ بنی ہاشم میں سے ہر شخص اپنی اپنی عزیز اور محرم بی بی کو محمل میں سوار کرے۔ ناگاہ ایک جوان رعنا نمودار ہوا۔ اور آواز دی سب اس جگہ سے ہٹ جائیں اس کے بعد دو برقعہ بیبیاں تشریف لائیں۔ ان کے چاروں طرف کنیزیں حلقہ کئے ہوئے تھیں۔ وہ نہایت ہی سکون و وقار کے ساتھ آہستہ آہستہ محمل کے قریب پہنچیں۔ اس ماہر و جوان نے اونٹ کو بٹھایا۔ اور اپنا زانو خم کر کے ایک معظمہ کو سوار کیا۔ جو انتہائے سکون و وقار کے ساتھ محمل کے قریب پہنچی تھیں۔ استفسار حال پر معلوم ہوا کہ ایک معظمہ حضرت زینبؑ اور دوسری ام کلثوم تھیں۔ اور جوان ماہ رو حضرت عباس علیہ السلام تھے۔ (سلسلۃ الذہب ص ۱۱۴ طبع لکھنؤ ۱۳۲۲ھ مظلومئہ کربلا ص ۲۹) علامہ قزدینی لکھتے ہیں۔ کہ سواری کے لیے دو بیبیاں نکلیں۔ ''لم تری الوجوہ شمس النہار ولم تنظر الیھن عیدن الانجم والاقمار'' جن کے چہروں کو آفتاب نے بھی نہ دیکھا تھا اور جن کی صورتوں پر چاند اور ستاروں نے بھی نظریں نہ ڈالی تھیں۔ جب وہ سوار ہونے لگی تو علی اکبرؑ نے دوڑ کر پردہ محمل کو اٹھایا۔ قاسم نے زیر پا کرسی رکھی۔ عباسؑ آمد زانوتہ می کرد۔ زینب پا بہ زانوئے عباسؑ می گزارد۔ عباسؑ نے زیر پائے حضرت زینبؑ اپنے زانو رکھے اور آپ سوار ہونے لگیں۔ حضرت امام حسینؑ نے حضرت زینب کے زیر بغل ہاتھ دے کر سوار کیا۔ (ریاض القدس ص ۲۱۲)

اہل بیتؑ کی سواری کا تزک واحتشام

علامہ دربندی لکھتے ہیں کہ عبید اللہ ابن سنان کوفی کا بیان ہے کہ جس زمانہ میں امام حسین علیہ

WILAYAT MISSION PUBLICATIONS

السلام سفر کر رہے تھے۔ میں بھی سرزمین مدینہ پر موجود تھا میرے دل میں آیا کہ چلوں شاہ حجاز کی سواری کا تزک واحتشام دیکھوں۔ چنانچہ میں موقعہ پر آگیا اور دیکھا کہ گھوڑوں پر زین کئے ہوئے ہیں۔ لوگ مستعد کھڑے ہوئے ہیں۔ اور تاجدار مدینہ حضرت امام حسینؑ ایک کرسی پر تشریف فرما ہیں۔ اور بنی ہاشم انہیں چاروں طرف سے گھیرے ہوئے ہیں۔ امام حسینؑ ان لوگوں میں اس طرح معلوم ہوتے تھے۔ جیسے ہالہ میں چودھویں رات کا چاند ہو اور چالیس محملیں حریر دوبیا سے آراستہ موجود ہیں۔ حضرت امام حسین علیہ السلام نے حکم دیا کہ اے بنی ہاشم اپنے اپنے محارم کو محمل میں سوار کرو۔ ''فبینما انظر الی الشباب قد خرج من دار الحسین وھو طویل القامت'' اتنے میں میں نے دیکھا کہ ایک ماہر و خوبصورت طویل القامت جوان دولت سرا سے برآمد ہوا اور سب لوگوں کو مخاطب کر کے بولا ''تنحوا عنی'' تم سب لوگ ہٹ جاؤ علیؑ اور فاطمہؑ کی بیٹی سوار ہو رہی ہیں۔ پھر میں نے دور سے دیکھا کہ دو بیبیاں دولت سرا سے برآمد ہوئیں ان کے برقعوں کے کنارے زمین سے گھستے جاتے تھے۔ اور بہت سی مائیں ان کو گھیرے ہوئے تھی۔ وہ ایک محمل کے قریب جا کر ٹھہر گئی۔ جوان نے اپنے گھٹے راست کر دیئے وہ اس کے ذریعے سوار ہو گئیں۔ میں نے ایک شخص سے پوچھا کہ چادر (برقع) میں لپٹی ہوئی یہ دونوں بیبیاں کون تھیں۔ جو سوار ہوئیں اور اس جوان کا کیا نام ہے۔ اس نے کہا علیؑ و فاطمہؑ کی یہ دونوں بیٹیاں ہیں۔ ایک کا نام زینبؑ اور دوسری کا نام ام کلثومؑ ہے۔ اور یہ جوان عباسؑ بن علیؑ ہیں۔ پھر میں نے دو کمسن عورتوں کو برقع میں دیکھا ایک حضرت زینبؑ کے ساتھ دوسری ام کلثومؑ کے ساتھ سوار کر دی گئیں۔ دریافت کرنے پر معلوم ہوا کہ ایک سکینہ بنت حسینؑ اور دوسری فاطمہ بنت حسینؑ ہیں۔ پھر ایک جوان بدر طالع کی طرح نکلا۔ اس کے ساتھ ایک بی بی تھیں۔ جو ایک بچہ لیے ہو

ئیں تھی۔ان کے گرد کثیر عورتیں تھیں۔دریافت کرنے پر پتہ چلا کہ وہ جوان تو علی اکبرؑ ہیں ۔اور ان کے ساتھ ان کی مادر گرامی اور بچہ حضرت علی اصغرؑ ہیں۔ پھر ایک خوبصورت نوخیز فرزند برآمد ہوا جس کے ساتھ ایک بی بی تھیں ۔ معلوم ہوا کہ فرزند خوبرو حضرت امام حسنؑ کے نور نظر قاسم بن حسنؑ ہیں۔اور ان کے ساتھ جو بی بی ہیں۔ان کی مادر گرامی ہیں ۔''ثم ارکبو بقیۃ الحرم والا طفال علی المحامل''غرضیکہ اسی طرح تمام حرم محترم اور بچوں کو محملوں میں سوار کیا گیا۔(اسرار الشہادت صفحہ ۳۲۶ طبع ایران) تمام بیبیاں سوار ہو گئیں ۔اب امامؑ چاہتے ہیں کہ خود سوار ہوں۔اتنے میں تمام بنی ہاشم کی عورتیں جو کھڑی رو رہی تھیں۔امام حسینؑ کے گرد جمع ہو گئیں۔اور فلک شگاف نالے و نعرے بلند کرنے لگیں ۔علامہ ابن قولویہ کہتے ہیں کہ حضرت امام حسن علیہ السلام نے جب ان کا یہ اضطراب دیکھا تو فرمایا''انشد کن اللہ'' تمہیں خدا کی قسم دیتا ہوں۔ صبر سے کام لو۔انہوں نے یک زبان جواب دیا'' فلمن نستقبی النیاحۃ وا لبکائ'' ہم کس دن کے لیے نوحہ و بکا اٹھا رکھیں ہماری نظر میں تو آج رسول اللہؐ ! امیر المومنین فاطمہ زہراؑ۔ حسن مجتبیٰ نے انتقال کیا ہے۔ مولاؑ آپ کا جانا ہمارے لیے بڑی مصیبت ہے۔کامل الزیارت قلمی سیف المتدین مضفہ عبدالجلیل یوسف زئی ص ۲۵۵۔ طبع لکھنؤ ۱۳۱۸ھ

حسینی فرس کی رکاب جناب عباسؑ کے ہاتھ میں

امام حسین علیہ السلام سب کو سمجھا بجھا کر سوار ہونے کے لیے آگے بڑھے اور بایں الفاظ حضرت عباسؑ کو پکارا''این اخی این کبش کتیبتی''، قمر بنی ہاشم میرا قوت بازو میرے لشکر کا

مالک قمر بنی ہاشم کہاں ہے۔ ”فاجابہ العباس قائلا لبیک لبیک“مولا !آپ کا غلام حاضر ہوا۔حاضر ہوا۔کہتے ہوئے پہنچ گئے۔عرض کی حضور کیا حکم ہے۔فقال الامام قدم لی یااخی جوادی بھائی! میری سواری کا گھوڑا لاؤ۔“فاتی العباس باالجواد الیہ وفد حفت بہ بنوھاشم ۔“ آپ نے فوراً فلک شیر گھوڑا حاضر کیا۔تمام بنی ہاشم کے جھرمٹ میں امام حسین علیہ السلام سوار ہونے لگے۔فاخذ العباس برکاب الفرس حتی رکب الامام حضرت عباسؑ نے فوراً رکاب فرس تھام لی۔اور بادشاہ دوعالم رونق افروز زین فرس ہوئے ثم رکب بنوھاشم پھر بنی ہاشم سوار ہوئے۔(اکسیر العبادات ص۲۶۷) بنی ہاشم کا سوار ہونا تھا کہ اہل مدینہ نے فلک شگاف نعرے شروع کردیئے پھر اہل مدینہ چلا چلا کر رونے لگے اور عورات بنی ہاشم کی صدائے گریہ بلند ہوگئی وہ سب کہنے لگیں الوداع الوداع الفراق الفراق یہ سن کر حضرت عباسؑ نے فرمایا خدا کی قسم آج جدائی ہورہی ہے۔اوراب قیامت میں ہی ملاقات ہوسکے گی ۔(اسرارالشہادت ص۳۶۷) غرضیکہ صدائے الرحیل الرحیل بلند ہوئی اور اہل بیت رسالت کا قافلہ روانہ ہوگیا۔صاحب خلاصۃ المصائب لکھتے ہیں۔جب یہ قافلہ چل کھڑا ہوا تو فاطمہ صغریٰ روتی ہوئی مدینہ کے باہر تک چلی آئیں۔کسی نے حضرت امام حسینؑ کہا مولا ! فاطمہ صغریٰ یہ کہتی ہوئی چلی آتی ہیں کہ میں اپنے باپ کو نہیں چھوڑ سکتی اور نہ جدائی پہ صبر کرسکتی ہوں۔یہ سن کر امام حسینؑ رونے لگے اور صدائے گریہ وزاری اہل حرم کے کجاووں سے بھی بلند ہوئی حضرت امام حسینؑ نے حضرت عباس اور حضرت علی اکبرؑ سے ارشاد فرمایا کہ جاؤ میری لخت جگر کو میرے پاس لے آؤ۔یہ دونوں حضرات تشریف لے گئے اور فاطمہ صغریٰ کو سینے سے لگایا اور بے پناہ گریہ کیبعد فرمایا۔چلو تمہارے باباجان بلا رہے ہیں ۔فسرت بذالک سروراً عظیماً یہ سن کر فاطمہ صغریٰ بہت مسرور ہوئیں۔اور خدمت پدر میں

حاضر ہو گئیں اور دوڑ کر قدموں سے لپٹ گئیں۔ پھر دامن تھام کر کہنے لگیں۔ یا ابی کیف بعدکم دی مناذ لکم خالیۃ ولم یری فیھا انیس باباجان میں آپ کے دولت سرا کو خالی اور خوابگاہ کو سونی دیکھ کر کسے صبر کروں گی۔ امام حسین علیہ السلام نے جب فاطمہ صغریٰ کا حال دگرگوں دیکھا تو ہاتھ اٹھا کر کچھ دعا فرمائی اور کہا کہ اے فاطمہ اب اپنے گھر کو جاؤ میں جب عراق پہنچ جاؤں گا تو تمہیں لے جانے کے لیے تمہارے بھائی علی اکبرؑ یا چچا عباسؑ کو بھیجوں گا۔ غرضیکہ امام حسینؑ نے وعدہ کی تجدید کی سواری روانہ ہوگئی، یہ روانگی ۲۸ رجب ۶۰ ھ یوم سہ شنبہ کو عمل میں آئی سرفروشان اسلام اور بہادران ذوالاحترام صبر و رضا کی منزلیں طے کرتے ہوئے۔ جا رہے تھے۔ مسلم بن عقیل نے کچھ سوچ کر امام حسین علیہ السلام کو شارع عام سے کچھ ہٹ کر چلنے کا مشورہ دیا۔ حضرت نے فرمایا'' واللہ ما فارقنا ھذا الطریق ابداً'' خدا کی قسم میں ابن زبیرؑ کی طرح عام راستہ چھوڑ کر نہ چلوں گا۔ (مقتل ابی مخنف)

حضرت عباسؑ کی شان علمبرداری

عبداللہ ابن سنان کوفی کا بیان ہے کہ جب حسینی قافلہ منزل تسلیم و رضا طے کرتا ہوا مکہ معظمہ کی جانب بڑھ رہا تھا تو حضرت عباسؑ گھوڑے پر سوار علم اسلام ہاتھ میں لیے آگے آگے سینہ سپر چل رہے تھے۔ (اسرالشہادت ص ۳۶۷ طوفان بکا شعلہ ۳)

مکہ معظمہ میں ورود

مختصر یہ کہ منزلیں طے کرتے ہوئے چلے جاتے تھے۔ یہاں تک کہ ۳ شعبان ۶۰ ھ یوم جمعہ

کو آپ مکہ معظمہ پہنچے۔ماہ شعبان، رمضان، شوال اور ذیقعدہ میں مکہ معظمہ میں مقیم رہے (ناسخ التواریخ جلد ۶ ص ۲۱۰) اور عبداللہ بن زبیر جو پہلے سے مکہ میں آئے ہوئے تھے (تاریخ کامل جلد ۴ ص ۷) اور جنگ کی تیاری کر رہے تھے حضرت امام حسینؑ ان سے ہٹ کر قیام فرما ہوئے۔ان کے شریک نہ ہوئے (محرم نامہ ص ۱۳۲) اسی دوران کوفہ سے تقریباً ۱۲ ہزار خطوط آئے اور صرف ایک دن میں چھ سو خطوط آئے (دمعہ ساکبہ ص ۳۰۷) جو ہر طبقہ اور ہر جماعت کی طرف سے لکھے گئے تھے شاہ عبدالعزیز دہلوی مصنف تحفہ آثنا عشریہ اپنی کتاب اسرار الشہادتین طبع لدھیانہ کے ص ۷۲ پر لکھتے ہیں۔ من کل طائفہ و جماعۃ یہ خطوط ہر طابقہ اور جماعت کی طرف سے آئے تھے۔

کوفہ کے خطوط کا مضمون یابن رسول اللہ! ہم بنی امیہ کے ظلم و ستم سے عاجز ہو گئے ہیں ۔اور یزید کی بدکاریوں اور خلاف شرع اعمال سے بیزار ہیں۔ ہمارا کوئی امام نہیں ہے۔آپ یہاں تشریف لائیں۔اور ہماری امامت قبول فرمائیں۔اگر آپ تشریف نہ لائیں گے۔تو ہم پیش خدا اگریباں گیر ہوں گے۔کہ ہم نے امام کو دین کی حفاظت کی نظر سے بلایا اور آپ نہیں آئے۔جب اس مضمون کے خط پہنچے تو آپ پر کوفہ جانا واجب ہو گیا۔کیونکہ انہوں نے حجت قائم کر دی اور تاریخ اسلام ص ۳۰) علامہ ابو اسحق اسفرائنی لکھتے ہیں۔کہ ایک دن جناب امام حسین علیہ السلام اپنے دولت کدہ میں بیٹھے ہوئے تھے۔کہ کوفہ سے ایک آنے والے نے دروازہ کھٹکھٹایا۔آپ نے پوچھا کون ہے؟ جواب ملا کوفہ ایلچی آپ نے اذن حضوری دیا وہ اندر آیا اور ایک خط پیش خدمت کیا۔آپ نے ملاخط فرمایا اس میں لکھا تھا: اے حسینؑ! اے رسول اللہؐ کے نواسے آپ کو معلوم ہو گا کہ یزید بن معاویہ نے ظلم اور جور سے بے گناہوں کو قتل کرنا اور لوگوں کے اموال کو لوٹنا شروع کر رکھا ہے۔سرکشی اور تمرد کو اختیار

کئے ہوئے ہے۔ ہر طرف اس کا ظلم پھیل گیا ہے۔ بری باتوں کا حکم کرتا اور اچھی باتوں سے روکتا ہے۔ شراب پیتا ہے۔ خدا سے نہیں ڈرتا ہے۔ تمام شہروں میں برائیوں کو پھیلاتا ہے ۔ ظلم و جور خدا کے بندوں پر کرتا ہے۔ عدل نہیں کرتا۔ ارسلنا الیک یا ابا عبداللہ سابقاً نحو ائف کتابنطبک ان نحضرنی عندنا۔ الخ اے ابو عبداللہ ! ہم اس سے پہلے آپ کی خدمت میں ایک ہزار کے قریب خطوط ارسال کر چکے ہیں۔ ہم آپ تشریف آوری کے لیے عرض کرتے ہیں ۔ کہ آپ ہمارے پاس آجائیں۔ ہم آپ کے جد امجد کا واسطہ دے کر کہتے ہیں کہ آپ تشریف لائیں دیکھئے اب بھی اگر آپ نہ آئے تو "بین یدی اللہ خاصمناک و نقول یاربنا ظلمنا ما جوابک الذی یقولہ اللہ وا تتخلص بہ من حقوق اللہ" ہم خدا کے سامنے آپ کا گریبان پکڑیں گے۔ اور کہیں گے۔ کہ اے خدا امام حسینؑ نے ہم پر ظلم کیا اور ہم پر ظلم کرنے پر راضی رہے۔ اس وقت آپ خدا کو کیا جواب دیں گے۔ اور کیوں کر چھٹکارا حاصل کریں گے۔ فلما قدالحسین المکتوب اتشعر جلدہ خوفاً من اللہ) امام حسینؑ نے جس وقت اس مضمون کا خط پڑھا خوف خدا سے کانپ اٹھے۔ (نور العین فی مشھد الحسین) غرضکہ امام حسینؑ نے اپنی شرعی ذمہ داری کو محسوس کرتے ہوئے بہت سوچنے سمجھنے کے بعد کوفہ جانا طے کر لیا اور ایک خط لکھ کر حضرت مسلم بن عقیل کے سپرد کیا اور فرمایا۔ بھائی کوفہ جاؤ اور یہ خط دے کر وہاں کے حالات سے مجھے باخبر کرو۔ حضرت مسلم بن عقیل حکم مولا پاتے ہی فوراً روانہ ہو گئے۔ پہلے مدینہ تشریف لائے اور سرور کائنات کے روضہ مبارک سے رخصت ہو کر کوفہ کو چلے گئے

(روضۃ الشہداء ص ۲۶۱)

مکہ معظمہ میں امام حسینؑ کے قتل کی سازش

جناب مسلم بن عقیل کو کوفہ روانہ کرنے کے بعد ہی حج کا زمانہ آگیا۔ حضرت امام حسینؑ نے احرام باندھا اور مشغول حج ہوئے ناگاہ آپ کو اطلاع مل گئی کہ تیس دشمن حاجیوں کے لباس میں میرے قتل کے لیے آگئے ہیں۔ تو آپ نے حج کو عمرہ سے بدل کر اور مکہ معظمہ کو جلد سے جلد چھوڑ دینا ضروری سمجھا۔ لسان الملک سپہر کاشانی لکھتے ہیں۔ یزید ابن معاویہ نے بنی امیہ کے تیس شیطانوں کے حج کے بہانہ سے مکہ بھیجا اور حکم دیا کہ وہاں پہنچ کر امام حسینؑ کو گرفتار کرلیں اور اگر گرفتار نہ کر سکیں تو پھر قتل کر ڈالیں۔ ناسخ التواریخ جلد ۶ ص ۲۱۰)کتاب خلاصۃ المصائب مطبوعہ ۱۲۹۳ھ کے ص ۵۰ پر ہے۔ یزید نے ایک بڑے لشکر کے ساتھ عمر بن سعد کو حج کے بہانے سے بھیجا اور اسے سمجھایا کہ امام حسینؑ کو مناسب طریقہ سے گرفتار کرلے اور یہ بھی کہہ دیا۔ کہ اگر گرفتار نہ کر سکے تو دھوکے سے قتل کر دے پھر اس کے بعد تیس شخصوں کو بنی امیہ کے شیطانوں میں سے بھیجا اور انہیں حکم دیا کہ جس صورت سے ہو سکے۔ امام حسینؑ کو قتل کر دیں۔ یہ حالات دیکھ کر امام حسینؑ نے طواف و سعی سے فراغت کر کے احرام کھول دیا۔ اور حج کو عمرہ منفردہ سے بدل دیا۔ الخ (دمعہ ساکبہ ص ۳۱۵ بحوالہ منتخب طریحی مہیج الاحزان ص ۴۵) عبادت مذکورہ سے پتہ چلتا ہے کہ یزید نے کثیر آدمی حضرت امام حسینؑ کی گرفت یا قتل کے لیے بھیجے تھے۔ عبدالحمید خان ایڈیٹر رسالہ مولوی دہلی لکھتے ہیں۔ اس کے علاوہ ایک شازش یہ بھی کی کہ ایام حج میں تین سو شامیوں کو بھیج دیا کہ وہ گروہ حجاج میں شامل ہو جائیں اور جہاں جس حال میں بھی حضرت امام حسینؑ کو پائیں قتل کر ڈالیں (شہید اعظم ص ۷۱) امام حسینؑ نے طواف اور سعی کے بعد احرام

کھول کر حج کو عمرہ منفردہ سے بدل کر مکہ سے عراق کو روانہ ہو جانا اس لیے ضروری سمجھا کہ ان کے حملہ کے خوف اور مکہ میں قتل و غارت کے ڈر سے یہ ممکن ہی نہ تھا کہ وہ حج کو اتمام تک پہنچاتے۔ اس لیے کہ یزید نے بنی امیہ کے تیس بد معاشوں کو حاجیوں کے ساتھ مکہ بھیج دیا تھا اور ان کے لیے یہ حکم تھا۔ کہ جس صورت سے ہو سکے۔ امام حسین علیہ السلام کو قتل کریں۔ (ینابیع المودۃ ص ۲۳۷ طبع مصر)

امام حسینؑ کی مکہ سے روانگی

آپ مدینہ منورہ سے نکل چکے ہیں۔ اور مکہ معظمہ بھی یزیدی احکام کی بنا پر اپنی قتل و بربادی اور حرمت کعبہ کا کامل یقین کر چکے ہیں۔ اب آپ کو حرمت کعبہ اور "لا تلقو باید یکم الی التھلکۃ" "اپنے کو جان بوجھ کر ہلاکت میں نہ ڈالو" کے لحاظ سے مکہ معظمہ چھوڑ کر کسی طرف چلا جانا ضروری ہے۔ اب حسینؑ جائیں تو کدھر جائیں۔ اور جان بچائیں تو کیوں کر بچائیں۔ پناہ لیں تو کہاں لیں۔ نہ کسی نے آپ کی خبر گیری کی۔ اور نہ کوئی دعوت نامہ بھیجا۔ اب آپ کے سامنے ایک کوفہ کا راستہ تھا۔ جس کی طرف رہروی پر آپ شرعاً مجبور تھے۔ اور اصولاً بھی بارہ ہزار دعوت نامے اور ان میں لکھا ہوا ہوتا کہ اگر آپ نہ آئے تو ہم قیامت میں گریبان گیر ہوں گے۔ اور ہماری ہدایت کیجئے۔ امام حسینؑ کو مجبور کرتا تھا کہ آپ کوفہ کی طرف ہی چل پڑیں۔ چنانچہ آپ نے پوری نیک نیتی اور ثواب و تقویٰ کی امید میں عزم بالجزم کر لیا (انسانیت موت کے دروازے پر) مؤلفہ ابوالکلام آزاد ص ۴۵) آپ کے مصمم ارادہ کی اطلاع باشندگان مکہ میں گونج اٹھی اور لوگ آپ کی خدمت میں اس ارادے سے آنے

لگے۔ کہ آپ سمجھا بجھا کر ارادہ دسفر عراق سے روکیں۔ امام حسین علیہ السلام نے ان حضرات کو مناسب جواب دیا۔ جن کا خلاصہ یہ ہے کہ بنی امیہ میرے قتل کے درپے ہیں ۔میں کہیں جاؤں کہیں بھی رہوں۔ بنی امیہ مجھے ضرور قتل کریں گے۔ میں نہیں چاہتا کہ میرے قتل ہونے سے حرمت کعبہ برباد ہو۔(ینابیع المودۃ ص ۲۳۷) میں اگر چیونٹی کے بل میں بھی گھس جاؤں تو۔ بھی پناؤں نہ پاؤں گا۔ ''ایم اللہ لو کنت فی حجر ھامۃ من ھذا الھوم لاستخرجونی حتیٰ یقضوابی حاجتھم ''خدا کی قسم اگران زمین میں بسنے والوں میں کسی کے بھٹ یابل یاسوراخ میں روپوش ہو جاؤں۔ تب بھی جان نہ بچے گی۔ یہ دشمن مجھے وہاں بھی ڈھونڈ نکالیں گے۔ اور اپنا دل ٹھنڈا کریں گے۔ خدا کی قسم میں کعبہ میں قتل سے کعبہ کے باہر چاہے ایک ہی بالشت کی دوری کیوں نہ ہو۔ اسے خاص کعبہ میں قتل سے بہتر جانتا ہوں اور کعبہ سے جتنی دوری پر قتل ہوں وہی میرے لیے۔ بہتر ہے۔(تاریخ کامل طبع مصر جلد ۴۱)واللہ لاید عونی حتی یستخرجواھذہ العلقۃ من جوفی الخ۔ خدا کی قسم جب تک یہ لوگ میری جان نہ لیں گے۔ دم نہ لیں گے۔(تاریخ کامل جلد ۴ ص ۲۰) حضرت محمد بن حنیفہ کو چونکہ امام حسین علیہ السلام کا زیادہ درد تھا۔ لہٰذا وہ بار بار دوڑ کر آتے اور آپ سے التجا کرتے کہ سفر عراق ملتوی کر دیجئے۔ امام حسین علیہ السلام فرماتے ''یا اخی انی اخشی ان یقتلنی جنود بنی امیہ فی مکتہ فاکون کاالذین تستباح دمہ فی حرم اللہ۔ اے بھائی میں اس بات سے ڈرتا ہوں کہ کہیں بنی امیہ کے درندے مجھے خانہ کعبہ میں نہ پھاڑ کھائیں۔ اور میں ہی وہ دنبہ قرار پاؤں جس سے حرمت کعبہ خراب ہونے کی خبر نانا دے گئے ہیں ۔(ینابع المودۃ ص ۲۳۷ صواعق محرقہ ص ۱۱۷) امام حسینؑ کے جواب کے بعد بھی محمد بن حنیفہ بن کمال خلوص کی وجہ سے برابر اصرار کرتے رہے بروایتے حضرت امام نے فرمایا اچھا میں غور کروں گا۔(دمعہ

ساکبہ ص۳۱٦)علامہ ابوالحسن علی بن اسمعیل لکھتے ہیں کہ امام حسینؑ کو سمجھانے میں ابن عباسؓ نے بھی مبالغہ سے کام لیا تھااور سمجھانے کے تمام پہلو اختیار کئے تھے۔آپ نے یہ بھی کہا تھا کہ ابن زبیر! آپ کے چلے جانے سے دلیر ہو جائے گا۔اور اس کی قدر منزلت بڑھ جائے گی۔(کتاب المخصص طبع مصر ص۱۳۱٦)دوایک راتیں گزریں۔یہاں تک کہ ۸ ذی الحجہ ٦۰ھ یعنی کوچ کی رات آگئی۔آپ نے اصحاب کو جمع کیااور ایک زبردست خطبہ دیا۔جو حمد خداو نعت رسولؐ اور آئندہ آنے والے واقعات پر مشتمل تھا۔جس میں خصوصیت کے ساتھ یہ کہا گیا تھا۔جو شخص راہ خدامیں جان قربان کرنا چاہیے۔موت کا مشتاق اور نفائے الٰہی کا شائق ہو۔وہ میرے ساتھ چلے میں انشاء اللہ صبح یہاں سے کوچ کروں گا۔ازان بعد حضرت عباس علیہ السلام کو حکم دیا کہ سامان سفر درست کرواور اسباب سفر فراہم کرلو۔رات کافور ہوگئی نور کا تڑ کا ہوا۔حکم امام علیہ السلام سے سواریاں گنی جانے لگیں۔ناگاہ امام حسینؑ کے خیر خواہ عبداللہ ابن جعفر اور محمد بن حنفیہ وغیرہ کو خبر ہوئی۔دوڑے ہوئے آئے اور عرض کی مولا!نہ جایئے عراقی بے وفا ہیں۔آپ نے عبداللہ کے جواب میں فرمایا۔"انی رایت رویارایت فیھارسول اللہ وامرت فیھا بامرانا ماض لہ" میں نے خواب میں رسول اللہ صلی اللہ علیہ وآلہ وسلم کو دیکھا ہے انہوں نے مجھے ایک امر حکم دیا ہے۔اور میں اسے کئے بغیر نہ رہوں گا۔(تاریخ طبری ص ۲۸۰ باتاریخ کامل جلد ۴ص۲۱) محمد حنفیہ آگے بڑھے اور عرض کی۔بھائی! کوفہ کی طرف نہ جایئے۔یہ لوگ اہل غرور مکر ہیں۔بہتر یہ ہے کہ یہیں قیام کیجئے امام حسین نے فرمایا:اے بھائی مجھے یہ خوف واندیشہ ہے کہ یہ ظلم بنی امیہ مجھے مکہ ہی میں نہ قتل کرڈالیں۔اور میرا خون بہنے سے مکہ معظمہ کی حرمت سے برباد ہو جائے۔محمد بن حنفیہ نے کہا تو بہتر یہ ہے کہ آپ یمن تشریف لے جائیں۔حسین علیہ السلام نے فرمایا!

بھائی! اگر میں کسی پتھر کے سوراخ میں بھی سما جاؤں تب بھی یہ ظالم مجھے نکال لیں گے۔(ناموس اسلام ص ۱۱۳) پھر محمد بن حنفیہ نے غور وخوص کا حوالہ دیتے ہوئے مہار تھام کر عرض کی۔ بھائی اتنی جلدی کی کیا وجہ ہے۔آپ نے فرمایا تھا کہ غور کروں گا۔ حضرت امام حسینؑ نے فرمایا بس تمہارے جانے کے بعد رات کو خواب میں رسول اللہ ﷺ کو دیکھا کہ نانا رسول اللہؐ تشریف لائے ہیں۔ مجھے سینہ سے لگاتے ہیں۔آنکھوں کو چومتے ہیں۔اور فرماتے ہیں۔"اے میرے قرۃ العین میرے نور نظر بس جلدی کرو۔ عراق کی طرف روانہ ہو جاؤں۔ محمد بن حنفیہ یہ سن کر رو پڑے اور عرض کی کہ بھائی اگر یہی بات ہے کہ آپ ضرور شہید الٰہی ہونا ہے تو ان اہل بیت اظہار ان بیبیوں کو کیوں ساتھ لیے جا رہے ہیں۔ فرمایا، ان کے بھی ہمراہ لے جانے کا حکم ہے۔(ناموس اسلام بحوالہ مقتل ابی مخنف)ڈاکٹر میسور مائیں جرمنی فلاسفر اپنے رسالہ" سیاست اسلامیہ و فلسفہ شہادت حسین" میں لکھتا ہے ۔ حسینؑ اپنے دوستوں سے جو انہیں سفر عراق سے روکتے تھے۔ صاف طور پر کہہ دیتے تھے کہ میں تو مقتول ہونے کے لیے جارہا ہوں چونکہ ان مانع لوگوں کے خیالات محدود تھے۔اور حسینؑ کے مقاصد عدلیہ سے وہ باخبر نہ تھے،اس لیے وہ سفر سے ممانعت میں اصرار کرتے تھے۔ جس کا آخری جواب حسینؑ کی طرف سے یہ تھا کہ خدا کی مشیت یہی ہے اور میرے نانا نے مجھے یہی حکم فرمایا ہے۔اور جب یہ اصرار کرتے تھے کہ آپ مقتول ہونے کی غرض سے جاتے ہیں تو عورتوں اور بچوں کو ہمراہ نہ لیں جائیں تو آپ ان کو یہی جواب دیتے کہ خدا کی مشیت یہی ہے۔"میرے عیال اسیر ہوں"حسینؑ کے یہ کلمات اس وقت جو روحانی ریاست کی حیثیت سے تھے۔لاجواب تھے۔لاجواب تھے۔یعنی کسی کو مجال دم زدن نہ تھی۔ غرضیکہ امام حسین علیہ السلام حرمت کعبہ کو بچانے اور تبلیغ

حجت تمام کرنے کے لیے یوم ترویہ ۸ ذی الحجہ ۶۰ ھ کو مکہ معظمہ سے باارادہ کوفہ روانہ ہوگئے (ناسخ التواریخ تاریخ کامل جلد ۴ صفحہ ۲۰)

کوفہ

کوفہ اور بصرہ یہ دونوں شہر عہد خلافت ثانیہ ۱۷ھ میں ملکی ضروریات اور حفاظت سرحدات کے خیال سے فوجی مقام اور چھاؤنی کی حیثیت سے آباد کئے گئے تھے۔ خلیفہ دوم کے حکم سے بصرہ کو عتبہ بن ولید اموی نے بسایا تھااور وہی وہاں کا کنٹونمنٹ مجسٹریٹ وحاکم مقرر ہوااور کوفہ کو سعد بن ابی وقاص نے آباد کیااور وہی وہاں کا گورنر مقرر ہوا کوفہ پر مشتری مستولی ہے اور اس کا عرض البلد ۳۳ درجہ اور طول البلد ساڑھے بیالیس درجہ ہے۔ اور اس کی آبادی بقولے کربلائے معلی سے ۳۳ میل کے فاصلہ پر ہے۔ کوفہ کی ساری آبادی دشمنان اہلبیت اور ہواخواہان بنی امیہ کے ماتحت گزری۔ یہی وجہ ہے کہ کوفہ کی آبادی ہمیشہ خاندان رسالت کے خون پینے والوں سے چھلکتی رہی اور اسی لیے ۶۰ ھ میں امام حسین علیہ السلام کو دعوت تبلیغ دے کر کوفہ میں بلانے اور وہیں قتل کر دینے کا خفیہ اور سازشی پروگرام بنایا گیا تھا۔ جس میں ان معدودے اشخاص کو بھی فریب سے شامل کرنے کی کوشش کی گئی تھی جو امام حسینؑ کے دوستداران میں سے تھے۔ مگر ان پر جب ان خونخواروں کی دھوکہ دہی کا حال حضرت مسلم بن عقیل کی شہادت سے بے نقاب ہوگیا تو یہ لوگ کربلا کی جانب دوڑے۔ امام حسین علیہ السلام کے قدموں پر نثار ہو کر سعادت ابدی حاصل کرلی۔ جیسے سعید اور زہیر جو نہ جاسکے وہ کوفہ میں ہی قتل ہوگئے جیسے ہانی بن عروہ وغیرہ اب ہم ذیل میں

اپنے محترم دوست جناب مولانا سید سبط الحسنؒ صاحب ہنسوی کی وہ عبارت من و عن نقل کرتے ہیں۔ جو انہوں نے اپنی کتاب "اظہار حقیقت" کے ص ۵۴ سے ص ۵۸ تک تحریر فرمائی ہے۔ وہ لکھتے ہیں: یہ تو ایک تاریخی حقیقت ہے۔ جس سے کسی طرح بھی انکار نہیں جاسکتا کہ عہد خلافت امیر المومنین میں بنی ہاشم و خاندان رسالت کو ایسا اقتدار حاصل ہو گیا تھا۔ جس کی وجہ سے شیعی اثرات عراق میں کسی حد تک موجود تھے۔ جن کے مٹانے کے لیے معاویہ نے بڑی کوششیں کیں۔ بسر بن ارطاۃ بن سمیہ ایسے ظالموں کو عراق پر مسلط کر دیا گیا۔ ان لوگوں نے چن چن کر شیعیان علیؑ کو قتل کر ڈالا۔ خاص شہر کوفہ کی یہ حالت تھی کہ وہاں سوائے دو جانوں کے تمام شیعیوں کو قتل کر دیا گیا۔ تھا جیسا کہ عبداللہ بن زیاد نے تفاخر واحسان کے جذبہ میں ہانی بن عروہ شیعی سے یہ کہا تھا کہ:- "ے ہانی! کیا تم نہیں جانتے کہ ہمارا باپ زیاد' جب یہاں حاکم ہو کر آیا تھا کہ تو اس نے یہاں ایک شیعہ بھی زندہ نہیں چھوڑا تھا۔ سوائے تمہارے باپ (عروہ) اور حجر کے۔ (تاریخ طبری ص ۲۴۵ طبع لندن) اس سے ظاہر ہوتا ہے کہ کوفہ میں بزمانہ معاویہ شیعوں پر جو تباہی آئی ،اس کے بعد یہاں صرف دو شیعہ رہ گئے تھے۔ معاویہ اور اس کا شیر عمرو بن عاص جو دہات عرب کے مشہور افراد ہیں۔ ان کی نگاہیں کوفہ کی اہم چھاؤنی پر بھی تھیں صلح امام حسن علیہ السلام کے بعد اس چھاؤنی پر پورا پورا قبضہ کیا گیا تھا۔ دمشق کی مرکزی چھاؤنی کو مضبوط بنانے کی اب ضرورت نہ تھی۔ بلکہ ملک شام کی پوری طاقت کو کوفہ میں تبدیل کر دینا ہی اصل سیاست تھی۔ چنانچہ سرزمین شام کی فوج کا ہیڈ کوارٹر بھی اب کوفہ ہی ہو گیا تھا۔ اسی بنا پر حدود ممالک اسلامیہ میں جہاں کہیں بھی بغاوت رونما ہوتی تھی۔ اس کو فرو کرنے کے لیے کوفہ ہی فوج روانہ کی جاتی تھی۔ چنانچہ عمر سعد خود بھی واقعہ ہائلہ کربلا سے پہلے چار ہزار کی فوج

لے کر قبیلہ ویلم کی بغاوت کو فرو کرنے کے لیے ملک عجم جانے ہی والا تھا کہ مقام ''حمام اعین'' سے واپس بلا کر قتل حسینؑ کے لیے مامور کیا گیا۔ کربلا میں عمرو بن سعد جس فوج شامی کا سردار تھا۔ دراصل اس میں خاص باشندگان کوفہ کی تعداد بہت کم تھی اور جو تھے بھی وہ شامی فوج سے نکل کر امام حسین علیہ السلام کی طرف آگئے گئے۔ چنانچہ منتخب تاریخ الاسلام ذہبی میں ہے۔(ترجمہ) ذہبی کہتے ہیں کہ عمرو بن سعد کی فوج میں تیس آدمی خاص کوفہ کے بھی تھے۔ان لوگوں نے عمر بن سعد سے کہا۔ فرزند دختر رسول تین باتیں پیش فرما رہے ہیں۔اور ہم ان میں سے کسی کو بھی قبول نہیں کرتے۔ یہ کہہ کر لوگ امام حسینؑ کی طرف چلے آئے۔اور حضرت کی محبت میں جنگ کی وہ اصل کوفہ (باشندگان کوفہ خاص) کی فوج نہ تھی۔اور اس فوج میں سوائے ان تیس آدمیوں کے جو آخر کار امام حسینؑ کے ساتھی تھے۔ کوئی بھی خالص کوفی نہ تھا اور اس سے ہمارے گزشتہ قول کی تائید ہوتی ہے کہ یہ لوگ شیعان خالص میں سے نہ تھے۔ جنہوں نے حضرت کو خط لکھے تھے۔(منتخب تاریخ اسلام قلمی ص ۳۷ ۲ کتب خانہ ناصری ناظم ادارہ معلوم نہیں ''کوفی لوگوں'' سے کیا مراد لیتے ہیں۔ کوفی کوئی قوم نسل یا ملت نہیں ہے۔ جس کے لیے کوفی و شامی کی لایعنی بحث جاری ہے ۔ سنئے سرزمین عراق میں کوفہ ایک نوآبادی تھی۔ جہاں مختلف قبائل و سرزمین کے لوگ آکر آباد ہو گئے تھے۔ یہ سب لوگ اس عہد کی اسلامی فوج کے سپاہی جن کا کام جنگ وجدل کرنا تھا۔ حکومت سے گھر بیٹھے تنخواہ پاتے تھے۔اور ضرورت کے وقت حکومت کی مدد کیا کرتے تھے۔ان کا مذہب حکومت کا مذہب تھا۔ صحیح معنوں میں یہ لوگ دینی و دنیوی معاملات میں حکومت کی پیروی کرنے والے تھے۔ بلاخط ہو کوفہ متعلق شبلی کیا کہتے ہیں ۔غرض ۱۷

ہے۔ چالیس ہزار آدمیوں کی آبادی کے قابل مکانات بنائے گئے ہیاج بن مالک کے زیر اہتمام عرب کے جدا جدا قبیلے جدا جدا محلوں میں آباد ہوئے۔ شہر کی وضع اور ساخت کے لیے خود حضرت عمر کا حکم آیا تھا کہ شارع عام چالیس ہاتھ اور اس سے گھٹ کر تیس تیس ہاتھ چوڑی رکھی جائیں اور گلیاں سات سات ہاتھ چوری ہوں، جامع مسجد کی عمارت جو ایک مربع بلند چبوترہ دے کر بنائی گئی تھی۔ اس میں چالیس ہزار آدمی آسکتے تھے۔ اس کے ہر چہار طرف دور دور تک جگہ کھلی چھوڑدی گئی تھی۔ (الفاروق حصہ دوم ص ۶۹ مطبوعہ قومی پریس) آگے چل کر پھر لکھتے ہیں۔ جو قبیلے آباد کئے گئے ان میں یمن کے بارہ ہزار اور ترار کے آٹھ ہزار آدمی تھے۔ اور قبائل جو آباد کئے گئے تھے۔ ان کے نام حسب ذیل ہیں۔ سلیم ثقیف، ہمدان بجیلہ ۔ یتیم ۔ آلات ۔ تغلب۔ بنو اسد نخع و کندہ ازد مزینہ متیم و محارب واسد و عامر بجالہ جدیلہ داخلاط جھینسیہ۔ ندجح۔ ہوازن وغیرہ وغیرہ (الفاروق حصہ دوم ص ۷۰) یہی نہیں بلکہ اس کی آبادی بڑھتی رہی لکھتے ہیں۔ زمانہ مابعد میں اس کی آبادی برابر ترقی کرتی رہی۔ لیکن یہ خصوصیت قائم رہی کہ آباد ہونے والے عموماً عرب کی نسل ہوتے تھے۔ (ص ۷۰) فوجی حالات کے ضمن میں آگے چل کر لکھتے ہیں۔ فوجوں کے لیے بیرکیں تھیں۔ کوفہ بصرہ قسطاط یہ تینوں شہر تو دراصل فوج کے قیام اور بود و باش کے لیے ہی آباد کئے گئے تھے۔ ہر جگہ بڑے بڑے اصطبل خانے تھے۔ جن میں چار چار ہزار گھوڑے ہر وقت معہ ساز و سامان تیار رہتے تھے۔ یہ صرف اس غرض سے مہیار کھے جاتے تھے۔ کہ دفعتہ ضرورت پیش آجائے تو ۳۲ ہزار سواروں کا رسالہ فوراً تیار ہو جائے۔ ۱۷ھ میں جزیرہ والوں نے دفعتہ بغاوت کی تو یہی تدبیر کلید ظفر ٹھہری (الفاروق حصہ دوم ص ۸۰) اس عبارت کے حوالہ میں شبلی لکھتے ہیں :تاریخ طبری ص ۲۵۴ میں ہے۔ کان العحر ادیعۃ الاف قوس عدۃ نکون ان کان یشتیعاً فی

قبلۃ قصر الکوفتہ و بالبصرۃ نحو منھا۔ طبری کے حوالہ سے معلوم ہوتا ہے کہ بصرہ کی بھی یہی حالت تھی کہ وہاں بھی ہر وقت ایسی فوج تیار رہتی تھی۔ پھر لکھتے ہیں۔ چنانچہ خاص کوفہ میں چالیس ہزار آدمی موجود رہتے تھے۔(الفاروق حصہ دوم ص ۸۳) یہاں بھی طبری کا حوالہ دیا ہے۔(طبری ص ۱۸۰۵) وکان یالکوفتہ اذذاک اربعون الف

مقاتل پھر تحریر فرماتے ہیں۔ کوفہ بصرہ موصل قسطاہ اور حیرۃ وغیرہ میں جس قدر عرب آباد ہوگئے تھے۔ سب کے رجسٹر مرتب ہوئے اس بے شمار گروہ کی اعلیٰ قدر مراتب تنخواہیں مرتب کی گئیں۔ اگرچہ ان سب

کا شمار تاریخوں سے معلوم نہیں ہوتا ہے۔ تاہم قرائن سے معلوم ہوتا ہے کہ کم سے کم آٹھ دس لاکھ آدمی ہتھیار بند تھے۔ ابن سعد کی روایت ہے کہ ہر سال تیس ہزار فوج فتوحات پر بھیجی جاتی تھی کوفہ کی نسبت علامہ طبری نے تصریح کی ہے کہ وہاں ایک لاکھ آدمی لڑنیکے قابل بسائے گئے۔ جن میں چالیس ہزار باقاعدہ فوج تھی۔ حاشیہ پر شبلی لکھتے ہیں۔ کنزالعمال جلد ۶ ص ۳۳۱، امام مالک نے موطاء میں ۳۰ ہزار کے بجائے چالیس ہزار کی فوج بیان کی ہے ۔(الفاروق جلد ۲ ص ۸۴) آخر میں شبلی فرماتے ہیں :۔ یہی نظام تھا جس کی بدولت ایک مدت تک تمام دنیا پر عرب کا رعب داب قائم رہا۔ اور فتوحات کا سیلاب برابر بڑھتا گیا ۔ جس قدر اس نظام میں کمی ہوتی گئی عرب کی طاقت میں ضعف آتا گیا۔ سب سے پہلے معاویہ نے اس میں تبدیلی کی۔ یعنی شیر خوار بچوں کی تنخواہ بند کر دی عبدالمالک بن مروان نے اور بھی گھٹا دیا۔(جلد ۲ ص ۸۵) شبلی کے متذکرہ بالا تاریخی بیانات سے معلوم کیا جا سکتا ہے کہ کوفہ کی حیثیت کیا تھی۔ اور وہاں کون لوگ آباد تھے اور اس عظیم الشان فوجی چھائونی میں کس قسم کی فوج رہا کرتی تھی۔ اس لیے قاتلان حسینؑ کی فوج میں یہ تلاش کرنا کہ کتنے

WILAYAT MISSION PUBLICATIONS

شامی یا عراقی و حجازی وغیرہ تھے بے سود ہے دراصل یہ فوج عہد عمر کی تربیت یافتہ تھی جس سے امیر المومنین جناب علی بن ابیطالب نالاں رہے اور یہ فرماتے رہے کہ تم نے میرے دل میں ناسور ڈال دیا ہے (نہج البلاغہ) جس نے امام حسن علیہ السلام کے ساتھ دغا کی اور امیر معاویہ کی معین ہوئی فوجی اعتبار سے جب سے بڑا مرکز یہی کوفہ تھا تو سرزمین شام کی فوجیں یہیں موجود ہی ہوں گی جس سے حسینؑ مظلوم کو مقابلہ کرنا پڑا۔اس صورت میں دمشق کی متعینہ فوج کی نقل و حرکت کرنے کی ضرورت ہی نہ تھی۔اس لیے دمشق میں فوجی بھرتی نہیں ہوئی۔اور نہ وہاں سے کوئی تازہ دم فوج ہی آئی لیکن یہ کہنا کہ کوفہ کی اتنی بڑی چھاؤنی میں شامی سپاہی نہ تھے بچوں کی سی باتیں ہیں جن کو کوئی ہوش مند تسلیم نہیں کر سکتا تاریخیں موجود ہیں ان میں ملاحظہ کیجئے کہ جب دارالخلافہ دمشق میں فوج کی ضرورت ہوئی ہے تو کوفہ ہی سے شامی فوجیں بھیجی گئیں (اظہا حقیقت صفحہ ۵۴تا ۵۸ طبع لکھنوٗ ۱۳۶۴ھ ۔ناظرین کرام ! ابوالکلام آزاد اپنی کتاب انسانیت کے دروازے پر) صفحہ ۳۹پر لکھتا ہے کہ کوفہ میں اہل بیت کرام کے طرفدان کی تعداد زیادہ تھی پھر اسی کے ساتھ ساتھ ص ۴۲پر ابن عباس اور امام حسینؑ کی گفتگو کے سلسلہ میں رقمطراز ہے کہ اگر آپ حجاز سے جانا ہی چاہتے ہیں تو یمن چلے جایئے وہاں قلعے اور دشوار گذار پہاڑیاں ہیں۔ملک کشادہ ہے آبادی عموماً آپ کے والد کی خیر خواہ ہے الخ۔۔اس سے واضح ہے کہ اگر کوفہ میں اہلبیت کے طرفدار زیادہ ہوتے تو پھر کوفہ جانے سے منع کرتے ہوئے ابن عباس یمن جانے کا مشورہ نہ دیتے۔تاریخ پکار رہی ہے کہ کوفہ کی اکثریت ہمیشہ خاندان رسالت کی دشمن رہی بانی کوفہ سعد بن ابی وقاص نے حضرت علیؑ کی خلافت ظاہری کے موقع پر بھی آپ کی بیعت نہیں کی جس پر حضرت علیؑ نے فرمایا کہ اسے جانے دو یہ حاسد ہے ابن قتیبہ ابن جریر۔اسد الغابہ

۔پھر جب اسی بانی کوفہ کے بیٹے عمر بن سعد کا دور آیا تو اس نے حکومت رے کے وعدہ پر حضرت امام حسینؑ کے قتل کا بیڑہ اٹھایا۔اور ناب یزید ابن زیاد ملعون کا سپہ سالار بن کر حضرت امام حسینؑ سے لڑنے گیا۔اس میں کوئی شک نہیں کہ آباد ہونے کے وقت سے امام حسینؑ کے وقت تک تقریباً چالیس سال برابر کوفہ والوں نے ایسی آب وہوا میں نشوونما پائی جو ہمیشہ سے آل محمدؐ کے لیے سخت مخالف اور ان کے خون کی پیاسی رہی اس عرصہ میں خلافت ظاہریہ کے زمانہ میں زیادہ سے زیادہ چار ساڑھے چار سال علیؑ کا تعلق کوفہ سے ضرور رہا۔لیکن ظاہر ہے کہ علیؑ کی چار سالہ حکومت اتنے لمبے تیس پنتیس سال کے عرصے کو کیسے زائل کر سکتی تھی۔اوراس چار سالہ زمانہ خلافت میں بھی علیؑ کے ساتھ جیسا کچھ محبت و اخلاص اطاعت وفرمانبرداری اور عقیدت مندی کا سلوک کوفہ والوں نے کیا ہے وہ جنگ صفین اور تقرر حکمین وغیرہ جیسے واقعات وحالات پر نظر ڈالنے سے بخوبی روشن ہو جاتا ہے کیونکہ معاویہ اور عمرو بن العاص کی سازشوں اور چالبازیوں کے جال میں پھنس کر سونے چاندی کی جھلک سے آچکا چوندھ ہو کر یہ ایک دم عین جنگ کی حالت ہی میں ہتھیار ڈال دیتے تھے اور خود علی کی مخالفت اوران کے قتل پر آمادہ ہو جاتے تھے جو یقیناً معاویہ کی سازش اور پر وپگنڈہ کا نتیجہ تھادر اصل یہ لوگ نہ کبھی اسلام کے سچے وفادار ہوئے اور نہ دین کے بارے میں وفا شعاری اختیار کہ یہی وجہ ہے کہ خاندان رسالت ہمیشہ ان کی بے وفائی کا ذکر کرتا رہا ۔ناظرین کرام! شرح نودی میں بموقعہ قراۃ، نماز ظہر و عصر وفضائل کوفہ کے سلسلہ میں لکھاہے کہ ''کوفہ ''شہر بسیت معرفت وآن شہر خانہ علم ومحل فضلات حضرت عمر کوفہ ایک مشہور شہر ہے جو معدن علم اور فضلا کے رہنے کی جگہ ہے اور حضرت عمر کے زمانہ خلافت میں اس کی تاسیس ہوئی ہے پھر قاموس میں لکھاہے کہ کوفہ عراق کا ایک بڑاشہر ہے اور قبہ

اسلام ہے اور مسلمانوں کے ہجرت کی جگہ ہے اور زمانہ گذشتہ میں حضرت نوح علیہ السلام رہنے کی جگہ تھی۔ علامہ عجلی اپنی تاریخ میں لکھتے ہیں کہ کوفہ ایک ہزار و پانصد صحابہ و در قرقیا شش صد صحابہ سکونت پذیر گشتہ بودند علامہ عجلی اپنی تاریخ میں لکھتے ہیں کہ کوفہ میں ایک ہزار پانچ سو اور قرقیسیا میں چھ سو صحابی رسول رہتے تھے ملاحظہ ہو (سیف المقلدین علی اعناق المنکرین مصنفہ مولانا محمد عبدالجلیل یوسف زئی صفحہ ۷ طبع لکھنوٴ ۱۳۱۸ھ) ان علماء کی تحریر سے صاف ظاہر ہے کہ کوفہ کی آبادی کن لوگوں سے بھری ہوئی تھی اہلبیت کرام کا کوفہ کی بیوفائی ظاہر کرنا اور اس کے باشندوں کی مذمت کرتے رہنا اور علمائے اہل سنت کا کوفہ کی تعریف اور اس کے فضائل بیان کرنا واضح کرتا ہے کہ کوفہ سے کن لوگوں کا تعلق تھا۔ اور کوفہ میں کون لوگ آباد تھے اور کن لوگوں کی اکثریت تھی۔ واقعہ یہ ہے کہ اول ابتدا ہی سے کوفہ میں شیعوں کی آبادی نہ تھی اور جو تھوڑی بہت تھی بھی تو وہ شہادت امام حسنؑ کے بعد ختم کردی گئی تھی۔ شہید ثالثؒ بحوالہ احتجاج طرسی لکھتے ہیں۔ چون زیاد بن امیہ ملعون اہل آن و یار رامی شناخت لاجرم معاویہ حکومت عراقین کوفہ و بصرہ را باو داد داد شیعہ بدست آور و در تحت ہر خنجر و مدر می کشت۔ بعضے را گردن می زد بعضے را دست و پا برید و پارہ را بر وار می کشید و قومے را چشم امی کند و قومے را ز خانماں آوارہ ساخت الخ۔ چونکہ ابن زیاد بن ابیہ (ولدالزنا) کوفہ کے شیعوں کو پہچانتا تھا لہٰذا معاویہ نے اسی کو وہاں کا حاکم بنادیا اس نے شیعوں کو بالکل ختم کرنے کی ٹھان لی۔ چنانچہ ان کا قتل عام کیا۔ کسی کو حجر و مدد ست دبا کر مار ڈالا کسی کی گردن ماردی کسی کے ہاتھ پاؤں کاٹ کر حبشہ کو لٹکادیا کسی کی آنکھیں نکلوادیں کسی کے گھر جلوادیئے غرضیکہ اس طرح ظلم کیا کہ بظاہر کوئی شیعہ باقی نہ رہا (مجالس المومنین ص ۳۵ طبع ایران۔ نصائح کافیہ ص ۷۰ مورخ طبری لکھتا ہے کہ زیاد بن امیہ کے

قتل و غارت کے بعد صرف دو شیعہ باقی رہ گئے تھے۔ا، عروہ ۲ حجز ملاحظہ ہو۔تاریخ طبری ص ۲۴۵ طبع لندن واقعہ شہادت حضرت ہانی) الغرض ۶۱ ھ میں جو چند آنے گنے شیعہ کوفہ میں رہ گئے تھے وہ تین حال سے خالی نہ تھے یا مسلم بن عقیل کے ساتھ قتل ہو گئے جیسے حضرت ہانی بن عروہ (نور العین) یا قید کر دیئے گئے حضرت مختار علیہ السلام (ریاض القدس) یا امام حسین علیہ السلام کی خدمت میں حاضر ہو کر شہید ہو گئے جیسے حضرت سعید حضرت حبیب ابن مظاہر اور حضرت زہیر بن قین وغیرہ (ناسخ التواریخ وغیرہ) شیعیان کوفہ نے اپنی کمال وفاداری سے اس امر کو ثابت کر دیا کہ الکوفی لا یوفی کا مقبولہ صرف ان کے لیے ہے جن کا چھٹا خلیفہ یزید تھا۔اور جن کے مذہب کے رکن رکین عبداللہ ابن زیاد عمر بن سعد شمر ذی الجوشن حرملہ بن کامل اسدی حکیم ابن طفیل سنسی خولی بن یزید اصبحی وغیرہم تھے جنہوں نے امام حسینؑ اور ان کے رفقاء کو شہید کیا اور ان کے سر کاٹے ان کی لاشوں پر گھوڑے دوڑائے تین دن پانی بند رکھا ان کے خیمہ جلائے۔عورتوں کو اسیر کر کے بازاروں میں پھیرایا اور سال بھر قید میں رکھا۔چونکہ شیعوں نے پوری پوری وفاداری کی ہے اسی لیے امام حسینؑ نے بیوم عاشورا ان کی مدح کی عالم اہلسنت علامہ ابواسحٰق سفرائنی لکھتے ہیں کہ امام حسین علیہ السلام نے یوم عاشورا ایک دفعہ جنگ کی اور پلٹ کر خیمہ میں آئے تو آپ نے چھ شعر پڑھے۔جن میں سے آخری شعر یہ ہے۔

خدا کی قسم ہمارے شیعہ بڑے قابل قدر اور بہترین شیعہ ہیں اور بڑی عزت پائیں گے اور ہمارے دشمن قیامت کے دن گھاٹے میں رہیں گے۔(نوار العین مشہد الحسین ۵۴ طبع بمبئی) غرضیکہ اس وقت جبکہ حضرت امام حسین علیہ السلام کو دعوت کوفہ دی گئی۔کوفہ میں تین طبقے اور عقیدہ کے لوگ آباد تھے اول خالص معاویہ والے، جیسے عبداللہ بن مسلم خضرمی

عمارہ بن ولید بن عقبہ عمر بن سعد ابن ابی وقاص وغیر ہم۔دوسرے خالص علی والے جیسے مسلم بن عوسجہ۔حبیب ابن مظاہر ہانی بن عروہ اور تیسرے عام پبلک۔طبقہ اولیٰ کے لوگ کثیر تعداد میں تھے اور طبقہ ثانیہ کے لوگ آنے گنے چند حضرات تھے اور طبقہ ثالثہ والے بے شمار تھے۔یزید کی مرضی کے مطابق معاویہ والوں نے امام حسینؑ کو بلا کر قتل کردینے کا خفیہ پروگرام بنایا۔اور یہ سوچتے ہوئے کہ حسین اپنے طرفداروں کی خواہش طلب کے بغیر کوفہ نہیں آئیں گے علیؑ ملے اور ان سے کہا کہ یزید فاسق وفاجر ہے کیا اچھا ہوتا کہ امام حسینؑ یہاں آجاتے اور ہماری ہدایت کی ذمہ داری لیتے۔علی والوں نے اس پر فریب رائے کو پسند کیا۔اور اس کی گہرائی تک نہ پہنچے۔پھر ان لوگوں نے مشترکہ طور پر عام پبلک میں پروپیگنڈا شروع کیا اور تمام کوفہ پر فریب کا جال بچھا کر امام حسینؑ کی طلب شروع کردی اب کیا تھا۔خطوط جانے لگے اور چند ہی دونوں میں خطوط کی تعداد بارہ ہزار تک پہنچ گئی۔علامہ شاہ عبدالعزیز دہلوی مصف تحفہ اثنا عشری اپنی کتاب سر الشہادتین طبع لدھیانہ کے صفحہ ۲۷ پر لکھتے ہیں ۔کہ یہ خطوط۔من کل طائفہ وجماعۃ ہر طبقے اور ہر جماعت کی طرف سے آئے تھے۔۔الخ ان خطوں میں ایسی باتیں لکھی گئی تھیں کہ امام حسینؑ کو مجبوراً کوفہ کے ارادہ سے چل کھڑے ہونا پڑا۔چنانچہ آپ چھوٹے چھوٹے بچوں عورتوں اور مختصر سے ہوا۔خواہوں کو ہمراہ لئے ہوئے ۸ ذی الحجہ ۶۰ ھ یوم شنبہ کو مکہ سے روانہ ہو گئے (دمعہ ساکبہ) ابھی تھوڑی مسافت طے کی تھی کہ عمر بن سعید والی مکہ نے یزید کے تیس آدمیوں والی اسکیم ناکام ہوتے دیکھ کر اس کی کوشش شروع کردی کہ امام حسینؑ مکہ سے باہر نہ جانے پائیں مگر وہ اس کوشش میں بھی کامیاب نہ ہوا۔اور امام حسین علیہ السلام ایک آیت کی تلاوت کرتے ہوئے آگے بڑھتے گئے (ابن نما) یہاں تک کہ منزل قفیم تک پہنچ گئے۔

فرزوق سے ملاقات

اس نے عرض کی مولا! حج کو عمرے سے بدل کر آپ نے اتنی جلدی مکہ کیوں چھوڑ دیا۔ ارشاد فرمایا۔ لولم اعجل لا خذت اگر میں جلدی نہ کرتا تو قتل کر دیا جاتا۔ (الد مع الهتون ترجمہ جلاء العیون ص ۴۴۴ و دمعہ ساکبہ ص ۳۱۶ و تاریخ طبری تذکرہ ابن جوزی)

ابو ہریرہ سے ملاقات

پھر آپ اور آگے بڑھے۔ اور دوپہر کے وقت منزل ثعلبیہ پر پہنچے۔ آپ کی آنکھ لگ گئی۔ خواب میں ہاتف کو کہتے سنا۔ "انتم تسرعون والمنایا تسرع بکم الی الجنۃ" آپ حضرات تیزی سے کوفہ کی جانب جا رہے ہیں۔ اور موت آپ کو جنت کی طرف کھینچ رہی ہے۔ آپ نے بیدار ہو کر حضرت علی اکبرؑ سے خواب بیان فرمایا۔ "یاابتہ السنا علی الحق" بابا! کیا ہم حق پر نہیں۔ فرمایا بے شک ہم حق پر ہیں۔ عرض کیا" لانبالی بالموت " پھر موت کی کیا پرواہے۔ (دمعہ ساکبہ ص ۳۱۲) اس کے بعد ابو ہریرہ ازدی ملا۔ اس نے پوچھا آپ نے حرم خدا و رسولؐ کو چھوڑ کر اس زمانہ میں سفر کیوں اختیار کیا۔ آپ نے ارشاد فرمایا۔ بنی امیہ نے ہمارے حقوق غضب کیئے۔ ہم نے صبر کیا ہمیں علانیہ طور پر برا بھلا کہا۔ ہم نے صبر کیا۔ آپ ہمارے خون بہانے کے درپے ہیں۔ اس لئے مکہ سے ہم نکل کھڑے ہوئے (دمعہ ساکبہ ص ۳۱۶) الغرض آپ ثعلبیہ سے روانہ ہو کر منزل غدیب رہیمیہ، قادسیہ، حاجز، حز

یمیہ ہوتے ہوئے منزل زبالہ پر پہنچے تو جناب مسلم بن عقیل اور ہانی بن عروہ اور عبداللہ بن بقطیر کی خبر شہادت ملی۔امام حسینؑ نے واپسی کا خیال کیا پھر نہ جانے کیا سوچ کر آگے بڑھنے سے قدم نہ رکے۔(تنزیہہ الا انبیا ص ۲۸)تب آپ نے ایک خط دیا۔جس میں فرمایا کہ :ایھا الناس فمن کان یصبر علی حد السیف وطعن الالسۃ فلیقم معناوالا فلیضرف۔لوگو! تم میں جو تلواریں کھا سکتا اور تیروں کی دعوت برداشت کر سکتا ہے۔وہ تو میرے ہمراہ رہے۔ورنہ واپس لوٹ جائے۔(ابو مخنف) وہ لوگ جو مال ودولت کی طمع میں سے راستہ سے ہمرکاب ہوگئے تھے۔اپنی راہ لگ گئے۔صرف وہ بہادر جو حسینؑ کے ہمراہ آئے تھے۔وہی باقی رہے۔دمعہ ساکبہ ص ۳۱۸)آپ منزل زبالہ سے کوچ کر کے بطن عقبہ پر پہنچے پھر وہاں سے روانہ ہو کر منزل شراف یا شراف پر منزل گیر ہوئے۔منزل شراف پر آپ نے اپنے جاں نثاروں کو حکم دیا کہ تمام مشکیں۔چھاگلیں پر لکھالیں پانی بھرو تعمیل حکم کی جاتی ہے۔اور اچھی طرح پانی لے لیا جاتا ہے۔اور چلچلا دھوپ میں روانگی ہو جاتی ہے۔لشکر حسینی آفتاب کی تمازت،دھوپ کی حدت میں بادیہ پیمائی اور صحرا نوروی کرتا چلا جاتا تھا کہ ناگاہ(۱) علامہ مجلسی نے مکہ معظمہ سے کربلا تیرہویں منزل پر لکھا ہے۔جس کی تفصیل یہ ہے۔(۱)تنعیم (۲)ثعلبیہ(۳) عذیب(۴) ہیمیہ(۵) قادسیہ(۶) حاجز(۷) حزیمیہ(۸) زبالہ(۹) بطن عقبہ(۱۰) اشراف(۱۱) قصر بنی مقاتل(۱۲) قطقطانیہ(۱۳) الدمع التھون ترجمہ جلاءالعیون ص ۴۵۶(

ایک صحابی نے تکبیر کہی۔اذ کبر رجال من اصحابہ فقال لہ الحسین اللہ اکبر لم کبرت قال رایت الخل۔امام حسین علیہ السلام نے فرمایا ارے بھئی۔تکبیر کا سبب عرض کیا مولا! مجھے تو خرمہ کی شاخوں اور کیلے درخت نظر آرہے ہیں لوگوں نے خیال کرتے ہوئے کہ ادھر

نخلستان وغیرہ ہے یا نہیں غور کرنا شروع کیا سینہ غبار کے بیچ سے گھوڑوں کی کنوتیاں نظر آئیں یقین ہوا کہ دشمن آرہے ہیں طے پایا کہ منزل ذوخشت کی طرف بڑھ کر پناہ گیر ہو جانا چاہیے ۔

حر کی آمد اور حضرت عباسؑ کا فریضہ

امام حسینؑ کے لشکر نے رخ بدلا اور حر نے اس امر کو ناپسند کرتے ہوئے امام حسین علیہ السلام منزل ذوخشت جائیں۔ دوڑ دھوپ میں تیزی کر دی لیکن کچھ حاصل حصول نہ ہوا ۔اور امام حسینؑ منزل ذوخشت پر پہنچ گئے۔ لشکر حر اسی تک ودود میں بے انتہا پیاسا ہو گیا۔ سوار اور سواری دونوں کی زبانیں منہ سے باہر نکل آئیں۔امام حسینؑ کے جانباز سپاہی سینے تانے ہوئے کھڑے تھے کہ اتنے حر اپنے لشکر سمیت آپہنچا۔سوار اور سواری غرضیکہ ہر جاندار پیاس سے بحال تھا زبانیں دہانوں سے باہر نکلی ہوئی تھیں لیکن اس نے فریضے سے غفلت نہیں کی۔اور آتے ہی بدحواسی کے عالم میں بروایت کنزالعبادات امام حسینؑ کے لجام فرس پر ہاتھ ڈال دیا۔اور بروایت ناسخ سامنے اٹھ کر کھڑا ہو گیا اس کا آگے بڑھنا تھا کہ حضرت عباسؑ نے لجام فرس تھام کر فرمایا۔ ثکلتک امک ماترید۔ تیری ماں تیرے ماتم میں بیٹھے کیا چاہتا ہے (مائتین ص ۱۸۳۔اس نے آمد کا سبب بیان کیا حسینؑ نے عباسؑ کے غصہ اور جوش کو سقائی کی طرف پھیر دیا۔ ممکن ہے حسینؑ کے بہادروں میں کچھ ایسے بھی رہے ہوں کہ جن کا خیال رہا ہو کہ دشمن کو آب شمشیر سے سیراب کر دینا چاہیے۔ لیکن فرزند ساقی کوثر نے اس کا تصور بھی نہ کیا تھا۔انہوں نے لشکر حر میں جب پیاس کی یہ حالت دیکھی۔فوراً

حضرت علیؑ اور حضرت علی اکبرؑ کو طلب کیا۔ فرمایا دیکھو یہ نانا کے نام لیوا پیاسے ہیں انہیں جی بھر کے پانی پلاؤ میرے بچوں کی پیاس کا خدا مالک ہے جب سوار پی چکے تو طشت منگوا کر سواری کے جانوروں کو پانی پلانا شروع کیا۔ بروایت دمعہ ساکبہ جب جانور تین چار پانچ مرتبہ طشت سے سر اٹھا اٹھا کر پانی پی چکتے تھے۔ اور خود منہ ہٹا لیتے تھے تب طشت سرکا کر دوسرے جانور کے سامنے لایا جاتا تھا (توضیح عزاص ۲۰۰ طبع دہلی ۱۲۱۷ھ) علی بن بعان محاربی کا بیان ہے کہ حُر کے لشکر کا ایک سپاہی تھا۔ کسی وجہ سے اس وقت پہنچا جب سب کو پانی پلایا جا چکا تھا۔ حضرت امام حسینؑ نے مجھے یہاں دیکھ کر فرمایا۔ سواری سے اترا اور پانی پی دمعہ ساکبہ ص ۳۱۰ و ناسخ التواریخ جلد ۶ ص ۲۱۹) امام حسینؑ نے بہ نفس نفیس اپنے ہاتھوں سے مجھے اور میرے جانور کو پانی پلایا۔ غرضیکہ اسی پانی کے پینے پلانے میں نماز ظہر کا وقت آگیا۔ حضرت امام حسینؑ کپڑے بدلنے کے لیے خیمے میں تشریف لے گئے حجاج مسروق موذن نے اذان کہی امام برآمد ہوئے۔ نماز سے پہلے خطبہ میں لشکر مخالف کے سامنے اپنا تعارف پیش کیا۔ اور کوفیوں کے خطوط کا حوالہ دے کر حر کے سامنے خطوط کی دو خور جیاں (بوریاں) ڈلوادیں۔ خطبہ کے بعد نماز جماعت شروع ہوئی۔ امام حسین علیہ السلام نے حر سے فرمایا۔ ان ترید ان تصلی باصحابک فقال الحر لا بل تصلی انت بصلواتک کہ تم اپنے لشکر والوں کے ساتھ نماز پڑھنا چاہتے ہو تو جاؤ۔ اس نے عرض کی آپ نماز پڑھائیں۔ میں اپنے طریقے سے آپ کے ساتھ نماز پڑھوں گا۔ ملاحظہ ہو۔ (انسانیت موت کے دروازے پر) امام حسین علیہ السلام نے نماز سے فراغت پائی اور سب اپنے اپنے خیموں میں چلے گئے تھوڑی بعد نماز عصر کا وقت آگیا موذن نے اذان کہی۔ نماز ادا کی گئی۔ آپ نے ایک خطبہ کے بعد کوچ کا حکم دے دیا۔ حر آپ کے رستہ میں حائل ہو گیا۔ آپ نے فرمایا۔ تیری ماں تیرے

ماتم میں بیٹھے۔آخر چاہتا کیا ہے اس نے جواب دیا میں آپ کو گرفتار کر کے کوفہ لے جانا چاہتا ہوں۔آپ نے فرمایا خدا کی قسم ! حسینؑ کی زندگی میں یہ امر ناممکن ہے۔اس نے کہا میں بھی آپ کا پیچھا نہ چھوڑوں گا۔جب زیادہ گفتگو بڑھی تو حر نے کہا مجھے آپ سے لڑنے کا حکم نہیں ملا۔مجھے صرف یہ حکم ملا ہے کہ آپ کا ساتھ نہ چھوڑوں۔یہاں تک آپ کو کوفہ پہنچادوں۔اگر آپ اسے منظور نہیں کرتے تو ایسا راستہ اختیار کیجئے جو نہ کہ کوفہ جاتا ہو اور نہ مدینہ کو میں ابن زیاد کو لکھتا ہوں۔شاید خدا میرے لیے مخلصی کی کوئی صورت پیدا کر دے اور آپ کے معاملہ میں امتحان سے بچ جاؤں۔(انسانیت موت کے دروازے پر ص ۵۰) امام شبلنجی لکھتے ہیں کہ حر نے امام حسینؑ کے اس کہنے پر کہ تمہارا اطلبیدہ آیا ہوں۔آپ کسی طرف چپکے سے نکل جائیں میں ابن زیاد کو لکھ دوں گا۔کہ حسینؑ راستہ بدل کر نہ جانے کس طرف نکل گئے اور میری گرفت میں نہ آئے۔خان بہادر خیرات احمد صاحب لکھتے ہیں کہ حر نے بعدرد وبدل شب کے وقت تخلیہ کی ملاقات کی تو حضرت امام حسینؑ سے کہا کہ یا حضرت ! میرا سارا لشکر سوتا ہے آپ اسی وقت کوچ کر جایئے کہ جس میں اعدا کے شر سے نجات ملے۔آپ نے فوراً اس رائے کو قبول کیا۔اور اسی وقت حضرت عباسؑ کو کوچ حکم دیا۔اور خیمہ اکھاڑا گیا۔۔الخ (معراج شہادت ص ۱۱) اس سے قبل ص ۴ پر تحریر فرماتے ہیں کہ حضرت نے اس رائے کو پسند کیا اور کوفہ سے عنان عزمیت موڑی۔اور رات کے وقت کوچ کیا کہ جدھر اللہ لے چلے ادھر متوکل بخدا چلے چلو۔الخ۔غرض امام حسین علیہ السلام ایک غیر معروف راستہ سے راجع الی الحجاز حجاز کے رخ پر چل پڑے ساری رات راستہ میں گزری ۔صبح ہوتے ہوتے پھر حر نے گھیر لیا آپ نے فرمایا۔کل تم نے کیا مشورہ دیا تھا۔اور آج کیا کر رہے ہو۔اس نے عرض کیا مولا ! میں کیا کروں مشورہ کے فوراً بعد ابن زیاد سے میری چغلی

WILAYAT MISSION PUBLICATIONS

کھائی گئی اس نے مجھے لکھا ہے کہ حسینؑ کا اس وقت تک ساتھ نہ چھوڑنا جس وقت تک میرا کثیر لشکر نہ پہنچ جائے۔ مولا! حکم میں بڑی سختی ہے اور اب میرے لیے آپ کے چھوڑنے کا کوئی راستہ ہی نہیں (نور الابصار ص ۱۱۷) پھر امام حسینؑ طرماح کی راہبری کے ساتھ روانہ ہوئے یہاں تک کہ قصر بن مقاتل پہنچے پھر وہاں سے روانہ ہو کر نینوا پر وارد ہوئے۔ حر ساتھ ساتھ تھا۔ دن کے کسی حصہ میں ایک کوفی ناقہ پر سوار آیا۔ حر کو سلام کیا اور ایک خط دیا۔ یہ خط ابن زیاد کا تھا جس میں لکھا تھا۔ کہ میرا خط پاتے ہی لا تنزلہ الا بالعراء فی غیر خضر و علی غیر ماء حسینؑ کو ایسی جگہ پر اتارنا جو بے آب و گیاہ ہو۔ اور جہاں پانی کا نام نہ ہو (تاریخ طبری ص ۳۰۷ تاریخ کامل جلد ۴ ص ۲۶ تاریخ الفداء جلد ا ص ۲۰۱ دمعہ ساکبہ ص ۲۳۰ اخبار لطوال دنیوری ص ۲۵۰ تاریخ ابن الوردی جلد ا ص ۱۷۲) حر نے حضرت امام حسینؑ کو خط کا مضمون بتایا آپ نے فرمایا اسی نینوا یا پھر غاضریہ میں قیام کرنے کا موقع دو۔ اس نے کہا۔ یہ ناممکن زہیر بن قین نے عرض کی یا مولا! اجازت دیجئے۔ ابھی یہ صرف ایک ہزار ہیں ان سے اسی وقت نبٹ لیں۔ حضرت نے ارشاد فرمایا میں جنگ کی ابتدائی نہیں کرنا چاہتا (دمعہ ساکبہ ص ۳۲۱) اس کے بعد آپ نے ایک خطبہ دیا جس کا جواب اصحاب حسینؑ نے بڑی عالی حوصلگی سے دیا۔

زہیر بن قین کا مشورہ

جناب زہیر بن قین نے جب یہ دیکھا کہ مارنے مرنے کی منزل قریب آگئی ہے تو حضرت امام حسینؑ سے عرض کیا۔ بہتر ہو گا۔ اگر حضور کربلا کی طرف روانہ ہو کر نہر فرات کا کنارہ

پکڑلیں۔تاکہ ہم بعون خدااچھی طرح جنگ کر سکیں۔یہ سن کرامام حسین علیہ السلام آبدیدہ ہوگئے اور آگے بڑھنے کے بجائے اپنے اعزا کو جمع کر کے بارگاہ احدیث میں عرض کرنے لگے ۔مالک یہ تیرے حبیبؐ کی مظلوم عترت ہے۔انصرنا علے القوم الظالمین۔ہمیں ظالم قوم پر فتح نصیب کرامام حسینؑ ایک سمت چل کھڑے ہوئے۔اور قضارا ۲ محرم ۶۱ ھ بروز پنجشنبہ کو سرزمین کربلا پر جا پہنچے ملاحظہ ہو (دمعہ ساکبہ ص ۳۲۱ ناسخ ارشاد مفید۔ریاض الشہادتین ،جلاالعیون ،بحارالانوار ،تاریخ کاخونی ورق ، مہیج لاحزان ، سفینۃ الاولیاء ، محمد دارا شکوہ ص ۲۴ مطبوعہ ۱۸۷۲ء)

عمرو بن خالد صیدادی اور طرماح بن عدی کی آمد

عمرو صیدادی کوفہ کے شرفا میں سے تھے اور اہل بیت اطہار علیہم السلام کی محبت اور ولا میں کامل تھے جب جناب مسلم کوفہ میں آئے تو ان کے ساتھ رہے اہل کوفہ نے خلافت عہد کیا اور جناب مسلم شہید ہوگئے تو یہ مجبوراً روپوش ہوگئے جب ان کو یہ خبر ملی کہ امام حسینؑ مکہ سے کوفہ کی طرف آرہے ہیں اور منزل حاجز تک پہنچ چکے ہیں تو اسی وقت انہوں نے اپنے غلام سعد نامی کو ہمراہ لیا اور کوفہ سے حاجز کی طرف روانہ ہوگئے ان کے ہمراہ چار اشخاص اور ہوگئے مجمع عاندی اور ان کے بیٹے اور جنادہ بن حرث سلمانی اور ایک نافع بجلی کے غلام جن کے ساتھ نافع کا گھوڑا بھی تھا جن کا نام کامل تھا۔یہ سب لوگ طرماح بن عدی طائی کی حمایت اور ہمراہی میں جو اپنے اہل وعیال کے لیے بعام وغیرہ کی فکر میں کوفہ آئے تھے روانہ ہوئے طرماح ان سب کو ایک غیر معروف راستے سے لے چلے اور نہایت عجلت و تیزی سے

راہ چلتے تھے ان کو نگہبانوں کا خوف تھا جو ابن زیاد کی طرف سے راستوں پر جابجا متعین و مامور تھے کہ کوئی شخص ادھر ادھر آنے جانے نہ پائے جب یہ لوگ امام حسینؑ کے قریب پہنچے تو طرماح بن عدی نے نہایت خوش الحانی سے یہ اشعار پڑھنا شروع کئے۔تا اینکہ منزل غذیب ہجانات میں حضرت امام حسین علیہ السلام کی خدمت اقدس میں حاضر ہو گئے اور سب کو آداب بجالائے۔اشعار پڑھے۔حضرت نے سب کے جواب میں ارشاد فرمایا۔قسم بخدا چاہے ہم شہید ہوں اور چاہے فتح یاب، ہر حال میں ہم کو خدا کی طرف سے بہتری ہی بہتری ہے ابو مخنف کہتے ہیں کہ جب یہ لوگ حضرت کی خدمت اقدس میں پہنچے اور حر بن یزید ریاحی نے جو حضرت کو گھیرے ہوئے تھا ان سب کو دیکھا تو امام حسین علیہ السلام سے عرض کیا مولا! یہ سب کوفہ کے لوگ ہیں آپ کے ہمراہ نہیں آئے ہیں ان کو میں قید کروں گا یا نہیں کوفہ کی طرف واپس بھیج دوں گا حضرت نے فرمایا یہ نہیں ہو سکتا جو ہمارا حال ہو گا وہی ان کا ہو گا اب تو یہ ہمارے ہمارے ساتھ ہیں ہمارے اعوان وانصار ہیں اے حر، تو نے ہم سے وعدہ کیا تھا کہ اب جب تک ابن زیاد کا کوئی حکم تجھ کو نہ آئے گا کسی بات میں ہم سے تعرض نہ کرے گا حر نے عرض کیا مولا یہ لوگ آپ کے ساتھ نہیں آئے ابھی یہیں آئے ہیں یہ اس وعدہ سے خارج ہیں حضرت نے فرمایا یہ لوگ میرے اصحاب ہیں اور گویا میرے ساتھ ہی آئے ہیں اگر تو خلاف وعدہ کرے گا تو ہم اسی وقت تجھ سے لڑیں گے یہ سن کر حر خاموش ہو گئے اور پھر ان لوگوں کے بارے میں کچھ نہیں کہا۔(ترجمہ ابصار العین ص ۱۰۶ طبع حیدر آباد دکن)

سرفروشان اسلام کا سرزمین کربلا پر ورود

(۲ محرم الحرام ۶۱ھ یوم پنجشنبہ)

حضرت امام حسینؑ اور آپ کے ہمراہی چلتے چلتے ایک ایسے شہر میں جا پہنچے جہاں آبادی تھی آپ نے وہاں کے لوگوں سے پوچھا کہ اس شہر کا کیا نام ہے انہوں نے کہا اسے شط الفرات کہتے ہیں آپ نے فرمایا۔اس کا کوئی دوسرا نام بھی ہے ان لوگوں کہا حضرت اس کا دوسرا نام پوچھے بغیر ہی یہاں سے گزر جایئے آپ نے ارشاد فرمایا تم خدا اور رسول کی قسم ہے اس کا دوسرا نام بتاؤ لوگوں نے کہا مولا ! اسے کربلا بھی کہتے ہیں یہ سن کر آپ آبدیدہ ہو گئے اور فرمایا خدا کی قسم یہ سرزمین میرے لیے کرب و بے چینی والی ثابت ہو گی پھر آپ نے فرمایا ،لوگو۔مجھے ایک مٹھی خاک تو اٹھا دو انہوں نے اٹھا دی آپ نے اپنی جیب سے ایک مٹھی خاک نکالی اور دونوں کو ملا کر سونگھا اور فرمایا یہی وہ زمین ہے جس کی مٹی جبریل میرے نانا کے پاس لائے تھے اور کہا تھا کہ اسی مٹی میں میری قبر بنے گی پھر ہاتھ سے مٹی پھینک کر فرمایا دونوں مٹیوں کی ایک ہی خوشبو ہے اس کے بعد اپنے جاں نثاروں کو مخاطب کر کے کہا اتر پڑو اور ایک انچ بھی آگے نہ بڑھو۔خدا کی قسم یہیں پر ہماری سواریاں اتریں گی یہیں پر ہمارے خون بہیں گے عورتیں اسیر ہوں گی مرد قتل ہوں گے اور بچے ذبح کئے جائیں گے یہیں ہماری قبریں بنیں گی یہیں سے ہمارا حشر و نشر ہو گا۔یہیں عزت دار ذلیل ہوں گے اور میری رگ جان کاٹی جائے گی۔میری داڑھی کا میرے خون سے خضاب ہو گا اور میرے نانا باپ اور ماں کو یہیں تعزیت ادا کرنے کے لیے آسمان سے فرشتے آئیں گے یہیں میرا وعدہ پورا ہو گا یہ سب کچھ فرما کر کہا سب اتر پڑے۔(الحسین ص ۴۶ طبع بمبئی ۱۲۹۲ھ حیوۃ الحیوان جلد ا

ص ۵۱ طبع مصر ۱۳۱۹ھ واخبار لاولی و آثار الاول ص ۱۰۷ طبع تبریز ۱۲۸۲ھ) ابو مخنف کا بیان ہے کہ حسینی قافلہ روانہ ہو کر کربلا پہنچا چلتے چلتے حضرت کا گھوڑا رک گیا اور ایک قدم بھی آگے نہ بڑھا۔

چلتے چلتے رک گیا گھوڑا تو حضرت نے کہا کیا زمین کربلا ہے تیری پہچانی ہوئی

جب گھوڑا کسی طرح نہ چلا تو آپ اتر پڑے اور متواتر سات گھوڑے بدلے۔ کسی نے بھی آگے قدم نہ بڑھایا تو آپ نے اس امر عجیب کو دیکھ کر لوگوں سے فرمایا بھائی اس زمین کو کیا کہتے ہیں ۔لوگوں نے غاضر یہ ۔ نینوا۔ شط فرات جیسے نام لیے ۔آپ نے فرمایا ''ھل اسم لھا غیر ھذا'' کہ اس کا کوئی اور نام بھی ہے۔ (دمعہ ساکبہ ص ۳۲۱ طبع ایران) لوگوں نے کہا مولا! اسے کربلا بھی کہتے ہیں۔ یہ سنتے ہی آپ نے اپنے جانثاروں سے فرمایا، کاٹھیاں اتار و یہیں میرا وعدۂ موت ۔اے لوگو یہی میرا مقتل ہیں۔ اور میرے پچھاڑے جانے کی جگہ ہے۔ اور اسی جگہ میری ہتک حرمت ہو گی۔ یہیں میرا عباسؑ جیسا قوت بازو پیاسا قتل کر دیا جائے۔ اور اسے خوشگوار پانی کا ایک قطرہ بھی نصیب نہ ہو گا۔ (تحفہ حسینیہ ص ۱۰۷ طبع ایران) الغرض امام حسین علیہ السلام اور آپؑ کے اہل بیت و جان نثار اتر پڑے۔ امامؑ چونکہ نور خدا ہیں۔ لہٰذا آپ کے اترتے ہی زمین کربلا بقعہ نور بن گئی ۔جناب مفتی محمد عباس صاحب فرماتے ہیں ۔جب آپ اپنے خاندان جن میں علی و عباس، عون، قاسم وغیرہ بھی تھے۔ اور اپنے اصحاب جن میں زہیر بن قین ۔حبیب ابن مظاہر مسلم بن عوسجہ بھی تھے۔ سمیت زمین کربلا پر رونق افروز اور جلوہ فرما ہوئے تو ایسا معلوم ہوتا تھا۔ جیسے ماہ کامل ستاروں کے جھرمٹ میں ہو۔ (شمع المجالس ص ۳۶ طبع لکھنؤ) علامہ اربلی لکھتے ہیں۔ چوں قدم آنحضرت بر زمین رسید رنگ خاک زرد شد۔ جب حضرت امام حسینؑ کے قدم زمین پر پہنچے تو چہرہ زمین (خجالت سے

)زرد ہو گیا۔(سیر الآئمہ ترجمہ کشف الغمہ ص ۶۹)علامہ شیخ جعفر شوستری رقمطراز ہیں کہ (امام حسینؑ کے کربلا پہنچنے اور) کرایہ کشوں کے رخصت کرنے کے بعد سیدہ ام کلثوم نے عرض کی۔ بھائی جان یہ زمین ہولناک ہے۔ میرا دل بے چین ہے۔امام حسین علیہ السلام نے فرمایا۔ہاں ایک دفعہ میں اپنے والد بزرگوار کے ساتھ صفین جارہا تھا۔ہمارا گزر اس سرزمین سے ہوا۔والد بزرگوار اس سرزمین پر وارد ہونے کے بعد میرے برادر بزرگوار کی گود میں سر رکھ کر کسی قدر سو گئے جب بیدار ہوئے تو رونے لگے میرے برادر بزرگوار نے رونے کا سبب پوچھا۔آپ نے فرمایا میں نے ابھی ابھی خواب دیکھا ہے۔کہ یہ صحرا خون کا سمندر بن گیا ہے۔اور میرے لخت جگر حسینؑ،اس دریائے خون میں ہاتھ مار رہا ہے۔اور کوئی اس کی فریاد کو نہیں پہنچتا۔پھر مجھ سے فرمایا" کیف تکون یا ابا عبداللہ اذا وقعت ھھنا الواقعہ" بیٹا تیرا کیا حال ہو گا۔جب یہ واقعہ ظہور پذیر ہو گا۔میں نے عرض کی بابا جان! میں صبر کروں گا۔(الارشاد والعزا ص ۱۴۷)

نصب خیام اور حضرت عباسؑ

حضرت امام حسینؑ نے حضرت عباسؑ اور دیگر جانبازوں کو نصب خیام کا حکم دیا۔پس امام حسین علیہ السلام بفرمود تا خیمہ ہا بر زدند (کشف الغمہ ص ۶۹) چنانچہ لب فرات خیمے نصب کرا دیئے گئے۔(شہید اعظم ص ۱۱۱) حر جسے پہلے سے حکم تھا کہ حسینؑ کو ایسی جگہ اتارے جہاں پانی کا نام ونشان تک نہ ہو۔اس نے مزاحمت کی" وحال بین بحر الفرات و بین الحسین و من معہ" اور نہر فرات اور امام حسینؑ کے درمیان حائل ہو گیا۔(نور العین ص ۴۶)

اسد اللہ کے پسر حضرت عباسؑ نے جب یہ بے ادبی اور گستاخی دیکھی جوش شجاعت میں آپے سے باہر ہو گئے۔امام حسینؑ نے آپ کے غصہ کو فرو کیا۔فاضل محترم جناب مولانا ریاض علی صاحب بنارسی مصنف ''الکرار'' لکھتے ہیں۔ حضرت حسینؑ حضرت عباسؑ کی سر گرمیاں دیکھتے ہیں۔پیار سے مسکراتے ہیں۔اور صبر کی تلقین کرتے ہیں۔(شہید اعظم جلد ۲ ص ۳۷۱) غرضیکہ خیمے لب فرات اٹھا دیئے گئے۔اور بقول اسفرائنی تین میل یا پانچ میل یا ایک فرسخ کے فاصلے پر نصب کر دیئے گئے۔ ''ثم ان الحسین امر بنصب الخیام للحریم والا ولاد وو جعل یصلح سیفه واله خر به وهو یبکی'' پھر امام حسینؑ نے اپنے اہل بیت اور اولاد کے لیے خیموں کے نصب کرنے کا حکم دیا اور اپنی تلوار وغیرہ کو صاف کرتے ہوئے رونے لگے (نور العین ص ۴۶)

خیام میں داخلہ سے پہلے

خیام نصب کئے جا چکے ہیں۔ابھی اہل حرم داخل خیمہ نہیں ہوئے کہ حضرت امام حسین علیہ السلام نے بیوفائی دنیا سے متلق کچھ اشعار پڑھے جس کا پہلا شعر یہ تھا۔

یا دھر اف لک من خلیل — کم لک بالا مشرق والا صیل

اے دنیا تجھ پر تف ہے۔کہ تو نے صبح شام کیسے کیسے دوست تباہ کر دیئے۔۔۔الخ (ناسخ التواریخ جلد ۶ شہید اعظم ، عبدالحمید ایڈیٹر مولوی دہلی ص ۱۱۴)امام حسینؑ کا شعر پڑھنا تھا کہ بیبیوں میں کہرام برپا ہو گیا اور حضرت زینب پر اتنا گہرا اثر ہوا کہ آپ بے ہوش ہو گئیں ۔امام حسینؑ نے بہن کے رخسار پر پانی چھڑکا۔تب حضرت زینبؑ کو ہوش آیا۔(سوانح کنتوری

ص ۱۹۱ طبع لاہور) (لہوف ص ۱۰۶ طبع ایران الآثارہ الاحزان قلمی ص ۳۶) ترجمہ پھر بیبیاں داخل خیمہ ہوئی۔ ان کے رونے کی آوازیں چیخ وپکار کی صدائیں بلند تھی۔ یہ سن کر امام حسینؑ نے خیمہ میں داخل ہو کر فرمایا اے اہل حرم! صبر کرو۔ زینب نے کہا بھیا تمہاری شہادت پر صبر کروں۔ اب مجھے زندگی کیسے اچھی لگے گی۔ بھائی تمہارے اس قول سے تو میں تمہیں مقتول۔ تمہارے مال کو لٹتا ہوا۔ تمہاری حریم کو قیدی اور جسم کو ریزہ ریزہ دیکھ رہی ہوں۔ تو پھر کیسے نہ رؤوں۔ (نور العین ص ۴۷) علامہ سپہر کاشانی لسان الملک لکھتے ہیں۔ حضرت امام حسین علیہ السلام نے اسی موقع پر حضرت زینبؑ کے سوال کا جواب دیتے ہوئے کہا۔ "لو ترک انقطا لنام" اگر قطار طائر چھوڑ دیا جاتا تو سو جاتا۔ یعنی اب اگر میری کسی طرح بیعت کے بغیر رہائی ممکن ہوتی تو میں مدینہ واپس چلا جاتا۔ (ناسخ التواریخ جلد ۶ ص ۲۲۵)

زمین کربلا کی خریداری

امام حسینمخدزارات عصمت وطہارت کو سمجھا بجھا کر خیمہ زینب باہر آئے اور نینوا و غاضریہ کے زمینداروں کو طلب کیا۔ جب وہ آئے تو ان سے اپنے حالات بیان فرمائے اور ان کو اپنے قتل وغارت کا یقین دلا کر ان سے کربلا کی زمین کی خریداری کا سوال کیا اور ساٹھ ہزار درہم پر چار مربع میل زمین خریدی اور شرطوں کے ساتھ انہیں کے لیے ہبہ کر دی۔ علامہ شیخ بہائی علیہ الرحمہ لکھتے ہیں ترجمہ: امام حسین علیہ السلام نے ان اطراف سمیت زمین کربلا و نینوا اور غاضریہ والوں سے ساٹھ ہزار درہم میں خریدی۔ جس میں آپ کی قبر مبارک ہے۔ پھر اس زمین کو ان دو شرطوں کے ساتھ انہی کے لیے ہبہ کر دی۔ (۱) جو زائر آئے اسے قبر کا نشان

بتائیں۔(۲) اس آنے والے کو تین روز تک مہمان رکھیں۔

حرم کربلا کے حدود

حضرت صادق آل محمد علیہ السلام ارشاد فرماتے ہیں۔ترجمہ حرم حسینؑ وہی ہے۔جسے امام حسینؑ نے چار مربع میل خریدا ہے۔جوان کی اولاد اور دوستوں کے لیے حلال اور شمنوں کے لیے حرام ہے۔اور اس میں بڑی برکت ہے۔

زمین کربلا کی فضیلت

حضرت محمد باقر علیہ السلام ارشاد فرماتے ہیں کہ خلاق عالم نے خلق زمین کعبہ سے ۲۴ ہزار سال قبل زمین کربلا کو پیدا کیا ہے۔اور اس میں برکتیں بھر دی ہیں۔"فلا زالت الارض کربلائے مقدسۃ طاھرۃ" اور یہ زمین ہمیشہ سے مقدس مبارک طاہر ہے۔"وانھااذازلزل اللہ الارض وسیرھارفعت کماھی"اور جب قیامت کا منظر ہوگا۔زمینوں کو زلزلے آئیں گے اس وقت یہ زمین پوری پوری مجسم اٹھا کر جنت میں پہنچادی جائے گی۔اور جنت کا بہترین طبقہ قرار دی جائے اور اس میں انبیائے مرسلین اور اولوالعزم پیغمبران فروکش ہوں گے۔اور وہ پورا طبقہ کوکب دری کی مانند چمکتا ہوگا اور وہ زمین فخر و مباہات کرتی ہوگی۔اور کہتی ہوگی کہ میں وہ مقدس پاک اور مبارک زمین ہوں جس کی آغوش میں سیدالشہداء سید الشباب اہل الجنہ ابو عبداللہ الحسین کا جد مبارک جلوہ افروز ہے۔مجھے زمین کعبہ پر فخر حاصل ہے ۔۔۔۔الخ (معالم الزلفی ص ۷ ۳۰ طبع ایران)

زمین کربلا کی خریداری کے بعد بنی اسد سے وصیّت

جناب حکیم محمد حسن صاحب میر ٹھی لکھتے ہیں کہ حضرت نے دوسری ہی محرم ۶۱ ہجری کو چار میل زمین ساٹھ ہزار درہم میں خرید لی۔ اسے کے بعد اس زمین کو انہیں کے نام ہبہ کر کے ذیل کی وصیتیں فرمائیں: (۱) جہاں ہماری قبریں بنیں وہاں پر کاشت نہ کرنا۔ (۲) ہمارے زائروں کو ہمارے قبروں کے نشانات بتاتے رہنا۔ (۳) ہمارے ہر زائر کو تین شبانہ روز مہمان رکھنا۔ (۴) جب ہم قتل کر دیئے جائیں گے۔ تو ہماری لاشوں کے دفن کی فکر کرنا اگر ہر ایک کو علیٰحدہ علیٰحدہ دفن نہ کر سکو۔ تو ایک گڑھا کھود کر سب کو دفن کر دینا۔ مردوں سے اس وصیّت کے بعد عورتوں کی طرف متوجہ ہو کر فرمایا۔ اگر تمہارے مرد خوف حاکم سے ہمیں دفن نہ کریں تو انہیں غیرت دلا کر ہمارے لاشوں کو تہ خاک چھپا دینا۔ پھر بچوں کی طرف متوجہ ہوئے اور آبدیدہ ہو کر فرمایا "اے بچو! اگر تمہارے ماں باپ ہمارے دفن اغماض کریں تو سب ایک ایک مٹھی خاک لے کر ہمارے اجساد بے سر پر اس قدر ڈالنا کہ ہم غریب الدیار لوگوں کی لاشیں چھپ جائیں" (مجالس عزا ص ۶۰ و ۶۳ طبع میرٹھ ۱۹۱۴ئ)

امام حسینؑ کے نام ابن زیاد کا پیام

محرم کی دوسری تاریخ ہے۔ اور دن کا بڑا حصہ خرید و فروخت زمین کربلا اور دیگر انتظامات میں گزر چکا ہے کہ ناگاہ کوفہ سے ابن زیاد ملعون کا خط امام حسینؑ کے نام پہنچا جس میں مرقوم

تھا۔ ترجمہ :اے حسینؑ! تمہارے کربلا پہنچنے کی خبر ملی اور یزید کا خط بھی ملا۔ وہ مجھے لکھتا ہے کہ میں اس وقت تک چین سے نہ بیٹھوں اور پیٹ بھر کر نہ کھاؤں جب تک تم سے بیعت نہ لے لوں یا تمہیں قتل نہ کر ڈالوں۔ ابن زیاد بد نہاد کا نامہ بر خط لیے ہوئے حضرت سید الشہداء کی خدمت میں حاضر ہوا آپ نے خط پڑھا اور زمین پر پھینک کر فرمایا ''لا افلح قوم اشتر وامر ضاۃ المخلوق بسخط الخالق'' وہ قوم نہیں نجات پا سکتی جو رضائے مخلوق کے لیے خالق کو ناراض کرتی ہے۔ نامہ بر نے جواب مانگا۔ تو آپ نے فرمایا ''مالہ ذا عندی جواب لانہ قد حقت علیہ کلمۃ العذاب ''۔ میرے پاس اس کا کوئی جواب نہیں۔ اس لیے کہ اس کے واسطے عذاب معین ہو چکا ہے۔ (ناسخ جلد ۶ ص ۲۳۰) نامہ بر نے کل واقعہ ابن زیاد تک پہنچایا۔ حضرت کا عذاب آسا جواب پاتے ہی ابن زیاد آگ بگولہ ہو گیا اور ابن سعد کو طلب کیا۔ جو ملک عجم میں قبیلہ ویلم کے مقام ''دستبیٰ'' پر باغیانہ قبضہ کو روکنے کے لیے چار ہزار فوج لیے ہوئے مقام ''حمام اعین'' پر ٹھہرا ہوا تھا۔ اور اس سے کہا کہ قتل حسینؑ کی زبردست مہم در پیش ہے پہلے اسے سر کرے پھر ایران کی طرف رخ کرنا۔ عمر سعد نے کچھ تکلف کیا اور ہچکچاہٹ ظاہر کی بقول صاحب ناسخ ابن زیاد نے ابن سعد کو دس سالہ ''رے'' کی گورنری دینے کا وعدہ کیا اور بقول دیگر مورخین ابن زیاد نے کہا کہ اگر تو اس میں مہم کو سر کرنے کا بیڑا نہ اٹھائے گا۔ تو پروانہ حکومت ''رے'' جو دس سال کے لیے تجھے دیا گیا ہے۔ واپس لے لیا جائے گا۔ (جلاء العیون ص ۱۹۶۔ نور الابصار ص ۱۱۷) عمر بن سعد نے سوچ بچار کے لیے ایک شب کی مہلت مانگی مہلت ملی۔ گھر آیا، رات بھر بعض اصحاب رسول اور انصار چھپ چھپ کر اس کے مکان پر آئے اور اسے سمجھاتے بجھاتے رہے لیکن جب صبح ہوئی تو اس ملعون زبان پر چند شعر تھے۔ جن میں سے ابتداء کے تین شعر یہ ہیں ۔: خدا کی قسم کی سخت حیران ہوں او

ردواہم امروں کے بارے میں سمجھ میں نہیں آتا کہ کس کواختیار کروں اور کس کو چھوڑ دوں :آیاملک رے کو چھوڑ دوں اور درآنحالیکہ وہ میری اہم تمنا کا مرکز ہے۔ یا قتل حسینؑ سے گناہ گار بن جاؤں۔ حسینؑ میرا چچازاد بھائی ہے۔اور بڑے حوادث میں گھرا ہے۔ لیکن اپنی قسم ملک رے کی گورنری میں بھی آنکھوں کے لیے ٹھنڈک موجود ہے۔تاریخ میں لکھا ہے کہ عمر بن سعد جب ان اشعار کو سپرد نوک زبان کیا۔ہاتف غیبی نے آواز دی۔۔اے وہ فاسد النسب جس کی کوشش برباد ہو کر رہے گی اور جو دنیا سے بری طرح اٹھے گا۔۔ عنقریب تو ایسے جہنم میں جھونک دیا جائے گا جس کے شعلے بھڑکتے ہی رہی گے۔اور تیری سعی بدترین ثابت ہوگی۔۔اور جب کہ تو حسین بن فاطمہ کو اشرف کائنات جانتے ہوئے ان سے مقابلہ پر آمادہ ہو رہا ہے۔۔ تو یہ بھی جان لے اے بدترین خلائق کہ تو قتل حسینؑ کے بعد حکومت رے پر فائز نہ رہے گا۔الغرض صبح ہوتے ہی ابن سعد ابن زیاد کے دربار میں حاضر ہوا۔ابن زیاد نے مسجد جامع میں خطبہ دیتے ہوئے کہا، وہ کون بہادر ہے۔جو حسینؑ کو قتل کر کے دس سال کے واسطے مجھ سے حکومت رے کی گورنری لے کر آرام و چین کی زندگی بسر کرنا چاہتا ہے۔عمر بن سعد بن ابی وقاص صحابی رسول نے بڑھ کر کہا۔میں حاضر ہوں۔میں حسینؑ کو قتل کر کے امیر اور یزید کی رضامندی حاصل کروں گا۔(ناسخ التوریخ جلد ۶ ص ۲۳۰تا ص ۲۳۲ و کتاب المیلان ابن فقیہ ص ۲۷۱

۲ محرم کو امام حسینؑ کا خطبہ اور اصحاب کی طرف سے اس کا جواب

حضرت امام حسین علیہ السلام نے ابن زیاد کے نامہ بر کو سخت جواب دینے کے بعد اپنے اصحاب کو جمع فرمایا: ایک نہایت فصیح و بلیغ خطبہ دیا جس کا ترجمہ یہ ہے۔ "اب میں اس منزل میں ہوں کہ اسے میں ہی جانتا ہوں اور دنیا نے مجھ سے منہ پھیر لیا ہے۔ اور دم لبوں پر ہے اور لوگوں نے حق سے ہاتھ کھینچ لیا ہے۔ اور وہ باطل کو حق جان رہے ہیں۔ جو شخص کہ خدا اور روز جزا پر ایمان رکھتا ہے۔ اسے چاہیے کہ دنیا سے منہ پھیر لے اور خدا کا مشتاق ہو بیٹھے کیونکہ شہادت ایک شرف ابدی ہے۔ (لیکن) ان دشمنوں کے ساتھ لڑ بھڑ کر اپنی زندگی ختم کرنی اور ان کی غلبگی سوا محنت و مشقت اور تکلیف کے اور کوئی فائدہ نہیں رکھتی۔" یہ سن کر زہیر بن قین کھڑے ہوگئے کہ مولا! اگر دنیا ہمیشہ ہمیشہ رہنے والی ہے۔ تو البتہ آپ کا فرمانا درست ہو سکتا تھا لیکن ایسی صورت میں جب زندگی صرف چند روزہ ہے۔ پھر آپ کی نصرت سے ہاتھ اٹھانے میں کیا فائدہ ہے۔ ان کے بعد ہلال بن نافع بھی کھڑے ہوگئے اور عرض کرنے لگے۔ مولا! ہم لوگوں نے دل سے عہد کیا ہے اور آپ پر قربان ہونے کو سعادت ابدی جانتے ہیں مولا! ہم ان منافقین میں سے نہیں ہیں۔ جو عہدِ رسول میں لمبے لمبے وعدے کرتے اور موقع پر دھوکا دیتے رہتے تھے۔ اور امیر المومنین و امام حسنؑ کے ساتھ برا سلوک کرتے رہے۔ مولا! آج آپ بھی اس قسم کی مصیبت میں گرفتار ہوگئے ہیں۔ ہم آپ کو یقین دلاتے ہیں کہ ہمارے ارادے بڑے مستحکم اور عزم بہت مضبوط ہیں۔ ھم انشاء اللہ آپ پر کمال دلیری کے ساتھ قربان ہوں گے۔ مولا! ہم آپ کے دوستوں کے دوست اور دشمنوں کو دشمن سمجھتے ہیں۔ جو آپؑ کا حکم ہوگا بسر و چشم بجالائیں گے۔ پھر بریر ین خفیر کھڑے ہوئے اور انہوں نے بھی اسی طرح جانبازی جانثاری کے جذبات کا اظہار کیا۔ امام حسین علیہ السلام نے اپنے ان جان بازوں کو دعائیں دیں۔ اور اپنے اہلبیت کی طرف

متوجہ ہو کر بارگاہ خداوندی میں کلمات دعا عرض کیئے (جلاء العیون ص۱۹۷ طبع ایران ۱۳۰۱ھ)

امام حسین علیہ السلام کا خط محمد حنفیہ کے نام

حضرت امام محمد باقر علیہ السلام فرماتے ہیں کہ اسی دوسری محرم کو حضرت امام حسین علیہ السلام نے حضرت محمد حنفیہ کو ایک خط لکھا تھا جس میں لکھا تھا۔ ترجمہ: بھائی میں کربلا پہنچ گیا ہوں۔اوراب زندگی سے ہاتھ دھو چکا ہوں اور شہادت کی ٹھان لی ہے دنیا کو فانی اور آخرت کو باقی جانتا ہوں (اسی لیے) دنیا پر آخرت کو ترجیح دے دی والسلام (جلاء العیون ص۱۹۶) علامہ شیخ جعفر شوستری کتاب المواعظ وا لبکاء کی دوسری مجلس میں ارشاد فرماتے ہیں۔آج دوسری محرم ہے۔دیکھئے ابن زیاد نے کثرت سوار و پیادہ سے کوفہ سے قادسیہ یاقطقطانیہ تک تمام راستے بند مسدود کر دیئے ہیں۔تا کہ کوئی شخص آنجناب کی مدد کو نہ پہنچ سکے۔ ہم روحانی آنکھوں سے دیکھ رہے ہیں کہ آنجناب اموی لشکر میں محصور ہو چکے ہیں۔اور یزیدی فوجوں کے گھیرے میں آ گئے ہیں۔آنحضرت کے گھیرے کو حر بن یزید ریاحی نے جن الفاظ میں بیان کیا ہے۔ ہم اس کا مخلص کتاب بحار الانوار سے پیش کرتے ہیں۔ حضرت حر لشکر یزید کو اس طرح مخاطب کرتے ہیں۔ "ارے تم نے اللہ کے اس عبد صالح کو اپنے ملک میں آنے کی دعوت دی۔اس نے قبول کیا تو اس پر تم نے انہیں تمام اطراف و جوانب سے گھیر لیا اور سانس لینے کا راستہ بھی تنگ کر دیا۔ان لوگوں نے امام حسینؑ کو ان کے جد پاک حرم سے علیحدہ کیا پھر انہوں نے بیت اللہ کا قصد کیا۔اس دار الامان میں بھی امن سے نہ

بیٹھے دیا یہاں تک کہ آپ منزل پر منزلیں طے کرتے ہوئے وارد زمین کربلا ہوئے ۔ ذرا امامت کی مصیبت اور مظلومیت کو دیکھے جو شخص راستے میں ملتا ہے۔ عرض کرتا ہے ۔ یمن چلے جایئے۔ وہاں آپ کے شیعہ ہیں کبھی کوئی کہتا ہے کہ فلاں پہاڑ میں پناہ لیجئے۔ آخر کار سید الشہداء نے فرمایا: ۔اے فلاں اگر میں چینونٹی کے سوراخ میں بھی چلا جاؤں اور وہاں منزل اختیار کروں اور پناہ گزیں ہو جاؤں تب بھی یہ دشمن مجھ سے دستکش نہ ہوں گے۔ یہی خیال نہ کیجئے کہ آنحضرت کی مصیبت تیر تلوار تیر و خنجر کی مصیبت تھی آنحضرت کے مصائب میں سے ایک مصیبت یہ تھی کہ آپ جس راستے سے گذرتے تھے ایام حج ہونے کی وجہ سے راستے انسانوں سے اٹے پڑے تھے لیکن ان قافلوں کے لوگ آنحضرت سے کنارہ اختیار کرتے تھے تا کہ حضور طلب اعانت نہ فرمائیں۔ ۳ محرم الحرام ۶۱ھ یوم جمعہ

عمر ابن سعد کا کربلا پہنچنا

تیسری محرم الحرام کو عبید اللہ ابن زیاد نے عمر بن سعد کو قتل حسینؑ پر آمادہ کر کے پانچ یا چھ ہزار سوار اور بقولے علامہ عیسیٰ اربلی ۲۲ ہزار سوار و پیادے دے کر کربلا روانہ کیا۔ (ناسخ التواریخ جلد ۶ ص ۲۳۲ تاریخ طبری جلد ۶ ص ۳۳۳۔ اکسیر التواریخ ص ۶۹) علامہ سماوی لکھتے ہیں کہ ابن سعد کی روانگی کے بعد ابن زیاد نے عام منادی کر دی کہ جو کوئی سوار یا پیادہ کوفہ میں رہ جائے گا اور کربلا نہ جائے گا۔ وہ قتل کر دیا جائے گا۔ چنانچہ اس منادی کے بعد ایک مرد مسافر کوفہ میں دیکھا گیا۔ اس زیاد پاس پکڑ کر لے گئے۔ ابن زیاد نے اس سے حال

دریافت کیا۔اس نے کہا میں شام کا رہنے والا ہوں یہاں ایک شخص کے ذمہ میرا قرض ہے ۔قرض لینے آیا ہوں ۔یہ سن کر بھی ابن زیاد نے حکم دیا کہ اگرچہ یہ شخص کوفہ کا رہنے والا نہیں ہے۔ مگر اس کو بھی قتل کرو تا کہ لوگوں کو کاہل عبرت ہو اور کوئی مرد کوفہ میں باقی نہ رہے (ترجمہ ابصار العین سماوی ص۱۸ طبع حیدر آباد ۱۳۵۷ھ الاخبار الطوال ص ۲۵۲) الغرض عمر بن سعد کربلا پہنچا اور اپنا خیمہ فرات کے اس پار مشرقی سمت میں نصب کیا۔(تاریخ کا خونی ورق ص ۷۲ بحوالہ مقتل ابی مخنف) اس کے بعد حضرت امام حسینؑ کے پاس کثیر بن عبداللہ شعبی کو بھیجا کہ وہ جا کر امام حسینؑ سے دریافت کرے کہ وہ اتنی لمبی مسافت طے کر کے کیوں تشریف لائے ہیں ۔جب وہ قریب پہنچا۔ حضرت ابو ثمامہ صیداوی نے فرمایا کہ سلاح جنگ اتار کر حضرت کی خدمت میں جا سکتے ہو۔اس نے سلاح جنگ اتارنے سے انکار کیا۔آپ نے اسے واپس کر دیا۔اس کے بعد عمر بن سعد نے قرۃ بن قیس خطلی کو بھیجا حضرت زہیر بن قین آگے بڑھے اور اسلحہ اتروادیا۔قرۃ نے امام حسین علیہ السلام کی خدمت میں حاضر ہو کر عمر بن سعد کا پیغام بیان کیا۔ حضرت نے فرمایا اہل کوفہ نے بارہ ہزار خطوط لکھ کر مجھے طلب کیا ہے ۔اسی بنا پر میں آیا ہوں ۔اور اگر میرا آنا تم لوگ ناپسند کرتے ہو تو میں واپس جانے کو تیار ہوں۔ قرۃ نے واپس جا کر حضرت کی ساری گفتگو ابن سعد کے سامنے دہرا دی اس نے کہا انشاءاللہ صلح ہو جائے گی ۔اسی امید صلح پر ابن سعد نے ابن زیاد کو لکھا ہے۔ میں نے کربلا پہنچ کر امام حسینؑ سے اس طرف آنے کا سبب دریافت کیا۔ وہ فرماتے ہیں کہ مجھے خطوط لکھ کر بلایا گیا ہے۔ لیکن بہر صورت اگر میرے آنے کو اہل کوفہ پسند نہیں کرتے تو میں واپس جانے کے لیے تیار ہوں۔ حسان بن قائد عیسی کہتا ہے کہ جب ابن سعد کا نامہ پہنچا تو میں دربار میں موجود تھا۔ خط پڑھ کر ابن زیاد نے کہا۔ آلان علقت

فخالبنا به یر جو النجاۃ ولات حسین مناص۔امام حسین ! اب جبکہ ہمارے چنگل میں آگئے ہیں ۔جان بچانا چاہتے ہیں۔اب بھلا چھٹکارا کہاں ممکن ہے۔اس کے بعد عمر بن سعد کو لکھا۔ فقد بلغنی کتابک وفھمت ماذکرت فاعرض علی الحسین ان یبایع لزید ھو جمیع اصحابہ فاذا فعل ذالک راینا فیہ اینا، تیرا خط مجھے ملا۔میں اسے سمجھا جواباً لکھا جاتا ہے کہ حسینؑ کے سامنے بیعت یزید پیش کر۔اگر انہوں نے اپنے اصحاب سمیت کرلی تب میں ان کے بارے میں سوچوں گا۔خط پڑھ کر ابن سعد اس نتیجہ پر پہنچا کہ حسینؑ جنگ کیے بغیر چارہ نہیں۔اس لیے کہ وہ کسی صورت بھی بیعت نہ کریں گے۔(ناسخ جلد ۶ ص ۳۲۵ روضۃ الشہداء ص ۳۰۴)

حبیب ابن مظاہرؑ کا امداد طلبی کے لیے قبیلہ بنی اسد میں جانا

تیسری تاریخ کی شام آگئی ہے۔حبیب ابن مظاہر اسدی حضرت امام حسینؑ کی خدمت میں حاضر ہو کر عرض کرتے ہیں۔مولانا! بنی اسد ہمارے رشتہ دار ہیں۔اگر اجازت ہو تو میں ان سے مدد طلب کروں۔امام نے فرمایا۔تم جا سکتے ہو حبیب رات کے تاریخ پردہ میں ان لوگوں کے پاس جا پہنچے اور ان سے اپنی رشتہ داری کا حوالہ دیتے ہوئے فرزند رسولؐ کی امداد و اعانت طلن کی۔نوے اسدی امداد کے لیے کمربستہ ہو گئے۔امام حسین علیہ السلام کے بچپنے کے دوست ''حبیب'' ان لوگوں کو لیے آرہے تھے کہ انہیں میں سے ایک شخص چپکے سے ابن سعد کے پاس جا پہنچا اور اس سے واقعہ کو بیان کر دیا۔عمر بن سعد نے ارزق شامی کی سرکردگی میں چار سو سواروں کا لشکر اس کمک کو روکنے کے لیے بھیج دیا۔اس لشکر نے اسدیوں سے مزاحمت کی اور باہم جنگ کرنے لگے۔اسدی بہاد تھوڑے تھے۔تاب مقادمت نہ

لاسکے۔اور مجبوراًواپس ہو گئے۔ حضرت حبیب سرکار حسینی میں حاضر ہوئے اور واقعہ نقل کیا۔ حضرت امام حسین علیہ السلام نے اظہار تاسف کیا۔ ناسخ التواریخ جلد ۶ ص ۲۳۵۔ دمعۃ الساکبہ ص ۳۲۲

۴ محرم الحرام ۶۱ ھ یوم شنبہ

عمر سعد کو خط کا جواب لکھنے کے بعد ابن زیاد نے جامع مسجد میں اجتماع کرایااور منبر پر جاکر کہا: ایہاالناس ! اے لوگو ! تم نے آل ابوسفیان کو اچھی طرح جانچا ہے اور انہیں بڑارحم و کرم والا پایا ہے ان کے نواز شات لوگوں پر کس قدر عام ہیں۔اب تمہارے سامنے اس وقت حاکم یزید ہے وہ کتنا لائق ہے اپنی رعیب کو کس قدر چاہتا ہے اور اس پر کس درجہ مہربان ہے مجھے حکم دیا ہے کہ میں تم پر مزید انعامات واکرمات کو وافر کروں اور تمہارے لیے خزانوں کے منہ کھول دوں مداخر جکم الی حرب عدوہ الحسین فاسموالہ واطیعوہ اور تمہیں یزید کے دشمن حضرت امام حسین علیہ السلام سے لڑنے کے لیے بھیج دوں اب تمہارا فرض ہے کہ تم اس بارے میں اس کی بات کو کان دھر کے سنو۔اور اطاعت گزاری میں سر سے گزر جاؤ۔اس کے بعد منبر سے اترا۔وامر ھم ان یخرجواالی حب الحسین ویکونوعوناًلابن سعد علی حربہ اور ان لوگوں کو حکم دیا کہ فوراً لڑنے کے لیے حسینؑ سے نکل کھڑے ہوا۔اور کربلا جاکر ابن سعد کے معین بنیں۔فاول خرج شمر ذی الجوشن فی اربعتہ الاف۔ یہ سن کر کثیر افراد کربلا کو تیار ہو گئے اور سب سے پہلے جو کربلا روانہ ہوا وہ شمر ذی الجوشن تھا۔اس لشکر کی تعداد چار ہزار تھی۔علامہ محمد باقرؒ لکھتے ہیں کہ شمر کے لشکر کو ملا کر ابن سعد کا لشکر نو ہزار ہو گیا۔ پھر

ابن زیاد نے شمر کے بعد ابن رکاب کو دو ہزار ور حصین بن نمیر کو چار ہزار اور مضائر بن رھینیہ کو تین ہزار اور نصر ابن خرشہ کو دو ہزار سوار دے کر کربلا روانہ کر دیا۔ جس کا مجموعہ بیس ہزار ہوتا ہے (دمعہ ساکبہ ص ۳۲۲) ۵ محرم الحرام ۶۱ھ یک شنبہ علامہ باقر لکھتے ہیں ۔"ثم ارسل الی شیث ابن ربعی" ۔۔۔۔الخ بیس ہزار پر مشتمل لشکر بھیجنے کے بعد ابن زیاد نے شیث بن ربعی کو طلب کیا۔ اس نے حاضری میں تامل سے کام لیا۔ تو تہدیدی خط لکھ کر بلایا جس کا آخری جملہ یہ تھا" ان کنت فی طاعتنا فاقبل الینا مسرعاً اگر تیری گردن میں میری طاعت کا طوق ہے۔ تو فوراً حاضر خدمت ہو جا ابن ربعی دربار میں حاضر ہوا" اسے چار ہزار سوار دے کر حضرت امام حسینؑ سے لڑنے کے لیے کربلا روانہ کر دیا۔ اس کے بعد عروہ بن قیس کو بلا کر چار ہزار کا سردار اور سنسان بن انس کو دس ہزار کا سردار اور محمد بن اشعث کو ایک ہزار اور عبداللہ الحصین کو ایک ہزار پر مشتمل لشکر کا سردار بنا کر روانہ کیا۔ یہ سارا لشکر کوفہ سے روانہ ہو کر کربلا پہنچا اور حضرت امام حسین علیہ السلام کے مقابلے میں جا اترا (دمعہ ساکبہ ص ۳۲۲ و ناسخ التواریخ جلد ۶ ص ۲۳۳) ۶ محرم الحرام ۶۱ھ یوم دوشنبہ کوفہ سے لشکر کی آمد کا تانتا بندھا ہوا ہے۔ اور ابن زیاد مسلسل عمر سعد کو ابھار رہا ہے۔ کہ حسینؑ سے جنگ کرنے میں پوری دلیری سے کام لے۔ چنانچہ آج جو خط پہنچا ہے۔ اس مرقوم ہے۔ "انی لم ابعل لک علۃ فی کثرۃ الخیل والرجال۔ عمر سعد! دیکھ میں نے لشکر کی کثرت کے ذریعہ سے تیرے لیے نہیں چھوڑا کہ تو قتل حسین سے پہلو تہی کرے۔ ذرا ہوش کر۔ تیری خبر صبح و شام میرے پاس پہنچ رہی ہے۔ علامہ محمد باقر لکھتے ہیں۔ "وکان زیاد لعنہ اللہ یستحنب عمر بن سعید لمستۃ ایام مضین من المحرم" ابن زیاد عمر بن سعد کو چھٹی محرم کو تحریر کیا کہ قتل حسینؑ میں بہانہ تلاش نہ کرنا۔ میرے پاس لشکر بہت ہے۔ صرف کوفہ کے لشکری جو میں

تیرے ساتھ بھیج چکا ہوں ۸۰ ہزار ہیں۔ جن میں ایک بھی شامی اور حجازی نہیں ہے۔(دمعہ ساکبہ ص ۳۲۲) اسی امر کی طرف اشارہ کرتے ہوئے ابو مخنف لکھتا ہے کہ ابن زیاد کے لشکر میں کوفہ کے اسی ہزار باشندے تھے۔ یہی وجہ ہے۔ کہ بعض حضرات نے ابن زیاد کے لشکر والوں کی تعداد ایک لاکھ بائیس ہزار تحریر کی ہے۔اور بعض نے اس سے بھی زیادہ لکھی ہے۔(ناسخ التوریخ جلد ۶ ص ۲۳۳)علامہ محمد باقر بروایت ابی مخنف لکھتے ہیں۔ لشکر برابر کربلا بھیجا جاتا رہا۔ یہاں تک کہ اسی ہزار کوفی جن میں ایک بھی شامی و حجازی نہ تھا کربلا جا پہنچے اور امام حسین علیہ السلام کے قریب خیمہ زن ہوئے۔(دمعہ ساکبہ ۳۲۲ جن میں خولی بن یزید اصبحی دس ہزار اور کعب بن طلحہ تین ہزار حجار ابن الحر ایک ہزار سواروں سمیت شامل تھے (ناسخ التواریخ جلد ۲ ص ۲۳۳ اور بروایت امام زین العابدین علیہ السلام ابن جنود نامسعود در۔ روز ششم محرم در کربلا جمع شرند، یہ لشکر والے چھٹی محرم کو کربلا میں جمع ہو گئے ۔(جلدالعیون ص ۱۹۷)

خولی بن یزید اصبحی کا خط زیاد کے نام

مورخین لکھتے ہیں کہ ابن سعد کو چونکہ یہ خیال تھا اگر امام حسینؑ سے جنگ نہ کرنی پڑی تو بہتر ہے۔ لہٰذا تخلیہ میں اس نے حضرت سے کئی مرتبہ گفتگو کی۔ خولی بن یزید اصبحی ملعون کو جب اس بات کا علم ہوا اس نے ابن زیاد کو لکھ بھیجا۔ اے میر ! عمر بن سعد رات کے تاریک پردے میں ایک علیحدہ مقام پر جا کر امام حسین علیہ السلام کو بلاتا ہے اور چادر بچھا کر بیٹھتا ہے اور کافی رات گئے تک دونوں بات چیت میں مشغول رہتے ہیں میں تو اسے حسین پر بڑ مہربان

پاتاہوں میرے خیال میں تو عمر بن سعد کو حکم دے کہ وہ استعفیٰ دے کر مجھے ذمہ دار بنادے پھر دیکھ میں کیسا کام کرتاہوں (ناسخ التواریخ جلد ۶ ص ۲۳۶ طبع ایران) اس خط کا پہنچنا تھا کہ عبیداللہ ابن زیاد آگ بگولہ ہو گیا۔ اور فوراً عمر بن سعد کو ایک خط لکھا۔

ابن زیاد کا خط عمر ابن سعد کے نام

ابن سعد ! مجھے معلوم ہوا ہے کہ تو ہر شب اپنے خیمہ سے نکل کر امام حسینؑ کو بلاتا ہے اور ان سے رات گئے تک باتیں کرتا رہتا ہے سن میرا خط پاتے ہی ان سے کہہ دے کہ وہ میرے حکم پر آجائیں اور اگر میرا حکم نہ مانیں تو ان کے لیے پانی روک دے کیونکہ میں یہود اور انصاری کے لیے پانی حلال اور آزاد کر دیا ہے لیکن حسینؑ اور ان کے اہل بیت کے لیے حرام اور بند کر چکا ہوں دیکھ ان کے اور پانی کے درمیان حائل ہو جا اور ایسا کر کہ وہ ایک قطرہ پانی کا نہ پا سکیں جیسے کہ امیر المومنین عثمان غنی نہیں پا سکے تھے۔ (ناسخ التواریخ جلد ۶ ص ۲۳۶ اخبار الطوال دنیوی ۲۵۴ طبری جلد ا ص ۳۱۲ البدایہ والنہار جلد ۸ ص ۱۷۵) علامہ ہروی لکھتے ہیں کہ ۔ چھٹی تاریخ و ساتویں شب سے خاص خاص محافظ لشکر، لشکر ابن زیاد لعین کی طرف سے حفاظت نہر اور ممانعت آب کے لیے مقرر ہوئے (مواعظ حسینیہ ص ۲۳۸)

شب ہفتم میں پانی لانے کا واقعہ

چھٹی کا دن گزر چکا ہے اور پانی خیمہ میں باقی نہیں رہا۔ جاں نثاروں نے حسب دستور پانی

لانے کی کوشش کی چنانچہ تیس بہادر نہر فرات کی طرف پانی لانے کے لیے روانہ ہوئے اور پانی لائے

۷ محرم الحرام ۶۱ ھ یوم سہ شنبہ

ساقی کوثر کے پیاروں پر آب فرات کی بندش سپہر کاشانی لکھتے ہیں کہ جب ابن زیاد کا خط ابن سعد کو ملا اسے مطالعہ کرنے کے بعد ابن سعد بندش آب پر متوجہ ہوا اور عمر بن حجاج کو بلا کر اسے پانچ سو سوار حوالے کئے اور حکم دیا کہ نہر فرات پر ایسا مستحکم پہرہ ڈالے کہ حسینؑ اور اس کے اصحاب پانی نہ لے جانے پائیں۔ یہ واقعہ ۷ محرم الحرام یوم سہ شنبہ کا ہے ناسخ التواریخ جلد ۶ ص ۲۳۷) مورخ طبری لکھتا ہے کہ عمر بن سعد نے عمر بن حجاج کو پانسو سواروں سمیت بندش آب کے لیے معین کر دیا حکم پاتے ہی عمر بن حجاج امام حسینؑ وغیرہ اور پانی کے درمیان اس طرح حائل ہو گیا کہ یہ پیاسے ایک ایک قطرہ آب کے لیے ترس جائیں۔ یہ واقعہ قتل حسینؑ سے تین دن پہلے کا ہے (تاریخ طبری جلد ۲، ص ۳۱۲) غرضکہ عمر سعد نے عمر بن حجاج کو پانچ سو سواروں سمیت نہر فرات پر بھیج دیا۔ اس کے بعد فوجی افسر حجر کو بلا کر چار ہزار سواروں کی سر کردگی میں عاضریہ کے گھاٹ پر متعین کر دیا ۔ پھر شیث ابن ربیعی کو بلایا اور ایک ہزار سواروں کا افسر بنا کر حکم دیا کہ تم یہ فوج لیکر گھاٹ پر جاؤ اور پانی روکو یہ لوگ نہر فرات کے گھاٹ پر آ گئے اور پورے انہماک سے اس بات کی کوشش کی کہ پانی کا ایک قطرہ بھی حسینؑ اور ان کے بچے نہ لینے پائیں۔ (مقتل ابی مخنف ص ۳۲) الغرض یزید کے حکم سے ابن زیاد نے ابن سعد کو لکھا

عمر بن سعد نے عمر بن حجاج کو حکم دیا کہ نہر پر مضبوط پہرا رکھا جائے۔ اور امام حسینؑ اور ان کے چھوٹے بچوں تک پانی کا قطرہ نہ پہنچنے پائے۔

بندش آب پر طعنہ زنی

بندش آب ہی کیا امام حسینؑ کے لیے کچھ مصیبت تھی کہ ان پر عبداللہ بن حصین نے ان لفظوں میں طعنہ زنی کی اے حسینؑ! کیا تم پانی کو نہیں دیکھتے کہ کس طرح سے کروٹیں لے رہا ہے۔ لیکن خدا کی قسم تم کو ایک قطرہ پانی کا نہ دیں گے۔ یہاں تک کہ تم پیاسے مر جاؤ۔ (ناسخ التواریخ جلد ۶ ص ۲۳۷ ذخیرہ لمال ورق ۱۳۴۔ امالی صدوق ص ۸۲، مقتل عوالم اور صواعق محرقہ ص ۱۱۸) بروایت ابن جوزی عمر بن حجاج نے پکار کر کہا۔ اے حسینؑ دیکھو اس نہر فرات سے کتے اور سوار اور جنگلی جانور پیتے ہیں۔ لیکن تم اگر چاہو کہ پانی پی لو تو یہ ناممکن ہے۔ خدا کی قسم تم ایک قطرہ بھی پانی کا نہ دیں گے۔ یہاں تک کہ ------- (معاذاللہ) جہنم کے گرم پانی سے سیراب ہو۔ (ناسخ التواریخ جلد ۶ ص ۲۳۷۔ نور العین ص ۳۷) حضرت امام حسین علیہ السلام کو بندش آب سے زیادہ اس طعنہ زنی کا صدمہ ہوا۔ ''فکان سماع ھذا۔ کام علی الحسین اشد من منعھم ایاہ الماءَ'' آپؑ نے ابن حصین کے جواب میں فرمایا:۔ اللھم اقتلہ عطشاً ولا تغفر لہ ابداً۔ خدایا پیاس سے مار دے اور کبھی نہ بخش۔ (تذکرہ خواص الامتہ ص ۱۴۱ طبع ایران)

ابن حوشب کی طعنہ زنی پر حضرت عباسؑ کا جلال

مورخ ابن قتیبہ لکھتا ہے کہ امام حسینؑ پر پانی بند کرنے کے بعد شہر ابن حوشب نے کہا ''لا تشربوا منہ حتیٰ تشربوا من الحمیم'' اے حسینؑ! تم پر پانی سے پہلے جہنم کے آب گرم سے سیراب ہو گئے۔ یہ سننا تھا کہ ''فقال العباس بن علی یا اباعبداللہ نحن علی الحق فنقاتل فقال نعم فرکب فرسہ و حمل بعض اصحابہ علی الخیول'' حضرت عباسؑ عرض پرواز ہوئے۔ حضور! کیا ہم حق پر نہیں ہیں۔ کہ پانی پہ نہ لڑیں۔ فرمایا حق پر ہیں۔ یہ سن کر آپ گھوڑے پر سوار ہوئے اور اپنے ساتھیوں سمیت حملہ کر دیا۔ (الامامت والسیاست جلد ۲ ص۸ طبع مصر)

اعجاز حسینی سے چشمہ کا جاری ہونا

ساتویں کی صبح سے پانی بند ہے۔ اور دن کا بڑا حصہ گزر چکا ہے۔ اب امام حسینؑ کے چھوٹے بچے بہت پیاسے ہیں۔ حضرت امام حسین علیہ السلام نے ایک تیر یا بیلچہ دست مبارک میں لے لیا۔ خیمہ سے انیس قدم کے فاصلے پر جانب قبلہ تشریف لے جاتے ہیں۔ اور اسے زمین پر مارتے ہیں۔ خوش گوار پانی کا چشمہ جاری ہوتا ہے۔ جو تھوڑی ہی دیر بعد ہمیشہ کے لیے ناپید ہو گیا (ناسخ التواریخ جلد ۶ ص ۲۳۷۔ مقتل عوالم ص ۷۸۔ اعثم کوفی ص ۲۶۶ جلاء العیون ص ۱۹۸ ادمعہ ساکبہ ص ۳۳۳ طبع ایران)

حضرتؑ کے پانی کی دستیابی پر ابن زیاد کی برہمی

چشمہ کے جاری ہونے کی اطلاع ابن زیاد بدنہاد کو دی گئی۔ وہ بہت برہم ہوا اور ابن سعد کو

لکھا:۔ مجھے معلوم ہوا کہ حسینؑ کنواں وغیرہ کھود کر پانی نکالتے اور پیتے ہیں۔ دیکھ میرے اس خط کو پاتے ہی انہیں اپنی طاقت بھر کنواں کھودنے سے روک اور ان پر مکمل سختی کر اور بالکل پانی نہ پینے دے ان کے ساتھ وہی کر جو عثمان کے ساتھ کیا گیا تھا۔ (ناسخ جلد ۶ ص ۲۳۷) ۸ محرم الحرام ۶۱ھ یوم چہارم شنبہ

شب ہشتم محرم کو حضرت عباس علیہ السلام کی سقائی

ساتویں دن گزرتے گزرتے اہل حرم کے خیموں سے پانی بالکل ختم ہو گیا۔ اور اب وہ وقت آگیا کہ امام حسین علیہ السلام کو فراہمی آب کے لیے اپنے برادر عزیز حضرت عباسؑ کو نہر فرات پر بھیجنا پڑا۔ علامہ ہروی لکھتے ہیں۔ کہ شب ہشتم حضرت بریر ہمدانی سمیت بائیس آدمیوں کو لے کر نہر فرات پر گئے۔ اور پانی لائے (مواعظ حسنہ ص ۲۸۳) مورخ ابو حنیفہ دینوری متوفی ۲۸۱ھ لکھتا ہے:۔ (ترجمہ) جب امام حسینؑ اور ان کے اصحاب پر پیاس غلبہ ہوا تو آپ نے اپنے بھائی حضرت عباسؑ بن علی کو حکم دیا کہ جن کی ماں بنی عامر سے تھیں تیس اسوار اور بیس ایسے پیدل جن کے پاس مشکیں ہوں لے کر نہر فرات کی جانب چل کھڑے ہوں۔ اور جو بھی مزاحمت کرے اس سے لڑیں۔ یہ سن کر حضرت عباسؑ نہر فرات کی طرف روانہ ہو گئے۔ ہلال بن نافع ان سے کے آگے آگے تھے۔ یہاں تک لب نہر فرات جا پہنچے، یہ دیکھ کر عمرو بن حجاج (جو ہلال کا عزیز تھا) مانع ہوا حضرت عباسؑ نے حملہ کر کے ان سب کے لبِ فرات سے ہٹا دیا اور مشک برادروں نے فوراً مشکیں بھر لیں۔ حضرت عباسؑ دشمنوں کو روکے رہے۔ اور مشکیزے خیموں میں پہنچ گئے۔ والذالک سمی العباس سقاء

اسی زبردست سقائی کی وجہ سے حضرت عباسؑ کا لقب سقا قرار پایا (دمعتہ الساکبہ ص ۳۲۳ تاریخ اعثم کوفی ص ۲۶۶ ناسخ التواریخ جلد ۶ ص ۱۳۱ مقتل عوالم ص ۷۸ تحفہ حسینیہ الہوف طبع ایران ص ۲۶۹ جلا العیون ص ۱۹۸ طبع ایران۔ جناب عبدالحمید خان صاحب ایڈیٹر رسالہ مولوی دہلی لکھتے ہیں۔ بہرحال ظالموں اور کوفیوں نے پانی بالکل بند کر دیا۔ اور ایک ایک قطرہ کے لیے ترسانے لگے یہ انتظام ان بے رحموں نے ساتویں محرم سے کیا تھا۔ جناب ام علی مقام نے حضرت عباسؑ کو جو آپ کے برادر عالی قدر تھے حکم دیا کہ یا اخی امض۔ اے جان برادر جاؤ اور فرات سے پانی لاؤ پس حکم امام پا کر جناب عباسؑ تیس سوار اور بیس پیدل لے کر اور بیس مشکیں کاندھوں پر ڈال کر پانی لانے کے لیے فرات پر تشریف لے گئے یہ آدھی رات کا وقت تھا جب کنارا فرات پر پہنچے تو عمر بن الحجاج نے آواز دی تم کون لوگ ہو۔ یہ ظالم و شقی وہی ناپاک و نجس تھا۔ جس نے امامؑ سے دریدہ دہنی کی تھی اور کہا تھا کہ اس پانی کا ایک قطرہ تم کو نہ ملے گا۔ یہاں تک کہ دوزخ میں جا کر حمیم پیو۔ یہ دریا کی حفاظت پر مامور تھا۔ اس نجس و ناپاک کتے و کے بھونکنے پر ہلال بن نافع نے جواب دیا کہ میں ہوں تیر چچازاد بھائی اس نے کہا خوب اچھی طرح پیو۔ اور تم کو یہ پانی گوارہ ہو۔ جناب ہلال بن نافع نے جواب دیا تجھ پر لعنت ہو کہ مجھے تو پانی کی اجازت دیتا ہے مگر فرزند رسول اللہؐ پیاس کی شدت سے بے قرار ہیں ان کو پانی نہیں پینے دیتا۔ اس پر یہ شقی بولا۔ سچ ہے مگر مجھ کو تو جو حکم ہوا ہے اسکی تعمیل کروں گا ہلال بن نافع نے اپنے ساتھیوں سے کہا اس خبیث کی باتوں کی پروانہ کرو۔ اور اپنا کام کرو جس کام کے لیے تم آئے ہو۔ یزیدی بھی بڑھے اور جنگ شروع ہوئی۔ انصار امام دو حصوں میں تقسیم ہو گئے ایک گروہ پانی سے مشکیں بھر رہا تھا اور دوسرا گروہ یزیدی اشقیا سے لڑ رہا تھا اور لڑنے والوں کو پانی بھرنے تک پہنچنے سے روک رہا

تھا اس طرح لڑتے پھڑتے حضرت عباسؑ اور ان کے رفقا اس ناپاک ہجوم سے بخیر و عافیت نکل آئے اس معرکہ میں امام حسینؑ کے اعوان و انصار میں سے کوئی شہید نہیں ہوا۔ اور ساقی کوثر کے فرزند دلبند کے حضور میں پانی لانے میں پوری طرح کامیاب ہوئے۔ جناب امام حسین علیہ السلام نے بھی پانی نوش فرمایا۔ اور سب اہل بیت اور ان کے ساتھیوں نے اپنی پیاس بجھائی۔ اسی وقت سے حضرت عباس علیہ السلام سقائے اہل بیت کے معزز خطاب سے مفتخر ہوئے۔ (شہید اعظم عرف بڑا شہادت نامہ ص ۱۲۵ طبع دہلی)

حضرت عباس علیہ السلام کا سقا ہونا

منصب سقایت چونکہ جلیل القدر منصب ہے لہٰذا امام حسین علیہ السلام نے اس منصب کا حامل حضرت عباس کو قرار دیا تھا۔ مورخ بسطامی لکھتے ہیں۔ وقدر لا خیمہ العباس سقایتہ العطشان، کہ حسینؑ نے اپنے بھائی عباسؑ کو پیاسوں کی سقائی کا منصب عطا فرمایا(تحفہ حسینیہ ص ۷۸) اور چونکہ آپ نے اپنے فرئضہ منصبی کی ادائیگی میں پوری جانبازی سے کام لیا ۔ یہاں تک کہ آپ کے دسب مبارک بھی کاٹے گئے اسی لیے آپ کا لقب ،سقاّ، قرار پایا ۔ مورخین لکھتے ہیں۔ ویلقوب السقاء لانہ الستنسقی الماء لاخیہ الحسین علیہ السلام یوم الطف ،آپ کا لقب سقا اس لیے قرار پایا کہ آپ نے معرکہ کربلا میں پانی کے حصول میں بے حد کوشش کی (عمدۃ الطالب منتقل عوالم ص ۹۴ مناقب جلد ۳ ص ۹۷ منج المقال قلمی) عبدالرزاق موسوی، قمر بنی ہاشم صفحہ ۳۵ پر لکھتے ہیں کہ محرم کے عشرہ بھر چونکہ حضرت عباسؑ امام حسینؑ اور ان کے اہل بیت کے لیے پانی انتقام کرتے رہے۔ اس لیے کو سقا کے

لقب سے یاد کیا گیا۔ جیسا کہ ابوالحسن نے مجدی میں داودی نے عمدۃ المطالب میں ابن ادریس نے مزار السرائر میں دیار بکرمی نے تاریخ خمیس میں نویری نے نہایت الارب میں شلنجی نے نورالابصار میں قائنی نے کبریت احمر میں بیان کیا ہے۔

ابن حصین ہمدانی کا ابن سعد کی فہمائش کو جانا

آٹھویں کی رات گذری صبح ہوگئی اور پیاس کا غلبہ حد سے بڑھ گیا تو یزید ابن حصین ہمدانی نے حضرت امام حسین علیہ السلام سے اجازت چاہی کہ جا کر ابن سعد کی فہمائش کریں۔ سپہر کا شانی لکھتے ہیں کہ ، بامداداں کہ بعد از سقایت عباسؑ اصحاب محتاج آب شرند بروایت شرح شافیہ و مطالب السؤل یزید بن حصین ہمدانی بحضرت حسین آمد و عرض کردیا بن رسول اللہ اگر اجازت رود عمر سعد رادیدار کنم ، باشد کہ از غوایت باز آید۔ الخ، حضرت عباسؑ کی سیرابی کے بعد صبح ہوئی اور اصحاب بیحد پیاسے ہوگئے تو بروایت شرح شافیہ و مصائب السؤل یزید بن حصین ہمدانی حضرت امام حسینؑ کی خدمت میں حاضر ہوئے اور عرض کی مولا اگر اجازت ہو تو میں ابن سعد کے پاس جا کر اسے سمجھاؤں بجھاؤں۔ شاید وہ گمراہی سے باز آجائے حضرت نے اجازت دی۔ ابن حصین درانہ خیمہ ابن سعد میں گھس گئے اور سلام کئے بغیر گفتگو شروع کردی ابن سعد نے کہا کہ اے ہمدانی ! تم نے سلام نہیں کیا، کیا میں مسلمان نہیں ہوں ابن حصین نے فرمایا تو مسلمان ہوتا تو فرزند رسولؐ کو قتل کرنے کا ارادہ کیوں کرتا اور ان کے چھوٹے چھوٹے بچوں پر بندش آب کا ارتکاب کیسے کرتا اے ابن سعد وہ

پانی جسے کتے اور سور تک پیتے ہیں حسینؑ اور ان کے بچوں کے لیے حرام ہے تو نے پانی بند کر رکھا ہے اس کے بعد بھی اپنے کو مسلمان کہتا ہے یہ سن کر عمر بن سعد شرمندہ ہوا۔ فقال یا اخی ہمدان ماجد نفسی تجیسنی الی ترک الرائے نعیری، اور کہنے لگا کہ میں تو اپنے نفس کو اس بات پر راضی نہیں پایا کہ ملک رے کی حکومت دوسرے کے سپرد کردے یہ سن کر ابن حصین واپس تشریف لائے اور خدمت امام میں حاضر ہو کر عرض پرواز ہوئے مولا! عمر بن سعد ملعون حکومت رے گے لالچ میں آپ کے قتل کو ضروری جانتا ہے۔ اور کسی طرح اپنے ارادہ سے باز نہیں آتا (ناسخ التواریخ جلد ص ۲۳۸ طبع ایران)

خیموں کے گرد خندق کھودنے کا حکم

علامہ شبلنجی لکھتے ہیں کہ یزید بن حصین نے عمر بن سعد کی گفتگو عرض کی تو آپ نے یقین جنگ پر خندق کھودنے کا حکم دیا۔ حضرت امام حسینؑ نے ان کے خیالات معلوم کئے تو یقین کر لیا کہ یہ ضرور لڑیں گے تو آپ نے اصحاب کو حکم دیا کہ تمام خیموں کو یکجا کر کے ان کے گرد ایک گڑھا خندق کی شکل کا کھودو، اور ایک جانب مقابلہ کے لیے راستہ رہنے دو پھر ان لوگوں نے خندق کھودی۔ (نور الابصار ص ۱۱۷ طبع مصر، نور العینین ص ۵۱ طبع بمبئی) مورخ شبیر مولوی سید علی حیدر صاحب لکھتے ہیں، پھر امام حسینؑ کی ہدایت کے مطابق آپ اصحاب نے خیموں کا باہم ملا کر نصب کیا اور خیموں کے پیچھے ایک خندق کھود کر اس میں لکڑیاں بھر دیں تاکہ وہ لڑائی کے وقت جلادی جائیں۔ اور اس تدبیر سے دشمن خیمہ گاہ تک پہنچ سکیں جیسا کہ حضرت محمدؐ مصطفی رسول خدا نے جنگ احزاب کے موقع پر کیا تھا۔۔ الخ

تاریخ ائمہ ص ۳۵۷

حضرت عباس اور ان کے اہلبیت کا کنواں کھودنا

آٹھویں کا دن گذر رہا ہے دھوپ کی حدت اور پیاس کی شدت نے جاں نثاران اسلام کے جگر کو کباب کر دیا ہے امام حسین علیہ السلام اپنی اپنے مال بچوں اور اصحاب و انصار کی پیاس محسوس کررہے ہیں پانی کے حصول کے لیے سبیلیں سوچتے ہیں لیکن دستیابی آب کی کوئی شکل نظر نہ آتی تھی اب آخری صورت جو حسینؑ کے سامنے ہے وہ چاہ کنی ہے یعنی آپ اس کے علاوہ اور کوئی تدبیر مناسب تصور نہیں فرماتے کہ سقائے سکینہ کو حکم دیں اور وہ کنواں کھود کر پیاسوں کی سیرابی کی سبیل پیدا کریں۔ مورخ ابومخنف اور علامہ ابن طاؤس لکھتے ہیں امام حسین علیہ السلام کے اصحاب و اولاد پر پیاس کی شدت ہوئی تو ان لوگوں نے امام حسینؑ کی خدمت میں شکایت کی تو حضرت عباسؑ کو بلا کر کہا کہ بھائی اپنے اعزاء کو جمع کر کے کنواں کھودو حضرت عباسؑ نے سب کو جمع کیا اور کنواں کھودا لیکن پانی برآمد نہ ہوا تو اسے آپ نے بند کر دیا۔ (مقتل ابی مخنف ص ۷۲ طبع بمبئی، لہوف ص ۳۹۹ طبع ایران) اس روایت سے یہ معلوم ہوا کہ حضرت امام حسینؑ کے حکم سے حضرت نے دیگر اہلبیت کی مدد سے ایک کنواں کھودا لیکن مشیت خداوندی پانی برآمد نہ ہوا۔ لیکن علامہ بسطامی نے جو افادہ فرمایا ہے اس سے پتہ چلتا ہے کہ عمر بن سعد نے یہ معلوم کر لینے کے بعد کہ کنواں کھودا جارہا ہے تعمیل حکم ابن زیاد میں لشکر لے کر آیا اور کنوئیں کی کھدائی کو اس منزل تک پہنچنے سے پہلے کہ جہاں تک کھودنے کے بعد پانی برآمد ہوتا ہے اس نے کنوئیں کو بند کرادیا وہ لکھتے ہیں کہ جب شدت

عطش حد سے بڑھ گئی اور چھوٹے چھوٹے بچے پیاس سے بے حال ہونے لگے تو حضرت امام حسین علیہ السلام نے فرمایا۔ اپنے بھائی حضرت عباسؑ کو طلب فرما کر حکم دیا کہ اہل بیت کو جمع کر کے ایک کنواں کھودو حضرت عباسؑ نے کنواں کھودا لیکن عمر سعد نے اسے بند کروا دیا (تحفہ حسینیہ ص ۱۳۲ طبع ایران) واضح ہو کہ حضرت عباس علیہ السلام کو دو دفعہ کنواں کھودنے کا حکم دیا۔ پہلی دفعہ کے حکم میں یہ موجود تھا کہ اپنے ہمراہ اہلبیت کو لے کر کنواں کھودو اور دوسرے حکم میں اصحاب کی ہمراہی ہے پہلا حکم آٹھویں تاریخ کو چاہ کنی کا ملا تھا جس کی طرف علامہ شیخ جعفر شوستری نے بھی اپنی کتاب مجالس المواعظ وا لبکاء موعظ ہشتم محرم الحرام میں اشارہ فرمایا ہے اور دوسرا حکم نویں محرم الحرام کی صبح سے متعلق ہے جس کا ذکر آئندہ آئے گے۔اب سوال یہ ہے کہ حضرت امام حسین علیہ السلام نے کثیر اصحاب اور غلاموں کی موجودگی کے باوجود شہزادوں کو کنواں کھودنے کا حکم کیوں دیا۔ اس کے جواب میں بعض مورخین فرماتے ہیں۔ ان الحسین کان ماموراً فی ذالک الیوم بان یامواخوتہ وابنائہ واہلبیتہ خاصتہ لحضر البئر امام حسین علیہ السلام کو حکم خداوندی تھا کہ آج کے دن اپنے بھائی بیٹوں اور اہلبیت کو خصوصیت کے ساتھ کنواں کھودنے کا حکم دیں۔اور اس کی بھی افسری حضرت عباس علیہ السلام کو عطا کریں۔ وھی الکرامتہ العظمی، جو ایک بہت بڑی کرامت ہے (مائتین ص ۴۲۷) علامہ کنتوری تحریر فرماتے ہیں کہ میرے نزدیک حضرت امام حسین علیہ السلام کا اعزا و اقربا کو کنواں کھودنے کا حکم دینا اور بڑی مشقت میں مبتلا کرنا بظاہر چار وجوہات پر مشتمل تھا۔(پہلی وجہ) یہ تھی کہ حضرت امام حسین علیہ السلام نے اپنے اہلبیت کو جانچنا چاہا ہے کہ میری اطاعت میں وہ کس درجہ سر گرم ہیں اس کے علاوہ ان کے نفوس کی تیزی کو توڑنا اور انہیں اصحاب کے برابر دیکھنا چاہتے تھے تا کہ ان میں امام کے قریب رشتہ

دار ہونے کی وجہ سے غرور نہ پیدا ہو جائے اس لیے کہ خدا فرماتا ہے کہ قرابت نہیں بلکہ تقویٰ انسان کو باعزت بناتا ہے بیشک اصحاب اور خدام کی موجودگی میں اہل بیت کرام کا کنواں کھودنا کھلی ہوئی توہین ہے بہر صورت جب ان شہزادوں نے حکم امامؑ پر عذر نہ کیا۔اور کنواں کھودنے میں مشغول ہوگئے۔تو یہ بات ظاہر ہوگئی کہ یہ حضرات تمام اہلبیت میں وفاشعار اور خوش کردار ہیں۔(دوسری وجہ) یہ تھی کہ امام حسین علیہ السلام ان بیبیوں کا بھی امتحان کر رہے تھے۔جو آپ کے ہمراہ تھیں۔اور ان شہزادوں کی ماں بہنیں پھپھیاں اور بیویاں تھیں ۔جو اپنی آنکھوں سے دیکھتی تھیں۔کہ یہ لوگ کنواں کھود رہے ہیں۔اور ہر ایک کے ساتھ میں بیلچہ ہے اور ان کے جسم خاک میں اٹے ہوئے ہیں۔گویا وہ مزدور اور معمار کی صورت میں ہیں۔لیکن دم نہیں مارتی تھیں۔اور کوئی جملہ ایسا منہ سے نہ کہتی تھیں۔جس سے اس فعل پر عدم رضا ظاہر ہوتی ہو۔اور کسی راوی نے اس امر کی روایت نہیں کی کہ ان عورتوں نے اس فعل کو ناپسند کیا ہو۔یہ ظاہر ہے کہ ان کی بلند عزت اور خاندانی شرافت اس بات کی مقتضی تھی کہ وہ اس سخت کام پر رضا نہ ہوتیں۔لیکن برادرم ! بات تو یہ ہے کہ جب تم عقل سلیم پر زور دے کر سوچو گے۔تو معلوم ہوگا کہ ان نے بڑے حوصلے سے کام لیا۔لیکن پھر بھی اگر بھی اگرچہ یہ پاک عورتیں تھیں۔اور امام کی رضا پر راضی رہیں۔مگر اصول یہ ہے۔کہ جب صاحبان مجد و مخر کسی ذلیل کام کے ذمہ دار بن جائیں اور انہیں ذلت کا کام کرنا پڑے تو ضرور رنج والم اور غم و افسوس ہوتا ہے۔سمجھنے کی بات ہے کہ یہ شاہزادے کیونکر اس فعل پر راضی رہے۔اور ان کی عورتیں اپنی آنکھوں سے اپنے اعزاء کو ذلیل کام کرتے دیکھ کر روئیں چلائیں نہیں اور رنجیدہ نہیں ہوئیں۔میرا تو خیال یہ ہے کہ ضرور رو پڑھی ہوں گی۔ان کی صدائے گریہ ضرور بلند ہوئی ہوگی۔(تیسری وجہ) یہ تھی کہ امام

حسینؑ یہ چاہتے تھے کہ اپنے برادر عزیز کو اس وقت اسی طرح ساقی قرار دیں جس طرح حضرت پیغمبر اسلام علیہ السلام نے اپنے چچا حمزہ کو ساقی بنایا تھا اور یہ بھی خیال تھا کہ عباسؑ کو سقایت میں حمزہ سے بڑھادیں۔ اور اس کی صورت یہی تھی کہ مقدمات سقایت کو بھی عباسؑ ہی سے ادا کرائیں جن میں کی کنواں کھودنا بھی داخل تھا اسی لیے کنواں کھودنے کا حکم عباسؑ کو دیا گیا۔ الخ ص ۴۴۸ تا ۴۵۱ مائتین۔ (چوتھی وجہ) یہ تھی میرے خیال میں وہ جگہ جہاں کنواں کھودا جارہا تھا۔ خیام اہلبیت علیہم السلام سے متصل تھی۔ اس لئے ضروری تھا کہ ایسے لوگ کنواں کھودتے جو اہل حرم کے محرم اور قریبی رشتہ دار ہوں یہی وجہ ہے کہ ان شہزادوں کو کھودنے کا حکم ملا تھا۔

۹ محرم الحرام ۶۱ھ یوم پنجشنبہ حضرت امام حسین علیہ السلام اور عمر بن سعد میں آخری گفتگو

حضرت عباسؑ اور علی اکبرؑ بھی ساتھ تھے؛ آٹھویں کا دن کنواں کھدانے میں گزر گیا۔ اور نویں کی رات آگئی۔ حضرت امام حسین علیہ السلام نے ابن سعد سے تمام حجت کے لیے آخری گفتگو کر لینی مناسب سمجھی مورخین لکھتے ہیں۔:۔ پھر امام حسین علیہ السلام نے عمر بن سعد کے پاس کہلا بھیجا کہ میں تجھ سے گفتگو کرنا چاہتا ہوں۔ لہٰذا تورات کو دونوں لشکروں کے درمیان مجھ سے مل چنانچہ رات کے وقت دونوں اپنے اپنے خیموں سے ۲۰،۲۰ افراد کو لیے ہوئے نکلے جب ان دونوں کی ملاقات ہوئی امام حسینؑ نے حضرت عباسؑ اور علی اکبرؑ کے علاوہ تمام اصحاب کو اپنے سے ہٹادیا۔ اور عمر بن سعد نے بھی اپنے لڑکے اور غلام کو ہمراہ رکھا

اس کے بعد امام حسینؑ نے فرمایا۔اے عمر! خدا سے ڈرو، تم مجھے قتل کرتے ہو حالانکہ میں تمہارے ہی نبی کا نواسہ ہوں۔ خدا اسی میں خوش ہو گا۔ کہ تم میرے ساتھ نیکی کرو۔ عمر بن سعد نے کہا کہ مجھے ڈر ہے کہ کہیں میرا گھر گرا دیا نہ جائے آپ نے فرمایا اگر ایسا ہوا تو میں اس کو بنوا دوں گا اس نے کہا، امیر امال متاع لوٹ لیا جائے گا آپ نے فرمایا اگر ایسا ہوا تو میں اس سے بہتر تجھے دے دوں گا پھر اس نے کہا میرے بال بچے ہیں میں ان کی تباہی سے ڈرتا ہوں پھر اس کے بعد بالکل خاموش ہو گیا۔اور کوئی جواب نہ دیا بعدہ امام حسین علیہ السلام واپس تشریف لے آئے اور آپ نے کہا جلد تجھے خدا غارت کرے۔ تجھے حشر کے دن نہ بخشے۔الخ دمعتہ الساکبہ ص ۳۲۳ جلاء لعیون ص ۱۹۸۔) تواریخ سے پتہ چلتا ہے کہ حضرت امام حسین علیہ السلام اور عمر سعد میں اب تک جتنے بھی تخلیئے ہوئے تنہائی میں ہوئے لیکن اس دفعہ کی ملاقات میں ۲۰۔ ۲۰ آدمیوں کا ہونا واضح کرتا ہے کہ اب عمر بن سعد کے خیالات بدل چکے ہیں اور وہ قتل پر آمادہ ہو چکا ہے اور موقع گفتگو پر حضرت عباسؑ اور حضرت علی اکبرؑ کا اس طرف سے اور عمر بن سعد کے بیٹے اور غلام کا اس طرف سے ہونا بتاتا ہے کہ یہ دونوں ایک دوسرے سے مطمئن نہیں ہیں۔

ابن سخیر اور ابن حضیر میں گفتگو

مورخ شہیر سپہر کاشانی لکھتے ہیں کہ در شب پنجشنبہ نہم محرم، حسین علیہ السلام در سرپردہ خویش جائے داشت واصحاب آں حضرت ہر کس در خیمہ خویش میز یست، لشکر ابن سعد در گرد معکر حسین برہ داشتند۔ ترجمہ نہم محرم پنجشنبہ نہم کی رات کو حضرت امام حسین علیہ

السلام اپنے خیمہ میں اور اصحاب حسینؑ اپنے اپنے خیمہ میں فروکش تھے کہ ناگاہ عمر بن سعد کے لشکر نے ان حضرات کے خیموں کا دور اور قریب سے محاصرہ کر لیا۔ اور ایک شخص عبداللہ بن سخیر نامی خیمہ امام حسینؑ کے قریب جا کر سننے لگا کہ امام کیا بات چیت کرتے ہیں ۔اس نے حضرت کو۔ ولا تحسبن الذین کفورا کی تلاوت کرتے پایا جس کے آخر میں۔ ماکان اللہ لیذر المومنین علی ماانتم علیہ حتی یمیر الخبیث من الطیب، تھا۔ یہ سن کر اس نے آواز دی کہ ہم ہی وہ لوگ ہیں جو پاک اور طیب ہیں حضرت بریر ہمدانی کے کانوں تک یہ آواز پہنچی۔ فوراً خیمہ سے برآمد ہو کر کہا؛ اے ملعون تو طیب ہے کہ نجس محض، اس پر تا دیر گفتگو جاری رہی شمر نے پکار کر کہا۔ جتنی باتیں چاہے بنالو کل تم ہمارے ہاتھوں موت کے گھاٹ اترو گے ۔ بریر نے فرمایا:۔ ہمیں موت سے ڈراتے ہو حالانکہ ہم موت سے ڈرنے والے نہیں جب گفتگو نے طول پکڑا تو حضرت امام حسین علیہ السلام نے حضرت بریر کو آواز دی اور فرمایا کہ ان لوگوں پر کسی اچھائی کا اثر نہیں ہو سکتا واپس چلے جاؤ، وہ حکم امام سے خیمہ میں واپس تشریف لے گئے۔ (ناسخ التواریخ جلد ۶ صفحہ ۲۴۲)

ماہ محرم کی نویں تاریخ حضرت عباسؑ اور اصحاب کا کنواں کھودنا

صبح نہم محرم :۔ نویں کی رات جوں توں گذر گئی اور صبح ہوئی اہلبیت حسین علیہ السلام اور اصحاب پر پیاس کا غلبہ ہے اور پانی کی کوئی سبیل نظر نہیں آتی۔ حضرت امام حسینؑ نے اپنے قوت بازو، ساقی اہلبیت کو طلب فرما کر ارشاد کیا۔ بھائی چند اصحاب کو ہمراہ لے کر کنواں کھود و

شاید پانی برآمد ہو اور چھوٹے چھوٹے بچے سیر اب ہو جائیں۔ جب نویں محرم کی رات تمام ہوئی اور سپیدہ صبح نمودار ہوا۔ تو اس وقت حضرت امام حسینؑ کے لشکر میں پانی مطلق نہ تھا۔ اہلبیت حسینؑ اور اصحاب سخت پیاسے تھے اور فرزند ساقی کوثر کی خدمت میں حاضر ہو کر پیاس کی شکایت کرنے لگے حضرت امام حسینؑ نے حضرت عباسؑ کو طلب فرمایا اور حکم دیا کہ چند اصحاب کو ہمراہ لے کر کنواں کھودو شاید پانی کی سبیل پیدا ہو جائے حضرت عباس آلات کندنی لے کر ایک طرف تشریف لے گئے اور کئی جگہ کوشش کی مگر پانی برآمد نہ ہو سکا۔ (ناسخ التواریخ جلد ۶ صفحہ ۲۴۵) بعض مورخین لکھتے ہیں کہ صبح نہم، حضرت سکینہ پر پیاس کا بیحد غلبہ ہوا۔ آپ حضرت زینب کے پاس آئیں اور کہنے لگیں پھوپھی اماں اب پیاس مارے ڈالتی ہے پانی بالکل ختم ہو گیا ہے سب برتن خالی ہیں مشکیزوں کی تری جاتی رہی ہے اور وہ بھی بالکل سوکھ گئے ہیں حضرت زینب نے جناب سکینہ کا یہ حال دیکھا۔ حضرت زینبؑ، علی اصغر کو گود میں لیے اضطراب کی وجہ سے کبھی اٹھتی تھیں اور کبھی بیٹھ جاتی تھیں اور حضرت علی اصغرؑ کی یہ حالت ہے کہ مچھلی کی طرح تڑپ رہے ہیں حضرت زینب فرماتی ہیں صبر اً صبر اً بیٹا صبر کرو ۔ حضرت سکینہ سے رہا نہیں جاتا رو پڑتی ہیں حضرت زینب فرماتی ہیں بیٹی کیوں روتی ہو۔ عرض کرتی ہیں، حال اخی الوضیع، علی اصغرؑ کی حالت رلا رہی ہے پھر سکینہ عرض کرتی ہیں پھوپھی اماں اصحاب و انصار کے خیموں میں پانی تلاش کرائیے۔ شائد کہیں سے تھوڑا بہت مل جائے جناب زینب ان کی تسلی کے لیے ام کلثوم وغیرہ کے خیموں میں تشریف لے گئیں۔ حضرت عباسؑ اور حضرت قاسم و دیگر قرابت داران کے خیموں میں گئیں لیکن کہیں سے ایک قطرہ بھی میسر نہ ہو سکا تو آپ مایوس ہو کر ان چھوٹے بچوں کو لیے ہوئے جن کی تعداد بیس تھی۔ واپس اپنے خیمے میں تشریف لائیں (مائتین ص ۳۱۶ مواعظ حسنہ ص ۲۸۳) ثم طلب

العباس و قال فاجمع اصحابک واحفر بئراً پھر حضرت عباسؑ کو بلایا اور حکم دیا بھائی اصحاب کو جمع کر کے کنواں کھودو اس لیے کہ بچے شدت تشنگی سے جاں لب ہیں حضرت عباس اٹھے اور کنواں کھودنے لگا۔ قال فعند ذلک احمعت الاطفال علی تلک البر و بید کل واحد منھم رکوة قالوا یا عماه العطش، راوی کہتا ہے کہ جب بچوں کو کنواں کھودے جانے کی خبر ملی تو ہاتھوں میں کوزے لیے ہوئے اور العطش کہتے ہوئے لب بیر آگئے اور جھک جھک کر اسے دیکھنے لگے واذا جاء القومه فطمرھا فھریت الاطفال الخیام، ادھر کنواں کھد رہا ہے ادھر کسی عمر بن سعد کو خبر دی وہ لشکر لیے ہوئے آپہنچا پیاس کے مارے ہوئے بچے ہاتھوں میں خالی کوزے لیے ہوئے خیموں کی طرف بھاگے ان ظالموں نے اس کنوئیں کو بند کر دیا ثم حفر بئراً فطلمو حاحتی حفزار بعداً، ان دشمنوں کے چلے جانے کے بعد عباسؑ نے دوسرا کنواں کھودا اب کی مرتبہ پیاسے بچے خوف وہراس کے مارے لب چاہ تک نہ آئے اور در خیمہ سے العطش کا نعرہ لگاتے رہے پھر ان دشمنوں نے آکر اسے بھی بند کر دیا الغرض حضرت عباسؑ نے لپے در پے چار کنوئیں کھودے اور سب بند کر دیئے گئے پھر جب پانچواں کنواں کھودا تو اتفاقاً پانی کی برآمدگی کا موقع مل گیا۔ فاذا بلغ الماء جاءت سکینة و معھا الکرکوة، یہ دیکھ کر حضرت سکینہ کوزہ لے ہوئے دوڑ پڑیں اور کہا چچا جان مجھے ایک جام بھر دیجئے میرا جگر پیاس کے مارے کباب ہو رہا ہے فبکی العباس بکاءً شدیدا او ملاء الوکوة، یہ سن کر حضرت عباسؑ بیساختہ رو پڑے اور کوزہ بھر کے سکینہ کو دیا سکینہ ابھی پانی پینے بھی نہ پائی تھی کہ دشمن کا لشکر پھر آگیا یہ بچاری ہاتھ میں کوزہ لیے ہوئے خیمہ کی جانب دوڑیں فضل رجھا فی الطناب فانکبت و قالب یا عمتاه تری ہذا الحال، ناگاہ آپ کا پاؤں طناب خیمہ سے الجھ گیا اور زمین پر منہ کے بل گر گئیں اور بڑی مایوسی کے ساتھ اپنی پھوپھی حضرت زینبؑ کو پکار کر کہا اے پھوپھی جان پانی ہاتھ میں آکر جاتا رہا۔ فعند ذلک اغتم الحسین غما شدیداً، یہ حال دیکھ

کرامام حسین علیہ السلام بے انتہار نجیدہ ہوئے (خلاصۃ المصائب ۱۱۲ طبع نولکشور ۱۸۷۶ئ)

امام حسین علیہ السلام خود نکل پڑے

جب پانی کی کوئی سبیل نظر نہ آئی اور حضرت امام حسینؑ نے اپنی آنکھوں سے بچوں کی مایوسی اور بے چینی اس موقع پر بھی ملاحظہ کی تو برداشت نہ ہوسکا۔اور تمام حجت کے لیے ناقہ پر سوار ہوکر قوم اشقیاکے سامنے جانکلے علامہ اربلی لکھتے ہیں۔نویں تاریخ کو حضرت امام حسینؑ تمام حجت کے لیے ناقہ پر سوار ہوکر لشکر مخالف کی طرف تشریف لائےاور فرمایااے قوم! اگر تمہارے خیال ناقص میں گنہگار ہوں توان عورتوں اور بچوں نے توکوئی گناہ نہیں کیا یہ رسول خدا کے اہلبیت ہیں اور بے گناہ انہیں تھوڑا پانی دے دوکہ جاں بلب ہیں عمر نے کہا کہ اے حسینؑ اگر ساری دنیا پانی پانی ہوجائےاور ہمارے قبضہ اقتدار میں ہو تو ہم اس وقت تک ایک قطرہ بھی نہ دیں گے جب تک تم یزید کی بیعت نہ کرلوگے۔یہ سن حضرت امام حسین علیہ السلام نے اپنا تعارف کرایااور رسولؐ خدا سے اپنار شتہ واضح کیالیکن۔باسپہ دل چہ سود گفتن وعظ نہ رود میخ آہنی در سنگ اکسیر التواریخ صفحہ ۷۰)الغرض ادھر اہل بیت کرام پانی کی فکر میں کنوئیں کھودرہے ہیں اور امام حسین علیہ السلام سرگرداں ہیں ادھر شمر ملعون اپنی ترکیبوں میں لگاہواہے اور پوری فکر کے ساتھ یہ چاہتاہے کہ کسی نہ کسی طرح امام حسینؑ کے خشک گلے پر خنجر پھر جائے۔

شمر کا کوفہ جانا

شب نہم جو گفت گو امام حسینؑ اور عمر بن سعد میں ہوئی تھی۔ شمر کو اس کی خبر نہ تھی لیکن جب اس نے سنا کہ۔ کہ عمر بن سعد رات کے وقت امام حسینؑ کے پاس جاکر بات چیت کرتا ہے فوراً کوفہ روانہ ہو گیا اور ابن زیاد سے کہا کہ امام حسینؑ اور عمر بن سعد میں مراسلہ جاری ہے اور بات چیت ہوتی رہتی ہے چانچہ آج شب کو بھی تخلیہ میں باتیں ہوتی رہیں لیکن یہ معلوم نہیں ہو سکا کہ گفتگو کا کیا رخ تھا۔ روضتہ الشہداء ص ۳۰۶ طبع بمبئی) عبید اللہ بن زیاد نے جب شمر کی زبانی ان دونوں کی گفتگو کا حال سنا تو آگ بگولہ اور فوراً عمر بن سعد کو لکھا۔ ابن زیاد کا خط عمر وسعد کے نام میں نے تجھے امام حسینؑ کی طرف اس لیے نہیں بھیجا کہ تو انہیں باز رکھ اور ان کی حفاظت کر۔ نہ اس لیے بھیجا ہے کہ ٹال مٹول کر اور بقا و سلامتی کے لیے دعائیں کر اور دیکھ تو مجھ سے ان کی شفاعت نہ کر۔ اچھا سن ! اگر حسینؑ اور ان کے اصحاب میرے حکم کو مان لیں تو ٹھیک ہے۔ ورنہ پھر انہیں قتل کر دے۔ کیونکہ وہ اسی کے مستحق ہیں۔ اور جب حسینؑ کو قتل کر لے۔ تو ان کی لاش پر گھوڑے دوڑا دے تا کہ پیٹھ اور پیٹ سب پس جائیں میرا تو عقیدہ یہ ہے کہ مرنے کے بعد ان چیزوں سے تکلیف نہیں ہوتی۔ اگر تو نے انہیں قتل کر ڈالا تو میں تجھ کو بڑی جزا دوں گا۔ اور تجھے بہت ہی سراہوں گا۔ اور اگر تجھ سے یہ نہیں ہو سکتا تو شمر کو اپنا قائم مقام کر دے۔ (دمعہ ساکبہ ص ۳۲۳ و ناسخ جلد ۶ ص ۲۳۹)

حضرت عباسؑ کی امن نامہ کی حصولی

ابن زیاد نے بھرے دربار میں مذکورہ بالا خط لکھ کر شمر ذی الجوشن کے حوالے کر دیا۔ شمر ابھی روانہ ہونے نہ پایا تھا کہ جریر بن عبداللہ مخلد کلابی کھڑے ہو گئے اور ابن زیاد کو مخاطب کر کے کہا۔ اے امیر میری ایک خواہش ہے۔ اگر قبول کرنے کا وعدہ کرے تو عرض کروں۔ ابن زیاد نے کہا کہو تو سہی کیا بات ہے۔ جریر نے کہا جب حضرت علیؑ کوفہ میں قیام پذیر تھے تو انہوں نے میری چچازاد بہن ام البنین کے ساتھ عقد کیا تھا اور اس سے چار فرزند پیدا ہوئے تھے۔ عبداللہ جعفر عباس عثمان یہ چاروں میرے چچازاد بھائی ہیں۔ اور کربلا آئے ہوئے ہیں۔ اگر اجازت ہو تو انہیں ایک تحریر کے ذریعہ سے خط امان لکھ دوں۔ اے امیر یہ مہربانی بڑی وزنی ہو گی ابن زیاد نے کہا اچھا میں انہیں اماں دے دی تم صورت حالات انہیں لکھ بھیجو وہ لوگ ڈر کر گھبرا نہ جائیں۔ (ناسخ التواریخ جلد ۶ ص ۲۴۲) عبداللہ بن جریر نے جب امن نامہ حاصل کرنے کی کوشش کی تو شمر ابن ذی الجوشن جو عبداللہ کے خاندان سے تھا۔ اس نے بھی ہاں میں ہاں ملا دی (ناسخ التواریخ جلد ۶ ص ۲۴۳ تبر نداب قلمی) الغرض عبداللہ بن جریر نے ابن زیاد سے امن نامہ حاصل کر لیا۔ اور اسے خط کی شکل دے کر اپنے غلام عرفان کے حوالے کر کے کہا:۔ سن جلد سے جلد منٹوں میں کربلا پہنچ اور اس نامہ کو عبداللہ عباس، جعفر، عثمان کے حوالہ کر اور دیکھ خبردار ان چاروں کے علاوہ اس کی کسی کو کانوں کان خبر نہ ہو۔ (ناسخ التواریخ جلد ۶ ص ۲۴۴) عرفان: فرمان نامہ لیے ہوئے بات کی بات میں کربلا جا پہنچا اور اس کو نامہ حضرت عباسؑ کے دست مبارک میں دیا

عبداللہ کے خط امان کا حضرت عباسؑ کی طرف سے جواب

حضرت عباسؑ اور ان کے بھائیوں نے عبداللہ ابن جریر کے خط امان کو پڑھا اور لکھتے ہوئے حالات سے آگاہی ہوئی۔ اس کے بعد نہایت دلیری کے ساتھ عرفان سے فرمایا کہ ہمارے مہربان عبداللہ بن جریر سے کہہ دو کہ ہم ایسے نہیں ہیں کہ ابن زیاد کے زیر سایہ امان کی چھاؤں میں بیٹھیں۔ خدائے غالب و قاہر کی امان ہمارے لیے کافی ہے۔ ہم وہی چاہتے ہیں ۔ جو خدا چاہتا ہے۔ عرفان جواب باصواب پاکر کوفہ واپس گیا اور عبداللہ سے سارا واقعہ کہہ سنایا۔ عبداللہ چوں کہ کربلا والوں کے مآل کار واقف تھا۔ لہٰذا سخت آزدہ ہوا، اور کف افسوس ملتا ہوا خاموش ہو گیا۔

عرفان کے امن نامہ پیش کرنے پر خیمہ میں اضطراب

علامہ قزدینی تحریر فرماتے ہیں کہ جریر کا امن نامہ حضرت عباسؑ کی خدمت میں پیش کیا گیا تو آپ نے اسے ملاحظہ فرما کر جواب دے دیا۔ عرفان کی آمد اور حضرت کا ہاتھوں میں لے کر امان نامہ کو پڑھنا۔ خیمہ کی مخدرات نے دیکھا انسانی جذبہ کے ماتحت یہ خیال پیدا ہوا کہ کہیں عباسؑ نے اسے منظور کر لیا تو کیا ہوگا۔ حضرت امام حسین علیہ السلام کی خدمت میں آئیں اور اظہار خیال کیا۔ مطمئن بہادر نے ان عورتوں کو اطمینان دلانے کے لیے حضرت عباسؑ کو بلا بھیجا۔ وہ حاضر خدمت ہوئے۔ حضرت زینب سلام اللہ علیہا بھی اسی جگہ تشریف فرما تھیں ۔آپ نے دست بستہ ہو کر طلبی کا سبب پوچھا۔ حضرت زینبؑ نے فرمایا: عباسؑ کیا تم یہ چاہتے ہو کہ ہم کو دشمن کے ہاتھوں میں دے دو اور خود لشکر شمر سے جا ملو۔ اس تعجب خیز سوال پر

حضرت عباسؑ رو پڑے نزدیک بود کہ خود را ہلاک کندا اور قریب تھا کہ اپنے کو ہلاک کرڈالیں۔ عرض کی ہمشیرہ معظمہ ! وہ پاؤں ٹوٹ جائیں جو آستانہ حسینی سے سرکیں۔ اور وہ آنکھیں پھوٹ جائیں جو جمال حسینی کے علاوہ کسی بدمآل کی طرف دیکھیں۔ معظمہ آپ کیا فرماتی ہیں۔ میں نے تو یہ جواب دیا ہے کہ حسینؑ جیسے اللہ والے مجاہد کے دامن کا سایہ تیرے امان سے بہتر ہے۔ ہمارے ظل وجود حسینی کافی ہے۔ (عدائق الانس جلد ۲ ص ۶۹)

زیادی فرمان لے کر شمر ذی الجوشن کا کربلا پہنچ کر ابن سعد کو دینا

مورخین کا بیان ہے۔ کہ شمر بن ذی الجوشن ابن زیاد کا آخری حکم لیے ہوئے کربلا پہنچا اور اسے عمر بن سعد کے حوالے کیا۔ ابن سعد نے کہا خدا لعنت کرے تو نے صلح نہ ہونے دی۔ اور جنگ کی آگ بھڑکا ہی دی علامہ محمد باقر لکھتے ہیں۔ پس شمر بن ذی الجوشن عبیداللہ ابن زیاد کا خط لے کر عمرو بن سعد کے پاس پہنچا۔ جب عمرو بن سعد ملعون نے یہ خط پڑھا تو اسے کہنے لگا۔ تجھ پر وائے

ہو۔ خدا تجھے برکت نصیب نہ کرے اور اس پیغام کا انجام بھی برا ہو۔ خدا کی قسم میرا گمان یہ ہے کہ میں نے اسے جو کچھ لکھا تھا تو نے ہی اس سے اسے روکا ہے۔ اور جس امر کے اصلاح کی ہمیں امید تھی اس پر پانی پھیر دیا ہے۔ خدا کی قسم امام حسینؑ کبھی یزید کی اطاعت قبول نہ کریں گے۔ اس لیے کہ ان کے باپ کا دل ان کے دونوں پہلوؤں میں موجود ہے۔ شمر نے کہا اب بتاؤ کہ کرنا کیا چاہتے ہو۔ امیر کے حکم پر چل کر اس کے دشمن سے جنگ کرو

گے۔(دمعہ ساکبہ ص ۲۲۳) یا نہیں یہ معاملہ میرے سپرد کرو۔ میں جانوں اور وہ جانے اور یہ فوج و لشکر جانے عمر بن سعد نے جواب دیا کہ یہ ہر گز نہیں ہو سکتا۔ علامہ بسطامی لکھتے ہیں کہ شمر اس نامہ ابن زیاد کو لیے نویں محرم الحرام یوم پنجشنبہ کو کربلا پہنچا اور عمر بن سعد کو دیا۔(تحفہ حسینیہ ص ۱۱۸ مقتل عوالم ص ۷۹ جلاء العیون ص ۱۹۸) عمر بن سعد نے شمر کو برا بھلا کہنے کے باوجود جنگ سے باز آنے اور فرزند رسولؐ کے خون سے در گزر کرنے پر تیار نہیں ہوتا۔ اور چاہتا ہے کہ امام حسین علیہ السلام کو قتل کر کے حکومت رے کو ہاتھ سے نہ جانے دے۔ چنانچہ شمر کو پیادوں کا حاکم بنا کر خود سواروں کی کمان کرتا ہے۔ اور پیاسوں پر حملہ کرنے کی سکیم مرتب کرنے لگتا ہے۔

حضرت عباسؑ کی خدمت میں امان نامہ

محرم الحرام کی نویں تاریخ کو دن ڈھل چکنے کے بعد شمر اپنے خیمہ سے برآمد ہوا۔ حضرت امام حسین علیہ السلام کے قریب آکر آواز دی۔ ''این بنوا ختناء عبداللہ و جعفر و عباس و عثمان'' کہاں ہیں۔ میرے سامنے آئیں۔ میں ان کے لیے حکم امان لایا ہوں۔ ان حضرات نے جب امن کا لفظ سنا خاموشی اختیار فرمائی اور بظاہر جواب بھی دینے کا ارادہ نہ تھا۔ لیکن حضرت امام حسین علیہ السلام نے شمر کے کلمات سنتے ہی حضرت عباسؑ سے فرمایا: ''اجیبوہ وان کان فاسقاً فانہ بعض اخوالکم''، تم لوگ دیکھو تو سہی یہ کہتا کیا ہے۔ اگرچہ یہ فاسق ہے۔ لیکن تمہار اماموں ہوتا ہے۔ یہ سن کر حضرت اسد اللہ علی بن ابی طالب علیہ السلام کے چاروں شیر خیمہ سے نکل پڑے۔ اور قریب جا کر پوچھا کیا کہتا ہے۔ اس نے کہا ''یا بنی اختی انتم امنون'' اے

میرے بھانجو! تمہارے لیے دامن امن وسیع ہے۔اور ابن زیاد سے میں نے تمہاری نجات کا حکم لے لیا ہے۔" بابرادر خود حسین زرم مزنید وخود را بیہودہ بکشتن مدہید از معکر حسین کنارہ گیرید وسر در اطاعت امیر المومنین یزید در آور رید"،تم حسینؑ کے ساتھ رہ کر فضول اپنی جان نہ دو۔اور حسینؑ کے لشکر سے کنارہ کش ہو کر یزید کی اطاعت میں آجاؤ۔

حضرت عباسؑ کا شمر کو منہ توڑ جواب

"فقال لہ القیۃ لعنک اللہ ولعن امانک اتو منّا وابن رسول اللہ لا امان لہ"،یہ سنتے ہی ان لوگوں نے بڑی دلیری کے ساتھ امان نامہ کو ٹھکراتے ہوئے کہا۔خدا تجھ پر اور تیری امان پر لعنت کرے ہمیں تو امن دیتا ہے۔اور فرزند رسول علیہ السلام کے لیے امان نہیں۔سید ابن طاؤس فرماتے ہیں کہ حضرت عباسؑ نے ڈانٹ کر فرمایا خدا تجھے داخل جہنم کرے۔اور تیری امان پر لعنت کرے۔اے دشمن خدا ہمیں مشورہ دیتا ہے کہ ہم اپنے بھائی اور آقا حضرت امام حسین علیہ السلام کو چھوڑ کر ملعون کی اطاعت میں داخل ہو جائیں۔یہ سنتے ہی شمر ملعون آگ بگولہ ہو کر غیظ وغضب کے عالم میں اپنے لشکر کی طرف واپس چلا گیا۔ناسخ التواریخ جلد ص ۲۴۳۔جلاء العیون ص ۱۹۸۔دمعہ ساکبہ ص ۳۲۴ مقتل عوالم ص ۷۹۔تحفہ حسینیہ ص ۱۱۹ تاریخ اعثم کوفی ص ۲۶۷ مخزن البکاء ملا صالح برغانی م ۶ طبع ایران ۱۲۹۹ ائ مائتین فی مقتل الحسین ص ۵۷ ۴تاریخ طبری جلد ۶ ص ۲۳۷

حضرت عباس علیہ السلام اور شمر ملعون باہم قرابت داری

کا انکشاف

مذکورہ بالا واقعہ کے پیش نظر یہ کہا جاسکتا ہے کہ شمر ملعون حضرت عباس علیہ السلام کا ماموں اور آپ کے بھانجے اور ابو الکلام آزاد کی تحریر مندرجہ ذیل سے پتہ چلتا ہے کہ وہ آپ کا پھوپھی زاد بھائی تھا۔ ابو الکلام آزاد لکھتے ہیں: شمر بن ذی الجوشن کے متعلق یاد رکھنا چاہیے کہ اس کی پھوپھی ام البنین بنت حزام امیر المومنین علیہ السلام کی زوجیت میں تھیں۔ اور انہیں کے بطن سے ان کے چار صاحبزادے عباسؑ، عبداللہؑ، جعفر اور عثمان پیدا ہوئے تھے۔ جو اس معرکہ میں امام حسین علیہ السلام کے ساتھ تھے۔ اس طرح شمر ان چاروں کا اور ان کے واسطہ سے حضرت امامؑ کا پھوپھی زاد بھائی تھا۔ لیکن یہ درست نہیں ہے۔ یعنی حضرت عباسؑ شمر کا بھانجا سمجھنا اور اس کو آپ کا ماموں قرار دینا کسی طرح تاریخ کی روشنی میں راست نہیں کیا جاسکتا۔ ہاں اگر مجازی طور اس رشتہ کو تسلیم کیا جائے تو ٹھیک ہو سکتا ہے ۔ اور واقعہ بھی یہی ہے کہ ان میں کوئی حقیقی رشتہ داری نہ تھی۔ نہ شمر ان حضرات کا ماموں تھا اور نہ پھوپھی زاد بھائی۔ صرف بات یہ تھی کہ یہ دونوں ایک ہی قبیلہ کلاب سے تھے اور دستور عرب کے مطابق صرف قبیلہ سے ہونے کی وجہ سے مجازی طور پر ماموں بھانجہ کا منہ بولا رشتہ قرار دیا جاتا تھا۔ ابو الکلام نے جو حضرت ام البنینؑ کو شمر ملعون کی پھوپھی تحریر کیا ہے اس کا تاریخ میں کوئی وجود نہیں۔

یہ دونوں ہم قبیلہ تھے

علامہ مجلسی تحریر فرماتے ہیں کہ ”بعضے از برادران آنحضرت از قبیلہ او بودند“ شمر اس لئے

امن نامہ لایا تھا کہ امام حسین علیہ السلام کے بہن بھائی اس کے قبیلہ سے تھے پھر آگے چل کر لکھتے ہیں کہ شمر نے آکر کہا کہ چونکہ تمہاری ماں میرے قبیلہ سے ہے۔اس لیے میں تمہارے لئے امان لایا ہوں ۔(جلاء العیون ص۱۹۸ طبع ایران ۱۲۸۲ھ)اس سے صاف واضح ہے کہ ان لوگوں میں حقیقی قرابت داری نہ تھی۔یہی وجہ ہے کہ جب شمر نے سامنے قرابت کا حوالہ دیا۔تو آپ غصہ کے مارے آگ بگولہ ہو گئے۔علامہ کنتوری لکھتے ''الخ حضرت عباسؑ شمر کے انتساب قرابت پر غصہ میں بھر گئے۔اس لیے کہ وہ ملعون شقی مطلق تھا اور حضرت عباس سعید ازلی ان دونوں میں حقیقی رشتہ داری کہاں (امائتین ص۴۵۷)اب ہم ذیل میں اخبار نظارہ سے اپنا وہ مضمون من وعن درج کرتے ہیں۔جو ۱۳۵۷ھ کے ابو الفضل العباس نمبر میں شائع ہوا تھا۔جس سے آپ کی مجازی قرابت داری پر مکمل روشنی پڑ جائے گی۔

کیا شمر ملعون حضرت عباس علیہ السلام کا حقیقی ماموں تھا

تاریخ کربلا کے ماتمی اوراق پر سطحی اور سرسری نظر ڈالنے سے بظاہر یہ معلوم ہوتا ہے کہ ذی الجوشن ملعون حسینی ہیرو حضرت عباس ابن علی علیہ السلام کا حقیقی ماموں تھا۔لیکن دراصل یہ خیال خام ہے۔وہ ملعون برائے نام یعنی مجازی ماموں تھا۔اسی طرح سرکاری حسینی کے محافظ علمدار کربلا بھی مجازی بھانجے دستور عرب کے مطابق وہ اپنے کو ماموں اور ان کو اپنا بھانجا کہتا تھا۔عرب کا قاعدہ یہ ہے کہ جب کسی شخص کی ماں کسی قبیلہ کی لڑکی ہے تو قبیلہ والے اس عورت کو مجازی بہن بنا کر اس کی ساری اولاد کو ''ابن اخت''بہن کے بیٹے سے

تعبیر کرتے ہیں۔اور اس عورت کے بیٹے اس ماں والے قبیلے کے مردوں کو ماموں سے یاد کرتے ہیں۔علامہ بسطامی تحریر فرماتے ہیں۔عرب کا دیرینہ قاعدہ یہ ہے کہ جب کسی کی ماں کسی طائفہ اور قبیلہ سے ہوتی ہے۔تو اس قبیلہ کی عورت پر بہن کا اطلاق (مجازاً) ہوتا ہے اور اسی طرح ماموں کا اطلاق اس قبیلہ کے تمام مردوں پر ہوا کرتا ہے۔(تحفہ حسینیہ جلد ۱ صفحہ ۱۱۸ طبع ایران)حضرت عباس علیہ السلام کی مادر گرامی جناب :ام البنین حزام ابن خالد، ابن ربیعہ ،ابن بوہی،ابن غالب ،ابن کعب،ابن عامر ،ابن کلاب ،ابن ربیعہ ،ابن عامر ابن صعصعہ ،ابن معاویہ، ابن ابی بکر، ابن ہوازن سے تھیں ۔جیسا کہ ناسخ التواریخ جلد ۶ ص ۲۸۷ طبع بمبئی ۱۳۰۹ھ اور عمدۃ الطالب ص ۳۲۴ طبع بمبئی ۱۳۰۹ھ اور عمدۃ الطالب ص ۲۴ طبع بمبئی ۱۳۱۸ھ اور ابصار العین علامہ سماوی ص ۲۶ طبع نجف اشرف اور منتہی المقال فی احوال الرجال طبع ایران ۱۲۶۷ھ اور منتج المقال قلمی وغیرہ میں ہے اور کتب تواریخ سے یہ بھی معلوم ہے کہ شمر ملعون اسی قبیلہ سے سمجھا جاتا تھا۔چونکہ ایک ہی قبیلہ سے تھا۔لہٰذا اسی قاعدہ عرب کی بنا پر سرکار حسینی سے مملکت وفاداری کے بادشاہ کو جدا کرنے کی فکر میں لعنت امیز امن نامہ پیش کرنے کے لیے آکر نعرہ زن ہوا۔"این بنو اختنا" میری بہن ام البنین کے بیٹے عباسؑ وغیرہ کہاں ہیں ؟ کہا تھا اور اسی قاعدہ عرب کی بنا پر امام حسینؑ نے فرمایا تھا کہ اے عباسؑ "اجیبوہ وان کان فاسقاً فانہ بعض اخوالکم" ہاں ہاں سنو تو سہی یہ کیا کہتا ہے۔عباسؑ یہ ملعون فاسق تو ضرور ہے۔ مگر تمہارا ماموں ہوتا ہے۔(ناسخ التواریخ جلد ۶ ص ۲۲۱ طبع بمبئی ۱۳۰۹ھ علامہ بخاری لکھتے ہیں :انس سے مروی ہے کہ ایک مرتبہ رسول اللہؐ نے انصار کو بلاتے ہوئے فرمایا کہ تم میں تمہارے علاوہ کوئی اور بھی ہے۔عرض کہ سعد کے ایک بھانجے کے اور کوئی نہیں۔آپ نے ارشاد فرمایا کہ جن لوگوں کا ابن اخت

ہو۔انہیں میں اس کا شمار ہوتا ہے۔(صحیح بخاری ص ۱۶۴ باب ابن اخت القوم منہم کتاب بدء الخلق طبع مصر) محمد مصطفیٰ صلی اللہ علیہ وآلہ وسلم کی حدیث سے جب یہ ثابت ہو گیا کہ جس قوم کا ابن اخت ہو اسی قوم کا یہ بھانجا ہوتا ہے۔اور وہ لوگ اس کے ماموں کہے جاتے ہیں۔اب ہم آزادی کے ساتھ یہ کہنے کو تیار ہیں کہ حسینی ہیرو کا شمر ملعون مجازی ماموں تھا بلکہ یوں کہنا چاہیے کہ ایک قبیلہ سے ہونے وجہ سے یہ بھانجے ہوئے اور وہ ماموں ہوا نا کہ باہم حقیقی تعلقات تھے۔میں تو یہاں تک کہتا ہوں کہ یہ مجازی تعلقات صرف ماموں بھانجوں تک محدود اور منحصر نہیں ہیں۔بلکہ چچا کو باپ اور خالہ کو ماں کہنا مجاز متعارف ہے۔علامہ قاضی بیضاوی اور علامہ کبیر رازی اور علامہ ابوالقاسم زمخشری جناب یوسفؑ کے قصہ میں اس آیت (آدی الیہ ابویہ) کی شرح کرتے ہوئے لکھتے ہیں ''ضم الیہ وخاتم باعتنقھا نزلھا منزلہ الام تنزیلاً للعم منزلہ الاب فی قولہ تعالی انعبد الھمک والہ آبائک'' ابراہیم و اسماعیل واسحاق الخ تفسیر بیضاوی جلد ۱ ص ۴۰۷ طبع لکھنوٗ ۱۲۸۲ھ۔تفسیر کبیر جلد ۵ ص ۱۶۱ طبع مصر۔اس عبارت کی شرح کے طور پر علامہ محمد رحیم بخش صاحب دہلوی لکھتے ہیں۔حضرت اسماعیل علیہ السلام کو حضرت یعقوب علیہ السلام کا باپ فرمانا تغلیب کے طور پر ہے۔کیونکہ حضرت اسماعیلؑ حضرت یعقوبؑ کے چچا تھے نہ کہ والد اور چچا کو باپ کہنا مجاز متعارف ہے۔نحاس کہتے ہیں کہ عرب چچا کو باپ اور خالہ کو ماں بولا کرتے ہیں۔اسی واسطے حدیث میں آیا ہے۔۔۔الخ ''الۃ بمنزلۃ الام وعم الرجل منوابیہ'' یعنی خالہ بجائے ماں اور چچا باپ کے برابر ہوتا ہے۔الخ (اعظم التفاسیر جلد ص ۸×۲ حصہ اول طبع دہلی ۱۳۱۲ھ اس کی ایک مثال ملاحظہ ہو۔خداوند عالم سورہ زخرف میں ارشاد فرماتا ہے۔''اذ قال ابراھیم لابیہ و قومہ اننی براء مما تعبدون'' اے رسول! اس وقت کو یاد کرو جب اپنے منہ بولے باپ آزر اور اپنی قوم سے کہا کہ جن چیزوں

کو تم پوجتے ہو۔ میں یقیناان سے بیزار ہوں۔اس آیت میں بھی خدانے باپ کا لفظ فرمایا ہے ۔اوراس سے چچامرادلیاہے۔اس لیے کہ یہ قصہ آزر کاہے نہ کہ تارخ کااور یہ معلوم ہے کہ آزر باپ نہ تھابلکہ چچا تھا۔ جیسے (اتقان سیوطی جلد ۲ ص ۱۲۷ طبع مصر) اور تفسیر در منثور جلد ۲ ص ۲۳ طبع مصریں موجود ہے۔ عہد نامہ قدیم و جدید (بائیبل باب کتاب پیدائش آیت ۲۷ طبع لودیانہ ۱۸۸۳ئ میں ہے تارہ سے ابرام (ابراہیم) اور صاران پیدا ہوئے۔الخ علامہ فخر الدین رازی نے اس مسئلہ کو بالکل صاف کردیا ہے۔وہ لکھتے ہیں۔اس میں کوئی شک نہیں کہ ابراہیمؑ کے باپ تارخ تھے۔اورآزر جناب ابراہیم کا چچا تھا۔اور چچا پر باپ کا لفظ بولا جاتاہے۔جیسا کہ خدااولادیعقوب کی حکایت کرتا ہوافرماتاہے۔کہ وہ لوگ کہتے تھے کہ ہم تمہارے باپ ابراہیمؑ اسماعیلؑ اسحاقؑ کے معبود کی پرستش کریں گے۔اور یہ معلوم ہے کہ جناب اسمعیلؑ حضرت یعقوبؑ کے چچا تھے مگران پر باپ کا لفظ بولا گیا۔اسی طرح اس آیت مذکورہ میں بھی ہے۔(تفسیر کبیر پارہ ۷ سورہ انعام جلد ۴ ص ۱۰۲ طبع مصر) ہم یہاں تک لکھنے کے بعد عرض کرتے ہیں۔کہ ایسے مجازات کااستعمال کوئی تازہ استعمال نہیں ہے ۔جناب ابراہیمؑ اور فرعون والے معاملہ میں بھی مجاز موجود ہے۔آپ نے اپنی بیوی جناب سارہ کو بہن کہاہے۔امام بخاری کو دھوکا ہو گیا۔اورانہوں نے مجازات سے ناواقف ہونے کی وجہ سے حضرت ابراہیمؑ پر اس مسئلہ میں کذب کاالزام دیا ہے۔چنانچہ صحیح بخاری جلد ۲ ص ۱۴۵ باب اتخذ اللہ ابراہیم خلیل کتاب بدرالمخلق طبع مصر میں ہے۔لم یکذب ابراہیم الا ثلث کذبات۔فقال من ھذہ قال اختی۔۔۔۔۔۔۔الخ ابراہیم نے اپنی عمر میں تین جھوٹ بولے تیسرا یہ کہ فرعون نے ابراہیمؑ کو پوچھا یہ کون ہیں توجواب دیا کہ میری بہن ہیں۔علامہ عماد الدین اسمعیل ابی الفداء لکھتے ہیں کہ حضرت ابراہیمؑ نے جواب میں یہ فرمایا تھا۔"ھذہ

اختی یعنی فی السلام۔ یعنی میری اسلامی بہن ہیں۔ لہٰذا معلوم ہوا کہ ابراہیم علیہ السلام پر کذب کاالزام مجازات سے ناواقفیت کی کھلی ہوئی دلیل ہے۔ قرآن مجید کہتا ہے۔ ''کان صدیقاً نبیاً'' ابراہیم تو بالکل سچے نبی تھے۔ بخاری کہتا ہے۔ جھوٹے تھے ناظرین خود فیصلہ کرلیں۔ تاریخ ابوالفدا جلد ا ص ۱۳ طبع مصر اس کے علاوہ بائیبل کتاب استثناء کے باب آیت ۱۱ میں اس موقع پر ہے جہاں جناب اسحاق پر یہی الزام قائم کیا ہے۔ کہ انہوں نے اپنی بیوی کو بہن سے تعبیر کیا۔ انھا اختہ۔ اس کا جواب یہ دیا گیا ہے۔ انھا اختہ۔ ''من حیث القبیلۃ'' اسحاقؑ کی بیوی قبیلہ کی حیثیت سے بہر حال بہن تھیں۔ اور اس پر کوئی الزام نہیں ہے اس لیے کہ :اسحاقؑ کے سلسلہ میں ادومی کو اس اعتبار سے اسرائیلی کا بھائی کہنا درست ہے۔ کیونکہ یہ دونوں نسب وقبیلہ میں ایک حیثیت رکھتے تھے۔ الخ الہدیٰ جلد ا ص ۸۰ طبع نجف اشرف ۱۳۳۱ھ بحوالہ کتاب استثنا باب آیت ان تمام نظائر سے روز روشن کی طرح واضح ہو گیا کہ مجاز معارف کا استعمال ہمیشہ سے چلا آتا ہے۔ آج کوئی نئی بات نہیں ہے۔ اب یہ کہنا بالکل درست ہے کہ حضرت عباس علیہ السلام نہ شمر کے حقیقی بھانجے تھے۔ نہ اس نے حقیقی سمجھ کران بھانجہ کہا تھا۔ بلکہ صرف قبیلہ کا ایک شخص تھا اور مجازات ودستور عرب کی بناپر انہیں بھانجا کہا۔ ورنہ نور و نار کا اتحاد اور جنت و دوزخ کا ایک ہونا کہاں تک درست ہو سکتا ہے ۔اب میں کہنا چاہتا ہوں کہ جو لوگ ان کی باہمی قرابت کا مجاز کی دستوری حد سے بڑھ کر حقیقت کے آئینہ میں دیکھنا چاہتے ہیں سراسر غلط ہیں۔ اور انصاف کش ہیں۔

یزیدی روباہوں کا جنگ کی پہل کے لیے آنا

WILAYAT MISSION PUBLICATIONS

اسد اللہ کے شیر حضرت عباس علیہ السلام کی زبان مبارک سے شمر ملعون امن دہی کا دندان شکن جواب پا کر واپس گیا۔ اوابن سعد سے کہنے لگا کہ اب تا خیز جنگ احد برداشت سے باہر ہے۔ فوراً لشکر کو حکم دے کہ رات ہونے سے پہلے ان مدینہ والوں کا قصہ پاک کر دے عمر بن سعد جو حکومت رے کے لالچ میں قتل امام حسین علیہ السلام کا عزم بالجزم کر چکا تھا۔ فوراً لشکر کو مخاطب کر کے کہنے لگا " یا خلیل اللہ ار کبی وابشری بالجنۃ" اے خدائی سوارو اپنی اپنی سواریوں کی پشتوں پر سوار ہو۔ اور جنت کی بشارت "لو فرکب الناس ثم زحف نحو ھم بعد العصر" یہ سننا تھا کہ لشکر تیار ہو گئے اور بعد عصر قتل امام حسین علیہ السلام کے لیے چل کھڑے ہوئے

حضرت امام حسینؑ کا جواب

یہاں تک کہ خیام حسینؑ کے قریب جا پہنچے۔ حضرت امام حسینؑ سر اقدس اپنے گھٹنوں پر رکھے ہوئے تھے کہ غنودگی طاری ہو گئی۔ حضرت زینبؑ نے گھوڑوں کے ٹاپوں کی آوازیں سنیں۔ دل دہل گیا۔ بھائی کی خدمت میں آئیں۔ اور عرض کی۔ "یا اخی اما تسمع ھذا الاصوات قد اقترب العدو" بھائی آپ یہ لشکر کا شور غل نہیں سن رہے ہیں۔ ارے دشمن آپہنچے۔ "فرفع الحسین راسہ فقال انی رایت رسول اللہ الساعۃ فی المنام وھو یقول لی انک تروح الینا غداً" یہ سن کر حضرت امام حسین علیہ السلام نے سر اقدس اٹھایا اور فرمایا۔ بہن ابھی ابھی نانا رسول اللہؐ اور بابا حضرت علیؑ اور مادر گرامی حضرت فاطمۃ الزہراؑ اور برادر محترم امام حسنؑ

مجتبیٰ خواب میں تشریف لائے تھے۔ وہ فرما گئے ہیں کہ اے حسینؑ! تم کل تک ہمارے پاس آجاؤ گے۔ یہ سننا تھا کہ حضرت زینبؑ رو پڑیں۔ آپؑ نے سمجھا بجھا کر انہیں خاموش کیا۔

حضرت عباسؑ کی حاضری

اتنے میں حضرت عباسؑ آپہنچے اور عرض کی بھائی جان دشمن آپہنچے۔ یہ سن کر آپ اٹھ کھڑے ہوئے اور فرمایا بھائی تم ذرا سوار ہو کر جاؤ اور ان سے مل کر پوچھو کہ تمہیں کیا ہو گیا ہے۔ خیر تو ہے۔ کیوں آئے ہو حضرت عباسؑ بیس بہادروں کو لیے ہوئے جن میں زہیر بن قین اور حبیب ابن مظاہر بھی تھے۔ جا پہنچے اور ان سے پوچھا کیا بات ہے کیا ارادہ رکھتے ہو۔ ان لوگوں نے کہا ابھی ابھی حکم امیر آیا ہے کہ ہم تمہارے سامنے یہ بات پیش کریں کہ تم اس کے حکم پر اتر آؤ۔ یا پھر لڑو۔ حضرت عباسؑ نے فرمایا جلدی نہ کرو۔ میں حضرت کی خدمت میں جاتا ہوں اور تمہارا مقصد واضح کرتا ہوں انہوں نے کہا ہاں جاؤ اور انہیں بتا دو پھر جو وہ کہیں اس سے ہمیں باخبر کر دو۔ حضرت عباسؑ پلٹ کر چلے تا کہ حضرت کو واقع کی اطلاع دیں۔ اور ان کے ساتھی وعظ و نصیحت میں لگ گئے اور امام حسینؑ سے لڑنے سے باز رہنے پر زور دیتے رہے۔ اور حضرت عباسؑ نے امام حسین علیہ السلام کی خدمت میں حاضر ہو کر ان کے قول کی ترجمانی فرمادی (دمعہ ساکبہ ص ۳۲۴۔ ناسخ التواریخ جلد ۶ ص ۲۴۵ جلاء العیون ص ۱۹۹) حضرت عباس علیہ السلام تو پیغام رسانی کے لیے واپس تشریف لائے۔ لیکن زہیر بن قین اور حبیب ابن مظاہر وغیرہ ہما ان لوگوں کو روکے رہنے کے لیے وہیں ٹھہرے رہے۔ ان دینداروں نے سوچا کہ ان لوگوں کو نصیحت کرنی چاہیے شاید کچھ فائدہ بخش ہو سکے

اسی بناپر تادیر وعظ و نصیحت کرتے رہے۔ لیکن!

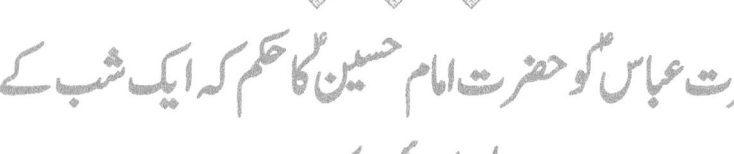

حضرت عباسؑ کو حضرت امام حسینؑ کا حکم کہ ایک شب کے لیے لڑائی روک دو

اسد اللہ کے شیر حضرت عباسؑ نے جب آکر خبر دی کہ دشمن لڑنے کے لیے آئے ہیں۔ اور وہ یہ کہتے ہیں۔ کہ یا تو بیعت کرو یا لڑنے کے لیے تیار ہو جاؤ۔ حضرت امام حسینؑ نے فرمایا۔ کہ سوال بیعت تو غلط ہے۔ اب اگر وہ لڑنا چاہتے ہیں۔ اور قتل پر آمادہ ہی ہیں۔ تو اے عباسؑ! تم واپس جاؤ اور جا کر انہیں آج کی رات جنگ سے روک دو۔ تاکہ ہم مناجات وعبادات وغیرہ میں اسے بسر کریں۔ پھر کل دیکھا جائے گا۔ اے عباسؑ واپس جاؤ اور اگر ہو سکے تو لڑائی کل تک کے لیے روک دو۔ ان لوگوں کو آج کی شب ہم سے دور کرو۔ تاکہ ہم آج کی رات اور نمازیں پڑھ لیں۔ اور معادا استغفار کریں خدا بہتر جانتا ہے۔ کہ میں نماز اور تلاوت کلام مجید او رکثرت دعا اور استغفار کو کس قدر دوست رکھتا ہوں۔ (دمعہ ساکبہ ص ۳۲۴ تحفہ حسینیہ ص ۱۲۱ مقتل عوالم ص ۸۰ ناسخ التواریخ جلد ۶ ص ۲۴۴۔ اکسیر التواریخ ص ۶۹ تاریخ کامل جلد ص ۴۴) علامہ مجلسی تحریر فرماتے ہیں۔ کہ امام حسینؑ علیہ السلام نے حضرت عباس علیہ السلام کو یہ فرمایا تھا۔ کہ بھائی جاؤ اور جا کر آج ان لوگوں کو جنگ سے باز رکھو۔ تاکہ میں آج کی شب عبادات خداوندی کو رخصت کرلوں۔ اب تک تو میں نماز تلاوت کلام مجید واستغفار و دعا اور دیگر عبادات میں منہمک رہا۔ اب چاہتا ہوں کہ اس ایک رات کو بارگاہ خداوندی میں تضرع اور مناجات کرلوں۔ (جلاء العیون ص ۱۹۹) حکم امام علیہ السلام پاتے ہی حضرت

عباس علیہ السلام واپس تشریف لے گئے اور ان لوگوں سے کہا کہ حضرت فرماتے ہیں کہ آج جنگ نہ کرو۔ کل تمہارا جو جی چاہے کر لینا۔ عمر بن سعد نے شمر سے کہا تیری کیا رائے ہے کیا کرنا چاہیے۔ مناسب معلوم ہوتا ہے کہ ان لوگوں کو کل تک کی مہلت دے دی جائے شمر نے کہا اگر زمام امارت میرے ہاتھ میں ہوتی تو میں انہیں پل بھر کے لیے بھی نہ چھوڑتا ۔اب جبکہ زمام جنگ تیرے ہاتھ میں ہے تو مجھ سے کیا پوچھتا ہے۔ میں کیا کہوں عمر بن سعد نے کہا کاش میں نے اس امیری کو قبول نہ کیا ہوتا اور اس مصیبت نہ پڑتا۔ (ناسخ التواریخ جلد ۶ ص ۲۴۶) حضرت سید ابن طاؤس تحریر فرماتے ہیں کہ حضرت عباسؑ کے اس کہنے پر کہ ایک شب جنگ نہ ہونی چاہیے۔ عمر بن سعد نے توقف اختیار کیا۔ اس پر عمر بن حجاج بول پڑا۔ خدا کی قسم اگر یہ لوگ ترک اور ویلم والے ہوتے اور ہم سے اس قسم کا سوال کرتے تو ہم ضرور قبول کر لیتے یہ لوگ تو آل رسول سلام علیہ السلام ہیں اس کے بعد لوگوں نے حضرت عباسؑ کے فرمانے کو تسلیم کر لیا اور جنگ ایک شب کے لیے رک گئی۔ (دمعہ ساکبہ ص ۳۲۴) ۔دشمن کی فوج کو تیار دیکھ کر جناب امام عالی مقام کے جاں نثار تیار ہو گئے تھے اور جنگی لباس اور اسلحے پہن کر خیموں سے نکل آئے تھے اور حضرت عباس کا انتظار کر رہے تھے کہ آپ ملاعنہ کا کیا جواب لاتے ہیں یہ انتظار کی گھڑیاں عجیب بے چینی سے گزر رہی ہوں گی عورتوں اور بچوں کا جو حال ہوا ہو گا۔ وہ ظاہر ہے لیکن فداکاروں اور جاں نثاروں کے گروہ میں شوق شہادت اپنا رنگ دکھا رہا تھا نہ فکر تھی نہ تشویس نہ اضطراب نہ بے چینی اور بے قراری۔ ہاں صرف کا شانہ نبوت کے شمع ضیا بار کی فکر ضرور سب کو لاحق تھی۔ اور اہل بیت اطہار کی مصیبت کو دیکھ کر مضطرب و بے چین تھے حضرت عباسؑ کے آنے کے بعد سب لوگ اپنے اپنے خیموں میں گئے۔ اور ہتھیار وغیرہ کھول کر رکھے الخ (شہید اعظم ص ۱۳۸)

حضرت عباسؑ کی واپسی

دشمنوں سے التوائے جنگ منوا کر حضرت عباسؑ واپس تشریف لائے اور حضرت امام حسینؑ کی خدمت میں سارا واقعہ بیان فرمایا۔ حضرت عباسؑ پلٹے اور آپ کے ساتھ عمر بن سعد کا ایک پیامبر بھی آیا اور اس نے حضرت کی خدمت میں ابن سعد کا یہ پیغام پہنچایا کہ ہم نے تم کو ایک رات کی مہلت دے دی ہے اگر تم نے بیعت قبول کر لی تو ہم تمہیں ابن زیاد کے پاس لے چلیں گے اور اگر تم نے انکار کر دیا تو پھر تمہیں قتل کئے بغیر نہ چھوڑیں گے۔ پیغام بر یہ کہہ کر واپس گیا۔

التوائے جنگ کا اعلان ہو گیا

حضرت عباسؑ واپس تشریف لائے اور برید نے زبانی پیغام پہنچا دیا۔ اس کے بعد عمر بن سعد نے التوائے جنگ کا اعلان کر دیا۔ عمر بن سعد نے منادی کرنے والے کو حکم دیا اس نے اعلان کر دیا کہ امام حسینؑ اور ان کے اصحاب کو آج کے دن اور رات کی مہلت دی گئی۔ (ساکبہ ص ۳۲۴) اس اعلان کے بعد ایک شب کے لیے جنگ ملتوی ہو گئی علامہ ابوالفضل محمد احسان اللہ عباسی لکھتے ہیں کہ ۹ محرم کی لڑائی حسینؑ کی درخواست پر ملتوی رہی۔ (ملاحظہ ہو تاریخ اسلام ص ۲۷۲ طبع گورکھپور ۱۹۳۱ء

ایک شب کے لیے التوائے جنگ کی غرض

حضرت عباسؑ کی کوشش سے جنگ تو ملتوی ہو گئی لیکن فطری طور پر یہ سوال پیدا ہو گیا۔ کہ حضرت امام حسینؑ نے ایک شب کے لیے کیوں جنگ التوا چاہا۔ اکثر مورخین تو یہ لکھتے ہیں کہ حضرت امام حسینؑ نے التوائے جنگ صرف اس لیے چاہا تھا کہ عبادت۔ دعا، استغفار وغیرہ میں رات گزاریں۔ اور اپنے پروردگار عالم کی عبادت کریں۔ لیکن میں یہ کہتا ہوں کہ حضرت امام حسینؑ کا کون سا دن کون سی گھڑی کون سا منٹ اور سکینڈ ایسا گزرتا تھا جس میں آپ عبادت نہ کرتے رہے ہوں۔ پھر عبادت کے لیے التوائے جنگ اور ایک شب کی مہلت طلبی اس کا کیا مطلب۔ مجھے التوائے جنگ سے ایسا معلوم ہوتا ہے کہ جیسے امام حسین علیہ السلام کی اس سے کوئی خاص غرض رہی ہو۔ اب وہ خاص غرض کیا تھی اسے تو حضرت ہی جانیں لیکن استنباطی جدوجہد سے حسب ذیل وجوہ سمجھ میں آتے ہیں ممکن ہے انہیں مندرجہ ذیل وجوہ میں سے حضرت کی کوئی غرض رہی ہو۔

پہلی وجہ: یہ معلوم ہوتی ہے کہ آپ کی شہادت کا دن یوم عاشورا ہی تھا اس سے قبل شہادت ناممکن تھی اگر جنگ ہو بھی جاتی تو آپ اس دن شہید نہ ہوتے اور رات بھی بے چینی میں گذرتی اس لیے آپ نے اس رات کو جنگ ملتوی کرا دی

دوسری وجہ: یہ ہو سکتی ہے کہ جب عمر بن سعد جنگ کی پہل کے لیے آیا تھا اور لا تعداد لشکر اس کے ساتھ تھا اور آپ پر غنودگی طاری ہوئی تھی تو حضرت رسول خدا صلی اللہ علیہ وآلہ وسلم نے اس خواب میں فرمایا تھا کہ اے حسینؑ۔ انک رائخ الینا غداً، تم کل ہمارے پاس آجاؤ (دمعہ ساکبہ ص ۳۲۴) حسینؑ نے سوچا کہ نانا فرما رہے ہیں کہ تم کل ہمارے پاس پہنچو گے یعنی میری شہادت کل واقعہ ہونے والی ہے اور یہ لوگ آج ہی حملہ کرنا چاہتے ہیں۔ لہٰذا چونکہ کل سے پہلے میری شہادت ناممکن ہے اس لیے آپ نے التواء کا حکم دیا اور التواء تسلیم بھی کر لیا گیا

ورنہ شمر کی رائے مانی جاتی اور جنگ شروع ہو جاتی۔

تیسری وجہ : بقول علامہ مجلسی یہ ہوسکتی ہے کہ امام حسینؑ یہ چاہتے تھے کہ اب تک میں نے عبادت کی دعا کی ،استغفار کیا اب یہ آخری رات اگر مل جائے تو میں مناجات کر کے طمانیت عبادات کو رخصت کرلوں اس کے بعد جو عبادت کا موقع ملے گا۔اس میں اطمینان اور سکون نصیب نہ ہو گا۔

چوتھی وجہ : یہ معلوم ہوتی ہے کہ حضرت امام حسینؑ کو یہ خیال تھا کہ پردہ شب میں چراغ گل کر کے اتمام حجت کرلیں اور لوگوں سے کہہ دیں کہ جسے جانا ہو چلا جائے تاکہ کوئی یہ نہ کہہ سکے کہ حسینؑ کے ساتھ جو لوگ مارے گئے وہ مجبوراً پھنس کر مرے۔یہی وجہ ہے کہ امام حسینؑ نے شب عاشورہ کے خطبہ میں اپنے اصحاب سے فرمایا "ایں مہلت برائے شما خواستم (روضۃ الشہداء ص ۳۰۹)

پانچویں وجہ :۔ یہ ہوسکتی ہے کہ حضرت امام حسینؑ نے یہ سوچا کہ آج کی رات مہلت لے کر اپنے اصحاب کی گردنوں سے طوق بیعت اتارنے کا کھل کر اعلان کر دوں تاکہ وہ لوگ جو بھوک پیاس اور دیگر شدائد کو برداشت نہ کر سکتے ہوں۔راتوں رات چپکے سے نکل جائیں اور میدان جنگ میں نہ جائیں ورنہ کہیں ایسا نہ ہو کہ رزمگاہ میں پہنچ کر اپنی جان بچانے کی فکر کرنے لگیں تو ہماری سبکی ہو جائے اور لوگ کہنے لگیں کہ حسینؑ کے ساتھی بزدل تھے۔

چھٹی وجہ :۔ یہ ہوسکتی ہے کہ حضرت امام حسین علیہ السلام کی خدمت میں وہ تمام حضرات اس وقت تک نہ پہنچے ہوں جیسا کہ بقول مجلسی تیس آدمی فوج مخالف کے اسی شب میں حضرت سے آملے لہٰذا آپ نے التوا کا حکم دیا۔

ساتویں وجہ :۔ یہ ہوسکتی ہے کہ چونکہ حضرت امام حسین علیہ السلام کے ساتھ شہید ہونے

والوں میں حضرت علیؑ اصغر بھی تھے جن کی عمر چھ ماہ کہی جاتی ہے ہو سکتا ہے کہ چھ ماہ پورے ہونے میں ایک رات کم رہی ہو۔اور حسینؑ یہ چاہ رہے ہوں کہ اصول قربانی کے لحاظ سے پورے چھ ماہ ہو جائیں تا کہ میری قربانی میں نقص واقع نہ ہو جائے۔اسی لیے ایک رات جنگ ملتوی کرادی ہو۔واللہ اعلم بالصواب،

شب عاشور

جنگ کے التواء کا اعلان ہو چکا ہے زرد رو آفتاب مائل بہ غروب ہے عاشورہ کی وہ تاریک رات جس کی قدرت نے قرآن مجید میں قسم کھائی۔کالی بلا کی صورت ڈراونی شکل میں آرہی ہے دونوں لشکر والے اپنی اپنی قیام گاہ میں پہنچ چکے ہیں التوائے جنگ کے بعد حضرت امام حسینؑ کو جو سب سے پہلے فکر دامن گیر ہوئی۔وہ یہ تھی کہ کسی طرح اپنے اصحاب کو اس آگ کے میدان میں سے اور تیر و تبر کی دنیا سے نکال دیں۔(تفسیر کبیر جلد ۸ ص ۷۵۵ مصر تفسیر در منشود جلد ۶ ص ۳۴۶ طبع مصر، ناسخ التواریخ جلد ۶ ص ۲۴۶)

اسی بنا پر حضرت امام حسینؑ نے شام کے قریب اپنے اصحاب کو جمع فرمایا۔حضرت زین العابدین علیہ السلام فرماتے ہیں کہ میں اگرچہ مریض تھا لیکن یہ سننے کے لیے کہ بابا جان کیا فرماتے ہیں میں بھی جا پہنچا وہاں پہنچ کر میں نے سنا کہ آپ اپنے اصحاب سے فرماتے ہیں کہ میں خداوند عالم کی بہترین ثنا کرتا ہوں اور ہر حالت میں اس کی حمد کو فریضہ جانتا ہوں خدایا میں اس امر پر تیری حمد و ثنا کرتا ہوں کہ تو نے ہمیں شرف نبوت سے ممتاز فرمایا اور ہمیں قرآن مجید کی تعلیم دی اور دین کا انتہائی شعور کرامت فرمایا اور ہمارے لیے کان۔آنکھ

WILAYAT MISSION PUBLICATIONS

،اور دل معین فرما کر ہمیں شاکرین میں شمار کیا۔ اما بعد، اے میرے اصحاب میں سچ کہتا ہوں کہ میرے اصحاب سے زیادہ اور بہتر اصحاب ممکن نہیں اور میرے اہل بیت سے عمدہ اور لائق اہل بیت کا امکان نہیں خدا تمہیں اے میرے اصحاب وقربا جزائے خیر دے مگر میں یہ کہے بغیر نہیں رہ سکتا کہ میں نے تمہیں اجازت دے دی ہے اور تم سب کے سب میری طرف سے آزاد ہو اس وقت رات کا پردہ حائل ہے تم کسی طرف چپکے سے نکل جاؤ اور اپنی جان بچاؤ میں تمہیں یقین دلاتا ہوں (دمعہ ساکبہ ص ۳۲۴ ناسخ التواریخ جلد ۶ ص ۴۶ ۲ نور العین ص ۳۰ مقتل عوالم ص ۸۰ تحفہ حسینیہ ص ۱۲۰)

کہ یہ قوم صرف میرا خون بہانا چاہتی ہے جب یہ مجھے قتل کرلیں گے تو پھر کسی اور کی طرف رخ بھی نہ کریں گے رات کی ہلکی ہلکی تاریکی میں حضرت امام حسینؑ نے مذکورہ بالا پہلا خطبہ دیا اس خطبہ کا سننا تھا کہ حسینؑ کے فدائی بے چین ہو گئے ان کے اضطراب کوئی حد نہ رہی

حضرت عباسؑ کھڑے ہو گئے

علمدار کربلا حضرت عباسؑ فوراً کھڑے ہو گئے اور دست بستہ عرض کی ارے سرکار نے یہ کیا فرمایا۔ لم نفعل ذالک لنبقی بعدک لارانا اللہ ذالک لبنقی بعدک، حضرت عباسؑ نے عرض کی یہ تو کبھی نہیں ہو سکتا کہ ہم آپ کے بعد زندہ رہیں خدا ہمیں یہ دن کبھی نہ دکھائے (تاریخ ابن الوردی جلد ا ص ۱۷۳ طبع مصر) علامہ شریف شیر یزدانی لکھتے ہیں فقال اخوہ العباس لم نفعل ذلک لبنقی بعدک، حضرت عباسؑ کی یہ تو کبھی نہیں ہو سکتا کہ ہم آپ کے بعد زندہ رہیں (کتاب الصف جلد ۲ ص ۱۸۸ طبع ایران ۱۳۱۴ھ وجلا العیون ص ۱۹۹(

مورخین لکھتے ہیں۔ بدا ھم لھذا القول العباس ابن علی واتبعہ الجماعۃ علیہ فتکلموا بعرثلہ و نحوہ ۔اس جانبازانہ اور دلیرانہ عرض داشت کی ابتدائی حضرت عباس علمدار کربلانے کی پھر دیگر حضرات بھی اپنے کمال جذبات کے ساتھ اسی قول کی تائید کرنے لگے (ارشاد مفید جلد ۲ ص ۲۹۷ مقتل عوالم ص ۸۰) چنانچہ حضرت امام حسین علیہ السلام کے بھائی بیٹے بھتیجے اور عبداللہ بن جعفر طیار کے لڑکے بول اٹھے حضور ہم تو یہ کبھی نہ کریں گے کہ آپ کے بعد باقی رہیں خداوند عالم وہ دن کبھی نہ دکھائے جس میں ہم آپ کے بغیر زندہ رہیں (مقتل عوالم ۸۰ تحفہ حسینیہ ص ۱۲۰ کتاب الصدف ۲ ص ۱۸۸ ابن الوردی جلد ا ص ۱۷۳) حضرت امام حسین علیہ السلام خصوصیت سے حضرت مسلم بن عقیل کی اولاد کی طرف متوجہ ہو کر فرماتے ہیں ایسے میرے بچوں تمہارے لیے تمہارے باپ مسلم بن عقیل کی شہادت کافی ہے۔ فاذھبوا انتم فقد اذنت لکم ، میں تمہیں اجازت دیتا ہوں تم جدھر چاہو چلے جاؤ تاکہ تمہاری جان بچ جائے

مسلم بن عقیل کے فرزند کھڑے ہو گئے۔

یہ سننا تھا کہ حضرت مسلم بن عقیل علیہ السلام کے جانباز فرزند اٹھ کھڑے ہوئے اور خدمت امام حسینؑ میں عرض کی۔ سبحان اللہ ! اگر ہم چلے جائیں تو دنیا کیا کہے گی۔ اور ہمارا ضمیر کس درجہ ملامت کرے گا کہ ہم اپنے سید و سردار کے ساتھ ہو کر دشمن سے نہ لڑے ۔ نیزہ بازی نہ کی تلوار نہ چلائی۔ آپ کے ساتھ ہو کر لڑیں گے جو آپ پر گزرے گی وہی ہم پر گزرے گی ۔ خدا اس زندگی کو برباد کرے جو آپ کے بعد ہو۔ (دمعہ ساکبہ ص ۳۲۴)

غرضیکہ اس طرح تمام اعزہ نے دلیرانہ جواب دیا۔ اعزہ کے بعد اصحاب باوفا نے حضرت امام حسین علیہ السلام کے خطبہ کا جاں نثارانہ جواب دے کر حضرت کے مطمئن دل کو مزید اطمینان دلا دیا

مسلم بن عوسجہ اٹھ کھڑے ہوئے

حضرت مسلم بن عوسجہ کھڑے۔۔۔ ہو گئے اور عرض کی حضورؐ یہ کیوں کر ہو سکتا ہے کہ ہم آپ کو چھوڑ کر چلیں جائیں۔ اللہ اکبر مولا ہم اگر ایسا کریں تو خدا کو کیا جواب دیں گے۔ خدا کی قسم ایسا کبھی نہیں ہو سکتا میں تو اس وقت کا انتظار کر رہا ہوں۔ جب کہ میں دشمنوں کے سینوں میں اپنا نیزہ چبھو دوں گا۔ اور ان کی گردنیں ماروں گا۔ اور اگر میرے پاس جنگ کے اسلحے نہ رہے تو پتھر سے دل کا بخار نکالوں گا۔ مولا ! خدا کی قسم ہم اس وقت تک آپ کو نہیں چھوڑ سکتے جب تک خدا یہ نہ جان لے کہ ہم نے امانت رسولؐ کی حفاظت کی۔ اور اپنا فریضہ ادا کر لیا۔ حضور ! خدا کی قسم اگر میں یہ جانتا ہوں کہ قتل کیے جانے کے بعد زندہ کیا جاؤں پھر زندہ جلا دیا جاؤں گا اور اسی طرح میرے ساتھ ستر مرتبہ کیا جائے گا تب بھی میں آپ کو نہیں چھوڑوں گا چہ جائکہ اس وقت ایک بار قتل ہونا ہے۔ اور پھر یہ شہادت ایک ایسی کرامت ہے۔ جس کا قیامت تک جواب ناممکن ہے (دمعہ ساکبہ ص ۳۲۵)

حضرت زہیر بن قین کھڑے ہو گئے

اور عرض کی خدا کی قسم ! میں اس بات پر راضی ہوں کہ آپ اور آپ کے اہل پر فدا ہونے

کے سلسلے میں ہزار بار قتل ہو جاؤں اور پھر زندہ کیا جاؤں اور پھر قتل کیا جاؤں (جلاء العیون ص ۱۹۹)

سعد بن عبداللہ النحقی کھڑے ہو گئے

اور کہنے لگے۔ واللہ! ہم آپ کو اس وقت تک نہ چھوڑے گے۔ جب تک خدا یہ نہ جان لے کہ ہم رسول اللہؐ کا حق محفوظ رکھا۔ واللہ اگر مجھے معلوم ہو کہ میں قتل ہوں گا۔ جلایا جاؤں گا۔ آگ میں بھونا جاؤں گا۔ پھر میری خاک ہوا میں اڑادی جائے گی۔ اور ایک مرتبہ نہیں ستر مرتبہ مجھ سے یہی سلوک کیا جائے گا۔ پھر بھی میں آپ کا ساتھ نہیں چھوڑوں گا۔ یہاں تک کہ آپ کی حمایت میں فنا ہو جاؤں گا۔ (انسانیت موت کے دروازے پر ص ۷۲) اسی طرح تمام اصحاب باوفا نے عرض کی اور شوق شہادت اور جذبہ وفاداری کا مظاہرہ کیا حضرت نے ہاتھ اٹھائے اور ان حضرات کے حق میں دعا فرمائی۔

حضرت عباسؑ اور اصحاب کو خندق کھودنے کا حکم

خطبہ کے بعد حضرت امام حسین علیہ السلام نے حضرت عباس علیہ السلام اور اصحاب باوفا کو حکم دیا کہ خیموں کو ایک جگہ جمع کر کے طنابوں کو ایک دوسرے پیوست کردو۔ اس کے بعد خیموں کے گرداگرد خندق کھود کر اس میں لکڑیاں بھر دو۔ تاکہ ضرورت کے وقت اس میں آگ دے کر اپنے خیام کی حفاظت کر سکیں "فحفرت حول عسکرہ شبیہ الخندق" جیسا گڑھا کھودا گیا اور اسے خس وخاشاک اور لکڑیوں سے بھر دیا گیا۔ (دمعہ الساکبہ ص ۳۲۶۔ جلاء

العیون ص ۲۰۰ روضتہ الصفا کبریت احمر ص ۹۰) مولوی سید حیدر علی صاحب تحریر فرماتے ہیں کہ پھر امام حسینؑ کی ہدایت کے مطابق آپ کے اصحاب نے خیموں کو باہم ملا کر نصب کیا۔اور خیموں کے پیچھے ایک خندق کھود کر اس میں لکڑی بھر دی تا کہ لڑائی کے وقت وہ جلادی جائے۔اس تدبیر سے دشمن خیمہ گاہ تک نہ پہنچ سکیں۔جیسا کہ حضرت رسول اللہؐ نے جنگ احزاب کے موقع پر کیا تھا۔(تاریخ ائمہ ص ۳۵۷)

حضرت عباسؑ کا پانی کے لیے جانا اور بے نیل مرام واپس آنا

عاشور کی بھیانک رات دم بدم گزر رہی ہے۔ حسینی بہادر خندق کھود کر زمین پر بیٹھے دم لے رہے ہیں۔عباسؑ جنہیں عطش اہل بیت کی وجہ سے دم لینا نصیب نہیں۔حضرت امام حسین علیہ السلام کی خدمت میں حاضر ہیں۔اور عرض کرتے ہیں۔سرکار پانی کی کیا سبیل پیدا کروں۔امام حسین علیہ السلام ارشادر فرماتے ہیں۔میر جان تم پر نثار ہو دستیابی آب کی ایک صورت ہے۔شاید پانی مل جائے۔وہ یہ کہ تم تیس سوار اور بیس پیادوں کو کو ہمراہ لے کر نہر فرات پر جاؤ۔اور پانی کی کوشش کرو۔ابھی رات کا زیادہ حصہ نہیں گزرا۔نہر کے محافظین بیدار ہیں۔حضرت عباسؑ تیار ہوتے ہیں۔اور ہمراہیوں سمیت روانہ نہر فرات ہو جاتے ہیں ۔نہر پر پہنچے مانعین آب نے ہزاروں کی تعداد میں دریا کی صورت امنڈ کر مزاحمت کی ۔گھمسان کی جنگ ہوئی۔ حسینی بہادر نے ہر چند کوشش کی۔پانی نہ ملنا تھا نہ ملا۔علامہ بسط ابن جوزی مورخ واقدی کے حوالہ سے تحریر فرماتے ہیں: جب حضرت امام حسین علیہ السلام اور ان کے اصحاب وغیرہ پر پیاس کا غلبہ ہوا۔توآپ نے اپنے بھائی عباسؑ بن علیؑ کو

تیس سواروں اور بیس پیادوں سمیت نہر فرات پر پہنچا۔اور یہ لوگ بڑی جنگ کے بعد بھی پانی تک نہ پہنچ سکے ۔(ص ۱۴۱ طبع ایران)علامہ قاینی لکھتے ہیں کہ : حضرت عباسؑ کے ہمراہیوں جناب ہلال بن نافع بھی تھے۔نہر پر پہنچنے کے بعد جب ان لوگوں نے پانی لینا چاہا تو عمر بن حجاج نے پوچھا۔تم کون ہو۔حضرت ہلال نے جواب دیا۔میں تمہارا چچازاد بھائی ہلال بن نافع ہوں ۔اس نے کہا تم بیشک پانی پی سکتے ہو۔لیکن حسینؑ کے لیے نہیں لے جا سکتے ۔ہلال بن نافع نے جواب دیا۔میں پانی پینے کے لیے نہیں بلکہ لے جانے کے لیے آیا ہوں ۔الغرض دونوں لشکروں میں جنگ ہوئی اور پانی دستیاب نہ ہو سکا۔(کبریت احمر ص ۳۴)

رات کے وقت حضرت امام حسینؑ کا موقع جنگ کو دیکھنا ہلال بن نافع کی ہمراہی واپسی پر حضرت زینبؑ کا سوال اور اصحاب حسینی کا اطمینان بخش جواب

مورخین لکھتے ہیں کہ عاشورا کی رات قدرے گزر چکی۔تو حضرت امام حسین علیہ السلام تن تنہا موقع جنگ دیکھنے کے لیے نکلے۔اور ایک سمت کو روانہ ہو گئے۔جناب ہلال بن نافع جو بڑے سپاہی اور امور جنگ سے باخبر تھے۔حضرت کو تنہا جاتے ہوئے دیکھ کر آگے بڑھے ۔اور حضرت سے جا ملے۔آپ نے پوچھا کہاں آرہے ہو۔عرض کی مولا !پر اشوب زمانہ اور وقت ہے۔اس میں آپ تنہا تشریف لے جا رہے ہیں۔مجھ سے یہ برداشت نہ ہوا کہ آپ کو اکیلا جانے دوں۔حضور فرمائیں تو سہی کیا ارادہ ہے۔ارشاد ہوا۔ہلال موقع جنگ دیکھنے نکلا

ہوں۔ مواقع کو دیکھنے کے بعد آپ پلٹ پڑے۔ ہلال نافع کا بیان ہے کہ حضرت میرا بایاں ہاتھ پکڑے ہوئے واپس تشریف لا رہے تھے۔ دفعتہ آپ کی نظر کی ایک جانب کو اٹھی ۔ارشاد فرمایا: ہلال! دشمن صرف میری جان چاہتے ہیں۔ تم انہی پہاڑوں کے راستے سے نکل جاؤ اور اپنی جان بچالو یہ سننا تھا کہ ہلال قدموں پر گر پڑے اور عرض کی ''اذ ثکلت ھلالاً امہ'' مولا اگر میں ایسا خیال بھی کروں۔ تو میری ماں میرے ماتم میں بیٹھے۔ میں آپ کے قدموں پر نثار ہونے کو زندگی سمجھتا ہوں۔اس کے بعد حضرت داخل خیمہ ہو گئے۔اور حضرت زینب علیہا السلام کے پاس تھوڑی دیر کے لیے بیٹھ گئے۔ حضرت زینبؑ نے سینے سے لگا کر کہا: ''اخی ھل استعلمت من اصحابک نیاتھم فانی اخشی ان یسلموک عنہ الوثیۃ واصطکاک الاسنۃ'' بھائی جان آپ نے اپنے اصحاب کی نیتوں کا اچھی طرح جائزہ لے لیا ہے۔ یا نہیں مجھے یہ ڈر لگتا ہے کہ کہیں آپ ک وحملہ آوری اور نیزہ زنی کے موقع پر نہ چھوڑ دیں۔ یہ سننا تھا کہ حضرت امام حسین علیہ السلام رو پڑے اور فرمایا بہن! غم نہ کرو۔ میرے ساتھ وہ بہادر ہیں جو موت سے اس طرح مانوس ہوتے ہیں۔ جس طرح بچے اپنی ماؤں کے پستانوں سے مانوس ہوتے ہیں۔ فلما سمع ھلال بکی دقتہ الخ بھائی بہن کی باتوں سے ہلال نے اندازہ لگا لیا کہ شاید بنت فاطمہ کو ہمارے اوپر پورا اعتماد نہیں ہے۔ فوراً حبیب بن مظاہر کے خیمہ میں آئے دیکھا کہ تلوار پر صیقل کر رہے ہیں۔ کہا حبیب کیا کرتے ہو۔ ارے حضرت زینبؑ کو ہم پر اعتماد نہیں معلوم ہوتا۔ چلو بنت فاطمہؑ کے نازک دل کو مطمئن کریں تمام اصحاب جمع ہو کر حضرت زینبؑ کے خیمہ کے قریب آتے ہیں۔ اور آواز دیتے ہیں۔ اے ہماری سردار! اے ہمارے امام کی پیاری بہن کیا آپ کو ہم پر بھروسہ نہیں۔ مخدومہ ہم آپ پر جان نثار کرنے کی تمنا میں جی رہے ہیں۔ ہماری تلواریں نیام میں نہ جائیں گی۔ جب تک دشمنوں کے گلے نہ

کاٹ لیں۔اور ہمارے نیزے رکیں گے نہیں جب تک دشمنوں میں نہ ٹوٹیں۔ پھر حضرت نیمحذرات کی طرف ان بہادروں کو اطمینان دلایا۔(دمعہ ساکبہ ص ۳۲۵)

حضرت امام حسینؑ کا ایک اور خطبہ

رات کا ایک حصہ گزر چکا ہے۔اور تاریکی چھا چکی ہے۔امام حسین علیہ السلام خیمہ سے برآمد ہو کر اپنے اصحاب کے قریب جاتے ہیں۔اور ان کے پھر مجتمع ہونے کا حکم صادر فرماتے ہیں ۔آن واحد میں اصحاب باوفا موجود ہوتے ہیں۔(ناسخ التواریخ جلد ۶ ص ۲۴۷) آپ ساج کی کرسی پر جلوہ افروز ہو کر اپنے اصحاب سے بادیدا پر نم فرماتے ہیں ۔(روضۃ الشہداء ص ۳۰۹)میرے وفادار اصحاب میں تم سے بار بیعت اٹھالیا تم اپنے قبیلوں اور عزیزداروں دوستوں میں جاملو۔ پھر اپنے اہل بیعت کی طرف متوجہ ہو کر فرمانے لگے۔میں تمہیں اپنی جدائی کے متعلق مشورہ دیتاہوں۔اس لیے کہ تم دشمنوں کی کثرت اور طاقت کی تاب نہ لاسکو گے۔اور دیکھو دشمن صرف مجھی کو چاہتے ہیں ۔تم مجھے دشمنوں میں چھوڑ کر چلے جاؤ۔بے شک خدا میری مدد کرے گا۔اور ہمارے آباؤاجداد کی طرح ہم پر نظر مرحمت رکھے گا۔(دمعہ ساکبہ ص ۲۳۵ وناسخ التواریخ جلد ۶ ص ۲۴۷) تفسیر امام حسن عسکری علیہ السلام ؛اس خطبہ کے بعد بھی جانبازوں نے دلیرانہ جواب دیا لیکن بقول حضرت سکینہ کچھ لوگ ساتھ چھوڑ کر چلے گئے۔

امام حسینؑ نے جنت دکھلادی

حضرت امام حسین علیہ السلام اپنے اصحاب با وفا کا جائزہ لینے اور پورا پورا اطمینان کر لینے کے بعد اپنے قریب بلاتے ہیں۔ اور ایک دفعہ پھر فرماتے ہیں کہ تمہاری باتوں سے طوق بیعت اتارے لیتا ہوں۔ یہ رات کا پردہ حائل ہے اسے سپر کے کام میں لاؤ اور اپنی جان بچا لو۔ یہ دشمن تو صرف میرا خون چاہتے ہیں۔ جب مجھے قتل کریں لے گے۔ تو تمہاری طرف رخ بھی نہ کریں گے۔ ''قالوا واللہ لا یکون ھذا ابداً'' وہ بولے خدا کی قسم یہ تو کبھی نہ ہو گا۔ آپ نے فرمایا۔ جو کہتا ہوں اس پر غور کرو۔ کل تم سب کے سب ضرور قتل کر دیئے جاؤ گے۔ اور ایک بھی نہ بچے گا۔ ''قالوا الحمد للہ الذی شرفنا بالقتل معک'' عرض کی الحمد اللہ کہ ہم آپ کے ساتھ شہید ہونے سے مشرف ہوں گے۔ پھر امام حسین علیہ السلام نے اپنے اصحاب کو قریب بلایا اور فرمایا ذرا سر تو اٹھاؤ اور دیکھو انہوں نے سر اٹھایا اور جنت میں اپنی منزل اور جگہ دیکھی آپ فرماتے جاتے تھے کہ اے حبیب، اے زہیر وغیرہ یہ تمہاری جگہ ہے۔ یہ تمہاری جگہ ہے اسی طرح سب کو دکھلا دیا۔ اسے دیکھنے کے بعد ہر شخص نیزوں اور تلواروں کا اپنے سینہ اور چہرہ سے استقبال کرنے لگا۔ تاکہ جلد سے جلد جنت میں داخل ہو کر اپنی جگہ پائے (وسائل مظفری ص ۳۹۳ طبع طہران ۱۳۲۰ھ۔ حسینی بہادروں میں جوش شجاعت پہلے ہی کی کم تھا کہ جنت بھی اپنی آنکھوں سے دیکھ لی مرنے کے پہلے ہی مشتاق تھے۔ اب تو اشتیاق حد سے بڑھ گیا دنیا کی تمام کلفتیں مرنے کی موہوم تکلیفیں کافور ہو گئیں۔ اب وہ عالم ہے کہ ایک دوسرے پر سبقت کر رہا ہے۔ اور مسرت قتل سے بھولے نہیں سماتا۔ سچ ہے۔

شب عاشور شہ نے خطبہ آخر جو فرمایا ☆ نہ نیند آئی کسی کو رات بھر شوق شہادت میں

نایابی آب کی وجہ سے شب عشور خیام اہل بیت میں اضطراب عظیم

عباس کی شجاعت رہ جاتی تھی تڑپ کر ☆ بچے بلک بلک کر جب مانگتے تھے پانی

اہل بیت رسولؑ اسلام پر ساتویں محرم سے پانی بند ہے۔ سعی آب کی ہر سبیل غیر مفید ثابت ہو چکی ہے۔تگ ودو کی گئی۔ کنویں کھودے گئے مگر پانی دستیاب نہ ہو سکا۔عاشور کی رات آگئی ہے۔پیاسوں کی آنکھوں میں موت کا نقشہ نظر آرہا ہے۔اضطراب اہل بیت کی کوئی حد نہیں ۔حضرت سکینہ بنت الحسین فرماتی ہیں کہ نویں محرم کا دن گزرنے کے بعد جب رات آئی تو پانی کی نایابی نے ہم لوگوں کو قریب بہ ہلاکت پہنچادیا۔خشک برتنوں اور مشکیزوں کی طرح ہماری زبان اور لب بھی خشک ہو گئے۔اور ایسی حالت پیدا ہو گئی۔جو برداشت نہ کی جا سکی ۔بالآخر'' قمت الی عمتی زینب علیھا السلام اخبر ھا بعطشانا لعلھا ادخرت لنامائ''میں اور بچوں سمیت اپنی پھوپھی زینبؑ کی خدمت میں حاضر ہوئی۔تاکہ انہیں اپنی حالت سے آگاہ کر کے پانی کی خواہش کروں۔شاید وہ کوئی سبیل پیدا کر سکیں۔''فوجد تھا فی خیمتھاوفی حجرھا اخی الرضیع''میں نے انہیں اپنے خیمہ میں پایا۔وہ آغوش محبت میں میرے بھائی علی اصغر کو لیے ہوئے تھیں اور ان کی حالت یہ تھی ''تارۃ تقوم وتارۃ تقعد وھو یظطرب اضطراب السمکۃ فی الماء'' کبھی کھڑی ہوتی تھیں۔اور کبھی بیٹھ جاتی تھیں۔اور میرا بھائی ان کی آغوش میں اس طرح تڑپتا تھا۔جس طرح چھوٹی مچھلی پانی میں تڑپتی ہے۔''ویصرخ وھی تقول صبراً صبراً یا بن اخی'' وہ تڑپتے بھی ہیں اور چلاتے بھی ہیں۔اور میری پھوپھی انہیں تسلی دیتی ہوئی فرماتی ہیں۔میرے برادر زارے صبر کرو اور ساتھ ہی ساتھ یہ بھی فرماتی تھیں:''وانی لک الصبر و انت علی ھذا الحالۃ المشئو مۃ'' اور تجھے کیونکر صبر آسکتا ہے۔جبکہ تیری یہ حالت ہے۔''یعز علی عمتک ان تسمعک ولا تنفعلک'' اے بیٹا کیا کروں۔اس بات سے سخت تکلیف ہے کہ میں تیری حالت دیکھتی اور تیرا بیان سنتی ہوں اور کچھ نہیں کر سکتی۔جناب سکینہ فرماتی ہیں کہ جب میں نے پھوپھی جان کا بیان سنا اور علی اصغر کی حالت دیکھی تو میں بھی رو پڑی۔''فقا

لت سکینۃ قلت نعم" پھوپھی اماں نے پوچھا کون سکینہ ؟میں عرض کی ہاں پھوپھی جان میں ہی ہوں انہوں نے پوچھا کیوں رو رہی ہو۔ میں نے یہ خیال کرتے ہوئے کہ اگر اپنی پیاس کا ذکر کیا وہ اور پریشان ہو جائیں گی۔ میں نے کہا اے پھوپھی جان "لو ارسلت الی بعض عیالات الانصار فلر بما ان یکون عند ھم مائ" اگر آپ انصار کی عیال کے پاس کسی کو بھیجیں تو شاید کچھ پانی کہیں سے دستیاب ہو جائے۔ یہ سن کر حضرت زینبؑ نے میرے بھائی کو آغوش میں لیا اور خود میری انگلی پکڑی اور دیگر پھوپھیوں کے خیموں میں تشریف لے گئیں۔ لیکن کہیں پانی کی کوئی سبیل نظر نہ آئی۔ پھر جب وہ واپس ہو کر بعض فرزندان امام حسنؑ کے خیمہ میں پہنچیں تو آپ کے ساتھ بہت سے اور چھوٹے چھوٹے بچے بھی ہو گئے تھے۔ اور سب کو یہ امید تھی کہ زینبؑ کہیں سے پانی کی سبیل نکالی لیں گی۔ غرض کہ آخر میری پھوپھی زینبؑ نے اصحاب کے خیموں میں پانی کا پتہ لگالیا۔ مگر مایوسی ہی رہی "فلما استیت رجعت الی خیتمھا و معھا مایقرب من عشرین صبیاً وصبیۃ" جب پانی ملنے سے ناامید ہوئی تو اپنے خیمے میں پلٹ آئیں۔ اب آپ کے پاس تقریباً بیس لڑکے لڑکیاں جمع ہو گئے جو سب کے سب حد سے زیادہ پیاسے تھے۔ حضرت سکینہ فرماتی ہیں کہ ہم سب اطفال حسینی خیموں میں رو پیٹ رہے تھے کہ ناگاہ ہمارے خیمہ کی طرف سے بریر ہمدانی گزرے انہوں نے جب ہماری حالت کا مطالعہ کیا تو بے ساختہ رونے لگے۔ اور سر پر خاک ڈالتے دیگر اصحاب سے ملے اور ان سے کہا کہ بڑے افسوس کی بات ہے۔ کہ ہمارے ہاتھوں میں تلواریں ہونے کے باوجود خاندان رسالت کے بچے پیاس سے مر رہے ہیں۔ میرے دوستو! اگر ہم انہیں سیر اب نہ کر سکیں تو وہ پیاس سے مر جائیں۔ تو اس سے کہیں بہتر ہے کہ ہم لوگ موت سے ہم کنار ہو جائیں ۔میری رائے یہ ہے کہ ہم لوگ ان بچوں کے ہاتھ پکڑ لیں اور نہر پر لے چلیں اور انہیں

سیراب کرنے کی سعی کریں۔ یہ سن کر یحییٰ مازنی بولے میرے خیال میں بچوں کا لے جانا درست نہیں ہے۔ کیونکہ دشمن حملہ ضرور کریں گے۔ اگر اس حملہ میں خدانخواستہ کوئی بچہ نظر ہو گیا تو ہم اس کا سبب قرار پائیں گے۔ بہتر یہ ہے کہ مشکیزے لے لو اور نہر پر چل کر پانی حاصل کرو۔ پانی دستیاب ہونے پر ان پیاسوں کو سیراب کرو۔ جناب یحییٰ مازنی کی رائے سب نے پسند کی۔ اور چار اصحاب مشکیزے لے کر نہر فرات کی طرف روانہ ہو گئے۔ جن کے قائد جناب بریر ہمدانی تھے۔ (امائتین فی مقتل الحسین جلد ا ص ۳۱۸ طبع لکھنؤ)

شب عاشور جناب بریر ہمدانی پر دشمنوں کی یورش اور حضرت عباس علیہ السلام کا کمک میں پہنچنا

رات کا بہت بڑا حصہ گزر چکا ہے۔ محافظین نہر سوتے جاگتے ہیں۔ مجاہدین کرام خدمت حسینؑ اپنے خیموں کی جانب روانہ ہو رہے ہیں۔ حضرت بریر ہمدانی جنہیں ''سید القراء'' کہا جاتا ہے۔ خیام اہل بیت کی طرف سے گزرے کانوں میں حسینی پیاسوں کی صدائے ''العطش'' پہنچی۔ دل بے چین ہو گیا۔ بڑھتے ہوئے قدم تھم گئے ''رمیٰ نفسہ علی الارض وحثی التراب'' اپنے آپ کو زمین پر دے مارا۔ اور خاک بر سر ہو۔ گئے تھوڑی دیر کے بعد اٹھے ساتھیوں کے پاس آئے اور آبدیدہ ہو کر بولے: بھائیو! اولاد رسول کریمؐ اور فرزندان ساقی کوثر پیاس سے مرا چاہتے ہیں۔ بڑے افسوس کی بات ہے کہ تلواروں کے قبضے ہمارے قبضوں میں ہوں اور ہم ایک چلو بھی پانی نہ لا سکیں اور تشنہ لب بچے جاں بحق تسلیم ہو جائیں۔ مجاہدین اٹھ کھڑے ہوئے اور طے کیا کہ ان بچوں کو نہر فرات پر لے چلیں۔ اور سیراب

کرلائیں معاً خیال آگیا کہ اگر خدانخواستہ کسی بچے کو کوئی گزند پہنچ گئی تو ہم خاتون جنت کو منہ دکھانے کے لائق نہ رہیں گے۔ بریر کی حسب مرضی قبیلہ ازد کے صرف چار بہادروں پر مشتمل ایک جماعت زیر قیادت ہمدانی نہر فرات کی جانب روانہ ہو جاتی ہے۔ یہ لوگ فرات کے کنارے پہنچے محافظین نہر نے ان کی آمد محسوس کرلی۔ پوچھا ''من ھولاء القوم'' یہ لوگ کون ہیں۔ یعنی تم لوگ کون ہو اور کیوں آئے ہو۔ بریر ہمدانی نے دلیرانہ جواب دیا'' انا بریر وھولاء اصحابی'' میں بریر ہوں اور یہ میرے ہمراہی اور صحابی ہیں۔ اس نے پوچھا کیوں آئے ہو کیا عرض ہے؟ ''فرمایا'' پانی پینے اور لے جانے آئے ہیں۔ اس نے کہا ٹھہرو ہم اپنے سردار سے دریافت کرلیں اگر اجازت ملے گی تو پانی لے جانے کی سبیل پیدا ہو جائے گی۔ ورنہ ناممکن ہو گی۔ اگر ایک شخص محافظین نہر کے سردار اسحاق بن حیثوہ کے پاس گیا جو بریر رحمۃ اللہ علیہ کا رشتہ دار تھا۔ اور کہا بریر پانی پینے اور خیام حسینی تک لے جانے کے لیے آئے ہیں۔ اس نے کہا ''افرجوالھم الشرعۃ'' پانی پینے کے لیے گھاٹ خالی کردو۔ جتنا جی چاہے پی لیں۔ لیکن لے جانے نہ پائیں۔ اجازت ملی۔ پانی میں اترے پانی کی ٹھنڈک نے دل پگھلا دیئے۔ بریر نے پانی پیئے بغیر اپنے ساتھیوں سے کہا مشکیزے جلدی بھرو۔ اور چل کھڑے ہو۔ ''فقد ذابت قلوب اطفال الحسین'' اس لیے کہ فرزند رسولؐ کے چھوٹے چھوٹے بچوں کے دل پیاس پگھلے جارہے ہیں۔ بریر کی آواز ایک دشمن نے سن لی۔ اور پکار کر کہا تمہیں پانی پینے کی اجازت دی گئی ہے۔ تم پانی لے جا نہیں سکتے ہیں۔ میں فوراً اسحاق کو باخبر کرتا ہوں۔ لیکن یہ بھی سن لو کہ اگر اس نے یہ پاس قرابت پانی لے جانے کی اجازت بھی دے دی تو میں نہ لے جانے دوں گا۔ حضرت بریر نے اپنا لہجہ کمال سیاست کی بنا پر نرم کر کے اسے گرفتار کرنا چاہا۔ لیکن وہ گرفت میں نہ آیا اور اس نے اسحاق کو خبر کردی۔ اسحاق نے حکم دیا پانی

لے جانے سے روکو۔اور اگرنہ مانیں تو میرے پاس گرفتار کر کے لاؤ۔وہ آیا اور اس نے مشکیزے سے پانی بہادینے کا مطالبہ کیا۔حضرت بریر نے فرمایا'' اراقۃ الدماء اسھی من اراقۃ المائی'' خدا کی قسم میں پانی بہانے سے اپنا خون بہانا بہتر سمجھتا ہوں میں نے ایک قطرہ بھی پانی نہیں پیا۔ہماری پوری غرض خیام حسینی تک پانی پہچانا ہے۔جب تک دم میں دم ہے۔ہمارے مشکیزوں کو کوئی نظر بھر کر بھی دیکھ نہیں سکتا۔ان لوگوں کے ارادے معلوم کرنے کے بعد دشمنوں نے چاروں طرف سے گھیر لیا۔ان بہادروں نے اپنے مشکیزے زمین پر رکھ دیئے۔اوراس کے گردا گرد گھٹنے ٹیک کر کھڑے ہوگئے۔تیر بارانی کا حکم ہوا اور تیر برسنے لگے۔ایک بہادر نے مشکیزہ اٹھا کر کندھے پر رکھ لیا۔اور چاہا کہ جلدی سے نکل کرتا بہ خیام پہنچ جاؤں اتنے میں ایک تیر کندے پر آلگا۔تسمہ کٹ گیا اور خون جاری ہو گیا اور قدم تک پہنچا۔اس نے بڑی خوشی کے ساتھ کہا۔'' الحمدللہ الذی جعل رقبتی و قاء لقربتی'' تمام تعریفیں اس خدا کے لیے ہیں۔جس نے میری گردن کو مشکیزہ کے لیے سپر بنادیا۔یعنی میری گردن چھدی تو چھدی مشکیزہ تو بچ گیا۔ابھی تک ان بہادروں کی تلواریں نیام میں ہیں لیکن حضرت بریر اب سمجھ چکے ہیں اور ان کے اطفال و عورات بھی پیاسے ہیں۔ہمیں پانی تو لے جانے دو۔ان لوگوں نے جواب دیا حسینؑ اور ان کے بچوں کے لیے فرات کا پانی ہم نے حرام کر دیا ہے یہ ناممکن ہے کہ تم پانی لے جاسکو بریر نے کہا دیکھو ہماری تلواریں اب تک نیام میں سو رہی ہیں انہیں بیداری کا موقع نہ دو۔ورنہ بڑی خونریزی ہو گی۔دشمن پانی روکنے میں مبالغہ کر رہے ہیں۔اور یہ پانی لے جانے پر اصرار بات بڑھی آواز بلند ہوئی حضرت امام حسین علیہ السلام کے گوش مبارک تک صدا پہنچی۔آپ نے ارشاد فرمایا الحقوابہ اے عباسؑ کچھ لوگوں کو لے کر بریر کی کمک میں جلد پہنچو۔وہ دشمنوں میں گھر گئے ہیں حضرت عباسؑ چند

اصحاب کو لے کر بریر کی مدد کو چلے اور ان کے ہمراہ بعض محافظین خیمہ گاہ بھی ہوئے۔ عمر بن حجاج نے جب دیکھا تو اپنے لشکریوں کو حکم دیا کہ اگرچہ رات ہے مگر تیر بارانی شروع کردو۔ حکم پاتے ہی دشمنوں نے تیروں کا مینہ برسانا شروع کر دیا۔ بریر نے بڑھ کر ایک مشکیزہ اٹھالیا اور اپنے ساتھیوں سے کہا کہ میرے ارد گرد جمع ہو جاؤ تاکہ تیر مشکیزہ تک نہ پہنچ سکے۔ اور پانی بہنے سے بچ جائے بریر مشک لیے اپنے ساتھیوں کے درمیان میں ہیں اور ساتھی آپ کے ارد گرد ہیں جس قدر تیر آتے ہیں یہ بہادر اپنے سینوں پر لیتے ہیں اور مشکیزہ تک کسی تیر کی رسائی نہیں ہونے دیتے بریر ہمدانی کے سات تیر لگ چکے ہیں لیکن مشکیزہ اب تک محفوظ ہے قضارا ایک تیر بڑی تیزی کے ساتھ اڑتا ہوا ایک بہادر کے سینے پر لگا اور سینے کو توڑ کر پار ہو گیا اور بریر کی گردن پر جا لگا لوگ گھبرا گئے اور یہ سمجھے کہ تیر مشکیزہ پر لگ گیا ہے۔ حضرت بریر سے پوچھا۔ ذرا بتاؤ تو سہی کہ یہ تیر کہاں لگا بریر نے کمال عقیدت سے جواب دیا کہ مشکیزہ بچ گیا۔ الحمد اللہ یہ تیر میری گردن پر لگا ہے الغرض کمک پہنچ گئی دشمن کے دل چھوٹ گئے ان حضرات نے دشمنوں کو ہٹا دیا اور بریر وغیرہ کو ہمراہ لے آئے۔ حضرت بریر مشکیزہ لیے ہوئے خیمہ کے قریب پہنچے۔ فجاء بریر بالماء حتی وبایا لخیمۃ فرمی القربۃ وقال اشربوا یاال الرسول'' اور پکار کر کہا اے رسول اکرمؐ صلعم کے چھوٹے چھوٹے پیاسے بچو آؤ۔ پانی آگیا بخوشی پیو۔ بچوں میں شور مچ گیا۔ ایک دوسرے کو پکارنے لگے۔ ہذا بریر جاء نا بالماء آؤ آؤ۔ بریر پانی لائے ہیں تمام بچے دوڑ پڑے۔ ''ورمین الفسھن علی القربۃ، اور اپنے کو مشکیزہ پر گرا دیا کوئی مشکیزہ کو آنکھوں سے کوئی رخسار سے کوئی پہلو سے لگانے لگا۔ مشکیزہ پر دباؤ پڑا اور اس کا دہانہ بند۔ الٹ گیا منہ کھل گیا اور سارے کا سارا پانی پیاسوں کے سامنے زمین پر بہ گیا بچے ایک دوسرے کا منہ تکنے لگے اور سب نے مل کر آواز دی، ارے

بریر پانی بہ گیا۔ بریر اس آواز کو سنتے ہی جعل یلطم وجھہ منہ پٹینے لگے اور بڑی مایوسی اور زبردست افسوس کے ساتھ رو کر کہا "والھفاہ علی اکباد بنات رسول اللہ، ہائے کس عرق ریزی سے پانی دستیاب ہوا تھا مگر افسوس کہ پیغمبر اسلام علیہ السلام کی اولاد سیراب نہ ہو سکی ۔غرض کہ پانی زمین پر بہ گیا اور چھوٹے چھوٹے بچے کمال تشنگی کی وجہ سے اس تر زمین پر گرنے لگے۔ حضرت عباس علیہ السلام نے اس حشر آفرین واقعہ کو اپنی نظروں سے دیکھا اور بے تاب ہو کر نہایت مایوسی کے عالم میں کف افسوس ملنے لگے۔ (مائتین ص ۳۱۶ ص ۳۲۳ و مواعظ حسنہ ص ۲۸۵۔ ۲۸۳ طبع جالندھر ۱۹۳۹ء کبریت احمر ص ۳۴ تو ضیح عزا ص ۱۹۱

عباسؑ الاصغر کی شہادت

غالباً شب عاشو کی اس آخری پانی کی جد وجہد میں عباس الاصغرؑ نامی حضرت علی علیہ السلام کے ایک صاحبزادے کام آگئے ہیں جن کو بعض لوگوں نے غلطی سے عباس الاکبر علیہ السلام سمجھ کر لکھ دیا۔ کہ حضرت عباس علمدار شب عاشور شہید ہوئے ہیں (نور العین) یہ سراسر غلط ہے یہ دھوکا بظاہر ہر نام کی وجہ سے ہو گیا ہے۔ حضرت علی علیہ السلام کے دو بیٹوں کا نام عباس تھا۔ علمدار کربلا کو عباس الاکبر اور دوسرے بیٹے کو عباس الاصغر کہتے تھے (المشرع الردی ص ۷۴ طبع مصر ۱۳۳۹ھ ناسخ التواریخ جلد ۲ ص ۲۸۹ طبع بمبئی)

حضرت زینبؑ کا اضطراب

WILAYAT MISSION PUBLICATIONS

حضرت امام حسینؑ اپنے خیمہ میں تشریف فرما ہیں اور آپ کے پاس ابوذر غفاری کے غلام جناب جون بیٹھے ہوئے ہیں آپ نے بقول بعض مورخین کچھ اشعار پڑھے جن کے الفاظ کی بندش سے موت کا نقشہ نظر آرہا تھا۔ حضرت زینبؑ نے جو حضرت زین العابدین علیہ السلام کی تیمارداری میں مشغول تھیں حضرت امام حسین علیہ السلام کے اشعار سن لیے اور بے انتہاء مضطرب ہو کر بھائی کے پاس آئیں بھیا آپ تو اپنی شہادت کی خبر دے رہے ہیں امام حسین علیہ السلام نے فرمایا۔ اے بہن! موت ہر ایک کے لیے اور مجھے بھی بہر صورت مرنا ہے اور لاریب یہ میری آخری رات ہے حضرت زینب بے انتہار نجیدہ ہوئیں اور رونے لگیں حضرت امام حسین علیہ السلام نے انہیں تلقین صبر فرمائی اور خاموش کر دیا۔

حضرت امام حسین علیہ السلام کا ہدایات دینے کے لیے اصحاب کے خیموں کا دورہ

عاشورا کی رات گزر رہی ہے حضرت امام حسین علیہ السلام اپنے خیمہ سے برآمد ہو کر اصحاب کے خیموں کی طرف تشریف لے جاتے ہیں ان کو حکم دیتے ہیں کہ تم لوگ خیموں کو اس انداز سے نصب کر لو کہ تمہاری زندگی تک دشمن خیموں کے قریب نہ پہنچ سکیں۔ شیخ مفید علیہ الرحمہ فرماتے ہیں کہ پھر امام حسین علیہ السلام اپنے اصحاب کی طرف تشریف لے گئے اور آپ نے ان کو حکم دیا کہ تمام خیموں کو ملا لو اور ایک کی طناب دوسرے کے ساتھ مستحکم کر لو۔ اور خیموں کے نصب کرنے میں ایسی شکل اختیار کرو کہ تین طرف سے سب محفوظ ہو جائیں اور صرف ایک ایسی طرف راستہ رکھو جس طرف دشمن کی گزرگاہ ہو اور ان سے

مقابلہ کیا جاسکے (ارشاد مفید ص ۳۲۴ طبع ایران)

حضرت عباسؑ و حضرت علی اکبرؑ اور جناب قاسمؑ میں باہم گفتگو

علامہ محمد باقر نجفی اپنی کتاب دمعہ ساکبہ کے ص ۳۲۶ پر تحریر فرماتے ہیں ''ثم رجع علیہ السلام الی مکانہ ''اصحاب کو ہدایات دینے کے بعد آپ اپنے خیمہ فلک جاہ کی طرف واپس ہوئے بقولے جب واپسی میں حضرت عباسؑ کے خیمہ کے قریب پہنچے تو محسوس کیا کہ جیسے کچھ آپس میں باتیں کر رہے ہوں حضرت اپنی جگہ پر خاموش کھڑے ہو گئے یہ حضرات آپس میں بات چیت کر ہی رہے تھے کہ روئے سخن شب عاشور کی طرف ہو گیا حضرت علی اکبرؑ بڑی دلیری سے بولے ''اے چچا جان ! آج کی صبح کو بابا جان پر جو سب سے پہلے اپنی جان کی قربانی دے گا میں ہو گا۔ حضرت عباسؑ بولے آقا زادے یہ کیا کہا۔ غلام کی موجودگی میں شاہزادہ کی شہادت کا کون سا سوال ہے جب تک عباسؑ کے دم میں دم باقی ہے شہزادہ کو جنگ کی آنچ نہیں لگنی چاہیئے۔ حضرت علی اکبرؑ نے کہا۔ چچا، یہ درست سہی لیکن یہ بھی تو خیال فرمائیں کہ آپ علمدار لشکر ہوں گے اور علمدار کے مارے جانے سے سارا لشکر تیر بتر ہو جاتا ہے اگر آپ پہلے شہید ہوں گے تو چھوٹے سے لشکر میں جلد سے جلد کمزوری دوڑ جائے گی اس کے علاوہ آپ کی وہ ہستی ہے کہ آپ کے دم سے بابا جان زندہ ہیں اگر آپ شہید ہو جائیں گے تو بابا جان کی کمر ٹوٹ جائے گی حضرت عباسؑ نے جواب دیتے ہوئے فرمایا کہ اے میرے آقا کے نور نظر علی اکبرؑ ! تم نے جو کچھ کہا درست ہے لیکن یہ بھی تو سوچو کہ بیٹا باپ کا نور نظر ہوتا

ہے جب باپ کے سامنے بیٹا شہید ہو جائے تو باپ کی آنکھوں کا نور جاتا رہتا ہے اگر تم پہلے شہید ہو جاؤ گے تو میرے سید و سردار بے نور ہو جائیں گے اور یہ تو بتاؤ کہ جب حضرت کا نور بصر جاتا رہا تو سارا دن لاشوں پر لاشے کیسے اٹھائیں گے۔ حضرت عباسؑ اور حضرت علی اکبر علیہما السلام کی گفتگو حضرت قاسم بن حسن علیہ السلام خاموشی سے سنتے رہے جب دونوں سوال وجواب کر چکے تو بولے، چچا جان! آپ نے جو کچھ فرمایا وہ درست ہے اور بھائی علی اکبر علیہ السلام نے جو کچھ کہا وہ صحیح ہے بے شک آپ کی شہادت سے چچا جان کی کمر ٹوٹ جائے گی اور بھائی علی اکبرؑ کی شہادت سے چچا جان کا نور بصر جاتا رہے گا مناسب معلوم ہوتا ہے کہ کل سب سے پہلے جو چچا جان پر قربان ہو وہ میں ہوں۔ اس لیے کہ میں یتیم ہوں اور اپنے باپ کی طرف سے سب سے پہلی قربانی دینے کی تمنا رکھتا ہوں، یہ سننا تھا کہ حضرت امام حسین علیہ السلام خیمہ میں داخل ہو گئے۔ اور حضرت قاسم کو سینہ سے لگا کر فرمایا بیٹا باپ کے نہ ہونے کا رنج نہ کرو میں تیرا باپ موجود ہوں تیری شہادت سے مجھے اتنا ہی رنج ہو گا جتنا میرے بھائی ہوتا۔ سنتا ہوں کہ پھر امام حسین علیہ السلام نے روئے سخن حضرت عباسؑ کی طرف موڑا اور ان کے جذبات کا جائزہ لے کر فرمایا کہ اے عباسؑ اگر تم یہ حوصلہ لے کر آئے ہو کہ ان کا تختہ تباہ کر دو۔ تو مدینہ واپس جاؤ میں تو اتمام حجت اور قربانی پیش کر کے اسلام کو زندہ کرنے اور اس کو سدبہار بنانے کا ارادہ رکھتا ہوں۔

حضرت امام حسینؑ اور اصحاب واعزاء کی عبادت گزاری

حضرت امام حسین علیہ السلام اصحاب کو ہدایت فرما کر اپنے خیمہ میں واپس تشریف لے گئے

۔اصحاب اٹھے اور حضرت کی حسب ہدایت یعنی خیموں کے گرد کھدی ہوئی خندق میں خس وخاشاک اور لکڑیاں اچھی طرح بھر دیں۔اس کے بعد نماز عبادت دعا تلاوت کلام مجید میں مشغول ہوگئے (جلاء العیون ص ۲۰۰)علامہ محمد باقر بحوالہ مفید لکھتے ہیں : پھر آپ ساری رات نماز پڑھتے ۔استغفار اور دعا اور تضرع کرتے رہے اور آپ کے تمام اصحاب بھی نماز ودعا اور استغفار میں مشغول رہے (دمعہ ساکبہ ص۲۳۶۔ناسخ التواریخ جلد ۲ ص ۲۴۸)علامہ اربلی رقمطراز ہیں کہ : حضرت امام حسین علیہ السلام نے تمام عورات واہل بیت کو شکیبائی کی وصیت فرمائی۔اور بیمار امام حضرت زین العابدین کو باخبر کیاکہ میری نسل سے تم تنہا باقی رہ جاؤگے۔پس فرمایااس کے بعد مشغول بہ عبادت ہوگئے (سیر الائمہ ترجمہ کشف الغمہ ص ۷۰)مورخین لکھتے ہیں۔ حضرت امام حسین علیہ السلام اور ان کے اصحاب بقیہ ساری رات عبادت کرتے رہے کبھی رکوع کبھی سجود کبھی قیام کبھی قعود میں مشغول رہے ۔اور ان کی عبادت کی آوازایسی معلوم ہوتی تھی ۔جیسی شہد کی مکھیوں کی بھنبھناہٹ۔(دمعہ ساکبہ ص ۳۲۵ تاریخ کامل جلد ۴ ص ۲۳ ، مقتل عوالم ص ۸۰، طبری صلاح النشین ،ابی مخنف صواعق محرقہ ،ینابیع المودۃ اعثم کوفی ،روضۃ الصفا ناسخ التواریخ جلد ۶ ص ۲۴۸ وغیرہ)

شب عاشور حضرت عباس علیہ السلام کی چہار گانہ عبادت

غرضکہ اب رات کا جو حصہ بھی باقی ہے۔وہ عبادت میں گزر رہاہے۔یعنی حضرت امام حسین علیہ السلام اور ان کے اہل بیت اور اصحاب سب طمانیت عبادت کو رخصت کرنے لگے ہوئے

ہیں ۔اور حضرت امام حسین علیہ السلام بھی سر بسجود عبادت خداوندی میں مشغول ہیں ۔لیکن آپ نماز۔دعا کے علاوہ فریضہ عبادت گزاری کو دوسرے طریقوں سے بھی ادا فرما رہے ہیں۔علامہ باقر قاینی کی عبادت سے مستفاد ہوتا ہے کہ آپ نے شب عاشور چار قسم کی عبادت میں گزاری۔

پہلی قسم: تو یہ ہے کہ آپ اپنے برادر محترم حضرت امام حسین علیہ السلام کی طرح محو عبادت ہوتے ہیں۔ کبھی رکوع، کبھی سجود، کبھی قیام کبھی قعود فرماتے ہیں۔ کبھی دعا کے لیے ہاتھ اٹھاتے ہیں۔ کبھی تضرع وزاری کرتے ہیں۔

دوسری قسم: یہ ہے کہ آپ مصلّے سے اٹھ کر فوراً خیام اہل بیت کا طلایہ پھیرتے ہیں اور حفاظت خیام میں سارا انہماک صرف کردیتے ہیں۔حضرت عباس علیہ السلام کو چونکہ سرکار حسینی سے تمام اختیارات اور ذمہ داریاں حاصل تھیں لہٰذا آپ مجبوراً اپنے رخ عبادت کو حفاظت عترت رسولؐ کی طرف مور دیتے ہیں۔

تیسری قسم: یہ ہے کہ آپ خندق میں لکڑیوں کو مرتب طور پر جمع کرتے ہیں۔اور برواتیے جمع شدہ لکڑوں میں اس خیال سے آگ دیتے ہیں کہ دشمن شب خون نہ ماریں۔

چوتھی قسم: یہ ہے کہ آپ اپنے بھائیوں نیز دیگر بنی ہاشم کو جمع کرکے فرماتے ہیں کہ دیکھو کل امتحان کا دن ہے۔تم اس طرح دلیری سے کام لینا کہ دنیا انگشت بدندان ہو جائے۔اور اس کی پوری کوشش کرنا کہ سب سے پہلے شہادت نصیب ہو۔ایسا نہ ہو کہ اصحاب سبقت لے جائیں۔اور دنیا کہے کہ حسینؑ نے اصحاب کو پہلے کٹوادیا۔(کبریت احمر ص ۹۱)

حضرت زینبؑ جناب عباسؑ کے خیمہ میں

اس میں کوئی شک نہیں کہ جس طرح حضرت عباسؑ کو سکون اور چین نصیب نہ تھا۔اسی طرح حضرت زینب صلوٰات اللہ وسلامیہ علیہا بھی بے چین تھیں۔آپ فرماتی ہیں کہ نصب شب گزرنے کے بعد میں اپنے خیمہ میں گئی۔دیکھا کہ آپ شیران بنی ہاشم کے ایسے حلقہ میں بیٹھے ہوئے ہیں کہ لایعرف طرفھا جس کا کنارہ معلوم نہیں ہوتا اور فرما رہے ہیں۔"یا اخرانی و بنی اعمامی اسمعوا کلامی" اے میرے بھائیو! اور اے چچا کے بیٹو! میری بات کان دھر کے سنو "چوں فردا شود و بنائے محاربہ و قتال شود اول کسے کہ قدم در عرصہ رزم گزارد۔شما بنی ہاشم باشید۔تاآنکہ مردم نہ گوئند کہ جمعے راخوستند بیارے خود واز برائے ایشاں مرگ و برائے خود حیات راخواستند" دیکھو کل جب محاربہ اور قتال چھڑنا طے پا جائے۔تو اے بنی ہاشم تم لوگ سب سے پہلے رزم گاہ میں اپنے کو پہنچا کر جان دے دینا تاکہ لوگ یہ کہہ سکیں کہ لوگوں کو مدد کے لیے بلا کر ان کے لیے موت اور اپنے لیے زندگی کی فکر کی۔پس فتیاں ہمہ گفتند مطیع امر توے باشیم۔سب لوگ بیک زبان بول اٹھے۔آپ فکر نہ کریں۔ہم آپ کی پوری اطاعت کریں گے۔(کبریت احمر ص ۱۱۰) ملا مشہدی لکھتے ہیں کہ ایک خیمہ میں حضرت عباسؑ بن علیؑ جوانان بنی ہاشم کو حق کی حمایت کے لیے جان دینے باطل کی مخالفت میں کمر باندھنے واجبات دین کو تلواروں کے سایہ میں بجا لانے۔مصیبت میں صبر غصے ہیں علم۔کلام میں سچائی۔افعال میں دیانتداری اور ادائے فرائض میں مستعدی ظاہر کرنے تلوار کی دھار کے نیچے بھی امام زمانہ کی متعابعت میں ثابت قدم رہنے کی تلقین فرما رہے تھے۔الخ (مظلومہ کربلا ص ۷۳ طبع لاہور) حضرت زینبؑ فرماتی ہیں کہ پھر میں نے اصحاب

کے خیمہ کی طرف نظر کی تو دیکھا کہ۔ حبیب بن مظاہر نے تمام اصحاب کو اپنے خیمہ میں جمع کر دیا ہے۔ اور کہہ رہے ہیں کہ "اے اصحاب حسینؑ اور میرے بھائیو دیکھو۔ کل جب جنگ وجدال حرب و قتال کی نوبت آ پہنچے تو تم لوگ دین اسلام پر نثار ہونے میں جلدی کرنا۔ ایسا نہ ہو کہ بنی ہاشم میں سے کوئی بھی تم پر سبقت لے جائے۔ "زیرا کہ ایشاں سادات و بزرگان ما باشد" "فاذا قتلنا قضینا ما علینا" اس لیے کہ یہ لوگ سادات اور ہمارے بزرگ ہیں۔ جب ہم کام آجائیں گے۔ تو اپنے فریضہ سے سبکدوش ہو جائیں گے۔ پھر جو بھی ہو۔ اس پر ہماری ذمہ داری نہ ہو گی۔ ان اصحاب نے بہ یک زبان کہا" القول قولک" جو فرماتے ہیں۔ بالکل درست ہے اور یہی ہو کے رہے گا۔ چنانچہ یہی ہوا۔ اصحاب نے کسی طرح اہل بیت میں سے کسی ایک کو بھی اپنے سے پہلے رزم گاہ میں جانے نہ دیا۔ (کبریت احمر ص ۱۱۰)

خیمہ گاہ حسینی کی عورتوں کا انداز عبادت

اس میں کوئی شک نہیں کہ واقعات کربلا کے فروغ میں عورتوں کا بھی ہاتھ ہے۔ بڑی بے انصافی ہو گی۔ اگر اس میں مقام پر عورتوں کی عبادت کا ذکر نہ کیا گیا۔ عورتیں نماز و دعا میں مشغول ہیں۔ جب اس قسم کی عبادت سے فرصت پاتی ہیں۔ تو ایک دوسرے انداز کی عبادت شروع کر دیتی ہیں۔ ملاحظہ ہو۔ خیام اہل بیت میں اسلام کی کامل الایمان بیبیاں محبت رسولؐ کی راسخ الاعتقاد ہستیاں دین الٰہی پر مر مٹنے والیاں خاتون جنت کی محبت کی متوالیاں ۔قربان گاہ اسلام پر قربانی چڑھانے جان رسولؐ کا فدیہ پیش کرنے۔ اپنی پیاری بی بی فاطمہ زہرا کی جان پر سے صدقہ اتارنے کے لیے اپنے جگر کے ٹکڑوں پیارے لاڈلوں کو تیار کر رہی

ہیں۔ بال سنوارتی ہیں۔ زلفوں کو کنگھی کرتی ہیں۔ چاند سے مکھڑوں کو چومتی ہیں۔ پیاسے ہونٹوں کو بوسہ دیتی ہیں۔ اور کہتی ہے کہ اے پیارے بچو جگر کے ٹکڑو۔ ماں کی آنکھ کے تارو۔ راج دلارو۔ کل قربانی کا دن ہے۔ جان رسولؐ پر فدا ہونے کا روز ہے۔ بس یہی تمنا ہے اور یہی آرزو ہے کہ تم دولہا بنو۔ زخموں کے پھول تمہارے جسم پر ہوں شربت شہادت پیو تلواروں سے کھیلو۔ نیزے کھاؤ۔ خون میں نہاؤ۔ دین الٰہی اسلام محمدی کی قربانی بنو۔ اور جان رسولؐ بتولؑ آقا حسینؑ پر فدا ہو جاؤ اور ہم کو ہماری بی بی خاتون جنت بنت رسولؐ حضرت فاطمہ زہراؑ سے سرخرو کر جاؤ۔ حسینؑ کے فدیہ کہلاؤ گے تو ہمارا دودھ تم کو حلال ہو گا۔ اور تمہاری لاشوں پر ہم آئیں اور تمہاری خون بھری تصویروں کو دیکھ کر خون کے آنسو بہا کر خدائے جلیل کی بارگاہ میں اس ناچیز قربانی کی قبولیت کا سجدہ شکر ادا کریں اور اپنا دودھ تم کو بخشیں۔

مجاہدین کربلا کی آخری سحر

شب عاشور گزر رہی ہے۔ سفیدہ سحری نمودار ہو رہا ہے۔ شہدائے کربلا کی زندگی کی آخری سحری طائع ہوا چاہتی ہے۔ کہ ناگاہ حضرت امام حسین علیہ السلام پر غنودگی طاری ہوگئی۔ آپ نے ایک حیرت ناک خواب دیکھا جس میں آپ کے قاتل کی پہنچان بتائی گئی تھی۔ مورخین لکھتے ہیں۔ جب سحر کا وقت آیا۔ امام حسین علیہ السلام پر غنودگی طاری ہوئی۔ پھر آپ بیدار ہوگئے اور فرمایا تم لوگ جانتے ہو کہ اس وقت میں نے خواب میں دیکھا ہے لوگوں نے عرض کی حضور آپ ہی فرمائیں۔ ارشاد ہوا کہ میں نے خواب میں دیکھا کہ بہت سے کتے شدت کے ساتھ مجھ پر حملے کر رہے ہیں۔ اور ان کتوں میں ایک ابلق رنگ کا مبروص کتا ہے

جو انتہائی سختی کے ساتھ مجھ پر حملہ آور ہے میں گمان کرتا ہوں کہ میرا قاتل مبروص ہو گا اس کے بعد میں اپنے نانا جان کو خواب میں دیکھا وہ فرماتے ہیں کہ اے بیٹا تو عنقریب شہید ہو جائے گا۔اور اے بیٹے اہل سماوات تیرے انتظار میں ہیں لہٰذا تمہیں چاہیے کہ جلد سے جلد یہاں پہنچنے کی کوشش کرو۔اور آج شام کا افطار میرے پاس آکر کرنا اور یہ ملک ہے۔جو آسمان سے اس لیے اترا ہے کہ تمہارا خون اس سبز شیشی میں لے لے۔میں نے یہ خواب دیکھا ہے۔جس سے سمجھتا ہوں کہ عنقریب اس دنیا سے میرا کوچ ہونے والا ہے۔(دمعہ ساکبہ ص ۳۲۶۔بحوالہ بحار و مناقب و جلا العیون ص ۲۰۰ ناسخ التواریخ جلد ۶ ص ۲۴۳ طبع بمبئی) علامہ حسین واعظ کاشفی لکھتے ہیں کہ حضرت امام حسین علیہ السلام نے حکم نافذ کرتے ہوئے فرمایا۔کہ اب جبکہ اصحاب کی مہم اس حد تک پہنچ چکی ہے۔تو" بروند بقیہ کہ از شب ماندہ بطاعت و عبادت گزرائیند و صباح حاضر گردند" اب اپنے اپنے خیموں میں واپس جا کر یہ بچی ہوئی رات بھی عبادت واطاعت میں گزاریں پھر صبح کے وقت آجائیں۔تاکہ آخری نماز باجماعت ادا کر لیں۔اس لیے کہ آج صبح والی نماز باجماعت آخری ہو گی۔القصہ سب کے سب اپنے اپنے خیموں میں چلے گئے۔اور عبادت گزاری میں مشغول ہوئے آج کی رات عبادت خداوندی میں بنالہ وآہ گزاری۔جب صبح کا ابتدائی حصہ ظاہر ہوا۔تو آسمان سے یہ آواز آئی "یا خلیل اللہ ارکبی" اے سواران خداوندی اپنے گھوڑوں کی زینیں لے لو۔مرنے کا وقت بالکل قریب آپہنچا ہے۔"ام کلثوم ہمچو بیہوں شاں بجو شاں و خرشاں خود در ادر خیمہ حسین انداخت" یہ سن کر ام کلثوم افتاں وخیزاں از خود رفتہ امام حسینؑ کے خیمہ میں جا پہنچی ۔اور کمال پریشانی کی حالت میں بھائی سے عرض کی بھائی جو صدا اب آسمان سے آئی۔آپ نے سنی۔حضرتؑ نے فرمایا۔ہاں میں نے بھی سن لی۔ہے اور اے بہن اس سے زیادہ عجیب تر یہ

ہے کہ میں نے ابھی ابھی جب کہ میری آنکھ لگ گئی تھی۔ خواب میں دیکھا ہے کہ مجھ پر بہت سے کتے حملے کر رہے ہیں اور ان میں ایک کتا ایسا ہے جو سب سے زیادہ حملہ آور ہے۔ میرا دل بول رہا ہے کہ وہی مجھے ہلاک کرے گا پھر اسی کے دوران میں سرکار دوعالم کو دیکھا کہ وہ فرماتے ہیں۔اے شہید آل محمدؐ تیرے استقبال کے لیے انبیاء مرسلین جمع ہیں۔آج کی رات میرے پاس گزارنا۔ یہ سن کر حضرت ام کلثوم کا گریہ گلوگیر ہو گیا۔آپ نے فرمایا اے بہن سب عورتوں اور بچوں کو جمع کرو۔ کہ میں پھر ایک دفعہ انہیں وداع کر لوں۔ جب لوگ جمع ہوئے۔ حضرت نے ہر ایک کو رخصت کیا اور سب سے ہمیشہ کے لیے رخصت ہو گئے ۔تمام بیبیوں میں رونے کا کہرام برپا ہو گیا۔ام کلثوم نے عرض کی بھائی جان۔ نانا کے بعد بابا اور بابا کے بعد بھائی حسن اور آپ کی ہستی۔ پھر بھائی حسن کے بعد آپ کا وجود ذیجود رہا جو ہم لوگوں کے درد کی دوا تھا۔اب ہم لوگ کیا کریں گے۔

یہ باتیں غم و حسرت سے بھری ہوئی ہو ہی رہی تھیں کہ صبح ہو گئی (روضۃ الشہداء ص ۳۱۲ طبع بمبئی ۱۲۸۵ ھ مہیج الاحزن ص ۱۰۲) ۱۰ محرم الحرام ۶۱ ھ یوم جمعہ

صبح عاشور

} ع۔ طلوع صبح محشر تھی طلوع صبح عاشورا { عاشورہ کی تیرہ بخت رات ماتم کناں رخصت ہوئی۔ گریبان صبح چاک ہوا۔ حضرت امام حسین علیہ السلام اور بقولے حضرت علی اکبرؑ نے اذان کہی ۔اصحاب و اعزا جمع ہو گئے۔اقامت کہی گئی ۔اور نماز جماعت شروع ہو گئی ۔(روضۃ الشہداء و مہیج الاحزان) { صبح عاشور نماز عشق پڑھنے شہ چلے ☆ جتنے تھے اکبر کی

وہ شان اذاں دیکھا کیئے {

لشکر مخالفت کی ترتیب

ادھر اللہ والے نماز میں مشغول ہیں۔ادھر لاتعداد انسان اہر من یزید کے پجاری نمازیوں کے خون بہانے کی خاطر فریضہ ترتیب لشکر میں سرتاپا لگے ہوئے۔

} دشمناں چوں ریگ صحرا لاتعداد☆دوستان اور بہ یزداں ہم عرد} (اقبال)

مورخ لکھتے ہیں کہ عمر بن سعد اپنے ۸۰ ہزار لشکر (مقتل ابی مخنف ص۳۶۸) کو یکجا کرنے کے بعد یوں ترتیبی تقسیم کی میمنہ بیس ہزار۔ میسرہ بیس ہزار اور بقیہ قلب لشکر اور میمنہ کا سردار شمر بن ذی الجوشن۔ میسرہ کا خولی بن یزید اصبحی کو قرار دیا۔ پھر ان میں بھی یہ انتظام کیا کہ سواروں اور پیادوں کے الگ الگ افسران مقرر کیئے۔ سواروں کا سردار عروہ بن قیس اور پیادوں شیث بن ربعی کو قرار دیا۔اور علم فوج اپنے غلام وو ید کو دیا۔(ناسخ التوریخ جلد ص۲۴۹ دمعہ ساکبہ ص۳۲۷) ترتیب لشکر کے بعد جنگ کا بگل بجنے لگا۔

نماز کے بعد

امام علیہ السلام نماز سے فارغ ہوئے۔ ”صدائے کوس“ کانوں میں پہنچی۔ علامہ اربلی و کاشفی لکھتے ہیں کہ ہنوز تعقیب نہ خواندہ بود۔ کہ آواز کوس حرب از لشکر دشمن بر خواست ختم نماز کے بعد دعا اور تعقیب بھی شروع نہ کرنے پائے تھے کہ بگل کی آواز کانوں میں آنے لگی (سیر الائمہ ص ۷۰ روضۃ الشہداء ص۳۱۳) امام علیہ السلام فوراً مصلّے سے اٹھ کھڑے

ہوئے۔اور اپنے اصحاب وعزا سے فرمایا۔ میرے بہادروں سنو۔آج کے دن زین العابدین کے علاوہ ہم تم سب شہید ہو جائیں گے۔ کمر ہمت باندھو اور نکل پڑو (جلاء العیون ص ۳۱)

خندق میں آگ دے دی گئی

حسینی بہادر آلات حرب سے آراستہ ہو کر باہر نکل پڑے۔امام علیہ السلام نے حکم دیا کہ سب سے پہلے خندق میں آگ دے دو۔آگ دے دی گئی اور شعلے بھڑ کنے لگے (دمعہ ساکبہ ص ۳۲۷)

حسینی لشکر کی ترتیب

پھر امام علیہ السلام نے اپنے تین دن کے پیاسے چھوٹے سے لشکر (جو صرف بہتر بہادروں پر مشتمل تھا) کی ترتیب یوں فرمائی۔ میمنہ بیس بہادر میسرہ بیس بہادر بقیہ قلب لشکر اور میمنہ کے سردار جناب زہیر بن قین اور میسرہ کے حضرت حبیب ابن مظاہر کو قرار دیا اور عہدہ علمبرداری پر حضرت عباس علیہ السلام کو ممتاز فرمایا۔ مورخین لکھتے ہیں۔ جعل المیمنۃ نو ھیر والمیسرۃ لحبیب واعطی الرایۃ اخاہ العباس یعنی میمنہ حضرت زہیر علیہ السلام کے سپرد فرمایا۔اور میسرہ حضرت حبیب کے حوالہ کیا اور رایت فوج اور علم لشکر حضرت ابوالفضل العباس علیہ السلام کو دیا۔

بے ساختہ شہ بولے کہ لو بھائی مبارک ☆ پیاسی ہے سکینہ تمہیں سقائی مبارک

)ابصار العین ص ۲۹۰ طبع نجف اشرف ۱۳۴۱ھ تحفہ حسینیہ ص ۱۲۸ دمعہ ساکبہ ص ۳۲۷

ناسخ التواریخ جلد ۶ ص ۲۴۹ جلاء العیون ص ۲۰۱ الاخبار الطول ص ۲۰۳)

کربلا نامہ ص ۲۶ طبع نولکشور ۱۲۹۷ھ)

علامہ شیخ جعفری شوستری تحریر فرماتے ہیں۔ جب صبح عاشور انمایاں ہوئی تو سرکار سید الشہداء اپنے اصحاب کے ساتھ نماز کے لیے آمادہ ہوئے۔ پانی نہیں تھا تیمّم کیا۔ آنحضرت ایک خاص موٗذن رکھتے تھے۔ جن کا نام حجاج ابن مسروق تھا جو ان شہداء میں سے ایک ہیں ۔ ہمیشہ وہی اذان کہا کرتے تھے۔ لیکن آج حضرت نے اپنے فرزند ارجمند شبیہ پیغمبر حضرت علی اکبرؑ سے فرمایا: بیٹا آج تم اذان کہو۔ حضرت علی اکبرؑ نے اذان کہی۔ حضرت نے نماز ادا کی ۔ تمام اصحاب نے حضور کی اقتداء میں نماز ادا کی۔ آنحضرت نے نماز کے بعد اصحاب اور اہل بیت کے مردوں سے خطاب فرمایا" اشھد بان نقتل کلنا الا علی" میں گواہی دیتا ہوں کہ سوائے علی زین العابدین کے ہم سب شہید ہو جائیں گے۔ جو نہی ان حضرات نے سرکار سید الشہداء سے اس خوشخبری کو سنا۔ تمام نے مسرت اور خوشی کا اظہار کیا۔ یہاں تک کہ ان میں سے بعض اسی خوشی میں ایک دوسرے سے مذاق کرنے لگے۔ ان میں سے ایک نے کہا۔ یہ مذاق کا وقت نہیں۔ دوسرے نے جواب دیا خدا کی قسم میں زندگی بھر کبھی مذاق نہیں کیا۔ اور نہ میں مذاق کو پسند کرتا ہوں لیکن آج تو انتہائی خوشی کا دن ہے۔ ان کی رفعت پر غور کیجئے۔ دوسری طرف طلوع صبح سے پہلے عمر بن سعد علیہ اللعنۃ نے لشکر کی صف آرائی کی ۔ ایک روایت کے مطابق لشکر کی تعداد ایک لاکھ دوسرے قول کے مطابق ۸۰ ہزار اور چالیس ہزار پیادہ تھی۔ ان اختلاف روایات میں لشکر یزید کی کم از کم تعداد تیس ہزار تھی ۔ سب صفیں باندھ کر کھڑے ہو گئے۔ لشکر کا کمانڈر ان چیف خود عمر بن سعد تھا۔ ڈپٹی کمانڈر ان چیف

تیر اندازوں کا سردار محمد ابن اشعث تھا۔ یہ جم غفیر امام مظلوم کے خلاف صف ارا ہوا۔ سرکار سید الشہداء نے بھی صف آرائی فرمائی۔ زیادہ سے زیادہ لشکر کی تعداد ۱۴۵ اور کم از کم ۷۲ بہتر تھی۔ بیالیس پیادے اور تیس سوار میمنہ کے سردار حبیب ابن مظاہر اور میسرہ کے زہیر ابن القین۔ ایک علم حضرت حبیب ابن مظاہر کے ہاتھوں میں تھا۔ اور رایت سب سے بڑا علم حضرت ابو الفضل العباس علیہ السلام کے قبضے میں تھا۔ صف باندھ کر کھڑے ہو گئے (الا رشاد العزا ترجمہ المواعظ وا لبکا ص ۱۹۷)

علمدار لشکر

مورخین کا اتفاق ہے کہ حضرت امام حسین علیہ السلام نے حضرت عباسؑ کو علمدار لشکر قرار دیا۔ اور یہ ظاہر ہے کہ آپ میں علمداری کی پوری پوری صلاحیت موجود تھی۔ کیونکہ حضرت علیؑ فرماتے ہیں کہ "تجعلوھا الا بایدی شجعانکم" علم لشکر صرف ان لوگوں کو دو۔ جن کی شجاعت مانی ہوئی ہو۔ "واسی اخاہ بنفسہ" اور جو اپنے بھائی پر اپنی جان قربان کرنے کی ہمت رکھتے ہوں۔ (نہج البلاغتہ ص ۲۵۶ طبع مصر) اس سے انکار نہیں کیا جا سکتا کہ آپ کی شجاعت مانی ہوئی تھی۔ اور آپ میں وفاداری کا پورا پورا جذبہ تھا۔ اسی لیے پیغمبر اسلام نے آپ کی شجاعت کی بشارت دی تھی

انتخاب علمداری کے بعد

علمداری کا انتخاب ہو چکا ہے۔ حضرت عباسؑ اس عہدہ جلیلہ پر فائز ہو چکے ہیں۔ اب حضرت زہیر بن القین۔ جناب عبداللہ بن جعفر بن عقیل کے پاس جاتے ہیں۔ جن کے دست مبارک میں علم تھا جا کر کہا۔ "یا اخی ناولنی المواییۃ" بھائی! ذرا علم مجھے تو دو۔ (کبریت احمر ص ۲۷) انہوں نے علم حسینی حضرت زہیر کے ہاتھوں میں دے دیا۔ وہ اسے لیے ہوئے حضرت عباس علیہ السلام کے پاس آئے اور کہا اے میرے سرکار امام حسینؑ کے قوت بازو یہ علم لو۔ حضرت عباس علیہ السلام نے ہاتھ بڑھایا۔ اور حسینی عطیہ کو لے کر آنکھوں سے لگایا۔ بوسہ دیا۔

منصب جو ملا حیدر و جعفر کو نبی سے ☆ ان کو ملا آج حسین ابن علیؑ سے

زہیر بن قین نے کہا اگر آپ اجازت دیں۔ تو آج وہ بات کہہ ڈالوں جو عرصہ سے تمنا کی صورت چھپائے ہوئے ہوں۔ عباس علیہ السلام نے فرمایا۔ ہاں ہاں کہو کوئی حرج نہیں تم جو کچھ کہو گے وہ متواتر الاسناد روایت کی حیثیت رکھتا ہو گا۔ زہیر نے کہا تمہیں معلوم ہو۔ اے ابوالفضل کہ تمہارے باپ حضرت علی علیہ السلام نے جب ارادہ کیا کہ تمہاری ماں جناب ام البنین سے عقد کریں تو اپنے بھائی۔ جناب عقیل سے جو انساب عرب سے واقف تھے۔ فرمایا۔ اے بھائی! میں تم سے یہ چاہتا ہوں کہ تم میرے لیے کوئی ایسی عورت تجویز کرو۔ جو بڑے خاندان اچھے حسب و نسب والی اور بہادر گھرانے کی ہو۔ تا کہ اس سے کوئی ایسا لڑکا پیدا ہو جو نہایت بہادر اور مظبوط اور میرے اس حسینؑ کا قوت بازو بن کر کربلا کے میدان میں مددگار ہو اے عباسؑ! تمہارے باپ نے تو تم کو آج ہی کے دن کے لیے ذخیرہ کیا تھا۔ دیکھو آج اپنے بھائی بہنوں کی مدد میں کوئی دقیقہ فرد گذاشت نہ کرنا۔ یہ سننا تھا کہ حضرت عباس علیہ السلام جوش شجاعت سے کانپنے لگے۔ راوی کہتا ہے:۔ " فارتعد العباس

وتمطی فی رکابہ حتی قطعہ ''کہ یہ سن کر عباسؑ کانپ اٹھے۔اور ایک ایسی شجاعانہ انگڑائی لی کہ رکاب ٹوٹ گئی۔اور فرمایا: ''یازھیرا تشجعنی فی مثل ھذاالیوم ''اے زہیر! تم آج جیسے دن مجھے شجاعت دلاتے ہو۔ ''واللہ لارینک مارأیتہ قط'' خدا کی قسم آج ایسا جوہر شجاعت دکھاؤں گا کہ تم کبھی نہ دیکھا ہوگا۔(اسرار الشہادت ص۳۱۹ طبع ایران ۱۲۷۹ھ) بعض ارباب مقاتل کہتے ہیں کہ اس کے بعد گھوڑے کو ایڑ دی۔وہ ہوا ہوا۔میدان میں گئے اور دس ہزار کے لشکر پر حملہ کیا۔پہلے حملہ میں سو آدمیوں کو موت کی نیند سلا کر واپس آئے (کبریت احمر ص۲۷)

حضرت عباسؑ کو کنواں کھودنے کا حکم

دشمن مخالفت کی طرف سے جنگ کا بگل بج رہا ہے حضرت امام حسین علیہ السلام کی نظروں کے سامنے اب جنگ کے نقشے ہیں۔امام حسین علیہ السلام نے یہ خیال فرمایا کہ بچوں پر پیاس کا سخت غلبہ ہے۔اب جنگ چھڑا چاہتی ہے۔جنگ چھڑ جانے کے بعد ہم لوگوں کے تمام تر رجحانات دشمنوں سے حفاظت کی طرف ہوں گے۔کہیں بچوں کی پیاس بجھانے کی سبیل پیدا کرنے کی جانب سے غفلت نہ ہو جائے لہٰذا پانی کی سبیل کے امکانات کی فکر کر لینی چاہیے۔یہی کچھ سوچ کر آپ نے پھر اپنے بہادر بھائی کو آواز دی۔آپ حاضر خدمت ہوئے فرمایا۔بھائی پیاسوں کی پیاس بجھانے کی ایک دفعہ اور سبیل نکال لو۔حضرت عباسؑ نے عرض کی۔جو حکم ہوا ارشاد ہوا کنواں کھودو شاید پانی برآمد ہو۔حضرت عباسؑ نے اور نو جوانان بنی ہاشم کو ساتھ لے کر کنواں کھودنا شروع کیا۔لیکن پانی برآمد نہ ہوا اس حکم حسینی

کے متعلق مورخین کے عیوان الفاظ یہ ہیں۔ پھر آپ نے بھائی حضرت عباس علیہ السلام کو بلایااور فرمایاکہ اپنے عزیزوں کو جمع کر کے کنواں کھودوانہوں نے کنواں کھودالیکن بند کردیاپھر کئی کنوئیں کھودے لیکن سب بند کردیئے گئے۔اس محبت ومشقت سے پیاس کا غلبہ اور بڑھ گیا۔(دمعہ ساکبہ ص ۳۲۹حالات صبح عاشور) بعض کتابوں میں ہے۔ حضرت عباسؑ جب پانچواں کنواں کھودا۔"فاذا بلغ الماء جاء تسکینہ ومعھاالرکوۃ" پانی برآمد ہواتوسکینہ کوزہ لیے ہوئیں بیتاب کنوئیں پرآپہنچیں۔"فقالت یا عمجماہ اسقنی شربۃ من الماء فقد مشقت کبدی من شدۃ اظمائ۔اور کہنے لگیں اے چچا جان مجھے ایک جام آب دے دیجئے کیونکہ میرادل پیاس سے جل گیاہے۔"فبکی العباس بکاءً شدیداً وملاء الرکوۃ" یہ سن کر حضرت عباسؑ بہت روئے اور کوزہ پانی سے بھر دیا۔" فلماھمت ان تشربہ۔جاء القوم ففرت وھی تبکی" جونہی سکینہ نے چاہاکہ پانی پیئیں ناگاہ دشمن نیزہ تلوار لیے ہوئے آپہنچے تاکہ پانی نہ پینے دیں اور کنوئیں کو بند کردیں۔سکینہ یہ حال دیکھ کر روتی ہوئی بھاگی۔"فنزل رجلھافی الطناب فانکبت وقالب یاعمتاہ تری ھذاالحلال" اور طناب خیمہ میں الجھ کر منہ کے بل گرپڑیں اور مایوس ہوکر اپنی پھوپھی جناب زینبؑ سے کہا: پھوپھی اماں! آپ نے یہ ماجرادیکھاکہ پانی ہاتھوں میں آکر جاتارہا۔ان ظالموں نے وہ کنواں بھی بند کردیا۔اس وقت امام حسینؑ پر نہایت ہی غم والم طاری ہوگیا۔ حضرت عباسؑ حضرت امام حسین علیہ السلام کی خدمت میں حاضر ہوکراذن جہادمانگنے لگے۔(توضیح عزاص ۲۳۴ طبع لکھنؤ)

لشکر عمر بن سعد کی حرکت

طلوع آفتاب کے بعد دونوں طرف انتظامات درست کیے جا رہے ہیں کہ دن چڑھ گیا اور ناشتہ پانی سے فراغت کے بعد بقول عبد الحمید ایڈیٹر رسالہ مولوی رسالہ دہلی ٹھیک دس بجے شکر والوں کو عمر بن سعد کا ارجمنٹ حکم ملتا ہے کہ حسینؑ کو قتل کرنے کے لیے آگے بڑھو۔ ٹڈی دل فوج نے حرکت کی اور تین دن کے بھوکے پیاسے تھوڑے سے مسافروں کو قتل کرنے دشمنان اسلام آگے بڑھے۔ (کتاب شہید اعظم عبد الحمید ص ۱۶۶ طبع دہلی) حضرت امام حسین علیہ السلام اس وقت خیمہ میں تھے۔ گھوڑوں کی ٹاپوں کی آواز سنی۔ حضرت رسولؐ اللہ کا سلاح جنگ طلب فرمایا۔ رسول اللہ صلی اللہ علیہ وآلہ وسلم کی زرہ زیب تن کی۔ عمامہ ''سحاب'' سر پر رکھا۔ تلوار حمائل فرمائی اور نیزہ بدست باہر نکل پڑے اور اپنے اصحاب باوفا کو مخاطب کر کے فرمایا۔ میرے جانبازو آج علی ابن حسینؑ کے علاوہ ہم سب کو قتل ہو جانا ہے۔ لہٰذا بڑے صبر استقلال ہمت بہادری سے جان دینی چاہیے (ناسخ التواریخ جلد ۶ ص ۲۴۸) ابھی آپ نے اپنے اصحاب کو پوری جوانمردی سے مرنے کی تلقین فرما رہے تھے کہ دشمن آ پہنچے اور خیموں کو اپنے حلقہ میں لے لیا۔ خندق کے گرداگرد آگ کو بھڑکتے دیکھ کر شمر بولا: یا حسین ''تعجلت بالنار قبل یوم القیامۃ'' حسینؑ کیا تم نے قیامت سے پہلے ہی آگ میں اپنے کو پہنچا دیا۔ حضرت نے فرمایا۔ اے چرواہے کے بیٹے! آگ کا تو حق دار ہے۔ اور انشاءاللہ تو جہنم کا ایندھن بن کے رہے گا۔ اس کے بعد حضرت مسلم بن عوسجہ نے حضرت کی خدمت میں دست بستہ عرض کی مولا! اجازت دیجیے کہ اس دشمن خدا کو تیر سے ہلاک کر دوں۔ حضرت نے فرمایا اے میرے بہادر مسلم جانے بھی دو۔ میں ابتدائے جنگ نہیں کر سکتا۔ عمر بن سعد کا لشکر آپ کے خیموں کے قریب ہے آپ چند اصحاب کو لیے ہوئے آگے بڑھے جناب بریر بن خضیر سے فرمایا کہ ذرا ان بدبختوں کو پھر سمجھاؤ۔ شاید ان کی سمجھ میں

WILAYAT MISSION PUBLICATIONS

آجائے اور اس جنگ سے باز آئیں۔ جناب بریر آگے بڑھے۔اور اچھی طرح فہمائش کی۔اور یہ بھی کہا کہ اے دشمنو! یہ بھی تو سوچو کہ تم ہی نے یہاں بلایا ہے۔ مگر کسی پر کچھ اثر نہیں ہوااور وہ جواب یہی ملا کہ ہم کچھ نہیں جانتے اگر حسینؑ بیعت نہیں کرتے تو ہم قتل کئے بغیر نہ چھوڑیں گے۔ بریر واپس آئے۔اور حضرت سے واقعہ بیان کیا۔ حضرت خود آگے بڑھے اور فرمایا سنو میں پیغمبر اسلام کا نواسہ علی و فاطمہ کا بیٹا ہوں، حضرت حمزہ حضرت جعفر طیار میرے چچا تھے۔ میرے ہی لیے سید الشباب اہل الجنۃ'' کہا گیا ہے اگر تمہیں یقین نہ آئے تو جابر ابو سعید سہل۔ زید بن ارقم انس جیسے اصحاب رسولؐ سے پوچھ لو۔ (دمعہ ساکبہ ص ۳۲۷) ارے مجھے یہ تو بتاؤ کہ تم مجھے کیوں قتل کر رہے ہو کیا میں نے کوئی سنت بدل دی ہے کوئی شریعت کا حکم بدل دیا۔ تمہارا کوئی حق غصب کر لیا ہے آخر میں نے کیا کیا ہے ہے اس کا جواب شمر نے یہ دیا۔ کہ خدا کی قسم ہم سنتے ہی نہیں کہ تم کیا کہہ رہے ہو (دمعہ ساکبہ ص ۳۲۷) فقالوا الہ انا نقتلک بعضا لابیک'' اور ایک جماعت نے کہا ہم تو تمہیں تمہارے باپ علیؑ کی دشمنی میں قتل کر رہے ہیں۔ کیونکہ انہوں نے بدر واحد میں ہمارے عزیزوں کو قتل کیا تھا (ینابیع المودۃ ص ۲۴۶) آپ کو ایسے مہمل جواب ملے۔ مگر آپ نے سمجھانے بجھانے میں کمی نہیں کی۔ پھر آپ نے ایک بلند قد شتر طلب فرمایا۔اور اس پر سوار ہو کر مسلم نما کافروں کے سامنے تشریف لائے اور قرآن مجید کو کھول کر ان سے کہا کہ یہ قرآن مجید ہمارے تمہارے درمیان ہے تم سوچو کہ تمہیں کیا کرنا چاہئے غرضیکہ حضرت نے بڑی کوشش کی کہ خون نہ بہایا جائے۔ لیکن دشمن نے ایک نہ سنی (ناسخ التواریخ جلد ۶ ص ۲۵۰) جب آپ کو قطعی طور پر معلوم ہو گیا کہ دشمنان اسلام اپنے اردے سے باز نہیں آئیں گے تو آپ نے بارگاہ خداوندی میں دعا کے لیے ہاتھ اٹھائے۔ ''مالک'' ہر مصیبت اور بلا اور ہر

شدت واضطراب میں تو ہی میرے دل کی تمام امیدوں کا مرکز ہے اور تو ہی ہر جانکاہی میں میرا ملجاء اور ماوئے ہے بے شک تیری ہی ومسازی پر مجھے اعتماد اور کارسازی پر بھروسہ ہے مالک بہت سی ایسی مصیبتیں اور بے چینیاں ہیں جن سے دل ٹوٹ جاتے ہیں اور راہ چارہ بند ہو جاتی ہے دوست کنارہ کش ہو جاتے ہیں دشمن طعنہ زنی کرنے لگتے ہیں (مالک جب ایسی بلا مجھ پر آئی) تو میں نے اپنی حاجت صرف تیرے سامنے پیش کی اور تنہا تجھی سے راز دل کہا اور اکیلے تجھ ہی سے شکایت کی تو تو نے اس آئی ہوئی بلا کو میرے سر سے ٹال دیا۔ اور مصیبت آفرین جال کے بند کو توڑ دیا۔ خدایا تو ہی ہر نعمت کا ولی اور ہر اچھائی کا مالک اور تمنا ورغبت اور مقصد کا ملجا ہے (ناسخ التواریخ جلد ۶ ص ۲۴۸ ارشاد مفید تاریخ کامل وتاریخ طبری) بریر ابن خضیر آگے بڑھے اور عرض کی مولا مجھے اجازت ہو کہ میں اس قوم نابکار سے کچھ کہوں ۔ حضرت نے اجازت دی اور وہ آگے بڑھ کر نصیحت کرنے لگے مگر اس کا کوئی فائدہ نہ ہوا۔ کتاب دمعہ ساکبہ کے ص ۳۲۸ میں ہے کہ جب دشمن کی فہمائش کارگر نہ ہوئی۔ تو حضرت امام حسین علیہ السلام نے فرمایا خدایا انہیں قحط میں مبتلا کر۔ اور ان کے لیے وہ ایّام لا ۔ جو عہد یوسف کا مزہ چکھادیں۔ وسلط علیھم غلام ثقیف، میں ایک ایسے شخص کو مسلط کر جو انہیں نہایت تلخ جام سے سیراب کرے اور کسی کو قتل کیے بغیر نہ چھوڑے اور ہر ایک سے پورا پورا بدلہ لے۔ الخ ا۔۔ تاریخ احمدی ص ۲۶۶ میں بحوالہ تاریخ طبری مرقوم ہے کہ جب عاشورہ محرم روز شنبہ یا جمعہ کو عمر بن سعد نماز صبح کے بعد مع اپنے لشکر کے سوار ہوا۔ تو امام حسین علیہ السلام بھی اپنے اصحاب کے ساتھ نماز ادا کر کے آمادہ جنگ ہوئے امام حسین علیہ السلام کے لشکر میں صرف بتیس سوار اور چالیس پیادے تھے آپ نے زہیر بن القین کو میمنہ فوج پر اور حبیب ابن مظاہر کو میسرہ لشکر پر مقرر کیا اور علم لشکر اپنے بھائی حضرت عباس علیہ

السلام کو عطا فرمایا۔ نیز حکم دیا کہ قیام گاہ کے پیچھے جو قندق پر از چوب دنے تیار کی گئی ہے اس میں آگ جلادی جائے تاکہ دشمن خیمہ گاہ کی طرف حملہ نہ کر سکیں بعد ازاں امام حسین علیہ السلام مرکب پر سوار ہوئے اور قرآن مجید منگا کر انہوں نے اپنے سامنے رکھا۔ مورخین ابن اثیر تاریخ کامل میں لکھتا ہے کہ لشکر مخالف قریب آگیا تو امام حسین علیہ السلام سوار ہو کر صف اعدا کے مقابل آئے اولاً انہوں نے باآواز بلند بطور خطبہ ارشاد فرمایا۔ کہ ایہا الناس ! میری بات سنو اور میرے قتل میں جلدی نہ کرو۔ تاوقتیکہ جو حق نصیحت مجھ پر واجب ہے اس کو ادا نہ کردوں اور یہاں آنے کے وجوہ تم سے بیان کرلوں۔ اگر تم نے میرا عذر قبول کیا اور میرے قول کی تصدیق کر کے داد انصاف دی۔ تو سعادت اندوز ہو گے۔ اور مجھ پر ظلم کرنے کے مرتکب نہ ہو گے اور اگر تم میری نصیحت قبول نہ کرو اور انصاف سے کام نہ لو۔ تو بقول خدائے بزرگ اپنے شرکا کو جمع کر کے اپنے کام کو انجام دو تاکہ تم پر تمہارے کام کی حقیقت پوشیدہ نہ رہ جائے۔ بعد ازاں جو برتاؤ میرے ساتھ کرنا ہو۔ کرو مجھے مہلت نہ دو میرا ولی وہی خدا ہے جس نے قرآن مجید کو نازل فرمایا اور جو صالحین کو دوست رکھتا ہے۔

خیمہ حرم میں کہرام اور حضرت عباسؑ کا فہمائش کے لیے جانا

ہنوز امام حسین علیہ السلام نے اسی قدر ارشاد کیا تھا کہ خیمہ اقدس میں کہرام مچ گیا۔ اور امام حسین علیہ السلام کے اس کلام کو سن کر ان کی بہنوں نے ایسا نوحہ جگر خراش کیا کہ امام حسینؑ نے بیتاب ہو کر عباسؑ علمدار اور حضرت علی اکبرؑ سے فرمایا کہ خیمہ میں جا کر عورتوں کو سمجھاؤ۔ اور رونے سے منع کرو۔ تاریخ مذکور و تاریخ طبری میں ہے کہ جب وہ مخدرات

خاموش ہوئیں تو بار دگر امام حسین علیہ السلام نے تقریر شروع فرمائی اور احمد و ثنائے الہی اس طرح ادا کی جو اس کی شان عظیم کے شایاں ہے پھر حضرت خاتم النبینؐ اور ملائکہ مقربین اور انبیائے مرسلین کے محامد بیان کر کے ان پر درود نامحدود بھیجا۔ اور احمد و نعت کے ذکر میں وہ وہ معارف و نکات بیان فرمائے۔ جنہیں خدا ہی جانتا ہے اور جن کا انحصار خارج از امکان ہے۔ چنانچہ راوی حدیث کہتا ہے کہ خدا کی قسم میں نے حسینؑ سے پہلے یا ان کے کسی خطیب اور متکلم کو ایسی تقریر کرتے ہوئے نہیں سنا جو حسینؑ کی تقریر سے زیادہ فصیح و بلیغ ہو الغرض امام حسینؑ نے بعد حمد و نعت فرمایا کہ اے گروہ مخالف تم لوگ میرے نسب پر لحاظ کرو۔ اور دیکھو کہ میں کون ہوں۔ پھر دل میں غور کر کے اپنے نفوس کو ملامت کرو ۔اور سوچو کہ مجھے قتل کرنا اور میری ہتک و حرمت تمہارے لیے حلال ہے ؟ کیا میں تمہارے نبیؐ کی دختر کا فرزند نہیں ہوں یا میں تمہارے نبیؐ کے وصی اور برادر کا پسر نہیں ہوں ۔ جو سب سے پہلے تمہارے نبیؐ پر ایمان لایا۔ اور جس نے سب سے پہلے دعوت رسالت اور احکام خداوند کی تصدیق کی۔ کیا حمزہ سید الشہداء میرے باپ کا چچا نہیں کیا جعفر طیارؑ میرے چچا نہیں ہیں۔ اور کیا میرے اور میرے بھائی کے حق میں رسول اللہؐ نے ارشاد نہیں کیا کہ یہ دونوں جوانان اہل جنت کے سردار ہیں ؟ سنو ! اگر تم میری بات کی تصدیق کرتے ہو تو خیر ورنہ تم میں ایسے لوگ موجود ہیں جن سے تم میرے قول کی تصدیق کر سکتے ہو۔ دیکھو تم میں جابر بن عبداللہ انصاری ابو سعید خدری سہیل ابن سعد۔ زید ابن ارقم ۔انس بن مالک موجود ہیں۔ ان سے پوچھو۔ وہ بیان کریں گے کہ انہوں نے اس حدیث کو میرے اور میرے بھائی کے حق میں رسول مقبولؐ کی زبان سے سنا ہے یا نہیں اور تاریخ کامل ہے کہ پھر امام حسین علیہ السلام نے گروہ ابن سعد کی طرف مخاطب ہو کر فرمایا کہ ایہاالناس

تم کو میرے قول کی صداقت میں نیز اس باب میں کہ میں تمہارے نبیؐ کی دختر کا فرزند ہوں ۔شک ہو تو میں خدائے عز و جل کی قسم کھاتا ہوں کہ مشرق و مغرب تک میرے سوا کوئی دوسرا شخص تمہارے نبیؐ کی دختر کا فرزند نہیں ہے اے گروہ اشقیاء! تم کیوں میرے قتل کے درپے ہو۔ کیا میں نے تم میں سے کسی شخص کو قتل کیا ہے۔ یا تمہارا کوئی مال ضائع کیا ہے ۔یا کسی کو زخمی کیا ہے۔ جس کا عوض مجھ سے لینا چاہتے ہو (راوی کہتا ہے کہ) امام حسینؑ کی اس تقریر کو سن کر سب خاموش رہے کسی نے کچھ جواب نہ دیا۔اور تاریخ طبری میں ہے کہ جب امام حسینؑ نے گروہ اعدا کی انتہائی شقاوت و قساوت دیکھی۔اور قرآن کی یہ آیت پڑھی ۔انی عذت بربی وربکم من کل متکبر لا یومن بیوم الحساب یعنی خدا کی پناہ ایسے متکبر سے جو روز قیامت پر ایمان نہیں رکھتا اور تاریخ کامل میں ہے کہ پھر زہیر بن قین اپنے گھوڑے پر سوار کر ہتھیار لگائے ہوئے صف لشکر سے آگے بڑھے اور انہوں نے گروہ مخالف کی جانب مخاطب ہو کر کہا اے اہل کوفہ! ہر مسلمان کو حق حاصل ہے کہ دوسرے مسلمان کو نصیحت کرے۔ ہم اور تم ایک دین پر ہونے کی وجہ سے اس وقت تک بھائی بھائی ہیں جب تک کہ ہم میں اور تم میں تلوار نہ چلے۔ ورنہ پھر ہمارا گروہ جدا ہے اور تمہارا جدا سنو! خدا ہماری اور تمہاری آزمائش اپنے نبی کی ذریت کے ساتھ کرنا چاہتا ہے تا کہ اس پر نظر کرکے کہ ہم اور تم کیا طرز عمل اختیار کرتے ہیں۔ پس میں تم کو ذریت نبیؐ کی نصرت پر امادہ کرتا ہوں اور نیز اس بات پر عبید اللہ بن زیاد طاغی کو چھوڑ دو۔ کیونکہ تم کو اس سے اور ابن سعد سے برائی کے سوا بھلائی حاصل نہیں ہو سکتی۔ وہ دونوں ایسے ہیں کہ تمہارے دست و پا کاٹ ڈالیں گے۔ تم کو مثلہ کریں گے۔ تمہیں سولی دیں گے۔اور تم کو اسی طرح قتل کریں گے۔ جس طرح انہوں نے حجر بن عدی اور ہانی بن عروہ اور ان کے ساتھیوں کو قتل کیا ہے۔ یہ سن کر ابن سعد کے

لشکریوں نے زہیر ابن القین کو کلمات ناشائستہ کہے اور ابن زیاد کی مدح و ثنا کر کے کہا کہ "واللہ! جب تک ہم تمہارے آقا اور ان کے ساتھیوں کو قتل نہ کریں گے۔ دم نہ لیں گے زہیر بن القین نے کہا کہ اے بندگان خدا دیکھو فرزند فاطمہ بہ نسبت ابن سمیہ کے نصرت اور وفاداری کا زیادہ مستحق ہے لیکن اگر تم اس کی مدد نہیں کرتے تو اس کے قتل ہی سے باز رہو۔ اور خدائے منتقم سے ڈرو۔ شمر نے جناب زہیر ابن القین کو تیر مار کر کہا کہ چپ رہو۔ تاریخ طبری میں ہے کہ زہیر ابن القین نے شمر کو جواب دیا کہ اے پسر بوال! تو نرا جانور معلوم ہوتا ہے۔ تجھے رسوائی روز قیامت اور عذاب الیم کی بشارت ہو۔ شمر بولا کہ گھڑی ساعت میں تو بھی قتل ہوا چاہتا ہے اور تیرا آقا بھی زہیر ابن القین نے کہا۔ کہ اے (احمق) تو مجھے موت سے ڈراتا ہے خدا کی قسم! ہم کو حسینؑ کی رفاقت میں مرنا تم لوگوں کے ساتھ ہمیشہ زندہ رہنے سے زیادہ محبوب ہے۔

جناب حر کی آمد:۔ مورخ ابن جریر طبری لکھتا ہے کہ امام حسین علیہ السلام کے خطبے کا اثر حر ابن یزید ریاحی کے دل سعادت منزل پر ایسا ہوا کہ وہ گھوڑا بڑھا کر عمر بن سعد کے پاس آیا اور کہنے لگا کہ خدا تجھ کو صلاحیت عطا کرے کیا تو حسینؑ سے ضرور قتال کرے گا۔ عمر بن سعد نے کہا کہ ہاں خدا کی قسم ایسا قتال کروں گا۔ کہ ان کے تن بے سر و بے دست و پا ہو جائیں گے۔ حر نے کہا کہ کیا جو باتیں حسینؑ نے اپنی تقریر میں تمہارے سامنے پیش کی ہیں۔ ان میں سے ایک بھی قابل قبول نہیں ہو سکتی۔ ابن سعد بولا کہ اگر حکومت میرے ہاتھ میں ہوتی تو میں ضرور ان باتوں پر نظر کرتا۔ لیکن ابن زیاد کے حکم کو کیا کروں۔ تاریخ کامل میں ہے کہ ابن سعد کا جواب سن کر حر آہستہ آہستہ امام حسینؑ کی جانب بڑھا۔ مگر اس وقت کا بدن کانپ رہا تھا۔ حر کے بدن میں رعشہ دیکھ کر ابن سعد کے لشکر کا ایک شخص مہاجر ابن اوس

بولا: اے حر! واللہ تیری موجودہ حالت مجھے شک میں ڈالتی ہے کیونکہ جو کیفیت اس وقت تیری دیکھ رہا ہوں۔ وہ میں نے کسی معرکہ میں نہیں دیکھی۔ اگر مجھ سے پوچھا جاتا کہ کوفہ میں سب سے زیادہ بہادر کون ہے تو میں تیرا نام لیتا۔ حر نے کہا واللہ میں اس وقت اپنے نفس کو اس امر میں غیر پاتا ہوں کہ چاہوں جنت کو اختیار کروں چاہوں دوزخ کو۔ لیکن میں جنت کو ہی اختیار کروں گا۔ چاہے میرا جسم ٹکڑے ٹکڑے کر کے جلا دیا جائے۔ یہ کہ کر حر نے اپنے گھوڑے کو چابک لگایا۔ اور امام حسینؑ کی خدمت میں حاضر ہو کر کہنے لگا۔ کہ خدا مجھے آپ پر فدا کرے۔ اے ابن رسول اللہؐ! میں وہی شخص ہوں جس نے آپ کو راہ سے واپس جانے نہ دیا۔ اور مجبور کر کے اپنے ساتھ یہاں لایا۔ خدا کی قسم میں نہ جانتا تھا۔ کہ یہ لوگ کسی طرح آپ کی نصیحت سے متاثر نہ ہوں گے۔ اور آپ کے ساتھ ایسا برتاؤ کریں گے ۔اب میں تائب ہو کر آپ کے پاس اس لیے حاضر ہوا ہوں کہ مرتے دم تک ساتھ دوں ۔اور آپ کے قدموں پر اپنی جان نثار کروں۔ کیا میری توبہ قبول کی جائے گی۔ امام حسین علیہ السلام نے فرمایا بے شک! خدا تیری توبہ قبول کرلے گا۔ اور تیری مغفرت فرمائے گا ۔روضتہ الاحباب میں ہے کہ جب حر حضرت امام حسینؑ کی رکاب کو بوسہ دے کر عرض کرنے لگا۔ کہ اے فرزند رسولؐ مجھے گمان نہ تھا کہ یہ لوگ آپ کے قتل کے درپے ہو جائیں گے۔ بلکہ میں سمجھتا تھا۔ کہ بالآخر آپ سے مصالحت کرلیں گے۔ لیکن اب ان کا ظلم و تردد دیکھ کر میں آپ کی خدمت میں حاضر ہوا ہوں کیا خدا میری توبہ قبول فرمائے گا؟ امام حسین علیہ السلام نے ہاتھ بڑھا کر حر کے چہرہ پر پھیرا۔ کہ اے حر بندہ ناچیز خدا کا کیسا بھی گناہ کرلے لیکن جب توبہ و استغفار کرتا ہے تو خداوند کریم اس کے گناہوں کو معاف فرماتا ہے چنانچہ اس نے قرآن مجید میں ارشاد کیا ہے۔ کہ خدا ایسا کریم ہے کہ اپنے بندوں کی توبہ قبول

کرتا ہے اے حر اس سے پہلے جو فرد گزاشت تجھ سے ہوئی میں نے اسے معاف کیا۔ اب تو مردانہ وار جنگ کے لیے آمادہ ہو۔ اور اس دن کو روز سعادت اور میدان کو جلوہ گاہ اصل شہادت یقین کر تاریخ طبری میں ہے کہ امام حسینؑ نے حر سے یہ بھی فرمایا کہ اے حر! تیری ماں نے تیرا نام بہت ٹھیک رکھا ہے انشاءاللہ تو دنیا میں بھی حر، ہے اور آخرت میں بھی آزاد رہے گا۔ حمید ابن مسلم سے روایت ہے کہ اتنے میں عمر بن سعد نے لشکر امام حسینؑ کے روبرو آکر اپنے نشانہ بردار کو آواز دی کہ نشانہ یہاں لا۔ جب وہ نشانہ لایا۔ تو عمر بن سعد نے ایک تیر اپنی کمان میں رکھ کر چلایا اور اپنی جماعت سے کہا کہ تم لوگ گواہ رہو۔ کہ میں پہلا وہ شخص ہوں جس نے لشکر حسینؑ پر تیر اندازی کی۔ تاریخ کامل میں ہے کہ اس کے بعد عمر بن سعد کے لشکر والوں نے تیر چلانا شروع کیا۔ دمعہ ساکبہ ۳۳۰ میں ہے کہ امام حسینؑ کی تقریر کے بعد حر آہستہ آہستہ (قدم اٹھاتا) حضرت امام حسینؑ کی طرف چلا۔ اور چلتے وقت اس نے اپنے چچازاد بھائی قرہ اور اپنے بیٹے سے ذکر کیا قرہ نے کہا۔ مالی بذالک حاجتم۔ میں نہیں جاتا۔ اور بیٹے نے کہا۔ حباو کرامۃ۔ بابا جان میں ساتھ چلتا ہوں۔ حر، امام حسین علیہ السلام کی خدمت میں حاضر ہو کر عرض کرنے لگے کہ میں آپ سے پہلا خارج تھا۔ اب اجازت دیجئے تاکہ پہلا قتیل قرار پاؤں علامہ مجلسی کا بیان ہے کہ اول قتیل اس لیے کہا کہ مبازرت کے بعد پہلا قتیل ہونا مقصود تھا۔ ورنہ جنگ مغلوبہ میں کئی اصحاب ان سے پہلے شہید ہو چکے تھے۔ غرض کہ وہ جنگ کے لیے پھر آمادہ ہو گئے۔ روضۃ الاحباب میں ہے کہ عمر بن سعد نے حر کو میدان جنگ میں دیکھ کر صفوان بن حنظلہ سے کہا کہ جا کر حر کو نصیحت کر اور میرے پاس واپس لا۔ اور اگر نہ آئے تو تلوار سے اس کا سر کاٹ لے صفوان نے حر کے پاس آکر کہا کہ اے حر تو نے مرد عاقل ہو کر خلیفہ یزید سے کیوں روگردانی کی؟ حر نے

جواب دیا کہ اے صفوان! مجھے تعجب ہے کہ خود خلاف عقل یہ بات کہتا ہے۔ کیا تو نہیں جانتا کہ یزید ناپاک اور فاسق ہے اور امام حسینؑ پاک اور پاکیزہ نزاد ہیں۔ رسول اللہؐ نے ان کو اپنا ریحان فرمایا ہے۔ صفوان بولا کہ اے حر میں سب جانتا ہوں۔ مگر جاہ و دولت تو یزید ہی کے ساتھ ہے اور میں مرد سپاہی ہوں مجھ کو جاہ منصب ہی چاہیئے حر نے کہا کہ اے صفوان کیا تو حق کو جان بوجھ کر چھپاتا ہے صفوان نے غضب میں آکر حر کو نیزہ مارا حر نے اس کے وار کو رد کر کے اسی گرمی میں ایسا نیزہ لگایا۔ کہ اس کی آنی صفوان کی پیٹھ سے نکل گئی بعدہ حر نے لشکر دشمن سے یہاں تک قتال کیا کہ نیزہ ٹوٹ گیا۔ اور جب نیزہ ٹوٹ گیا تو تلوار میان سے نکال کر ایسی شمشیر زنی کی کہ کسی کو سر سے سینے تک کاٹا اور کسی کو کمر کے پاس سے دو ٹکڑے کیا۔ یہ دیکھ شمر نے لشکر کو آواز دی کہ سب مل کر حر کو گھیر لیں۔ چنانچہ عمر بن سعد کے لشکر نے حر کو گھیر کر چاروں طرف سے تیر و نیز و شمشیر کا مینہ برسانا شروع کیا۔ ناگاہ قصور ابن کنانہ ملعون نے ایسا نیزہ حر کے سینہ پر مارا کہ وہ مہلک زخم کھا کے گھوڑے پر سے گر پڑے ۔اور پکارا کہ یا بن رسول اللہؐ! اس جاں نثار کی خبر لیجئے۔ امام حسین علیہ السلام گھوڑے پر میدان جنگ میں جا کر حر کو اٹھا لائے اور اس کا سر اپنے زانو پر رکھ آستین سے اس کے چہرے کی گرد صاف کرنے لگے حر میں تھوڑی سی جان باقی تھی۔ اس نے اپنا سر امام حسین علیہ السلام کے زانو پر دیکھ کر تبسم کیا۔ اور کہا یا بن رسول اللہؐ آپ مجھ سے راضی ہیں۔ امام حسین علیہ السلام نے فرمایا۔ میں راضی ہوں۔ اور میرا خدا بھی۔ حر یہ بشارت سن کر خوش گئے اور راہی خلد بریں ہوئے۔

امام حسین علیہ السلام کی آخری نماز ظہر

مورخ ابن اثیر لکھتا ہے کہ اگر لشکر امام حسین علیہ السلام کے ایک دو آدمی قتل ہوتے تھے تو قلت اصحاب کی وجہ سے ان کی جماعت میں کمی نمایاں ہوتی تھی۔اور اگر لشکر عمر بن سعد کے چند آدمی مارے جاتے تھے۔ تو بوجہ کثرت فوج اس کے گروہ کی تعداد میں کچھ فرق نظر نہ آتا تھا۔راوی کہتا ہے کہ دوران جنگ میں نماز ظہر کا وقت آگیا تو ابو ثمامہ صائدی یا صیداوی نے امام حسینؑ سے کہا کہ میری جان آپ پر فدا ہو۔اگرچہ دشمن کی فوج گھیرے ہوئے ہے لیکن واللہ میں جب تک زندہ ہوں اشقیا آپ کو صدمہ جسمانی نہ پہنچا سکیں گے۔اب میری استدعا ہے کہ نماز ادا کر کے اپنے خدا سے ملاقات کروں مولا نماز جماعت ہونی چاہئے۔یہ سن کر امام حسین علیہ السلام نے سر اٹھایا۔اور فرمایا اے ابو ثمامہ اللہ تم کو مصلین ذاکرین کا درجہ عطا کرے کہ تم نے نماز کا ذکر کیا بے شک یہ اول وقت نماز کا ہے مخالفین سے کہو۔کہ ہم کو نماز ادا کرنے کے لیے تھوڑی سی مہلت دے دیں۔ حصین ابن نمیر بولا کہ تمہاری نماز قبول نہ ہوگی۔ حبیب ابن مظاہر نے غضب میں آکر جواب دیا۔کہ اے گدھے تو گمان کرتا ہے کہ آلِ رسولؐ کی نماز قبول نہ ہوگی۔اور تیری نماز قبول ہوگی۔یہ دندان شکن جواب سن کر حصین ابن نمیر نے حبیب ابن مظاہر پر حملہ کیا۔حبیب نے ابن نمیر کے گھوڑے کے منہ پر تلوار ماری گھوڑا ابھڑکا اور ابن نمیر گر پڑا۔ مگر اس کے ساتھیوں نے پہنچ کر اس کو بچالیا۔الغرض سعید اور زہیر بن قین امام حسین علیہ السلام کے سامنے کھڑے ہو کر سینوں پر تیر لینے لگے اور امام حسین علیہ السلام نے نماز ادا کرلی۔(ناسخ التواریخ جلد ۶ ص ۲۶۸) ایک روایت میں ہے کہ ان میں سے ایک کی شہادت کثیر تیر لگ جانے کی وجہ سے نماز ختم ہونے

کے فوراً بعد ہو گئی تھی۔ نماز کے بعد مخدرات عصمت نے کمال رنج و غم کے ساتھ کہلا بھیجا کہ خدارا میرے بھائی کا ساتھ نہ چھوڑنا ان بہادروں نے کمال خلوص کے ساتھ پھر اقرار وفاداری کیا اور اس پر قائم رہے۔ (سر تن سے اور تن ہوئے شیشہ سے جدا۔ پر دل ہوئے نہ حضرت شبیر سے جدا) دمعہ ساکبہ ص ۳۳۲

وہب کلبی اور حضرت عباسؑ

کربلا کی ہولناک جنگ میں حسینی بہادر نہایت دلیری سے جان دے کر شرف شہادت حاصل کر رہے تھے یہاں تک کہ وہب ابن عبداللہ ابن حباب اکلبی کی باری آئی یہ حسینی بہادر پہلے نصرانی تھا۔ اور اپنی والدہ سمیت امام حسینؑ کے ہاتھوں پر مسلمان ہوا تھا۔ آج جبکہ یہ امام حسینؑ پر فدا ہونے کے لیے آمادہ ہو رہے ہیں۔ ان کی والدہ ہمراہ موجود ہیں ماں نے دل بڑھانے کے لیے وہب سے کہا بیٹا آج فرزندان رسولؐ پر قربان ہو کر روح رسول مقبول کو خوش کر دو۔ بہادر بیٹے نے کہا مادر گرامی آپ گھبرائیں نہیں۔ انشاء اللہ ایسا ہی ہو گا۔ الغرض آپ روانہ ہوئے۔ اور رجز پڑھتے ہوئے دشمنوں پر حملہ آوری کی۔ اور کمال جوش کے ساتھ جماعت کی جماعت کو قتل کر ڈالا اس کے بعد اپنی ماں اور بیوی کی طرف واپس ہو کر آئے ماں سے پوچھا مادر گرامی! آپ خوش ہو گئیں ماں نے کہا میں تو اس وقت تک خوش نہیں ہو سکتی جب تک فرزند رسولؐ کے سامنے تجھے خاک و خون میں غلطاں نہ دیکھوں یہ سن کر بیوی بولی اے وہب مجھے کیوں اپنے بارے میں ستاتے ہو اور اب کیا کرنا چاہتے ہو۔ ماں پکاری۔ یا بنی لا تقبل قولھا وارجع فقاتل بین یدے ابن رسول اللہ۔ بیوی کی بات نہ مانو اور میدان قتال میں

FAZAIL AL HZ ABBAS (AS)

واپس جا کر فرزند رسول پر اپنی جان قربان کرو وہب نے جواب دیا مادر گرامی ایسا ہی ہو گا ۔میں موقع کی نزاکت کو پہچانتا ہوں مجھے امام حسینؑ کا اضطراب اور حضرت عباسؑ جیسے بہادر کی پریشانی دکھائی دے رہی ہے بھلا کیوں کر ممکن ہے کہ میں ایسی حالت میں ذرا بھی کوتاہی کروں۔اس کے بعد وہب میدان جنگ کی طرف واپس گئے اور کچھ اشعار پڑھتے ہوئے حملہ آور ہوئے۔یہاں تک کہ آپ نے ۱۹ اور بقولے ۲۴ اور ۱۲ پیادے قتل کئے۔اسی دوران میں آپ کے دونوں ہاتھ کٹ گئے ان کی حالت دیکھ کر ان کی بیوی کو جوش آیا۔اور وہ بھی ایک چوب خیمہ لے کر میدان کی طرف دوڑی اور اپنے شوہر کو پکار کر کہا خدا تیری مدد کرے فرزند رسول کے لیے جان دے دے۔اور اس کے لیے میں بھی آمادہ ہوں یہ دیکھ کر وہب اپنی بیوی کی طرف اس لیے آیا کہ اسے خیمہ اہل حرم میں پہنچا دے اس مخدرہ نے اس کا دامن تھام لیا۔اور کہا میں تیرے ساتھ موت کی آغوش میں سوؤں گی۔پھر امام حسینؑ نے اسے حکم دیا کہ خیمہ میں واپس چلی جائے چنانچہ وہ چلی گئیں۔اس کے بعد وہب قتل کر دیا گیا اور اس کی بیوی آکر اس کے سر اور آنکھ سے خون صاف کرنے لگی۔اتنے میں شمر کے حکم سے اس کے غلام رستم نے اس کے سر پر گرز آہنی مارا۔اور یہ بیچاری بھی شہید ہو گئی۔وھی اول امراۃ قتلت فی عسکر الحسین ،یہ پہلی عورت ہے جو لشکر حسینؑ میں قتل کی گئی۔ایک روایت میں ہے کہ جب وہب زمین پر گرے۔تو انہیں گرفتار کر لیا گیا۔اور ان کا سر کاٹ کر خیمہ حسینؑ کی طرف پھینک گیا۔ماں نے سر کو اٹھایا بوسے دیئے اور دشمن کے لشکر کی طرف پھینک دیا جس کی ضرب سے ایک شخص مر گیا پھر ماں چوب خیمہ لے کر نکلی اور دو دشمنوں کو قتل کر کے بحکم حسینؑ واپس خیمہ میں چلی گئی۔(دمعہ ساکبہ ص ۳۳۱ طبع ایران تاریخ کامل ابن ایثر طوفان بکاء شعلہ ۱۳ طبع ایران ۱۳۱۴ھ)

حضرت عباسؑ جناب عمرو بن خالد صیدادی کی کمک میں

روز عاشور جب شرف شہادت حاصل کرنے کے لیے عمرو بن خالد صیدادی امام حسینؑ کی خدمت میں حاضر ہوئے تو آپ نے فرمایا۔ تقدم فانالاحقون بک عن ساعتہ، جاؤ ہم بھی آرہے ہیں عمرو بن خالد روانہ ہوئے بروائیتے آپ کے ہمراہ پانچ اور جانباز ہو گئے میدان میں پہنچ کر ان لوگوں نے زبردست حملے کئے بالآخر انہیں چاروں طرف سے گھیر لیا گیا۔ حضرت امام حسینؑ کو اطلاع ملی آپ نے اپنے بہادر بھائی علمدار حضرت عباسؑ کو حکم دیا کہ وہ ابن خالد وغیرہ کی حمایت کے لیے پہنچیں۔ چنانچہ آپ تشریف لے گئے اور زبردست حملے کر کے ان سب کو چھڑا لائے دشمن جوان حضرات کے قتل کی تاک میں میں تھے پیچھے ہوئے اور ایک مقام پر حملہ کیا۔ غرضیکہ پھر مقابلہ ہوا۔ اور اس مقابلہ میں دشمنوں کی یلغار نے ان بہادروں کو شہید کر دیا۔ حضرت عباسؑ نے تمام واقعات حضرت امام حسین علیہ السلام کی خدمت میں بیان کر دیئے امام حسین علیہ السلام نے ان شہداء کو دعائیں دیں۔ (ناسخ التواریخ جلد ۶ ص ۲۷۴ دمعہ ساکبہ ص ۳۳۳ الدمع الھتوں ترجمہ جلاء العیون جلد ۲ ص ۷۶ ۴ ابصار العین شیخ طاہر سماوی طبع حیدر آباد قمر بنی ہاشم ص ۱۰۹ تاریخ طبری جلد ۶ ص ۲۵۵)

عاشور کی دوپہر کو دشمنوں کا ارادہ کہ خیموں میں آگ دے دیں اور حضرت عباس علیہ السلام کی جانبازی

تاریخ کامل ابن اثیر میں ہے کہ عرزہ ابن قیس کی استدعا کے موافق عمر بن سعد نے حصین ابن نمیر کو مع پانچ سو تیر اندازوں کے بھیجا جنہوں نے پہنچتے ہی لشکر امام حسین علیہ السلام پر تیروں کا مینہ برسنہ شروع کیا اور اس شدت تیر بارانی کی کہ تھوڑی دیر میں گھوڑوں کو بیکار کر دیا۔ اور حسینی لشکر کے کل سوار پیادہ ہو گئے اس موقع پر حر نے دشمنوں سے خوب جنگ کی۔ اور دیگر اصحاب نے بھی مخالفین سے دو پہر تک ایسا شدید مقابلہ کیا کہ جس سے زیادہ ممکن نہیں ہو سکتا۔ حتیٰ کہ دشمنوں کو یہ قدرت نہ ہوئی کہ سوائے ایک سمت کے کسی اور طرف سے حملہ کر سکیں۔ اسی اثنا میں عبداللہ ابن عمیر کلبی کی بیوی عبداللہ کی لاش پر جا کر ان کے چہرے کی گرد پونچھنے لگی۔ اور کہتی جاتی تھی کہ تم کو جنت مبارک ہو۔ شمر کے حکم سے اس کے ایک غلام رستم نام نے اس بیچاری کے سر پر ایسا گرز لگایا کہ وہ اسی جگہ مر کر رہ گئی۔ پھر شمر نے حملہ کیا اور خیام کی جانب بڑھ کر آواز دی کہ میرے پاس آگ لاؤ۔ تاکہ ان خیموں کو جلاؤں۔ یہ سن کر مخدرات عصمت چلا اٹھیں اور خیموں سے باہر نکل آئی۔ امام حسین علیہ السلام نے شمر کو للکارا کہ کیا تو میرے خیام اور اہل و عیال کو جلاتا ہے۔ خدا تجھے نار جہنم میں جلائے۔ ابو مخنف کہتے ہیں کہ تمام کی تمام عورتیں پردوں سے باہر نکل پڑیں۔ اور پکاریں اے مسلمانوں کے مجمع اور اے مومنین کے گروہ۔ خدا کے دین کی طرفداری کرو۔ حرمِ رسول اللہ کو بچالو۔ اپنے امامؑ اور اپنے نبیؐ کی بیٹی کے فرزند سے دشمنوں کو ہٹا دو۔ خدا ہمارے ذریعہ سے تمہارا امتحان لے رہا ہے تم ہمارے عزیز ہو۔ اور ہمارے نانا کے زیر سایہ ہمارے ہمسایہ ہو۔ ہم سے محبت کرنے والے ہو۔ ان کا مقابلہ کرو۔ ہماری حمایت میں خدا تم کو برکت عطا فرمائے۔ اصحاب نے جس وقت یہ سنا تو چیخیں اور دھاڑیں مار کر رونے لگے اور عرض کی۔ ہماری جانیں آپ کی جانوں پر نثار ہمارا خون آپ کے خون کے

عوض اور ہماری روحیں آپ پر قربان ہو جائیں۔ خدا کی قسم جب تک ہماری جان میں جان ہے۔ کوئی آپ کو نگاہ اٹھا کر نہیں دیکھ سکتا ہم نے اپنی جانیں تلواروں کے سامنے کر دیں۔ اپنے جسم پرندوں کے لیے چھوڑ دیئے ہیں۔ بسا ممکن ہے کہ جب ہم آپ سے پہلے اپنی جانیں جھونک دیں۔ تو آپ ان صفوں کے حملہ سے بچ جائیں گی۔ ہاں آج کے دن فقط وہ کامیاب ہو سکتا ہے۔ جو نیکی کمائے اور آپ کی جانوں کو موت سے بچائے (ترجمہ مقتل ابی محنف ص ۸۵ طبع دہلی ۱۹۲۱ئ) صاحب مظلومہ کربلا لکھتے ہیں کہ عاشور محرم کی دوپہر کو عمر سعد نے ایک کثیر لشکر دے کر شمر کو خیام پر حملہ کرنے کے لیے بھیجا جوانان بنی ہاشم نے راستے ہی میں اکثر کو فنا کر ڈالا۔ تب شمر پکار اٹھا کہ آگ لاؤ۔ میں خیام کو جلا دوں یہ سن کر امام حسین علیہ السلام نے ڈانٹ کر کہا کہ اے دشمنان خدا اور رسول۔ تم لوگ مجھ سے لڑنے کے لیے آئے ہو تم کو عورتوں اور بچوں پر ظلم سے کیا غرض اگر تمہیں خدائے قہار کا ڈر نہیں اور رسولؐ مختار کا پاس و لحاظ نہیں تو حمیت عرب کو تو ضائع و برباد نہ کرو۔ اور میری زندگی میں خیموں کو تاراج کرنے سے باز آؤ۔ اور حضرت عباسؑ اور زہیر بن قین نے بڑھ کر شمر اور اس کے لشکر پر حملہ کیا اور کمال جانبازی سے سب کو فنا کر ڈالا۔ شمر کے سوا کوئی بھی نہ بچ سکا۔ (تاریخ احمدی ص ۲۸۰ طبع لکھنوٗ مظلومہ کربلا ص ۷۴ طبع لاہور) الغرض دشمنان اسلام فرزند رسولؐ حضرت امام حسین علیہ السلام سے بدر و احد کے مقتولین کا بدلہ لے رہے تھے۔ اور حسینؑ کے بہادر سپاہی آپ پر اپنی جانیں نثار کر کے شرف شہادت سے مشرف ہو کر اپنی عاقبت بنا رہے تھے۔ علامہ مجلسی بحار الانوار۔۔۔ میں لکھتے ہیں کہ جب جب کوئی مجاہد لڑنے کے لیے جاتا تھا، تو امام حسین علیہ السلام سے اجازت لیتا اور ان کو سلام کر کے جاتا تھا۔ حضرت امام حسین علیہ السلام سب کو جواب سلام دے کر رخصت فرماتے تھے۔ اور یہ

آیت پڑھتے تھے۔ ''فمنھم من قضی نحبہ و منھم من ینتظر'' جو جا چکے ہیں۔ شرف شہادت سے مشرف ہوگئے ہیں۔ اور جو منتظر ہیں وہ بھی عنقریب شہید ہوں گے۔ بہر حال کربلا کا ہر جانباز درجہ شہادت پر فائز ہونے میں سبقت کرتا ہوا دکھائی دیتا تھا۔ اور جب تک اصحاب باوفا موجود رہے ہیں۔ بنی ہاشم کو میدان میں جانے کا موقع نہیں ملا۔ (اصحاب کرام کی شہادت کے بعد بنی ہاشم کی باری آئی اور ہر بہادر مرنے کے لیے بے چین نظر آرہا تھا۔ حضرت عباسؑ چاہتے تھے کہ میں سب سے پہلے امام حسینؑ پر قربان ہوں۔ علی اکبرؑ کی خواہش تھی کہ میں سب سے پہلے شرف شہادت حاصل کروں۔ قاسمؑ کی تمنا تھی کہ میں سب سے پہلے اپنے چچا پر نثار ہوں۔ عون و محمد بے چین تھے کہ ہماری قربانی پہلے پیش ہو۔ عبداللہ ابن مسلم مضطرب تھے کہ پہلے میری قربانی پیش ہو۔ غرضیکہ ہر مجاہد امام حسینؑ پر قربان ہو کر سرخرو ہونے کے لیے بے چین تھا۔ چنانچہ یہ شرف سب سے پہلے عبداللہ ابن مسلم بن عقیل کو نصیب ہوا۔

جناب عبداللہ ابن مسلم بن عقیل کی شہادت

مورخین لکھتے ہیں کہ امام حسینؑ پر قربان ہونے کے لیے جناب عبداللہ ابن مسلم بن عقیل آگے بڑھے اور حضرت امام حسین علیہ السلام سے اجازت نبرد لینے کے لیے آپ کی خدمت میں حاضر ہوئے حضرت امام حسین علیہ السلام نے فرمایا بیٹا! تمہارے باپ کی شہادت کو ابھی بہت تھوڑے دن گزر رہے ہیں۔ اب داغ پر داغ تم دینا چاہتے ہو۔ یہ کیسے ممکن ہو سکتا ہے۔ میں تو یہ چاہتا ہوں کہ تم اپنی والدہ اور بہنوں کو لے کر کسی طرف سے چلے

آؤ۔اور جام شہادت پینے سے باز آؤ۔ جناب عبداللہ نے عرض کی۔ مولا یہ کیونکر ممکن ہو سکتا ہے کہ ہم اپنی ناچیز قربانی پیش کرنے سے محروم رہیں۔اور شرف شہادت نہ حاصل کریں ۔مولا! اب تو دل بے چین ہو چکا ہے۔خدا کے لیے اجازت دیجئے عبداللہ بن مسلم کے اصرار شدید پر امام حسین علیہ السلام نے آبدیدہ ہو کر سر جھکالیا۔اور شیر بیشہ شجاعت جناب عبداللہ ابن مسلم روانہ جنگ گاہ ہوئے۔ میدان میں پہنچ کر آپ نے یہ رجز پڑھا۔(ترجمہ)آج میں اپنے باپ مسلم بن عقیل اور ان جوانوں سے ضرور جاملوں گا۔ جنہوں نے اپنی جانیں دین محمدی پر قربان کی ہیں۔وہ سادات بنی ہاشم کے عمدہ اور کریم النسب شریف الحسب بہادر ہیں۔اور جو جھوٹ جانتے تک نہیں تھے۔اور نہ کسی حیثیت سے جھوٹ ان کی طرف منسوب ہو سکتا تھا۔رجز پڑھنے کے بعد آپ شیر غضبناک کی طرح لشکر مخالفت پر حملہ آور ہوئے۔اور ان کی ٹڈی دل فوج انتشار عظیم پیدا کردیا۔آپ نے تین حملوں میں ۹۸ دشمنوں کو فی النار کیا۔ بالآخر عمر بن صبیح الصیداوی اور اسد ابن مالک ملعون آپ کے شہید کرنے میں اس وجہ سے کامیاب ہوئے کہ آپ کا دست مبارک آپ کی پیشانی سے وصل ہو گیا تھا۔صاحب دمعہ ساکبہ بحوالہ ارشاد شیخ مفید رقمطراز ہیں۔ "ثم رماہ عمر بن صبیح الصیداوی بسھم فوضع عبداللہ یدہ علی جبھتہ یتقیہ فاصاب السھم کفہ ونفذالی جبھتہ فسمرھابہ" پھر عمر بن صبیح صیداوی نے آپ کو ایک تیر مارا۔آپ نے اپنے سر کی حفاظت کے لیے ہاتھ اٹھایا وہ تیر اس طرح لگا کہ آپ کا ہاتھ پیشانی سے وصل ہو گیا جس کا نتیجہ یہ ہوا کہ پھر آپ حرکت نہ کر سکے اسی دوران ایک شخص نے آپ کے قلب مبارک پر نیزہ مارا۔ جس کے صدمہ سے آپ زمین پر آگرے۔(ارشاد مفید جلد ۲ ص ۲۲۰ طبع ایران ۔بحار الانوار جلد طبع ایران ۔ذخیرۃ الدارین ص ۱۵۸ جواہر الایقان ص ۱۲۶ ناسخ التواریخ جلد ۶ ،اعلام الورمی

ص ۱۴۶)امام خازن تحریر فرماتے ہیں کہ رسول اللہ ؐ کا ارشاد ہے۔ ''من بلغ بسھم فلمہ درجۃ فی الجنۃ'' جو تیرے لیے شہید ہوا اسے جنت میں خاص درجہ دیا جائے گا۔(لباب التاویل جلد ۳ص ۷۳طبع مصر)تاریخ ابن جریر طبری ہیں ہے کہ اثنائے جنگ میں عمر بن صبیح صیداوی نے عبداللہ بن مسلم بن عقیل کو متواتر دو تیر مار کر شہید کیا۔ پھر عبداللہ بن قطبہ کے ہاتھوں سے عون بن عبداللہ بن جعفر اور عامر بن متشل کی ضرب سے محمد بن عبداللہ ابن جعفر اور عثمان بن خالد جہنمی اور شبر ابن سوط ہمدانی کے حملے سے عبدالرحمن بن عقیل شہید ہوئے ۔اور عبداللہ بن عزرا نے جعفر بن عقیل کو شہید کیا۔

عبداللہ بن مسلم پر امام معصوم کا سلام

شرح زیارت عاشور میں ہے۔السلام علی القتیل ابن القتیل عبداللہ ابن مسلم بن عقیل ولعن اللہ قاتلہ عمر ابن الصبیح صیداوی۔ شہید ابن شہید عبداللہ ابن مسلم بن عقیل پر سلام ہو۔اور خدا لعنت کرے ان کے قاتل عمر بن صبیح صیداوی پر (شفاء الصدور ص ۱۱۲ طبع بمبئی)

ضروری وضاحت: جملہ مورخین کا اس پر اتفاق ہے کہ بنی ہاشم میں سب سے پہلے عبداللہ ابن مسلم بن عقیل علیہ السلام نے جام شہادت نوش فرمایاہے۔ لیکن علامہ ابن حسن صاحب جارچوی کتاب تذکرہ محمد وآل محمد حصہ دوم ص(۱۶۹) میں لکھتے ہیں کہ سب سے پہلے علی اکبر نے اذن جہاد طلب کیا۔ مرہ بن عہدی نے دھوکے سے ایک نیزہ مارا جو سینے سے پار ہو گیا۔ پھر دشمنوں نے تلوار مار کر ٹکڑے ٹکڑے کر ڈالا۔اسی طرح تمام مورخین کا اس پر اتفاق ہے کہ جناب عبداللہ ابن مسلم بن عقیل کی والدہ رقیہ بنت علی ابن ابی طالب جناب ام

حبیبہ ربیعہ تغلبیہ کے بطن سے تھیں۔ لیکن خان بہادر اولاد حیدر صاحب فوق بلگرامی ذبح عظیم ص ۲۰۴۔ میں لکھتے ہیں کہ ان کی والدہ مقدسہ کا نام رقیہ بنت امیر المومنین تھا۔ یہ معظمہ حضرت ام لنبین کے بطن سے تھیں۔اور حضرت عباسؑ کی حقیقی بہن تھیں۔(کتاب شہید اعظم عبدالحمید ایڈیٹر رسالہ مولوی دہلی کے ص ۵۷ میں بھی یہی مرقوم ہے۔

جناب عون و محمد اور حضرت عباس علیہ السلام

یہ دونوں بھانجے ہیں امام سعید کے ☆ پوتے شہید کے ہیں نواسے شہید کے

عاشور کی گرم بازاری میں امام حسینؑ پر قربانیاں پیش ہورہی ہیں۔ حضرت زینبؑ نے بھی اپنے دونوں نونہال پیش کردیئے۔صاحب چہل مجلس لکھتے ہیں کہ روایت میں ہے کہ عہد رسالت مآب میں واقعہ کربلا کا ذکر آیا۔اور فاطمہ زہرا گریاں نظر آنے لگیں۔زینبؑ نے پوچھا۔مادر گرامی ! اس وقت میں ہوں گی یا نہ ہوں گی ارشاد ہوا۔

شہروں میں بیاں تیری شکیبائی کا ہوگا ☆ تو اونٹ پہ اور نیزے پہ سر بھائی کا ہوگا

الغرض وہ وقت آیا کہ خداوند عالم نے گلزار تمنا میں دو گلغدار یکے بعد دیگرے پیدا کئے۔زینبؑ نے درگاہ الٰہی میں عہد کیا کہ اگر یہ بچے صحیح و سالم رہے تو میں انہیں اپنے بھائی حسینؑ پر سے نذر کروں گی دن گزرے روتیں گزریں بچے چلنے پھرنے لگے۔زینبؑ نے حضرت عباسؑ کے پاس فن سپگری سکھانے کے لیے بھیج دیا۔یہ روزانہ حضرت عباسؑ کے پاس ہنر جنگ و جدول سیکھتے تھے۔جب گھر واپس آتے تھے۔تو حضرت زینبؑ فرماتی تھیں

۔غرض صبح عاشور آگئی اور دشمن بر سر پیکار ہو گئے۔اصحاب نے قربانیاں پیش کیں۔اصحاب کے بعد اقرباء اعزا کی باری آئی۔جب مسلم بن عقیل کے فرزند مولا قدم پر نثار ہو گئے ۔تو عون و محمد بھی جوش شجاعت سے بے بیتاب ہو کر حاضر خدمت ہوئے۔مولا مرنے کی اجازت دیجئے۔امام حسین نے یہ خیال کرتے ہوئے کہ زینب کو صدمہ عظیم ہو گا۔اجازت دینے میں تامل فرمایا۔پھر امام حسینؑ داخل دولت سرا ہوئے۔آپؑ کے ہمراہ حضرت علی اکبر اور آپ کے پیچھے عون و محمد بھی تھے۔آپ زوجہ جناب مسلم کے سامنے ادائے تعزیت فرما رہے تھے کہ ناگاہ جناب زینبؑ بھی تشریف لائیں۔دونوں بچے دست بستہ عرض پرداز ہوئے۔مادر گرامی ہماری کوئی خطا نہیں۔ہمیں ماموں جان نے اب تک اجازت نہیں دی ۔یہ سن کر حضرت زینبؑ امام حسینؑ کی خدمت میں بچوں کو لائیں اور ان کے لیے اجازت طلب کی۔امام حسینؑ اشک بہاتے ہوئے خیمہ سے باہر چلے گئے۔حضرت زینبؑ نے بیٹوں کو لباس پہنایا اور امام حسین کو بلوا بھیجا مگر حسینؑ یہ سوچ کر نہ آئے کہ اگر جاؤں گا۔زینب بچوں کے لیے اجازت مانگیں گی۔صاحبزادوں نے کہا مادر گرامی! اگر ماموں نہیں آتے۔عباسؑ کو بلائیے۔حضرت عباسؑ نے فرمایا۔اے بہن! میں نے بار بار بھائی سے کہا کہ زینبؑ بلاتی ہیں ۔تشریف لے چلے مگر وہ نہ آئے۔اے زینبؑ وہ کہتے ہیں کہ بہن سات آٹھ سال کے بچوں کا گلا کٹوانا چاہتی ہیں۔اور مجھے یہ برداشت نہیں ہے کہ زینبؑ کو داغ مفارقت نصیب ہو۔حضرت زینبؑ نے کہا اچھا اے عباسؑ میرے بچوں کو تم لے جاؤ۔اور اجازت دلا دو۔حضرت عباسؑ بچوں کو لیے ہوئے آئے۔امام حسینؑ نے بجبر و اکراہ اجازت دی۔اور دونوں نونہال میدان قتال میں تشریف لائے۔(پیام زندگی جلد ۴ ص ۱۵ طبع لاہور) یہ دیکھ کر ایک شخص نے پوچھا تم کون ہو اس کا جواب انہوں نے رجز پڑھ کر دیا۔علامہ محمد باقر اور

علامہ سپہر کا شانی لکھتے ہیں کہ جناب عون نے یہ رجز پڑھا۔(ترجمہ) اگر تم مجھے جانتے پہنچانتے نہیں ہو تو جان لو کہ جعفر طیارؑ کا میں بیٹا ہوں جو بلا شبہ جنت میں نمایاں جگہ کے مالک ہوں وہاں وہ سبز پروں سے اڑتے ہیں۔اور سنو میرے لیے ان کا بھی شرف کافی ہے ۔میں خدا سے اس قوم کی جنگ وعدوان قتل و قتال کی شکایت کرتا ہوں۔انہوں نے قرآنی نشانات کو چھوڑ دیا ہے۔اور تنزیل وتبیان سے بے خبر ہو گئے ہیں۔اوراس ظلم و ستم کے ساتھ کفر وفسق کا بھی مظاہرہ کرتے ہیں۔پھر ان میں سے جناب محمد عبداللہ نے دس افراد قتل کیے اور جناب عون نے تین سوار اور آٹھ پیادے قتل کیے۔جناب محمد کو عبداللہ بن بطہ طائی نے اور عون کو عامر بن نہشل نے تمیمی نے شہید کیا۔(دمعہ ساکبہ ص ۳۳۵۔ناسخ التواریخ جلد ۶ ص ۲۸۲۔تاریخ طبری۔جواہر الایقان ص ۱۲۸ چہل مجلس سید وزیر حسین سب جج از ص ۲۸۵ تا ص ۲۷۰ طبع لکھنؤ ۱۲۹۸ھ) علامہ راشدی لکھتے ہیں۔یہ زینبؑ کے نو نہال ماموں سے رخصت ہو کر جنگ گاہ کی طرف گئے جام شہادت پیا۔حسینؑ نے خبر دی ۔تمہارے بچے رخصت ہو گئے۔بی بی زینبؑ کی ٹھنڈی سانس کے ساتھ زبان سے یہ الفاظ ادا ہوئے۔حسینؑ میرے واسطے رونے کا نہیں بلکہ شکر کا مقام ہے۔پانی میسر نہیں تیمم کر رہی ہوں۔دو نفل شکریہ اس خدا کا ادا کروں جس نے مجھے آج سر خرو کیا۔اور مجھے ایسے بچے دیئے جو میرے بھائی پر نثار ہو گئے۔امام حسینؑ نے حضرت عباسؑ سے کہا بھائی آؤ بچو کی لاشیں اٹھا لائیں۔کہرام مچا ہوا تھا۔امام حسینؑ (اور حضرت عباسؑ) بچوں کی لاشیں لینے گئے۔اور بی بی زینبؑ نے استقلال کے ساتھ دوگانہ ادا کیا۔سجدوں میں گریں اور کہا۔تو نکتہ نواز ہے۔مجھ دکھیا کے دونوں بچے تیرے نام پر تیرے رسولؐ کی امت کے ہاتھوں بے دردی سے قتل کئے گئے ہیں۔میں نے ان کو بھوکا پیاسا تیری راہ میں گھر سے نکالا۔ان کی لاشیں آرہی ہیں

۔صبر کی توفیق دے۔۔۔دعا کر رہی تھیں کہ بچوں کی لاشیں خیمہ میں آئیں۔اٹھیں تو بھائی نے کہا زینبؑ تمہارا ارمان پورا ہوا۔تمہارے بچے جن کی شادی تم کو ارمان تھا۔دولہا بن کر تمہارے سامنے آگئے۔قربان اس منہ کے جس نے کہا: حسینؑ کے بھانجے نہیں غلام ہیں ۔میرے بچو! تم کو سر پر رکھوں تمہاری لاشوں کی آنکھوں سے لگاؤں۔تم حسینؑ کے غلام نہیں۔کلیجے کے ٹکڑے تھے۔ماموں حق مہمان نوازی ادا نہ کر سکا۔مگر تم نے زینبؑ کے دودھ کا حق ادا کر دیا۔بی بی زینبؑ خاموش کھڑی بھائی کی تقریر سن رہی تھیں۔جب امام عالی مقام خاموش ہوئے۔تو کہا بھیا ان مہمانوں سے باتیں کرلوں۔ان کو دودھ بخش دوں اور ان سے کہہ دوں کہ ماں کا کہنا سننا معاف کرنا۔اور جس سختی اور ترشی سے وداع کیا تھا۔اس کی شکایت نانا اور نانی سے نہ کرنا۔۔۔۔عون و محمد میں نے تم کو گھر سے اس اس وقت نکالا ۔جب بھوک اور پیاس نے جان پر بنادی تھی۔بچو خطاوار کا قصور معاف کرو۔۔۔سلام کو جھکتے تھے۔تو درازی عمر کی دعائیں دیتی تھی ۔آج ماں کے حکم پر جان نثار کر گئے اب کیا دعا دوں۔یہ کہہ کر پہلے چھوٹے کے منہ پر ہاتھ پھیر کر اس کا خون اپنے منہ سے ملا۔اس کے بعد بڑے کی طرف مڑ کر کہا۔میرا بچہ محمد کربلا کے میدان میں تمہارے سپرد ہے ۔جب رات کے وقت سوتے میں ڈرتا تھا تو تھا تو سینے سے لگا لیتی تھی۔اب اگر یہ چونکے تو ماں کے بدلے گلے سے لگا لیجیو۔ظلم و ستم سے شہید بچہ اس بیابان میں تمہارے سپرد ہے ۔اب ہچکی بندھ گئی تو اٹھ کر چاروں طرف پھریں اور چھوٹے کے ہاتھ آنکھوں سے لگا کر کہا۔ماں ان ہاتھوں کے نثار۔۔۔عمر سعد کو دکھا دیا کہ میدان جنگ میں بہادر کس طرح جان دیتے ہیں۔دفعتہ کچھ خیال آیا اور بھائی کو بلا کر کہا۔کیوں بھائی بچوں سے کوئی خطا تو نہیں ہوئی ۔اگر کوئی لفظ خلاف مزاج ان کی زبان سے نکل گیا ہو۔تو معاف فرما دیجئے۔میں نے منع کر

WILAYAT MISSION PUBLICATIONS

دیا تھا کہ ہر گز ہر گز نہ کہنا کہ ہم امام کے بھانجے ہیں۔امام حسینؑ بہن سے لپٹ کر رونے لگے۔اور زینبؑ تمہارے بچے تمہارے کلمے کی پوری تعمیل کر گئے۔دشمنوں نے ہر چند پوچھا مگر وہ کہتے دنیا سے سدھارے کہ ہم امام کے غلام ہیں۔زینبؑ تمہارے بچے کلیجہ پر ایسا داغ دے کر گئے کہ اپنی زندگی کا ہر لمحہ وبال ہے۔یہ سن کر زینبؑ مسکرائیں۔بچوں کے منہ چومے اور بھائی سے کہا لیجیے۔لے جایئے۔الخ (سیدہ کا لال ص ۱۶۰ تا ص ۱۶۸)

حضرت عباس علیہ السلام کا اپنے بھائیوں کو فہائش کرنا اور حوصلہ افزائی فرمانا

قربان گاہ کربلا پر اصحاب کے بعد بنی ہاشم اسلام پر بھینٹ چڑھنا شروع ہو گئے ہیں۔اب ان میں سے ہر ایک سبقت کرتا ہوا دکھائی دے رہا ہے۔اور جو موقع پا جاتا ہے۔اور اجازت نبرد آزمائی حاصل کر لیتا ہے۔میدان کی طرف دوڑتا ہے اور موت کی آنکھوں میں آنکھیں ڈال کر باقی اسلام کی نظر میں سرخروئی حاصل کرتا ہے۔بہت سے بنی ہاشم کے نوجوان اپنی قربانیاں پیش کر چکے ہیں۔حضرت عباسؑ جن کے اوپر جنگ کربلا کے سر کرنے کی بہت بڑی ذمہ داری ہے۔وہ ہر چند کوشش کر رہے ہیں کہ مجھے میدان وغا کی اجازت ملے۔تاکہ میں اپنے کو پیش کر کے باباجان حضرت علیؑ کی بارگاہ سرخرو ہو جاؤں اور ان پر یہ ثابت کر دوں کہ آپ نے جس غرض کے واسطے میری ولادت کی تمنا کی تھی میں نے اسے پورا کر دیا۔لیکن علمبردار لشکر ہونے نیز حسینؑ کے ایسے قوت بازو ہونے کی صورت میں جن پر حسینؑ اپنے کو فدا کرنے کی تمنا رکھتے تھے۔اور "بنفسی انت" اکثر فرمایا کرتے تھے۔کیوں کر میدان قتال

کی اجازت پاسکے تھے۔ بنا بریں حضرت عباسؑ نے یہ خیال کرتے ہوئے کہ اگر میں اپنی ذاتی قربانی اس وقت جبکہ سب اپنی ہاشم کے نونہال جارہے ہیں۔ نہیں پیش کر سکتا تو کم از کم یہ تو ضرور ہی کر سکتا ہوں کہ قاسم و علی اکبر سے پہلے اپنے حقیقی بھائیوں کی قربانگاہ حسینی میں پیش کردوں تاکہ باباجان مجھ سے ناخوش نہ ہوں۔ اور ان کا گلا و شکوہ نہ رہے اور وہ بانی اسلام کی بارگاہ میں اس بارے میں شرمندہ نہ ہوں کہ ان کے دو بیٹے جو عباسؑ کے سگے بھائی تھے۔ انہوں نے سر دینے میں تاخیر کی۔ حضرت عباسؑ نے اپنے سگے بھائیوں کو مخاطب کرکے کہا" یابنی امی تقدموا حتی ارالکم وقد نصحتم للہ ولرسولہ" اے میرے حقیقی بھائیو! اب میدان قتال میں جا کر خدا اور رسولؐ کے لیے اپنی جانیں دے دو۔ اور مجھے دکھادو کہ تم نے سرخروئی حاصل کرلی۔ اور سنو تمہیں یاد ہوگا کہ جب جنگ صفین ہورہی تھی۔ اور تیروں کا مینہ برس رہاتھا۔ اس موقع پر پدر بزرگوار نے محمد حنفیہ سے فرمایا تھا آگے۔ بڑھو اور فوج مخالف کے میمنہ پر حملہ کرو۔ اس وقت انہوں نے عرض کی باباجان "الاتری السھام کانھا شابیب المسطر" کیا حضور ملاحظہ نہیں فرمارہے ہیں۔ کہ تیروں کی بارش ہورہی ہے۔ اور میں زخموں سے چور ہوں۔ حضور، حسنؑ اور حسینؑ بھی تو ہیں۔ یہ سننا تھا کہ باباجان کے غیظ و غضب کی انتہا نہ رہی اور انہوں نے فرمایا "ھذہ عرق من امک" یہ تیری ماں کا اثر ہے۔ سن تو میرا بیٹا ہے اور حسنؑ و حسینؑ رسولؐ مقبول کے فرزند ہیں۔ نیز یہ کہ "تو بمنزلہ دست من وآنھا بمنزلہ چشم اند" تو میرے ہاتھوں کی مانند ہے۔ اور حسنینؑ آنکھوں کا درجہ رکھتے ہو۔ ہاتھ دفاع کیا کرتے ہیں۔ آنکھوں کا کام لڑنا نہیں ہے۔ غرضیکہ محمد بن حنفیہ کے ٹوکنے پر باباجان کو غصہ آگیا۔ اور انہوں نے اس کی رجز و توبیخ کرتے ہوئے یہ فرمایا تھا کہ۔ بیٹا! میرے فرزندوں میں سے وہ زیادہ خوش نصیب ہوگا۔ جو دشت کربلا میں فرزند

رسولؐ کی مدد کرے گا۔ میرے بھائیو محمدحنفیہ کی طرح ماں کا نام بھی بدنام نہیں کرنا ہے ۔کیوں کہ وہ بھی بہت ہی بہادر خاندان کی خاتون ہیں ۔اور ہمارے کارنامہ کربلا کی نوید حمایت سننے کے لیے مدینہ میں موجود ہیں ۔آج جنگ کرو قربانیاں پیش کرو۔اور ماں باپ کانام روشن کردو۔ یہ سن کران کے بھائیوں نے کمال دلیری سے جواب دیا کہ ہم اسی لیے آئے ہیں۔اور انشاءاللہ اپنی قربانیوں سے جس قدر جلدی ممکن ہوسکے گا۔اپنے پدر بزرگوار اور مادر گرامی نیز آپ خوش کردیں گے۔(تحفہ حسینیہ جلد ۱ ص ۱۶۲ مجالس المتقین ص ۷۴ روضۃ الحسینیہ طبع ایران مجمع النورین ص ۲۵۱ طبع ایران)

حضرت عباسؑ کے حقیقی بھائیوں کی تعداد

تمام مورخین کا اتفاق ہے کہ حضرت عباسؑ چار حقیقی بھائی تھے۔(۱) خود حضرت(عباس) (۲) جناب عبداللہ (۳)جناب عثمان (۴) جناب جعفر ان کی والدہ جناب ام البنین اور والد ماجد حضرت علی علیہ السلام تھے۔اور انہیں سے حضرت عباسؑ نے یوم عاشورہ خصوصی طور پر مخاطبہ فرمایا تھا۔اور انہی کو شمر امان نامہ کے حوالہ سے اپنی طرف بلا رہا تھا۔ جس کا انہوں نے کمال دلیری سے یہ جواب دیا تھا کہ تیرے ہاتھ ٹوٹیں۔ تیری امان پر لعنت ہے ۔لیکن امام ابو اسحاق اسفرائنی شہداء بنی ہاشم کی تعداد کا ذکر کرتے ہوئے لکھتے ہیں ” منھم العباس و عبداللہ و جعفر و عمرو عثمان ھولآء الخمسۃ اخوۃ الحسین من علی و ام البنین ” کہ عباس ،عبداللہ جعفر، عمر، عثمان۔ یہ پانچوں امام حسینؑ کے علاقی بھائی تھے۔اور ان کی ماں جناب ام البنین تھی (نور العین ص ۶۴ طبع بمبئی ۱۲۹۲ھ)میرے نزدیک یہ درست نہیں ہے

۔ تحقیق یہ ہے کہ عمر بن علی، ام حبیبہ کے بطن سے تھے۔ غرضیکہ حضرت عباسؑ نے اپنے بھائیوں کی حوصلہ افزائی کی۔ اور وہ سب مرنے کے لیے جلد سے جلد نکلنے پر خوشی کا اظہار کرنے لگے۔ ناموس اسلام ص ۱۶۳ میں ہے۔ باغ مرتضوی کے پھول اما البنین کی آنکھ کے تارے دریائے فنا میں ڈوبنا شروع ہوئے۔ حسینؑ کے بازو ٹوٹنے لگے۔ باپ کی نشانیاں ۔ علیؑ کی یادگاریں خاک میں ملنے لگیں۔ حضرت عباسؑ نے بھائیوں کی طرف دیکھا اور فرمایا کہ پیاروں تم مجھے جان سے زیادہ عزیز اور پیارے ہو۔ مگر آج میری خواہش یہی ہے کہ تم سب مجھ سے پہلے بابا علی مرتضیٰ کی خدمت میں دربار رسولؐ سرخرو کوثر کے کنارے پہنچ جاؤ۔ تمہارے داغ ہم سینے پر اٹھائیں اور تمہارے غم میں صبر و رضائے الٰہی کے درجات بھی حاصل کریں۔ یہ بہادر بھائی کے فدائی۔ حسینؑ کے عاشق پہلے سے شوق شہادت میں بے چین تھے۔ خوش ہو کر عرض کرتے ہیں۔ ہماری یہی تمنا اور یہی آرزو ہے کہ آپ سے پہلے خون میں ڈوبیں۔ اور اپنے پیارے بزرگ بھائی آقا حسینؑ پر نثار و قربان ہو جائیں۔ ہتھیار سجتے ہیں۔ تلواریں اٹھاتے ہیں۔ سلام و داغ عرض کر کے رخصت ہوتے ہیں۔ حسینؑ ایک ایک کو حسرت بھری نگاہ سے دیکھتے ہیں۔ اور رخصت فرماتے ہیں۔ بیشہ حیدری کے شیر میدان میں جاتے ہیں۔ شجاعت علوی کے جوہر دکھاتے ہیں۔ شیرانہ حملے فرماتے ہیں۔ تیر لگتے ہیں۔ برچھیاں پڑتی ہیں۔ زخمی ہو کر گرتے ہیں۔ اور بھائی پر قربان ہو جاتے ہیں۔ حسینؑ لاشوں کو اٹھاتے ہیں۔ اشکبار ہوتے ہیں۔ اور خون بھری لاشوں کو خیمہ میں لے آتے ہیں ۔ الخ اب آپ ان بہادروں کے مختصر الفاظ میں تفصیلی واقعات تاریخ کی روشنی میں ملاحظہ فرمائیں۔

حضرت عباسؑ کے بھائی عبداللہ بن علیؑ

عبداللہ بن علیؑ حضرت عباسؑ کے حقیقی بھائی تھے۔آپ حضرت عباسؑ سے تقریباً آٹھ سال چھوٹے تھے۔آپ کی کفیت ناسخ التواریخ کے مطابق ابو محمد تھی۔آپ کی عمر ۲۵ سال تھی۔آپ کو جوہر شجاعت ورثہ میں ملا تھا۔ بڑے بہادر۔نہایت جری تھے۔یہی وجہ ہے کہ جب آپ حضرت عباسؑ کے ارشاد کے مطابق میدان میں تشریف لے گئے تھے۔تو جوہر شجاعت دکھا کر لوگوں کو حیران کر دیا تھا۔آپ کی عمر کے متعلق مورخین لکھتے ہیں۔آپ اپنے بھائی حضرت عباسؑ کے (تقریباً) آٹھ سال بعد پیدا ہوئے۔آپ کی مادر گرامی بھی ام البنین فاطمہ کلابیہ تھیں۔آپ نے پدر بزرگوار کے ساتھ ۶ سال اور امام حسنؑ کے ساتھ ۱۶ سال اور امام حسینؑ کے ۲۵ سال زندگی بسر کی اور یہی (۲۵سال) آپ کی مدت عمر ہے۔(ابصار العین ص ۳۴ بحار الانوار جلد ا ص ۲۲۳ ناسخ التواریخ جلد ص ۲۲۸۔دمعہ ساکبہ ص ۲۳۶۔انوار الحسینیہ ص ۶۸ مہیج الاحزان ص ۱۶۲ اور تحفہ حسینیہ جلد ا ص ۱۶۳ میں ہے کہ جناب عبداللہ ابن علی کے کوئی اولاد نہ تھی۔

میدان جنگ کی طرف رہروی اور جانبازی

آپ چونکہ فطرتاً شجاع تھے اور بڑے بھائی حضرت عباسؑ نے بھی حوصلہ افزائی کردی تھی۔لہٰذا جب آپ میدان میں تشریف لے گئے تو آپ نے کمال بے جگری سے جنگ فرمائی۔آپ کی شجاعت کے متعلق صاحب ناسخ التواریخ لکھتے ہیں کہ عبداللہ مثیل شیر یزداں و آرزو

مند نبرد مرداں میدان بود، عبداللہ شیر یزداں حضرت علیؑ کے بہادر پسر تھے۔ اور آپ لوگوں سے نبرد آزمائی کے لیے بے چین تھے۔ تواریخ میں ہے کہ جب آپ میدان میں تشریف لے گئے تو وہاں پہنچتے ہی ایک زبردست حملہ کیا۔ اور ان لفظوں میں رجز پڑھا۔ ترجمہ:۔ میں ایک عظیم الشان بہادر اور صاحب جود و کرم کا فرزند ہوں اور یہی وجہ ہے کہ میرے افعال واعمال میں اچھائی نظر آتی ہے اور تم سمجھے وہ کون ہے وہ رسول اللہ کی شمشیر برہنہ ہیں ان کے افعال واعمال روز روشن کی طرح ساری دنیا پر روشن اور جلی ہیں۔

آپ کی شہادت:۔ رجز پڑھنے کے بعد آپ نے اس طرح حملہ کیا کہ سارا میدان کانپ اٹھا۔ مورخین لکھتے ہیں۔ وجعل یضرب بیسقہ قدماویجول فیھم جولان الرحی، آپ نے چکی کی طرح میدان میں چکر لگا کر تلوار سے کاٹنا شروع کیا اور مجمع میں چیخ و پکار کی آواز بلند ہو گئی۔ (تحفہ حسینیہ جلد ا ص ۱۶۳ وانوار الحسینیہ ص ۶۸) دشمنوں نے جب دیکھا۔ کہ اس بہادر پر قابو نہیں پایا جارہا تو پانچ ہزار کی جمعیت سے حملہ کیا۔ حضرت عبداللہ نے جب ملاحظہ کیا کہ اب دشمن اپنی پوری طاقت سے حملہ کر رہے ہیں تو بقولے صاحب حقائق المصیبتہ حضرت عباس علیہ السلام کو آواز دی آپ عون بن علی کو ہمراہ لیے ہوئے میدان میں پہنچے۔ اور دشمنوں پر حملہ آور ہوئے۔ جناب عبداللہ جن کے مقابلہ میں ہانی بن ثبیت حضرمی تھا۔ چونکہ کافی زخمی ہو چکے تھے۔ لہٰذا دشمن آپ پر غالب آگیا۔ فشد علیہ ھانی ابن ثبیت الحضرمی فضربہ علی راسہ نفقتلہ، اور آپ کے سر مبارک پر اس نے تلوار لگائی۔ جس سے آپ شہید ہو گئے۔ (ابصار العین ص ۳۴ بحار انوار جلد ا ص ۲۲۳، ناسخ التواریخ جلد ۲ ص ۲۲۸ تحفہ حسینیہ جلد ا ص ۱۶۳ ا مجالس المتقین ص ۷ ۱۴ تاریخ طبری جلد ۶ ص ۲۵۷ دمعہ ساکبہ ص ۳۳۶ حقائق المصیبت ص ۲۳۸ طبع بمبئی ۱۲۹۴ھ ـــــــ

جناب عبداللہ پر امام معصوم کا سلام

عبداللہ ابن علی علیہ السلام پر سلام ہو۔ جنہوں نے بلا پر بلا جھیل کر موقعہ امتحان میں کامیابی حاصل کی اور جو میدان کربلا میں اپنی محبت کا علی الاعلان ثبوت دے گئے جنہیں دشمنوں نے ہر جانب سے زخمی کیا۔ خدا ان کے قاتل ہادی بن ثبیت حضری پر لعنت کرے۔ (شفاء الصدوص ۱۱۱ طبع بمبئی)

حضرت عباسؑ کے دوسرے بھائی عثمان ابن علیؑ

جناب عثمان بن علیؑ حضرت عباسؑ علمدار کے دوسرے بھائی تھے۔ آپ جناب عبداللہ سے دو سال چھوٹے تھے۔ آپ کی عمر ۲۳ سال اور کنیت بقول صاحب ناسخ التواریخ ابو عمر تھی۔ آپ کا اسم گرامی ''عثمان'' صرف اس لیے رکھا گیا تھا کہ حضرت علیؑ کے ایک بھائی عثمان بن مظعون تھے۔ جنہیں حضرت علیؑ بہت زیادہ دوست رکھتے تھے۔ ناسخ التواریخ اور بحار انوار میں ہے کہ جب اس فرزند کی ولادت ہوئی تو حضرت علی علیہ السلام نے ان کا نام عثمان ابن مظعون کے نام پر رکھا۔ آپ کی عمر کے متعلق مورخین لکھتے ہیں۔ آپ اپنے بھائی عبداللہ سے دو برس بعد پیدا ہوئے آپ کی مادر گرامی بھی جناب ام البنین آپ نے اپنے پدر بزرگوار کے ساتھ چار سال اور اپنے بھائی امام حسنؑ کے ساتھ چودہ برس اور امام حسینؑ کے ساتھ تیئس سال زندگی بسر کی، اور یہی آپ کی مدت عمر ہے۔ طبع نجف اشرف

میدان جنگ کی طرف رہروی اور جانبازی

میدان جنگ میں جانے کے لیے حضرت عباسؑ ہمت افزائی فرما ہی چکے تھے۔اب عبداللہ کی شہادت نے جناب عثمان کے دل میں نبرد آزمائی کا زور پیدا کر دیا تھا۔آپ میدان کی طرف کمال شجاعت اور جوش میں تشریف لے گئے۔اور آپ نے یہ رجز پڑھا۔ترجمہ۔اے دشمنان اسلام ! میں تمہیں بتادینا چاہتا ہوں کہ میں صاحب مفاخر عثمان بن علی ہوں میرے بزرگ اور آقا میرے پدر نامدار حضرت علیؑ ہیں۔جن کے کارنامے ناصیہ روزگار۔پر روشن ہیں وہ رسول مقبول علیہ السلام کے ابن عم یعنی چچازاد بھائی ہیں۔اور میرا بھائی حسینؑ ہے جو تمام منتخب لوگوں میں نمایاں حیثیت رکھتا ہے۔وہ حسینؑ جو رسول اللہ صلی اللہ علیہ وآلہٖ وسلم اور ولی اللہ کے بعد کائنات کے تمام چھوٹے اور بڑے سب کے سردار ہیں۔(ناسخ التواریخ جلد ۲ ص ۲۸۷ تحفہ حسینیہ ص ۱۶۳ بحار لانوار جلد ۱ ص ۲۲۳ دمعہ ساکبہ ص ۳۳۶

آپ کی شہادت:

آپ کمال دلیری کے ساتھ مشغول جنگ تھے۔فرناہ خولی ابن یزید الاصبحی بسھم فاوھطہ حتی سقط لجنبہ فجاءہ رجل من بنی ابان بن دارم فقتلہ واجتزراسہ ، کہ ناگاہ وخولی ابن یزید اصبحی نے ایک ایسا تیر مارا جس نے انہیں بالکل کمزور کر دیا۔اور آپ پہلو کے بل زمین پر گر گئے۔اتنے میں ایک شخص بنی ابان ابن دارم کا آیا اور اس نے آپ کا سر کاٹ لیا۔(البصار العین ص ۴۳ مجالس المتقین ص ۷۴ طبری جلد ۶ ص ۲۵۷ بحار لانوار جلد ص ۲۳۳ ناسخ التواریخ جلد ۶ ص ۲۲۸ صاحب مہیج الاحزان ص ۱۶۰ میں لکھتے ہیں کہ چلا کمان سے چھوٹا ہوا تیر جبین

مبارک پر لگا اور آپ زمین پر تشریف لائے۔

جناب عثمان پر امام معصوم کا سلام

جناب عثمان ابن مظعون کے ہمنام عثمان بن امیر المومنین پر سلام ہو اور خدا تیرے شہید کرنے والے خولی ابن یزید اصبحی یادی داری پر لعنت کرے۔ شفاء الصدور شرح زیارت عاشور ص ۱۱۱ طبع بمبئی

حضرت عباسؑ کے تیسرے بھائی جعفر بن علی علیہ السلام

جناب جعفر بن علی حضرت عباسؑ علمدار کے تیسرے بھائی تھے۔ آپ جناب عثمان سے تقریباً دو سال چھوٹے تھے۔ آپ کی عمر ۲۱ سال تھی۔ آپ کی کنیت بقول صاحب ناسخ التواریخ ابو عبداللہ تھی۔ آپ کی عمر کے متعلق مورخین لکھتے ہیں۔ آپ اپنے بھائی عثمان کے دو سال بعد پیدا ہوئے آپ کی مادر گرامی جناب ام البنین تھیں آپ نے اپنے پدر بزرگوار کے ساتھ دو سال اور بھائی حسنؑ کے ساتھ بارہ سال اور امام حسینؑ کے ساتھ اکیس سال زندگی بسر کی۔ اور یہی آپ کی مدت عمر ہے۔ (ابصار العین ص ۱۳۵، انوار الحسینیہ ص ۶۸)

علامہ شیخ محمد بن کمال الدین شافعی لکھتے ہیں کہ حضرت علیؑ کے بھائی، جناب جعفر طیار تھے۔ جنہیں حضرت علی علیہ السلام بے حد چاہتے تھے۔ آپ کا یہ حال تھا کہ اگر کوئی شخص جناب جعفر طیار کے نام سے آپ کو واسطہ دیتا تھا تو آپ کا غصہ فرو ہو جاتا تھا "اذا سل بحق جعفر سکن" (ملاحظہ ہو مطالب السؤل ص ۱۱۷) علامہ یزدی لکھتے ہیں کہ جب جنگ موتہ میں جعفر طیار

شہید ہوئے تھے تو حضرت علی علیہ السلام نے فرمایا تھا۔ "الان الکسر ظھری بھیا! اب میری کمر ٹوٹ گئی ہے۔(انوار الشہادت ص ۴۹) صاحب البصار العین علامہ سماوی لکھتے ہیں۔ ردی ان امیر المومنین سماہ اخیہ جعفر لحبہ ایاہ ص ۳۵ حضرت علیہ السلام نے اپنے فرزند جعفر کا نام اس لیے جعفر رکھا تھا تاکہ جعفر طیار کی یاد تازہ رہے۔

آپ کی میدان کی طرف رہروی اور جانبازی

آپ اپنے دیگر بھائیوں کی طرح نہایت شجاع اور بہادر تھے۔آپ کو یونہی حوصلہ جنگ تھا۔ پھر حضرت عباسؑ نے باپ کی وصیت یاد دلا کر ہمت افزائی کر کے سونے پر سہاگہ کا کام کیا تھا ۔مورخین کا بیان۔ "فتقدم موو شد ما علی الاعداء یضرب فیھم بسیفہ" کہ آپ نے میدان جنگ میں جا کر دشمن پر حملہ آوری کی اور تلوار سے انہیں فنا کے گھاٹ اتارنے لگے اور یہ رجز پڑھا ۔ترجمہ ؛میں بلندی کا بادشاہ جعفر ہوں اور حضرت علی علیہ السلام کا فرزند ہوں جو بڑے جود و کرم والے تھے۔ میرا چچا اور ماموں کی شرافت حسب و نسب میری شرافت کی شاہد اعظم ہیں ۔میں ایسے حسینؑ کی مدد کر رہا ہوں جو بڑے بخشش کرنے والے ہیں تحفہ حسینیہ جلد ا ص ۱۶۳ ابصار العین ص ۳۵ بحار الانوار جلد ا ص ۲۲۳ ناسخ التواریخ جلد ۶ ص ۲۶۸ جواہر الایقان ص ۲۰۲ دمعہ ساکبہ ص ۳۳۴)

آپ کی شہادت:

آپ کمال دلیری اور بہادری کے ساتھ جنگ آزما تھے۔ کہ ناگاہ "شد علیہ ھانی ابن ثبیت

الحضرمی الذی قتل اخاہ فقتلہ آپ پر ہانی ابن ثبیت حضرمی نے ور کیا۔اور آپ کو شہید کر ڈالا ۔(البصار العین ص ۳۵ مقتل ابی مخنف طبع ایران)

جناب جعفر پر امام معصوم کا سلام

جعفر ابن امیر المومنین علیہ السلام پر سلام ہو۔جو اپنی جان کی قربانی پیش کرنے میں بڑے صابر تھے۔اور غربت کی حالت میں وطن سے نکالے ہوئے تھے اور جنگ آزمائی کے لیے دل وجان سے تیار۔جو میدان کارزار میں بڑھ بڑھ کر حملے کرنے والے تھے جنہیں لوگوں نے اپنی کثرت سے مغلوب کر دیا تھا۔خدا ان کے قاتل ہانی بن ثبیت حضرمی پر لعنت کرے (شفاء الصدور شرح زیارت عاشور طبع بمبئی)

مورخ طبری کی تنگ نظری

حضرت عباس علیہ السلام کی وفاداری کے کارناموں میں سے ایک عظیم کارنامہ یہ ہے کہ آپ نے اسلام کی حمایت کے سلسلہ می ں یہ فیصلہ کر لیا تھا کہ نہ میں خود باقی رہوں گا۔اور نہ اپنے کسی بھائی اور بیٹے کو زندہ رہنے دوں گا۔یہ انہوں نے کیوں کیا صرف اس لیے کہ وہ موقع آشنا تھے اور جانتے تھے۔کہ آج اسی کا محل ہے تمام مورخین کا اتفاق ہے کہ آپ نے اپنے حقیقی بھائیوں کو جن کے نام عبداللہ، عثمان، جعفر ہیں مخاطب کرکے اس وقت کہا جبکہ امام حسینؑ پر تمام اصحاب اپنی جانیں قربان کر چکے تھے۔اور اہل بیت میں سے بھی اکثر ہستیاں قربان گاہ اسلام پر بھینٹ چڑھ چکی تھیں ۔اے میرے حقیقی بھائیو، میرے قریب آؤ اور

میری بات سنو، وہ یہ ہے کہ اب وہ وقت ہے کہ تم بھی اب میدان قتال میں قدم جدال رکھ دو اور اس طرح جنگ کرو۔ کہ میں اپنی آنکھوں سے دیکھ لوں کہ تم نے خدا اور رسول کی راہ میں اپنی جان عزیز قربان کر دی ہے۔ دیکھو آج کے دن جان دینے سے دریغ کرنے کا محل نہیں ہے دلیری سے جان دن دے دو۔ ارے میرے بھائیو! میری طرح تمہارے تو اولاد بھی نہیں ہے جس کا تمہیں غم ہو سکے لہٰذا عجلت کرو۔ اور شرف شہادت حاصل کر کے بار گاہ رسولؐ میں سرخرو ہو جاؤ، (جواہر الایقان در بندی ص ۲۰۲ بحار لا انوار جلد ا ص ۲۲۳ وغیرہ) آپ کے بہادر بھائی جو پہلے ہی سے جنگ کے لیے تیار تھے میدان قتال کی طرف چل پڑے اور سب سے پہلے جس نے قدم اٹھایا وہ آپ کے بھائی عبد اللہ تھے۔ آپ نے اپنے ہر بھائی کو میدان قتال میں بھیجتے وقت فرداً فرداً یہی فرمایا تھا کہ "تقدم یا اخی الالک قتیلا واحتسیک فانہ لا ولد لک""میرے عزیز بھائی! میدان میں جا کر اس طرح لڑو۔ کہ میں تمہیں خاک و خون میں تڑپا ہوا اپنی آنکھوں سے دیکھ لوں (انوار الحسینیہ ص ۶۸ چنانچہ آپ کے برادان خوش اعتقاد میدان میں جا کر اسلام پر قربان ہو گئے۔ (ابصار العین ص ۳۹) علماء اور مورخین نے اس امر کی وضاحت میں کہ حضرت عباسؑ سے اپنے پہلے بھائیوں کو جنگ گاہ میں بھیجنے پر مقدم کیوں کیا۔ ایسی چیزیں پیش فرمائی ہیں جن سے حضرت عباسؑ کے کمال تدبہ کا پتہ چلتا ہے صاحب منافع الابرار ص ۳۳ میں لکھتے ہیں کہ کار خیر میں عجلت کرنی چاہیئے ایسا نہ ہو کہ شیطان بہکا کر اس کیطرف سے رخ موڑ دے علامہ برغانی مجالس المتقین کے ص ۷۴ پر لکھتے ہیں حضرت عباسؑ نے بتاکید تمام اس بات کی کوشش کی کہ ان کے بھائی ان سے پہلے حسینؑ پر قربان ہو جائیں۔ اس لیے فرمایا کہ کہیں ایسا نہ ہو کہ شیطان دل میں کسی قسم کا وسوسہ پیدا کر کے انہیں شرف شہادت سے باز رکھتے اور میں تو یہ سمجھتا ہوں کہ

WILAYAT MISSION PUBLICATIONS

حضرت عباسؑ نے اپنے سے اس لئے مقدم رکھا تاکہ میری شہادت ان کی نظروں کے سامنے نہ واقع ہو۔ کیونکہ کہیں ایسا نہ ہو کہ میرے مرنے سے ان کی ہمت ٹوٹ جائے اور وہ شرف شہادت سے محروم رہ جائیں اور امام حسین علیہ السلام کی بدنامی ہو کہ ان کے لشکر میں ایسے لوگ بھی تھے جو میدان کارزار میں نہ آئے اور اپنی جان بچالی۔

حضرت عباس اپنی شہادت کے لیے راستہ بنا رہے تھے وہ جانتے تھے کہ علمداری کا عہدہ جہاد کی اس وقت تک اجازت دینے پر مجبور نہ کرے گا جب تک کوئی تلوار اٹھانے والا باقی رہے گا ۔الخ یعنی حضرت عباسؑ نے اپنے بھائیوں کو جنگ کے لیے ابھار کر اس لیے جلد سے جلد شہید کرادیا۔ تاکہ انہیں حوصلہ شہادت پورا کرنے کا موقع مل جائے کیونکہ جب تک کوئی بھی باقی رہے گا۔ علمدار لشکر کو درجہ شہادت پر فائز ہونے کا موقع نہ ملے گا۔ بہر حال حضرت عباسؑ نے کمال وفاداری کے جذبہ سے مجبور ہو کر اس امر کی کوشش فرمائی کہ تمام لوگ جلد سے جلد شہید ہو کر میرے لیے راستہ صاف کر دیں۔ تاکہ میں امام حسینؑ پر قربان ہو کر اپنے والد بزرگوار حضرت علی علیہ السلام کی تمنا پوری کر دوں۔ میں کہتا ہوں کہ دنیا کا کون انسان ایسا ہو گا۔ جو حضرت عباسؑ کے اس جذبہ وفاداری کی قدر نہ کرے گا لیکن ہمیں نہایت افسوس ہے کہ دنیائے اسلام کا ایک مورخ علامہ ابو جعفر محمد ابن جریر طبری اپنی کج فہمی اور تعصب کی وجہ سے لکھتا ہے کہ حضرت عباسؑ نے اپنے بھائیوں سے فرمایا:۔ تقدموا حتی ارثکم فانہ لا ولد لکم الخ ،اے میرے بھائیو! عبداللہ، عثمان، جعفر، تم جلد سے جلد میدان جنگ میں جا کر شہید ہو جاؤ۔ تاکہ میں تمہاری میراث کا مالک بن جاؤں کیونکہ تمہارے کوئی اولاد نہیں ہے۔ (تاریخ طبری جلد ۶ ص ۲۵۷ طبع مصر) اسی کی پیروی ابو الفرج نے مقاتل الطالبین میں کی ہے وہ لکھتا ہے۔ قدم اخاہ جعفر بین یدیہ لانہ لم یکن لہ ولد

لیجوز میراثہ العباس، جعفر کو شہادت کے لیے حضرت عباسؑ نے بھیج دیا تاکہ ان کی میراث کے مالک بن جائیں۔ علامہ عبدالرزاق موسوی کتاب "قمر بنی ہاشم طبع نجف اشرف کے ص ۵۰ پر لکھتے ہیں۔ کہ ان دونوں مورخین نے عجیب وغریب بات کہی ہے کجا حضرت عباسؑ کی شخصیت اور کجا بھائیوں کی میراث میں نہیں سمجھ سکتا۔ کہ ان دونوں مورخوں نے یہ کیونکر کہہ دیا کہ حضرت عباسؑ اپنے بھائیوں کی میراث لینے کا خیال رکھتے تھے کیوں کہ یہ تو معمولی آدمی بھی جانتا ہے کہ ماں کی موجودگی میں بھائی کو بھائی کی میراث میں سے کچھ نہیں ملا کرتا کیا وہ حضرت عباسؑ جو آغوش امامت میں پرورش پا چکے تھے اور جن کا علمی پایہ بے انتہا بلند ہے انہیں یہ معلوم نہ تھا کہ شرعاً مجھے ان کی میراث کا کوئی حق نہیں پہنچتا۔ اور پھر ایسے موقع پر جب کہ وہ جانتے تھے کہ اب چند منٹوں میں میں بھی درجہ شہادت پر فائز ہو جاؤں گا۔ اور یہ سوچنے کی بات ہے کہ بازاری شخص بھی کسی کو اس طرح مرنے کے لیے نہیں اُبھارا کرتا کہ تم جاؤ قتل ہو جاؤ تاکہ میں تمہاری میراث کا وارث بن جاؤں چہ جائیکہ حضرت عباسؑ جو جامعہ نبوت کے تعلیم یافتہ اور مدرسہ امامت میں پڑھے ہوئے تھے اور جنہوں نے باپ او ربھائی کی آغوش میں تربیت پائی تھی۔ اور ان سے معارف سیکھے تھے یہ باور کرنا چاہئے کہ حضرت عباسؑ نے اپنے بھائیوں کو میدان میں بھیجنے میں اس لیے جلدی کی تھی۔ تاکہ امام حسینؑ پر یہ ثابت کردیں۔ کہ میرے بھائی آپ سے کس درجہ انس رکھتے ہیں اور کس طرح آپ پر قربان ہونے کو بے چین ہیں۔ اسی لیے آپ نے فرمایا تھا۔ تقدمو احتی اراکم قد نصحتم اللہ ورسولہ، الخ میدان میں میرے سامنے جاؤ۔ تاکہ میں اپنی آنکھوں سے دیکھ لوں کہ تم لوگ خدا اور رسول کی راہ میں قربان ہو گئے یعنی آپ کا مقصد یہ تھا کہ یہ لوگ جلد سے جلد اجر شہادت حاصل کرلیں۔ ابو حنیفہ دنیوری لکھتے ہیں کہ حضرت عباسؑ نے اپنے بھائیوں

سے فرمایا تھا۔ تقد موا بنفسی انتم و حاموا عن سید کم حتی تموتو ادونہ ،فتقد موا جمیعا فقتلو ا۔ میرے بھائیو! میں تم پر فدا ہوں۔اپنے سردار امام حسینؑ کی حمایت کے لیے نکل پڑو۔اور ان کے سامنے جان دے دو یہ سن کر سب کے سب میدان میں گئے اور اپنے کو قربان کر دیا ۔میرا خیال ہے کہ جن لوگوں نے میراث کا حوالہ دیا ہے۔انہیں لفظ لا ولد لکم سے دھوکا ہوا ہے حالانکہ موقع گفتگو پر نظر کرنے کے بعد یہ دھوکا نہیں ہونا چاہئے تھا۔اور اس سے سمجھنا چاہئے تھا۔کہ تمام مورخین نے جو یہ سمجھا ہے کہ ''برائے شما عقب داولاد نیست تا غم آنہارا بخورید'' یہ درست ہے اس کے علاوہ علامہ عبدالحسین علی نے یہ احتمال کیا ہے کہ شاید ،ارز لکم کے بجائے ارثکم ، غلطی سے لکھا گیا ہو اور علامہ شیخ آغا بزرگ نے یہ احتمال ظاہر فرمایا ہے کہ ہو سکتا ہے کہ تاریخ میں ارثیکم کے بجائے ارثکم غلطی سے آگیا ہو یعنی احتمال اول کی بنا پر مقصد یہ ہے کہ حضرت عباسؑ نے فرمایا کہ تم مرنے کے لیے جاؤ تاکہ میں تمہارا غم برداشت کر کے ثواب کا مستحق بنوں اور احتمال ثانی کی بنا پر مقصد یہ ہے کہ حضرت عباسؑ نے اپنے بھائیوں سے کہا کہ تم مرنے کے لیے جاؤ تاکہ میں تم پر نوحہ ماتم کروں اور تمہارا مرثیہ کہوں یعنی تم پر رونے کا حق ادا کروں کیونکہ تمہارے کوئی اولاد تو ہے نہیں جو تمہارا غم منائے گی (النقد النزیہ جلد ا ص ۹۹ الذریعہ الٰی تصانیف الشیعہ)

فرزندان حضرت عباسؑ کی جانبازی اور شہادت

مشہور جہاں میں ہیں وفادار علمدار ☆ فرزند وفادار کے ہوتے ہیں وفادار

بھائیوں کو بھیجنے اور ان کے جام شہادت نوش کرنے کے بعد اپنے ان دونوں فرزندوں کی طرف متوجہ ہوئے جو کربلا میں موجود تھے اور ان سے کہا اے میرے نور چشمو! آج سرخرو ہونے کا دن ہے تم دیکھ رہے ہو کہ آج بڑی بڑی ہستیاں حمایت اسلام میں آغوش موت سے ہمکنار ہو گئیں اور اب وہ وقت دور نہیں کہ میں بھی فرزند رسول پر قربان ہو کر حیات ابدی حاصل کروں گا اور اور اپنے پدر بزرگوار کی بارگاہ میں نہایت ہی سرخرد پہنچوں گا ۔تمہارا فرائضہ ہے کہ موت کی طرف بڑھنے میں عجلت سے کام لو۔ارباب مقاتل لکھتے ہیں کہ آپ نے سمجھا بجھا کر اپنے ایک بیٹے جناب فضل ۔کو ضم الی صدرہ قبل مابین عینیہ وقال ،سینے سے لگایا اور پیشانی پر بوسہ دے کر فرمایا اے میرے نور نظر! تیری جدائی میرے لیے انتہائی مشاق ہے لیکن کیا کروں کہ حسینؑ کے مقابلہ میں تیری کوئی ہستی نہیں سمجھتا او رتیری قربانی ضروری سمجھ کر اپنے دل سے تجھے جدا کر رہا ہوں۔بیٹا خدا حافظ۔ میدان میں جا ؤ اور فرزند رسول پر اسلام کے نام پر قربان ہو جاؤ یہ سن کر جناب فضل ابن عباسؑ ماں سے رخصت ہونے کے لیے خیمے کے اندر گئے اور مل جل کر فوراً باہر آئے اور حاضر خد متحسینی ہو کر عرض کی۔الذن لی یا عماہ بالبراز فقال لہ ابوز بارک اللہ فیک۔چچا جان مجھے جنگ کی اجازت مرحمت فرمائیں۔جواب ملا بیٹا جاؤ خدا حافظ اجازت پاتے ہی آپ روانہ میدان کارزار ہو گئے۔حضرت عباسؑ کا یہ نور نظر میدان میں پہنچا اور کمال جانبازی اور جوش شجاعت سے اس نے یہ رجز پڑھا۔خدا کی قسم تم (میرے خون بہانے کے لیے) اتنے ہو یا اور زیادہ ہو یا اکیلے ہو (میرے لیے سب برابر ہی ہے) اے اس زمین پر بد ترین قیام کرنے والو اور اے فساد کی آگ بھڑکانے والی شریر قومو (یاد رکھو) کہ میں عنقریب تمہاری ساری جمعیت کا شیرازہ بکھیر دوں گا اور سروں کا تن سے بے تکلف جدا کر دوں گا۔رجز کے الفاظ ختم ہوتے

ہی آپ نے دشمنوں پر دل ہلا دینے والے حملے شروع کر دیئے۔ ولم یزل یقاتل حتی قتل منھم ماتین و خمسین فارساً اور تھوڑی دیر میں ۲۵۰ دشمنوں کو موت کے گھاٹ اتار دیا۔ مسلم خولانی ناقل ہیں کہ فرزند عباسؑ کمال جانفشانی سے اپنی جانبازی کے مظاہرے کر رہے تھے اور دشمن کی ساری فوج تباہ ہوئی جا رہی تھی کہ ناگاہ ایک شخص عظیم الخلقت جو کنارے کھڑا ہوا تمام ماجرا دیکھ رہا تھا۔ عقاب شکستہ بازو کی طرح ابن عباسؑ پر یہ کہتا ہوا حملہ آور ہو کہ ''واللہ لا قتلن ہذا الغلامہ فانی اراہ شجاعاً، خدا کی قسم اسے میں قتل کروں گا۔ یہ تو بڑا بہادر معلوم ہوتا ہے میں نے آگے بڑھ کر اس سے کہا۔ الم تعلم قرابتہ من رسول اللہ، ارے تو جسے قتل کرنے کے لیے بڑھ رہا ہے اس کی رسول اللہؐ سے قرابت بھی جانتا ہے؟ فلم ایلتقت ، لیکن اس نے میری بات پر بالکل کان نہ دھرا اور فرزند عباس بن علیؑ پر ایسی حالت میں جبکہ وہ مشغول جنگ تھے ''فضربتہ عظیمتہ'' ایسی ضرب کاری لگائی کہ ، یخونہ نی دمہ، آپ اپنے خون میں لوٹنے لگے اور آواز دی، یا عماہ ادرکنی، چچا جان خبر لیجئے۔ امام حسینؑ فوراً دوڑ کر میدان پر پہنچے اور دیکھا کہ آپ ایڑیاں رگڑ رہے ہیں یہاں تک کہ آپ کی روح راہی جنت ہو گئی ''فبکی الحسین'' یہ دیکھ کر امام حسینؑ رو پڑے اور کہا اے میرے بیٹے! تیری موت سے بے انتہا صدمہ پہنچا، ثم حملہ ووضعا بین القتلا۔ پھر ان کی لاش اٹھا کر لائے اور گنج شہیدان میں پہنچا کر واپس آ گئے۔ فلما نظر القاسمہ قال یعذ علی فوانک ، جب آپ کے حقیقی بھائی قاسم ابن عباسؑ علمدار نے بھائی کی شہادت اپنی آنکھوں سے دیکھی تو بے چین ہو گئے اور کہنے لگے کہ اب اے بھائی تمہاری موت کے بعد میری زندگی حرام ہے یہ کہہ کر آپ میدان کارزار کی طرف چلے۔ امام اسحاق اسفرائنی فرماتے ہیں ''ولعہ من العمر تسمتہ عشر سنتہ'' کہ جبکہ آپ میدان کی طرف روانہ ہو رہے ہیں آپ کی عمر ۱۹ سال کی ہے غرضیکہ آپ رزمگاہ کی طرف روانہ ہو کر

میدان میں پہنچے اور رجز کے یہ اشعار پڑھنے لگے۔ میں تم پر نبیؐ مختار کے صدقہ میں ایسا حملہ کروں گا کہ تمہارا دودھ پیتا بچہ بھی خوف اور ہول کی وجہ سے بڈھا ہو جائے گا۔ اے سارے کفارو! سنو! میں تم میں سے ہر ایک کو ٹکڑے ٹکڑے کردوں گا۔ رجز پڑھنے کے بعد آپ نے ایک زبردست حملہ کیا اس کے بعد پیہم حملے کرتے رہے۔ حتی قتل منھم ثمان ماتہ۔ یہاں تک کہ آٹھ سو دشمنوں کو قتل کیا بھوک اور پیاس پھر زخموں کی شدت نے دبی ہوئی پیاس کی آگ کو اور بھڑکا دیا۔ آپ فوراً خدمت امام حسینؑ میں حاضر ہوئے اور عرض کی چچا جان میری آنکھیں پیاس سے دھنس گئی ہیں۔ (ادرکنی بشربتہ، مجھے تھوڑا سا پانی عنایت فرمایئے تاکہ میں دشمنوں سے لڑنے کے پھر قابل ہو جاؤں یہ سن کر مجبور امامؑ نے فرمایا۔ بیٹا تھوڑی دیر اور صبر کرو۔ تمہیں تمہارے جد نامداد حضرت محمد مصطفیٰ صلی اللہ علیہ وآلہ وسلم ایسے جام سے سیراب کریں گے کہ پھر تم کو کبھی پیاس نہ لگے گی۔ یہ سن کر قاسم ابن عباسؑ پھر میدان کارزار کی طرف واپس گئے۔ اور دشمنوں پر حملہ کیا اس حملے میں آپ نے قتل، منھم عشرین فارساً ۲۰ سواروں کو قتل کیا۔ ثم استشھد اور شہید ہوگئے امام حسینؑ کو اطلاع ملی۔ آپ میدان کی طرف تشریف لے گئے۔ دشمنوں نے قریب پہنچنے سے مزاحمت کی آپ نے حملہ کیا اور چار سو دشمنوں کو قتل کرکے۔ حملہ ووضعہ بین القتلا۔ ان کی لاش اٹھالائے اور گنج شہیدان میں داخل کردیا۔ ملاحظہ ہو نورالعین فیشھدالحسین۔ امام اسفرئنی ص ۶۲۔۲۱ طبع ۱۲۹۲ھ مائتین ص ۷۷ ۴ خلاصتہ المصائب ص ۱۰۲ طبع لکھنؤ ۱۲۹۳ھ چہل مجلس ص ۱۷۳ طبع لکھنؤ ۱۲۹۷ھ توضیح عزا ص ۲۲۰)

جناب قاسم ابن الحسن کی روانگی اورارزق شامی کا حضرت عباسؑ کے متعلق سوال

حضرت عباسؑ کے بھائیوں اور بیٹوں کی شہادت کے بعد حضرت قاسم ابن الحسین چچا کی خدمت میں حاضر ہو کر عرض پرواز ہوئے چچا جان مجھے مرنے کی اجازت دیجئے۔آپ نے فرمایا بیٹا یہ کیسے ہو سکتا ہے عرض کہ چچا جان پھر کیسے ہو سکتا ہے۔کہ میں زندہ موجود ہوں ارشاد ہوا یاولدی التمشی بر جلک الی الموت، کیا بیٹے اپنے پیروں سے موت کی طرف جانا چاہتا ہے عرض کی حضور بے شک جانا چاہتا ہوں۔فرمایا اچھا جاؤ خدا حافظ پھر آپ نے انہیں سینے سے لگا لیا اور روانہ کر دیا۔آپ نے کمسنی کے باوجود میدان میں جاکر شاندار نبرد آزمائی کی اور بڑے بڑے بہادروں کے دانت کھٹے کر دیے آپ کے میدان میں پہنچنے کے بعد ارزق شامی سے کہا گیا جو ایک ہزار سواروں کے برابر سمجھا جاتا تھا کہ تو قاسم ابن الحسین کے مقابلہ میں جاکر جنگ کر ۔اس نے کہا کہ عباس ابن علی کہاں میں جب وہ آئیں۔تو مجھے ان کے مقابلہ کے لیے بھیجا جائے یہ تو چند سالوں کا لڑکا ہے میں اس کے مقابلہ میں جانا اپنی توہین سمجھتا ہوں الغرض جب آپ نے ۳۵۔۳۰ پیادوں اور پچاس سواروں کو قتل کیا تو ارزق شامی مقابل میں آگیا۔آپ نے فرمایا ۔اوہ ارزق مجھے لڑکا نہ سمجھ میں اس کا پوتا ہوں۔الغرض ارزق شامی سے تھوڑی دیر جنگی جھڑپ ہوتی رہی اس کے بعد اس ملعون کے سر کاکٹنا تھا کہ لشکر میں ہلچل مچ گئی۔دشمنوں کے دل چھوٹ گئے اور آپ کے طرف داروں نے ہمت افزائی کرنی شروع کی۔اس کے بعد قاسم پیاس سے بے چین ہو کر خیمہ کی طرف تشریف لے گئے اور حضرت امام حسینؑ کی خدمت میں عرض کی چچا جان۔ادر کنی بشربۃ من الماء مجھے تھوڑا پانی عنایت فرمایئے۔مصبرہ الحسین

واعطاہ خاتمہ۔امام حسین علیہ السلام نے صبر کی تلقین فرمائی اور اپنی انگوٹھی ان کے منہ میں دے کر فرمایا۔جاؤ بیٹا خدا حافظ ! آپ میدان میں پھر تشریف لائے دشمنوں نے چاروں طرف سے گھیر لیا۔تیر برسائے نیزے لگائے پینتیس تیر جسم میں چھبے اور شیبہ ابن سعد شامی نے ایک ایسا نیزہ پشت کی جانب سے لگایا جو سینے کے پار ہو گیا۔اور آپ زمین پر تشریف لائے اور خون پر تڑپنے لگے۔امام حسین علیہ السلام کو آواز دی اور ان کے پہنچنے سے پہلے زندگی ہی میں گھوڑوں کی ٹاپوں سے پامال کر دیئے گئے (دمعہ ساکبہ ص ۳۳۵ تاریخ احمدی ص ۲۸۶ بحوالہ تاریخ کامل مقتل ابی مخنف ص ۱۰۲ اشہید اعظم ص ۱۹۵ طبع دہلی شاہ یژب ص ۸۱ طبع لاہور)

حضرت عباسؑ اور جناب علی اکبرؑ میں سبقت شہادت کے لیے گفتگو

حضرت قاسم ابن الحسنؑ کی شہادت کے بعد حضرت عباس امام حسینؑ کی خدمت میں حاضر ہو کر اذن جہاد مانگنے لگے۔ بعض روایت میں ہے انہ لما قتل قاسم علیہ السلام ورای العباس ذالک وان وحن والی القاءربہ اشاق کہ جب حضرت قاسم ابن الحسنؑ درجہ شہادت پر فائز ہو چکے اور بدن نازنین اس ماہ جبین کا پامال سم اسپاں ہو چکا اور عباس بن علیؑ نے اس مصیبت عظیم کو بچشم خود ملاحظہ کیا۔بے انتہا روئے۔اور آہ سرد دل پر درد سے کھینچ کر آمادہ شہادت ہوئے نحمل الوایۃ وقال لاخیہ الحسین یا بن رسول اللہ ہل من رخصۃ فبکی الحسین وقال لہ یا اخی کیف اذن لک وانت حامل لوائی وملائۃ من عسکری اور علم سعادت تشیم لے کر حاضر خدمت حسینؑ ہوئے اور عرض کی مولا۔اب مجھے مرنے کی اجازت مرحمت فرمائیں امام حسینؑ نے

جواب دیا۔اے عباسؑ میں تمہیں کیوں کر اجازت دوں تم تو میرے علمبر دار اور میرے لشکر کی جان ہو۔ حضرت عباسؑ نے عرض کی میرے سر دار۔اب بہت دل تنگ ہو چکا ہوں ۔اب میں قربان ہی ہو جانا چاہتا ہوں۔ابھی دونوں بھائیوں میں گفتگو ہو ہی رہی تھی کہ حضرت علی اکبرؑ آگے روایت میں ہے۔لما قتل اصحاب الحسین کلھم ولم یبق منھم غیر العباس وعلی ابن الحسین کہ جب امام حسینؑ کے تمام اعزہ واقربا شہید ہو چکے اور حضرت عباسؑ اور علی اکبرؑ کے سوا کوئی باقی نہ رہا۔ تو حضرت عباسؑ اجازت جہاد لینے کے لیے حاضر ہوئے جناب علی اکبرؑ نے عرض کی چچا جان یہ نہیں ہو سکتا آپ میرے پدر بزرگوار کے قوت بازو اور علمدار لشکر ہیں یہ کیسے ہو سکتا ہے کہ آپ مجھ سے پہلے شہید ہو جائیں حضرت عباسؑ نے فرمایا آقازادے یہ درست ہے لیکن اب مجھ سے یہ نہیں ہو سکتا کہ میں تمہارا داغ اٹھاؤں اب تو یہی بہتر سمجھتا ہوں کہ میں جام شہادت سے سیراب ہو کر بابا جان کی خدمت میں سرخرد پہنچوں۔ علمدار لشکر اور شبیہ پیغمبرؑ کی گفتگو حضرت امام حسینؑ سن رہے ہیں اور خاموش کھڑے آنکھوں سے آنسو بہا رہے ہیں کہ ناگاہ حضرت عباسؑ آگے بڑھے اور کمال منت و سماجت سے رخصت چاہی۔ حضرت علی اکبرؑ سے کہا بیٹا! اب چچا کو ناراض نہ کرو۔اور حضرت عباسؑ کی طرف متوجہ ہو کر فرمایا۔ یا اخی قد کظنی العطش، بھیا پیاس مارے ڈالتی ہے اور بچوں کے جگر کباب ہو گئے ہیں تم سب سے پہلے پانی لاؤ۔ فرکض العباس الی غیم النساء فتنا ول منھا القربہ۔ حضرت عباسؑ خیمہ اہل حرم کی طرف روانہ ہوئے اور ایک مشکیزہ لے کر نہر فرات کی طرچل کھڑے ہوئے۔ مورخین کا بیان ہے۔ فرکب فرسہ واخذ رمحۃ و قصد نحو الفرات۔ حضرت عباسؑ مشک و علم لے کر گھوڑے پر سوار ہوئے۔اور فرات کی طرف روانہ ہو گئے(دمعہ ساکبہ ص ۳۳۷ بحار الانوار جلد۔ ناسخ التواریخ جلد ۶ مقتل ابی مخنف ارشاد

مفید۔ خلاصتہ المصائب ص ۱۰۶)

حضرت عباسؑ کی جانبازی اور شہادت

پیاسے بچوں کے لیے بھی تھے بڑی آس عباسؑ خالی کوزے لیے کہتے تھے کہ عباسؑ عباسؑ
(منظر بہاری)

الارشاد والعزا ترجمہ المواعظ وا لبکا ص ۱۲۴ میں ہے کہ حضرت محمد مصطفی ﷺ کا یہ حال تھا کہ کبھی امام حسین علیہ السلام کے خاص خاص مقامات کو بوسہ دیا کرتے تھے۔ اور روتے تھے۔ کبھی سرکار سید الشہداء کے سر کے مقام کو چومتے تھے۔ اور روتے تھے۔ کبھی آپ کے شکم اطہر کو برہنہ کر کے دل کے مقام کو بہت چومتے تھے۔ اور روتے تھے۔ ان چار اعضا پر خاص طور سے بوسہ دیتے تھے۔ بعض اوقات آپ کا چومنا کسی خاص اعضاء سے مخصوص نہ تھا۔ امام مظلوم علیہ السلام بچے تھے۔ ابھی پاؤں پر کھڑے نہ ہو سکے تھے۔ جناب امیر علیہ السلام کو حکم دیا کہ حسینؑ کو پکڑ رکھیں۔ اس وقت آپ تمام جسم کو چوم رہے تھے۔ اور رو رہے تھے۔ لوگوں نے عرض کی۔ آپ چومتے اور روتے کیوں ہیں؟ فرمایا ''اقبل مواضع السیوف'' میں تلوار کے ضربات کے مقامات کو چوم رہا ہوں۔ الخ کتاب قمر بنی ہاشم فارسی ص ۲۱ میں ہے کہ ایک دن جناب ام البنین نے حضرت علی علیہ السلام کو دیکھا کہ حضرت اپنے زانو پر حضرت عباسؑ کو بٹھائے ہوئے ان ہاتھ اور کلائیوں کو بوسہ دے رہے ہیں۔ اور ساتھ ہی ساتھ روتے جارہتے ہیں۔ ام البنین نے یہ نرالی حالت دیکھ کہ حضرت علیؑ سے پوچھا کہ حضورؑ میں نے کسی باپ کو اپنے بیٹے اس سے طرح پیار کرتے نہیں دیکھا آپ یہ

کیا کر رہے ہیں۔ اور اس سبب کیا ہے۔ حضرت علی علیہ السلام نے واقعہ کربلا کی طرف اشارہ کرتے ہوئے قدرے حالات پر روشنی ڈال دی۔ اور کہا اے ام البنینؑ نصرت حسین میں ان کے دونوں ہاتھ کاٹے جائیں گے۔ یہ سننا تھا کہ ام البنین چیخ مار کر روئیں اور ان کے ساتھ وہ سب لوگ رونے لگے۔ جو گھر میں موجود تھے۔ پھر حضرت علیؑ نے کہا اے ام البنین ! تم کو معلوم ہونا چاہیے کہ عباسؑ کے اس عمل مواسات کی وجہ سے خدا نہیں بڑا درجہ دے گا۔ اے ام البنین انہیں خدا دونوں ہاتھوں کے عوض ملائکہ کے ساتھ جنت میں پرواز کے لیے اسی طرح دو پر دے گا۔ جس طرح جعفر طیار شہید موتہ کے لیے عطا ہوئے ہیں ۔ دراصل یہ دونوں بزرگوں کی عملی پیشین گوئیاں اپنے بیٹوں کے بارے میں سچے خواب کی تعبیریں بن کر کربلا کے چٹیل میدان میں ظاہر ہو رہی ہیں۔ عاشورہ کا دن ہیں۔ آج امام حسینؑ کا جسم بھی تیروں، تلواروں اور نیزوں کی نذر ہو گا۔ اور حضرت عباسؑ کا جسم بھی تیروں، تلواروں اور نیزوں کی مہمان نوازی کرے گا۔ اب دن ڈھلنے کے قریب ہے ۔ حضرت عباسؑ بن علی علمدار کربلا اصحاب حسینؑ، اعزہ واقربا اور اپنے بھائیوں بیٹوں وغیرہ ہم کی شہادت سے حد درجہ متاثر ہو کر سید الشہداء کی خدمت میں حاضر ہو رہے ہیں۔ لیجئے آپ آگئے اور حضرت امام حسین علیہ السلام کی بارگاہ میں دست بستہ عرض پرداز ہیں۔ "یا اخی هل من رخصة" میرے برادر بجان برابر، انت صاحب لوائی واذ مضیت تفرق عسکری "تم میرے لشکر کے علمبر دار ہو۔ اگر تم ہم سے چلے گئے ۔ تو ہمارا لشکر ختم ہو جائے گا۔ حضرت عباسؑ نے دست بستہ عرض کی ۔ حضور یہ سب سچ ہے ۔ لیکن کیا کروں ۔ "لقد ضاق صدری وسمعت من الحیواۃ" اب اس دنیا اور زندگانی دنیا سے دل بہت ہی تنگ ہو گیا ہے۔ اب تو صرف یہی جی چاہتا ہے کہ ان دشمنان خدا اور رسولؐ سے جوانان بنی ہاشم اور

اصحاب باصفا کے خون کا بدلہ لے کر آپ پر قربان ہو جاؤں۔ صاحب ناسخ لکھتے ہیں کہ حصول اذن میں حضرت عباسؑ نے امام حسینؑ کی بڑی خوشامد کی۔ حضرت امام حسین علیہ السلام نے فرمایا کہ اے بھائی! اگر اب تم ہم سے ہی جدا ہونا چاہتے ہو تو۔ ''فاطلب لھٰوء الا طفال قلیلًا من الماءً'' ان دل جلے رسول اسلام کے بچوں کی خاطر ایک دفعہ پانی پھر سعی کرو۔ حضرت عباس مشک و علم لے کر ''سمعاً وطاعۃً'' کہتے ہوئے دشمنان اسلام کی جانکلے اور ان سے حصول آب کی ہر ممکن سعی کی۔آپ نے وعظ بھی فرمایا اور انہیں ڈرایا بھی مگر (ع) '' نرد د مفچ آہنی در سنگ '' پتھر میں جونک نہ لگی۔اور سنگدل نہ پسیجے۔ جب آپ وعظ موعظہ فرما کر مایوس واپس آئے۔ تو حضرت امام حسینؑ نے فرمایا کہ بھیا اب تمام حجت کے لیے میرا آخری پیغام اس لشکر بے ہنگام تک پہنچا دو۔ (دمعہ ساکبہ ص ۳۳۷ بحار الانوار جلد ۱۰ ص ۲۲۳، ناسخ التواریخ جلد ۶ ص ۲۹۰ ابصار العین ص ۱۰۴ محتاج الدموع ص ۳۲۷ طبع قم)

حضرت عباسؑ کے ذریعہ سے امام حسینؑ کا آخری پیغام

امام حسینؑ کے حسب الحکم حضرت عباس علیہ السلام پھر میدان قتال کی طرف روانہ ہوئے اور وہاں پہنچ کر بروایت زہیر '' فنادی باعلی موتہ کانہ صوت امیر المومنینؑ '' آپ نے حضرت علیؑ کی آواز سے دشمنوں کو پکار کر کہا کہ فرزند رسول الثقلین حضرت امام حسین علیہ السلام نے میرے ذریعہ سے اتمام حجت کے لیے یہ آخری پیغام بھیجا ہے۔ اسے غور سے سنو اور اس پر عمل کرنے کی کوشش کرو۔ تمہیں خدا اور رسولؐ کو منہ دکھانا ہے دیکھو وہ فرماتے ہیں۔ دعونی اخرج الی طرف الروم والھند داخلی رکم الحجاز والعرق'' مجھے چھوڑ دو میں تمہارے

WILAYAT MISSION PUBLICATIONS

حدود مملکت سے نکل کر روم یا ہندوستان کی طرف چلا جاؤں اور تمہارے پھیلنے کے لیے حجاز اور عراق کو ہمیشہ کے لیے خالی کر دوں۔ آقائے دربندی لکھتے ہیں کہ حضرت عباسؑ نے یہ بھی فرمایا کہ عہدے نمایم کہ در روز قیامت مخاصمہ نکنم نزد خدائے تعالی میں اس کا وعدہ کرتا ہوں کہ قیامت کے دن خدا کی بارگاہ میں تم سے تعارض نہ کروں گا۔(جواہر الایقان ص۲۰۴ و مہیج الاحزان ص۱۶۳ و مخزن البکاء مجلس ۸ تحفہ حسینیہ ص۱۷۸، معراج الشہادت ص۱۱) روضتہ الاحباب میں ہے کہ جب حضرت عباسؑ علمدار میدان جنگ میں پہنچے تو انہوں نے گھوڑے کو روک لیا اور دشمنوں سے مخاطبہ کر کے کہا کہ اے قوم! فرزند رسول خدا فرماتے ہیں۔ کہ میرے بھائیوں اور خواہوں کو تم نے قتل کر ڈالا۔ اب کم از کم اتنا کرو کہ ہم کو تھوڑا پانی دے دو۔ تا کہ بچے اور عورتیں شدت تشنگی سے ہلاک نہ ہوں اور اگر پانی بھی نہ دو تو راستہ دے دو۔ کہ میں اپنے پسماندگان کو لے کر بلا د روم یا ہند کی طرف چلا جاؤں۔ حضرت عباسؑ کا یہ پر درد کلام سن کر بعض تو خاموش رہے۔ اور اکثر زار زار رونے لگے۔ لیکن شمر ابن ذی الجوشن اور شیث ابن ربعی نے سامنے آکر کہا کہ اے علیؑ کے بیٹے جا کر اپنے بھائی سے کہو کہ اگر تمام روئے زمین پانی ہو کر ہمارے تصرف میں آجائے تب بھی ہم اس میں سے ایک قطرہ تم کو اس وقت تک نہ دیں گے۔ جب تک تم یزید کی بیعت نہ کرو گے۔ حضرت عباسؑ دشمنوں پر نفرین کرتے ہوئے واپس آئے۔ اور جو کچھ شمر و غیرہ نے کہا تھا۔ اس کو انہوں نے امام حسینؑ کی خدمت میں عرض کیا۔ امام حسینؑ نے فرط غم اپنا سر جھکا لیا (تاریخ احمدی ص ۲۸۰) علامہ مجلسی فرماتے ہیں کہ اسی قسم کے اہم واقعات سے متاثر ہو کر امام حسینؑ نے فرمایا تھا "اللھم سلط علیھم غلام ثقیف یسقیھم کاساً مصبرة" خدایا ان پر بنی ثقیف کے ایک شخص (مختار ابن ابی عبید ثقفی) کو مسلط کر کہ وہ ہمارا بدلہ لیتے ہوئے

انہیں تلخ جام پلائے (الد مع التہون ترجمہ جلاء العیون جلد ۲ ص ۴۶۹ باب ۵ فصل نمبر ۱۴ طبع ایران و دمعہ ساکبہ ص ۳۲۸ بحوالہ بحار الانوار) علامہ کنتوری لکھتے ہیں کہ دعا خالی نہ گئی۔ اور مختار نے تھوڑے ہی عرصہ میں شہیدائے کربلا کا اپنی بساط بھر بدلہ لیا۔ اور آپ کے ساتھ ان لوگوں نے بھی فریضہ حمایت ادا کر لیا جو علالت کی وجہ سے حاضر کربلا نہ ہو سکے تھے۔ جیسے محمد حنفیہ انہوں نے واقعہ شہادت کے بعد مدینہ کو خیر باد کہہ کر جنگل بسا لیا تھا۔ جب مختار نے خروج کیا تو یہ ان کے ساتھ نمودار ہوئے (مائتین ص ۸۰۳)

حضرت عباسؑ اور امام حسینؑ کا ایک ساتھ میدان میں جانا

الغرض حضرت عباس علیہ السلام نے امام حسینؑ کے پیغام کا جواب سنایا اور آپ انتہائی رنج کی وجہ سے سر جھکا کر خاموش کھڑے ہوئے تھے۔ اور حضرت عباسؑ آپ کے سامنے تھے کہ ناگاہ خیمہ سے العطش العطش کی صدا بلند ہوئی۔ یہ ایسی آواز تھی جس نے امام حسینؑ اور حضرت عباسؑ پر اتنا گہرا اثر کیا کہ دونوں نہر فرات کی طرف دوڑ پڑے۔ مورخین لکھتے ہیں " فوکب السماء یرید الفرات و بین یدیہ اخواہ العباس" امام حسین علیہ السلام مسنات یعنی اس نافہ رسولؐ پر سوار ہو کر چلے۔۔۔۔ جو آپ کے پاس موجود تھا (شرح ارشاد مفید ص ۳۸۵ و ناسخ جلد ۲ ص ۲۶۹) اور آپ کی روانگی اس طرح ہوئی کہ آپ کا جاں نثار برادر آپ کے آگے آگے تھا۔ غرضیکہ امام حسینؑ نہایت تیزی سے نہر فرات کی طرف چلے۔ " فاعترضہ خیل ابن سعد و فیھم رجل من بنی دارم " یہ دیکھ کر ابن سعد کا لشکر آپ کو روکنے کے لیے بڑھا۔ اس لشکر میں ایک شخص بنی دارم کا تھا۔ جس نے پکار کر کہا۔ لوگو دیکھتے ہو۔ پانی اور

حسینؑ کے درمیان حائل ہو جاؤ۔ " ولا تمکنوہ من المائ "اور انہیں پانی نہ لینے دو۔امام حسینؑ نے فرمایا" اللھم اظماہ" خدایا اسے پیاس کا مزہ چکھا۔یہ سن کر اس نے ایک تیر آپ کی طرف رہا کیا۔جو آپ گلوئے مبارک پر لگا۔آپ نے اسے نکال کر پھینک دیا۔اور گلے کے نیچے چلو لگایا۔جب وہ خون سے بھر گیا۔تو خون کو بھی زمین پر پھینک دیا۔اس کے بعد فرمایا پالنے والا تو دیکھتا جا۔میرے ساتھ کیا کیا ہو رہا ہے۔اس کے بعد آپ واپس آئے۔اور اب آپ کی پیاس بہت بڑھ چکی تھی ۔(اعلام الوریٰ ص۱۴۶ طبع ایران و لہوف ص۳۴۵ طبع ایران ،تاریخ ابو الفدا جلد ا ص۱۹۱ طبع مصر)علامہ محمد باقر قائنی خراسانی بحوالہ روضۃ الصفا لکھتے ہیں کہ حضرت امام حسینؑ جس طرف حملہ کرتے تھے۔عباسؑ آپ کے آگے آگے حملہ آور ہوتے تھے۔(کبریت احمر ص۹۴ طبع ایران ۱۳۴۳ھ)

حضرت عباسؑ کی مارو ابن صدیف تغلبی سے جنگ

تیر لگنے کے بعد حضرت امام حسین علیہ السلام خیمہ کو واپس تشریف لے گئے۔اور حضرت عباسؑ جو پانی لانے ہی کے قصد سے روانہ ہوئے تھے۔آگے بڑھتے چلے گئے۔دشمن اگرچہ آپ کو گھیرے ہوئے تھے۔لیکن آپ کی پیش قدمی نہ رکی۔آپ کشتوں کے پشتے لگاتے ہوئے کافی دور نکل گئے۔اور آگے بڑھ کر یہ رجز پڑھا ہم نسل ہاشمی کے وہ جلیل القدر لوگ ہیں۔جو چمکدار اور تیز تلواروں سے تمارے خون بہانے کے لیے پیدا کیے گئے ہیں۔اے کمینو اور رذیلو اور بکریاں چرانے والوں کی اولاد۔خدا تمھیں غارت کرے۔اے جد نامدار ! کاش آپ پر ہم پر نازل ہونے والے مصائب کو ملاحظہ فرماتے۔اے بہترین گروہ جو مقام غا

FAZAIL AL HZ ABBAS (AS)

ضربہ میں اپنی جان عزیز پر کھیل گئے۔ تلواروں کے سایہ میں موت کا آنا بڑی کرامت ہے ۔ خصوصاً ایسی صورت میں جبکہ جنت میں جانے کا یقین کامل ہو۔اے مرنے والو! دنیا اور لذات دنیا پر تاسف نہ کرنا کیونکہ گناہوں کا بخشا جانا یہ بڑی بات ہے۔اور ہمارے جد شفیع محشر ہیں۔ان اشعار کے پڑھنے میں لشکر مخالف آپ پر ٹوٹ پڑا۔آپ نے شجاعت علویہ کے جوہر دکھائے۔ بڑے بڑے بہادر فنا اور گھاٹ اتر گئے۔مارو بن صدیف تغلبی نے جو بہادری کا یہ رنگ دیکھا تو جھنجھلا کر کہنے لگا کہ تمہیں کیا ہو گیا ہے اور تم لوگ کیا کر رہے ہو۔ارے ایک بہادر سارے لشکر کو قتل کیئے ڈالتا ہے۔ اگر تم اس کے اوپر ایک ایک مٹھی خاک ڈالو۔ تو یہ اسی میں دب کر اسی وقت مر جائے مگر افسوس تمہاری کچھ بنائے نہیں بنتی اس کے بعد باآواز بلند چیخ کر بولا ایہاالناس میں کہتا ہوں۔۔۔۔ کہ جس کے گلے میں بیعت یزید کا طوق ہے۔اور جو اس کے احاطہ بیعت میں موجود ہے۔ فوراً اس لشکر سے الگ ہو جائے کیونکہ میں تن تنہا اس نوجوان کے لیے کافی ہوں۔ جس نے بڑے بڑے ناموران لشکر کو فنا کر ڈالا ہے ۔جب یہ متکبرانہ آواز شمر بن ذی الجوشن کے کانوں تک پہنچی تو اس نے فوراً کہا کہ اچھا تو ہی لڑ ہم لوگ ہٹے جاتے ہیں۔اور جنگاہ میں سے اپنا قدم سرکائے لیتے ہیں۔اور یزید کو سارے واقعہ کی خبر کیے دیتے ہیں۔اس کے بعد شمر نے اپنے لشکریوں کو حکم دیا کہ وہ لوگ فوراً الگ ہو جائیں۔یہ حکم پاتے ہی سارے لشکر والے پہلو تہی کر کے بیٹھ رہے اور دور سے تماشا دیکھنے لگے۔مارو ابن صدیف فیل مست کی طرح جھومتا ہوا حضرت عباس علیہ السلام کی طرف تن تنہا چلا اس کے بدن نجس پر آہنی زرہ اور سر پر فولادی خود تھا اور ایک اسپ اشقر پر سوار تھا۔اور اس کے ہاتھ میں ایک نہایت ہی لمبا نیزہ تھا۔ حضرت عباس علیہ السلام نے جب یہ ملاحظ فرمایا کہ مارو تن تنہا آرہا ہے ۔آپ فوراً اس کی طرف بڑھے اور اس سے بالکل متصل

ہو گئے۔ وہ غصے کا مارا فوراً چلا کر بولا کہ اے نوجوان خیریت اسی میں ہے کہ تو اپنے ہاتھ سے تلوار پھینک دے اور فن سپہگری کے رموز کو ظاہر کر۔ وہ لوگ جو پہلے لڑنے آئے تھے۔ وہ سب نہایت ہی سست اور تیرے اوپر رحم کرنے والے تھے۔ لیکن میں ایسا شخص ہوں کہ خدا وند عالم نے میری اصل خلقت سے نرمی اور خدا ترسی کو نکال ڈالا ہے۔ اور اس کے عوض میں شقاوت اور عداوت میرے اندر کوٹ کر بھری ہے۔ اے نوجوان (عباس) یاد رکھ کہ میں وہ ہوں کہ جس پر حملہ آور ہوا اس کو ذلیل کر چھوڑا۔ جس پر تلوار اٹھائی اس کو فنا کر ڈالا۔ اب تیری جوانی اور ملاحت پر جب نظر کرتا ہوں طبیعت میں نرمی دوڑ جاتی ہے۔ میں نہیں چاہتا کہ تجھے تہہ تیغ کر ڈالوں۔ لہٰذا میں تجھ سے کہتا ہوں کہ تو رزم گاہ میں زمین کو دم بھر میں چھوڑ دے۔ اور یہاں سے چلا جا۔ اور اپنے اچھے خاصے نفس کو ضائع و برباد نہ کر۔ دیکھ (عقل منداں را اشارہ کافی است) عقل مندوں کے لیے اشارہ کافی ہے۔ یعنی ابھی کہہ رہا ہوں کہ چلا جا۔ اگر عقل سے کام لیا تو تو بچ جائے گا۔ ورنہ تیرا بچنا بہت ہی دشوار ہے۔ اے نوجوان آج سے قبل میں نے کبھی رحم استعمال نہیں کیا ہے۔

حضرت عباسؑ کے متعلق مارد کے اشعار

اس کے بعد مارد ابن صدیف نے حسب ذیل اشعار کو (اپنے زعم ناقص میں) حضرت کے لیے نصیحتہً پڑھا:۔ (اے عباس ابن علیؑ) میں تم کو کاٹنے والی تلوار کی ضرب سے ڈرا کر نصیحت کرتا ہوں اگر تم میری نصیحت قبول کر لو گے۔ (تو اچھے رہو گے) ابتدائے زمانہ سے آج تک تمہارے علاوہ کسی جوان پر میرا قلب نرم نہیں ہوا۔ (دیکھو) میرے اس قول کو کان

دھر کے سنو۔ دیکھو میں تم کو اطاعت کی نصیحت کرتا ہوں۔ اگر طوق اطاعت گردن میں ڈال لو گے۔ تو بڑے مزے کی زندگی بسر ہو گی نہیں تو میں تم کو سخت اور ضروری الوقوع غذا کا مزہ چکھا دوں گا۔ حضرت عباس علیہ السلام نے ان اشعار کے سنتے ہی کہنا شروع کر دیا کہ اے دشمن خدا جو کچھ تو نے کہا ہے۔ میں نے گوش ظاہر سے سنا۔ مگر تیری محبت بیکار ہیں۔ میں تیری اطاعت کر لوں۔ یہ ناممکن ہے۔ ارے ملعون تو مجھے اپنے سے ڈراتا ہے۔ حالانکہ خدا سے ڈرنے والا کسی اور سے ہرگز نہیں ڈر سکتا۔ میں علی علیہ السلام کا فرزند اور حسینؑ کا بھائی اور غلام ہوں۔ ان کے قدموں پر اپنی جانثاری کو عین اطاعت خدا اور رسولؐ سمجھتا ہوں اور یقیناً ان کی اطاعت عین خدا اور سولؐ کی اطاعت ہے پھر میں تجھ سے ڈروں (لا حولا ولا قوۃ الا باللہ) اے ملعون تو جانتا ہے کہ میں شجر رسالت کی ایک شاخ ہوں۔ اور جو ایسا ہو ظاہر ہے۔ اس کا توکل خدا پر کتنا ہو گا۔ ارے وہ شخص برائیوں سے کیسے متصف ہو سکتا ہے۔ اور اطاعت غیر میں داخل ہو سکتا ہے۔ جو رسول اللہؐ کا خاص قرابت دار ہو۔ اور جبکہ میرے پدر علیؑ ابن ابی طالب ہیں۔ تو میں کیسے تلوار کی موت سے ڈر سکتا ہوں۔ تجھے معلوم ہے کہ میں کسی کافر اور غاور سے خوف نہیں کھاتا اور نہ میں خداد کے حکم کے خلاف کچھ کر سکتا ہوں اے کافر میں خاندان رسالت کا ایک فرزند ہوں۔ اگر تجھ کو یہ خیال ہے کہ میں تیری اطاعت کر لوں گا۔ تو یہ بالکل غیر ممکن اور محال ہے۔ میں ہرگز ایسا شخص نہیں ہوں کہ موت سے خوف کروں۔ اور موت احمر سے ڈروں۔ اور میں خوب جانتا ہوں کہ جنت دنیا سے بہت ہی بہتر ہے اور تجھ کو یہ بھی معلوم ہے کہ بعض کم سن اکثر مسن سے بہتر ہوتے ہیں۔ علامہ دربندی لکھتے ہیں کہ حضرت عباس علیہ السلام نے اس وقت اسی کے رد دیف و

WILAYAT MISSION PUBLICATIONS

نہیں سکتا۔ تومت گھبرا ہر چیز گھبرا ہر چیز فنا ہونے والی ہے اور مجھ جیسا بہادر کبھی گھبراتا نہیں ۔ اگر زمانہ نے ہم پر تیر چلائے اور ہماری جماعت کو منتشر کر دیا۔ اور زمانہ میں ایسے واقعات بہت ہوئے ہیں کہ نوجوان نے تجربہ کاروں کو موت کے گھاٹ اتار دیا۔ جب مارد نے اس کلام بلاغت نظام کو سنا تو متل عقاب شکستہ بازو ابن حیدر علیہ السلام کی طرف ان کے قتل کو آسان تصور کرتے ہوئے نہایت ہی تیزی سے جھپٹا۔ حضرت عباس علیہ السلام نے اس کے آنے سے کوئی ہراس نہ کیا۔ اور اس ملعون کو حملہ کی صورت میں اپنی طرف نہ روکا۔ وہ اپنی دلیری سکے اثبات کے لیے اتنا بڑھا کہ حضرت عباسؑ کی لمبی سنان کے بالکل قریب آ گیا فن سپہ گری کے ماہر حضرت عباس علیہ السلام نے فوراً اپنے زوردار ہاتھ کو بڑھا کر نیزہ کی انی کو تھام کر اس زور سے جھٹکا دیا کہ قریب تھا کہ مارد منہ کے بل گر پڑے۔ اس جھٹکے کا نتیجہ یہ ہوا کہ مارد نے گھبرا کر نیزہ کو ہاتھ سے چھوڑ دیا اور حضرت عباس علیہ السلام نے اس پر قبضہ کر لیا۔ { چھن گیا مارد مر دو کا بھالا دیکھو } یہ ایک ایسا واقعہ تھا کہ مارد کو آب آب ہونا پڑا۔ اور تکبر کا نہایت تلخ مزہ چکھنا پڑا۔ حضرت عباس علیہ السلام نے اسی ملعون کے نیزہ کو اس کی طرف بڑھا کر نہایت شدت کے ساتھ حملہ کیا اور فرمایا کہ اے ملعون میں چاہتا ہوں کہ تجھ کو اس تیرے ہی نیزے سے دم بھر میں بیدم کر دوں ۔ اور موت کے جام سے سیراب کر کے ہمیشہ کے لیے میٹھی نیند سلا دوں۔ مارد مارتے خوف کے کانپنے لگا۔ حضرت عباس علیہ السلام نے اس کی اضطراب آگیں کفیت کا پتہ چلا کر گھوڑے کی ساق کا ایک نیزہ مارا۔ گھوڑا فوراً الف ہو گیا۔ اور وہ ملعون جسم بے روح کی طرح زمین پر آ گرا۔ چونکہ وہ ملعون نہایت ہی موٹا تھا۔ اس لیے وہ حضرت عباس علیہ السلام سے پیدل جنگ آزمانہ ہو سکا۔ سچ تو یہ ہے کہ زمین گرتے ہی اس کا سارا بدن خوف کے مارے پھول گیا۔ اور وہ اس لائق نہ رہا کہ آپ سے

پیدل مقابلہ کرے۔ لشکر کے کسی زبردست بہادر کی شکست پر یوں ہی ایک اضطراب پیدا ہو جاتا ہے۔ پھر جب ایسا بہادر جو اپنی آپ نظیر سمجھا جاتا ہو۔ اس کی شکست پر سارا لشکر کیونکر اضطراب پذیر نہ ہو۔ اس کے گرنے کا نتیجہ یہ ہوا کہ صفوف لشکر میں ہلچل مچ گئی۔ شمر ملعون نے بے تابانہ لشکر مارد کو پکارا کہ ارے غضب ہو گیا۔ مارد خود سر زمین پر گر پڑا ہے۔ تم لوگ فوراً کمک میں پہنچو۔ اور ایک دوسرا گھوڑا فوراً اس کی خدمت میں حاضر کر دو یہ سنتے ہی فوراً ایک حبشی غلام صارفہ نامی ایک گھوڑا لے کر حاضر ہوا۔ جس کا نام طاویہ تھا۔ جو تیز روی میں ہوا سے چار قدم آگے ہی رہتا تھا۔ مارد کی نظر جب غلام حبشی پر پڑی اور اس نے دیکھا کہ صارفہ طاویہ کو لیے ہوئے آرہا ہے۔ فوراً چیخا کہ اے غلام موت آنے سے پہلے تو طاویہ کو مجھ تک پہنچا دے۔ غلام گھوڑا لے کر تیزی سے اس کی طرف بڑھا اور چاہا کہ کسی طرح جلد سے جلد طاویہ کو مارد تک پہنچا دے تا کہ وہ اس پر سوار ہو کر مقابلہ کر سکے۔

طاویہ پر حضرت عباس کی سواری

حضرت عباس علیہ السلام نے جب صارفہ کو دیکھا کہ وہ طاویہ کو لیے ہوئے نہایت ہی تیزی سے آرہا ہے تو فوراً اس کی طرف بڑھ کر غلام کی گردن پر ایک پر زور نیزہ لگایا وہ منہ کے بل زمین پر گر پڑا۔ اور اپنے خون میں لوٹنے لگا۔ آپ نے اپنے گھوڑے کو چھوڑ کر فوراً طاویہ پر سواری کی۔ اور تمام صفوف لشکر کو چیرتے ہوئے اپنے بھائی حضرت امام حسین علیہ السلام کی خدمت میں حاضر ہوئے جب مارد نے حضرت عباس علیہ السلام کی اس دلیری کا مطالعہ کیا۔ تو فوراً گھبرا کر تھرائی ہو آواز سے لشکر والوں کو پکارتے ہوئے کہا کہ ہائے عباسؑ میرے ہی

گھوڑے پر سوار ہو گئے ہیں اور مجھے یقین ہے کہ مجھ کو میرے ہی نیزہ سے فنا کریں گے شمر ملعون نے جب یہ آواز سنی۔ فوراً آپ کی طرف بڑھا۔ اور اس کے ساتھ ساتھ مسنان بن انس نخعی اور خولی بن یزید اصبحی اور جمیل بن مالک حجازی چلے اور ان لوگوں کے عقب میں سارا لشکر چلا۔ سب نے اپنے گھوڑوں کی باگیں اٹھائیں اور تلواریں برہنہ کرلیں۔ حضرت عباس علیہ السلام نے جب یہ ماجرا دیکھا۔ اپنے بھائی امام حسین علیہ السلام سے فرمایا کہ اے بھیا! ان دشمنان خدا اور رسولؐ کو دیکھتے ہیں یہ آپ پر حملہ آوار ہونا چاہتے ہیں۔ ابھی حضرت عباسؑ کا کلام ختم بھی نہ ہوا تھا کہ لشکر نہایت ہی تیزی سے امام حسین علیہ السلام کے قریب آگیا ۔ حضرت عباسؑ نے یہ ماجرا دیکھتے ہی فوراً مارو کی طرف جانے کی ٹھان لی۔ اور اس کے پاس جا کر آپ نے فرمایا کہ میں تجھے اس چیز کا مزہ کیوں نہ چکھادوں۔ جو تجھے جہنم کی یاد دلادے گی ۔ یہ کہہ کر آپ نے اس کے ہاتھوں پر ایک زبردست وار کیا۔ اس کے دونوں ہاتھ بالکل بیکار ہو گئے۔ آپ نے اس کے دوسرے نیزے پر بھی قبضہ کرلیا۔

حضرت عباسؑ کی غلامی کا اقرار

جب مارد نے اپنے قتل ہونے کا یقین کرلیا۔ تو فوراً حضرت عباس علیہ السلام کی خدمت میں عرض کرنے لگا۔ کہ اے عباس علیہ السلام (خدا کے لیے مجھ کو چھوڑ دو) میں آج سے آپ کا غلام ہوں۔ حضرت عباس علیہ السلام نے فرمایا کہ میں تجھ ایسے غلام کو لے کر کیا کروں گا ۔ اس کے بعد آپ نے ایک نیزا اس کے کان پر ایسا لگایا کہ وہ وار پار ہو گیا۔ پھر آپ نے اور لشکر والوں نے شیرانہ حملہ کر کے طاویہ کو کاوادیتے ہوئے ڈہائی سو سواروں کو فنا کے گھاٹ

اتار دیا۔اور اس سے قبل پانسو بیس دشمنوں کو قتل کر چکے تھے۔لہذا سارا لشکر خوف سے درہم برہم ہو گیا۔اور سب جی چھوڑ کر بھاگ نکلے۔کیا کہنا حضرت عباس علیہ السلام کی زبردست فتح ہوئی۔اور کیوں نہ ہوتی اگر ادھر مارد شیطانی لباس میں تھا۔تو ادھر فخر آدم اور بنی آدم حضرت عباس علیہ السلام حفاظت ربانی میں تھے۔دشمن اگر قویست نگہبان قوی تراست وہ ان کی حفاظت میں لگا ہوا تھا حفظا من کل شیطان مارد۔خدا کا قول آپ کے معین تھا۔

اسی دوران میں حضرت امام حسین علیہ السلام نے حضرت عباس علیہ السلام نے فرمایا کہ بھائی اب تم ٹھہر جاؤ۔اب تمہارے عوض میں لڑوں۔حضرت عباسؑ نے فرمایا کہ بھیا حکم خدا سے مفر نہیں اور نہ گریز ہو سکتا ہے یہ کہہ کر آپ پھر لڑنے لگے اور سارے لشکر کو بہت دور کر کے اپنے برادر شفیق حضرت امام حسین علیہ السلام کی تلاش میں مصروف ہو گئے۔

شمر کی زبانی طاویہ کی ہسٹری: اتنے میں شمر پکار اٹھا کہ یابن علی ابن ابی طالب آج تم نے مارد سے طاویہ کو واپس لے لیا۔اے عباسؑ یہ وہی گھوڑا ہے جو مدائن میں تمہارے بھائی امام حسن علیہ السلام سے چھین لیا گیا تھا۔یہ سن کر حضرت عباس علیہ السلام اسی گھوڑے پر سوار ہو کر حضرت امام حسین علیہ السلام کی خدمت میں پہنچے اور شمر کے قول کو نقل کر دیا حضرت امام حسینؑ نے فرمایا کہ ہاں۔یہ وہی طاویہ جو ملک (رے) کے حاکم کی سواری کا خاص گھوڑا تھا ۔جس کو تمہارے پدر بزرگوار نے تمہارے بڑے بھائی امام حسن علیہ السلام کو دیا تھا۔اور اس گھوڑے کر بزمانہ قیام مدائن دشمنوں نے لے لیا تھا۔

حضرت عباس علیہ السلام نے امام حسین علیہ السلام کی خدمت میں پہنچ کر شمر کے کلام کو دہرایا تو حضرت نے فرمایا کہ ہاں یہ طاویہ ملک رے کے بادشاہ کا تھا جب تمہارے باپ نے

اس کو قتل کیا تو تمہارے بڑے بھائی امام حسنؑ کے حوالے کیا جو قیام مدائن کے زمانہ میں لے لیا گیا تھا۔ جب طاویہ امام حسین علیہ السلام کی خدمت میں بابرکت میں پہنچا تو اپنے سر کو حضرت کے دامن مبارک سے اس طرح ملتا ہے جس طرح ہر وقت کا موجود جانور اپنے آقا کے دامن سے ملے یعنی طاویہ اپنے سر کو دامن امام حسین علیہ السلام سے مل کر اپنی دیرینہ محبت کا ثبوت دیتا تھا۔ اور گویا زبان حال سے نہایت خوشی کے عالم میں کہہ رہا تھا۔ کہ حق بحقدار رسید، (نور العین فیشهد الحسین از ص ۳۸ تا ص ۴۱ طبع مصر اسرار الشہادت علامہ در بندی ص ۳۱۹ و ص ۳۲۰ طبع ایران شہید اعظم جلد ۲ ص ۱۸۱ طبع بنارس ۱۹۱۴ء مائتین ص ۴۶۹ جواہر الایقان ص ۴۰۶ مجمع النورین ص ۱۴۷ مجلسی ص ۲۴ طبع ایران کبریت احمر ص ۲۷)

ساباط مدائن کا واقعہ

مقام ساباط ! مدینہ میں واقعہ ہے یہیں حضرت امام حسنؑ سے طاویہ چھینا گیا تھا یا لوٹا گیا تھا ۔اس کا واقعہ یہ ہے کہ ۴۰ ھ میں حضرت علیؑ کے انتقال کے بعد آپ خلیفہ وقت ہوئے ۔ عراق، ایران، خراسان، یمن، وغیرہ نے آپ کی خلافت تسلیم کر لی۔ چالیس ہزار آدمیوں نے آپ کی ہر مہم میں ساتھ دینے کی بیعت کی۔ معاویہ جو حضرت علیؑ سے جنگ کرتا رہا اور جس نے بقول خواجہ حسن نظامی دہلوی، حضرت علیؑ کو ابن ملجم کے ہاتھوں شہید کروایا اس سے یہ نہ دیکھا گیا کہ حضرت امام حسنؑ خلیفہ رہیں۔ چنانچہ وہ چھ ہزار پر مشتمل فوج لے کر مقام مسکن میں اترا جو بغداد سے ۱۰ فرسخ تکریت کی جانب ادانا کے قریب واقع ہے امام

FAZAIL AL HZ ABBAS (AS)

حسنؑ دفاع کے لیے تیار ہوئے اور اپنی فوج لے کر کوفہ سے ساباط مدائن میں آگئے اور معاویہ کی پیش قدمی روکنے کے لیے قیس ابن سعد کی ماتحتی میں بارہ ہزار فوج روانہ کی۔ انتظامات مکمل تھے معاویہ نے اس موقعہ پر ایک فریب کیا۔ کہ امام حسنؑ کے لشکر میں یہ مشہور کرادیا کہ سپہ سالار قیس ابن سعد نے معاویہ سے صلح کرلی۔ اور قیس کے لشکر میں اس بات کی شہرت دے دی۔ کہ امام حسنؑ نے صلح کرلی معاویہ کا جادو چل گیا۔ امام حسنؑ کی فوج میں بغاوت ہوگئی فوجی آپ کے خیمہ پر ٹوٹ پڑے آپ کا کل مال واسباب لوٹ لیا۔ آپ کے نیچے سے مصلی تک گھسیٹ لیا۔ دوش پر سے ردا بھی اتار لی۔ بعض گمراہوں نے معاویہ سے سازش کرلی۔ اور رشوتیں لے کر قصد کیا کہ امام حسنؑ کو معاویہ کے سپرد کردیں آپ وہاں سے مدائن کے گورنر سعد کی طرف چلے۔ راستے میں ایک خارجی نے زانوئے اقدس پر ایک خنجر مار دیا جو بقول شیخ مفید دو برس میں اچھا ہوا۔ امام علیہ السلام نے چھ یا سات ماہ خلافت ظاہریہ کرنے کے بعد مجبوراً معاویہ سے صلح کرلی (عمدۃ المطالب ص ۴۶ طبع لکھنؤ و تاریخ ائمہ ص ۳۳۳) غرضیکہ لوٹ مار میں حضرت کا گھوڑا طاویہ بھی نکل گیا تھا جس کو پھر حضرت عباسؑ نے مارد سے یوم عاشور چھین لیا ہے۔

حضرت عباس علیہ السلام کی رخصت آخری

مارد ابن صدیف جیسے بہادر کو بچھاڑنے اور اس کی سواری کے خاص جانور طاویہ پر قبضہ کی داستان حضرت عباس علیہ السلام حضرت امام حسین علیہ السلام سے بیان کر رہے تھے۔ فسمع الاطفال ینادون العطش العطش، ناگاہ خیمہ میں العطش العطش کی جگر سوز آواز بلند ہوئی

WILAYAT MISSION PUBLICATIONS

(دمعہ ساکبہ ۳۳۷) اور بیس یا چھبیس چھوٹے چھوٹے بچے خیموں سے نکل کر حضرت امام حسینؑ اور حضرت عباسؑ کے گرد جمع ہو گئے اور کہنے لگے چچا جان! پیاس مارے ڈالتی ہے (مجالس علویہ ص ۵۴۲ و مظلومہ کربلا ص ۶۲) یہ اضطرابی حال دیکھ کر حضرت امام حسینؑ اور حضرت عباسؑ سخت دل تنگ پریشان اور مضطرب ہو گئے۔ حضرت عباسؑ نے عرض کی ۔مولا! اب تو لڑنے کی اجازت دے دیجئے تاکہ جی کھول کر ان دشمنان اسلام کو بندش ،آب کا نتیجہ دکھادوں حضرت نے فرمایا۔ میرے قوت بازو۔ اجازت کیا مانگتے ہو۔ دیکھو ان بچوں کا پیاس سے کیا حال ہو رہا ہے اے بھائی! یہ گلزار رسالت کے نونہال پانی کے بغیر مرجھائے جارہے ہیں۔ امض الی الفرات واتنی شیما من الماء فرات کی طرف جاؤ اور کسی صورت سے پانی لے آؤ۔(مجالس المتقین ص ۲۷ جلاء العیون ص ۲۰۹) حضرت عباسؑ پھر میدان کی طرف واپس جانا ہی چاہتے تھے کہ حضرت امام حسین علیہ السلام نے فرمایا ۔(ادخل الی الحریم وودعھم وداع من لا یعود فل خل۔ بھیا! خیمہ میں جاکر اس طرح سب سے رخصت لو کہ جیسے پھر ملاقات نہ ہو گی۔ حضرت عباسؑ خیمہ میں داخل ہوئے۔ سب کا حال پیاس سے بے حال پایا۔ فقال لھم مھلاً۔ آپ نے فرمایا گھبراؤ نہیں ذرا اور ٹھہرو ۔تمہارے لیے پانی لانے جاتا ہوں۔ آپ ابھی بچوں کو سمجھا ہی رہے تھے کہ حضرت امام حسین علیہ السلام نے خیمہ کے باہر سے آواز دی اے عباسؑ! ادرکنی دوڑو یہ سننا تھا کہ حضرت عباسؑ خیمہ سے باہر نکل آئے اور دشمنوں کو وہاں سے دور کیا جو امام حسینؑ پر حملہ کر رہے تھے۔(نور العین ص ۴۱ اسرار الشہادت ص ۳۲۱ مائتین ص ۴۶۹) دشمنوں کے دفاع کے بعد حضرت عباسؑ مشک و علم لے کر جنگاہ کی طرف روانہ ہو گئے۔(بحار الانوار جلد ۱۰ ص الدمع الھتون جلد ۲ ص ۴۸۱ کتاب الصدف شیروانی جلد ۲ ص ۱۵۳ طبع ایران ۱۳۱۴

ھ) حضرت امام حسینؑ جو علم امامت سے جانتے تھے کہ کہ عباسؑ اب کی دفعہ واپس نہ آئیں گے انھوں نے چاہا کہ اپنے بھائی کو رخصت کردیں۔ لیکن یہ خیال فرمایا کہ اگر میں ان سے اسی طرح ملا جس طرح تمام شہید ہونے والوں سے مل چکا ہوں تو اہل حرم یہ سمجھ کر کہ عباسؑ اس دفعہ شہید ہو جائیں گے ابھی سے کہرام برپا کردیں گے آپ نے حضرت عباسؑ کے کچھ دور نکل جانے کے بعد خیمہ سے دور جاکر وداعی ملاقات فرمائی علامہ یزدی تحریر فرماتے ہیں۔ حضرت عباسؑ محض اس امید پر کہ مثل سابق ابھی واپسی ہو گی۔ حضرت امام حسین علیہ السلام سے بغیر رخصت ہوئے روانہ فرات ہو گئے لیکن حضرت امام حسین بعلم امامت جانتے تھے کہ عباس اس مرتبہ شہید ہو کے رہیں گے۔اس لیے ان کی روانگی کے بعد حضرت امام حسینؑ بھی روانہ ہو گئے حضرت عباسؑ نے محسوس کیا کہ پشت کی جانب سے رونے کی آواز آتی ہے اور کوئی پکارتا ہے جو نہی حضرت عباسؑ نے نظر کی۔ دیکھا کہ حضرت امام حسین علیہ السلام باہ سوزراں و چشم گریاں آہستہ آہستہ یہ کہتے ہوئے کہ عباسؑ ذرا ٹھہرو ہم تمہیں ایک نظر اور جی بھر کر دیکھ لیں۔ چلے آتے ہیں حضرت عباسؑ یہ سن کر بے اختیار رونے لگے۔اور عرض کی بھیا میری کمر ٹوٹی جارہی ہے اس وقت امام حسینؑ نے بے پناہ گریہ کیا۔اور دونوں بھائی بغلگیر ہو کر اس قدر روئے کہ بے ہوشی کے آثار نمایاں ہو گئے پھر حضرت عباسؑ رخصت ہو کر طلب آب کے ارادے سے روانہ ہو گئے (انور الشہادت ص ۵۵ طبع لاہور ۱۲۷۸ھ)۔علامہ قزدینی بطور تتمہ لکھتے ہیں کہ: دونوں بھائی بغلگیر ہونے کے بعد آنکھوں سے آنسوؤں کے موتی بہانے لگے۔ان کے رونے کی کیفیت یہ تھی کہ ملائکہ کے ہاتھوں سے ضبط و تحمل کی باگ چھوٹ گئی۔ عالم ملکوت کے ذرہ ذرہ میں زلزلہ آنے لگا صوامع لاہوت کے باشندے جو اس واقعہ کو دیکھ رہے تھے اور گہوارہ جنبان حسنین جناب

جبرائیل بلکہ تمام قدسیان عالم ملکوت کو زیروزبر کر دیا اور جنوں کے جگر خون کر دئے اور صحرائی جانور اور فضائی طیور کو جلا کر خاک کر ڈالا۔(ریاض الشہادت جلد ۲ ص ۲۰۰ طبع ایران ۱۲۷۴ھ)

امام حسینؑ اور حضرت عباسؑ کی ملاقات کا اثر اہل بیتؑ پر

ارباب مقاتل لکھتے ہیں۔ کہ جب اہل حرم امام حسین علیہ السلام نے دونوں بھائیوں کو اس طرح ملتے ہوئے دیکھ لیا تو اے میرے عباس اور اے میرے حسین کہہ کر ایسے نعرے لگائے کہ فلک کج رفتار کانپ اٹھا۔اس کے بعد حضرت عباسؑ نے بھائی کو رخصت کیا اور روانہ رزمگاہ ہو گئے۔(مفتاح الجنتہ ص ۱۵۳ طبع بمبئی)

پانی کے لیے حضرت عباس علیہ السلام کی دعا

حضرت امام حسینؑ سے رخصت ہونے کے بعد حضرت عباسؑ آگے بڑھے۔دشمنوں کی یلغار دیکھی۔رمق بطرفہ الی السماء آسمان کی طرف دیکھا اور عرض کی۔الھی وسیدی ارید اعتد بعدتی واملا لھولاء الا طفال قربۃ من الماء۔میرے پالنے والے میں تیرے نبی کے بچوں کی خاطر تھوڑا پانی لینے کے لیے آیا ہوں۔خدایا تو ایسا انتظام کر دے کہ میں صرف ایک مشکیزہ خیمہ میں پہنچا دوں(انوار الشہادت ص ۵۴ مجالس المتقین ص ۴۷) دعا کے بعد آپ نے فرات کی جانب اپنی رفتار اور تیز کر دی دشمنوں نے جب دیکھا کہ عباسؑ بڑھتے ہی چلے جاتے ہیں تو روکنے کی سعی میں مشغول ہو گئے۔

حضرت عباسؑ کا آخری موعظہ

دشمن تیزی سے حضرت عباسؑ کے قریب آگئے آپ نے فرمایا۔ارے اے آدمیوں کی صورت رکھنے والو۔ تم کافر ہو یا مسلمان کیا تمہارے دین میں یہ جائز ہے کہ فرزند رسولؐ اور اس کے چھوٹے چھوٹے بچوں پر پانی بند کرو۔ حالانکہ اس نہر سے جس پر تمہارا پہرہ ہے کتے اور سور پانی پی رہے ہیں اور امام حسینؑ اور ان کے بچے پیاس سے جاں بلب ہیں ارے کیا تم قیامت کی پیاس کو بھول گئے (انوار الشہادت ص ۵۵) آپ کے یہ نصیحت آمیز جملے تیر و نشتر بن کر چھبے دشمنوں نے ان سے نصیحت حاصل کرنے کے بجائے آپ پر تیروں کی بارش شروع کردی پانسو تیر اندازوں نے ہوائے تیر سے حضرت عباسؑ کے چراغ حیات کو گل کر دینا چاہا۔ مگر اللہ رے سخت جانی عباس کہ انہوں نے پروا بھی نہ کی فحسل علیھم و تفر قواعنہ ۔اور ایسا شیرانہ حملہ کیا۔ کہ سارے روباہ مثل گیا وکلو منتشر ہو کر رہ گئے علامہ یزدی لکھتے ہیں: ۸۰ پانی کا گھاٹ روکنے والے دشمن فنا کے گھاٹ اتر گئے (انوار الشہادت ص ۵۶) علامہ بسطامی تحریر فرماتے ہیں کہ چار سو خونخوار موت کے ہاتھوں ذلیل وخوار ہو کر داخل دار بوار ہو گئے (تحفہ حسینیہ جلد ا ص ۱۷۹)

حضرت عباسؑ کو اذن جہاد کیوں نہ دیا گیا

تاریخ بتارہی ہے کہ حضرت عباسؑ میدان جنگ میں بار بار آئے ہیں کبھی بنی ہاشم کے کسی فرد کی کمک میں کبھی اصحاب کی مدد میں۔ کبھی پانی کے حصول کی سعی میں۔اور تقریباً ہر مرتبہ

لڑے بھی ہیں قتل بھی کیا ہے اور اب بھی امام حسینؑ سے رخصت ہو کر نہر فرات کی طرف روانہ ہیں۔ سینکڑوں کو فنا کے گھاٹ اتار چکے ہیں۔ اور اپنی شہادت سے پہلے ہزاروں کو فنا کریں گے۔ لیکن جب امام حسینؑ کے سامنے اذن جہاد کا سوال آتا ہے۔ لم یرض بہ ولم یاذنہ۔ آپ نے اس پر رضا نہیں ظاہر کی اور اذن جہاد نہیں دیا۔ کبھی پانی کی طرف آپ کا رخ موڑا۔ اور کبھی حمایت اصحاب کی طرف متوجہ کر دیا۔ (شرح مطالع الانوار ص ۱۰۲ توضیح عزاص ۲۲۵ فضائل الشہداء باب ۲ف ۹ص ۱۰۹) آخر اس کی وجہ کیا ہے اس کی ایک ہی وجہ تھی کہ امام حسینؑ جنگ کے لیے نہیں آئے تھے اور اپنے نانا کے برائے نام بھی نام لیواؤں کو قتل نہ کرنا چاہتے تھے یہی وجہ ہے کہ آپ نے فرشتوں جنوں اور حضرت عباسؑ کو اذن جہاد اور اجازت جنگ نہیں دی۔

رخصت کے بعد آخری دن

حضرت عباسؑ حضرت امام حسینؑ سے رخصت ہو کر نہر فرات کی طرف برابر بڑھ رہے ہیں یہاں تک کہ اس ٹیلے یا پہاڑی کے نیچے پہنچے جس پر چار ہزار مخالفین نہر فرات پر ڈیرے ڈالے ہوئے تھے۔ آپ اس پہاڑی کے نیچے اس حال میں پہنچے کہ آپ کو بے شمار دشمن چاروں طرف سے گھیرے ہوئے تھے اب آپ کے سامنے ایک ایسی پہاڑی نہر فرات تک پہنچنے میں حائل ہے جس پر چار ہزار خونخوار دشمن آلات حرب سے مسلح موجود ہیں۔ حضرت عباسؑ نے وہاں پہنچ کر یہ رجز پڑھا۔

ترجمہ :۔ میں ایک ہدایت یافتہ دل کے ساتھ ان لوگوں سے لڑتا ہوں اور نبی احمدؐ کے فرزند سے دشمنوں کو ہٹا رہا ہوں۔ (اجازت ملنے کے بعد) میں تم کو تیغ برآں سے اس وقت تک

FAZAIL AL HZ ABBAS (AS)

مارتا رہوں گا۔ جب تک کہ تم میرے سردار کے ساتھ لڑائی سے باز نہ آؤ گے میں محبت کرنے والا عباسؑ اور علی المرتضیٰؑ کا فرزند ہوں۔ جس نے خدا کی جانب سے زور پایا تھا ۔(ترجمہ مقتل ابی مخنف ص ۷۲ تحفہ حسینیہ جلد ا ص ۱۷۸)

حضرت عباس علیہ السلام فرات کی پہاڑی پر

رجز کے بعد آپ نے اپنے بھوکے پیاسے گھوڑے کو ایڑ دی۔ گھوڑا ہوا ہوا۔ بلندی کی طرف علی کا شیر جا رہا ہے اور چار ہزار وار اوپر سے ہو رہے ہیں ابو مخنف لکھتے ہیں کہ رجز پڑھنے کے بعد آپ نے اس گروہ نابکار پر دھاوا بول دیا۔ اور ان کو دائیں بائیں پراگندہ کر کے بہت سے آدمیوں کو قتل کیا اور بڑے بڑے سورماؤں کو مار گرایا۔ اور نہر فرات کا کنارہ لے لیا۔ (مقتل ابی مخنف ص ۷۲) مورخ ابن قیتبہ لکھتا ہے کہ آپ بے جگری سے جنگ کرتے ہوئے پہاڑی پر چڑھ گئے۔ ثم حمل علیھم۔ پھر ان پر حملہ اور انہیں تباہ کر چھوڑا۔ پہاڑی کے ثبوت کے متعلق عرض یہ ہے کہ امام حسینؑ نے شب عاشور جو ہلال سے گفتگو کی ہے اس میں اس کا اشارہ ہے ۲ واقعہ کربلا میں رکب المسناۃ اکثر مقام پر ہے جس کے متعلق محشی ارشاد مفید ۔السد المتخذ دون الماء ور کبھا۔ اے علاھا لکھا ہے (حاشیہ ارشاد مفید ص ۱۲۲ طبع ایران ۱۲۷۷ھ) بعض علماء نے مسنات سے رسول اکرمؐ کی سواری کا ناقہ مراد لیا ہے (ناسخ التواریخ) شہادت علی اصغر کے متعلق بھی علما پڑھتے ہیں کہ امام حسینؑ انہیں ٹیلے پر لے گئے ۴ علامہ ابن قتیبہ نے صاف صاف لکھا ہے (۔ بینھم و بین الماء ربوۃ) پانی اور پیاسوں کے درمیان ایک ٹیلہ یا پہاڑی حائل تھی۔ (الامامت واسیاست جلد ۲ ص ۵ و کبریت احمر ص ۱۲۲

)علامہ حسین واعظ کاشفی کا بیان ہے کہ پہاڑی پر چار ہزار فوج تھی اس میں دو ہزار سوار اور دو ہزار پیادے تھے۔(روضتہ الشہداء ص ۳۶۲) غرضیکہ حضرت عباسؑ نے سب کو مار کر پہاڑی پر قبضہ کیا اور نہر فرات کی طرف چلے۔آپ نے پہاڑی سے اتر کر قوم نابکار کو پھر مخاطب کر کے کہا۔خدا رسول سے شرم کرو جس نہر سے کتے اور سور تک پانی پیتے ہیں۔تم اس کے پانی سے فرزند رسولؐ کو محروم کئے ہوئے ہو کیا تم قیامت کو بھول گئے ہو۔یہ سننا تھا کہ پانچ سو تیر اندازوں نے تیر بارانی شروع کر دی مگر علیؑ کے شیر نے تیروں کا مقابلہ نیزے سے کیا اور سب فرار کر گئے۔

حضرت عباسؑ پہلی دفعہ نہر فرات میں

دشمنوں کو بھگانے کے بعد حضرت عباسؑ نے اپنا گھوڑا نہر فرات میں ڈال دیا اور کہا اے اسپ وفادار تو پانی لے۔ابھی جانور نے پانی میں منہ بھی نہ ڈالا تھا کہ دشمنوں نے پھر حملہ کر دیا۔حضرت عباس نہر سے پھر برآمد ہوئے۔اور ان دشمنوں کو فنا کے گھاٹ اتار کر نہر فرات میں پھر اترے۔(روضتہ الشہداء ص ۳۶۲)

حضرت عباسؑ دوسری دفعہ نہر فرات میں

آپ نے فوراً دیگر بار اسپ در آب راندہ دوبارہ نہر فرات میں گھوڑے کو ڈال دیا۔اور اس سے فرمایا پانی پی لو۔ابھی وہ منہ نہ مارنے پایا تھا کہ ایک ہزار سواروں نے پھر حملہ کر دیا۔آپ نہر سے پھر برآمد ہوئے اور ان پر زبردست حملہ کر کے انہیں پھر مار بھگایا(روضتہ الشہداء ص

(۳۶۲

حضرت عباسؑ تیسری مرتبہ نہر فرات میں

علامہ سید مرتضیٰ لکھتے کہ حضرت عباسؑ ابھی پانیسے باہر ہی تھے کہ دس ہزار کا لشکر آپ پر ٹوٹ پڑا۔ اور اپنی پوری طاقت سے اس بات کی کوشش کرنے لگا کہ عباس نہر فرات کا کنارہ چھوڑ دیں لیکن شیر بیشہ شجاعت سے دریا کا کنارہ کون لے سکتا تھا۔ بالآخر زبردست مقابلہ ہو ااور اس پیاسے نے دشمن کے امڈے ہوئے لشکر کو نیزے کی انی سے ٹھنڈا کر دیا۔ فصاحت علیہ الابطال من کل جانب۔ ہر طرف چیخ پکار مچ گئی آپ نے کہا۔ انا عباس بن علیؑ۔ میں عباس بن علی ابن ابی طالب ہوں (تذکرۃ المعصومین ص ۱۳۲ طبع دہلی ۱۳۰۷ھ) آپ کا مقصد یہ تھا کہ بس خیر اسی میں ہے کہ خاموش ہو کر بیٹھ جاؤ اور مجھے اطفال حسینؑ کو پانی پہنچا نے دو۔ مجھے مورخین کے بیان سے پتہ چلتا ہے کہ دشمنوں کا یہ حملہ بہت ہی عظیم وشدید تھا اور وہ اس ارادے سے آئے تھے کہ جس صورت سے ہو سکے۔ نہر پر قبضہ کر لیا جائے اور انداز ے سے معلوم ہوتا ہے کہ پانی پر قبضہ قریب قریب ہو ہی گیا تھا لیکن اللہ رے علیؑ کے شیر ۔ فکشفھم عن الماء ان دشمنوں کو شکست دے کر لب فرات سے ہٹا دیا (الامامتہ والسیاستہ جلد ۲ ص ۵) ریاض السالکین ص ۱۵۹ شرح بخاری فرار یوم احد اور آپ پس فرد و آمد نہر فرات میں اترے روضتہ الشہداء ص ۳۶۲ کبریت احمر ص ۲۶ طبع ایران ۱۳۴۳ھ)

تین دن کا پیاسا نہر فرات میں

حضرت عباسؑ کی قدر اس وقت اور بڑھ جاتی ہے جب یہ معلوم ہوتا ہے کہ آپ جس وقت داخل نہر فرات ہوئے۔اس وقت ساتویں محرم سے بالکل پیاسے تھے۔یعنی پانی کا ایک قطرہ بھی تا بہ حلق نہ پہنچا تھا اور اس کی وجہ یہ تھی کہ ہر وقت کہ تشنگی بر اطفال ابی عبد اللہ غلبہ کرد۔نزد عموے آمدند و اظہار عطش مے کردند۔آنجناب ہر نحوے کہ بود۔اطفال را ساکت مے کردیا آب یا بوعدہ آب۔جب حضرت امام حسینؑ کے بچوں پر پیاس کا غلبہ ہوتا تھا۔اپنے چچا عباس کے پاس آتے اور پانی مانگتے تھے۔آپ انہیں پانی پلاتے یا تسلی دیتے تھے۔از روز ہفتم کہ آب را برروئے حضرت بستند، ساتویں سے پانی بند ہونے کے بعد آٹھویں کی صبح تک جس قدر پانی دستیاب ہوتا تھا۔وہ تمام لوگوں پر تقسیم کر دیا جاتا تھا۔حضرت عباسؑ اور حضرت زینبؑ اپنے حصہ کا پانی خود نوش نہ فرماتے تھے۔صبر بر عطش مے کردند از برائے اطفال کوچک ذخیرہ مے کردند۔یعنی پیاس کو برداشت کر کے پانی چھوٹے بچوں کے لیے محفوظ رکھتے تھے جب چھوٹے چھوٹے بچے پانی مانگتے تھے تو ”عباس“ قمر بنی ہاشم آبے کہ قسمت خودش بود با طفال تشنہ برادر مے داد۔اپنے حصہ کا پانی اپنے بھائی کے چھوٹے بچوں کو دے دیا کرتے تھے (خدائق الانس ص ۷۵ واقعات مقبل قلمی ص ۱۲۳۲، ۱۱۸ھ محرق القلوب مجلس ۱۲ قلمی)

نہر فرات میں عباسؑ کی حالت

ساتویں محرم سے بندش آب اور پھر آپ کے لبوں تک مطلقاً پانی کا نہ پہنچنا خود ظاہر کر رہا ہے۔کہ اب جبکہ آپ نہر فرات میں کھڑے ہیں آپ کی حالت کیا ہو گی۔آنکھوں کے نیچے

اندھیرے کا آنا زبان کا خشک ہونا۔ دل کا نڈھال ہونا۔ لازمی امر ہے۔ خضر چشمہ وفا نے اپنے کف زال کو پانی سے بھر کر لب تشنہ تک چلو کو پہنچایا ہی تھا۔ فذکر عطش الحسین واطفالہ وعیالہ کہ۔ امام حسینؑ اور ان کے بچوں کی پیاس کا نقشہ نظروں میں پھر گیا۔ چشم پر آب ہو گئی ۔کف آب دریا کے منہ پر مار دیا۔ فرمی الماء من بدہ وقال واللہ لا ذقت الماء ولا اشر بھو اخی الحسین وعیالہ واطفال عطاش لا کان ذالک ابداً۔ اور کہا خدا کی قسم یہ نہیں ہو سکتا کہ میں پانی پینا تو در کنار چکھ بھی لوں۔ کیوں کہ حسینؑ کے بچے پیاسے ہیں۔ پھر آپ نے اپنے نفس کی طرف مخاطب ہو کر کہا۔ اے میرے پیاسے نفس! یہ بڑی بری بات ہے کہ حسینؑ اور ان کے بچے پیاسے ہوں اور تو پانی پی لے۔ خدا کی قسم! ایسی حالت میں جبکہ فرزند رسولؐ امام حسینؑ اپنے بچوں سمیت عراق کی سر زمین میں سر گردان حیران و پریشان اور پیاسے ہیں میں پانی کا ایک قطرہ بھی نہیں پی سکتا۔ ابی مخنف لکھتے ہیں کہ حضرت عباسؑ نے اس وقت یہ فرمایا :۔ اے نفس۔ حسینؑ کے بعد تیرے لیے ذلت ہے اگر تو رہنا چاہتا ہے تو حسینؑ کے بعد نہ رہنا۔ ارے یہ حسینؑ تو موت کے گھونٹ پئیں اور تو ٹھنڈا صاف پانی پیئے۔ تو یہ تو میرے مذہب کا شیوہ نہیں اور نہ سچا یقین رکھنے والوں کے یہ کام ہوتے ہیں۔ مورخ معاصر لکھتے ہیں کہ حضرت عباسؑ نے چلو میں پانی لے کر دشمنوں کو دکھایا کہ دیکھو تمہارے اتنے سخت پہرے کے باوجود پانی ہماری مٹھی میں ہے گویا علیؑ کا شیر نہر کی ترائی پر اپنا قبضہ اور پانی پر اپنا قبضہ اور پانی پر اپنا قابو ثابت کر رہا ہے اور کمال وفاداری کی وجہ سے اس کی بھی وضاحت کرتا ہے کہ چونکہ امام حسینؑ پیاسے ہیں لہٰذا پانی نہ پیوں گا۔ فوجیں بھی ہٹیں دریا بھی ملا قبضہ بھی ہوا تربت بھی بنی۔ عباسؑ یہ تیری منزل تھی پانی نہ پیا اور بات رہی۔ (تحفہ حسینیہ جلد ا ص ۱۸۰ ترجمہ مقتل ابی مخنف ص ۲۷ دمعہ ساکبہ ص ۳۳۳، ناسخ التواریخ جلد ۶ ص ۲۹۰، اخبار ماتم ص

۵۱۴، تاریخ ائمہ ص ۲۹۵، محرق القلوب ملا مہدی قلمی مجلس ۱۲)

حضرت عباس علیہ السلام نے مشک سکینہ پانی سے بھری

مورخین لکھتے ہیں:۔ فرمی الماء وملا القربۃ وحملھا علی الکتفہ الایمن وتوجہ نحو الخیمۃ

پھر آپ نے پانی چلو سے پھینکنے کے بعد سکینہ کی وہ مشک جو سوکھی ہوئی لائے تھے اسے پانی میں ڈالا۔ جب وہ سوکھی ہوئی مشک تر ہو گئی۔ تو مشک را پر از آپ نمود و بر دوش راست خود کشید، اسے پانی سے بھر کر اپنے داہنے کندھے پر لٹکایا بعض کتابوں میں ہے کہ جب آپ نے مشکیزہ بھرا تھا تو آپ کے ہاتھ پانی سے تر ہو گئے آپ نے کمال وفاداری کے پیش نظر یہ خیال کرتے ہوئے کہ امام حسینؑ کے ہاتھ تر نہیں ہیں اپنا ہاتھ بھی دامن عبا سے خشک کر ڈالا تھا ۔(اخبار ماتم ص ۵۱۹ طبع رامپور۔ ۱۳۸۵ھ، دمعہ ساکبہ ص ۳۲۷، بحار الانوار لہوف مقتل ابی مخنف ص ۲۷، مجالس مضجعہ ص ۳۲۵، ناسخ التواریخ، تاریخ ائمہ ص ۲۹۵)

حضرت عباس علیہ السلام کی خیمہ کی طرف روانگی

مشکیزہ بھرنے کے بعد آپ جس پیاسے داخل نہر ہوئے تھے۔ اسی طرح پیاسے برآمد ہو گئے ۔آپ کا نہر فرات سے برآمد ہونا تھا کہ بھاگی ہوئی فوج واپس آگئی۔ اور راستہ میں حائل ہو کر آپ پر حملہ آور ہوئی (ابصار العین ص ۴۷ دمعہ ساکبہ ص ۳۳۷، زبدۃ الاسرار ص ۱۲۷ طبع طہران ۱۳۱۴ھ)اور تیر بارانی شروع کر دی۔ حضرت عباسؑ تیروں کا جواب نیزے سے دیتے ہوئے آگے بڑھتے گئے آپ کی تمام تر سعی یہ تھی۔ کہ کسی نہ کسی طرح پانی خیام اہلبیت تک پہنچ جائے

۔جب آپ نے حملہ کو تیز تر پایا تو بارگاہ احدیت کی طرف رجحان کامل کر کے دعا کی۔ الھی اوصلنی الیھم، خدایا مجھے اہل بیت حسینؑ تک پہنچادے تاکہ میں پیاسے بچوں کی پیاس بجھا سکوں ۔(انوار الشہادت ص ۵۶ طبع لاہور) کیا عجب کہ عباسؑ کی دعا سے عرش فرش کے ملائکہ نے بارگاہ قدس میں عرض کی ہو۔اس کے بعد حضرت علیہ السلام نے یہ رجز پڑھنی شروع کی ۔ترجمہ: موت جس وقت بلند ہو کر سروں پر آجائے تو میں اس سے مطلقاً نہیں ڈرتا اور میں اتنا دلیر ہوں کہ جب تک جنگ کرتے کرتے تہ خاک نہ پہنچ جاؤں لڑتا ہی رہتا ہوں میرا نفس فرزند رسولؐ کے نفس کے لیے ڈھال ہے میرا نام عباس ہے۔اور میں سقائی اہل حرم میں نام پیدا کر چکا ہوں (دمعہ ساکبہ ص ۳۴۷) ابو محنف کا بیان ہے کہ رجز کے الفاظ یہ تھے۔ترجمہ : جس وقت موت بلند ہو کر سروں پر آجائے تو میں موت سے نہیں دبتا۔جب تک کہ بوقت جنگ مردہ بن کر تہ خاک نہ پہنچ جاؤں میں جنگ کے وقت بہت کچھ صبر اور شکر کرنے والا ہوں۔اور کوئی مصیبت آجائے۔میں اس سے نہیں گھبرتا بلہ سروں پر وار لگاتا اور مانگ کی جگہ چاک کرتا ہوں میں ہی وہ عباس ہوں جو بوقت جنگ بہت سخت ہے۔میری جان پاک و پاکیزہ فرزند رسولؐ کے لیے سپر ہے۔(ترجمہ مقتل ابی محنف ص ۷۳)

حضرت عباس علیہ السلام کا پہاڑی سے اتر کر خیمہ کی طرف بڑھنا

ابو محنف لکھتے ہیں کہ رجز پڑھا کر آپ گھاٹ سے نمودار ہوئے تو آپ پر ہر سمت سے تیر برسنے لگے لیکن آپ مشکیزہ کاندھے پر رکھے ہوئے برابر جنگ فرما رہے تھے۔یہاں تک کہ

زرہ ساہی کی طرح بن گئی (ترجمہ) مقتل ابی مخنف ص ۹۷) مورخ معاصر لکھتے ہیں جناب عباسؑ پہاڑ سے نیچے اترے۔ نہر میں سما کر مشک بھگوئی جب وہ کئی دن کی سوکھی مشک بہت دیر میں تر ہوئی تو پانی بھر کر خود اسی طرح پیاسے نہر سے نکل آئے۔ اور خیمہ گاہ کی طرف چلے آپ نے نہر سے ایک چلو اٹھا کر دشمنوں کو دکھایا کہ دیکھو پانی قبضہ میں ہے مگر پیا نہیں اور وہ پانی پھینک کر گھوڑے پر سوار ہو کر روانہ ہو گئے اتنی دیر میں بھاگی ہوئی فوج پھر نہر کے کنارے جمع ہو گئی تھی۔ آپ نے پھر سب کو مار بھگایا۔ پہاڑ پر چڑھ گئے مشک لیے ہوئے نیچے اترے اور خیمہ گاہ کی راہ لی۔ (الخ تاریخ ائمہ ص ۲۹۵) پہاڑی سے اترنے کے بعد اور انتہائی تیزی اور پھرتی سے آگے بڑھ رہے تھے کہ دشمنوں نے چاروں طرف سے اچھی طرح گھیر لیا۔ اور وہ اپنی پوری طاقت سے حملہ کرنے لگے مگر اللہ اکبر علیؑ کے شیر نے ان روباہوں کو بھیڑ اور بکریوں کی طرح منتشر کر دیا۔ مورخین لکھتے ہیں۔ ففرقہم حضرت عباسؑ نے کمال بے جگری سے حملہ کر کے دشمنوں کو تتر بتر کر دیا۔ (دمعہ ساکبہ ص ۳۳۷) میں کہتا ہوں کہ جب حضرت عباس علیہ السلام دریا سے برآمد ہوئے تو یہ خیال کرتے ہوئے کہ کسی نہ کسی طرح اہل حرم تک پانی پہنچ جائے۔ آپ خیمہ کی طرف روانہ ہوئے ادھر آپ کو اس بات کی کد کہ پانی خیمہ تک پہنچ جائے تا کہ سوختہ دل بچوں کی پیاس بجھے ادھر قوم اشقیا کو یہ ضد کہ ایک قطرہ بھی حدود خیمہ تک نہ پہنچے پائے۔ عجیب کشمکش کا عالم تھا آخر شیر دل بہادر نے گھوڑے کو مہمیز کیا اور خیمہ کی راہ لی۔ ابھی چند گام بھی نہ چلے تھے کہ قوم اشقیا نے پیاسے پر تیروں کا مینہ برسانا شروع کر دیا۔ فجار بھم محاربۃ عظیمۃ۔ پھر کیا تھا علیؑ کا شیر بپھر گیا۔ اور مشکیزہ کو دل سے لگا کر وہ گھمسان کی جنگ کی۔ کہ طبقات ارض کے دل ہلنے لگے۔ چانچہ آپ نے دم کے دم میں سینکڑوں دشمنوں کو ساحل زندگی سے موت کے گھاٹ اتار دیا۔ سارا

میدان صاف نظر آنے لگا۔ جب اشقیا نے یہ جرات وہمت دیکھی۔ سب جمع ہو کر یکبارگی حسینؑ کے قوت بازو پر ٹوٹ پڑے اور حملہ کرنا شروع کر دیا تیروں کی وہ کثرت تھی کہ میدان سیاہ نظر آرہا تھا۔۔

حضرت عباسؑ کے بدن پر تیروں کی کثرت

بروایت منتخب آپ پر تیروں کی اتنی بارش ہوئی کہ آپ کا سارا بدن ساہی کے مانند ہو گیا۔فاخذہ النیال من کل مکان حتی صار جلدہ کالقنفد من کثرۃ النیال۔آپ پر چاروں طرف سے تیروں کی اتنی بارش ہوئی کہ آپ کا بدن تیروں کی کثرت کے سبب سے ساہی کی طرح ہو گیا۔یعنی آپ کے بدن پر اتنے تیر چھبے ہوئے تھے کہ جیسے ساہی کے بدن پر کانٹے۔اب ذرا انصاف پرور اپنے دھڑکتے ہوئے دل پر ہاتھ رکھ کر بتائیں کہ ایسے سخت اور عظیم وقت میں کوئی کسی کو یاد کر سکتا ہے میرا خیال تو یہ ہے کہ ایسے وقت میں اپنے نفس کی حفاظت کے علاوہ کسی بشر کے ذہن میں کسی دوسرے کا خیال تک نہیں آسکتا مگر صد آفرین ایسے وفادار جانبازی پر کہ جس کے بدن مطہر پر اس طرح تیر چھبے ہوئے تھے جیسے ساہی کے بدن پر کانٹے اس کے باوجود پھر وہ اپنے دل میں حسینؑ اور اطفال حسینؑ کا خیال کئے ہوئے صرف اس بات کی پے درپے کوشش کرتا ہو کہ چاہے قصر تن جو ہر روح سے خالی ہو جائے اور عباسؑ فنا کے گھاٹ اتر جائے مگر کسی نہ کسی صورت سے خیام اہل حرم تک پانی پہنچ جائے یہی سبب تھا کہ آپ گھبرا گھبرا گھوڑے کرا یڑ لگا رہے تھے اور مرکز نظر خیمہ کو قرار دے کر داہنے بائیں دیکھتے تھے۔ سمجھ میں نہیں آتا کہ اس وقت جبکہ آتش حرب بھڑک رہی تھی۔ جسم

WILAYAT MISSION PUBLICATIONS

تیروں سے چھلنی ہو چکا تھا۔اور بہادر سپاہی جنگ میں مشغول تھا۔آپ داہنے کیا دیکھتے تھے کیا کسی مدد گار کو تلاش فرما رہے تھے ؟ نہیں نہیں، عباسؑ جیسے جری سے یہ امر کوسوں دور ہے کہ وہ کسی معین و مدد گار کو تلاش کریں۔اور اس کے سہارے سے اپنی جان بچانے کی سعی فرمائیں بظاہر ایسا معلوم ہوتا ہے کہ علیؑ کا شیر دشمنوں کے حصار میں گھر کر دائیں بائیں اس لیے نظر دوڑا رہا تھا کہ اگر کسی طرف سے ذرا سا رستہ مل جائے تو اس حصار عظیم سے نکل کر حسینؑ کے تشنہ لب بچوں تک پانی پہنچا دوں۔انوار الشہادت ص ۵۶ طبع لاہور حسینیہ جلد اص ۸۷ اذکر العباس طبع اول ص ۱۳۴ مہیج الاحزان ص ۱۶۴ المواعظ وا لبکا ص ۲۹۸)

آپ کا گھوڑے سے مخاطبہ

اب وہ وقت آگیا ہے کہ دشمنوں کی کثرت اور تیروں کی بارش نے حضرت عباسؑ کے سامنے موت کا نقشہ پیش کر دیا ہے۔اور یہ دھڑکن دل میں پیدا کر دی ہے کہ شاید میں خیمہ اہل حرم تک پانی نہ پہنچا سکوں گا۔اب توسن باوفا کی طرف متوجہ ہوتے ہیں۔اور فرماتے ہیں ۔اے اسپ وفادار کسی صورت سے مجھے لے کر اس حصار عظیم سے نکل چل تا کہ میں خیمہ اہل حرم میں پانی پہنچا دوں اور حسینؑ کے چھوٹے چھوٹے بچے سیر اب ہو جائیں۔(واقعات مقبل قلمی ۱۳۲۲ھ)

حضرت عباسؑ کا داہنا ہاتھ کٹ گیا

ناسخ التوریخ میں ہے کہ تیر اندازوں نے آپ کو چاروں طرف اچھی طرح سے گھیر

لیااور کمانداروں کے علاوہ ابن سعد کے لشکر نے حلقہ میں لے لیا۔آپ نے شیر بیشہ شجاعت کی حیثیت سے ان پر انتہائی دلیرانہ حملے کیئے۔علامہ اسفرائنی لکھتے ہیں کہ ان حملوں میں آپ نے چار سو پچاس دشمنوں کو قتل کیا۔ناگاہ ایک کمینے نے جس کا نام زید ابن و قار تھا۔ حکیم ابن ظفیل کی مدد سے کھجور سے بنائی ہوئی کمین گاہ سے نکل کر آپ کے دست مبارک پر ایسا حملہ کیا کہ آپ کا داہنا ہاتھ کٹ گیا کر زمین پر گر گیا۔حضرت عباسؑ نے جو شیر اور چیتے کا دل اور نہنگ کا جگر رکھتے تھے۔نہایت عجلت کے ساتھ مشکیزہ کو بائیں ہوتھ میں لے لیا۔اور دشمنوں پر اسی حالت میں حملہ کیا۔مورخین کا بیان ہے کہ اس وقت آپ نے یہ رجز پڑھی۔(خدا کی قسم اے دشمنان دین ! اگر تم نے میرا داہنا ہاتھ قلم کر دیا ہے۔تو کچھ پروا نہیں۔میں اسی حال میں اپنے سچے دین اور فرزند رسولؐ الثقلین امام حسینؑ کی مدد کرتا رہوں گا۔جو نہایت صادق الیقین امام ہیں۔اور محمد مصطفیؐ جو بالکل سچے نبی تھے۔اور ہمارے پاس دین لے کر آئے۔جو یکتا اور (آمین) خلق کی تصدیق کرنے والے تھے۔رجز پڑھنے کے بعد آپ نے ایک عظیم حملہ کیا۔اور بروایت امام اسفرائنی پچاس دشمنوں کو فنا کے گھاٹ اتار دیا۔ناسخ التواریخ جلد ۶ ص ۲۹۱،دمعہ ساکبہ ص ۳۳۷، نور العین ص ۵۸ طبع ۱۲۹۲ھ ومائتین ص ۴۵۸)

حضرت عباسؑ کا بایاں ہاتھ بھی کٹ گیا

داہنے ہاتھ کے کٹنے کے بعد مشک و حلم آپ نے بائیں ہاتھ میں لے لیا۔اور اسی حال میں کثیر

گیا تھا۔ جس کا نتیجہ یہ ہوا کہ آپ پر ضعف شدید طاری ہو گیا۔ اتنے میں بروایت علامہ مجلسی حکیم بن ظفیل ملعون نے جو درخت خرما میں چھپا ہوا بیٹھا تھا۔ ایک ایسی ضرب لگائی "قطع یدہ الیسراے من الذند" کہ آپ کا بایاں ہاتھ گٹے سے کٹ گیا۔ اور بروائتی اسفرائنی آپ پر عبداللہ ابن شہاب کلبی نے حملہ کر کے آپ کا بایاں ہاتھ قطع کر دیا۔ ہاتھ کٹنے کے بعد آپ قوم جفاکار پر ٹوٹ پڑے بہت سے آدمیوں کو مار ڈالا۔ اور بہتوں کو مار گرایا۔ یہ دیکھ کر ابن سعد نے آوازی ارے تمہارا برا ہوا۔ مشکیزے پر تیروں کی پوچھاڑ کرو۔ ارشقوالقربۃ بالنبل فواللہ شرب الحسین الماء فاکم عن اخرکم اماھو الفارس بن الفارس والبطل المداعس۔ اور مشکیزے کے ٹکڑے اڑا دو۔ خدا کی قسم اگر حسینؑ نے پانی پی لیا تو تم سب کو فنا کر کے چھوڑیں گے۔ کیا تمیں معلوم نہیں کہ شاہسوار روزگار حضرت علیؑ کے بیٹے اور زبردست بہادر ہیں۔ (ترجمہ مقتل ابی مخنف ص ۷۴ و کبریت احمر ص ۲۹ و بحار الانوار و ناسخ التواریخ جلد ۶ ص ۲۹۱) مورخین لکھتے ہیں کہ ابن سعد کے اس کہنے پر حضرت عباسؑ پر زبردست حملہ ہوا۔ آپ نے بھی پورا زور دیا اور یہ رجز پڑھی:۔ (ترجمہ) اے نفس کافروں سے مت جھجک اور خدائے جبار کی رحمت سے خوش ہو۔ جو تمام نیکیوں کے سردار نبی مصطفیؐ کے ساتھ اور تمام پاک اور پاکیزہ نفوس اور سادات کے ساتھ ملے گی۔ انہوں نے اپنی بغاوت سے میرا بایاں ہاتھ قطع کیا۔ خدایا ان کو آگ کی تپش سے جلانا (تحفہ حسینیہ جلد ا ص ۱۸۹، مقتل ابی مخنف ص ۷۵)

حضرت عباس علیہ السلام کے دونوں ہاتھوں کے کٹ جانے کے بعد

حضرت عباس علیہ السلام کے دونوں ہاتھ کٹ چکے ہیں۔اب سقائے سکینہ کے لیے اس کے علاوہ کوئی چارہ نہیں کہ مشک سکینہ ک دانتوں سے تھام کر وفاداری کی۔آخری منزل پر فائز ہونے کا ثبوت دیں۔ فحمل علیہ السلام القربۃ باسنانہ وجعل بر کض لیوصل الماء الی عطاش اہل البیت آپ نے مشکیزہ کو اپنے دانتوں سے سنبھال لیا اور گھوڑے کو بار بار ایڑ دینے لگے۔تا کہ کسی صورت سے حسینؑ کے پیاسے اہل بیت تک پانی پہنچ جائے (دمعہ ساکبہ ص ۳۳۷ و مقتل ابی مخنف ۷۵) آپ کا کیا کہنا مشکیزے کو دانتوں سے سنبھالا اور علم اسلام کو کٹے ہوئے ہاتھوں کی مدد سے محفوظ کر لیا۔''ضمہ الی صدرہ'' آپ نے علم اسلام کو اسی سینے سے لگایا۔ جس طرح جنگ موتہ میں جناب جعفر طیار نے سینے سے لگایا تھا۔آپ کا چونکہ تمام تر معاملہ جعفر تیار جیسا ہے۔اس لئے انہی کی طرح جنت میں پرواز کے لیے پر بھی نصیب ہوئے (طبقات ابن سعد جلد ا ص ۷۷ طبع لندن ۱۳۲۱ھ و کنز العمال جلد ۶ ص ۲۶۲۳ ومعالم الزلفی ص ۱۲۶ و نزہتہ الانوار ص ۳۶۴، تظلم الزہرا ص ۱۲۰) امام اسفرائنی لکھتے ہیں کہ دونوں ہاتھوں کے کٹ جانے کے بعد حضرت عباسؑ نے جفاکار کو مخاطب کر کے کہا کہ '' ھکذا الاقی جدی المصطفیٰ وابی علی المرتضیٰ ''میں اسی طرح جد نامدار محمد مصطفیؐ اور والد بزرگوار حضرت علیؑ سے ملاقات کروں گا۔(نور العین ص ۴۲) امام اسفرائنی کتاب مذکور کے ص ۶۰ پر یہ تحریر کرتے ہیں کہ جب حضرت عباسؑ کے دونوں ہاتھ کٹ چکے تو آپ نے کٹے ہوئے ہاتھوں سے دشمن پر حملہ کیا اور کمال شجاعت کی وجہ سے تین سو پانچ دشمنوں کو واصل جہنم کیا اور جانبازی اور شجاعت کا مکمل ثبوت دے دیا۔جناب جعفری سرحدی کہتے ہیں۔

ہاتھوں کو کٹا کر دریا پر عباسؑ دلاور کہتے تھے ☆ جو تابقیامت سبز رہے وہ بیج وفا کا بونا ہے

حضرت عباسؑ کی دعا

علامہ یزدی لکھتے ہیں کہ حضرت عباسؑ کے جب دونوں ہاتھ کٹ گئے۔ توآپ نے اپنے چہرہ کو آسمان کی طرف کر کے دعا کی۔ ''اللھم ان اطفال الحسین عطشان'' خدایا حسینؑ کے بچے پیاسے ہیں۔ میرے پالنے والے۔ اتنا انتظام کردے کہ میں پیاسے بچوں تک پانی پہنچادوں۔ (انوار الشہادت ص ۵۷ طبع لاہور)

حضرت عباسؑ کے دونوں ہاتھ کہاں دفن ہوئے؟

یہ ایک سوال پیدا ہوتا ہے کہ حضرت کے جب دونوں ہاتھ قطع ہوئے ہیں۔ توآخر وہ دفن کہاں ہوئے۔ اس کے متعلق علامہ عبدالرزاق مولوی تحریر فرماتے ہیں کہ آپ کا داہنا ہاتھ کربلا کے باب بغداد کے جہت شمال شرقی میں قریب باب صحن روضہ مطہر میں اور بایاں ہاتھ، روضہ کے چھوٹے دروازے کے جنوب شرقی میں دفن ہوئے یہ مقام سوق عباس کے نام سے مشہور ہے۔ (قمر بنی ہاشم ص ۱۱۸ طبع نجف اشرف ۱۳۶۹ھ)

مشک سکینہ پر تیر ستم

حضرت عباسؑ مشک سکینہ کو اپنے دل سے لگائے ہوئے لیے جا رہے تھے۔ اورآپ کی پوری سعی یہ تھی کہ کسی نہ کسی صورت سے خیمہ اہل حرم تک پانی پہنچ جائے ناگاہ فجاءہ '' سھم فاصاب القربۃ واریق ماءھا'' ایک تیر ستم آیا اور مشک سکینہ پہ لگ گیا۔ تیر کا لگنا تھا پانی عباسؑ

کے خون کے ساتھ بہنے لگا۔ علامہ شیخ جعفر شوشری تحریر فرماتے ہیں۔ ''فصد ذالک و قف العباس'' تیر کے لگتے ہی حضرت عباسؑ کی ہمت پست ہو گئی۔ اور آپ نے خیمہ کی طرف رہر وی روک دی (المواعظ وا لبکا ص ۱۱۲ طبع بمبئی و دمعہ ساکبہ ص ۳۳۷) علامہ قزدینی لکھتے ہیں کہ پانی کے بہتے ہی حضرت عباسؑ نے قربوس زین پر سر رکھا اور بارگاہ خداوندی میں عرض کی۔ یارب! اب مجھے خیمہ میں جانا نصیب نہ ہو۔ بہ پہ طریق جواب تشنہ کامان عورات و اطفال راد ہم؛ ہائے پیاسی عورتوں اور تشنہ لب بچوں کو کیا جواب دوں گا۔ (انوار الشہادت ص ۵۷ و تحفہ حسینیہ جلد ا ص ۱۸۰) علامہ شیخ علی قرنی، تحریر فرماتے ہیں کہ مشکیزے سے پانی بہنے کے بعد حضرت عباسؑ نے کمال مایوسی اور حسرت کے ساتھ بزبان حال ارشاد فرمایا کہ (منہاج الدموع ص ۳۲۹ طبع قم ۱۳۴۱ھ)

سینہ عباسؑ پر سوفار غم

حضرت عباس علیہ السلام مشک سکینہ کے غم میں تھے ہی کہ ناگاہ'' ثم جاء سھم اخر فاصاب صدرئہ'' ایک دوسرا تیر آیا۔ اور سینہ اقدس میں پیوست ہو گیا۔ تیر لگنا تھا کہ آپ گھوڑے پر ڈگمگانے لگے۔ (دمعہ ساکبہ ص ۳۳۷) علامہ شیخ علی قرنی کی عبارت سے مستفاد ہوتا ہے کہ آپ کی داہنی آنکھ میں ایک تیر آکر لگ گیا تھا۔ (منہاج الدموع ص ۳۲۹ طبع قم ۱۳۴۱ھ)

حضرت عباسؑ کے سر اطہر پر گرز آہنی

ابھی آپ زمین پر تشریف نہ لانے پائے تھے۔ کہ نضر بہ ملعون بعمود من حدید علی امر راسہ

WILAYAT MISSION PUBLICATIONS

ففلق ھامتہ قومع علی الارض ناگاہ ایک ملعون نے آپ کے سر اقدس پر گرز گراں بار کا ایسا وار کیا کہ آپ کا سر شگافتہ ہو گیا۔ علامہ مجلسی لکھتے ہیں کہ جب آپ گھوڑے سے ڈگمگا رہے تھے۔ تو ایک ملعون آپ کے قریب آیا اور کہنے لگا عباس ! تم تو بڑے بہادر تھے۔ اب میں جانوں اگر اپنی شجاعت کا جوہر دکھاؤ حضرت عباسؑ نے فرمایا اے ظالم ! وقتیکہ دست داشتم چرا نیامدی کہ شجاعتم را بہ بینی اے ظالم تو اس وقت کہاں تھا جب میرے دونوں بازو کٹے نہ تھے۔ موجود تھے اور تھوڑی دیر قبل آتا تو میں جوہر شجاعت تجھے دکھاتا یہ سن کر اس ملعون نے بلا خوف خدا اور رسولؐ ’’ عمودے از آہن بالا بر دو بر فرق نازین آن بزرگوار فرد و آورد ‘‘ ایک لوہے کا ستون بلند کیا اور حضرت کے سر اقدس پر اس زور سے لگایا کہ سر مبارک شگافتہ ہو گیا۔ (دمعہ ساکبہ ص ۳۳۷، نور العین ص ۴۲ کشف الانوار ترجمہ بحار لقلوب جلد ۹ باب اتضا (ص ۱۷۱   ) طبع ایران مقتل ابی مخنف ص ۷۵ ابصار العین ص ۴۷) صاحب ناسخ التواریخ فرماتے ہیں۔ میدان کارزار میں حکیم ابن طفیل ملعون نے آپ کے سر مبارک پر ایک زبردست گرز آہنی کا وار کیا جس کے صدمے سے آپ گھوڑے سے گر پڑے۔ (ناسخ التواریخ جلد ۶ ص ۲۹۰ وانوار الشہادت ص ۷۵ اثارۃ الاحزان ص ۳۵ و مصائب المعصومین ص ۱۵۱۔ ترجمہ الحسین جلال مصری جلد ۲ ص ۱۲۱ طبع پٹنہ)

آپؑ کا دماغ کندھوں پر

اربابا مقاتل کا بیان ہے کہ جب حضرت عباسؑ کے سر اقدس پر گرز گراں بار لگا۔ تو آپ کا دماغ مبارک کندھوں پر آ گیا تھا۔ آقائے دربندی لکھتے ہیں۔ فضربہ حکیم ابن الطفیل من وراء

تحلة بعمود من حدید علی راسه الشریف فسقط منخ راسه علی کتفیه فهوی عن متن الجواد وهو ینادی واخاه واحسیناه واابتاه واعلیاه کہ آپ کے سر مبارک پر حکیم ابن طفیل ملعون نے کھجور کے ایک درخت کی آڑ سے لوہے کا ایسا گرز گراں بار لگایا کہ آپ کا سر مبارک شگافتہ ہو گیا۔اور آپ کا دماغ دونوں کندھوں پر آگرا۔ضرب لگتے ہی آپ یہ فریاد کرتے ہوئے اے بھائی حسینؑ اور اے اباجان خبر لیجئے، گھوڑے سے زمین پر تشریف لائے (اسرار الشہادت ص ۳۳۷ جواہر الایقان ص ۲۱۳)

حضرت عباسؑ کا امام حسینؑ کو پکارنا

زمین پر تشریف لاتے ہی حضرت عباس علیہ السلام نے آخری سلام امام حسین علیہ السلام کی خدمت میں اس طرح پہنچایا " یا اباعبداللہعلیک منی السلام " اے ابو عبداللہ آپ پر میرا آخری سلام ہو۔ایک روایت میں ہے کہ آپ نے آواز دی۔" یا اخاہ ادرک اخاک " اے بھیا حسینؑ مدد کو پہنچو۔حضرت امام حسینؑ کے کانوں میں حضرت عباسؑ کی آواز کا پہنچا تھا کہ " فصاح الحسین " آپ ڈھاڑیں مار کر روئے۔(انوار الشہادت ص ۸ و تحفہ حسینیہ جلد ا ص ۱۸۰ ،مقتل ابی مخنف ص ۷۵) علامہ واعظ کاشفی لکھتے ہیں۔" آہے از امام حسینؑ بر آمد کہ زمین کربلا از حقیقت آں بلرزہ در آمد " حضرت عباسؑ کی آواز سن کر امام حسینؑ نے ایسی آہ کھینچی کہ زمین کربلا تھر تھرا اٹھی (روضۃ الشہداء ص ۳۶۴)

گھوڑے سے گرنے کے لیے بعد حضرت عباسؑ کے جسم میں

تیروں کی پیوستگی

علامہ شیخ جعفر شوستری تحریر فرماتے ہیں۔میں اس سقائے تشنہ کی مصیبت کواس وقت بیان کرتا ہوں۔جبکہ آپ کی جنگ اور کوششوں کے باوجود مشک پارہ پارہ ہوگئی۔اس وقت آپ اس جگہ پہنچے۔جہاں اب قبر مطہر ہے۔" فعند ذالک وقف العباس "اس جگہ عباسؑ ٹھہر گئے۔پھر آپ نے حرکت نہیں کی ۔یہاں آپ کو ٹھیر ناپڑا۔اگر نہ ٹھیریں تو کیا کریں۔کہاں جائیں ۔بھاگنا بھی نہیں چاہیے ہاتھ بھی نہیں ہیں کہ مدافعت کریں۔خیمہ گاہ کی طرف بھی نہیں آئے ۔اس حالت میں اہل حرم کے نالہ و فریاد کی آواز سنی۔اس حالت میں جبکہ کھڑے ہوئے تھے۔تیر بارانی بھی ہوئی۔اخبار میں وارد ہوئے۔"فصار جلدہ کالقنفد"آپ کا جسم مثل خار پست ہوگیا تھا۔گھوڑا اس حالت میں جولانی سے نہ رکا۔ناگاہ ایک تیر آیا۔اور آپؑ کے سینے مبارک پر لگا۔اور حضرت عباسؑ زمین پر گر پڑے۔میں چاہتا ہوں کہ یہ بیان کروں کہ حضورؑ کی مصیبت اسی قدر نہ تھی۔جو تم سن چکے ہو۔اصل مصیبت اس وقت تھی۔جب آپ گھوڑے سے گرے۔تصور کیجئے کہ آنجناب اس بلندی قامت کے باوجود ایسی حالت ہیں کہ جب گھوڑا جولان تھا۔جب زمین پر گرے ہوں گے۔تو کیا قیامت ہوئی ہوگی وہ تمام تیر حضور کے جگر میں رگ رگ میں ،آنتوں میں اور جسم کے اندرونی حصوں میں درآئے ہوں گے۔(الارشاد الغرا ترجمہ المواعظ وا لبکا ص ۲۲۴ مجلس طبع لاہور)

حضرت عباسؑ کی صدائے فریاد سے امام حسینؑ کی کمر ٹوٹ گئی

حضرت عباسؑ نے گھوڑے سے گرتے ہوئے امام حسینؑ کو آواز دی۔بھیا اپنے غلام کی خبر

لیجئے۔اس آواز کا امام حسین علیہ السلام کے کانوں تک پہنچا تھا کہ آپ نے کمر تھام لی۔اور فرمایا الان انکسر ظھری و قلت حیلتی؛ ہائے میری کمر ٹوٹ گئی۔اور رائہ چارہ مسدود ہو گئی۔(دمعہ الساکبہ ص ۳۳۷،اسرا الشہادت، بحار الانوار، ارشاد مفید اعلام الوریٰ، ناسخ التواریخ مقتل ابی مخنف، مقتل عوالم، لہوف، انوار الشہادت، جواہر الایقان) علامہ شیخ علی تحریر فرماتے ہیں کہ بھائی کے مرنے سے کمر ٹوٹ جانا قدیم الایام سے ثابت ہے وہ کہتے ہیں کہ حضرت لقمان سفر میں تھے۔جب واپس آئے تو لوگوں نے کہا کہ آپ کے والد انتقال کر گئے۔انہوں نے کوئی خاص تردد نہ کیا۔پھر لوگوں نے کہا آپ کی والدہ بھی مر گئی ہیں۔آپ نے کوئی اثر نہ لیا۔پھر لوگوں نے کہا کہ "برادرت از دنیا رفت فرمود پشتم شکست۔آپ کے بھائی بھی انتقال کر چکے ہیں۔فرمایا میری کمر ٹوٹ گئی اسی طرح جنگ موتہ جو کہ ۸ ہجری میں واقع ہوئی ہے۔ہیں بحضرت جعفر طیار کی خبر شہادت سے حضرت علیؑ نے فرمایا تھا کہ "الان انکسر ظھری "اب میری کمر ٹوٹ گئی ہے۔(منہاج الدموع ص ۳۳۰ طبع قم ص ۱۴۴)

حضرت عباسؑ کی آواز پر امام حسینؑ کی روانگی اور راستے میں ہاتھوں کا ملنا

حضرت عباسؑ کی صدائے فریاد امام حسینؑ کے کانوں میں پہنچی۔آپ فوراً روانہ ہو گئے۔علامہ بزدی بحوالہ محرق الفواد و مقتل ابن عربی تحریر فرماتے ہیں کہ حضرت امام حسینؑ تیزی کے ساتھ اپنے فرس تشنہ پر سوار حضرت عباسؑ کے گھوڑے سے گرنے کی جگہ تشریف لیے جا رہے تھے کہ راستے میں فرس تیز گام نے قدم روکے۔حضرت نے ہر چند کوشش کی کہ

قدم فرس آگے بڑھے مگر کامیابی نہ ہوئی اس کے بعد آپ نے فرمایا: اے اسپ وفادار اب زندگی کے چند لمحات باقی ہیں ۔ آخر ایسے نازک وقت جبکہ میرا بھائی زمین پر آیا ہوا ہے ۔ میرا ساتھ کیوں چھوڑ رہا ہے۔ اس نے ناگاہ بقدرت کاملہ الٰہی قفل از بان آں حیران برداشتہ شد عرض کرد۔ سیدی اما تنتظر الی الارض بقدرت کاملہ الٰہی گویا ہو کر کہا۔ مولا ذرا میرے پیروں کی طرف دیکھئے۔ آپ نے کیا دیکھا دیکھا کہ حضرت عباسؑ کا ہاتھ زمین پر پڑا اور خاک و خون میں لتھڑا ہے ۔ حضرت فوراً گھوڑے سے اتر پڑے۔ اور اسے اٹھا کر آنکھوں سے لگایا۔ بوسہ دیئے اور گھوڑے پر سوار ہو کر آگے بڑھ گئے۔ پھر ایک مقام پر دوسرا ہاتھ نظر آیا۔ آپ نے اسے سینے سے لگایا۔ پھر آگے بڑھے تو مشکیزے کے ٹکڑے دکھائی دیئے۔ امام حسین علیہ السلام نے ایک آہ مرد کھینچی اور فرمایا۔ ''اف لک یا دنیا قلت اولادی عطاشاً'' اے دنیا دنی تف ہے تیرے اوپر۔ آہ ! میرے پیاسے بچے قتل کر دیئے گئے۔ (انوار الشہادت ص ۷۰ طبع لاہور ۱۲۸۷ھ) حمید بن مسلم کہتا ہے کہ جب معرکہ کربلا میں عباس بن علیؑ کے دونوں ہاتھ قلم ہوئے۔ اور ساتھ ہی اس کے ایک گرز ستم ایسا لگا کہ سر مبارک شگافتہ ہو گیا اور وہ تیورا کر گھوڑے سے زمین پر گرے۔ میں نے سنا کہ اس جری نے امام حسینؑ کو آواز دی اور کہا۔ ''السلام علیک یا ابا عبداللہ'' اے میرے آقا حسینؑ آپ پر میرا اسلام ہو، یہ سنتے ہی حضرت اس جانب کو دوڑے اور نہایت بے تابانہ دوڑے۔ دیکھا میں نے کچھ دور جا کر وہ جناب جھکے انہوں نے کوئی چیز زمین سے اٹھا کر اپنے سینے سے لگائی اور زار زار رو کر فرمایا۔ ''واخاہ واعباساہ الا ان انکسر ظھری'' الخ ہائے بھائی ہائے عباسؑ تمہاری شہادت سے کمر حسینؑ کی ٹوٹ گئی اور راہ چارہ مسدود ہو گئی ہیں۔ میں نے قریب جا کر پوچھا اے ابو عبداللہ آپ نے کس چیز کو زمین سے اٹھا کر اپنے سینے سے لگایا ہے۔ حضرت نے اپنی آغوش

مبارک کھول دی۔ میں نے دیکھا کہ حضرت عباس کے ہاتھ ہیں۔ پھر میں نے آگے نگاہ کی تو دیکھا کہ ایک جانب گرم ریتی عباسؑ کی لاش افتادہ ہے۔اور ایک جانب مشک سکینہ چھدی ہوئی پڑی ہے ۔(کتاب موسع الغموم جلد ۲ ص ۴۷ طبع لکھنؤ ۱۲۹۳ھ) علامہ شیخ جعفر سوشتری راستے میں حضرت امام حسین علیہ السلام کو حضرت عباسؑ کے ہاتھوں کے ملنے میں اختلاف فرمایاہے ۔(المواعظ وا لبکاء ص ۱۱۲ طبع بمبئی ۱۳۳۹ ھ فرماتے ہیں) کہ حضرت عباسؑ نہر فرات آرہے تھے۔ان کے ہاتھ اسی طرف گرے ہوں گے۔ حضرت امام حسین علیہ السلام جو خیمہ سے تشریف لیے جارہے تھے۔انہیں یہ ہاتھ راستے میں کیونکر مل سکتے ہیں۔الخ میں کہتا ہوں کہ حضرت عباسؑ نہر فرات سے نکل کر جلد سے جلد خیمہ تک پہنچنا چاہتے تھے۔اس سلسلہ میں انہوں نے عجلت کے ساتھ خیمہ تک پہنچنے کی کوشش کی تھی ۔بہت ممکن ہے کہ دشمنوں کی یورش نے انہیں اس مقام سے جنگ کی صورت میں پھر واپس کر دیا ہو۔ جہاں تک وہ پہنچنے تھے۔اور جس مقام پر آپ کے ہاتھ کٹے تھے۔اور چونکہ اس جولانگاہ جنگ میں حضرت عباسؑ قطعی طور پر ایک جگہ نہ رہے ہوں گے۔ بلکہ کبھی آگے کبھی پیچھے آپ کے حملے جاری رہے ہوں گے۔بنابریں عین ممکن ہے کہ خیام گاہ کے قریب پہنچ کر آپ پھر حملہ کرتے ہوئے نہر فرات کی طرف بڑھ آئے ہوں یایوں سمجھا جائے کہ جب آپ کے دونوں ہاتھ کٹ گئے۔ توآپ کے دشمنوں کی یورش اور ریلے سے نہر فرات کی طرف کچھ دور پلٹ گئے ہوں۔یہی وجہ ہے کہ علامہ شوشتری کے علاوہ کسی ایک صاحب مقتل نے اس میں اختلاف نہیں کیا۔ بہر حال میرے نزدیک راستہ میں امام حسین علیہ السلام کو حضرت عباس علیہ السلام کے ہاتھوں کے ملنے میں استعاد نہیں ہے۔

حضرت عباسؑ تک امام حسین علیہ السلام کی رسید گی

حضرت امام حسین علیہ السلام حضرت عباس علیہ السلام کے ہاتھوں کو لیے ہوئے اس مقام پر پہنچے جہاں حضرت عباسؑ زمین پر پڑے ہوئے تھے۔ایک روایت کی بناپر حضرت امام حسینؑ اس وقت پہنچے۔جب عباسؑ دنیا سے رخصت ہو چکے تھے۔اور دیگر روایات کی بناپر آپ میں رمق جان باقی تھی۔آپ نے وہاں پہنچ کر دیکھا کہ آپ خاک وخون میں آغشتہ ہیں۔آپ کے ہاتھ کٹے ہوئے ہیں۔سینے میں تیر پیوست ہیں سر پر گرز گراں بارنے وہ اثر پیدا کر دیاہے کہ ۔"الامان والحفیظ" آپ نے یہ کچھ دیکھ کر فریاد کی۔"واخاہ واعباساہ وامھجۃ قلبہ واقرۃ عیناہ واقلۃ ناصراہ یعز علی فراقک"اے بھائی اے عباسؑ اے دل کے سکون اے آنکھوں کی ٹھنڈک اے بے ناصر مدد گار۔ارے تیری جدائی میرے لیے سب کی جدائی سے زیادہ شاق ہے ۔کثیر روایات کی بناپر آپ نے فرمایا۔اے عباسؑ دشمنوں نے تم کو قتل کر کے حسینؑ کی کمر توڑ دی اور حسینؑ کی کمر ٹوٹنے سے اسلام کی کمر شکستہ ہوئی۔اے عباسؑ! تمہارے ہاتھ کاٹ کر حسینؑ کے ہاتھ کاٹ دیئے گئے۔اور حسینؑ کے ہاتھ کٹنے سے محمد مصطفیؐ کے ہاتھ کٹ گئے۔صاحب تلخیص المصیبت لکھتے ہیں کہ حضرت عباس علیہ السلام کے کانوں میں امام حسین علیہ السلام کی آواز کا پہنچنا تھا کہ آپ نے غش سے آنکھیں کھول دیں۔اور تعظیم کے لیے اٹھنے کی سعی کرنے لگے۔مگر اٹھ نہ سکے۔(روضۃ الشہداء ص۳۶۳ تحفہ حسینیہ جلد ا ص۱۷۸ تلخیص المصیبت ص۲۵۹ طبع لکھنؤ)

❖ ❖ ❖

حضرت عباسؑ کی آنکھوں میں تیر

FAZAIL AL HZ ABBAS (AS)

مشہور ہے کہ حضرت عباسؑ کے پاس جس وقت حضرت امام حسین علیہ السلام پہنچے۔ توآپ نے ان چشم ہائے مبارک میں سات تیر پیوست دیکھے۔ جنہیں آپ نے اپنے ہاتھوں سے نکالا۔ علامہ سماوی تحریر فرماتے ہیں کہ حضرت عباسؑ کے سر مبارک پر قبیلہ بنی تمیم کے ایک شخص نے گرز مارا۔ اور وہ جناب گھوڑے سے زمین پر آگئے۔ اور آپ نے باآواز بلند حضرت امام حسین علیہ السلام کو پکارا۔ اے میرے مولا وآقا تشریف لائیے۔ آواز کے سنتے ہی حضرت مثل باز کے پہنچے۔ دیکھا کہ دونوں ہاتھ نہیں ہیں۔ پیشانی پارہ پارہ ہے۔ آنکھوں میں تیر لگے ہوئے ہیں۔ حضرت جسم مبارک عباسؑ کے قریب بیٹھ گئے اور رونے لگے۔ تا آنکہ روح مبارک پرواز کرگئی۔ (نور العین ترجمہ ابصار العین علامہ سماوی ص۴۸ طبع حیدر آباد)

حضرت عباسؑ کا وصیت فرمانا

آقائے دربندی تحریر فرماتے ہیں کہ حضرت عباسؑ کی آواز پر امام حسینؑ شکستہ پر باز کی طرح دشمنوں پر جھپٹے اور بڑے بڑے ستر دشمنوں کو تہ تیغ کرکے حضرت عباسؑ تک پہنچے۔ وہاں پہنچ کر حضرت عباسؑ کی حالت ملاحظہ کی۔ اور فرمایا اے بھائی! تم نے کمر توڑ دی۔ اس کے بعد آپ نے ارادہ کیا کہ حضرت عباسؑ کو اٹھا کر خیمہ میں لے جائیں۔ حضرت عباسؑ کو جو یہ محسوس ہوا کہ مجھے اٹھایا جارہا ہے۔ آنکھیں کھول دیں۔ اور پوچھا بھائی کیا ارادہ ہے۔ فرمایا تمہیں خیمہ میں لے جانا چاہتا ہوں۔ حضرت عباسؑ نے عرض کی۔ ”یا اخی بحق جدک رسول اللہ علیک الا تحملنی ودعنی فی مکانی ھذا“ آپ کو رسول مقبولؐ کا واسطہ آپ مجھے خیمہ

میں نہ لے جائیں۔امام حسینؑ نے پوچھا بھائی وہ کیوں ہیں ؟عرض کی "لانی مستحی من انبتک سکینہ مجھے سکینہ سے حیاآتی ہے۔میں اس سے وعدہ کر کے آیا تھا کہ میں تیرے لیے پانی لاؤں گا۔اور چونکہ میں وعدہ پورا نہ کر سکا۔اس لیے میں اس کے سامنے نہیں جانا چاہتا ۔(اسرار الشہادت ص ۳۳۷ طبع ایران ۱۲۷۹ھ)بعض کتابوں میں ہے کہ حضرت عباسؑ نے ایک وصیت یہ بھی کی تھی کہ میری زوجہ سے میرے حقوق معاف کرادیجئے گا۔(تلخیص المصیبت جلد ۳ ص ۲۲۰)بعض کتب مقتل میں ہے کہ حضرت امام حسین علیہ السلام نے حضرت عباسؑ کے سر مبارک کو اپنے زانو پر رکھ لیا۔جب حضرت عباسؑ کو محسوس ہوا کہ ان کا سر امام حسین علیہ السلام کے زانو پر ہے۔تو انہوں نے اپنا سر ہٹا لیا۔اور عرض کی مولا! یہ کیسے ہو سکتا ہے کہ میرا دم اس حال میں نکلے۔کہ میرا سر آپ کے زانو پر ہو۔کیونکہ بعد عصر آپ کا سر مبارک زمین گرم پر ہو گا۔(واقعات مقبل قلمی)

حضرت امام حسین علیہ السلام کا فریاد کرنا

حضرت عباس علیہ السلام کے وصیت کرتے ہی امام حسین علیہ السلام نے فریاد شروع کر دی ۔آپ نے ارشاد فرمایا۔(ترجمہ) میرے بھائی تو میری آنکھوں کی ٹھنڈک اور دل کا چین ہے تو میری زندگی کے لیے ایک مستحکم رکن کی حیثیت رکھتا ہے۔اے میرے بھائی تو نے اپنے بھائی کا اس طرح ساتھ دیا ہے کہ اب جام موت سے سیر اب ہو رہا ہے۔اے ماہ روشن تو نے ہر مصیبت اور ہر تنگی میں میری مدد کی ہے۔خدا شاہد ہے کہ میں تیرے بعد زندگی پسند نہیں کرتا۔دیکھ عنقریب کل ہی ہم لازمی طور پر بارگاہ احدیث میں جمع ہو جائیں گے۔بے شک

ہماری صبر و شکیبائی کا مرکز اور تنگی و ترشی کا مادیٰ ذات باری ہے۔ ہمیں اسی پر بھروسہ رکھنا چاہیے۔(اسرار الشہادت ایک روایت میں ہے کہ حضرت امام حسین علیہ السلام نے قوم نابکار کو مخاطب کرکے ارشاد فرمایا۔ (ترجمہ) اے بدترین قوم! تم نے اپنی سرکشی کی وجہ سے ظلم پر کمر باندھ لی ہے۔اور تم نے ہمارے بارے میں محمد مصطفیؐ کی مخالف کی کیا بہترین خلق محمد مصطفیؐ نے ہمارے بارے میں تم کو وصیت نہیں کی۔ کیا خدا کے برگزیدہ احمد مجتبیٰ ہمارے نانا نہ تھے۔ کیا میری ماں فاطمہ زہراؑ نہ تھیں۔ کیا ہدایت یافتہ اور بہترین خلق کے بھائی علی میرے باپ نہ تھے۔ سنو! تم پر لعنت رہے گی۔اور جو گناہ تم نے کئے ہیں۔ان کا مواخذہ کیا جائے گا۔ یاد رکھو عنقریب تم لوگ آگ کے بھڑکتے ہوئے شعلوں میں جلو گے۔(دمعہ ساکبہ ص۳۳۷ و مقتل ابی مخنف ص۷۵ نوادر الائب ص۱۳۱ طبع لکھنؤ ناسخ التوریخ جلد ۶ ص۲۹۱) علامہ سید محمد علی حسن اپنی کتاب الدمعتہ الساکبہ منظوم ص۱۱ طبع لکھنؤ ۱۳۰۴ھ میں لکھتے ہیں (ترجمہ) اور جب آپ نے اپنے بھائی عباس ابن علیؑ کو زخمی اور خاک و خون میں غلطان زمین پر پڑا دیکھا تو یہ کلمات حسرت آپ نے ارشاد فرمائے اور آپ روتے جاتے تھے۔اور گویا آپ کے دل و جگر سے شعلے نکل رہے تھے۔اے بھائی! آپ کے بعد میری کمر ٹوٹ گئی اور راہ چارہ مسرود ہو گئی۔

او ہم بشہیدان دگر ملحق شد

ابو مخنف لکھتے ہیں کہ حضرت عباسؑ زمین پر رخسار کے بل گر پڑے۔اپنے خون میں تڑپ کر آواز دینے لگے۔اے ابو عبداللہ حسین آپ پر میرا آخری سلام۔امام حسینؑ نے جس وقت

عباسؑ کی آواز سنی فرمایاہائے بھائی ہائے میرے دل کی روح رواں " ثم حمل علی القوم فکشفھم عنہ " پھر آپ نے ان لوگوں پر حملہ فرما کر اپنے بھائی کے پاس سے ہٹادیا۔(مقتل ابی مخنف ص ۳۰۷) علامہ حسین واعظ کاشفی لکھتے ہیں۔ حضرت عباس علیہ السلام کی آواز سن کر حضرت امام حسین علیہ السلام میدان جنگ کی طرف روانہ ہوئے۔اور وہاں پہنچ کر اپنے کو حضرت عباسؑ پر گرادیا۔اور بے پناہ گریہ کرنے لگے۔اتنے میں ان سواروں اور پیادوں نے مل کر حضرت عباسؑ پر حملہ کردیا۔اور آپ کے جسم مطہر کو ٹکڑے ٹکڑے کرڈالا۔(روضۃ الشھداء ص ۳۶۳) علامہ سماوی لکھتے ہیں کہ حضرت امام حسین علیہ السلام حضرت عباسؑ کے جسم کے قریب بیٹھ گئے۔اور رونے لگے۔تااینکہ روح مبارک پرواز کرگئی ۔حضرت نے وہاں سے اٹھ کر لشکر اعدا پر ایسے حملے کئے۔کہ سارا لشکر بھیڑوں کی مانند ادھر ادھر بھاگنے لگا۔آپ فرماتے تھے۔اے میرے برابر کے بھائی کو قتل کرنے والو! اب کہاں بھاگ رہے ہو۔(ترجمہ ابصار العین ص ۴۸ طبع حیدرآباد) علامہ محمد باقر البھبانی تحریر فرماتے ہیں کہ حضرت عباس علیہ السلام کے جسم مبارک پر اتنے زیادہ زخم تھے کہ امام حسینؑ اس چیز پر قادر نہ ہوسکے کہ انہیں گنج شہیداں تک لاسکیں۔بنابریں محل قتل پر چھوڑ کر باصد گریہ و بکا واپس تشریف لے آئے۔(دمعہ ساکبہ ص ۳۳۷ طبع ایران) آقائے دربندی تحریر فرماتے ہیں۔" فوضعہ فی مکانہ ورجع الی الخیمۃ وھو یکفکف دموعہ بکمہ " حضرت امام حسینؑ بصد مجبوری حضرت عباسؑ کے جسم مطہر کو مقام قتل پر چھوڑ کر اس حال میں واپس آئے کہ آستین سے آنسو پونچھ رہے تھے۔(اسرار الشہادت ص ۳۳۷) علامہ یزدی رقمطراز ہیں کہ: جب امام حسینؑ حضرت عباسؑ کے سرہانے پہنچے تو ملاحظہ فرمایا کہ بدن عباسؑ بالکل ٹکڑے ٹکڑے کرڈالا گیا ہے۔اور اس کثرت جراحت کی وجہ سے آپ خیمہ گاہ میں نہ لاسکے۔بلکہ اس حال میں اسی جگہ چھوڑ کر

تنہا واپس چلے آئے (انوار الشہادت ص ٦٠) غرضیکہ حضرت عباس علیہ السلام حضرت امام حسین علیہ السلام کا ساتھ چھوڑ کر ہمیشہ کے لیے رخصت ہو گئے۔ اور کس قدر رنج کی بات ہے کہ حضرت امام حسین علیہ السلام اپنے اس جانباز برادر کی لاش محترم کثرت جراحت کی وجہ سے خیمہ میں نالا سکے۔ " اناللہ وانا الیہ راجعون " مسٹر عبدالحمید مدیر رسالہ مولوی دہلی لکھتے ہیں کہ حضرت عباس علیہ السلام کی شہادت یوم عاشور بعد از ظہر واقع ہوئی ہے۔ شہید اعظیم ص ۲۲۱ طبع دہلی)

جناب سکینہؑ کا امام حسینؑ سے حضرت عباسؑ کے متعلق سوال اور مخدرات عصمت کا گریہ

آقائے دربندی ارشاد فرماتے ہیں کہ حضرت امام حسین علیہ السلام حضرت عباسؑ کے جسم مطہر کو میدان میں چھوڑ کر آستین سے آنسو پونچھتے ہوئے جیسے ہی خیمہ میں پہنچے ہیں۔ "اتت الیہ سکینۃ ولزمت عنان جوادہ" جناب سکینہ دوڑ پڑیں۔ اور لجام فرس سے لپٹ کر عرض کرنے لگیں۔ بابا جان ! " ھل لک علم بعمی العباس " آپ کو میرے چچا عباسؑ کی بھی کچھ خبر ہے۔ اے بابا! میں نے ان سے پانی کی خواہش کی تھی۔ وہ اب تک پلٹ کر نہیں آئے۔ بابا جان وہ تو کبھی وعدہ خلافی نہیں کرتے تھے۔ آپ سچ بتائیے کیا ہمارے چچا جان نے پانی پی کر اپنا دل ٹھنڈا کر لیا۔ اور ہم سب کو بھول گئے۔ یا دشمنوں سے حصول آب تک لڑ رہے ہیں۔ "فعندھا بکی الحسین" یہ سن کر حسینؑ بے ساختہ رو پڑے اور کہنے لگے۔ میری بیٹی !

تمہارے چچا عباس قتل کر دیئے گئے۔اور ان کی روح جنت کو پرواز کر گئی۔" فلما سمعت زینب صرخت ونادت" یہ سننا تھا کہ جناب زینب بھی چلا کر روئیں اور آواز دی" واعباساہ "اے میرے بھائی عباس آپ نے تو سخت مایوسی پیدا کر دی۔اس کے بعد تمام بیبیاں رونے لگیں۔اور انہی کے ساتھ ساتھ امام حسین علیہ السلام بھی گریہ فرمانے لگے۔(از اسرار الشہادت ص ۳۳۷ وجواہر الایقان ص ۳۱۳

حضرت عباسؑ کی خبر شہادت سے خیمہ میں کہرام

عالم اہل سنت امام ابو اسحاق اسفرائنی تحریر فرماتے ہیں کہ حضرت عباسؑ کی خبر شہادت کا خیمہ میں پہنچنا تھا کہ "خرجت النساء و بکین علیہ وعلت اصواتھن با لبکاء والنحیب حتیٰ بکت لبکاءھن ملئکۃ السماء فادخلھن الحسین فی الخیام۔ عورتیں خیمہ سے نکل کر پڑیں۔اور بے پناہ گریہ کرنے لگیں۔ان کی آوازیں بلند تھیں۔اور ان کے رونے سے ملائکہ گریہ کن تھے۔یہ دیکھ کر امام حسینؑ نے عورتوں کو داخل خیمہ کر دیا۔(نور العین ص ۶۰ طبع بمبئی)

آپ کی کنیت ابو قربہ

علامہ اسفرائنی تحریر فرماتے ہیں کہ آپ نے چونکہ کربلا میں کمال بے جگری سے سقائی فرمائی تھی۔لہٰذا آپ کا لقب سقا قرار پایا تھا۔اور چونکہ آپ کی شہادت مشکیزہ کے پر از آب کرنے کے سلسلے میں واقع ہوئی ہے۔لہٰذا آپ کی کنیت ابو قربہ قرار پائی۔(ابصار العین ص ۲۹ طبع نجف اشرف) علامہ عبدالرزاق موسوی تحریر فرماتے ہیں کہ آپ کی کنیت ابوالفضل،ابو قربہ

اور ابوالقاسم تھی۔ وہ لکھتے ہیں کہ حضرت جابر بن عبداللہ انصاری نے زیارت اربعین میں اس طرح سلام کیا ہے۔ ''السلام علیک یا اباالقاسم یا عباس بن علی'' الخ (قمر بنی ہاشم ص ۲۵)

حضرت عباسؑ کی عمر مبارک

شہادت کے وقت حضرت عباسؑ کی عمر شریف کیا تھی؟ اس کے متعلق اقوال میں (۱) کتاب ذبح عظیم ص ۲۱۵ میں ۴۲ سال (۲) شرعت المصائب جلد ۲ ص ۱۷۸ میں تیس سال (۳) ید بیضا ص ۱۰۳ میں بتیس سال (۴) واقعہ کربلا اور اس کے اسباب و نتائج ص ۹ میں بتیس سال (۵) چراغ زندگی حصہ ۳ ص ۱۹۴ میں ۳۵ سال (۶) جواہر البیان ص ۲۳۶ میں ۳۶ سال (۷) حدائق لانس ص ۶۱ میں پنتیس سال سے زائد (۸) مرقات الایقان ص ۲۷، ۳۵ سال مرقوم ہے۔ لیکن علمائے تاریخ کا اس پر اتفاق ہے کہ آپ کی عمر شریف بوقت شہادت ۳۴ سال کی تھی۔ ''عباسؑ اور وقت شہادت سی چہار رسالہ بود'' ملاحظہ ہو ناسخ التواریخ جلد ۶ ص ۲۹۱ عمدۃ المطالب ص ۲۵۱، مفاتیح الجنان ص ۵۵۰، فوائد المشاہد ص ۲۲۳، دمعہ ساکبہ ص ۳۳۷ مقاتل الطالبین ص انوار الحسینیہ ص ۶۶، اخذ الثار ص ۳۹۸، تاریخ ائمہ ص ۲۹۶۔ البتہ تاریخ ولادت ۴ شعبان ۲۶ ہجری اور تاریخ شہادت ۱۰ محرم الحرام ۶۱ھ ہجری کو ملانے سے چند ماہ کا اضافہ مستنبط ہوتا ہے یعنی آپ کی عمر ۳۴ سال چند ماہ تھی۔

حضرت عباسؑ اپنے حقیقی بھائیوں میں آخری شہید ہیں

اس امر میں اختلاف ہے کہ بنی ہاشم کا آخری شہید جو میدان میں جا کر لڑ سکتا ہو۔امام حسینؑ سے قبل کون ہے علامہ سفرائنی نے حضرت عباسؑ کو قرار دیا ہے لیکن تقریباً تمام ارباب مقاتل نے حضرت علی اکبرؑ کو تسلیم کیا ہے۔البتہ اس میں کوئی اختلاف نہیں ہے۔کہ حضرت عباسؑ اپنے حقیقی بھائیوں میں سب سے آخری شہید ہیں۔علامہ مجلسی لکھتے ہیں۔وھواخر من قتل من اخوتہ لابیہ رامہ حضرت عباسؑ اپنے بھائیوں میں سب کے بعد قتل ہوئے۔(بحار الانوار جلد ۱۰ ص ۲۲۳)

حضرت عباسؑ کے ہاتھوں قتل ہونے والوں کو تعداد

حضرت عباسؑ کے ہاتھوں سے کتنے دشمنان اسلام قتل ہوئے ہیں۔اس کی تفصیل بتانی مشکل ہے۔کیونکہ وہ ایک ایسے بہادر تھے۔جو حضرت علیؑ کی طرح جب تلوار اٹھاتے تھے۔پرے کے پرے صاف کر دیتے تھے۔اور تلوار سے قتل کئے جانے والوں کی تعداد کا لکھنا اس لیے بھی مشکل ہے کہ تقریباً ہر مجاہد میدان میں آپ سے مدد چاہتا تھا۔اور آپ جا کر تلوار چلاتے رہے۔البتہ آپ نے نیزے سے جتنے دشمنوں کو قتل کیا ہے اس کی تفصیل یہ ہے۔طاویہ پر سوار ہونے سے پہلے ۵۳۰ طاویہ پر سوار ہو کر ۲۸۰ نہر فرات میں اترنے سے پہلے ۸۰۰ داہنا ہاتھ کٹنے سے پہلے ۴۵۰ بایاں ہاتھ کٹنے سے پہلے ۵۰ دونوں ہاتھ کٹ جانے کے بعد دانتوں اور کٹی ہوئی کلائی کے ذریعے سے ۳۰۵ دشمنوں کی واصل جہنم کیا(نور العین امام اسحاق اسفرائنی ص ۵۸ تا ص ۶۰ طبع بمبئی و اسرار الشہادت آقا نے دربندی ص ۳۳۷ طبع ایران)

امام معصومؑ کا حضرت عباس علیہ السلام پر سلام

حضرت صاحب العصر علیہ السلام زیارت ناحیہ میں حضرت عباسؑ پر ان لفظوں میں سلام فرما رہے ہیں۔ ترجمہ۔ امیر المومنین حضرت علیؑ کے فرزند جناب ابو الفضل العباس علیہ السلام پر سلام ہو جو اپنی جان اپنے بھائی پر نثار کرنے والے اور ان پر قربان ہونے والے۔ انہیں اپنی روح کے ذریعہ سے بچانے والے اور طلب آب میں اپنے ہاتھوں کو کٹانے والے تھے خدا ان کے قاتلوں یزید ابن رقاد اور حکیم ابن طفیل پر لعنت کرے۔ (بحار الانوار جلد ۱۰ ص ۲۰۸ طبع ایران)

حضرت عباسؑ کے خون بہا لینے کی تاکید

حضرت عباس علیہ السلام کی شہادت کے سلسلہ میں یہ جملہ ملتا ہے۔ ودمہ فی بنی حنیف (دمعہ ساکبہ ص ۳۳۷) علامہ کنتوری بحوالہ عمدۃ المطالب تحریر فرماتے ہیں۔ ودمر العباس فی بنی حنیفۃ یہ جملہ اگر مصنفہ کی طرف سے ہے تو محض خبر ہے اور اگر حدیث صادق آل محمدؐ کا تتمہ ہے تو اس کا مطلب یہ ہے کہ آپ اپنے ماننے کو بتا رہے ہیں کہ وہ نسلاً بعد نسل آگاہ رہیں۔ اور جب حضرت حجت ظہور فرما کر شہداء کربلا کے خون کا بدلہ لینے لگیں تو انہیں باخبر کریں کہ حضرت عباسؑ کے خون کی ذمہ داری بنی حنفیہ پر ہے۔ مطلب یہ ہے کہ حضرت عباسؑ کے خون کا بدلہ لینا ہے۔ بے انتہا ضروری ہے (مائتین ص ۴۴۴)

حضرت عباسؑ کی شہادت کے بعد امام حسین علیہ السلام کا چہرہ اتر گیا

مورخین کا بیان ہے کہ امام حسین علیہ السلام نے کسی قتل سے تاثر حاصل نہیں کیا۔ یعنی آپ پر کسی کی شہادت کا زیادہ اثر نہیں ہوا۔ البتہ حبیب ابن مظاہر کی شہادت کا اثر ہوا تھا۔ مگر حضرت عباسؑ کی وجہ سے انہیں زیادہ پروا نہیں ہوئی۔ مگر جب حضرت عباسؑ شہید ہوئے تو۔ بان لانکسار فی وجہ الحسین فجلسین مھموصاً ودموعہ تجری علی خدیجۃ۔ تو آپ کے چہرے پر مایوسی اور انکساری ظاہر ہو گئی۔ اور آپ خاموش ہو کر نہایت غم اور الم کی حالت میں بیٹھ گئے اور آنسو آپ رخساروں پر جاری تھے۔ فاتی الیہ ولدہ۔ یہ دیکھ کر حضرت علی اکبرؑ حاضر ہوئے۔ اور عرض پرواز ہوئے۔ باباجان قتل عمی العباس فلا خیر لی فی الحیوۃ بعدہ ہمارے چچا عباسؑ قتل ہو چکے ہیں اب میں ان کے بعد زندہ نہیں رہ سکتا۔ مجھے اجازت دیجئے کہ میں آپ پر سے قربان ہو جاؤں امام حسینؑ فرمایا۔ بیٹا۔ یہ کیوں کر ہو سکتا ہے۔ حضرت علی اکبرؑ نے عرض کی باباجان اب تو یہ ہونا ہے۔ اور مجھے آپ پر نثار ہونا لازمی ہے تاریخوں میں یہ بھی موجود ہے کہ حضرت عباسؑ کے شہید ہو جانے کے بعد۔ تدافعت الرجال، دشمن بالکل بے لحاظ ہو کر ٹوٹ پڑے۔ (دمعہ ساکبہ ص ۳۳۸، ناسخ التواریخ جلد ۶ ص ۲۹۲)

حضرت عباسؑ کے بارے میں امام حسینؑ سے امام زین العابدینؑ کا سوال

حضرت عباسؑ کے بعد حضرت علی اکبرؑ اور ان کے بعد جناب علی اصغر شہید ہو گئے۔اب آپ کا کوئی صغیرہ کبیرہ مدد گار باقی نہ رہا۔آپ نے نظر اٹھا کر دیکھا تو بہتر شہید دکھائی دیئے۔بعدہ آپ کا خیمہ اہل حرم میں تشریف لائے اور آواز دی اے سکینہ ! اے فاطمہ !اے زینب!اے ام کلثوم ! تم پر میرا سلام ہو آخری ہو۔یہ سن کر جناب سکینہ نے چلا کہا اے بابا جان ! کیا آپ نے موت کا فیصلہ کر لیا ہے ؟آپ نے فرمایا: بیٹی وہ شخص کیوں کر موت کا استقبال نہ کرے۔ جس کا کوئی مدد گار باقی نہ رہے؛جناب سکینہ نے عرض کی۔ بابا جان اگر آپ نے اپنی شہادت کا فیصلہ کر لیا ہے۔ ''تو ردنا الی حرم جدنا''ہمیں نانا کے روضہ تک پہنچادیجئے۔''امام حسین علیہ السلام نے فرمایا۔ھیھات لو ترک القطالنامر ؛افسوس ! اے بیٹی ! اگر قطا طائر چھوڑ دیا جاتا تو سو رہتا یعنی اے بیٹی ! یہی تو نا ممکن ہے یہ سن کر تمام عورتیں چیخ مار کر رونے لگیں۔امام حسینؑ نے سب کو خاموش کیا اور صبر کی تلقین فرمائی ۔علامہ محمد باقر تحریر فرماتے ہیں۔کہ جب امام حسین علیہ السلام پر عرصہ حیات تنگ ہو گیا ۔اور آپ تنہارہ گئے تو اپنے بھائیوں کے خیموں کی طرف تشریف لے گئے۔اور انہیں خالی پایا پھر اصحاب کے خیموں کی طرف تشریف لے گئے۔انہیں بھی خالی پایا تو بار بار۔لاحول والا قوۃ الا باللہ العلی العظیم ۔فرمایا اور مخذرات عصمت کے خیمے کی طرف متوجہ ہوئے ۔اس کے بعد امام زین العابدینؑ کے خیمہ میں آئے اور ملاحظہ فرمایا کہ وہ ایک کھال پر پڑے ہیں اور جناب زینبؑ ان کی تیمارداری میں مشغول ہیں۔جب امام زین العابدین علیہ السلام کی نظر جناب امام حسینؑ پر پڑی تو آپ اٹھنے لگے مگر اٹھ نہ سکے۔پھر آپ نے جناب زینبؑ سے کہا کہ پھوپھی اماں مجھے اٹھا کر بٹھا یئے۔انہوں نے اپنے سہارے اٹھا کر بٹھایا اس کے بعد حضرت امام حسین علیہ السلام نے پوچھا کہ ''بیٹا''تمہارا مرض اب کیسا ہے اور طبیعت کیسی

ہے آپ نے عرض کی۔ بابا! خدا کا شکر ہے اس کے بعد امام زین العابدین نے امام حسین علیہ السلام سے پوچھا۔ بابا جان ان منافقوں کے ساتھ کیا ٹھیری۔ آپ نے فرمایا بیٹا! ان پر شیطان چھا گیا ہے اور جنگ جاری ہے اور سنو زمین مقتل خون سے رنگین ہو چکی ہے۔ فقال علی علیہ السلام یا اتباہ واین عمی العباس فلم اسالہ عن عمہ احنتقت زینب بعبر تھا وجعلت نظر الی اخیھا کیف یجیبیہ لانہ لم یخبرہ بشھادۃ عمہ العباس خوفاً لان یشتد مرضہ۔ یہ سن کر امام زین العابدین علیہ السلام نے پوچھا۔ بابا جان! میرے چچا عباس کہاں ہیں۔ ان کے اس سوال کے کرتے ہی زینب کی ہچکی بند گئی۔ اور وہ اپنے بھائی کی طرف دیکھنے لگیں۔ کہ بھائی اس اہم سوال کا کیا اور کیسے جواب دیں گے۔ اس لیے کہ امام حسینؑ شہادت عباس کو امام زین العابدینؑ سے چھپائے ہوئے تھے کیونکہ مرض کے بڑھ جانے کا اندیشہ تھا۔ امام حسین علیہ السلام نے فرمایا۔ یبنیٰ ان عمک قد قتل، اے بیٹا! تمہارے چچا عباس قتل کر دیئے گئے۔ اور ان کے دونوں ہاتھ بر لب فرات قطع کر دیئے گئے۔ فبکی علی ابن الحسین بکاءً شدیداً یہ سن کر امام زین العابدین علیہ السلام اس بے قراری سے روئے کہ بے ہوش ہو گئے۔ تو پھر جب افاقہ ہوا تو ہر ایک کے متعلق پوچھنے لگے۔ امام حسین علیہ السلام پر ایک کے جواب میں فرماتے گئے۔ ''قتل'' بیٹا وہ بھی قتل ہو گئے۔ بالآخر امام حسین علیہ السلام نے فرمایا اے بیٹا ''لیس فی الخیام رجل الا انا وانت، اب خیمے میں میرے اور تمہارے سوا کوئی زندہ نہیں ہے تم جن کے متعلق پوچھو گے وہ سب قتل ہو چکے ہیں یہ سن کر امام زین العابدین علیہ السلام نے انتہائی شدت کے ساتھ رونا شروع کیا اور اپنی پھوپھی زینبؑ سے فرمانے لگے۔ پھوپھی جان میرا عصا اور میری تلوار دیجئے۔ امام حسینؑ نے پوچھا بیٹا! کیا کرو گے عرض کی عصا پر تکیہ کر کے تلوار سے لڑوں گا۔ اور آپ پر قربان ہو جاؤں گا۔ یہ سن کر امام حسینؑ نے ضمہ الی

صدرہ انہیں اپنے سینے سے لگا کر فرمایا:۔بیٹا! تم میرے بعد، خلیفہ الارض ہو۔ان سب کی نگرانی بھی تمہارے ذمے ہے (دمعہ ساکبہ ص ۳۴۴) اس کے بعد آپ نے زینبؑ سے فرمایا کہ بہن پرانا کپڑا دے دو۔تاکہ میں اسے اپنے تمام کپڑوں کے نیچے پہن لوں زینبؑ نے عرض کیا بھیا اسے آپ کس لیے پہنیں گے۔فرمایا بہن اس واسطے پہنوں گا کہ اسے میری شہادت کے بعد کوئی میرے جسم سے نہ اتارے۔اس کے بعد جناب زینب پرانے کپڑے لائیں۔آپ نے انہیں اور چاک کر کے سب کپڑوں کے نیچے پہن لیا۔یہ حال دیکھ کر۔فارتفعت اصوات النساء با لبکاء والحنیب، خیمہ اہل حرم میں کہرام عظیم برپا ہو گیا۔بعدہ امام حسینؑ ان سب کو ہمیشہ کے لیے چھوڑ کر رخصت ہو گئے (ابصار العین ص ۲۸ و دمعہ ساکبہ ص ۳۴۰ مجمع النورین مجلس ۵۷ ص ۳۱۹

امام حسینؑ کے گھوڑے کی رکاب جناب زینبؑ کے ہاتھوں میں

حضرت امام حسینؑ خیمہ سے برآمد ہو چکے ہیں اور آپ میدان میں جانا چاہتے ہیں آپ کی کمر ٹوٹ چکی ہے۔بازو شکستہ ہو چکے ہیں۔جسم سے اتنا خون نکل چکا ہے کہ اب آپ بلا اعانت گھوڑے پر سوار نہیں ہو سکتے۔کیا یہ برداشت کے قابل تھا کہ حسینؑ کو رخصت کرنے کے لیے کوئی مرد نہیں ہے کہ رکاب تھام کر سوار کرے۔علیؑ کی بیٹی یہ رسم فریضہ ادا کرتی ہیں ۔شجاعان عالم اس بی بی کے قدم خاک اپنی آنکھوں میں لگائیں اور فخر کریں شہدائے عالم دیکھیں اور وجد کریں کوئی بے یار و مددگار بی بی جو اس کے بعد اپنے لیے دنیا کی مصیبتیں دیکھ

رہی ہے اس فرض کو کس طرح ادا کرتی ہے (شہید کربلا ص ۲۰۱۳ اطبع لکھنوٴ ۱۳۵۸ ھ
نعش عباسؑ پر خطِ صغرے حضرت امام حسینؑ مخدرات عصمت سے رخصت ہو کر میدان کی طرف روانہ ہو چکے ہیں اور آپ کے قدم مقتل کی طرف بڑھ رہے ہیں کہ ناگاہ ایک زائر نجف نظر پڑا۔ اس نے قریب آکر پوچھا آپ کون ہیں اور یہ قتل و غارت کا کیا واقعہ ہے آپ نے حالات پر ہلکا سا تبصرہ کیا وہ قدموں پر گر پڑا۔ آپ نے فرمایا تو جس کی زیارت کو نجف آیا تھا ہم انہی کے فرزند ہیں اس نے عرض کی مولا ! عباس ابن علیؑ کہاں ہیں؟ امام حسینؑ نے فرمایا۔ وہ بھی قتل ہو چکے ہیں۔ یہ سن کر زائر نجف نعرے مار کر رونے لگا۔ اور امیر المومنینؑ کو مخاطب کر کے فریاد کرنے لگا۔ مولا ! آیئے اور اپنے فرزندوں کی خبر لیجیے۔ (ریاض الشہداء ص ۲۵۵) پھر امام حسینؑ اس مقام سے آگے بڑھ کر اس پہاڑی کی طرف جا رہے تھے ۔ جس پر علی اصغرؑ نے شہادت پائی تھی۔ کہ دشمنوں نے زبردست حملہ کر دیا۔ علامہ سماوی لکھتے ہیں کہ پھر امام حسین علیہ السلام نے شیر غضبناک کی طرح حملہ کیا۔ اور آپ کے زخموں سے خون برابر جاری رہا۔ لشکر والے حضرت کے سامنے سے بھاگتے پھرتے تھے پھر وہ اشقیا حضرتؑ کے خیموں کی طرف متوجہ ہوئے یہ دیکھ کر امام حسینؑ نے شمر کو آواز دی اور کہا اے آل ابی سفیان ! تمہاری غیرت و حمیت کیا ہو گئی ہے اگر تمہیں خدا کا خوف نہیں ہے تو کم از کم عرب کے دستور کا لحاظ کرو۔ ارے جنگ ہم سے اور تم سے ہو رہی ہے میری زندگی میں خیام کو تاراج کرنا کوئی انسانیت نہیں ہے ارے شمر ! ہم اپنے لشکر والوں اور سرہنگوں کو منع کر۔ اس کے بعد حضرت امام حسین علیہ السلام نے ایک زبردست حملہ کیا۔ ادھر سے ان لوگوں نے بھی نیزہ و تیر و تلوار تیزی سے برسانا شروع کر دیا (ابصار العین ص ۲۹) علامہ شیخ جعفر شوشتری لکھتے ہیں کہ امام حسین علیہ السلام نے ان جفاکاروں کو متوجہ کر کے کہا

۔اگر تم ہم کو پانی نہیں دیتے۔اقلاً بایں زنہاآب دہید کم از کم غریب عورتوں کو پانی دے دو ۔مگر ادھر سے ایک ہی جواب تھا کہ پانی ایک قطرہ نہ دیا جائے گا۔(المواعظ وا لبکا ص ۱۰۹ علامہ سماوی لکھتے ہیں کہ حملوں کے درمیان میں آپ بار بار اتمام حجت کے لیے پانی طلب فرما رہے تھے۔تا اینکہ آپ کو زخموں نے چور چور کر دیا۔اور آپ نے دم لینے کے لیے گھوڑے کو ٹھہرایا(ابصار العین ص ۲۹) اتنے میں آپ نے دیکھا کہ ایک سانڈنی سوار سامنے سے چلا آرہا ہے آپ کی طرف منہ کر کے کھڑے ہو گئے وہ ناقہ سے اترا۔قریب پہنچا اور پیروں پر گر پڑا۔امام نے فرمایا۔کہاں سے آئے ہو۔اور کیوں آئے ہو مسافر نے جواب دیا میں مدینے کا رہنے والا ہوں اور بنی فاطمہ کا غلام ہوں ایک روز دو پہر کے وقت جب گرمی غضب کی پڑ رہی تھی میں ایک گلی سے جارہا تھا میں نے یا حسینؑ یا حسینؑ کی جگر خراش آواز سنی میں نے نظر اٹھا کر دیکھا تو ایک لڑکی زمین پر بیٹھی حسینؑ حسینؑ کے نعرے لگا رہی تھی۔میں نے پاس جا کر پوچھا تو کون ہے اس کا دل بھر آیا وہ پھوٹ پھوٹ کر رونے لگی اور کہا واسطہ خدا کا۔باپ سے بچھڑی ہوئی۔بھائیوں سے چھوٹی ہوئی صغریٰ کا خط باپ تک پہنچا دے(سیدہ ؑ کا لال علامہ راشد الخیری ورسالہ دہلی محرم ۱۳۵۱ھ ص ۵۴) علامہ قزدینی لکھتے ہیں۔کہ ناقہ سوار نے ایک خط حضرت امام حسینؑ کے ہاتھ میں دیا آپ نے اسے ملاحظہ فرمایا دیکھا کہ فاطمہ صغریٰ کا خط ہے کہ جس سے وعدہ کیا تھا کہ میں تمہیں جلد بلاؤں گا۔یہ خط دیکھ کر آپ کو سخت رنج پہنچا۔آپ اس خط کو لیے ہوئے خیمہ میں تشریف لائے اور زینب وام کلثوم، رقیہ اور رباب کو پکار کر کہا فاطمہ صغری کا خط آیا ہے۔ان عورتوں میں کہرام مچ گیا۔(ریاض القدوس جلد اص ۱۱۶ طبع ایران) بعض ارباب مقاتل لکھتے ہیں کہ حضرت امام حسینؑ اس کو لیے ہوئے حضرت عباسؑ اور علی اکبرؑ کی لاش پر آئے۔اور پکار کر کہا۔اے عباسؑ! تمہاری

بھتیجی فاطمہ صغرا کا خط آیا ہے اس نے تمہاری شکایت لکھی ہے کہ تم اس کو لانے کے لیے نہیں گئے۔ یہ کہہ کر بے انتہا روئے اور آنسو پونچھتے ہوئے واپس آئے۔ (فضائل الشہداء باب ۲ فصل ۸ ص ۱۰۵) علامہ قزدینی لکھتے ہیں کہ وہ قاصد ملائکہ میں سے تھا یہی وجہ ہے کہ وہ جانتا تھا کہ امام حسینؑ کربلا میں ہیں اور جلد سے جلد کربلا پہنچ گیا کیونکہ بشر کے لیے یہ ناممکن تھا کہ وہ اتنی جلدی کربلا پہنچ جاتا۔ (ریاض القدس جلد ا ص ۱۱۶) مولانا آغا مہدی صاحب بھی صحت روایت کی تائید کی ہے (شہزادہ علی اصغر ص ۱۰۸) علامہ قزدینی لکھتے ہیں ہیں کہ جواب نامہ معلوم نیست کہ دادہ شدہ باشد، کہ خط کا جواب دیا جانا معلوم نہیں ہوتا میں کہتا ہوں کہ بقول شاعر (مولانا فیاض حسین واعظ مبارک پوری) البتہ قدرتی نامہ پر کبوتروں نے اپنے پروں کو خون حسینؑ سے تر کے بعد شہادت مدینہ پہنچ کر شہادت حسینؑ کی خبر دی (روضتہ الشہداء و ناسخ التواریخ جلد ۶ ص ۳۳۷

حضرت امام حسینؑ کا گھوڑے سے گرنا اور عباسؑ کو پکارنا

مسٹر جمیس کارکرن اپنی تاریخ چین دفتر دوم جلد ۲ باب ۱۶ میں لکھتے ہیں کہ امام حسینؑ جن کی بہادری کے سامنے رستم کا نام لینا تاریخ سے ناواقفیت کی دلیل ہے کربلا کے میدان میں آٹھ قسم کے دشمنوں میں گھرے ہوئے تھے چاروں طرف فوج، دو دشمن بھوک اور پیاس ،دو دشمن دھوپ اور ریگ گرمی کی تپش اس کے باوجود کمال دلیری اور انتہائی بہادری کا ثبوت دیا" تاریخ بتا رہی ہے کہ حضرت عباسؑ کی شہادت کے بعد دشمنوں نے آپ پر یورش کردی ہے اور آپ کو قتل کر دینے کی سعی پیہم میں لگے ہوئے ہیں۔ مورخین کا بیان ہے کہ

FAZAIL AL HZ ABBAS (AS)

واقعہ صغریٰ کے بعد آپ واپس تشریف لائے دفعتہ ایک پتھر آپ کی پیشانی مبارک پر آلگا اور خون جاری ہوا۔ خون پونچھنے کے یے حضرت نے رومال نکالا تھا کہ ایک تیر سہ پہلو زہر میں بجھا ہوا سینہ اقدس پر لگا۔ اور پشت مبارک کی طرف سے نکل گیا اس زخم سے فوارے کی طرح خون جاری ہوا۔ اور اب حملہ کی طاقت حضرت میں باقی نہ رہی۔ اور اسی جگہ آپ ٹھہر گئے یہ دیکھ کر شمر شقی پکارا کیا۔ دیکھتے ہو۔ حضرت کا کام تمام کر و یہ سننا تھا کہ صالح بن وہب مرفی نے حضرت کے پہلو پر نیزہ مارا۔ اور حضرت گھوڑے سے زمین پر داہنے رخسار کے بل یہ کہتے ہوئے گرے۔ بسم اللہ و باللہ و علی ملۃ رسول اللہ ، گرنے کے بعد حضرت پھر اٹھ کھڑے ہوئے اب درعہ ابن شریک ملعون نے بائیں شانے پر تلوار لگائی اور کسی دوسرے نے بھی تلوار ماری۔ اور حضرت پھر زمین پر گر پڑے۔ اتنے میں سنان ابن انس معلون نے حضرت ہنسلی پر نیزہ مارا۔ پھر دوسرا نیزہ سینہ اقدس پر لگا یا اس صدمہ سے حضرت اٹھ بیٹھے اور خون چلو میں لے کر منہ پر مل لیا پھر مالک ابن نسر کندی ملعون نے سر پر تلوار لگائی (ابصار العین ص ۲۹ طبع حیدر آباد خلاصتہ المصائب ص ۱۱۴) ابو مخنف کا بیان ہے کہ جب آپ گھوڑے سے تشریف لائے۔ فبکی بکاء عالیا دے ، تو باآواز بلند روئے اور واعباسا، عباس علمدار کو پکارا۔ اے عباسؑ! میری مدد کو پہنچو ، اے عباس ! تم کہاں چلے گئے کہ مجھ پر یہ مصیبت نازل ہو گئی۔ (منتقل ابی مخنف ص ۷۶ ناسخ التواریخ جلد ۶ ص ۳۰۴ طبع بمبئی)

امام حسین علیہ السلام کا جب کوئی عضو کٹتا تو عباسؑ کو پکارتے

تھے

علمائے تاریخ کا بیان ہے کہ دشمنوں نے حضرت امام حسین علیہ السلام کے جسم کو ٹکڑے ٹکڑے کر ڈالا پھر وقت آیا کہ آپ کے سینے پر شمر سوار ہو گیا۔آپ نے فرمایااے شمر ! از سینہ من خیز کہ وقت نماز است اے شمر، میرے سینے سے اٹھ جاتا کہ میں روبقبلہ ہو کر نماز آخرادا کرلوں۔ شمر سینے سے اترا آپ سجدے میں تشریف لے گئے شمر نے پس گردن سے سر مبارک جدا کر دیا(روضتہ الشہداء ص ۳۷۷) ابو مخنف کا بیان ہے۔ کلما قطع عضونادی ؛امام حسین علیہ السلام کا جب کوئی عضو بدن کٹتا تھاتو آپ عباسؑ علمدار کو آواز دیتے تھے ۔اے عباس ! خبر لو حسینؑ مصیبت میں مبتلا ہوئے۔ مقتل ابی مخنف ص ۳۷۷ طبع ایران)

❖ ❖ ❖

خیام اہل بیت میں آگ کا لگنا اور بیبیوں کا حضرت عباسؑ کو پکارنا

حضرت امام حسین علیہ السلام کی شہادت کے بعد دشمنان اسلام خیمائے اہل حرم کی طرف متوجہ ہو گئے خیموں میں آگ لگادی اور طنابوں کو تلوار سے کاٹ دیا۔ عورتوں کے لباس اور زیورات دشمن اتارنے لگے ۔بچوں کو طمانچے مارے۔ نوک نیزہ سے اذیتیں دیں۔ عورتوں اور بچوں کی پشت پر تازیانے لگائے۔امام زین العابدین علیہ السلام کے نیچے جو چمڑے کا ایک بستر تھا۔اسے گھسیٹ لیا۔(نور العین ص ۴۷) اس وقت مخدرات عصمت کی یہ حالت تھی کہ ''یلتفتن شمالا و یمیناً'' وہ گھبرا کر داہنے بائیں دیکھتی تھی۔نہ امام حسینؑ نظر آتے تھے

نہ حضرت عباسؑ دکھائی دیتے تھے۔(صاحب ریاض الاحزان لکھتے ہیں کہ اس وقت کے ہنگامے میں حضرت زینب کے حواس پریشان تھے اور وہ گھبرا گھبرا کر ''فنادت یاالحسین ویا للعباس۔اے بھیا حسینؑ اور اے بھیا عباسؑ آؤ اور ہماری خبر لو۔ہم پر دشمن چھائے ہوئے ہیں اور ہمیں ستارہے ہیں مگر اللہ اکبر ان غریبوں کا کوئی پریشان حال تھا۔اور نہ خبر گیر(ریاض القدس جلد اص ۱۸۱ طبع ایران)

شب یازدہم مخدرات عصمت کی پریشانی اور حضرت عباسؑ کی یاد

مورخین کا بیان ہے کہ حضرت امام حسین علیہ السلام کی شہادت کے بعد اسپ وفادار نے خون حسینؑ میں اپنی پیشانی رنگین کر کے خیام اہل بیت تک سنانی پہنچائی جس کی وجہ سے خیام اہل حرم میں کہرام عظیم برپا ہو گیا۔ابھی یہ غم زدہ رو ہی رہے کہ دشمنوں نے خیام کا رخ کر لیا اور پہنچتے ہی خیام میں آگ لگادی اور سامان لوٹنا شروع کر دیا۔اہل حرم فریاد وفغان کی آواز یں بلند کر رہے تھے اور کوئی فریاد اس اور پرسان حال نہ تھا تمام بیبیوں کے سروں سے چادر یں چھین لیں فاطمہ بنت حسینؑ اور حضرت ام کلثوم کے پیروں سے چھاگلیں اتار لیں اور حضرت زینب کے کانوں سے گوشوارے کھینچ لیے سید سجاد کے نیچے سے بستر کھینچ کر زمین پر ڈال دیا۔غرضیکہ ایک ایسا حشر برپا کر دیا گیا۔جو کبھی کسی کے ساتھ روا نہیں رکھا گیا ان حالات کو دیکھ کر دشمن کی ایک عورت سے نہ رہا گیا جو قبیلہ بکر ابن دائل کی تھی۔اس نے ایک تلوار کا ٹکڑا لے کر ان مخالفوں پر حملہ آور ہوئی جو آل رسولؐ کو لوٹ رہے تھے بعض

روایتوں میں ہے کہ ایک بچے کے کرتے میں آگ لگی ہوئی تھی اور وہ باہر کی طرف بھاگ رہا تھا جیسے جیسے ہوا لگتی تھی آگ بھڑکتی جاتی تھی۔ یہ حال دیکھ کر ایک دشمن نے ترس کھایا ۔اور بڑھ کر دامن سے آگ بجھادی اس نونہال نے جب اسے اپنے پر مہربان پایا تو کہنے لگا کہ اسے شیخ ہمیں نجف کا راستہ بتادے اس نے کہا کہ اے فرزند اس کمسنی میں نجف کا راستہ کیوں پوچھتے ہو۔ فرمایا میں اپنے نانا کے پاس جا کر ان کے سامنے فریاد کروں گا۔ صاحب توضیح عزا نے اس واقع کو حضرت سکینہ کے متعلق تحریر فرمایا ہے جیسا کہ آگے آتا ہے میرے نزدیک اس قسم کے واقعہ کا دونوں کے بارے میں ہونا قرین قیاس ہے۔ الغرض ظلم وجود کی انتہا ہو رہی تھی۔ کسی بی بی کی پست پر تازیانے لگائے جا رہے تھے کسی کے رخسار پر طمانچے مارے جا رہے تھے کسی کی پشت ہیں نیزے کی آنی چھبوئی جا رہی تھی۔ جب سب کچھ لوٹا جا چکا۔ خیمے جل چکے اور رات آگئی تو وہیں کے جلے بھنے دانوں سے اور بروایتے حر کی بیوی دانہ پانی لائی اور فاقہ شکنی کی گئی۔اس کے بعد حضرت زینبؑ نے حضرت ام کلثوم سے فرمایا کہ بہن اب رات ہو چکی ہے تم سب بچوں کو ایک جگہ جمع کرو۔ میں رات بھر پہرہ دوں گی حضرت ام کلثوم نے سب بیبیوں بچوں اور بچیوں کو جمع کیا لیکن انہیں جناب سکینہ نہ ملیں آپ نے علیا جناب زینبؑ سے عرض واقعہ کیا حضرت زینب مقتل کی طرف حضرت سکینہ کو تلاش کرنے کے لیے نکلیں۔ایک نشیب سے حضرت سکینہ کے رونے کی آواز آئی۔ جا کر دیکھا کہ سکینہ باپ کے سینے سے لپٹی ہوئی گریہ وزاری کر رہی ہیں جناب زینبؑ! انہیں خیمہ میں لے آئیں۔۔اور جناب ام کلثوم کے حوالے کر کے طلایہ پھرنا شروع کر دیا۔(دمعہ ساکبہ) رات کا کافی حصہ گذرنے کے بعد جناب زینبؑ نے دیکھا کہ ایک سوار گھوڑا بڑھائے چلا آرہا ہے آپ نے آگے بڑھ کر اس سے کہا کہ ہم آل رسولؐ ہیں ہمارے چھوٹے بڑے

بوڑھے جوان حتیٰ کہ بچے تک شہید کر دیئے گئے ہیں اور ہمارا سارا سامان لوٹا جا چکا ہے اب ہمارے کچھ بچے جو بچ رہے ہیں روتے روتے سو گئے ہیں اے سوار اگر تجھے ہمارا پھر لوٹنا منظور و مقصود ہے تو صبح کو آجانا اور جو کچھ ہمارے پاس بچ رہا ہے اسے لوٹ لینا۔ خدارا اس وقت واپس چلا جا۔ لیکن سوار نے ایک نہ سنی اور قدم فرس برابر بڑھاتا ہی رہا۔ آخر جناب زینبؑ بھی شیر خدا کی بیٹی تھی۔ انہیں جلال آگیا۔ آگے بڑھ کر لجام فرس پر ہاتھ ڈال دیا اور فرمایا کہ میں کیا کہتی ہوں اور تو کیا کرتا ہے یہ حال دیکھ کہ سوار گھوڑے سے اتر پڑا اور زینبؑ کو سینے سے لگا کر کہنے گا اے بیٹی تو نے مجھے نہ پہنچانا میں تیرا باپ علیؑ ہوں۔ اے بیٹی میں تیری حفاظت کے لیے آیا ہوں۔ حضرت زینبؑ نے فریاد۔ وفغان شروع کر دی۔ اور تمام واقعات بیان کیئے (کتاب چودہ ستارے ص ۱۹۰ طبع لاہور) علامہ شیخ علی قرنی لکھتے ہیں کہ جب رات آگئی تو عمر بن سعد نے حکم دیا کہ لشکر کا ایک دستہ خیام کے گرد ڈیرہ ڈال دے۔ لئلا یخرج منہم احد تا کہ کوئی خیمہ سے باہر نہ جانے پائے۔ فاصبحن اہل اخیام فی ہذہ اللیلۃ خائفن، وہ خیمے والیاں ساری رات خوف کے عالم میں رہیں اس وقت حضرت زینبؑ حضرت عباسؑ اور دیگر بہادروں کو یاد کر کے فرماتی تھیں۔ (کتاب منہاج الدموع ص ۳۵۴ طبع قم ۱۳۴۱ھ)

جناب سکینہ کا عباسؑ کو پکارنا

حمید ابن مسلم کا بیان ہے کہ جب خیموں میں آگ لگی ہوئی تھی میں نے ایک بچی کو دیکھا جس کی عمر تین سال کی ہو گی۔ کہ وہ ایک جانب کو دوڑ رہی ہے اور اس کے دامن میں آگ لگی

اور وہ ان لفظوں میں فریاد کرتی ہے ’’یا اتباہ یاعماہ یا خاہ، اے بابا حسینؑ اے چچا عباسؑ، اے علی اکبرؑ، ہماری خبر لو، میں نے دوڑ کر اس کے دامن کی آگ بجھادی اور اس سے پوچھا۔ من انت یا صغیرۃ اے بچی! تیرا کیا نام ہے۔ فقالت انا سکینۃ بنت الحسین۔ اس نے کہا سکینہ بنت حسینؑ ہوں (توضیح عزا مجلس ۵۵ ص ۳۰۸) علامہ شیخ علی قرنی کہتے ہیں کہ جناب سکینہ بنت الحسینؑ حضرت عبداللہ بن حسن سے منسوب تھیں۔ (مہناج الدموع ص ۳۴۷ و اغانی ابوالفرج)

مخدرات عصمت کی کربلا سے روانگی اور حضرت زینبؑ کا حضرت عباسؑ کو پکارنا

عاشورے کا دن گذرا۔ رات اور اپنے مخصوص حالات کے ساتھ گذر گئی۔ یہاں تک کہ صبح ہوئی آقائے دربندی لکھتے ہیں کہ صبح ہوتے ہی عمر بن سعد نے حکم دیا کہ امام حسین علیہ السلام کے اہل بیت کو بلا محمل و کجادہ کے ناقہ پر سوار کیا جائے۔ یہ سن کر ابن سعد کے لشکری آ حاضر ہوئے اور عورات بنی ہاشم کو گھیر لیا۔ اور کہا کہ جلد سے جلد سوار ہو جاؤ ناقے آگئے ہیں یہ دیکھ کر جناب زینبؑ نے فرمایا۔ عمر سعد ہم رسول مقبولؐ کی عزت ہیں اپنے لشکریوں سے کہہ دے کہ یہ ہٹ جائیں ہم ایک دوسرے کو سوار کر لیں گے۔ وہ ہٹ گئے زینبؑ و ام کلثوم ناقوں کے قریب آئیں اور چاہا کہ سوار ہو جائیں مگر ممکن نہ ہو سکا۔ پھر آپ نے داہنے بائیں نظر کی تو زمین کربلا پر جسم اور نیزوں پر سر نظر آئے ’’فصرخت و قالت واغرتباہ واخاہ واحسیناہ واعباساہ‘‘ یہ دیکھ کر زینبؑ چلا کر روئیں اور کہنے لگیں۔ بھیا حسینؑ اٹھو بھیا عباسؑ آؤ۔ آکر

زینب کو سوار کرو۔ یہ حال ملاحظہ فرما کر حضرت امام زین العابدینؑ اپنے مقام سے اٹھے اور کانپتے ہوئے ناقہ کے قریب آبیٹھے اور کہا پھوپھی اماں آپ میرے گھٹنوں پر پاؤں رکھ کر سوار ہو جائے۔ زینبؑ نے سوار ہونا چاہا۔ مگر امامؑ بار نہ اٹھا سکے اور گر پڑے شمر نے تازیانہ علم کیا کیا ور امام زین العابدین کے پشت پر لگایا۔ آپ رو پڑے اور زینبؑ بھی رونے لگیں۔ اس کے بعد فضہ سامنے آئیں اور انہوں نے حضرت زینبؑ کو سوار کیا پھر امام علیہ السلام کو ایک برہنہ پشت ناقہ سوار کیا۔ اور چونکہ وہ سنبھل نہ سکتے تھے لہٰذا ان کے دونوں پاؤں ناقہ کی پشت سے باندھ دیئے گئے (اسرار الشہادت ص ۳۶۷)

جناب ام کلثومؑ نعش حضرت عباسؑ پر

اسی حال میں اہل حرم حسینؑ کو لے کر دشمن روانہ ہوئے روانگی کا راستہ دشمنوں نے مقتل کی طرف قرار پایا۔ سرہائے شہیداء آگے آگے اور ان کے پیچھے اہل حرم کے ناقے تھے جب یہ قافلہ قتل گاہ میں پہنچا تو جناب ام کلثوم دوڑ کر نعش حضرت عباسؑ سے لپٹ گئیں اور بے پناہ گریہ کرنے لگیں۔ مفتاح الجنتہ ص ۱۶۵ طبع بمبئی۔ غرضیکہ یہ لٹا ہوا قافلہ داخل دربار کوفہ اور مسجد سے متصل قید خانہ میں مقید کر دیا گیا۔ (جلاء العیون)

حضرت عباس علیہ السلام کا سر گھوڑے کی گردن میں

کربلا سے روانگی کے وقت سرہائے شہیداء کو نیزوں پر بلند کیا گیا۔ لیکن حضرت عباسؑ کا سر مبارک بالکل ہی چور تھا۔ اور وہ نیزے پر رک نہ سکتا تھا۔ اس لیے اسے گھوڑے کی گردن

میں لٹکایا گیا تھا۔ یہ اور بات ہے کہ داخلہ شام کے وقت اسے کسی صورت سے نیزہ پر بلند کیا گی۔ قاسم ابن اصبغ بن بناتہ مجاشعی کی روایت سے یہ واضح ہے کہ آپ کا سر لٹکانے والا حرملہ بن کاہل اسدی تھا۔ جسے آپ یوم شہادت سے اس کی تاحیات عذاب جہنم سے معذب کرتے رہے۔ اسی وجہ سے وہ سیاہ فام ہو گیا تھا۔ علامہ سماوی لکھتے ہیں کہ اس کے معذب ہو نے کی داستان اسکی بیوی نے اپنے ہمسایوں سے بیان کی ہے اور لوگوں سے اس نے خود بھی مجبوراً بیان کیا ہے۔ وہ نقاب پوش رہتا تھا۔ وصات علی اقبح حال ،او ر بری طرح مرا ۔البصارالعین ص ۴۹۔ اسرار الشہادت ص ۳۳۷۔ انوار الشہادت ص ۶۲ ،مائتین ص ۴۶۰ ، کبریت احمر جلد ا ص ۱۱۲ ، مجالس المتقین مجلس ۹، تحفہ حسینیہ جلد ا ص ۲۴۷ ، دمعہ ساکبہ ص ۴۳۸)

حضرت عباس علیہ السلام کی تدفین

علامہ اسفرائنی تحریر فرماتے ہیں کہ محرم کی گیارہوں تاریخ بوقت صبح عمر بن سعد نے اپنے تیس ہزار مقتولین پر نماز پڑھی۔ اور انہیں دفن کیا (نور العین ص ۴۷) اور فرزندان رسولؐ اور حامیان اسلام کے لاشے یونہی پڑے رہے۔ امام زین العابدین علیہ السلام جو امام حسینؑ کی شہادت کے بعد حجت خدا اور امام زمانہ تھے وہ اسی دن کوفہ کے دربار اور پھر قید خانہ میں پہنچ گئے معصوم کی نماز اور تدفین معصوم کے سوا کوئی اور نہیں کر سکتا اس لیے امام زین العابدین بحکم خدا باعجاز امامت قید خانہ سے کربلا واپس تشریف لائے اور آپ نے تمام شہداء پر نماز پڑھ کر ان کو دفن کیا مورخین کا بیان ہے کہ امام زین العابدینؑ اس وقت کربلا پہنچے

۔جب بنی اسد وہاں پہنچ کر لاشوں کی حالت سے حیران تھے کہ کیوں کر تدفین کریں۔جب آپ پہنچ گئے تو آپ نے ان کی مدد سے سب کو دفن فرمایا۔امام حسینؑ اور حضرت عباسؑ کی تدفین میں آپ نے کسی کو شریک نہیں کیا علامہ محمد باقر فرماتے ہیں کہ حضرت امام حسینؑ کو تن تنہا قبر میں اتارا۔اور اپنے ساتھ کسی کو شریک نہیں کیا۔اس کے بعد آپ نے اپنار خسار امام حسینؑ کی کٹی ہوئی گردن پر رکھ دیا۔اور رونے لگے۔پھر اپنے ہاتھ سے مٹی ڈالی اور قبر بند کر کے اپنی انگلی سے اس پر لکھا یہ حسین ابن علی ابن ابی طالب علیہم السلام کی قبر ہے اس کے بعد بنی سد کو ہمراہ لے کر شط فرات پر پہنچے اور ایک بالکل پارہ پارہ لاش سے لپٹ کر رونے لگے اور کہتے جاتے تھے اے قمر بنی ہاشم آپ پر میرا اسلام ہو۔پھر بنی اسد کو قبر تیار کرنے کا حکم دیا۔اور تن تنہا قبر میں اتار کر لحد بن کر دی۔اور بنی اسد کو حکم دیا کہ دیگر دونوں لاشوں کو آپ ہی کے نزدیک دفن کریں۔بعدہ آپ گھوڑے پر سوار ہو کر روانہ ہونے لگے ۔تو بنی اسد نے آپ کو گھیر لیا۔اور عرض کی آپ فرمائیں آپ ہیں کون آپ نے اس کا جواب نہ دیا۔اور یہ فرمانے لگے کہ پہلا گڑھا اس میں خود امام دفن ہیں اور حضرت کی قبر کے متقل پائنی کی جانب آپ کے فرزند علی اکبرؑ کی قبر ہے۔اور دوسرے گڑھے میں آپ کے اصحاب دفن ہیں لیکن جو قبر علیحدہ بنی ہے وہ حبیب ابن مظاہر کی ہے اور جو قبر ترائی میں ہے اس جوان کی ہے جو زخموں سے چور چور تھا۔وہ عباسؑ بن علیؑ کی قبر ہے۔اور ان کے گرد وجود و لاشیں تھیں وہ بھی اولاد علی بن ابی طالب کی ہیں یہ سب کچھ بتا کر آپ نے فرمایا کہ میں علی بن الحسینؑ ہوں۔قید خانہ کوفہ سے آیا ہوں اور واپس جارہا ہوں اس کے بعد وہ غائب ہو گئے (اسرار الشہادت ص ۴۵۰، دمعہ ساکبہ ص ۳۵۵، مائتین ص ۳۹۵، کبریت احمر ص ۱۲۴، قمر بنی ہاشم ص ۵۸، ناسخ التواریخ جلد ۶ ص ۳۱۸)

مخدرات عصمت کا کوفہ سے روانہ ہو کر شام پہنچنا اور جناب سکینہ اور امام زین العابدینؑ کا جناب عباسؑ کو پکارنا

دربار کوفہ میں سر حسینؑ اور مخدرات کی جو توہین کی گئی۔ وہ تاریخ میں موجود ہے مورخین کا بیان ہے کہ چند دن کوفہ میں گزرنے کے بعد مخدرات عصمت و طہارت اور سرہائے شہداء کو امام زین العابدینؑ کے ساتھ شام کے لیے روانہ کر دیا گیا۔ یہ تباہ حال قافلہ حسینی اس طرح روانہ کیا گیا۔ کہ آگے آگے سرہائے شہداء ان کے پیچھے مخدرات عصمت تھیں۔ علامہ قائینی فرماتے ہیں کہ سروں میں حضرت عباسؑ کا سر سب سے آگے اور امام حسین علیہ السلام کا سر سب سے پیچھے تھا۔ (کبریت احمر ص ۱۲۰) علامہ سپہر کاشانی کی تحریر سے مستفاد ہوتا ہے کہ ان حضرات کی روانگی کا اندازہ یہ تھا کہ راستے میں جا بجا جناب زینبؑ خطبہ فرماتی تھیں ۔جناب ام کلثومؑ مرثیہ پڑھتی تھیں۔ جناب سکینہؑ "نحن سبایا آل محمدؐ" کہتی تھی اور امام حسین علیہ السلام کا سر تلاوت سورہ کہف کرتا تھا۔ (ناسخ التواریخ جلد ۶ ص ۳۵۰) ابو مخنف کہتے ہیں کہ اس قافلہ کا شام میں باباخیزران سے داخلہ ہوا۔ جب جناب سکینہؑ کی نظر سر عباسؑ پڑی جو قسعم جعفی اٹھائے ہوئے تھا تو آپ نے وعباساہ کہہ کر آواز دی (مقتل ابی مخنف ص ۳۸۳) ترجمہ :۔ مجھے ملک شام میں اس طرح کھینچ رہے ہیں گویا میں ایسا حبشی غلام ہوں جس کا کوئی بھی حمایتی نہیں ۔میرے نانا تمام کائنات کے رسولؐ ہیں اور میرے بزرگ امیر المومنین ان کے وزیر ہیں کاش میں نہ دمشق دیکھتا اور نہ یزید مجھے شہر بہ شہر قیدی بنا ہوا دیکھتا۔ (ناسخ التواریخ جلد ۶ ص ۳۵۱) مقتل ابی مخنف ص ۳۸۳) مقصد یہ ہے کہ جب

ان حضرات کی نظر سر عباسؑ پر پڑی تو فریاد کی اس سے پتہ چلتا ہے کہ اس سے قبل آپ کا سر نوک نیزہ پر نہ تھا۔ بلکہ گھوڑے کی گردن ہی میں معلق تھا۔ اور اب کسی صورت سے نوک نیزہ پر لایا گیا۔ اس کے بعد یزید نے جناب زینبؑ سے دربار میں کلام کرنا چاہا (روضۃ الشہداء) ایک شامی نے جناب سکینہ کو اپنی کنیزی میں لینے کی خواہش کی (لہوف ص ۱۶۷) نیز امام حسین علیہ السلام کے لب و دندان کے ساتھ بے ادبی کی گئی۔ (صواعق محرقہ) اور مخدرات عصمت کو ایسے قید خانہ میں داخل کر دیا گیا جس میں کسی قسم کوئی چھت نہ تھی جو انہیں سردی اور گرمی سے بچا سکتی جس کا اثر ان کے چہروں پر نمایاں تھا۔ (لہوف ص ۱۶۸)

حضرت عباس علیہ السلام کے قتل کا اِدعا

علامہ کنتوری لکھتے ہیں کہ چونکہ حضرت عباسؑ کا قتل بہت دشوار تھا اس لیے یزید نے ان کے قاتل کے واسطے خاص انعام رکھا تھا یہی وجہ ہے کہ جب سرہائے شہداء داخل دربار شام کئے گئے تو۔ کان یدعی واحد واحد بینھم انہ قتلہ لاخذ الجائزۃ، ہر شریک جنگ حصولِ جائزہ کے لیے حضرت عباسؑ کے قتل کا ادعا کرتا تھا۔ (مائتین ص ۴۴۵)

حضرت عباس علیہ السلام کے گھوڑے کی وفاداری کا مظاہرہ شام میں

گھوڑے کا بااحساس ہونا مسلم ہے امام ابو اسحاق اسفرائنی اور علامہ قندوزی حضرت امام حسینؑ کے گھوڑے کے متعلق تحریر فرماتے ہیں کہ آپ کی شہادت کے بعد آپ کا گھوڑا اپنی پیشانی

خون میں تر کر کے مخدرات کو خبر شہادت دینے گیا۔اس کے بعد واپس آکر دشمنوں پر حملہ آور ہوا۔اور حضرت کے قدموں سے آنکھیں مل کر نہر فرات میں جاڈوبا۔اب قیامت میں امام مہدی آخر الزماں کے زیر ران ہو گا۔(نورالعین ص ۴۷ و ینابیع المودۃ ص ۳۰۰)

حضرت عباسؑ کے گھوڑے کے متعلق صاحب حدیقہ الاحزان لکھتے ہیں کہ حضرت عباسؑ کی شہادت کے بعد عمر سعد نے آواز دی۔ خذوہ واقبضوہ حضرت کے گھوڑے کو پکڑ کر اپنے قبضہ میں کر لو۔چنانچہ انہوں نے اسے گرفتار کر لیا پھر یہاں سے واپس جا کر فاھداہ الی یزید نحو الشام یزید کے پاس ہدیہ بھیج دیا وہ بہت خوش ہوا۔ارادان یرکب علیہ ،یزید کے چاہا کہ سوار ہو مگر اس نے سواری نہ دی۔ پھر اس نے حکم دیا کہ اس جانور کو میرے اصطبل میں بطور یادگار رکھا جائے چنانچہ وہ وہاں رہا۔اور کبھی کبھی برآمد کیا جاتا رہا۔ بروایت عین البکاء ایک دن یزید کی سواری قید خانہ کی طرف سے گزری جناب سکینہؑ نے اسے پہچان لیا۔اور وہ پکارا وہ جانور جناب سکینہؑ کے قریب جا پہنچا۔ سکینہؑ اپنے چچا کو یاد کر کے رونے لگیں۔ بالآخر اسی غم میں اس نے دانہ پانی چھوڑ دیا اور یزید کے اصطبل میں مر گیا۔اور یزید نے اسے دفن کرادیا۔(تلخیص المصیبتہ ص ۲۶۵ طبع لکھنؤ)

دمشق میں شہدائے کربلا کا ماتم اور آغوش ام کلثوم میں سر عباسؑ

اہل حرم نے قید خانہ شام میں ایک سال گزارا۔دوران قیام میں جناب سکینہؑ نے انتقال فرمایا۔ بالآخر وہ وقت آیا کہ ہندہ نے رسول اکرمؐ کو خواب میں دیکھا۔اور یزید کو لعنت ملامت

کی۔ یزید نے امام زین العابدینؑ کو دربار میں بلا کر کہا کہ اب تم لوگ رہا کئے جاتے ہو۔ اب تمہاری مرضی پر منحصر ہے چاہے شام میں رہو یا مدینہ چلے جاؤ۔ آپ نے فرمایا میں اپنی پھوپھی جان جناب زینبؑ سے جو ہماری سربراہ ہیں۔ دریافت کر کے جواب دوں گا۔ جناب زینبؑ اور ام کلثومؑ نے امام زین العابدین سے جواب میں فرمایا۔ کہ بیٹا یزید سے کہہ دو کہ جب ہمارے اعزا قتل ہوئے ہیں۔ ہمیں رونا نصیب نہیں ہوا۔ پہلے ہمارے لیے ایک مکان خالی کرا دے۔ کہ ہم اس میں اپنے بھائی اور ان پر قربان ہونے والوں کو جی بھر کر رو لیں۔ پھر جہاں جانا ہوگا۔ چلے جائیں گے۔ یزید نے اسیمنظور کیا۔ اور ایک مکان شہدائے کربلا کے ماتم کی خاطر خالی کرا دیا۔ مخدرات عصمت اس مکان میں اپنے اعزا کا غم منانے اور ماتم کرنے کے لیے چلی گئیں۔ جب شام کی عورتوں کو معلوم ہوا۔ تو تمام گھروں سے عورتیں سیاہ لباس میں حاضر خانہ ہو گئیں۔ اور قیامت خیز ماتم ہونے لگا۔ اسی دوران میں جناب زینبؑ نے یزید سے کہلا بھیجا کہ میرے بھائی حسینؑ اور ان پر قربان ہونے والے عزیزوں کے سر بھی دے دے۔ یزید نے سر ہائے بنی ہاشم بھجوا دیئے۔ جب ان بیبیوں نے اپنے وارثوں کے سر ہائے بریدہ آتے ہوئے دیکھے۔ منہ پر طمانچے مارنے لگیں۔ اپنے گریبان چاک کر دیئے۔ اور روتی پیٹتی استقبال کو دوڑیں۔ ام لیلیٰ نے علی اکبرؑ کا سر ام فردہ نے قاسم کا سر۔ رباب نے علی اصغرؑ کا سر اپنی اپنی گود میں لے لیا۔ سنتا ہوں کہ جب عون و محمد کے سر آئے۔ جناب زینبؑ نے منہ پھیر لیا اور کہا رے میرے بھائی کا سر لاؤ۔ صاحب بحر المصائب لکھتے ہیں۔ پھر امام حسینؑ کا سر آیا۔ زینبؑ نے بڑھ کر آغوش میں لے لیا۔ منہ پر منہ رکھ دیا۔ فریاد و فغان کرنے لگیں۔ آپ فرماتی تھیں ۔ اے میرے بھائی اے میرے چاند ارے تم کمال سے پہلے روال میں چلے گئے۔ اور تمہارے چلے جانے سے میری امیدوں کی صبح تاریک ہو گئی۔ اس کے بعد حضرت عباسؑ کا سر آیا۔ جناب

ام کلثوم آگے بڑھیں، اور اسے اپنی آغوش میں لے کر بے پناہ گریہ کرنے لگیں۔ (توضیح عزا ص ۳۷۱) اس کے بعد روانگی کا فیصلہ ہوا۔ لٹا ہوا سامان امام زین العابدینؑ کی خواہش پر لایا گیا۔ جس میں حضرت عباسؑ کا علم بھی تھا۔ جناب زینبؑ کی اس پر جونہی نظر پڑی۔ بے ساختہ رونے اور فریاد کرنے لگیں۔ توضیح عزا مولفہ شیخ حسین بخش ص ۳۸۲، طبع دہلی ۱۲۲۷ھ)

حسینی قافلہ کی کربلا کو روانگی

دمشق قافلہ کے خانہ خالی ہیں مخدرات عصمت نے شبانہ روز شہدائے کربلا پر نوحہ و ماتم کیا۔ اس کے بعد ایک راہبر کی ہمراہی میں سرہائے شہداء سمیت کربلا کی طرف روانہ ہو گئے۔ اور ۲۰ صفر ۶۲ ہجری یوم چہلم کو وہاں پہنچ کر قبر مطہر کی زیارت فرمائی نوحہ و ماتم کیا۔ اور سرہائے شہداء کو جسموں سے ملحق کر کے روانہ مدینہ ہو گئے۔

ملاّ حسین وعظ کاشفی کا بیان ہے کہ امام زین العابدینؑ کی خواہش پر تمام سر ان کے حوالے کر دیئے گئے تھے۔ (روضۃ الشہداء ص ۴۰۹) تاریخ ابو الفداء میں ہے کہ یزید نے نعمان بن بشیر کو حکم دیا کہ سامان سفر کر کے اہل بیت رسالت کو مدینے پہنچا دے۔ روضۃ الاحباب میں بر بنائے بعض روایات مذکور ہے کہ یزید نے نعمان بن بشیر کو حکم دیا کہ تیس سواروں کی جمعیت ہمراہ لے کر اہل بیت رسالت کو مدینہ پہنچا آئے۔ اور جب بیسویں صفر کو یہ قافلہ معہ سرہائے شہداء کربلا تو امام زین العابدین علیہ السلام نے امام حسین علیہ السلام اور دیگر شہداء کے سروں کو ان کے بدن سے ملا کر وہاں دفن فرمایا۔ (تاریخ احمدی ص ۳۱۴، حبیب الیسر النفس المہموم ص ۲۵۳ و ریاض الاحزان ص ۱۵۵ و ناسخ التواریخ)

مخدرات عصمت کا مدینہ میں ورود اور جناب ام النبین کا اضطراب

تاریخ کامل میں ہے کہ نعمان بن بشیر نے اہل بیت کو مدینہ پہنچا دیا۔کتاب مائتین و ناسخ التواریخ میں ہے کہ یہ حضرات مدینہ سے باہر ایک مقام پر ٹھہرے گئے۔روضۃ الاحباب میں ہے کہ جب اہل مدینہ کو آمد کی خبر ملی۔تو چھوٹے بڑے سب استقبال کے لیے حاضر خدمت ہوئے۔اورام سلمیٰ ایک ہاتھ میں وہ شیشی جس میں کربلا کی مٹی خون ہوگئی تھی ۔اور دوسرے سے فاطمہ صغرا کا ہاتھ تھامنے تشریف لائیں۔امام ابو اسحاق اسفرائنی تحریر فرماتے ہیں کہ جناب ام سلمیٰ نے مخدرات عصمت سے ملاقات کے بعد اس خون کو جو پیغمبر اسلام کی دی ہوئی کربلا کی مٹی سے یوم عاشورا ہوا تھا۔اپنے منہ پر مل لیا۔اور فریاد کرنے لگیں۔(نور العین ص۱۰۸ بعدہ مخدرات عصمت روضۂ رسول پر تشریف لے گئیں اور فریاد و فغان کرتی رہیں۔علامہ سپہر کاشانی لکھتے ہیں کہ سنائی سنتے ہی حضرت ام النبین جو فاطمہ صغریٰ کی تیمادارى کی وجہ سے کربلا نہ گئیں تھیں۔اس مقام کی طرف دوڑیں جہاں یہ قافلہ ٹھہرا ہوا تھا۔اور آپ انتہائی اضطراب کے عالم میں امام حسین علیہ السلام سے والہانہ محبت کے باتحت صرف امام حسینؑ ہی کو پکارتی رہیں۔آپ کو اس وقت حضرت عباسؑ وغیرہ کا خیال تک نہ آیا۔(ناسخ التواریخ جلد ۶ ص ۳۷۴)

عبید اللہ ابن عباسؓ کا حضرت عباسؑ کے بارے میں سوال

علامہ قزدینی فرماتے ہیں کہ نعمان بن بشیر ابن جزلم جو نہی شہدائے کربلا کی سنائی کے سلسلہ میں یا ھل یثرب لا مقام لکم۔ الخ پڑھتا ہوا داخل شہر مدینہ ہوا تو عبید اللہ ابن عباس نے آگے بڑھ کر پوچھا اے قیامت خیز سنائی سنانے والے یہ تو بتا کہ امام زین العابدین علیہ السلام کے ہمراہ میرے پدر بزگوار عباسؑ ابن علی بھی آئے ہیں۔ یا نہیں۔ اس نے جواب دیا بیٹا وہ تو نہر علقمہ پر دونوں ہاتھ کٹا کر شہید ہو گئے ہیں۔ اب تم لباس سیاہ پہنو اور نوحہ و ماتم کرو کہ پدر نہ داری کہ تمہارے والد بزرگوار دین اسلام پر قربان ہو گئے ہیں۔ اور اب تم بلا باپ کے ہو۔ (ریاض القدس جلد ۱ ص ۱۵۸ طبع ایران)

مدینہ میں مجلسوں کا انعقاد

مدینہ منورہ میں مخدرات عصمت کے پہنچنے کے بعد مجلس غم کا سلسلہ شروع ہوا۔ سب سے پہلی جناب ام البنین مادر عباسؑ کے گھر میں منعقد ہوئی۔ پھر دوسری مجلس فاطمہ صغریٰ کے گھر منعقد کی گئی۔ پھر تیسری مجلس امام حسنؑ کے گھر منعقد کی گئی۔ پھر محمد حنفیہ کے گھر مجلس منعقد ہوئی۔ پھر روضہ رسولؐ پر مجلس منعقد کی گئی۔ اور وہاں جو نوحہ پڑھا گیا اس کا پہلا شعر یہ تھا۔ اے پیغمبر اسلام ! اے اللہ کے رسولؐ اے بہترین مرسل آپ کے حسینؑ کربلا میں قتل کر دیئے اور آپ کی نسل ضائع و برباد کی گئی۔ پیغمبر اسلام کے روضے پر نوحہ و ماتم کرنے کے بعد سارا مجمع حضرت فاطمہؑ اور امام حسنؑ کے روضہ انور پر آیا۔ اور قیامت خیز نوحہ و ماتم کرتا رہا۔ ابن متوج کہتے ہیں کہ اس وقت جو نوحہ پڑھا گیا اس کا پہلا شعر یہ ہے۔ اے لوگو!

نوحہ کرو اور روؤ اس قتیل عطش پر جو کربلا میں تین دن کا بھوکا پیاسا شہید کر دیا گیا (ریاض القدس جلد اص ۲۴۶) علامہ کنتوری لکھتے ہیں کہ نوحہ و ماتم کا سلسلہ پندرہ شبانہ روز مسلسل جاری رہا اور کئی روز بنی ہاشم کے گھر میں آگ روشن نہیں کی گئی۔ (مائتین ص ۸۰۰) علامہ سپہر کاشانی لکھتے ہیں کہ جب عون و محمد کی خبر شہادت عبداللہ ابن جعفر طیار کو پہنچی تو آپ نے اناللہ وانا الیہ راجعون۔ کہا اور آبدیدہ ہو گئے۔ یہ دیکھ کر آپ کا ایک غلام مسمی ابو السلاسل بولا ۔ہذا ما لقینا من الحسین ابن علی۔ حضور ! یہ مصیبت تو ہمیں حسین ابن علیؑ کی وجہ سے نصیب ہوئی ہے۔ یہ سننا تھا کہ عبداللہ نے ابو السلاسل کو نعلین سے مارنا شروع کیا۔ اور کہا خدا کا شکر ہے کہ میرے بچے حسینؑ کے کام آگئے۔ مجھے رنج ہے کہ میں کیوں نہ جا سکا۔۔ میں ہوتا تو ضرور شرف شہادت حاصل کرتا۔ (ناسخ التواریخ جلد ۶ ص ۳۳۶ بمبئی)

جناب ام البنین نے فرمایا

جب کربلا کا سنگین واقعہ عالم وقوع میں آچکا۔ اور اس کی خبر جناب ام البنین مادر گرامی حضرت عباس علمدار علیہ السلام کو پہنچی تو آپ نے اسی دن سے بقیع میں آکر فلک شگاف نالے شروع کر دیئے۔ آپ کی آواز میں وہ درد تھا۔ کہ در و دیوار گریہ کن نظر آنے لگے تھے کیا دوست کیا دشمن سب رو پڑتے تھے۔ سب کو جانے دیجئے۔ مردان شقی علیہ العن جو شقاوت ولی اور قساوت قلبی میں اپنی نظیر آپ تھا۔ وہ بھی آپ کے درد بھرے کلمات دردآگین لہجہ سے سن کر رو پڑتا تھا۔ جناب ام البنین حضرت عباس علیہ السلام کے بیٹے عبداللہ کو لے کر روزانہ بقیع میں جا کر مرثیہ کی حیثیت سے اس بے تابی سے گریہ کرتی تھیں۔ کہ تمام اہل

مدینہ اس کے سننے کے لیے جمع ہو کر بے پناہ گریہ کرتے تھے۔ یہاں تک کہ مردان بن حکم بھی درد بھرے نوحے سن کر رو دیتا تھا۔ (ابصار العین ص ۳۱ طبع نجف اشرف تحفہ حسینیہ جلد ا ص ۱۷۸، اسرار الشہادت ص ۲۲۳ ناسخ التواریخ جلد ۶ ص ۲۹۱ طبع بمبئی ص، جلاء العیون ص ۲۰۸ مفاتیح الجنان ص ۵۵۰، مجالس المتقین ص ۲۷، طبع ایران مقتل عوالم ۹۴، طبع ایران دمعہ ساکبہ ص ۳۳۷) سچ ہے ماں کا دل نہایت ہی نرم اور نازک ہوا کرتا ہے جناب ام البنین جس قدر بھی گریہ کرتیں کم تھا۔ ایک تو امام حسینؑ کی مصیبت دوسرے اپنے چار بیٹوں کی بے دردانہ شہادت وہ بیٹے بھی ایسے کہ جن کی نظیر ناممکن کوئی وفا کا بادشاہ ۔کوئی شجاعت میں بے نظیر کوئی بہادری میں بے مثل کوئی فرمانبرداری میں لاجواب۔ یہ وہ اسباب تھے۔ جو جناب ام البنین کو خون کے آنسو مدتوں رلاتے رہے۔

حضرت عباس علیہ السلام کے متعلق جناب ام البنین کا مرثیہ

حضرت عباس علیہ السلام کی ماں جناب ام البنین نے خبر شہادت پانے کے بعد حسب ذیل اشعا جن کو ابو الحسن اخفش نے بھی شرح کامل میں لکھا ہے۔ بطور مرثیہ پڑھے۔ اے وہ شخص جس نے میرے بیٹے عباسؑ کو منتخب اور چیدہ (ٹڈی دل) جماعتوں پر حملہ آور دیکھا۔ او ران کے علاوہ شیر خدا کے ایسے بیٹوں کو حملہ کرتے دیکھا ہے جو شیر بیشہ شجاعت ہے۔ ذرا بتا تو سہی مجھے یہ خبر دی گئی ہے کہ میری رگ جان سے زیادہ عزیز فرزند عباسؑ کا سر دونوں ہاتھوں سمیٹ کاٹا گیا (ہائے کیا یہ سچ ہے) آو! آہ! میرے شیر کا سر گرز آہنی کی ضرب سے جھک گیا تھا۔ اے میرے بہادر بیٹے (خدا کی قسم) مجھے یقین ہے کہ اگر تیرے ہاتھ میں

تلوار ہوتی تو تیرے نزدیک کوئی پھٹک نہیں سکتا۔(ابصار العین فی انصار الحسین ص ۱۳ طبع نجف اشرف ۱۳۴۱ ھ مفاتیح المجنان ص ۵۵۰ طبع ایران ۱۳۵۲ھ، مہناج الدموع ص ۴۰۹ طبع قم ۱۳۴۱ ھ)

مرثیہ ثانیہ

ہائے اے سر زمین مدینہ کی رہنے والیو(خدا کے لیے مجھے ام البنین کہہ کر نہ پکارو۔اس لیے میرے شیر دل (شہید شدہ نوجوان بیٹے) یاد آجاتے ہیں۔ارے جب میرے بیٹے تھے۔تب میں اس نام سے پکارے جانے کی مستحق تھی۔۔مگر افسوس کہ آج میرے کوئی فرزند نہیں ہے۔(دار صل) میرے چار جلیل الشان بیٹے تھے۔جو (جماعت امام حسینؑ میں) رگ گردن کٹا کر آغوش موت ہمکنار ہو گئے۔ان بیٹوں کی اس طرح شہادت ہو گئی۔کہ بھوک اور پیاس سے ان کے جوڑ بند خشک گئے تھے۔اے کاش مجھے کوئی صحیح صحیح بتادیتا کیا سچ مچ (ہمارے پیارے بیٹے) عباسؑ کے ہاتھ شمشیر ظلم سے کاٹے گئے ہیں (ابصار العین ص ۳۲ و مفاتیح الجناں ص ۵۵۰)

حضرت عباسؑ پر ان کے پوتے فضل بن حسن کا مرثیہ

علامہ مرزا عبدالحسن الامینی میں لکھتے ہیں کہ حضرت عباسؑ کے پوتے فضل ابن حسن بن عبید اللہ بن عباس بن علی ابن ابی طالب نے اپنے جد نامدار حضرت عباس علیہ السلام کا مرثیہ ان الفاظ میں فرمایا۔حاصل ترجمہ یہ ہے کہ وہ شخص اس بات کا زیادہ حق دار ہے کہ اس پر رو

یا جائے۔ جس نے امام حسین علیہ السلام جیسے صابر کو کربلا میں رلا دیا۔ وہ کون تھے وہ امام حسین علیہ السلام کے بھائی تھے۔ اور ان کی امداد میں خون میں نہائے ہوئے دنیا سے گئے انہوں نے پوری مواسات کی۔ اور ان کے لیے حالت عطش میں جنگ کی اور پیاسے دنیا سے سدھارے۔

ایضاح:۔ اشرف علی مورخ بندی نے اپنی کتاب روض الجنان میں مذکورہ اشعار کو فضل بن حسن کی طرف اور ابوالفرج نے مقاتل الطالبین میں ایک شاعر کی طرف اور علامہ عبداللہ شبیر نے اپنی کتاب جلاء العیون عربی میں حضرت امام حسین علیہ السلام کی طرف منسوب کیا ہے۔

حضرت عباس علیہ السلام کے متعلق ان کے پرپوتے کا مرثیہ

فضل بن محمد بن فضل بن حسن ابن عبیداللہ بن عباس علیہ السلام بن علیؑ بن ابی طالب نے حضرت عباسؑ کا مرثیہ کے بعد فضائل پر روشنی ڈالتے ہوئے حسب ذیل اشعار میں کہا ہے۔ آج میں اپنے دادا عباسؑ کے کربلا والے میں وقت کے کارنامے کو یاد دلاتا ہوں جبکہ لوگوں کی کھوپڑیاں اڑ رہی تھیں وہ اس دن فرزند رسولؐ الثقلین امام حسین علیہ السلام کی بلاسستی اور تردو کے عالم عطش میں بے نظیر جانبازی سے مدد کر رہے تھے۔ امام حسینؑ کے ساتھ رزمگاہ کربلا میں جس طرح یہ شہید ہوئے ہیں۔ میں نے کسی اور کو شہید ہوتے نہیں دیکھا ۔(دراصل) ان کے لیے یہ بہت بڑی فضیلت ہے۔ شہادت کی یہ وہ بہترین منزل ہے جو اپنے دامن میں فضیلتوں کی ایک زبردست دنیا بسائے ہوئے ہے۔ اور ان کے کارناموں کو

ان کے بعد والوں نے ضائع نہیں کیا۔یعنی چونکہ وہ میرے دادا تھے۔لہذا ان کا تذکرہ میرے نزدیک فریضہ سے کم ہیں۔(ابصار العین ص ۳۱ طبع نجف اشرف)

حضرت عباس علیہ السلام کا مدفن

علامہ شیخ فخر الدین ابن احمد بن علی بن احمد بن طریح النجفی تحریر فرماتے ہیں۔اما العباس فانہ ناحیۃ عنھم فی موضع المعرکۃ عند المسناۃ وقبرہ ظاھر علی ماھو الان حضرت عباسؑ تمام شہداء سے علیحدہ پہاڑی کے قریب مقام قتل پر دفن کے گئے ہیں جہاں آج بھی ان کی قبر موجود ہے ۔(منتخب شیخ طریحی مجلس ۲ ص ۲۲ طبع بمبئی ۱۳۰۸ھ)علامہ محمد باقر مجلسی تحریر فرماتے ہیں ودفنوا العباس بن علی فی مرضع الذین قتل فیہ علی طریق الغاضریۃ حیث قبرہ الان بنی اسد نے حضرت عباسؑ کو فاضریہ کے راستے میں اسی جگہ دفن کیا ہے جہاں آج بھی ان کی قبر موجود ہے۔(بحار الانوار جلد ۱۰ ص ۲۴۲ ،اعلام الوریٰ ص ۱۴۷ ،یہی کچھ کتاب ارشاد و شیخ مفید ،ابصار العین ص ۱۲۷ ، تحفہ حسینیہ جلد ا ص ۱۸۷ ،نور العین ص ۴۵ ،ہدایۃ الزائرین شیخ عباس قمی ص ۱۱۰ ،انوار نعمانیہ ص ۳۴۴ ، عمرۃ المطالب ص ۳۴۹ ،ریاض الاحزان ص ۳۹ ، کفایتہ الطالب ص ۲۹۸ اور کامل بہائی سیر ایرابن ادریس منحیٰ لولامہ حلی میزار درد س شہید اول شرح ارشاد۔اردبیلی مصباح الفقیہ رضا ہوانی میں ہے اور ابو مخنف کے علاوہ اور اہل مقاتل نے لکھا ہے کہ جناب عباس کے علیحدہ دفن کرنے کی وجہ یہ ہوئی کہ آپ کی لاش پارہ پارہ ہونے کی وجہ سے اٹھ نہیں سکتی تھی۔اور اسی وجہ سے حضرت امام حسین علیہ السلام بھی جناب عباس کی لاش اس مقام پر نہیں لاسکے جہاں آپ نے اپنے خیمہ کے روبرو سب

شہیدوں کی لاشیں جمع کردی تھیں۔ ترجمہ البصار العین ص ۱۹۸ طبع حیدر آباد)

کربلا کی مختصر تاریخ اور روضہ حضرت عباسؑ کی تعمیر

علامہ عبدالرزاق مولوی اپنی قمر بنی ہاشم طبع نجف اشرف کے ص ۱۱۴ پر تحریر فرماتے ہیں کہ حضرت عباسؑ کے لاشے کو امام حسینؑ کے گنج شہیدان تک نہ لے جانے کی دو ہی وجہیں ارباب مقاتل نے تحریر کی ہیں۔ ایک یہ کہ ان کا جسم اس درجہ پارہ پارہ تھا کہ امام حسینؑ اسے اٹھا ہی نہ سکے دوسرے یہ کہ حضرت عباس علیہ السلام نے وصیت کی تھی کہ میری لاش خیمہ تک نہ لے جائی جائے کیونکہ میں نے سکینہ اے پانی کا وعدہ کیا تھا۔ اور اسے پورا نہ کر سکا۔ لہٰذا مجھے اس سے شرم آتی ہے۔ یہ دونوں وجہیں درست نہیں ہیں۔ کیونکہ حضرت امام حسینؑ ہر حال میں لاشے کو خیمہ میں لے جا سکتے تھے۔ وہ امام وقت تھے۔ ان کے یہ رائے قائم کرنا کہ وہ لاش کو لے جانے پر قادر ہی نہ ہو۔ ہو سکے یہ درست نہیں ہے۔ اصل وجہ یہ ہے کہ حضرت امام حسینؑ یہ چاہتے تھے۔ حضرت کا لاشہ علیٰحدہ ہی دفن ہوتا۔ تا کہ ان کا مقبرہ علیٰحدہ ہی تعمیر کیا جائے۔ اور جلالت و عظمت شہادت کے بعد بھی تا قیام قیامت قائم رہے۔ میں کہتا ہوں کہ مذکورہ وجوہات کثیر کتب مقاتل میں موجود ہیں۔ لہٰذا انہیں نظر انداز نہیں کیا جا سکتا۔ میرے خیال کے مطابق علامہ عبدالرزاق نے جو وجہ بیان کی ہے۔ اسے دونوں وجوہ کے ساتھ تیسری وجہ قرار دینی چاہیے۔

حضرت عباس علیہ السلام کا سر کہاں دفن ہوا

کہا جاتا ہے کہ جملہ شہداء کے سر حضرت امام زین العابدین علیہ السلام اپنے ہمراہ کربلا لے گئے تھے۔اور وہیں جسموں کے ساتھ ملا کر دفن فرمایا تھا۔لیکن کسی روایت میں نعمان بن بشیر کے ہمراہ جو لوگ گئے تھے۔ان کے ساتھ سروں کا ہونا۔میری نظر سے نہیں گزرا۔امکان قوی ہے کہ حضرت امام حسین علیہ السلام کا سر کربلا تک ضرور پہنچا ہو اور ہو سکتا ہے کہ دیگر بنی ہاشم کا سر بھی گیا ہو۔ مگر سب شہداء کے سروں کا وہاں پہنچنا میری سمجھ میں نہیں آتا۔بہر حال حضرت عباس علیہ السلام کے سر مبارک کے متعلق علامہ محسن الامین نے اپنی کتاب اعیان الشیعہ کی جلد ۴ کے ص ۲۹ پر جو کچھ تحریر فرمایا ہے۔اس کا خلاصہ یہ ہے کہ انہوں نے ۱۳۲۱ ھ میں بمقام دمشق ایک مقبرہ دیکھا تھا۔جس پر ایک پتھر نصب تھا۔جس پر لکھا تھا۔ہذا مدفن راس العباس بن علی وراس علی الااکبر بن الحسینی وراس حبیب ابن مظاہر۔یہ حضرت عباس بن علیؑ اور علی اکبر بن حسینؑ اور حبیب مظاہر کے سروں مدفن ہے۔لیکن چندر سالوں کے بعد اس مقبرہ کو منہدم کر دیا گیا۔اوراس کی از سر نو تعمیر کر کے اس پر ایک پتھر نصب کر دیا گیا۔جس پر بہت سے شہداء کے سروں کا حوالہ کندہ ہے ۔مگر صحیح یہی ہے کہ اس مقام پر حضرت عباسؑ حضرت علی اکبرؑ اور حبیب ابن مظاہر کے سر دفن ہیں۔کیونکہ اسی مقام پر ان کے سر لٹکائے گئے تھے۔حضرت علامہ ہندی تاریخ کربلا کے سلسلہ میں لکھتے ہیں۔کربلا مملکت بابل میں ہونے کی وجہ سے قدیم الایم سے مرکز توجہ رہا۔توریت پیدائش سے معلوم ہوتا ہے کہ ملک بابل کی بنیاد اولاد حضرت نوح علیہ السلام نے ڈالی طوفان نوح کے بعد وہیں سے اولاد نوحؑ اختلاف زبان کی وجہ سے اقطاع عالم میں منتشر ہوئی۔مملکت ہمیشہ سے جباروں کے قبضہ میں رہی۔نمرود بن کوش بن حام بن نوحؑ یہیں گزرا ہے۔جس نے سب سے پہلے بادشاہت کی بنیاد ڈالی۔ارک،اکاد کلند سفاء اس کے

ملک تھے۔تاریخ جب تک موجود ہے۔سرزمین بابل کو نہیں بھول سکتی۔اسور نینواحیات عمیر کلح بڑے بڑے شہر تھے۔جو بعد میں مملکت بابل میں داخل ہوئے کربلا، نینوا، غاضریہ ،حیرہ،شط فرات یہ سب وہ قطعات زمین ہیں۔جو نینوا کے برباد ہونے پر اسی کے مختلف حصوں پر آباد تھے۔یونسؑ نبی کی تصریح کی بنا پر نینوا جس کا صحیح تلفظ یکساں نون ہے۔اس کا رقبہ تین روز کی راہ بتایا گیا ہے۔۔۔۔۔یہ امر قابل ذکر ہے کہ حائر جہاں قبر امام حسینؑ ہے ۔اس کو ملک حیرہ سے کوئی تعلق نہیں اور نہ وجہ تسمیہ میں حائر سے حیرہ کو کوئی مدخلیت ہے۔بلکہ متوکل عباسی کو ۲۳۶ھ میں نہر کاٹ کر قبر اقدس امام حسینؑ کو بہا دینا مقصود تھا۔اور پانی اس مقام پر رک گیا تھا۔اور آگے نہ بڑھا تھا۔اس لیے اس مقام کا نام حائر ہوا۔۔۔۔۔طف کے معنے کنارہ نہر کے ہیں۔بصرہ سے ہیت تک فرات کا کنارہ طف کہا جاتا تھا۔اور فرات کی شاخ جورضوانیہ سے نکل کر کربلا کے شمال مشرق جانب ریگستان سے ہوتی ہوئی ہندیہ کے اطراف سے گزرتی ہوئی ذوالکفل کے مغربی شمالی جانب سے گزر کر اس مقام سے گزرتی تھی۔جہاں پر روضہ حضرت عباسؑ ہے۔اور اصل دریائے فرات میں مل جاتی ہے۔اس کا نام نہر علقمہ تھا۔اس نہر علقمہ کے کنارے کو جس پر کربلا واقع ہے۔طف کہتے ہیں۔جو شط فرات کا واقعہ شہادت حسینؑ میں بار بار ذکر آتا ہے۔اور اسی نسبت سے نہر علقمہ نہر فرات کی ایک شاخ تھی۔اور فرات سمجھی جاتی تھی۔اور یہ مقام قدیم الایام سے طف او رشط فرات کے نام سے مشہور تھا۔برمیاہ باب ۴۶ میں رب الافوج کے لیے اتر کی سرزمین میں دریائے فرات کے کنارے ذبیحہ مقرر ہے۔بائیبل میں جابجا اتر کی زمین کا ذکر آیا ہے ۔جو یروشلم کی سمت مراد لی گئی ہے۔اور بے شک یروشلم کی اتر کی سمت نہر فرات ہے ۔جہاں اس ذبیحہ کی خبر دی گئی ہے۔اور یہی ٹھیک کربلا کا محل اور مقام ہے جو فرات سے

غربی سمت میں واقع ہے۔فرات کا کنارہ پر میاہ کے زمانہ میں طف وشط فرات سے موسوم تھا ۔جواب تک اسی نام سے مشہور ہے۔۔۔۔۔۔غاضریہ قبیلہ بنی اسد کی شاخ بنی غاضرہ کی طرف منسوب ہے اور اسی قبیلہ کی جائے سکونت کا نام ہے۔امام حسینؑ نے انہی سے چار ہزار درہم کی زمین خریدی تھی ۔۔۔۔۔۔غرضیکہ مذکورہ کل نام اسی وسیع میدان میں ہیں ۔جہاں نینوا آباد تھا۔بعد میں مختلف طبقات زمین مختلف ناموں سے مشہور ہو گئے۔حقیقتہً سب ایک ہی تھے۔یہی وجہ ہے کہ جب امام حسینؑ اس زمین پر وارد ہوئے۔اور لوگوں سے زمین کا نام پوچھا۔تو کسی نے نینوا کہا۔کسی نے غاضریہ اور کسی نے کربلا (نبیوں کا ماتم ص ۱۰)علامہ محمد باقر قائنی امام محمد باقر علیہ السلام کے حوالہ سے لکھتے ہیں کہ آپ نے فرمایا کہ زمین کربلا کو عمورا بھی کہتے ہیں۔آپ یہ بھی تحریر فرماتے ہیں کہ اس زمین میں قمراز ہر بھی دفن ہوگا۔میرا خیال ہے کہ اس قمر بنی ہاشم مراد ہیں۔(کبریت احمر ص ۱۱۱ طبع ایران ۱۳۴۳ھ ومراۃ العقول جلد ا ص ۱۵۱ طبع ایران)تاریخوں سے معلوم ہوتا ہے کہ واقعہ کربلا کے بعد شہدائے کربلا کے مقبروں اور روضوں سے متعلق بہت تغیرات رو نما ہوتے رہے ۔مناسب معلوم ہوتا ہے کہ ہر صدی کے خاص حالات مختصر لفظوں میں تحریر کر دوں۔

پہلی صدی میں جابر ابن عبداللہ انصاری نے امام حسینؑ کی قبر کی سب سے پہلے زیارت کی ۔اسی صدی میں جناب محمد ابن ابراہیم بن مالک اشتر نے ایک مختصر حجرہ قبر اطہر پر تعمیر کرایا۔لیکن وہ حجرہ ونشان قبر اطہر تھوڑے ہی عرصہ میں مٹادیا گیا۔مومنین نے ایک بیری کا درخت قریب قبر مطہر لگا کر اس امام مظلوم کی قبر کا نشان باقی و قائم رکھا۔

دوسری صدی: میں خلیفہ عباسی ہارون رشید نے وہ بیری کا درخت کٹوا کر قبر حسینی پر ہل چلوا دیئے۔اور یہی زمانہ شروع آبادی کربلا کا ہے۔اس وقت بھی مومنین نے مخفی قبر مطہر

کانشان بنادیا۔

تیسری صدی: یعنی ۲۳۶ھ میں متوکل شاہ عباسی نے ویرج یہودی کو بربادی قبر حسین پر مامور کیا زمین پر ہل چلوائے۔ نہر فرات کاٹ کر قبر حسینی کو غرق کر دینا چاہا۔ لیکن معجزات قبر مطہر کے ظہور سے یہودی مذکور نے مکرر بے ادبی سے گریز کی۔ اسی زمانہ میں زائرین کے لیے سخت سزائیں اور بندش کی گئیں۔ اور بار بار قبر اقدس کے مٹانے کی کوشش ہوئیں ۔۲۴۷ھ میں مستنصر باللہ نے اپنے باپ متوکل کو قتل کر دیا۔ اور تجدید روضہ اقدس کی گئی ۔(ناظمی خلیفہ(

چوتھی صدی: یعنی ۳۵۲ میں معزالدولہ نے عزائے امام مظلوم میں عام اجازت ہی نہیں دی بلکہ نوحہ وماتم وسوگواری کو ترقی دی ہے۔ ایّام عزا میں بازار بند کرائے حکومت آل ایوب تک روز بروز عزائے امام میں ترقی ہوئی۔ لیکن آل ایوب نے سیرت مردان کی پیروی سے پھر سخت بندشیں عائد کیں۔ لیکن معزالدولہ و رکن الدولہ و عضدالدولہ نے روضہ ہائے مقدسہ کی از سر نو تعمیر کی۔ اور شہیدائے کربلا کے مزاروں کی تزئن ہوئی۔ اور امام علیہ السلام کے نام سے ایک خزانہ قائم کیا گیا۔ اسی صدی میں کثرت سے لوگوں نے کربلا کے معلی کی مجاورت اختیاری کی اور شہر کی آبادی بڑھ گئی۔ بنی ہاشم میں سب سے پہلے اولاد جناب عباس علیہ السلام ،اور اولاد امام موسیٰ کاظمؑ اور اولاد جناب جعفر طیارؓ نے کربلا کی مجاورت اختیار کی۔

پانچویں صدی: میں عربوں نے کربلائے معلی میں تاخت کی۔ لیکن سیف الدولہ نے حلہ سے فوج بھیج کر مفسدوں کو قتل کیا۔

چھٹی صدی: یعنی ۵۴۸ھ میں مسترشد خلیفہ عباسی نے خزانہ حضرت کالوٹ لیا۔ اور اپنے

لشکریوں پر تقسیم کر دیا۔ لیکن اس لوٹ کے بعد مسترشد مع اپنے پسر کے راستے میں قتل ہو گیا۔

آٹھویں صدی: میں سلطان محمد خدا بندہ نے خداموں کو روضہ اقدس کے وظائف مقرر کیئے۔ ۷۴۵ھ میں سلطان احمد والیئے عراق کو لوٹ لیا۔ لیکن امیر تیمور نے اپنی فوج لے کر مقابلہ کیا اور شکست دی اور مال عراق کا واپس لیا۔

دسویں صدی: یعنی ۹۱۴ھ میں شاہ اسماعیل صفوی نے روضہ مقدسہ امام اور روضہ حضرت عباسؑ کی تعبیر کی۔ اور قندیل ہائے طلائی آویزاں کیں۔ ضریحیں بنوائیں۔ اور ۹۵۷ھ میں نہر کربلائے معلی کی تعمیر کی۔

گیارہویں صدی: میں عبدالوہاب نجدی نے کربلائے معلی پر حملہ کیا۔ اور ضریح اقدس توڑ ڈالی۔ اور قتل عام کیا۔ سلطان روم و خدیو مصر نے اپنی اپنی افواج بھیج کر اس سرکش کو شکست فاش دی۔ ۱۲۶۳ھ میں حضرت سید العلماء علیین مکان جناب سید حسن صاحب قبلہ نے ایک لاکھ پچاس ہزار روپیہ حجتہ الاسلام آقائے شیخ محمد حسن نخعی مصنف جواہر الکلام کو بھیج کر نہر آصفی تعمیر کرائی اور دیوار شہر نجف اشرف دوبارہ پندرہ ہزار روپیہ بھیج کر روضہ حضرت مسلم و حضرت ہانی کی تعمیر کرائی اور نجف اشرف میں قناتی کنوئیں بنوائے اور مبلغ تیس ہزار روپیہ حجتہ الاسلام آقا سید ابراہیم قزدینی کو بھیجا۔ تعمیر ایوان طلائی حضرت عباسؑ کے لیے اور ایک لاکھ پچاس ہزار روپیہ واسطے تعمیر نہر حسینی کے ۱۲۸۲ھ میں ناصر الدین شاہ قاچار مرحوم نے روضہ اقدس کی مزید تزئین کی اور ۱۲۹۵ھ میں در قبلہ امام حسینؑ پر سونا چڑھایا گیا۔ اور روضہ کی تعمیر نو ہوئی۔ آئینہ بندی کی گئی۔ اور کانسی کی اینٹیں لگیں۔ علامہ عبدالرزاق موسوی لکھتے ہیں کہ ۱۳۲ھ میں شاہ طہماسب نے حضرت عباسؑ کے قبہ مبارکہ

کو کاشانی اینٹوں سے زینت دی۔اور صندوق قبر پر جالیاں بنوائیں۔اور رواق اور صحن کو درست کرایا۔اور کافی فرش وفروش بھیجے۔۱۵۵ میں نادر شاہ درانی نے بہت کافی تحفے حرم مطہر کے لیے بھیجے۔اور بلور سے بہت پانی مزین کئے۔۱۲۳۶ھ میں محمد شاہ قاچاری نے حضرت عباسؑ کے ضریح کی جالیاں چاندی کی بنوائیں۔۱۲۵۹ء میں محمد علی شاہ (شاہ اودھ) نے حضرت کے حرم مبارک کا قبہ تعمیر کرایا۔اسی تیرھویں صدی میں حاجی شکر اللہ بن بدل بک انشاری نے اپنا سارا مال لگا کر ایوان ابو الفضل پر ماھتمام حضرت راس المجتھدین شیخ زین العابدین ماژندرانی سونا چڑھوایا۔اور اسی صدی میں نصیر الدولہ نے حضرت عباسؑ کے منارے پر سونا چڑھوایا۔(قمر بنی ہاشم ص ۱۲۷ و مختصر تاریخ کربلا ص ۴۰ و کتاب طاقت ایحان علامہ عبدالکریم ص ۹۱)

چودھویں صدی: روضہ امام علیہ السلام اور روضہ حضرت عباس علیہ السلام کے پھاٹکوں پر دو گھڑیاں نصب ہوئیں۔اور روضہ حضرت عباسؑ کی توسیع ہوئی۔اور چھوٹی چھوٹی برجیاں بنائی گئیں۔کتاب معین الزائرین میں ہے کہ ارباب بینش کو علم ہے کہ حضرت عباسؑ کے روضے پر سونا نہیں ہے۔یعنی جس طرح امام حسینؑ کے روضے کے گنبد پر سونا چڑھا ہوا ہے۔حضرت عباس علیہ السلام کے روضے پر نہیں ہے۔اس کی وجہ یہ ہے کہ حضرت عباسؑ اور امام حسینؑ کی برابری نہیں چاہتے۔یہی وجہ ہے کہ جب کسی بادشاہ نے سونا چڑھا دیا تھا۔تو وہ بار بار گر گیا تھا۔مجھے اس کا ذاتی تجربہ یہ ہے کہ کراکری ضلع الٰہ آباد میں ۱۹۱۱ء سے ایک روضہ حضرت عباسؑ کی تعمیر جاری ہے۔لیکن چونکہ وہ وہاں کی کربلا سے زیادہ بلند بنایا جارہا ہے۔اس لیے وہ مکمل نہیں ہونے پایا۔جب تیاری کے قریب پہنچتا ہے۔اس کا گنبد پھٹ جاتا ہے۔شاید یہی وجہ ہے کہ حضرت امام حسین علیہ السلام حضرت عباسؑ کے لیے فرمایا

FAZAIL AL HZ ABBAS (AS)

کرتے تھے۔اے عباسؑ! تم زندگی اور موت دونوں حال میں میرا پاس ولحاظ کرنے والے ہو۔(دمعہ ساکبہ طبع ایران) نیز کتاب معین الزائرین ص ۳۴ میں یہ بھی ہے کہ امام حسین علیہ السلام کے روضہ سے تقریباً ایک میل کے فاصلہ پر روضہ حضرت عباسؑ واقع ہے اوران دونوں کے درمیان دو رویہ دکانیں ہیں اور تختی پر لکھا ہوا ہے ۔"ھذا طریق الی الفضل العباس آپ کے روضہ پر دعائیں بہت زیادہ مستجاب ہوتی ہیں۔ص ۵۰ کتاب مہیج الا حزان ص ۱۶۱ میں ہے۔کہ حضرت عباسؑ باب الحوائج ہیں آقائے دربندی لکھتے ہیں کہ دیگر شہدائے کبار کی مانند حضرت عباسؑ کابدن بھی قبر میں بالکل تروتازہ قیامت تک رہے گا۔(اسرارالشہادت ص ۳۱۰) حاجی عبدالکریم بن خواجہ عاقبت محمود تاریخ بہتان یعنی دقائع احوال نادر شاہ قلمی ورق ۵۷ میں لکھتے ہیں کہ عراق میں حلہ کے قریب ایک مسجد ہے جس کانام "مسجد شعیب" ہے اس کے مینار پر چڑھ کر اگر کوئی کہے کہ " بعشق عباس جنبش کن" تو وہ حرکت کرنے لگتا ہے۔اور بید کی مانند متحرک ہو جاتا ہے۔

حضرت عباس علیہ السلام کی نسل اوران کے بعض نبیرگاں کے مختصر حالات

علمدار کربلا حضرت عباس علیہ السلام جب شہید ہوئے ہیں۔توان کی اولاد میں عبیداللہ ابن عباسؑ کے علاوہ کوئی اور نہ تھا۔ان کے علاوہ ان کی والد جناب ام النبین بقید حیات تھیں ۔حضرت عباسؑ کی میراث کے مالک یہی دونوں قرار پاتے ہیں۔ان کی نسل کے بارے میں علامہ عبدالرزاق موسوی لکھتے ہیں کہ تمام علمائے انساب کا اس پر اتفاق ہے کہ آپ کی نسل

صرف عبید اللہ ابن عباسؑ سے بڑھی ہے۔آپ کا شمار بہت بڑے علماء میں تھا۔آپ کمال اور جمال میں بہت امتیاز رکھتے تھے۔آپ نے ۱۵۵ھ میں وفات پائی ہے۔آپ کے بیٹے حسن بن عبید اللہ تھے۔جناب حسن نے ۴۷ سال کی عمر میں انتقال کیا۔آپ کے پانچ بیٹے تھے۔(۱) عبید اللہ (۲) عباس (۳) حمزہ (۴) ابراہیم (۵) فضل۔و کلھم اجلاء فضلاء ادباء سب کے سب عالم اجل، فاضل اور ادیب دہر تھے۔ا۔عبید اللہ ابن حسن ابن عبید اللہ ابن عباس بن علی " امیراً بمکۃ والمدینۃ قاضیا علیھا" یہ امیر مکہ و مدینہ اور قاضی الحرمین تھے۔(۲) عباس ابن حسن ابن عبید اللہ ابن عباس " کان بلیغاً فصیحاً شاعراً" یہ زبردست بلاغت اور فصاحت کے مالک تھے۔شاعری میں بھی ملکہ تامہ رکھتے تھے۔اور ابو نصر بخاری کا بیان ہے۔کہ " ماراٰی ھاشمی اغضب لساناً منہ "ان سے زبردست کوئی ہاشمی زبان کا مالک دیکھا بھی نہیں گیا۔"کان مکیا عند الرشید" وہ رشید کے پاس رہتے تھے۔وہ ان کا بڑا احترام کرتا تھا۔اس کے بعد ماموں کے پاس رہے۔علومیین انہیں اشعر اولاد ابی طالب کہتے تھے۔(۳) حمزہ ابن حسن ابن عبید اللہ ابن عباس۔ان کی کنیت ابوالقاسم تھی۔"وکان یشبہ یا میر المومنین" یہ حضرت علیؑ سے بہت مشابہ تھے۔ماموں رشید نے انہیں ایک لاکھ درہم ارسال کیا تھا۔اس کے ساتھ جو خط لکھا تھا۔اس میں انہیں شبیہ امیر المومنین لکھا تھا۔(۴) ابراہیم جر وقہ ابن حسن ابن عبید اللہ ابن عباسؑ" کان من الفقھاء الادباء الزھاد" یہ زبردست فقیہ ادیب اور زاہد تھے۔(۵) فضل ابن حسن ابن عبید اللہ ابن عباس " کان لسنا فصیحاً شدید الدین عظیم الشجاعۃ" یہ زبردست فصاحت کے مالک اور دینیات میں بہت پختہ تھے۔اور میدان شجاعت کے شاہ سوار تھے۔لوگوں کی نظر میں آپ کی بے انتہا عزت تھی۔(عمدۃ المطالب ص ۳۵۳ طبع لکھنؤ و تاریخ بغداد و قمر بنی ہاشم ص ۱۳۶) حضرت عباسؑ کی

نسل کافی پھیلی ہے۔آپ کے کثیر نبیر گان کا ذکر کتب میں موجود ہے۔یہ خاص بات ہے کہ آپ کی نسل میں کوئی غیر عالم شاید ہی گزرا ہو۔آپ کی نسل کے متعلق ،صاحب عمدۃ المطالب لکھتے ہیں کہ مکہ مدینہ مصر بصرہ،یمن سمرقند طبرستان اردن

،حائر و میاط ، کوفہ ، قمر،یمن شیراز،آمل آذر بائیجان جوجان مغرب وغیرہ میں پائی جاتی ہے ۔آپ کی اولاد کو میرے نزدیک ''سیدی علوی'' کہنا چاہیے۔اور حضرت عباسؑ کی طرف اعوان کا انتساب کو اصل نہیں رکھتا۔حمزہ بنحسن بن عبیداللہ بن عباس علیہ السلام،یہ اپنے دادا حضرت علی علیہ السلام سے بہت زیادہ مشابہ تھے۔مامون رشید کے ہاتھ کا لکھا ہوا ایک خط دیکھا گیا ہے۔جس میں اس نے جناب حمزہ کو ایک ہزار درہم بھیجنے کا حوالہ دیا ہے۔خط سے یہ معلوم ہوتا ہے کہ اس نے انہیں یہ رقم محض اس لیے بھیجی تھی کہ یہ حضرت علیؑ کے مشابہ تھے۔اس نے اس خط میں اسی مشابہت کو عنوان قرار دیا ہے۔انہوں نے اپنی شادی زینب بنت الحسین بن علی بن عبداللہ بن جعفر طیار سے کی تھی۔عبداللہ بن جعفر طیار کے فرزند علی اپنے کو زینب بنت علیؑ کی طرف منسوب کرنے زینبی کہتے تھے۔جناب حمزہ بن حسن بن عبیداللہ بن عباس علیہ السلام کے ایک پوتے محمد بن علی بن حمزہ بھی تھے۔جو بڑی شخصیت کے مالک تھے۔اور نہایت عمدہ شاعر تھے۔یہ بصرہ میں نازل ہوئے اور امام رضا علیہ السلام سے حدیث کی روایت کی۔یہ بڑے ثقہ اور صدوق تھے۔جیسا کہ تاریخ نجدار جلد ۲ ص ۶۳،اور تہذیب التہذیب جلد ۹ ص ۳۵۲ میں ہے۔آپ کا انتقال ۲۸۶ھ میں ہوا ہے ۔انہیں حمزہ بن حسن بن عبیداللہ بن عباس علمدار کے ایک پر پوتے بھی تھے۔جن کا اسم گرامی ابو یعلی حمزہ بن قاسم بن علی بن حمزہ بن حسن بن عبیداللہ ابن عباس علیہ السلام بن امیر المومنین علی بن ابی طالب تھا۔ان کے سلسلہ نسب کی یہی ترتیب علامہ نجاشی نے رجال

نجاشی ص ۱۰۱ میں علامہ نے خلاصہ میں حضرت شہید ثانی نے حاشیہ خلاصہ میں ابو علی حائری نے منتھی المقال میں شیخ نوری نے جنتہ الماویٰ حکایت نمبر ۴۵) علامہ مامقانی نے تنقیح المقال میں شیخ عباس قمی نے سفینۃ الجارج جلد ا ص ۳۳۹ میں سید حسوف برمی نے ساسنئہ النفتحہ الغبریہ قرار دی ہے۔ لیکن علامہ شیخ الفتونی نے حدیقتہ النسب میں علی کو قاسم پر مقدم کیا ہے۔ اور علامہ سید مہدی قزدینی نے فلک النجات کے ص ۳۳۶ پر ان شجرہ کو اس طرح لکھا ہے۔ الحمزہ بن الحسن بن الحمزہ بن علی بن قاسم بن عبداللہ بن عباس ''لیکن میرے نزدیک یہ ترتیب صحیح نہیں ہے۔ کیونکہ اس کا ماخذ نہیں ملتا۔ ہو سکتا ہے کہ مذکور الصدر علماء کی ترتیب کے خلاف یہ ترتیب قائم کرنا کاتب کی عنایت سے ہو اور اس کا قطعی امکان ہے۔ اسی فلک النجات کی عبارت میں دیکھ لیجئے کہ حضرت عباسؑ کے فرزند کا نام عبیداللہ تھا۔ لیکن کتاب مذکور میں عبداللہ لکھا ہوا ہے۔ بہر صورت جملہ علماء فرقہ جعفریہ کا ان کی وثاقت اور جلالت قدر پر اتفاق ہے۔ وہ انہیں طائفہ علویہ کا چشم و چراغ سمجھتے تھے۔ یہ علوم کے عظیم مدارج پر فائز تھے۔ بے شمار احادیث کو اپنے اباؤاجداد سے روایت کرتے تھے۔ ان پاس علماء کی آمد و رفت کا تانتا بندھا رہتا تھا۔ وہ ان کے پاس حدیث سنتے اور ان سے روایت حاصل کرنے کے لیے آتے تھے۔ آپ کے پاس اخذ حدیث کے جو علما آتے تھے۔ ان میں شیخ الثقہ سعد بن عبداللہ اشعری محمد بن سہل بن ذارویہ القمی، الحسن بن متیل، علی بن عبداللہ ابن یحییٰ جعفر بن مالک اری الکوٹی ابوالحسن علی بن جنید الرازی اور ان کے بلند پایہ عم عزیز! ابو عبداللہ محمد بن علی بن حمزہ میں حسن بن عبیداللہ بن عباس شامل تھے۔ علامہ عبدالرزاق الموسوی کا بیان ہے کہ سیدنا حضرت ثقہ الاسلام علامہ کفینی صاحب اصول کافی کے طبقہ میں تھے۔ انہوں نے بہت سی کتابیں تصنیف کی ہیں۔ جن میں کتاب التوحید کتاب الزیارت

والمناسک، کتاب من روی عن الصادق، کتاب الرد علی محمد بن جعفر اسدی زیادہ مشہور ہیں ۔معلوم ہونا چاہیے کہ سیدنا حمزہ کے فضائل لکھنے سے دست کاتب قاصر اور زبان قلم عاجز ہے۔واضح رہے کہ ان کے مرقد مطہر سے اس درجہ کرامات کا مظاہرہ ہوا ہے۔کہ ان کو قلم بند نہیں کیا جاسکتا۔بے شک غیر محدود کرامات کا ظاہر ہونا ان کی فضیلت ان کی بلند مرتبگی ان کے اخلاص ورع و تقویٰ اور بلندی مقام علمی کی شہادت کے لیے کافی ہے۔نیز ان کی فضیلت اس سے بھی ظاہر ہوتی ہے کہ ان کے وہ چچا جن کی مثال اولاد ائمہ میں مشکل سے ملے گی وہ ان سے اخذ روایات کرتے ہیں۔اور چونکہ وہ بڑی نمایاں حیثیت کے مالک تھے۔اسی لیے جناب نرجس خاتون والدہ حضرت حجتؑ کو اس وقت پناہ دینے میں کامیاب ہوگئے۔جس وقت بادشاہ وقت انہیں گرفتار کرنے کا تہیہ کر چکا تھا۔اس کے بعد علامہ عبدالرزاق کہتے ہیں کہ سید الفقہا علامہ محمد مہدی القزدینی ایک دفعہ وارد حملہ ہوئے۔اور انہوں نے حضرت حمزہ کی بنی ہوئی قبر کی اس لیے زیارت نہ کی کہ وہ جانتے تھے کہ ان کی مقام رے میں ہے۔جناب شاہ عبدالعظیم کے مدفن کے قریب ہے۔ایک رات کا ذکر ہے کہ وہ محو خواب تھے کہ ایک شخص علوی لباس میں آکر کہنے لگا۔کہ تم سیدنا حمزہ کی زیارت کیوں نہیں کرتے انہوں نے خواب ہی میں جواب دیا کہ وہ یہاں مدفون نہیں ہیں۔ان کی اصل قبر رے میں ہے۔اس آنے والے جواب دیا کہ ان کے رے میں مدفون ہونے روایت بے بنیاد ہے۔وہ اسی جگہ دفن ہیں۔تم ان کی زیارت یہیں کیا کرو۔پھر انہوں نے پوچھا کہ اس کا کیا ثبوت ہے کہ وہ یہیں مدفون ہیں۔اس آنے والے نے جواب دیا کہ اس کا ثبوت علم رجال ہے۔تم کتب رجالی کا مطالعہ کرو۔چنانچہ انہوں نے جب کتب رجال پر نگاہ کی تو خواب کے مخبر کی خبر صحیح ثابت ہوئی۔اور حضرت علامہ قزدینی نے حضرت حمزہ کی زیارت

کرنا شروع کر دی۔ اوراس بات کا یقین کرلیا کہ خواب کی اطلاع حضرت حجت علیہ السلام کی ہدایت کا مظہر ہے۔ ابراہیم بن حسن عبیداللہ ابن عباس بن علی بن ابی طالب یہ جروقہ کے لقب سے مشہور تھے۔ یہ فقیہ ادیب اور بہت بڑے زاہد مشہور تھے۔ ان کے ایک فرزند تھے۔ جن کا نام علی بن ابراہیم تھا۔ یہ بڑی عزت و جاہ کے مالک تھے۔ انہوں نے ۲۶۴ھ میں انتقال فرمایا ہے۔ ان کے ۱۹ فرزند تھے۔ جن میں عبداللہ بن علی بن ابراہیم زیادہ مشہور تھے۔ جناب عبداللہ پہلے بغداد پھر مصر گئے۔ اور وہیں متوطن ہو گئے۔ ان پر تحدث و تبلیغ کا دروازہ بند کر دیا گیا تھا۔ لیکن تھوڑے عرصہ کے بعد اجازت مل گئی تھی۔ ان کے پاس ایک کتب خانہ تھا۔ جس کا انہوں نے الجعفریہ نام رکھا تھا۔ ان کتب خانہ میں فقہ امامیہ کی کافی کتابیں تھیں۔ انہوں نے رجب ۳۱۲ھ میں بمقام مصر انتقال فرمایا اور وہیں دفن ہوئے۔ جناب علی بن رہیم کے پوتوں میں خلیفہ ابوالحسن علی بن یحییٰ بن علی بن ابراہیم بن حسن بن عبیداللہ ابن عباس بن علی بن ابی طالب علیہم السلام تھے۔ یہ ابوعبداللہ بن داعی علی انقاتبہ بغداد کے خلیفہ تھے۔ فضل بن حسن بن عبیداللہ ابن عباس علیہ السلام بہت بڑے عالم تھے۔ بہترین تقریر کرتے تھے متکلم اور فصیح البیان تھے۔ دین اور دینیات کے بارے میں بہت ہی مضبوط تھے۔ شجاعت میں بے مثل و بے نظیر تھے۔ خلفا کی نگاہ میں بڑی عزت کے مالک تھے۔ انہیں ابن الہاشمیتہ کے لقب سے یاد کیا جاتا تھا۔ ان کے تین فرزند تھے۔ جس سے ان کی نسل چلی ہے۔ (۱) جعفر (۲) عباس الاکبر (۳) محمد ان سب کی اولادیں تھیں۔ اور تقریباً سب کے سب عالم اور ادیب تھے۔ انہیں میں سے ایک کا نام ابوالعباس فضل بن محمد بن فضل بن حسن بن عبیداللہ بن عباس تھا۔ یہ بہت بڑے خطیب اور شاعر تھے۔ ان کی اولاد کم اور طبرستان میں زیادہ ہے۔ انہوں نے اپنے جد نامدار حضرت عباس علیہ السلام کے

متعلق بہت سے اشعار کہے ہیں۔ جن میں سے ایک مرثیہ ہم نے پچھلے اوراق میں نقل کیاہے۔تاریخ نجدارج ص ۳۱۳،۳۲۶،۱۲۶، عمدۃ المطالب المجدی مروج الذہب جلد ۲ ص ۶۶ص ۱۵۵، المصدر، اغانی جلد ۵ ص ۴۵۰۔ ذخیرۃ الدارین سر السلسلہ العویہ، الحجت علی الذاہب ص ۶۶، تہذیب التہذیب جلد ۹ ص ۳۵۲، القدیر جلد ۳ ص ۱۳ الجواہر المفیتہ جلد ۲ ص ۱۱۴، النفتحہ الغزیہ بشارۃ المصطفیٰ ص ۵۸، رجال نجاشی ص ۱۴۵ رجال طوسی اکمال الدین صدوق جنتہ الماویٰ للنوری حکایت نمبر ۴۵، تذکرہ سبط ابن جوزی ص ۲۲۳، خلاصہ للعامہ سفینتہ البحار، شیخ عباسی قمی جلد ۱ ص ۳۳۹، فلک النجاۃ عربی مصنفہ سید مہدی قزدینی ص ۳۳۶)

حضرت عباس علیہ السلام کے کرامات و معجزات

مظہر العجائب والغرائب حضرت علی علیہ السلام کے فرزند ارجمند حضرت ابوالفضل العباس علیہ السلام کے معجزات و کرامات بے شمار ہیں۔ان کی وسعت کو سمیٹنے کے لیے اوران کی تعداد کو یکجا کرنے کے لیے ایک مستقل تصنیف کی ضرورت ہے۔ ہم اس مقام پر دو تین کرامات و معجزات تحریر کرتے ہیں۔(۱) مصنف کتاب سرور المومنین لکھتے ہیں کہ میرے بھائی شیخ جعفر نے مجھ سے بیان کیا کہ ایک مرتبہ میں ایک سید کے ساتھ کربلا سے نجف اشرف کو بوقت شب جا رہا تھا۔راستہ میں ایک عالیشان عمارت نظر پڑی۔ جس کے ارد گرد نہایت گنجان درخت پورے سلیقہ کے ساتھ لگے ہوئے ہیں۔دل میں سوچنے لگا کہ بارہا اس طرف سے گزر ہوا ہے۔ کبھی اس قسم کا کوئی مکان اس راہ میں نظر سے گزرا یہ کیا مکان

ہے۔ میں اسی تردد میں باہمد گر باتیں کر رہا تھا۔ کہ ایک مرد بزرگ سامنے سے نمودار ہوئے ۔اور فرمانے لگے۔ یہ میرا مکان ہے۔آیئے اور میری دعوت مہمانی قبول کیجیئے۔ ہم دونوں ان کے ہمراہ داخل خانہ ہوئے۔ وہ مکان کیا تھا۔ جنت کا نمونہ تھا۔ وہ ایسا مکان تھا جو کہ راحت و آرام کے اسباب سے پر تھا۔ جو نعمتیں اس میں مہیا تھیں نہ آنکھوں نے کبھی دیکھا تھا نہ کانوں نے سنا تھا۔ اس میں باغات تھے کہ سبحان اللہ ! باغوں کے درختوں پر طائران خوش الحان اور مرغان شیریں بیان چہک رہے تھے۔ نہریں جاری تھیں۔ سبزہ لہلہارہا تھا۔ درخت بار ثمر سے جھکے ہوئے تھے۔ پھولوں کی خوشبو سے دماغ معطر تھے۔ اور فضا بسی ہوئی تھی۔ میں اس عجیب و غریب مکان میں سیر کرتا ہوا جارہا تھا کہ اس کے پہلو میں ایک اور شاندار مکان نظر آیا۔ اسے دیکھ کر میں اور حیران ہو گیا۔ وہ اس خوبی سے بنا ہوا تھا۔ اور اس طرح آراستہ تھا کہ اس کی توصیف سے میری زبان قاصر ہے۔ اس میں ایک بزرگوار جن کے چہرے سے عظمت و جلال آشکار تھی۔ مجھے دکھائی دیئے۔ انہیں میں نے صدر مقام پر بیٹھا دیکھا میں نے آگے بڑھ کر نہایت ادب سے ان کو سلام کیا۔ انہوں نے جواب سلام کے بعد اسی سید سے جو میرے ہمراہ تھا۔ اور جسے میں پہچانتا نہ تھا۔ لیکن رفیق سفر ہونے کی وجہ سے میں اس سے مانوس تھا کہ اس شیخ کو جو کہ آقائے نامدار حضرت سید الشہداء کا ذاکر ہے۔ فلاں مقام پر لے جاؤ۔ اور اسے آب سرد اور بعام لذیذ سے سیر و سیراب کرو۔ اور جس چیز کی اسے ضرورت ہو۔ اسے مہیا کر دو۔ یہ سن کر وہ سید مجھے ایک مکان وسیع میں لے گیا۔ جہاں انواع واقسام کے کھانے چنے ہوئے تھے۔ میں نے خوب سیر ہو کر کھایا۔ جب وہ سید مجھے رخصت کرنے کے لیے نادر خانہ آیا تو میں نے اس سے کہا کہ تجھے قسم ہے اسی عظیم الشان شخصیت کی۔ جو اس مکان کی مالک ہے۔ مجھے بتا کہ مقام کون سا ہے۔ اور یہ مسند نشین صدر خانہ کون ہیں ؟

اس نے کہا کہ اسی مقام کا نام ''وادی مقدس'' ہے اور ان جناب اسم گرامی حضرت عباس علیہ السلام ہے۔ یہ مکان انہی کا ہے۔ یہیں سب شہداء کربلا جمع ہو کر حضرت امام حسین علیہ السلام کی خدمت میں جاتے ہیں۔ میں نے عرض کی۔ اے سید میں نے سنا بھی ہے۔ اور کتابوں میں بھی پڑھا ہے کہ کربلا میں حضرت عباس علیہ السلام کے دونوں دست مبارک کٹ گئے تھے۔ اس نے کہا بے شک میں نے عرض کی کہ مجھے رخصت آخری کے بہانے سے ان کی خدمت میں لے چلو تاکہ میں حضرت کے دست بریدہ جسم کو بچشم خود دیکھ لوں۔ وہ سید مجھے دوبارہ ان کی خدمت میں لے گیا۔ میں نے جونہی ان کے دست پر بریدہ جسم کو دیکھا میں بے اختیار رونے لگا۔ اور بے ساختہ یہ اشعار میری زبان پر جاری ہو گئے۔ (ترجمہ) دشمنوں نے ان کے جسم کو تیروں سے چھلنی بنا کر اس مشکیزہ کو ٹکڑے ٹکڑے کر دیا۔ جسے انہوں نے بڑی مشکلوں سے پر کیا تھا۔ اس وقت آپ نے کمال مایوسی کے عالم میں باچشم پرنم حضرت امام حسینؑ کو آواز دی۔ اے میرے آقا حسینؑ میری تمام امیدیں خاک میں مل گئیں۔ افسوس میں پانی پہنچانے سے قبل ملک الموت سے ملاقات کرنے پر مجبور ہو گیا ہوں۔ راوی کہتا ہے کہ یہ سن کر سب حضار رونے لگے۔ اور حضرت عباسؑ نے فرمایا اے شیخ خدا تم لوگوں کو صبر دے۔ میں نے ان سے زیادہ تکالیف برداشت کی ہیں۔ جن کی تمہیں اطلاع ہے۔ (۲) کتاب حزن المومنین میں ہے کہ عرب و عجم کے دستور کے مطابق، عباس آباد شہر میں مومنین نے یوم عاشورا شبیہ حضرت عباسؑ بنانے کا فیصلہ کیا۔ اس کے لیے وہ ایک نیک قسم کے نوجوان کی تلاش میں تھے۔ ناگاہ ایک مرضی کے مطابق نوجوان نظر آیا۔ اس سے انہوں نے اپنے مقصد کو ظاہر کیا وہ بہت خوش ہوا۔ اور شبیہ بننے پر تیار ہو گیا۔ الغرض اسے شبیہ عباس بنا انہوں نے مراسم غم ادا کیئے۔ اس واقعہ کی اطلاع اس کے باپ کو ہو گئی۔ جو سخت

WILAYAT MISSION PUBLICATIONS

ترین ناصبی تھا۔جب یہ جوان اپنے گھر گیا۔تو اس کے باپ نے واقعہ پوچھا۔اس نے سب واقعہ کہہ سنایا۔باپ نے پوچھا کہ تو کیا عباسؑ کو دوست رکھتا ہے۔اس نے کہا بے شک یہ سن کر اس نے تلوار اٹھائی اور اس کے دونوں ہاتھ جدا کر کے کہا لے۔اب تو صحیح تصویر بنا ہے ۔وہ غریب اس صدمہ سے زمین پر لوٹنے لگا۔یہ دیکھ کر اس کی ماں سر پیٹتی ہوئی قریب آئی اور فریادو

فغاں کرتی ہوئی بولی کہ اے ظالم تو روز حشر رسول خداؐ اور فاطمہ زہراؑ کو کیا جواب دے گا۔اس نے کہا کیا تو ان لوگوں کو دوست رکھتی ہے۔اس نے جواب دیا کہ بے شک ان پر ہمارا ایمان ہے۔یہ سن کر اس ظالم نے اس عورت کی زبان قطع کر دی۔اور اس کی آغوش میں بیٹے کے ہاتھ ڈال کر کہا کہ جا قیامت کے دن فاطمہ اور عباسؑ سے شکایت کر کے جو بنانا ہے ۔بنا لینا۔اس کے بعد ان دونوں کو گھر سے باہر نکال کر دروازہ بند کر لیا۔وہ مومنہ اپنے لڑکے کو اپنے ہمراہ ہاتھوں سمیت ایک عزاخانہ میں چلی گئی۔اور اپنے بیٹے کو زیر منبر ڈال کر منبر کے قریب محو گریہ وبکا ہوئی۔ صبح کے قریب چند بیبیاں سیاہ پوش ظاہر ہوئیں۔اور اس سے رونے کا سبب دریافت کیا۔اس نے ہاتھ کے اشارے سے زبان کے کٹنے کا حال ظاہر کیا۔انہوں نے فرمایا غم نہ کر سب ٹھیک ہو جائے گا۔اس کے بعد ان عورتوں میں سے ایک نے اس کی زبان کا ٹکڑا زبان سے ملا کر اپنا لعاب دہن لگایا۔وہ ٹھیک ہو گئی۔اس کے بعد وہ جا نے لگیں۔اس مومنہ نے ان کا دامن تھام لیا۔اور کہا کہ میرا لڑکا زیر منبر پڑا ہے۔اسے بھی درست کر دیجئے۔انہوں نے فرمایا کہ اس کو حضرت عباسؑ نے ٹھیک کر دیا ہے ہو گا۔تو اسے دیکھ لے ۔وہ اٹھی اور منبر کے اندر کی جانب گئی تو دیکھا کہ اس کا بچہ تندرست ہے۔اس مومنہ نے پوچھا کہ بی بی آپ کون ہیں۔آپ نے فرمایا کہ میں حسینؑ کی دکھیاں ماں ”فاطمہ“

ہوں۔اس کے بعد وہ بیبیاں نظروں سے غائب ہو گئیں۔اس مومنہ کا بیان ہے کہ میں نے لڑکے سے پوچھا کہ کیا واقعہ گزرا۔اس نے کہا کہ میں عالم بیہوشی میں تھا کہ ایک نقاب پوش جوان میرے قریب آیا۔اور کہنے لگا کہ گھبرا نہیں سب ٹھیک ہو جائے گا۔اس کے بعد میرے ہاتھوں کو جسم سے ملا کر کچھ فرمایا اور میرے ہاتھ درست ہو گئے۔میں نے فوراً ان کا دامن تھام لیا۔اور ان کی خدمت میں عرض کی۔ حضور ! آپ کون ہیں ؟انہوں نے فرمایا میں عباسؑ ہوں میں نے کہا حضور ! دست مبارک دیجئے۔تا کہ میں بوسہ دوں آپ نے فرمایا کہ میرے ہاتھ نہیں ہیں۔وہ کربلا میں اسلام پر قربان ہو گئے۔اس کے بعد وہ نظروں سے غائب ہو گئے ہیں۔(۳) کربلائے معلیٰ کے رہنے والے سید عباس طباطبائی بیان کرتے ہیں کہ میں مشغول درس تھا۔کہ ایک روز شور مچا کہ حضرت عباسؑ کے روضہ میں معجزہ ہوا۔یہ شور سن کر استاد نے چھٹی کر دی۔میں دوڑا ہوا۔روضہ حضرت عباسؑ میں گیا۔وہاں جا کر میں نے دیکھا کہ روضہ کے اندر بہت حضرات ہیں۔اور سب بالکل خاموش ہیں۔اور ایک عورت بے ہوش پڑی ہے۔میں نے لوگوں سے پوچھا کہ کیا معجزہ ہوا ہے۔مگر کوئی نہ بولا۔بڑی دیر کے بعد ایک شخص نے اوپر کی طرف اشارہ کیا۔تو میں نے دیکھا کہ ایک طلائی طوق ایک قندیل سے چپکا ہوا ہے۔اور قندیل حرکت میں ہے۔تھوڑی دیر کے بعد اس بے ہوش عورت کے اعزا آ گئے۔اور انہوں نے بڑی آہ و فریاد کی۔تو عورت کو ہوش آیا۔اس کا بیان ہے کہ یہ لڑکا جو میرے پاس بیٹھا ہے۔ایک بار علیل ہوا تھا اور میں نے منت مانی تھی کہ یہ طوق گراں جو میری گردن میں ہے اپنے لڑکے کی صحت پر نذر حضرت عباسؑ کر دوں گی۔اب جبکہ اسے کامل صحت ہو گئی تو میں طوق ضریح مبارک پر چڑھانے کے لیے لائی۔ابھی طوق کو گلے سے اتار نے نہ پائی تھی کہ یک بیک یہ خیال پیدا ہو گیا کہ چونکہ یہ کافی وزنی

ہے۔لہٰذااس کے بجائے کچھ سونا چڑھاؤں گی۔میرے ذہن میں اس کا خیال آنا تھا کہ میں نے ایک پر چھائیں سی دیکھی۔اس کے بعد بے ہوش ہوگئی پھر مجھے نہیں معلوم کہ کیا ہوا ہے (کتاب موسع الغموم ص ۴۳، ص ۴۵، ص ۸۷ ۳ طبع لکھنؤ ۱۲۹۳ھ)

مشک سکینہؑ کو چھیدنے اور حضرت عباسؑ کا ہاتھ کاٹنے والے اسحاق بن حویہ کا حشر اور عبداللہ اہوازی کا کارنامہ

علامہ احسان تہرانی لکھتے ہیں کہ عبداللہ ہوازی کا بیان ہے کہ میں ایک دن بازار میں جارہا تھا کہ میری نظر ایک ایسے شخص پر پڑی کہ جس کا چہرہ متغیر تھا۔اور زبان خشک تھی۔اور منہ سے باہر نکلی ہوئی تھی۔وہ عصا کے سہارے سے راستہ چل رہا تھا۔اور بھیک مانگتا پھرتا تھا۔میں نے جونہی اسے اس حال میں دیکھا۔میرا بدن لرز اٹھا۔میں اس کے قریب گیا۔اور اس سے پوچھا تو کہاں کا رہنے والا ہے اور کس قبیلے سے تعلق رکھتا ہے اس نے میری طرف توجہ کئے بغیر اپنی راہ لی۔میں نے اسے قسم دے کر پوچھا کہ تو اپنا حال تو بتا۔کہ یہ معاملہ کیا ہے اس نے کہا بھائی! میرا حال نہ پوچھو اور مجھے اپنی راہ جانے دو۔میں نے کہا کہ میں ہرگز نہ مانوں گا۔میں چاہتا ہوں کہ مجھے اپنے حال سے آگاہ کر اس نے کہا کہ اگر تم نہیں مانتے تو پھر پہلے مجھے کچھ کھلاؤ کہ میں سخت بھوکا ہوں اس کے بعد میں اپنی غم آفریں داستان تمہیں سناؤں گا۔میں اسے اپنے گھر لے گیا۔اور اسے خوب اچھی طرح کھلایا پلایا جب اسے سکون ملا تو اس نے اپنی داستان بیان کرنا شروع کی اس نے مجھ سے پوچھا کہ تم عمر بن سعد کو جانتے ہو میں نے کہا ہاں۔جانتا ہوں پھر میں نے کہا کہ تیرا اس ملعون سے کیا تعلق اس نے کہا کہ واقعہ

FAZAIL AL HZ ABBAS (AS)

کربلا میں اس کا علمدار تھا اور ۔۔۔۔ میرا نام ہے اسحاق بن حویہ اس کے اس کہنے پر اس کے منہ سے تارکول کی بو آنے لگی۔ پھر وہ کہنے لگا کہ رزمگاہ کربلا میں عمر بن سعد نے مجھے نہر فرات پر تعینات کیا تھا اور مجھے حکم دیا تھا کہ امام حسینؑ کے لشکر میں کسی صورت سے پانی نہ پہنچنے دینا۔ چنانچہ میں اس کے حکم کی تعمیل میں ہمہ تن متوجہ ہو گیا۔اور شب و روز پوری بیداری کے ساتھ امام حسینؑ تک پانی پہنچنے کو روکتا رہا۔ حتیٰ کہ میں نے اپنے لشکر والوں تک کو نہر فرات پر بلا اجازت جانے سے روک دیا تھا کیونکہ اس کا شبہ تھا کہ کہیں ہم میں ہی کا کوئی خفیہ طور پر امام حسینؑ تک پانی پہنچا دے۔ایک شب کا واقعہ ہے کہ میں بہت پوشیدہ طریقے سے امام حسینؑ کے ایک خیمہ تک جا پہنچا۔ تا کہ ان ارادے معلوم کروں میں چھپا ہوا بیٹھا ہی تھا کہ امام حسینؑ اور حضرت عباسؑ میں گفتگو کی آواز آنے لگی اس بات چیت میں میں نے یہ محسوس کیا کہ دونوں بھائی موجودہ حالات سے بے حد متاثر ہیں۔ حضرت عباسؑ نے حضرت امام حسینؑ سے کہا کہ اے بھائی ! مجھے اب اطفال میں پیاس کی شدت دیکھی نہیں جاتی اور نہ ان کے انتہائی پر درد نالے سنے جاتے ہیں میرے آقا میں اب تک دو مکانوں کے اندر کنواں کھود چکا ہوں۔اور پانی برآمد کرنے کی کوشش کر چکا ہوں لیکن پانی دستیاب نہیں ہو سکا ۔ حضرت امام حسین علیہ السلام نے فرمایا کہ عباسؑ اگر تم ان انسان نما لوگوں کے پاس جا کر پانی طلب کرو۔ تو کیا ممکن ہے کہ وہ پانی دے دیں۔ حضرت عباسؑ نے عرض کی مولا کئی بار ایسا بھی ہو چکا ہے جتنی مرتبہ گیا ہوں تیر و شمشیر کے سوا کوئی جواب نہیں ملا۔ یہ سن کر حضرت امام حسینؑ بے حد متاثر ہوئے۔ اور بے ساختہ رو پڑے حضرت عباسؑ نے عرض کی مولا ! آپ متاثر نہ ہوں میں صبح کو ایک بار پھر سعی بلیغ کروں گا۔ اور انشاء اللہ پانی حاصل کروں لوگا۔ یہ سن کر امام حسین علیہ السلام نے ان کو دعائے خیر دی۔ اے عبداللہ ! میں یہ

تمام باتیں پس پردہ سے سن کر اپنی جگہ پر واپس گیا۔ اور میں نے تمام واقعہ عمر بن سعد سے بیان کیا۔ پھر اس کے بعد بہت سے مددگاروں کو جمع کر کے اس وقت کا انتظار کرنے لگا۔ جبکہ عباس بن علیؑ کے آمد کی توقع تھی۔ اے عبداللہ جب صبح کا وقت ہوا اور کارزار کربلا شروع ہو گیا۔ تو وہ موقع پیش آیا جس میں عباسؑ بن علیؑ امام حسینؑ کے پاس سے روانہ ہو کر طلب آب کے لیے نہر فرات کی طرف آئے۔ وہ اس وقت شیر غضب ناک کی طرح تھے ان کے نہر پر پہنچتے ہی سارے لشکر نے ان پر یک بارگی حملہ کر دیا۔ تیر بارانی کرنے والوں نے تیر چلائے نیزہ باز نیزہ مارنے کی سعی کرتے رہے۔ اے عبداللہ حضرت عباسؑ بن علیؑ پر اس قدر تیر مارے گئے کہ ان کا بدن ساہی کے بدن کی طرح ہو گیا۔ اور جسم پر ان کے تیر ہی تیر نظر آتے تھے۔ مگر وہ کربلا کے بہادر تھے انہوں نے اپنی ہمت پست نہیں ہونے دی اور وہ برابر آگے بڑھتے رہے۔ یہاں تک کہ لشکر کو درہم برہم کر کے نہر فرات پر جا پہنچے۔ اور انہوں نے اپنے گھوڑوں کے نہر فرات میں ڈال دیا اور چلو میں پانی لے کر اپنے دہن کی طرف لے گئے۔ میں نے اس وقت پوری سعی کی کہ یہ پانی نہ پینے پائیں۔ میں نے لشکریوں کو حکم دیا کہ اب پوری توجہ سے کام کرو۔ دیکھو اگر عباسؑ نے پانی پی لیا تو پھر ان سے کوئی بھی مقابلہ کسی صورت سے نہ کر سکے گا۔ چنانچہ میرے لشکریوں نے پوری توجہ دی۔ اور ان پر حملہ شروع کر دیا۔ وہ مشکیزہ کو نہر سے بھر کر برآمد ہوئے اور حملوں کا جواب دینے لگے اے عبداللہ! وہ اس بہادری سے لڑ رہے تھے کہ ہم سب حیران تھے۔ لشکر چاروں طرف سے حملہ کر رہا تھا ۔اور وہ سب کا جواب دے رہے تھے یہاں تک کہ ہمارے لشکر کے ایک ازدی شخص نے جو ایک کمین گاہ میں چھپا بیٹھا تھا۔ ایک ایسا وار کیا کہ ان کا داہنا ہاتھ بازو سے کٹ کر زمین پر گر پڑا۔ اس وقت انہوں نے بڑی پھرتی کے ساتھ مشک اور علم کو بائیں ہاتھ سے سنبھالا اور جنگ

کو جاری رکھا۔اور پوری بہادری سے کثیر افراد کو موت کے گھاٹ اتار دیا۔اے عبداللہ ہماری تمام تر سعی اب یہ تھی کہ پانی خیمہ حسینؑ میں پہنچنے نہ پائے چنانچہ ہم سب اسی سعی میں ہیں۔ ناگاہ مجھے موقع مل گیا۔اور میں ان کے قریب جا پہنچا اور نیزے کا ایک وار ایسا کیا کہ مشکیزہ چھد گیا۔ مشکیزہ کو چھید کر میں اس مقام سے دور ہو جانا چاہتا تھا کہ حضرت عباسؑ نے مجھ پر حملہ کر دیا۔ میں نے اس کے جواب میں ایک ایسا وار کیا۔ کہ ان کا بایاں ہاتھ گٹے سے کٹ گیا۔اور ایک شخص نے بڑھ کر گرز آہنی سے ان کے سر کو شگافتہ کر دیا۔ دریں حالات وہ گھوڑے سے زمین کی طرف چلے اور انہوں نے امام حسین علیہ السلام کو آواز دی ۔عباسؑ بن علیؑ کی آواز سن کر امام حسین علیہ السلام ان کی طرف عقاب کے تیز پر کی طرح نہایت سرعت سے پہنچے۔راستے میں جو لوگ حائل تھے ان کو حملہ شمشیر سے دور کیا اور وہاں پہنچ کر عباسؑ بن علیؑ کی حالت ملاحظہ کی تو آپ رو پڑے ۔اے عبداللہ انہوں نے حضرت عباسؑ کو اس حال میں دیکھا کہ ان کے دونوں ہاتھ کٹے ہوئے تھے اور ان کا سر شگافتہ تھا۔اور ان کا سارا بدن ٹکڑے ٹکڑے تھا یہ دیکھ کر آپ کے منہ سے بے ساختہ چیخ نکل گئی اور آپ رونے لگے۔ پھر امام حسینؑ زمین پر بیٹھ گئے اور انہوں نے اپنے بھائی کا سر اپنے زانو پر رکھا۔اور ان کے چہرے کو خون سے صاف کیا پھر دونوں بھائیوں میں کچھ گفتگو ہوئی ۔جب امام حسین علیہ السلام کے زانو پر روح عباسؑ پرواز کر گئی۔تو وہ اٹھے اور انہوں نے ہمارے لشکر پر بھرپور حملہ کیا۔اور تہس نہس کر ڈالا۔ ہم لوگوں نے پورا مقابلہ کیا۔ لیکن آخر میں شکست کھا کر ہم سب بھاگ نکلے اس کے بعد وہ نہر فرات کے قریب گئے۔ ہم نے سوچتے ہوئے کہ کہیں پانی نہ پی لیں۔ان سے پکار کر کہا۔ کہ آپ پانی پینا چاہتے ہیں اور لشکر خیمہ میں گھس گیا ہے۔ یہ سنتے ہی وہ فوراً خیموں کی طرف دوڑے۔ وہاں پہنچ کر محسوس کیا

کہ ہمیں دھوکا دیا گیا ہے۔ عبداللہ اہوازی کہتے ہیں۔ کہ میں نے جب اس واقعہ کو سنا۔ خون پھڑ پھڑانے لگا۔ اور مجھے اس قدر رنج پہنچا کہ میں اپنے قابو سے باہر ہو گیا۔ اس کے فوراً بعد میں نے یہ کیا کہ اسے ایک دوسرے مکان لے جا کر ٹھہرایا اور کہا کہ اس جگہ بیٹھ میں آتا ہوں یہ کہہ کر باہر آیا اور ایک دوسرے دروازے سے اپنی شمشیر لے کر داخل ہوا۔ اس نے جب شمشیر برہنہ میرے ہاتھ میں دیکھی تو کہنے لگا کہ مہمان کے ساتھ کیا یہ سلوک مناسب ہے میں نے کہا کہ امام حسینؑ بھی تو خود نہ گئے تھے ان کو بھی مہمان ہی تم لوگوں نے بلایا تھا پھر ان کے ساتھ کیا سلوک کیا کیا وہی مناسب تھا جو تم لوگوں نے انہیں مہمان بلا کر کیا تھا ۔اس کے بعد میں نے کہا کہ قتل کے علاوہ اگر کوئی اور سزا ممکن ہوتی تو میں تجھے وہی سزا دیتا یہ کہہ کر میں نے تلوار سے اس سر اڑا دیا۔ اور اپنے ساتھیوں کی مدد سے اس کی لاش نذر آتش کر کے اس کی خاک ہوا میں آڑا دی۔ کتاب دارالسلام طبع ایران و کتاب زندگی شہادت ابوالفضل ص ۵۳ طبع ایران)

حضرت عباسؑ کے چلو میں پانی لے کر نہر میں پھینک دینے کی ایک اور وجہ

کتاب ہذا کے گذشتہ صفحات میں اپنے موقع پر اس کی وضاحت کی گئی ہے کہ حضرت عباسؑ نے چلو میں پانی لے کر اس لیے نہر میں پھینک دیا تھا کہ انہیں اہل حرم کی پیاس یاد آگئی تھی نیز یہ بھی لکھا گیا ہے کہ آپ نے پانی پینے کے لیے چلو میں نہیں لیا تھا بلکہ اس لیے لیا تھا کہ دشمن کو دکھا دیں کہ تمہارے گہرے پہرے کے باوجود پانی ہماری مٹھی میں ہے لیکن ہم

اس لیے نہیں پیتے، کہ امام حسینؑ کے اہل حرم پیاسے ہیں اس مقام پر علامہ عبدالرزاق مقرم (نجف اشرف) نے ایک اور وجہ لکھی ہے (وہ بحوالہ نقد الذہمیہ جلد ا ص ۱۰۰ تحریر فرماتے ہیں) ''ایک دفعہ'' حضرت علی علیہ السلام نے اپنے فرزند حضرت عباسؑ کو بلا کر اپنے سینے سے لگایا اور ان کی پیشانی کا بوسہ لیا۔ پھر ان سے اس امر کا عہد لیا کہ جب کربلا میں پانی پر تمہارا قبضہ ہو تو تم ایسی حالت میں جبکہ حسینؑ پیاسے ہوں پانی نہ پینا۔ ترجمہ:۔ حضرت علیؑ نے اپنے بیٹے کو یہ وصیت کر دی تھی کہ تم نہر فرات میں پہنچ کر بھی محض اس لیے کہ امام حسینؑ اور ان کے اطفال پیاسے ہیں پانی نہ پینا۔ (قمر بنی ہاشم ص ۹۴ طبع نجف اشرف)

حضرت عباسؑ کی قبر کو بوسہ دینے کا جواز

حضرت عباس علیہ السلام کی جلالت قدر کا تقاضہ یہ ہے کہ جس طرح ارباب عصمت کی قبر کا بوسہ لیا جاتا ہے اسی طرح ان کی قبر کو بھی چوما جائے۔ یہی وجہ ہے کہ حضرت امام جعفر صادق علیہ السلام نے آپ کی قبر کو بوسہ دینے کا حوالہ ان کی زیارت کے سلسلہ میں دیا ہے وہ ارشاد فرماتے کہ حضرت امام حسین علیہ السلام کی زیارت سے فراغت کے بعد زائر کو چاہیئے کہ حضرت عباسؑ کی طرف جائے اور کہے۔ السلام علیک ایھا الولی الخ ثم تنکب علی القبر و تقبلہ پھر قبر پر اپنے کو گرادے اور اسے بوسہ دے۔ اس کے بعد، یابی وامی یا ناصر دین اللہ السلام علیک یابن امیر المومنین السلام علیک یا ناصر الحسینی الصدیق السلام علیک یا تشھید ین الشھید السلام علیک السلام علیک منی ابداً ما بقیت و صلی اللہ علی محمد والہ وسلم، ترجمہ (میرے ماں باپ آپ پر فدا ہوں اے دین خدا کے مددگار، اے علی بن ابی طالب کے فرزند آپ پر میر اسلام ہو

اے حسینؑ مظلوم کے مددگار آپ پر میرا سلام ہو۔اے شہید ین شہید آپ پر میرا سلام ہو ۔اے عباس بن علی آپ پر میری طرف سے اس وقت تک سلام پہنچتا رہے جب تک میں زندہ رہوں۔(مزار البحار ص ۱۸۰) مذکورہ زیارت کے فقرے سے واضح ہو گیا ہے کہ حضرت عباسؑ کے قبر کی تقبیل جائز ہے اور اسے شرعی حیثیت حاصل ہے اس کی مزید تائید کے لیے علامہ شیخ مفید ،ابن مشہدی اور ابن طاؤس کے مزار کی کتابیں ملاحظہ جاسکتی ہیں ۔انہوں نے اپنی اپنی کتابوں میں حضرت عباس کا ذکر کرتے ہوئے لکھا ہے کہ روضہ اقدس کے حرم میں داخل ہوتے وقت دعا اذن پڑھے اور قبر پر اپنے کو گرادے۔اور اس کے بعد کہے۔السلام علیک ایھا العبد الصالح ،الخ یعنی زیارت پڑھے۔

روضوں کی تعمیر کے جواز کے متعلق

حضرت علی علیہ السلام کے ایک فرزند کا نام عثمان تھا جو جنگ کربلا میں اسلام کے کام آئے ۔آپ نے اپنے اس فرزند کا نام عثمان اپنے بھائی عثمان بن مظعون کے نام پر رکھا تھا۔علامہ سمہودی اپنی کتاب تاریخ مدینہ کی جلد ۲ کے ص ۸۵ پر لکھتے ہیں کہ جب جناب عثمان بن مظعون کا انتقال ہوا۔تو انہیں دفن کرنے کے بعد حضرت رسول کریمؐ نے ان کے قبر کے سرہانے ایک پتھر گاڑ دیا۔تاکہ لوگوں کو یہ معلوم ہو سکے کہ آپ اس جگہ مدفون ہیں۔یہ عجیب وغریب بات ہے کہ رسول کریمؐ کی وفات ظاہریہ کے بعد جب بنی امیہ کا عروج ہوا تو مروان نے عثمان بن عفان کے انتقال کے بعد اس پتھر کو کھود کر ان کی قبر پر نصب کر دیا ۔اگرچہ اس کے عمل سے اس عمل بد پر بنی امیہ خود چیخ اُٹھے اور انہوں نے کہا کہ رسولؐ کا

نصب کیا ہوا پتھر کیوں اٹھایا گیا۔ اسے پھر اپنی جگہ پر پہنچانا چاہئے لیکن مروان کسی کی ایک نہ سنی اور عثمان بن مظعون کی قبر کا پتھر عثمان بن عفان ہی کی قبر نصب رہنے دیا۔

حضرت عباس علیہ السلام کی زیارت کا استحباب

حضرت عباس علیہ السلام کی جلالت قدر مسلم ہے ان کی زیارت دیگر ائمہ طاہرین کی زیارت کا درجہ رکھتی ہے زیارت قبور خاصان خدا کے متعلق حضرت رسول خداؐ حضرت علیؑ کو مخاطب کر کے فرماتے ہیں کہ اے علیؑ! خدا نے اپنے اچھے بندوں کے دلوں میں تم لوگوں کی محبت اس طرح ڈال دی ہے کہ وہ تمہاری طرف کھینچتے ہیں اور تمہارے لیے ہر قسم کی ذلت و خواری خوشی سے برداشت کرتے ہیں اور جب دل بھر آتا ہے۔ فیزورون قبورکم ویکثرون زیارتھا تقرباً منھم الی اللہ تعالیٰ ومودۃ منھم لرسولہ اولئک المخصوصون بشفاعتی، الخ تو تمہارے قبروں کی زیارتیں کرتے ہیں۔ اور چاہتے ہیں کہ بار بار زیارت کریں اس سے ان کا مقصد یہ ہوتا ہے کہ اللہ کا تقرب حاصل ہو۔ اور میرے لیے تمہاری محبت کا مظاہر ہو۔ اے علیؑ! یہی وہ لوگ جن کے لیے میری شفاعت مخصوص ہو گی۔ یہ حوض کوثر پر پہنچیں گے۔ اور جنت میں میری زیارت سے مشرف ہوں گے۔ اے علیؑ! جو تم لوگوں کی قبروں کی تعمیر میں حصہ لے وہ بالکل ایسا ہے جیسے اس نے تعمیر بیت المقدس میں حضرت سلیمانؑ کی مدد کی۔

اس کے بعد آپ فرماتے ہیں کہ کچھ ایسے گندی فطرت کے لوگ بھی دنیا میں ہوں گے۔ جو تم لوگوں کی زیارت کرنے پر زائرین کا تمسخر کریں گے۔ اور ان پر عیوب لگائیں گے

۔اولئک شرار متی لا انالھم اللہ شفاعتی ،ایسے لوگ میری امت کے بدترین لوگوں میں سے ہوں گے۔میری شفاعت سے محروم رہیں گے۔(قمر بنی ہاشم ص ۱۲۶ بحوالہ فرحتہ الغری ابن طاؤس) میرا خیال ہے کہ حضرت رسول کریمؐ نے یہ باتیں بطور پیشین گوئی فرمائی تھیں ۔اور انہیں معلوم تھا کہ ایک گروہ مذکورہ قسم کا پیدا ہو گا۔اور یہ حقیقت ہے کہ اس قسم کا گروہ عرصہ دراز سے دنیا میں موجود ہے اور ایسے ناپاک لوگوں کی کتابیں بھی اول ہیں تفصیل کے لیے ملاحظہ ہوں۔وہابیوں کی کتاب تطہیر الجنان جس کے ص ۳۸ پر اس تعمیر قبور کی سخت مذمت کی گئی ہے اور جس کا مکمل جواب علامہ محمد جواد مغنیہ نے اپنی کتاب (ہذہ ہی الوھابیہ) طبع بیروت میں دیا ہے اور جواب لکھا ہے۔

حضرت عباس علیہ السلام کی تعداد اولاد کے متعلق

حضرت عباسؑ کی تعداد اولاد کے متعلق میں نے گذشتہ صفحات میں مفصل بحث کر دی ہے اور واضح طور پر یہ ثابت کر دیا ہے کہ حضرت عباسؑ کے تین فرزند تھے۔فضل، قاسم اور عبیداللہ،اول الذکر،دو فرزند یوم عاشورا قربان گاہ اسلام پر قربان ہو گئے۔اور جناب عبیداللہ تنہا باقی رہے۔اور انہی سے حضرت عباسؑ کی نسل قائم ہوئی۔میں نے کچھ اس کے متعلق لکھا ہے وہ پوری تحقیق سے لکھا ہے اور میرے خیال کے مطابق وہ بالکل درست ہے لیکن زیر نظر کتاب قمر بنی ہاشم میں علامہ عبدالرزاق موسوی مقرم نے آپ کی پانچ اولاد کا حوالہ دیا ہے اور تحریر فرمایا ہے کہ حضرت عباسؑ کے پانچ اولاد تھی۔عبیداللہ، فضل، حسن، قاسم ،اور ایک لڑکی۔الخ (۱۳۳) ۔میرے نزدیک ان کا یہ تحریر فرمانا درست نہیں ہے۔میں

کہتا ہوں کہ اولاً تو انہوں نے جو ترتیب قائم کی ہے وہ صحیح نہیں ہے سب سے فضل کا نام لکھنا چاہئے تھا۔ کیوں کہ وہ حضرت عباسؑ کی اکبر اولاد تھے اور انہی کے نام سے ان کی کفیت ابوا لفضل قرار پائی تھی۔ ثانیاً حسن کا تذکرہ کسی معتبر کتاب میں میری نظر سے نہیں گزرا۔ ثالثاً جناب مقرم صاحب نے حسن کے نام کا تذکرہ بحوالہ معارف ابن قتیبہ فرمایا ہے۔ حالانکہ معارف ابن قتیبہ میں عبید اللہ کا ذکر ہے حسن کا نہیں ہے اور ہونا بھی یہی چاہیے تھا۔ کیونکہ حضرت عباسؑ کی نسل انہی سے بڑھی ہے۔ رابعاً موصوف نے اپنی تحریر میں ایک لڑکی کا حوالہ دیا ہے لیکن نام نہیں بتایا میرے نزدیک حضرت عباسؑ کے لڑکی تسلیم کرنا نہ صرف خلاف واقع۔ بلاکہ غلط نویسوں۔ غلط بیانوں اور غلط گویوں کی ہمت افزائی ہے میں گذشتہ صفحات میں اس کی حقیقت واضح کر چکا ہوں اور بتا چکا ہوں کہ یہ بالکل غلط ہے اور اپنی تائید میں علامہ محمد باقر قائنی خراسانی کی تحریر بھی پیش کر چکا ہوں۔ انہوں نے لکھا ہے کہ یہ مرثیہ خانوں کی پہنچ ہے اور مہمل ہے یہیں سے بات بھی واضح ہو گئی ہے کہ شیخ فتونی نے حضرت عباسؑ کی نسل کے بڑھنے کے سلسلے میں جو حسن بن عباسؑ کا ذکر کیا ہے قمر بنی ہاشم ص ۱۳۵ صحیح نہیں ہے کیونکہ کسی ایک مورخ نے بھی حضرت عباسؑ کے حسن نامی فرزند کو تسلیم نہیں کیا ہے اور عبید اللہ کے علاوہ کسی فرزند سے حضرت عباسؑ کی نسل بڑھنے کو مانا ہے

مقام کربلا میں حضرت علی علیہ السلام کا خواب اور خطبہ

علامہ شیخ عباس قمی تحریر فرماتے ہیں کہ حضرت علی علیہ السلام جنگ صفین کے لیے کوفہ سے روانہ ہو کر ۲۲ ذی الحجہ ۳۷

WILAYAT MISSION PUBLICATIONS

(سفینتہ البحار جلد ۲ ص ۲۵) علامہ ابن حجر تحریر فرماتے ہیں کہ صفین کو جاتے ہوئے جب آپ زمین کربلا پر پہنچے تو پوچھا کہ اس زمین کا کیا نام ہے۔ کہا گیا کربلا۔ یہ سن کر آپ اتنا روئے کہ زمین تر ہو گئی (صواعق محرقہ ص ۱۱۰)

علامہ مجلسی تحریر فرماتے ہیں کہ زمین کربلا پر آپ نے ایک خواب دیکھا اور آپ نے بے پناہ گریہ کیا (کشف الانوار ترجمہ بحار فارسی جلد ۹ ص ۱۹۲ کمامر) حضرت علامہ ہادی کشف العطاء تحریر فرماتے ہیں: لما نزل کربلاء وصلیٰ فیھا رفع الیھا من تربتھا فشمھا ثم قال۔ جب امیر المومنین حضرت علی علیہ السلام کربلا پہنچے تو اتر پڑے اور آپ نے نماز ادا فرمائی اور اس کے بعد زمین سے ایک مٹھی خاک اٹھا کر اسے سونگھا اس کے بعد ایک خطبہ ارشاد فرمایا جس کا خلاصہ یہ ہے۔ اے زمین کربلا، تجھ سے ایک ایسی قوم محشور ہو گی جو بلا حساب و کتاب جنت میں داخل ہو گی۔ ایک شخص نے پوچھا مولا وہ کون لوگ ہوں گے؟ فرمایا وہ آل رسولؐ اور ان کے ہمراہی ہوں گے۔ ھھنا مناخ رکابھم ھھنا موضع رجالھم، ھھنا مھراق وماءھم ۔ کربلا ذات کرب و بلا اسی جگہ وہ اتریں گے اسی جگہ ان کی سواریوں کی کاٹھیاں اتاری جائیں گی وہ یہیں ٹھہریں گے اسی جگہ ان کے خون بہائے جائیں گے اس زمین کا نام کربلا ہے اور یہ کرب و بلا سے بھرپور ہے۔ (مستدرک نہج البلاغتہ ص ۸۷ طبع بیروت)

حضرت عباسؑ کے دو برادر نسبتی کا قتل اور ان کی خوش دامن کا اضطراب

فن تاریخ کے امام علامہ مسعودی لکھتے ہیں کہ حضرت عباسؑ کی بیوی لبابہ بنت عبید اللہ بن

عباس بن عبدالمطلب کی ماں ام حکیم جویریہ بنت خالد ابن قرط کنانیہ تھیں۔ کانت من اجمل النساء واوفر دھن عقلاً، جوکہ نہایت حسین اور عاقل تھیں۔ ام حکیم جنہیں حضرت عباسؑ کی خوش دامن ہونے کا بھی شرف حاصل تھا۔ ان کے دو بیٹوں عبدالرحمن اور قثم کو سبر بن ارطاۃ نے کمسنی کے عالم میں اس طرح قتل کیا کہ وہ اپنے بیٹوں کو قتل ہوتے دیکھ رہی تھیں۔ بچوں کو قتل ہوتے دیکھ کر ان کے صبر کا پیمانہ چھلک گیا۔ واخذ ھا الوجد فکانت تد ور فی البیت ناشر ۃ شعر ھا ، اور وہ بے قابو ہو گئیں اور ان کی حالت یہ ہو گئی کہ وہ بال بکھرائے ہوئے گھر میں دوڑتی پھرتی تھیں۔ اور انتہائی پریشانی کی حالت میں مرشیہ پڑھ رہی تھیں ام حکیم کے اشعار کو سن کر ایک یمن کا راہگیر تڑپ گیا اور اس نے سبر بن ارطاۃ کی تلاش شروع کر دی۔ بالآخر اس کا سراغ مل گیا۔ پھر اس نے سبر کے لڑکوں کو ڈھونڈا جب وہ مل گئے تو وہ یمنی اس کے دو لڑکوں کو وادی او طاس میں قتل کر کے بھاگ گیا ۔(مروج الذہب مسعودی جلد ۲ ص ۲۲ داغانی جلد ۱۵ ص ۴۵) حضرت علی علیہ السلام کے جب سبر بن ارطاۃ کی جانگداز حرکت کی اطلاع ملی تو آپ نے اسے بد دعا دی۔ اور فرمایا ۔اللھم اسلیہ رنیہ وعقلہ، خدایا! اس کے دین اور عقل کو سلب کر لے چانچہ ایسا ہی ہوا اور وہ پاگل ہو کر ناگفتہ بہ حرکات کرتا رہا یہاں تک کہ ۸۶ھ میں جبکہ ولید بن عبدالمالک بادشاہ تھا واصل جہنم ہوا۔ (مروج الذہب جلد ۲ ص ۱۵۵)

روضہ حضرت عباس علیہ السلام کے خدام

خانہ کعبہ ہو یا روضہ رسول، حرم امیر المومنین ہو یا روضہ امام حسینؑ ائمہ طاہرین کے روضے

ہوں یا روضہ حضرت عباس علیہ السلام ان کے خدام بڑی عظمت و عزت کے مالک ہوتے ہیں۔ان کے درجات ارباب نظر کی نگاہ میں بہت بلندی رکھتے ہیں۔خدام عموماً اور زہاد تین سے ہوا کرتے ہیں۔مقامات مقدسہ کے خدام قدیم الایام سے فرائض خدمت یکے بعد دیگرے ادا کرتے چلے آتے ہیں۔حضرت عباس علیہ السلام کے روضہ مبارک کے خدام کے متعلق حضرت علامہ عبدالرزاق موسوی مقرم نے اپنی کتاب قمر بنی ہاشم میں ایک باب قرار دے کر کافی تفصیل سے لکھا ہے۔میں اس مقام پر اس کا خلاصہ تحریر کرتا ہوں۔وہ معزز اور شرفا جو حضرت عباس علیہ السلام کے روضے کی خدمت کا شرف حاصل کرتے چلے آئے ہیں ۔۔(قمر بنی ہاشم ص ۱۲۹ بحوالہ کتاب مدینتہ الحسین و مختصر تاریخ کربلا طبع بغداد ۱۳۶۷)

حضرت عباس علیہ السلام میں حضرت علیؑ کے طور طریقے

حضرت عباسؑ کا طور و طریقہ وہی تھا۔جو حضرت علی علیہ السلام کا تھا۔وہ رسول کریمؐ کے مدد گار تھے۔یہ فرزند رسول امام حسین علیہ السلام کے مدد گار تھے۔وہ فقراء و مساکین کو رات کے وقت اپنی پشت پر لاد کر اجناس پہنچایا کرتے تھے۔یہ بھی امام حسین علیہ السلام کی طرح فقراء اور مساکین کو غذا پہنچایا کرتے تھے۔نیز جس طرح حضرت رسولؐ تک پہنچنے کے لیے حضرت علی علیہ السلام سے وسیلہ ضروری تھا۔اسی طرح امام حسینؑ تک پہنچنے کے لیے حضرت عباسؑ کے وسیلہ کی ضرورت ہے۔جس طرح حضرت علی باب الوائج تھے۔اسی طرح حضرت عباسؑ باب الحوائج تھے۔(کتاب زندگی حضرت عباس علیہ السلام ص ۱۵)

حضرت عباسؑ کی اہم مصیبت اور ایک خواب

کتاب تظلم الزہراؑ ص ۱۲۰ میں ہے کہ جب حکیم بن طفیل نے حضرت عباسؑ کا بایاں ہاتھ قطع کر دیا۔ تو آپ نے علم کو سینے سے لگایا۔ اسے لکھنے کے بعد منصف بیان کرتے ہیں کہ مجھ سے عالم جلیل القدر علامہ شیخ کاظم سبیتی نے فرمایا ہے کہ ایک عالم دین میرے پاس تشریف لائے اور کہنے لگے۔ "انا رسول العباس الیک" میں حضرت عباسؑ کا سفیر ہوں۔ آپ کی طرف بھیجا گیا ہوں۔ میں نے پوچھا کیا پیغام لائے ہیں۔ فرمایا کہ مجھ سے حضرت عباس علیہ السلام نے خواب میں فرمایا کہ میں آپ سے یہ کہہ دوں کہ آپ حضرت عباسؑ کے مصائب نہیں پڑھتے۔ اس کے بعد اس عالم سفیر نے کہا کہ میں نے حضرت عباس علیہ السلام کے فرمانے پر عرض کی۔ حضور! میں تو ان کی مجالس میں اکثر شریک ہوا ہوں۔ اور بارہا حضور کے مصائب بیان کرتے ہوئے ان کو سنا ہے۔ فرمایا یہ ٹھیک ہے لیکن وہ میری یہ عظیم مصیبت نہیں بیان کرتے۔ " ان الفارس اذا سقط من فرسه یتلقی الا رض بیده فاذاکانت السهام فی صدره ویداه مقطو عتین بما ذایتلقی الارض "(ترجمہ)[جب کوئی سوار زخموں کی تاب نہ لا کر] اپنے گھوڑے سے زمین کی طرف گرتا ہے۔ تو زمین پر پہنچنے میں اپنے ہاتھ کا سہارہ لیتا ہے۔ لیکن وہ مظلوم کیا کرے۔ جس کے سینے میں تیر چھبے ہوں۔ اور دونوں ہاتھ کٹے ہوں۔ وہ زمین پر گرتے وقت کس چیز کا سہارا لے سکتا ہے۔ اس خواب سے معلوم ہوتا ہے کہ حضرت عباسؑ نے گھوڑے سے گرتے وقت اپنے کو ہاتھوں کے سہارے محروم پا کر بے انتہا صدمہ برداشت کیا ہے۔ اس مصیبت کو علیؑ کے شیر نے بہت زیادہ محسوس کیا ہے۔

حضرت عباس علیہ السلام کی آخری تمنا

علامہ احسان تہرانی لکھتے ہیں کہ حضرت عباسؑ! جب گھوڑے سے زمین پر تشریف لائے ۔تو آواز دی مولا! خبر لیجئے۔ حضرت امام حسین علیہ السلام جب افتاں و خیزاں حضرت عباسؑ کے پاس پہنچے تو دیکھا کہ جوان بھائی ایڑیاں رگڑ رہا ہے۔اور رمق جان باقی ہے۔امام حسین علیہ السلام زمین پر بیٹھ گئے۔اور حضرت عباس کا سر اٹھا کر اپنے زانو پر رکھا۔ حضرت عباسؑ نے عرض کی میرے آقا میرے آنکھوں سے خون صاف فرمایئے۔تاکہ حضور کی شکل آخری بار دیکھ لوں بھائی کی شکل دیکھنے کے بعد حضرت عباسؑ نے درخواست کی کہ میری لاش خیمہ میں نہ لے جایئے گا۔کیوں کہ میں اہل حرم سے پانی لانے کا وعدہ کر کے آیا تھا۔اب مجھے شرمساری ہوگی۔(زندگی حضرت عباسؑ ص ۵۱ طبع ایران)

کتاب بطلۃ کربلا کی ایک عبارت پر تبصرہ

ڈاکٹر عائشہ بنت الشاطی نے اپنی کتاب بطلۃ کربلا مطبوعہ بیروت کے ص ۱۱۵ پر حضرت امام حسین علیہ السلام کے ان اشعار کو پڑھنے کا حوالہ شب عاشور دیا ہے۔جن کا ایک شعر یہ ہے۔

یادھر اف لک من خلیل --کم لک بالاشراق والاصیل

ان کے اشعار پڑھنے کے بعد خیمہ میں کہرام برپا ہو گیا۔اور حضرت زینبؑ اپنا منہ پیٹنے لگیں ۔یہاں تک کہ بے ہوش ہو گئیں۔ حضرت زینبؑ کے بے ہوش ہو جانے پر ’’ فصب علی وجھا المائ‘‘حضرت امام حسین علیہ السلام نے ان کے منہ پر پانی کے چھینٹے دیئے۔تب

انہیں ہوش آیا۔ الخ کتاب کی مصنفہ نے واقعہ صحیح لکھا ہے۔ لیکن وہ یہ نہیں سمجھ سکیں کہ یہ واقع ہے۔ کس تاریخ کا۔ میں گزشتہ صفحات میں ابوالکلام آزاد کی کتاب (انسانیت موت کے دروازے پر) کے معنی پر اظہار خیال کر چکا ہوں۔ اور متعدد کتابوں کے حوالہ سے واضح کر چکا ہوں کہ یہ واقعہ محرم الحرام کی دوسری تاریخ کا ہے۔ شب عاشور کا ہرگز نہیں ہے۔ کیونکہ شب عاشور خیمہ میں قطعاً پانی نہیں تھا۔ پھر ایسی صورت میں امام حسینؑ پانی کہاں لائے۔ اور کیونکر انہوں نے چھینٹا دیا۔ اب دونوں مصنفین نے تاریخ سے الگ ہٹ کر اس واقعہ کو لکھا ہے۔ اور اتفاق سے دونوں غیر شیعہ ہیں۔ ہو سکتا ہے کہ واقعہ کربلا کی عظمت کو سبک بنانے کے لیے یہ چیز لکھ دی ہو مجھے افسوس ہے کہ علامہ عبدالرزاق موسوی مقرم نے بھی اپنی کتاب مقتل الحسین کے صفحہ ۲۶۳ پر اس واقعہ کو شب عاشور کے واقعات میں لکھا ہے۔ جو کسی طرح درست نہیں ہو سکتا۔ اس واقعہ کے دوسری محرم کے ہونے کی تصدیق کے لیے ملاحظہ ہو۔ (الھوف ص۱۰۶، اثارۃ الا حزان ص۳۶، سوانح کنتوری ص۱۹۱، شہید اعظم ص۱۱۱، مقتل ابی محنف ص۲۴، مناقب ابن شہر آشوب جلد ۴ ص۹۳، ینابیع المودۃ ص۳۳۹)

حضرت عباس علیہ السلام کی شہادت کے بعد حضرت امام حسینؑ علیہ السلام کی حالت

علامہ عبدالرزاق موسوی مقرم تحریر فرماتے ہیں۔ لم یبق الحسبی بعد ابی الفضل الا

هیکلا شاخصاً معری عن لوازم الحباد و قد اعرب سلام اللہ علیہ من ہذ الحال بقولہ ،الان انکسر ظھری وقلت حیلتی، حضرت عباس علیہ السلام کی شہادت کے بعد حضرت امام حسینؑ علیہ السلام ایک ایسے ڈھانچہ کی شکل میں ہوگئے تھے۔ جو زندگی کے آثار و لوازم سے خالی ہو۔ امام حسین علیہ السلام نے اپنی اسی حالت کو ان لفظوں میں ظاہر فرمایا ہے ۔اے بھائی عباس ! اب میری کمر ٹوٹ گئی۔ اور راہ چارہ مسدود ہو گئی ہے۔ (مقتل الحسینؑ ص ۳۲۸ طبع نجف ۱۳۸۳ھ)

حضرت عباس علیہ السلام کی علمی حیثیت

مجلسی ثانی علامہ شیخ عباس قمی، سفینۃ البحار جلد ۲ صفحہ ۱۵۵ میں لکھتے ہیں کہ جس طرح محمد بن حنفیہ حضرت علی علیہ السلام کی زندگی ہی میں علم و فضل کے مالک بن گئے تھے۔ اسی طرح حضرت عباسؑ بھی اپنے پدر بزرگوار امیر المومنین حضرت علی علیہ السلام کے سامنے ہی علم و فضل کے بلند درجے پر فائز ہو گئے تھے۔

حضرت عباسؑ کے روضے کے گنبد کی طلاکاری

حضرت عباس علیہ السلام اپنے روضے کے گنبد کی طلاکاری پر راضی نہ تھے۔ جب کہ سابقہ حالات و واقعات سے ظاہر ہے پھر نہ جانے کیسے راضی ہو گئے۔ تھوڑا زمانہ گزرا ہے کہ وہ سونا جو آپ کے روضے میں جمع ہو گیا تھا۔ اسی سے گنبد کی طلاکاری عمل میں آئی۔ علامہ احسان تہرانی لکھتے ہیں کہ :آپ کے روضے کے گنبد پر جو سونا چڑھایا گیا ہے۔ اس کی مالیت

ایک کروڑ سات لاکھ دینار ہے۔ مدت طلاکاری تین ماہ تھی۔ ۱۳۳۵ھ تک گنبد کاشی اینٹوں کا بنا ہوا تھا۔ پھر اسی سنہ میں اس پر سونا چڑھایا گیا تھا۔ (کتاب زندگی و شہادت حضرت عباسؑ ص۶۹)

حضرت عباسؑ کی زیر قیادت پچاس آدمیوں کا نہر فرات پر دوبار جانا

حضرت عباس علیہ السلام کے پچاس آدمیوں سمیت نہر فرات پر لے جانے میں مورخین میں متردد ہیں کوئی لکھتا ہے کہ: یہ واقعہ شب ہشتم محرم کا ہے کوئی لکھتا ہے کہ یہ واقعہ شب عاشور کا ہے۔ اس لیے میں اس کی وضاحت کرتا ہوں کہ حضرت عباس دوبار پچاس بہادروں کو لے کر نہر فرات پر تشریف لے گئے تھے۔ پہلی مرتبہ شب ہشتم کو تشریف لے گئے۔ اور بیس مشکیں بھر کر لائے تھے۔ اخبار الطول ابو حنیفہ دینوری المتوفی ۲۸۱ ص ۲۵۲ دوسری مرتبہ عاشور کو تشریف لے گئے تھے۔ لیکن اس بار آپ پانی نہیں لاسکے تھے۔ (تذکرہ خواص الامتہ ص ۱۱۴ طبع ایران) ان دونوں عظیم واقعات میں جناب نافع بن ہلال بن نافع بن جمل مرادی حضرت عباسؑ کے ہمراہ تھے۔ شب عاشور کے واقعہ میں آپ کی شہادت کے متعلق علامہ طوسی؛ لکھتے ہیں۔ ''فقتل من طعنتہ اصابتہ'' کہ جناب نافع اسی واقعہ طلب آب میں ایک ضرب لگنے سے شہید ہو گئے تھے۔ (رجال طوسی ص ۸۰ طبع نجف ۱۳۸۱ھ) یہ واقعہ حضرت امام حسینؑ کے اس واقعہ کے بعد کا ہے جس میں ان سے حضرت زینبؑ نے فرمایا تھا کہ آپ نے اپنے اصحاب کو جانچ لیا ہے یا نہیں؟ جس کا تذکرہ کتاب ہذا میں

گزر چکا ہے۔

حضرت عباسؑ کی شہادت کے بعد امام حسین علیہ السلام کی حیرانی و پریشانی!

حضرت امام حسین علیہ السلام حضرت عباسؑ کی موجودگی تک بالکل مطمئن تھے اور نہایت سکون و اطمینان کے ساتھ مصائب برداشت کر رہے تھے۔ ''ولما قتل العباس التفت الحسبی فلم یراحد اًینصرہ'' الخ لیکن جب حضرت عباسؑ شہید ہو گئے۔ تو آپ کے اطمینان اور سکون میں کمی پیدا ہو گئی اور آپ نے نظر اٹھا کر داہنے بائیں دیکھا کوئی مددگار نظر نہ آیا۔ اسی دوران میں بچوں اور عورتوں کی چیخ و پکار نے دل و جگر بیکار کر دیئے۔ ''صاح باعلی صوتہ'' تو آپ نے باآواز بلند فریاد کرتے ہوئے پکارا۔ ''ھل من ذاب عن حرم رسول اللہ'' ہے کوئی جو اہل بیت رسول سے دشمن کو دور رکھے۔ ''ھل من موحدٍ یخاف اللہ فینا'' ہے کوئی اللہ واحد کو ماننے والا جو ہمارے بارے میں اللہ سے خوف کرے۔ ''ھل من مغیث یرجو اللہ فی اغاثتنا'' ہے کوئی مدد کرنے والا جو ہماری امداد کے ذریعہ سے خدا کی رحمت کی امید کرنے والا ہو۔ ''فارتفعت اصوات النساء بالبکائ'' یہ سن کر مخدرات عصمت کی جگر سوز صدائیں بلند ہو گئیں۔ (مقتل الحسین عبد الرزاق ص ۳۴۰ طبع نجف اشرف ۱۳۸۳ ھ

مشکل کشاء عالم حضرت علی علیہ السلام ہی کی طرح حضرت

عباسؑ بھی مدد کو پہنچتے ہیں

یوں تو مظہر العجائب والغرائب حضرت علی بن ابی طالب علیہ السلام وحدیث قدسی اپنے وجود ظاہر سے پہلے انبیا کرام کی امداد فرمایا کرتے تھے۔ سلمان فارسی کو دشت ارژان میں شیر کے چنگل سے بچایا۔اور وجود ظاہری کے بعد نہ صرف حضرت محمد مصطفیٰ صلی اللہ علیہ وآلہ وسلم کی امداد فرماتے رہے۔ بلکہ ان کے بعد عہد خلیفہ اول میں اسلام کی مدد کی عہد خلیفہ دوم میں اسلام کی مدد کی۔ عہد خلیفہ سوم میں اسلام کی مدد کی۔اور اپنے عہد خلافت ظاہری میں اسلام کو پروان چڑھانے کی پوری سعی کرتے رہے۔ پھر جب ظاہری طور پر لباس حیات اتار کر نظروں سے پوشیدہ ہو گئے۔اس وقت سے اب تک ہر پکارنے والے کی بروقت امداد فرماتے ہیں۔ وہ یہ نہیں دیکھتے کہ مدد کے لیے پکارنے والا موالی ہے۔ یا مخالف اپنا ہے یا پرایا۔ وہ سب کی امداد فرماتے ہیں۔ حضرت عباسؑ چونکہ مشکل کشا کے چشم وچراغ تھے لہٰذا ان میں بھی مشکل کشائی کی صفت موجود تھی۔ جس طرح حضرت علی علیہ السلام ہر پکارنے والے کی مدد کو ہر وقت پہنچ جایا کرتے تھے۔ وہ بھی ہر پکارنے والے کی مدد کیلیئے پر وقت پہنچتے ہیں اور حیرت انگیز طریقے سے امداد فرماتے ہیں۔

حضرت عباسؑ کے غم میں جو محزون نہ ہو اس کا اسلام خطرے میں ہے!

علامہ حسن بن محمد علی ایزدی تحریر فرماتے ہیں کہ: جنگ صفین میں جناب عمار یاسر کی

شہادت کے بعد حضرت علی علیہ السلام نے ان کی لاش کو دیکھا اور فرمایا کہ جو عمار یاسر کے غم میں محزون نہ ہو۔اور اراز مسلمانی نصیبی نہ باشد اس بد نصیب کو اسلام سے کوئی تعلق نہیں اس روایت کو لکھ کر علامہ یزدی لکھتے ہیں کہ: جب کہ آپ کے صحابی عمار یاسر کے غم میں محزون نہ ہونے والا مسلمان نہیں رہتا تو پھر حضرت عباسؑ جو کہ آپ کے نور دیدہ تھے۔ان کے غم میں محزون نہ ہونے والے کو اسلام کیوں کر نصیب ہو سکتا ہے۔(مہیج الا جزان ص ۱۶۱ طبع ۱۳۲۲ھ)

حضرت عباسؑ بن عبد المطلب اور عباس بن علی علیہ السلام

یہ حسن اتفاق ہے کہ عباس بن عبد المطلب اور عباس بن علی کے نام، کنیت اور کام میں پوری موافقت پائی جاتی ہے۔دونوں کے نام ایک دونوں کی کنیت ''ابوالفضل'' ایک دونوں کے کام اور ان کے اعزاز ایک عباس بن عبد المطلب کو سقایت زمزم کا شرف حاصل تھا۔۔۔اور عباس بن علی علیہا السلام سقایت آل رسول کے شرف سے مشرف تھے۔(منتہی الآمال ص ۱۱۰ طبع طہران ۱۳۷۹ھ)

حضرت عباس علیہ السلام کا حفظ قرآن

علامہ احسان ایرانی رقمطراز ہیں کہ حضرت عباس علیہ السلام علم معرفت میں کمال رکھتے تھے۔انہوں نے کم سنی ہی کے عالم میں ''کلام اللہ مجید راازبر کرد''کلام مجید کو حفظ کر لیا تھا۔

)زندگی حضرت عباسؑ ص ۷ طبع ایران)

حضرت امام حسن علیہ السلام کو حضرت عباس علیہ السلام کا غسل دینا

حضرت امام حسن علیہ السلام کی جو خدمات حضرت عباس علیہ السلام نے فرمائی ہیں۔اور جس جس انداز سے ان کے ساتھ مواسات کی ہے۔ان کا تذکرہ گزشتہ صفحات میں زیر عنوان (حضرت امام حسن علیہ السلام اور حضرت عباس علیہ السلام) گزر چکا ہے۔البتہ شہادت امام حسن علیہ السلام کے موقع پر یہ نہیں تحریر کیا گیا کہ ان کے غسل وکفن میں کن لوگوں نے خصوصی دلچسپی لی تھی۔بنا بریں تحریر کیا جاتا ہے کہ حضرت امام حسن علیہ السلام کی شہادت کے بعد ان کو حضرت عباسؑ، حضرت امام حسین علیہ السلام اور حضرت محمد حنفیہ نے غسل دیا تھا اور کفن پہنایا تھا۔(سفینہ البحار جلد ۲ ص ۵۵ ازخائر العقبیٰ محب طبری ص ۱۴۱)

حضرت عباس علیہ السلام کے گھوڑے کی تاریخ

علامہ احسان تہرانی رقمطراز ہیں کہ : حضرت عبدالمطلب ایک دن یمن کے بادشاہ سیف بن یزنی سے ملنے کے لیے گئے۔اور چند دن اس کے پاس مقیم رہے۔بادشاہ نے ایک ایسے دن جس میں بہار کا لطف تھا۔عبدالمطلب سے کہا کہ میں تم سے ایک بہت پوشیدہ بات کہتا ہوں اور چاہتا ہوں کہ میری زندگی تک اس کا تذکرہ نہ کرنا، عبدالمطلب نے کہا کہ آپ فرمائیں میں

آپ کی گفتگو کا امین ہوں گا۔ سیف بن ذی یزنی نے کہا کہ : میں نے توریت اور زبور میں پڑھا ہے کہ عرب میں ایک ایسا بچہ پیدا ہو گا۔ جس کی مثال دنیا کے پردے میں نہ ہو گی۔ وہ حسن و جمال سے آراستہ ہو گا۔ دولت اخلاق سے مالا مال ہو گا۔ اس کندھے پر مہر ہو گی جو نبوت کی ہو گی۔ یعنی وہ نبی برحق ہو گا۔ جب وہ آفتاب کی روشنی میں نکلے گا۔ ابر سایہ فگن ہو جایا کرے گا۔ وہ قیامت میں اپنی امت کا شفیع ہو گا۔ اس کی علامت یہ بھی ہے کہ وہ بہت کم سنی میں یتیم ہو جائے گا۔ اور اس کی پرورش اس کا دادا اور اس چچا کرے گا۔۔۔۔۔۔ اے عبدالمطلب بتاؤ کہ ایسا فرزند پیدا ہو چکا ہے۔ یا نہیں۔ عبدالمطلب نے کہا کہ اے بادشاہ وہ فرزند عالم وجود میں آچکا ہے اس کا نام محمدؐ ہے۔ اور میں اس کا دادا ہوں۔ اور ابو طالب اس کے چچا ہیں۔ ابھی میں اس کی پرورش کر رہا ہوں۔ میرے بعد ابو طالب اس کے نگران و محافظ ہوں گے۔ اے بادشاہ اس کی عمر چھ سال کی ہو چکی ہے۔ سیف بن یزن نے کہا کہ : عبدالمطلب میں اس کو کچھ ہدایا دینا چاہتا ہوں اور یہ چاہتا ہوں کہ ان ہدایا کو تم خود اپنے ہمراہ لے جاؤ۔ اور اس فرزند کو میرا سلام پہنچا کر یہ چیزیں اس کے حوالے کر دو۔ عبدالمطلب نے لانے کا وعدہ کر لیا۔ اور اس نے بہت اصیل گھوڑے بہت سے اونٹ اور کچھ آلات حرب کے نوادر ان کے ہمراہ کے ایک ایسا گھوڑا دیا۔ جس کا شجرہ نسب بھی ساتھ اور جسے وہ خود بہت زیادہ چاہتا تھا۔ حضرت عبدالمطلب اس سے رخصت ہو کر مکہ معظمہ پہنچے اور انہوں نے ساری چیزیں حضرت محمد مصطفیٰ صلی اللہ علیہ وآلہ وسلم کے حوالے کر دیں۔ حضورؐ نے اس گھوڑے کا نام "عقاب" رکھا۔ حضرت رسول کریمؐ کے بعد یہ گھوڑا حضرت علی علیہ السلام کی خدمت میں رہا۔ آپ نے بعد رسول جتنی جنگیں کی ہیں۔ سب میں یہی گھوڑا حضرت کے زیر ران رہا ہے۔ ہمیں عقاب بعد از حضرت علی بن ابی طالب مرکب مخصوص عباس علیہ السلام گردید۔ یہی عقاب حضرت علی

بن ابی طالب علیہ السلام کے بعد حضرت عباس علیہ السلام کے پاس رہا۔ علماء کا بیان ہے کہ جب حضرت عباس علیہ السلام گھوڑے سے زمین کی طرف گرنے لگے۔ تو آپ کے اسپ وفادار نے اپنی وفاداری کا ثبوت دیا۔ اور اس سے زیادہ اس نے اس وقت ثبوت دیا۔ جبکہ نہر فرات سے سوار ہی کی طرح پیاسا نکلا

(زندگی حضرت عباسؑ ص ۸۳)

حضرت عباس علیہ السلام کی جانبازی کے متعلق صادق آل محمد علیہ السلام کا ارشاد

شیخ ابو نصر بخاری مفضل ابن عمر سے روایت کرتے ہیں کہ حضرت امام جعفر صادق علیہ السلام حضرت عباس علیہ السلام کی جانثاری اور مجاہدہ فی سبیل اللہ کی تائید کرتے فرماتے ہیں ۔''جاھدمع ابی عبداللہ وابلی بلا ء حسناً ومضی شھیداً''میرے عم محترم حضرت عباس علیہ السلام حضرت امام حسین علیہ السلام کی حمایت میں نہایت بے جگری سے جہاد کیا۔ اور وہ زبردست ابتلا کی منزل کو جھیل کر شہید ہو گئے۔ (عمدۃ المطالب ص ۳۲۳ طبع بمبئی ۱۳۱۸ھ ومعہ ساکبہ ص ۳۳۷)

حضرت فاطمہ سلام اللہ علیہا کی نظر میں شفاعت امت کے لیے حضرت عباس علیہ السلام کے لیے دونوں ہاتھ کافی ہیں

WILAYAT MISSION PUBLICATIONS

آقائے دربندی لکھتے ہیں کہ: جب قیامت کا دن ہو گا اور اہل محشر سخت حیران و پریشان ہوں گے۔اس وقت رسول مقبولؐ حضرت علی علیہ السلام کو حضرت فاطمہ سلام اللہ علیہا کے پاس بھیج کر دریافت کریں گے۔ کہ آج کے دن کے لیے تم نے کون سی ایسی چیز مہیا کر رکھی ہے۔جو بخشش امت کے کام آسکے۔اس وقت جناب فاطمہ عرض کریں گی۔''کفانالا جل هذا لمقام الید ان المقطر عتان من ابنی العباس''ابو الحسن آج کے دن کے لیے میرے پاس میرے فرزند عباس کے دونوں کٹے ہوئے ہاتھ کافی ہیں۔(اسرار الشہادت ۳۲۵۔جواہر الایقان ص ۱۹۴ طبع ایران قمر بنی ہاشم ص ۵۹)

حضرت عباس علیہ السلام کی زیارت نہ کرنے والے سے حضرت فاطمہ سلام اللہ علیہا کی ناراضگی

آقائے دربندی تحریر فرماتے ہیں کہ ایک شخص کا یہ اصول تھا کہ حضرت امام حسین علیہ السلام کی روزانہ دن میں تین بار زیارت کرتا تھا۔اور حضرت عباس علیہ السلام کی بیس دن کے بعد ایک بار زیارت کرتا تھا۔ایک شب میں ہو سورہا تھا کہ حضرت فاطمہ سلام اللہ علیہا کو خواب میں دیکھا کہ آپ تشریف فرما ہیں۔اس نے آگے بڑھ کر نہایت ادب سے سلام کیا۔'' فاعرضت عنہ'' انہوں نے منہ پھیر لیا۔اس نے عرض کیا میرے ماں باپ آپ پر فدا ہوں۔''لامی تقصیر منی تعرضینی'' حضور کس وجہ سے ناراض ہیں۔اور میری طرف منہ پھیر لیتی ہیں۔آپ نے فرمایا محض اس وجہ سے کہ تو میرے بیٹے کی زیارت نہیں کرتا۔اس نے عرض کی۔ حضور تو دن میں تین بار روزانہ زیارت کے لیے جاتا ہوں۔آپ نے فرمایا۔''تزور

ابنی الحسین ولا تزور ابنی العباس ''تو میرے ایک بیٹے حسینؑ کی زیارت کرتا ہے۔او ردوسرے بیٹے عباسؑ کی زیارت نہیں کرتا۔عباسؑ میرا بیٹا ہے۔میں عباسؑ کی ماں ہوں (اسرار الشہادت ص ۳۲۵)

شہیدان کوفہ فرزندان مسلمؑ کی زبان پر حضرت عباسؑ کا نام

کوفہ میں جناب مسلم بن عقیل کی ۹ ذی الحجہ ۶۰ ھ کو شہادت کے بعد ان کے دونوں لڑکیوں کی تلاش شروع ہوگئی۔ بالآخر وہ بچے گرفتار ہو کر قتل ہوگئے جناب عبدالمجید حنفی دہلوی لکھتے ہیں: ملعون حارث غلام اور بیٹے کو قتل کرکے اور بیوی کو خاک وخون میں تڑپتا چھوڑ کر بچوں کی طرف بڑھا۔ بچے جو پہلے ہی سے سہمے ڈرے اور ایک دوسرے سے چمٹے ہوئے تھے۔ شقی کو شمشیر بکف آتا دیکھ کر رونے لگے۔ مسلم کے بچے شاخ گل کی مانند تھر تھر کانپ رہے تھے۔ ہاتھ جوڑ کر کہا کہ للّٰہ ہم پردیسوں پر رحم کر یتیموں پر ترس کھا۔ ہم نے کسی کا کچھ نہیں بگاڑا۔ پھر ہم کو کیوں مارتا ہے۔اماں سنین گی۔تو بہت روئیں گی۔ماموں جان جناب امام حسینؑ اور حضرت عباسؑ کو معلوم ہوگا۔ تو سر دھنیں گے۔ ہمیں مار کر کیا ملے گا۔ ہمیں غلام بنا کر بیچ ڈال۔ مگر نہ کر مگر اس سفاک کا دل کب پگھلنے والا تھا۔(شہید اعظم ص ۷۹ طبع بمبئی)

حضرت عباس علیہ السلام کی نذر حاضری اور سبیل

حجۃ الاسلام آقائے اصفہانیؒ تحریر فرماتے ہیں کہ جس طرح دیگر ائمہ کی نذر ادا کرنی ضروری

ہے ۔حضرت عباس علیہ السلام کی نذر بھی ادا کرنی لازم ہے ۔(اصراط النجات جلد ۲ ص ۲۲۰)لسان الملۃ مولانا سید آغا مہدی صاحب قبلہ لکھنوی لکھتے ہیں کہ: کربلا کے بہتر شہیدوں میں کھانے پر کسی شہید کی نذر نہیں دی جاتی۔ سوائے جناب عباسؑ کے معلوم ہوتا ہے کہ اس رسم کی بنیاد قائم کرنے والے قمر بنی ہاشم کی گرسنگی کی مخصوص یادگار قائم کرنا چاہتے تھے۔الخ (راز شہادت ص ۳۳)لیکن میں کہتا ہوں کہ میت گھر کھانا پہچانا سنت ہے ۔(دیکھو عروۃ الوثقی ص ۱۲۶)حضرت محمد مصطفےٰ ﷺ نے جناب جعفر طیارؑ کی شہادت کے بعد ان کے گھر کئی روز تک کھانا پہنچوایا۔(مشکواۃ شریف ص ۹۹)اور یہ ظاہر ہے کہ جعفر طیار اور عباس علمدار کی شہادت میں کافی مماثلت و مشابہت ہے۔(مخزن المصائب طبع آگرہ ۱۳۰۹ھ)حضرت عباس علیہ السلام کی شہادت کے بعد حضرت امام حسین علیہ السلام یقیناً اسی طرح ان کے گھر کھانا پہنچواتے جس طرح آنحضرتؐ نے جعفر طیار کے گھر کھانا بھیجا تھا۔ لیکن چونکہ انتہائی مجبوری کی وجہ سے وہ کھانا تو درکنار ان کے اہل بیت کو کربلا میں پانی تک نہ عنایت فرماسکے۔بنا بریں ان کے ماننے والے اسی کی یادگار میں کھانے پر حضرت عباس علیہ السلام کی نذر دلاتے ہیں۔اب سوال یہ ہے کہ رسم آٹھویں کو کیوں ادا کی جاتی ہے۔اس کے متعلق غرض ہے کہ آٹھویں ہی سے حضرت عباسؑ کی جانفشانی حد سے بڑھ گئی تھی۔ بھوک اور پیاس کی حالت میں بار بار کھودنا۔ پانی کے لیے نہر کی طرف جانا اور خود بالکل بھوکے رہنا آپ کا خاص کارنامہ ہے۔یہی وجہ ہے کہ آپ کی حاضری آٹھویں کو کی جاتی ہے۔اب رہ گئی آپ کے نام سبیل۔اس کے متعلق عرض ہے کہ اولاً تو کربلا کے تمام پیاسوں کی یادگار میں سبیل لگائی جانی قرین قیاس ہے ۔لیکن حضرت عباس سے اس کا اختصاص بھی مناسب ہے۔کیونکہ حضرت عباسؑ ہی صرف پانی لینے کی غرض سے نہر پر

FAZAIL AL HZ ABBAS (AS)

تشریف لے گئے تھے۔اور طلب آب ہی میں یوم عاشورا بعد از ظہر شہید ہوئے تھے۔ نیز یہ کہ دریا میں داخل ہونے اور چلو میں پانی لینے کے باوجود پیاسے برآمد ہوئے تھے۔اور مشکیزہ سکینہ لیے ہوئے خیمہ کی طرف بڑھتے ہوئے شہید ہوئے تھے۔یعنی جناب سکینہ تک پانی لے جانے کی کوئی سبیل پیدا نہ کرسکے۔بنابریں آپ کے نام کی سبیل رکھی جاتی ہے۔

اک مشک کا فیض اللہ اکبر مظہر -- ہے چار طرف رکھی سبیل عباسؑ

www.ingramcontent.com/pod-product-compliance
Lightning Source LLC
Chambersburg PA
CBHW070116100426
42744CB00010B/1848
9780692386262